Hans-Joachim Flechtner
Biologie des Lernens

Gedächtnis und Lernen in psychologischer Sicht
Memoria und Mneme Band I

Biologie des Lernens
Memoria und Mneme Band II

Das Gedächtnis
Memoria und Mneme Band III

Biologie des Lernens

Von

Dr. Dr. h. c. Hans-Joachim Flechtner

Marburg/Lahn

Mit 34 Abbildungen

S. Hirzel Verlag Stuttgart

1976

Im S. Hirzel Verlag Stuttgart sind von Dr. Dr. h. c. Hans-Joachim Flechtner außerdem erschienen:

„Gedächtnis und Lernen in psychologischer Sicht". Memoria und Mneme, Band I. 2. Auflage 1976. X, 354 Seiten. 5 Abbildungen.

„Grundbegriffe der Kybernetik". 1972. XI, 423 Seiten. 152 Abbildungen.

„Grundbegriffe der Biochemie". 2., neubearbeitete Auflage 1973. 380 Seiten. 54 Abbildungen, 4 Tabellen.

Bitte beachten Sie die ausführlichen Hinweise auf diese Titel am Schluß dieses Buches.

CIP-Kurztitelaufnahme der Deutschen Bibliothek

Flechtner, Hans-Joachim
Memoria und Mneme. – Stuttgart: Hirzel.
Bd. 2. → Flechtner, Hans-Joachim: Biologie des Lernens

Flechtner, Hans-Joachim
Biologie des Lernens. - 1. Aufl. - Stuttgart: Hirzel, 1976.
(Memoria und Mneme / von Hans-Joachim Flechtner; Bd. 2)
ISBN 3-7776-0310-4

Printed in Germany
Satz und Druck: Gulde-Druck, Tübingen

Für Ingeborg

Vorwort

„Biologie des Lernens und des Gedächtnisses“ ist heute zwar ein viel bearbeitetes Gebiet, aber der Begriff ruft bei vielen Menschen noch erhebliche Verwunderung hervor, und diese Verwunderung verstärkt sich, wenn man gar von einer „Biochemie des Lernens und des Gedächtnisses“ spricht. „Lernen“ und „Gedächtnis“ sind nun einmal – im Sprachgebrauch wie im Bewußtsein der Menschen – Gegenstände und Aufgabengebiet der *Psychologie* und sollten es auch bleiben. Hinzukommt, daß „Chemie des Lernens“ Erinnerungen an „Gehirnwäsche“, an „Wahrheitsdrogen“ u. dgl. wachruft, also an Mißbrauch spezieller chemisch-psychischer Beeinflussungsmöglichkeiten, der aber mit der *Wissenschaft* „Chemie des Lernens und Gedächtnisses“ so wenig zu tun hat, wie die Atombomben mit der physikalischen Theorie der Atome.

Was also bedeutet „Biologie des Lernens“?

Man kann diese Frage auf zwei Weisen beantworten, und auf beiden Wegen wird auch das „Lernen“ biologisch untersucht.

Einmal kann man fragen, welche Rolle das *Lernen,* speziell des Erlernen neuer und geeigneter Verhaltensweisen im Leben spielt, welche Bedeutung also die Fähigkeit zu lernen für die Lebewesen hat. Die Antwort auf diese Frage gibt eine Verhaltens-Biologie aus teleologischer Sicht. Sie untersucht etwa die Frage, welche Bedeutung „Lernen“ für die Selbsterhaltung des Organismus und weiterhin für die Erhaltung der Art hat. Man kann diese Thematik zurückführen auf die Frage: W a s lernt ein Organismus, und was m u ß er lernen?

Die zweite Fragestellung weist gleichsam in die entgegengesetzte Richtung: welche biologischen und biochemischen Vorgänge laufen in einem Organismus ab, wenn er lernt? Welche Kräfte werden wirksam, welche Faktoren steuern das komplizierte physiologische und biochemische Geschehen, das es dem Organismus ermöglicht, die aus der Umwelt kommenden Reize zu beantworten und sich einer neuen Situation anzupassen? Dabei wird die Frage, ob die Antworten gut oder schlecht gegeben werden, die Anpassung gelingt oder nicht gelingt, erst in zweiter Hinsicht interessant. Mit anderen Worten, wir fragen jetzt nicht, was der Organismus lernt, sondern w i e er lernt.

Auf diese Frage eine Antwort zu finden, ist die Aufgabe der „Biologie des Lernens“ oder spezieller der „Physiologie und Biochemie des Lernens“. Einen Überblick über die vielfältigen Antworten zu geben, die die Wissenschaft schon gefunden hat, ist Aufgabe dieses II. Bandes von „Memoria und Mneme". Wir wollen wieder versuchen, eine Art *Synopsis* zu gewinnen, d. h. soweit wie möglich Einzelantworten als Bausteine zu verwenden, um daraus ein wenigstens vorläufiges Ganzes zu bilden.

Der Anlage des ganzen Werkes nach darf aber die weitere Synopsis nicht aus den Augen verloren werden: Letztlich handelt es sich ja wie gesagt beim *Lernen* und dem damit untrennbar verbundenen *Gedächtnis* um *psychologische Phänomene,* deren physiologisch-chemische Untersuchung und Erklärung hier aufgegeben ist. Und dies besagt, daß unser Blick immer auf das Psychische und auf die Erkenntnisse der Psychologie ausgerichtet sein muß, damit wir nicht in Gefahr geraten – wie es im ersten Band (I, 7) hieß – daß wie bei einem Tunnelbau, der von zwei Seiten eines Berges begonnen wurde, die beiden Stollen aneinander vorbeigetrieben werden, ohne sich zu treffen.

Wir werden deshalb auch häufig auf Band I zurückgreifen müssen, und werden diese Hinweise, wie soeben kurz mit (I, . . .) kennzeichnen. Nur wo es der Zusammenhang erfordert, werden wir Aussagen aus Bd. I hier wiederholen.

Wieder habe ich auch bei diesem Band den vielen Freunden und Bekannten zu danken, die mir bei der Beschaffung des Materials und oft auch mit der Möglichkeit zu einer Diskussion geholfen haben. Mein Dank gilt vor allem den Professoren und Dozenten Dr. DIMROTH, Dr. FÜNFGELD, Dr. GERICKE, Dr. GRÜTER, Dr. L. JAENICKE, Dr. KICKUTH, Dr. OFFE und Dr. PLOOG – und nicht zuletzt meiner Frau, die in ständigem Miterleben das Entstehen des Buches begleitet hat, tatkräftig bei der Herstellung des Manuskripts und bei den Korrekturen geholfen hat und der auch dieser Band wieder gewidmet ist.

Marburg, August 1976 HANS-JOACHIM FLECHTNER

Inhalt

GRUNDLEGUNG

Einleitung

Im ersten Band hatte die „Grundlegung“ den Zweck, das Problemfeld „Gedächtnis und Lernen“ gleichsam zu rekognoszieren, es auf gewisse allgemeine Eigenschaften und Beziehungen abzutasten und damit den Blick zu öffnen für die Probleme und Fragestellungen, die es enthält. Der vorliegende Abschnitt soll für diesen zweiten Band etwas Entsprechendes leisten: er soll die Eigenschaften und Funktionen eines *Systems* Σ aufzeigen, das sich in einer *Umwelt* U befindet, sich zu ihr verhält bzw. sich ihr anpaßt; und er soll weiterhin die allgemeinen Bedingungen aufsuchen, die ein solches Verhalten ermöglichen.

1. Der Versuch, Verhalten und Lernen unter dem Gesichtspunkt der „Kommunikation“ zu betrachten, führt uns zurück zur „Formalen Analyse“ (I, 109 ff.), speziell zur Beziehung $U \rightleftarrows \Sigma$, zur Wechselbeziehung zwischen Umwelt (U) und System (Σ). Diese Wechselbeziehung erhält jetzt nicht nur einen neuen Namen – *Kommunikation* –, sondern auch einen Inhalt, denn Kommunikation ist eine eigene, spezifische Beziehung zwischen Systemen, zu deren Kennzeichnung Begriffe wie Signal, Nachricht, Information benötigt werden.

Damit heben wir aus der Allgemeinen Systemtheorie einen Bereich heraus: die Systeme, die miteinander in Kommunikation stehen. Zur Kennzeichnung solcher Systeme und ihrer Beziehung wollen wir bestimmen:

Systeme stehen miteinander in *Kommunikation,* wenn die spezifische Wechselwirkung zwischen ihnen in einem Austausch von *Signalen* besteht. Dies besagt nicht, daß diese Systeme nur in Kommunikation miteinander stehen; andere Wechselbeziehungen werden nicht nur vorhanden sein, sondern sie werden auch in die Kommunikationsbeziehungen eingreifen.

Mit den genannten Begriffen haben wir die spezifischen Beziehungen zwischen U und Σ zwar aufgezeigt aber noch nicht bestimmt. Schon die Formale Analyse (I, 111 f.) hat ermöglicht, in der aus der U-Σ-Beziehung entwickelten *S-R-Relation* sowohl auf seiten der Umwelt als auch auf seiten des Systems Varianten des Verhaltens aufzuweisen, für die auch die Sprache verschiedene Termini bereit hält. Bei U etwa Ursache, Reiz, Reizgruppe, Situation und weiterhin Signal und Nachricht; auf seiten von Σ entsprechend Wirkung, Reflex, Reaktion, Antwort. Es liegt nahe, die jeweiligen Varianten vorläufig wie folgt einander zuzuordnen, wobei zugleich in der Reihung eine Abnahme der *Determiniertheit* sichtbar wird:

Ursache	–	Wirkung	determiniert
Reiz	–	Reflex	↓
Reizgruppe	–	Reaktion	↓
Signal	–	Response	↓
Nachricht	–	Antwort	undeterminiert

Dabei haben wir, z. B. durch die Verwendung des hier nicht ganz passenden Worts „Response", schon versucht, die für das Sprachempfinden vorhandenen Nuancen hervorzuheben und durch geeignete Termini zu fixieren. Die Zuordnung erscheint prima vista vernünftig, doch können erst die folgenden Betrachtungen zeigen, ob bzw. wieweit sie in dieser Form aufrecht erhalten werden kann.

2. Lernen und Lernverhalten – und das gleiche gilt modifiziert auch für das Konditioniertwerden – sind spezielle Arten des Verhaltens, und zwar einer *Stellungnahme* des Systems zu den empfangenen Stimuli. Je nachdem es sich bei der Wechselwirkung zwischen den beiden Systemen um eine der oben aufgezeigten Relationen handelt, werden die psychologischen, aber auch die physiologischen und biochemischen Vorgänge, die die Stellungnahme des Systems bestimmen, verschieden sein. Wie verschieden, das zu untersuchen ist eine der Aufgaben dieses zweiten Bandes. Eine solche Untersuchung setzt aber eine Analyse der möglichen S-R-Relationen voraus, zunächst phänomenologisch-logisch und dann physiologisch und biochemisch. Allerdings sind einem solchen Bemühen vorerst noch Grenzen gesetzt. So hält z. B. GALAMBOS eine *physiologische* Analyse der S-R-Relationen beim heutigen Stand der Wissenschaft für unmöglich; er schreibt:

„Memory is the inferred collection of brain processes by which responses are linked to stimuli in behavior. Such a definition, in making no distinction between a knee-jerk reflex and the recall of one's own name, frankly recognizes our inability to state criteria by which the central mechanisms operating in acquired and innate responses can be differentiated. Until such criteria do develop there seems no reason (other than a subjective ‚feeling') to argue that the mechanisms responsible for reminiscence differ from those for reflex."[1]

Nach der hier vertretenen Auffassung aber ist – oder könnte sein – eine *phänomenologisch-logische Analyse* eine Grundlage auch für eine physiologische Analyse, zumindest in dem Sinne, daß sie die physiologische Fragestellung focussiert, nämlich diejenigen Phänomene und Merkmale aufzeigt, deren physiologische Entsprechung gesucht werden muß. Doch wird diese Aufgabe – wie das Zitat auch andeutet – erst beim „Gedächtnis" thematisch werden.

3. Aber S-R-Beziehungen und Kommunikationsbeziehungen zwischen Systemen und Umwelt reichen noch nicht aus, Lernen in seiner Eigenart zu erfassen. Lernen ist, wie wir oben sagten, eine spezielle Art des

[1] ROBERT GALAMBOS: Brain Correlates of Learning. The Neurosciences (I) ed. G. C. QUARTON, TH. MELNECHUK, F. O. SCHMITT. New York 1967. p. 641.

Verhaltens. Damit ergibt sich als weiteres Thema dieser „Grundlegung“: das *Verhalten.* In Fortsetzung der vielfachen Bestimmungen und Untersuchungen über dieses Phänomen, speziell auch unter Berücksichtigung der *ethologischen* Betrachtungen in Band I, muß das Verhalten unter *biologischem* Gesichtspunkt thematisch werden, speziell auch eine jetzt notwendige *Analyse* der Verhaltensweisen bis zu den biologischen Elementareinheiten, was dann mit Notwendigkeit zu dem weiteren Schritt führt, nämlich zu einer Untersuchung von Schaltungen und Schaltnetzen, die ja biologisch letztlich alles Verhalten eines Organismus bedingen.

Systeme und Elemente

Systeme und ihre Struktur

Ein System in seiner Umwelt

1. Wir beginnen wie in der „Formalen Analyse“ in Band I: Ein System befindet sich in einer Umwelt U. Dieses „Sich-befinden-in“ einer Umwelt, das „Umhafte“ der Umwelt (I, 225), dessen das System inne ist, schafft eine besondere Beziehung zwischen Σ und U, die man vielleicht durch eine Gegenüberstellung kennzeichnen kann:

Das System befindet sich in einem Raum,

Das System befindet sich in einer Umwelt.

Das sind Qualitätsunterschiede, deren Bestimmung hier zu weit führen würde. Das in-einer-Umwelt-Sein kann sich gleichsam verschärfen zu einem in-einer-Situation-Sein, wobei die Beziehung jetzt einen doppelten Aspekt erhält:

Das System ist in der Situation und zugleich begegnet es der Situation, stellt sie sich in einer Subjekt-Objekt-Spaltung gegenüber. Dadurch wird die Umwelt selbst zum „Objekt“, zu einem System, und die Beziehung $\Sigma \rightleftarrows$ U wird damit zu einer Beziehung zwischen zwei Systemen.

2. Die Beziehungen zwischen den beiden Systemen bestehen, formal gesehen, in einem *Austausch* von Materie, Energie und Information – wobei wir „Information“ zunächst in der allgemeinen Bedeutung verwenden, die das Wort in den letzten Jahren im Sprachgebrauch erhalten hat: als eine Art Sammelbegriff für „Signal“, „Nachricht“ und „Information in engerem Sinne“, den wir später genauer bestimmen müssen. Dabei ist schon jetzt zu betonen, daß ein Austausch von Informationen einen Austausch von Materie und/oder Energie voraussetzt.

Innerhalb der großen Gruppe der durch Austausch in Beziehung tretenden Systeme können wir eine Untergruppe herausheben: Systeme, die sich zueinander *verhalten,* wobei das *Verhalten* wiederum eine qualitativ eigene Form gegenseitiger Beziehungen ist, über die wir in Band I vielfach gesprochen haben, die aber in diesem Band unter biologischem Gesichtspunkt erneut gekennzeichnet werden muß.

Und innerhalb der Gruppe zueinander sich verhaltender Systeme können wir schließlich eine weitere Untergruppe herausheben, diejenigen Systeme nämlich, bei denen das Verhalten wesentlich, wenn auch nicht ausschließlich durch *Signale* und *Nachrichten* bestimmt ist. Derartige System-Kopplungen bezeichnen wir als *Kommunikations-Systeme*. Mit ihnen haben wir uns im folgenden zu beschäftigen.

Kommunikations-Systeme

Das System

Es gibt eine große Zahl von Definitionen des Begriffs „System" in der Literatur, die wie alle Definitionen die wesentlichen Merkmale des Begriffs oder Phänomens zusammenfassen, somit eigentlich erst nach einer Wesenskennzeichnung verständlich sind. Wodurch ist ein System gekennzeichnet? Rein formal hat P. A. WEISS einmal versucht zu formulieren, wodurch sich ein „system" von einer „sheer assembly" oder einem „complex of matter" unterscheidet: „This distinction lies 1) in the fact that the autonomy of the constituent parts of a system is rigorously restrained by the interdependency and interaction among them; and 2) in the peculiar dynamics of that interdependency."[1] Diese beiden Kriterien besagen, daß ein System nicht nur eine bestimmte „Struktur" hat, sondern daß es sich um dynamische Strukturen handelt mit gegenseitiger Abhängigkeit und vielfältier „interaction". Wenn dies auch nicht für alle Systeme gelten mag, für *Kommunikations-Systeme* trifft zu, daß „Struktur" und „Prozeß" zusammengehören.

Struktur und Prozeß

Unserer Darstellung eines Systems, seiner Teile und Glieder, können wir eine systemtheoretische Arbeit von JAMES G. MILLER zugrunde legen, die wir allerdings für unsere Fragestellung ausbauen und variieren müssen; auch MILLERS Untersuchung ist auf biologische Systeme ausgerichtet[2].

Das System steht mit seiner Umgebung oder Umwelt U in Wechselwirkung; es ist ein *offenes System*, das von U etwas, hier vorerst X genannt, empfängt, und seinerseits an U etwas, hier Y genannt, abgibt. Die Wechselwirkung, die uns vorwiegend, wenn auch nicht ausschließlich interessiert, ist die *Kommunikation* zwischen Σ und U. Das Aufnehmen von X und das Abgeben von Y sind Teile des *Verhaltens* von Σ, die häufig, wenn auch nicht notwendig, gemeinsam auftreten.

---

[1] PAUL A. WEISS: Neural Development in Biological Perspective. in: The Neurosciences (II). ed. G. C. QUARTON, TH. MELNECHUK, G. ADELMAN. New York 1970. p. 53.

[2] JAMES G. MILLER: Living systems: structure and process. Behavioral Science *10* (1965), p. 337 ff. (Die Seitenzahlen der Zitate im Text in Klammern.)

Verhalten können wir vorerst durch eine Bestimmung von ROSENBLUETH kennzeichnen, die wir einer Arbeit von MACLEAN entnehmen: Wir betrachten Verhalten = behavior „as any change of an entity with respect to its environment“[3]. Diese Kennzeichnung ist sehr weit, zweifellos sogar z u weit, aber gerade zu Beginn ist es oft besser, einen zu weiten Begriff zu haben als einen zu engen, bei dem die Gefahr besteht, daß man wichtige Momente übersieht.

Das System Σ kann für sein Verhalten besondere Einrichtungen – Organe, Apparate – besitzen, allgemein besondere *Untersysteme* (subsystems): „Each subsystem carries out a particular process for its system and keeps one or more specific variables in steady state.“ (338) Das bedingt nicht nur eine Spezifität dieser Untersysteme, sondern auch eine gewisse Selbständigkeit im Rahmen des Ganzen. Dies legt einen Vergleich mit einer entsprechenden Organisation im Wirtschaftsleben nahe, der zur Veranschaulichung dienen mag: Als CARL DUISBERG den Plan für die große „I. G. Farbenindustrie“ entwarf, forderte er dafür eine Organisationsform, die er als „dezentralisierte Zentralisation“ bezeichnete, nämlich weitgehende Selbständigkeit der Untersysteme im Rahmen einer zentralen Gesamtsteuerung[4].

Enthält ein System Untersysteme, so hat es eine gewisse *Struktur*. Die Bildung derartiger Untersysteme ist nicht nur allgemein biologisch von Bedeutung – z. B. Differenzierung und damit Arbeitsteilung im Organismus durch Ausbildung bestimmter Organe – sondern spielt auch in der Evolution des Nervensystems eine entscheidende Rolle: „The evolution of the vertebrate brain is characterized primarily not only by a linear increase in the size of the central nervous system or in the number of its constituent neurons, but, instead, by more or less progressive modification of neural subsystems“ betonen NAUTA und KARTEN[5].

Unter einer *Struktur* versteht MILLER im biologischen Sinn „the arrangement of a systems's subsystems and components in three-dimensional space at a given moment of time“ (337), wobei wir (s. I., 227) mit LEWIN dieses „moment of time“ nicht punktuell, sondern „as a certain time period“ verstehen müssen. Einen solchen „moment of time“ hat TURE V. UEXKÜLL als „Weile“ bezeichnet: „Unter Weile verstehen wir eine Gegenwart, die beginnt, dauert und endet, ohne daß dabei eine Zeitbewegung stattfindet.“[6]

Eine Momentanstruktur, die durch bestimmte Merkmale und Werte von Variablen bestimmt ist, wollen wir den jeweiligen *Zustand* von Σ

[3] PAUL D. MACLEAN: The Triune Brain, Emotion and Scientific Bias. in: The Neurosciences (II). New York 1970. p. 337.

[4] Vgl. H.-J. FLECHTNER: Carl Duisberg. Düsseldorf 1959. S. 146 f.

[5] WALLE J. H. NAUTA and HARVEY J. KARTEN: A General Profile of the Vertebrate Brain, with Sidelights on the Ancestry of Cerebral Cortex. in: The Neurosciences (II). New York 1970. p. 8.

[6] Zitiert nach A. E. ADAMS: Informationstheorie und Psychopathologie des Gedächtnisses. Berlin, Heidelberg, New York 1971. S. 40.

nennen (I, 227). Als *Prozeß* bezeichnen wir dann jede Art von *Zustandsänderung* in der Zeit; es kann sich dabei um Änderungen einzelner oder vieler Variablen handeln bis hin zur Ausbildung einer anderen Struktur. Danach ist *Verhalten* eine besondere Art von *Prozessen,* bzw. es ist das Ergebnis bestimmter Prozesse im Organismus.

Aus der Struktur von Σ als eines Systems mit „dezentralisierter Zentralisation" folgt, daß auch die Untersysteme von Σ mit anderen Untersystemen von Σ, also mit ihrer (inneren) Umgebung, U_i, in entsprechenden Relationen stehen: auch sie stehen miteinander in *Kommunikation,* d. h. sie nehmen X von anderen Untersystemen auf und geben Y an sie ab. Wir wollen wie üblich die X als *Inputs* und die Y als *Outputs* des Systems oder eines Untersystems bezeichnen.

Eingang und Ausgang

Σ ist gegen die äußere Umwelt, U_a, ein offenes System, genauer gesagt ist es im Sinne von Greniewski ein *relativ isoliertes System:* „By a ‚relatively isolated system'", so lesen wir bei Greniewski, „we mean any system – and only such – which has the following two characteristics:

„(1) it is influenced by the rest of the Universe, but only in certain specified ways called inputs, and

„(2) it influences the rest of the Universe, but only in certain specified ways, called outputs."[7]

„The influence of the system upon itself (e. g. self-correction) has to be taken into consideration, involving acceptance of the fact that some (but not all) outputs of the system may at the same time be inputs (feedback coupling)."[8]

Zu diesen Aussagen sind zwei Anmerkungen nötig:

1) Um mögliche aus dem Wortgebrauch entstehende Mißverständnisse zu vermeiden, verstehen wir unter inputs „das, was hineingeht" und unter outputs „das, was herauskommt", die Eintritts*stellen* und Austritts*stellen* von Σ sind *Eingänge* und *Ausgänge.*

2) Die „Einwirkung des Systems auf sich selbst" bezieht sich einmal auf die Beziehungen der Untersysteme aufeinander, sie bezieht sich aber auch auf die von Greniewski speziell gemeinte Rückwirkung eines Outputs auf das Verhalten von Σ, also z. B. darauf, daß eine Reaktion von Σ auf einen äußeren Stimulus selbst ein neuer Stimulus für Σ ist – ein Punkt, den wir in Bd. I. (S. 262 ff.) ausführlich erörtert haben.

Als ein „relativ isoliertes System", das für Inputs und Outputs besondere Eingänge und Ausgänge hat, ist Σ gegen U_a zugleich offen und abgegrenzt; es gibt eine Grenze – boundary nach Miller –, eine *Begrenzung* von Σ, die als ein besonderes Untersystem angesehen

---

7 Henryk Greniewski: Cybernetics without mathematics. (übers. a. d. Polnischen v. O. Wojtasiewicz). Oxford, London, New York 1960. p. 9.

8 a.a.O. p. 10.

werden muß. Ebenso gibt es Begrenzungen der Untersysteme gegeneinander – diese begrenzenden Untersysteme bilden heute ein bevorzugtes Forschungsobjekt der Biologie: Membranstrukturen, Transport durch Membranen, Membranchemie sind einige Stichworte, die diese Probleme deutlich machen, und die zahlreichen Funktionen der *Haut* als Schutzhülle, Sinnesorgan, Ausscheidungsorgan usw. bezeichnen einen anderen hierher gehörenden Bereich.

In diesen Begrenzungen der Untersysteme und des Systems selbst gibt es gewisse *Tore,* gaps (342), z. B. die Sinnesorgane oder auch Poren, die spezifische Funktionen ausüben und für diese Funktion besonders „geeignet" sind, d. h. sie sind auf gewisse Arten von Inputs und Outputs spezialisiert. Die Eingangs-Spezifität entspricht dem nachrichtentechnischen Begriff der *objektiven Empfangsbereitschaft* – biologisch bekannt als „Gesetz der spezifischen Sinnesenergien" (JOHANNES MÜLLER).

Auch hierzu bedarf es einiger Ergänzungen:

1) Die *Spezifität* der Rezeptoren besagt, daß ein Rezeptor unter den ihn erreichenden Inputs auswählt, und zwar zunächst passiv: Nur der „passende" Input kann aufgenommen werden. Die Bestimmung eines Rezeptors als „Untersystem" besagt aber, daß der Rezeptor auch aktiv auswählen kann; dies gilt nicht nur für die Rezeptoren von U_a-Stimuli, sondern auch für Subsysteme untereinander, z. B. für das Gehirn gegenüber dem Blutkreislauf (Blut-Hirn-Schranke).

2) Auch der Begriff der Begrenzung von Σ gegen U_a bedarf einer Erläuterung, wenn wir an den Menschen und an andere höher organisierte Lebewesen denken. Zu den Inputs aus U_a können auch *Stoffe* gehören – z. B. Nahrungsstoffe, Atemgase –, und bei diesen fallen Eingang und Rezeptor auch räumlich nicht zusammen. In beiden Fällen gelangen diese stofflichen Inputs in einen Raum – den *Verdauungstrakt* bzw. den *Atmungstrakt* – der zwar räumlich „im" Organismus liegt, aber nicht „im Innern" des Systems. In einem wirtschaftlichen Vergleich: Die beiden Räume entsprechen in etwa dem *Freihafen.* Die in diesem lagernden Waren sind zwar faktisch „im Lande" aber wirtschaftlich noch nicht „im Innern des Landes", sie sind noch nicht eigentlich Bestandteile des wirtschaftlichen Geschehens. So bilden auch die Wände der beiden Trakte für stoffliche Inputs die eigentliche „Grenze" zwischen Σ und U_a; man kann sie als Rezeptoren II. Ordnung bezeichnen. So bedeutet z. B. die Verdauung der Nahrungsstoffe im Trakt eine Bearbeitung der Inputs, um sie der objektiven Empfangsbereitschaft dieser Rezeptoren anzupassen.

Die Natur der Inputs

Die Natur der Inputs, die Σ erreichen können, hängt einmal ab von Art und Zustand von U_a und dann von der objektiven Empfangsbereitschaft von Σ, also vom Vorhandensein geeigneter Rezeptoren. Ihrer physikalischen bzw. chemischen „Natur" nach können wir unterscheiden: Materiearten, also *Stoffe,* und *Energiearten.* Neben den bereits erwähnten Nahrungs- und Atem-Stoffen gibt es noch viele andere Arten *stofflicher Inputs,* die aus U_a in den Organismus eindringen und dort wirksam werden können; einige Beispiele sind Schmutz, der durch die Haut eindringt, Giftstoffe, die mit den Atemgasen oder mit der Nahrung aufgenommen werden, ebenso auch Krankheitserreger – und Medikamente und Drogen.

Bei den *Energie-Inputs* muß man unterscheiden: die direkte Einwirkung von Energie, also die verschiedenen Sinneswahrnehmungen wie Sehen, Hören, Temperaturempfindungen usw., und die Zufuhr von Energie in stofflicher Form: der Organismus bezieht seine Energie wie industrielle Werke und auch Haushalte in Form energiehaltiger Stoffe: die Energieträger der Organismen sind die Nahrungsstoffe.

Die Arten der Inputs

Die Unterscheidung verschiedener Arten von Inputs – ob es sich also um Ursachen, um Reize, Stimuli, Signale usw. handelt (I, 231 ff.) – ist unabhängig von der Natur der Inputs, denn sowohl Stoffe als auch Energien können als Ursachen, als Reize aber auch als Signale wirken. Stoffliche Signale sind z. B. Duftstoffe, Geschmackstoffe, und speziell etwa die *Pheromone:* „Pheromone sind Stoffe, die der chemischen Kommunikation zwischen Individuen einer Art dienen", definiert KARLSON[9]. Auch Krankheitserreger wirken, abgesehen von ihrer pathogenen Wirkung, als Signale, die einen komplizierten Antwortmechanismus in Gang setzen; genauer gesagt zwei Wirkungen: einen unspezifischen, die sog. *Alarmreaktion,* und einen spezifischen, die *Antikörperbildung.*

Daß wir hier davon sprechen, die verschiedenen Arten der Inputs „wirken" als Ursachen, als Reize oder Signale, legt die Vermutung nahe, daß es sich letztlich in allen Fällen um „Ursachen" handele. Diese Vermutung führt zu der Frage, ob das verschiedene Verhalten jeweils eine Funktion des betreffenden Systems, einer besonderen Art der S-R-Relation oder einer besonderen Art des Stimulus ist. Diese Frage wird uns im folgenden noch eingehend beschäftigen. Vorläufig halten wir uns an den klassischen physikalischen Begriff der „Ursache", etwa nach W. WESTPHAL: „Sind in irgendeinem Augenblick sämtliche Größen quantitativ bekannt, die die Zustände sämtlicher an einem Naturvorgang beteiligten Dinge erschöpfend beschreiben, so ist es wenigstens gedanklich möglich, sowohl seinen vorhergehenden als auch seinen weiteren Verlauf in allen Einzelheiten eindeutig zu berechnen." Von den so gekennzeichneten Naturvorgängen können wir dann sagen: „Alle Naturvorgänge sind streng determiniert."[10] Nur wo eine solche

---

[9] PETER KARLSON: Sexualhormone der Schmetterlinge als Modelle chemischer Kommunikation. Naturwissenschaften *60* (1973), S. 113 ff.

[10] WILHELM WESTPHAL: Physik. 18. u. 19. Aufl. Berlin, Göttingen, Heidelberg 1956. S. 5.

„strenge Determinierung" vorliegt, sprechen wir hier im eigentlichen Sinne von „Ursache und Wirkung".

Die Untersysteme

Wir können mit MILLER zwei Arten von Untersystemen unterscheiden: die matter-energy-processing subsystems (348) und die information-processing subsystems (349 ff.). Jede dieser Gruppen umfaßt viele weitere Untersysteme, die wieder zu besonderen Einheiten zusammengeschlossen werden können. Diese Einheiten sind „funktionelle Ganze", die man nach ihrer Funktion unterscheiden kann: es gibt Rezeptoren, Transportsysteme, Verarbeitungssysteme, Lager, Ausstoß-Systeme usw.

Nur einige Beispiele zur Veranschaulichung:

Für die Nahrungsstoffe ist der Rezeptor das Mund-Verdauungstrakt-System, das zugleich eine erste Verarbeitung der Inputs vollzieht: die Verdauung. Von den Rezeptoren II. Ordnung, den Darmwänden, resorbiert gelangt die verarbeitete Nahrung in die Transportsysteme Blut und Lymphe, von dort in die Verarbeitungsorgane, z. B. die Leber. Art, Tätigkeit und gegenseitige Verflechtung der Verarbeitungsorgane hier auch nur anzudeuten, ist unmöglich; eine solche Darstellung bildet den Hauptinhalt der Lehrbücher der Biochemie. Produkte, die als Reservestoffe abgelagert werden, gelangen in die „Lager", die Fettdepots der Haut. Die Stoffwechselschlacken werden über die Ausscheidungsorgane Nieren, After, Lungen, Haut an die Umgebung abgegeben.

Ist der prinzipielle Gang dieser Funktionsfolge beim Stoffe und Energie verarbeitenden Untersystem noch relativ einfach – die unübersehbare Vielfalt der Vorgänge und Verflechtungen tritt vor allem bei der Verarbeitung auf *(s. z. B. Abb. 30, S. 409)* – so ist schon dieser Grundverlauf bei den „information processing subsystems" erheblich komplizierter, erfordert mehr Untersysteme. Wir wollen das Wort „Information" vorerst zurückstellen und lieber von Signal- und Nachrichtenverarbeitenden Untersystemen sprechen.

Auch hier stehen an erster Stelle die Rezeptoren, also z. B. die Sinnesorgane; auch hier erfolgt bereits in ihnen die erste Verarbeitung. Als zweites Untersystem bezeichnet MILLER die *Input-transducer* (351): „An input transducer receives markers from the system's environment or suprasystem. ... The transducer changes them to other matter-energy forms suitable for further transmission within that specific system." Ein solcher transducer bildet z. B. im Auge aus dem Input das Generatorpotential, das seinerseits dann zu den Aktionspotentialen im Nervus opticus führt, die dann über den Sehnerv bis zum Sehzentrum weitergeleitet werden. Hier sind also die Nerven das Transportsystem. Es gibt aber auch stoffliche Signalgeber; die Übersetzer sitzen bei ihnen in den spezifischen Drüsen, die *Hormone* herstellen und freigeben. Die Hormone werden über den Blutweg transportiert.

Eine Spezialform der Input-transducer sind die *Internal-transducer*

(351 f.), die von andern Subsystemen Signale empfangen, die „significant alterations in the system" melden und diese umformen „to other forms suitable for transmission within the particular system".

Das nächste Untersystem hat die Funktion, den in der „Transportform" vorliegenden Input in eine Form zu „übersetzen", die für die weitere Verwendung im Organismus geeignet ist, es ist der *Dekodierer* (decoder, 354 f). „This subsystem ... detects regular patterns, selected from the input ensemble, in input information from the environment or suprasystem and reclassifies, recodes, or ‚maps' them into a private code or language, the decoder's output ensemble, that can be used internally by the system."

Der folgende Schritt führt uns dann zum *Lernen:* es sind die *Assoziationssysteme* (associator, 355 f.): „This subsystem carries out the first stage of the learning process, forming enduring associations among items of information."

Der so verarbeitete Stimulus muß dann gespeichert und gelagert werden, dafür ist ein *Lager-System* für Signale und Nachrichten notwendig (memory, 356 f.). Das Einlagern (Speichern) dürfte die Funktion eines internal Transducers sein, der bei der „transmission" von Signalen noch eine Sonderfunktion ausüben muß: „Whenever messages are travelling in an interconnected net", schreibt MILLER, „they must have addresses to be sure they are processed in the correct direction at every node they pass." (Zur „Adresse" vgl. I, 57 f., 270 ff., 276.) Beim Einlagern könnte diese Adresse im internal transducer selbst aufbewahrt werden; auf diese Weise könnte dieses Untersystem auch die andere, eine „Kenntnis" der Adresse voraussetzende Funktion ausüben: als

Abruf-System, indem es z. B. mit Hilfe der Adresse ein spezifisch aktivierendes Signal aussendet. Jedenfalls muß das Abruf-System ein bestimmtes Engramm über dessen Adresse erreichen können, es muß in der Lage sein, das Engramm auf irgendeine Weise zu aktivieren und dann das aktivierte Engramm als Signal zur nächsten Verarbeitungsstelle zu transportieren. Diese nächste Verarbeitungsstelle ist der zweite

Decoder (359 f.): „This subsystem acts in accordance with previous programming. ... It reclassifies, recordes, or ‚maps' information, transmitted ... within the system, into an output ensemble of a public code or language which can be interpreted by other systems."

Der Output-transducer (360) ist die letzte Station im Gang der Verarbeitung eines Signal-Inputs. „This subsystem transfers information from markers of a sort of energy suitable for transmission inside the system to markers of a sort which can pass over the channels outside the system. It then transmits the latter markers beyond the system boundary."

Um alle diese Untersysteme zu einer reibungslosen Zusammenarbeit zu bringen, die verschiedenen Phasen und Stadien einander richtig zuzuordnen, bedarf es eines

Regulier-Systems (decider, 357 ff.): „The decider receives information inputs about the environment, ... from the input-transducer decoded by the decoder; about all other matter-energy and information subsystems from the internal transducer; and about the past from the memory. ... The decider reviews all these inputs and selects ... the optimal solution for the problem before it, so cutting down the degrees of freedom, reducing the data or information. It then transmits information, usually in the form of command signals, to the other subsystems to coordinate their processes, including those of the motor and output transducer, which put out matter, energy, or information beyond the boundary."

In einer Veröffentlichung des Neurosciences Research Programs (NRP) (s. I., 94) findet sich eine Zusammenstellung der „General Principles for Adaptive Interaction of a Complex System with Its Environment", die als Ergänzung (im Auszug) wiedergegeben sei[11]:

1. *„Theory must be Action-Oriented"*, das meint hier u. a. „that a person or an animal perceives its environment to the extent that it can *interact* with that environment in some reasonable structured fashion."

2. *„Perception is Not Only of ‚What' But Also of ‚Where'"*. „Implicit in this viewpoint is that perception involves objects within the environment rather than the environment in toto." Durch die Wahrnehmung des „within" ist allerdings auch das environment selbst mitgegeben (Figur-Grund Beziehung usw.)

3. *„An Adaptive System Must Be Able to Correlate Sensory Data and Actions in Such a Way as to Update an Internal Model of the World."* Und zwar müssen komplexe Systeme in der Lage sein, „to modify this internal model to accomodate aspects of the environment that were not initially provided for in the model".

4. *„Organization Must Be Hierarchical with Adequate ‚Feedback Loops' to Coordinate the Subsystems."* Dabei kann es geschehen, daß „the very existence of feedback sometimes makes it unclear ‚who is commanding whom', but the suggestion that we decompose the overall brain into subsystems will be a most important one".

5. *„The Brain Is a Layered Somatotopic Computer."* „The relationship between two layers of cells connected by fibers ... is called somatotopic when it preserves approximate information about place on the body as we move from receptors to the central nervous system."

Lernsysteme

Der Übergang von den Kommunikationssystemen zu den *Lernsystemen* bedeutet nicht nur eine Spezialisierung, sondern wir müssen auch sogleich versuchen, den Anschluß an das in Bd. I., S. 264 ff., aufgestellte psychologische Modell der *Lernphasen* zu finden. Was sich dort

[11] „Conceptual Models of Neural Organization." ed. J. Szentágothai and M. A. Arbib. Neuros. Res. Progr. Bull. Vol. 12, No 3 (October 1974). p. 319 ff.

aus der psychologischen Analyse des Lernens ergeben hat, wird jetzt aus biologischer Sicht erneut zum Problem, und zwar speziell in dem Sinne, daß die psychologische und die biologische Theorie „aufeinander ausgerichtet sein" müssen (I, 54), damit sie nicht, wie bei einem mißglückten Tunnelbau, von beiden Seiten zwar aufeinander zustreben, aber aneinander vorbeigehen. Anders gesagt: Eine solche Ausrichtung gibt eine gewisse Garantie dafür, daß die beiden Theorien „talk about the same thing" (I, 97).

Das psychologische Modell

Das Schema *(Abb. 1)* gibt die *Phasen* eines Lernverhaltens wieder, unter starker Vereinfachung und zugleich zeitlich zusammengezogen.

Die von der *Situation* S_n ausgehenden *Stimuli* St_n werden vom *Rezeptor* aufgenommen und dort sowie bei der Weiterleitung verarbeitet. Im *Transformationssystem,* wie wir dieses zentrale Untersystem nennen wollen (I, S. 21), wird das durch die Verarbeitung entstandene Stimulus-Muster zur *Wahrnehmung* W der Situation. Dies beinhaltet auch ein Erkennen bzw. *Wiedererkennen* von S_n, was nur möglich ist, wenn ein im Langzeitgedächtnis, LTM, gespeichertes „Abbild" von S_n abgerufen und mit dem jetzigen Abbild zur *Wahrnehmungseinheit* E_W vereinigt wird.

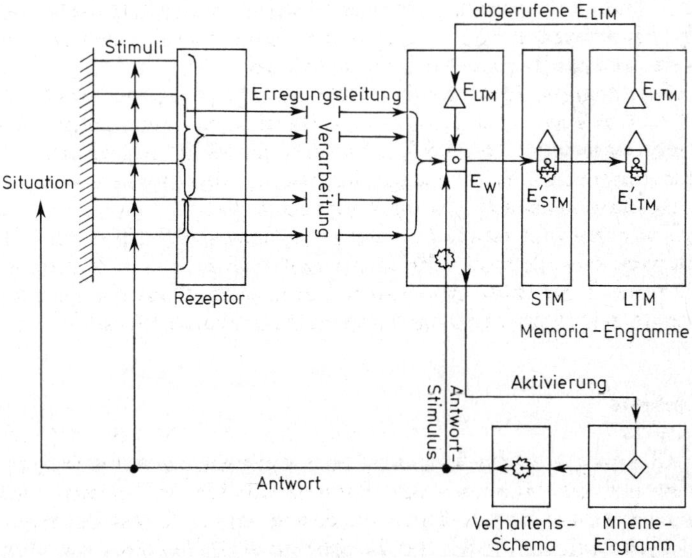

Abb. 1 Schema der Phasen des Lernverhaltens. STM Kurzzeitgedächtnis; LTM Langzeitgedächtnis; E_{LTM} gespeichertes und abgerufenes LTM-Engramm; W aktuelle Wahrnehmung (incl. E_{LTM}); E'_{STM} neues STM-Engramm; E'_{LTM} neues LTM-Engramm.

Die E_W aktiviert das *mnemische Engramm* der früheren Antwort bzw. *Handlung* in der gleichen Situation, und dieses aktiviert dann das (z. B. als bestimmte Neuronenschaltung) gespeicherte *Verhaltensschema*. Dieses ganze Aktivierungsprogramm ist aber wiederum nur möglich, wenn auch das damalige Handeln und ebenso die durch das Handeln veränderte Situation als Stimuli in die damalige E_W eingegangen und mit ihr im LTM gespeichert worden sind. Die jetzige E_W enthält somit neben der aktuellen Anschauung und dem Wiedererkennen der Situation auch das damalige Verhalten zusammen mit der damals gespeicherten *Erfolgsmeldung* des Handelns.

Innerhalb dieser „molaren“ Rückkopplung – damals und jetzt – vollzieht sich in Einzelschritten die „molekulare“, die in I, 280 besprochene Rückkopplung der TOTE-Einheit, d. h. der ständigen Verbindung von Beurteilung der Situation (*t*est), Handlung (*o*peration), Beurteilung jedes Handlungsschritts (*t*est) bis zum endlichen Erfolg (*e*xit).

Der ganze so gebildete Komplex gelangt dann als E_{STM}-Einheit in das Kurzzeitgedächtnis (STM) und von dort durch die *Konsolidierung* in das LTM, wo er für eine erneute Begegnung mit der Situation bereit liegt. Psychologisch bedeutet dies: Das System, der Organismus bzw. der Mensch, erinnert sich in der „bekannten“ Situation als „der in dieser Situation damals so und so gehandelt Habende“ und kann deshalb wieder so handeln.

Das Modell-Schema gibt somit den Zustand des *gelernt-Habens* wieder (I, 315 f.); der Vorgang des *Lernens* selbst läßt sich in ihm nur schlecht unterbringen. Er besteht letztlich darin, daß nicht ein fertiges Lern-Engramm aktiviert, also „abgerufen“ wird, sondern daß ein solches mnemisches Engramm erst gebildet, das Verhaltensschema also erst gefunden werden muß. Dies kann geschehen durch die in Bd. I. (S. 300 ff.) genauer besprochenen *„Stufen des Lernens“*, speziell des „Lernens am Erfolg“, des „Lernens durch Einsicht“ oder des „Probierens am inneren Modell“. Die Frage, w i e dies geschehen kann, ist jetzt ein Problem der Physiologie des Lernens. Vorerst müssen wir uns mit der in Bd. I. (S. 282 ff.) dargestellten Tatsache begnügen, daß jede *Vorstellung* eines Tuns oder Handelns die Tendenz in sich hat, in aktives Tun oder Handeln überzugehen, also auch Verhaltensschemata auszuprobieren, deren Erfolg oder Mißerfolg erst erfahren werden muß.

Die Untersysteme

Es ist nicht schwierig, in dem Schema die oben betrachteten *Untersysteme* zu finden, wenn man bedenkt, daß die dort funktionell unterschiedenen Untersysteme hier in mehrfacher Funktion auftreten; z. B. der Rezeptor zugleich als Input-Transducer, das Transformations-System als Decodierer, als Assoziations-Zentrum, als Abruf-System usw.

Wichtiger ist die Frage, die zur Anatomie und speziell zur *Lokalisierung* des Lernens überleitet: Entsprechen den im Schema aufgezeigten und unterschiedenen Untereinheiten auch biologische Einheiten?

Diese Frage weist offensichtlich in zwei Richtungen:

a) *Anatomische Einheiten:* Gibt es im Organismus – dieser Terminus möge alle Lebewesen umfassen, vom Einzeller bis zum Menschen – gibt es also im Organismus anatomisch abgrenzbare Untersysteme, die die in der Systemanalyse aufgezeigten Funktionen ausüben, also jenen Untersystemen entsprechen?

Oder gibt es anatomische Einheiten, die verschiedene funktionelle Untereinheiten enthalten, also im Verlauf des Lernens verschiedene Funktionen ausüben?

Und eine dritte Möglichkeit: Bilden sich im Verlauf, genauer für einen Verhaltens- oder Lernvorgang anatomische Einheiten durch einen Zusammenschluß, eine vorübergehende „Systembildung" einzelner Teile des Gesamtsystems? Etwas Ähnliches finden wir z. B. bei der *Verdauung* der Einzeller: Es bildet sich eine Vakuole aus, die in zeitlichem Nacheinander erst saures, dann alkalisches Milieu aufweist. Bei den höher organisierten Tieren ist dieses zeitliche Nacheinander sauer-alkalisch in ein Nebeneinander zweier spezifizierter Organe differenziert worden: in Magen und Darm. Entsprechend könnten auch zeitweilig für ein Lernen in primitiver Form gebildete „Funktionsträger" sich im Laufe der Entwicklung in dauernde Lern-Organe oder Verhaltensorgane umgebildet haben, also in echte anatomische Untersysteme.

b) *Physiologische Untersysteme:* Die andere Frage ist, ob es im Organismus Funktionseinheiten gibt, deren Teile oder Glieder für den Ablauf eines bestimmten physiologischen Vorgangs notwendig sind, so daß eine Veränderung oder ein Ausfall eines solchen Teils den Gesamtablauf verändert oder löscht. Solche Einheiten könnten als *physiologische Untersysteme* angesehen werden. Gemeint sind Wirkungseinheiten, die den in der Physiologie oft als „Apparate" bezeichneten entsprechen. Ein Beispiel: Der Weg eines Stimulus vom Rezeptor, z. B. dem Auge, bis zur Sehrinde und weiter bis zur Transformation in eine Wahrnehmung ist eine solche funktionelle Einheit, an der eine Vielzahl anatomisch unterscheidbarer Teile des Gehirns beteiligt sind, die aber zusammen nicht eine anatomische Untereinheit bilden *(s. u. S. 164 ff.)*.

Das Lernsystem als Kommunikationssystem

Ausgangspunkt der Betrachtung ist wieder die S-R-Relation, und zwar als eine jetzt-hier-Relation zwischen einem Organismus in einer Situation und dieser Situation, speziell einer Lernsituation (I, 229 f.). Wie immer diese Relation beschaffen sein mag, sie ist auch eine *Kommunikationsbeziehung:* der Stimulus wirkt – auch oder vorwiegend oder nur – als *Signal,* das vom Organismus eine *Antwort,* ein bestimmtes Verhalten fordert. Damit dieses Verhalten eine „Antwort-auf" das Signal ist, muß der Organismus die Situation „erkannt" bzw. „wiedererkannt" haben, und wir können mit Vorbehalt sagen, daß das Signal an den Organismus eine gewisse *Information* überträgt.

Was sich hier für die erste Phase, das Aufnehmen des Stimulus, ergeben hat, gilt auch für die weiteren Phasen, z. B. für das Abrufen der E_{LTM}, für die Rückmeldung der vollzogenen Handlung usw. (s. d. Schema). Alle Phasen werden realisiert durch innere Stimuli des Systems, also durch eine Kommunikation der Untersysteme untereinander. Diese inneren Stimuli sind – auch oder vorwiegend oder nur – entsprechend codierte Signale; auch diese übertragen zwischen den Untersystemen Information, die es ermöglicht, daß eine bestimmte E_{LTM} abgerufen, ein bestimmtes mnemisches Engramm aktiviert wird usw.

Die äußere Kommunikation des Systems mit der Umwelt wie auch die inneren Kommunikations-Vorgänge zwischen den Untersystemen erlauben die Anwendung der *Informationstheorie* auch auf das Lernverhalten, also z. B. für die Berechnung des Informationsflusses und seiner Veränderung in den einzelnen Lernphasen u. dgl. Dabei ist aber zu bedenken, daß Information hier zunächst im *syntaktischen* Sinn zu verstehen ist, als ein objektives Merkmal oder Maß eines Signals. Und zwar eines „Signals als Signal", ohne Rücksicht auf seinen „Inhalt", auf die *Nachricht,* die es übermittelt. In dieser Hinsicht gilt nach WEAVER: „Two messages, one of which is heavily loaded with meaning and the other of which is pure nonsens, can be exactly equivalent from the present viewpoint, as regards information."[12] Für die mnestischen Vorgänge, also für Lernen und Gedächtnis, bedeutet dies nach ADAMS: Da die Annahme bestimmter cerebraler Engramme bisher noch „eine unbewiesene Hypothese" ist, beschreibt „die Informationstheorie die über Sinnesorgane menschlich zugänglichen Ereignisse als meßbare Signalfunktionen eines extracerebral organisierten Bereiches" und es wird „aus methodischen Gründen eine Theorie der Invarianten in Form von Signalen und Zeichen eingeführt". Von hier läßt sich ein Anschluß an die Physiologie finden: „Das Gedächtnis wird heute als eine Sammelbezeichnung für unterschiedlich dimensionierte mnestische Einzelleistungen verstanden. Die Menge dieser mnestisch informativen Leistungen wird durch die Informationspsychologie des Gedächtnisses operational der Anzahl aller kommunikativ wirkenden Großhirnfunktionen gleichgesetzt."[13]

---

[12] CLAUDE E. SHANNON and WARREN WEAVER: The mathematical theory of communication. Urbana (Ill.) 1949. p. 99. Entsprechend heißt es bei MITTENACKER-RAAB, daß „der Grad der durch eine Kommunikation gelieferten Information nicht abhängig ist von den Kriterien des Inhalts der Nachricht." ERICH MITTENACKER u. ERICH RAAB: Informationstheorie für Psychologen. Göttingen 1973. S. 35.

[13] ALFRED E. ADAMS: Informationstheorie und Psychopathologie des Gedächtnisses. Berlin, Heidelberg, New York 1971. S. 29.

ANOCHINS Modell

Zum Abschluß wollen wir noch auf das Modell der Lernvorgänge von P. K. ANOCHIN (1967) hinweisen, das von einem ganz anderen Ausgangspunkt her entwickelt wurde, dem oben gegebenen aber doch vergleichbar ist. Über den Ausgangspunkt lesen wir bei SINZ: „Als Ergebnis einer 35jährigen neuro- und verhaltensphysiologischen Forschungsarbeit gelang es Anochin, wesentliche Grundlagen des fundamentalen Lernprozesses der bedingten Reaktion und der Verhaltensanpassung im allgemeinen aufzuklären, was seinen Niederschlag in dem Strukturbild eines ‚funktionellen Systems als Grundlage der physiologischen Struktur des Verhaltensaktes' fand."[14] Entsprechend dem anderen Ausgangspunkt ist auch die Phaseneinteilung bei ANOCHIN und damit auch die Unterscheidung von Untersystemen eine andere. „Die funktionelle Architektur des Verhaltensaktes" schreibt SINZ, „enthält nach Anochin folgende, miteinander in enger Verbindung stehende Grundmechanismen: ‚die Afferenzsynthese', das Fällen der Entscheidung, die Schaffung eines Apparates der Vorhersage über die Ergebnisse der bevorstehenden Handlung, die Ausbildung eines Handlungsprogramms, das Eintreffen einer Information über die Handlungsergebnisse auf dem Wege der rückläufigen Afferentation und schließlich den Vergleich der durch das Gehirn am Ende des Stadiums der Afferenzsynthese modellierten Ergebnisse mit den tatsächlich eingetretenen Handlungsergebnissen im Apparat der Vorhersage."[15] Von besonderer Wichtigkeit sind also auch für ANOCHIN „die aus der Eigenbewegung resultierenden Rückmeldungen", für die er – nach TEMBROCK – „einen hypothetischen neurophysiologischen Mechanismus", den „Aktionsakzeptor" postuliert, „der ‚erwartete' Resultate des eigenen Handelns mit den Informationen des Ergebnisses vergleicht."[16]

GOTTWALD, der dem Modell ebenfalls eine ausführliche Darstellung widmet, hat bei aller Anerkennung im Ganzen doch gewisse Bedenken dagegen, so z. B. „daß Anochins Ausführungen teilweise so allgemein gehalten sind, daß es schwer fällt, für spezielle Fälle ... die Wirkung einzelner intervenierenden Variablen exakt zu kennzeichnen"[17]. Man wird aber wohl doch mit SINZ sagen können, „daß Anochins Wirkungsgefüge ein neurophysiologisch relativ untermauertes, fruchtbares Arbeitskonzept für die weitere Forschung darstellt und eine Fülle von Anregungen enthält"[18]. Und dies ist ja primär die Aufgabe eines derartigen Modells.

---

[14] RAINER SINZ: Lernen und Gedächtnis. (UTB) Stuttgart 1974. S. 147 ff.

[15] a.a.O. S. 147 f.

[16] GÜNTER TEMBROCK: Grundriß der Verhaltenswissenschaften. 2. Aufl. Stuttgart 1973. S. 171.

[17] PETER GOTTWALD: Kybernetische Analyse von Lernprozessen. München, Wien, 1971. S. 61.

[18] SINZ: a.a.O. S. 151 f.

Die V-Gestalten und ihre Elemente

Molare und molekulare V-Theorie

Eine systemtheoretische Untersuchung des Verhaltens (V) von Systemen kann verschiedene Wege einschlagen, die sich grundsätzlich unterscheiden lassen in eine „ganzheitliche" und eine „elementaristische" Betrachtungsweise, oder nach der in diesem Buch durchgeführten Unterscheidung in eine *molare* und eine *molekulare* Verhaltenstheorie.

Entsprechend dem in Bd. I, S. 330 ff. Ausgeführten, unterscheiden sich die beiden Betrachtungsweisen nicht nur durch ihre Fragestellung und die daraus sich ergebenden Methoden (I, 99 f.), sondern auch durch ihren *Gegenstand* (I, 95), während das *Gegebene,* „das Verhalten", für beide dasselbe ist. Der Gegensatz der beiden Auffassungen, der ja weitgehend dem zwischen Ganzheits- bzw. Gestalt-Psychologie und Elementar-Psychologie entspricht, besteht aber nur bei einer „Verabsolutierung" der beiden Betrachtungsweisen; wie es JASPERS formuliert hat (I, 331): „nicht die Wege an sich sind falsch. Nur bei klarer Bewegung auf beiden Wegen kommt man an die eigentliche Grenze der Erkenntnis und nur so erreicht man deren mögliche Weite."[19] Was diese „Bewegung auf beiden Wegen" bedeuten kann, sei an zwei Beispielen kurz aufgezeigt:

In der *Ethologie* ist die „Instinkthandlung" zunächst ein Ganzes. „Instinkthandlungen sind" – so lesen wir bei JÜRGENS/PLOOG[20] „angeborene Verhaltensweisen – hierunter verstehen wir Verhaltensweisen, die sich innerhalb ererbter Variationsbreiten selbsttätig, d. h. ohne spezifische Lernerfahrung entwickeln." Es zeigte sich aber bald, daß diese Instinkthandlungen nicht „einfach" sind, daß es sich vielmehr um *Ganzheiten* oder *Gestalten* (V-Gestalten) handelt, in denen man (LORENZ, 1937) noch Komponenten unterscheiden muß: „Die eine nannte er ... Erbkoordination – dies war der formstarre, von Außenreizen unabhängige und durch keinerlei Lernvorgänge veränderbare Anteil; die andere nannte er Taxiskomponente – in sie ging der steuernde Einfluß der Außenreize ein, und in sie konnte ‚hineingelernt' werden." Dies war gleichsam der erste Schritt einer *Analyse* der V-Gestalten, deren bald weitere folgten, bis schließlich zur Ausbildung eines Sonderzweigs, der „Neuroethologie" *(s. u. S. 28 ff.),* einer „physiologischen Ethologie". Auch bei weitestgehender Analyse in elementare Vorgänge blieben die V-Gestalten der *Gegenstand,* sie galt es durch eine molekulare Betrachtung genauer zu verstehen.

Umgekehrt ging der *Behaviorismus* bei WATSON ausdrücklich von

---

[19] KARL JASPERS: Allgemeine Psychopathologie. 4. völlig neu bearb. Aufl. Berlin und Heidelberg 1946. S. 133.

[20] UWE JÜRGENS, DETLEV PLOOG: Von der Ethologie zur Psychologie. (Kindler TB) München 1974. S. 17.

der molekularen Einstellung aus: alle überhaupt beobachtbaren Verhaltensformen sind letztlich Kombinationen angeborener *elementarer* Verhaltensweisen wie Gehen, Laufen, Kopfbewegungen usw. usw. (I, 189 f.). Doch auch WATSON konnte, bei allem Bemühen um Konsequenz, nicht ganz bei dieser rein elementaristischen Betrachtungsweise stehen bleiben. Das zeigt sich an dem in Bd. I, S. 192 besprochenen Beispiel: Das Verhalten der bei der Futtersuche beobachteten Ratte läßt „vier elementare, ‚naturgegebene' Reaktionen" erkennen – aber WATSON fügt hinzu: „Erst wenn das Tier ‚gelernt' hat, diese vier Teilreaktionen in die richtige Reihenfolge zu bringen und auch zeitlich zu ordnen, ist der Erfolg auch in späteren Fällen sozusagen garantiert, d. h. erst dann hat das Tier die Lösung der Aufgabe gelernt." Mit anderen Worten: Erst wenn das Tier gelernt hat, aus diesen vier Elementen ein Ganzes, eine V-Gestalt zu bilden, hat es die Aufgabe gelöst. Die V-Gestalt, die bei der molaren Betrachtung Ausgangspunkt und „Gegenstand" war, wird bei dieser molekularen Betrachtung ein zu erklärendes „Ziel", tritt als neuer Gegenstand in den Blickpunkt.

Aus der Lehre vom „chemischen Gleichgewicht" wissen wir, ob wir eine Verbindung AB in ihre Elemente A und B zerlegen oder ob wir aus den Elementen A und B die Verbindung AB aufbauen – handelt es sich um Gleichgewichtsreaktionen, so erreichen wir auf beiden Wegen dasselbe Gleichgewicht zwischen AB und A und B.

Analog können wir hier sagen: ob wir molar oder molekular vorgehen, stets erreichen wir denselben „Gegenstand" der Untersuchung: die *V-Gestalt*. Oder wie es bei JASPERS heißt: „Daher drängt das Zerlegen am Ende wieder dahin, die Ursprünglichkeit der Ganzheiten zu erfassen als das, woher die Bewegung der Elemente geführt wird, es drängt das Ganzheitsschauen am Ende dahin, zu zerlegen, um zu begreifen." (a.a.O.)

Eine *Erkenntnis* des Verhaltens von Systemen kann sich also nicht damit begnügen, die V-Gestalten zu erfassen, in ihrer Eigentümlichkeit und Arteigentümlichkeit zu kennzeichnen – denn Instinkthandlungen sind „ähnlich den Körpermerkmalen Artkennzeichen, finden sich also in im wesentlichen gleicher Form bei allen Individuen einer Spezies"[21] –, sondern sie muß gerade das Zusammenwirken und die Vereinheitlichung, muß die *Integration* der elementaren Einheiten zum Ganzen verständlich machen. Die molare Betrachtungsweise muß somit durch eine molekulare nicht nur ergänzt, sondern unterbaut und damit durchsichtig werden.

Das Ganze und die Teile

Wir schließen hier an das am Ende des I. Bandes über das Verhältnis von „molar" und „molekular" Gesagte an. Allgemein ist der erste Schritt von der molaren zur molekularen Theorie von Ganzen und Ge-

[21] JÜRGENS, PLOOG: a.a.O.

stalten die Analyse der Ganzheiten, das Auffinden einfacherer Teil-Ganzheiten bis hinab zu den elementaren Einheiten. Der Begriff „elementare Einheiten" besagt schon, daß „Elemente" hier eine relative Bedeutung haben; dies hängt damit zusammen, daß es für jede Analyse einer Ganzheit *Grenzen der Analyse* gibt, die man innerhalb einer Fragestellung nicht überschreiten soll, ja nicht überschreiten darf[22]. Um ein drastisches Beispiel dafür zu geben, darf ich aus der eben genannten Arbeit zitieren:

„Element einer (menschlichen) Gemeinschaft, etwa eines Volkes, ist der einzelne Mensch als Glied dieser Gemeinschaft. Der ‚einzelne Mensch' ist aber keine Letztheit, ist nichts Elementares, sondern ist selbst eine Ganzheit, die aus Elementen besteht: aus den Organen, den Geweben und schließlich den Zellen. Doch auch die Zelle ist keine Letztheit, sie besteht aus Molekeln von Eiweiß-Stoffen, Fetten, Kohlenhydraten usw. – diese bestehen aus Kohlenstoff-, Sauerstoff-, Wasserstoff-, Stickstoff- usw. Atomen, und diese wieder aus Protonen, Neutronen, Elektronen usw.

„Welches sind nun die ‚Elemente' eines Volkes? Offensichtlich weder die Protonen und Neutronen noch die Kohlenstoff- und Sauerstoff-Atome noch die Molekeln der Zellen, noch die Gewebe und Organe des Menschen: Element eines Volkes ist der einzelne Mensch, er ist sozusagen das ‚Atom' der Gemeinschaft, ist für die Soziologie somit ein analytisch Letztes. Der Gegenstand ‚Volk' ist in seiner Eigenheit und Besonderheit zu verstehen als aus den Elementen ‚Mensch' bestehend. Und ein Organismus wie der Mensch ist zu verstehen als aus Organen, Geweben und Zellen bestehend und die Molekel als aus Atomen bestehend.

„Diese Grenzen sind nun allerdings nicht fest. Es bedeutet in vielen Fällen eine Erweiterung und Vertiefung der Erkenntnis, wenn sie überschritten werden können: so etwa heute in der Chemie, wenn die Molekeln letztlich aus Protonen, Neutronen usw. bestehend verstanden werden, so auch in der Physiologie, wenn das Lebensgeschehen unmittelbar aus den physikalischen und chemischen Vorgängen zwischen den Molekeln zu erklären versucht wird. Es ist Sache der einzelnen Wissenschaften selbst bzw. einer gründlichen Wissenschaftstheorie zu zeigen, welche Grenzen überschritten werden dürfen und bei welchen dies nicht möglich ist. Eine Erklärung der sozialen Struktur eines Volkes letztlich aus Protonen, Neutronen und Elektronen liegt jedenfalls nicht im Bereich echter wissenschaftlicher Fragestellung."

„Ein Zuende-Denken führt zu einer Nivellierung, die theoretisch wertlos ist, da sie nichts mehr zu erklären erlaubt." Man muß das Ganze aus seinen Elementen erklären und theoretisch (und evtl. auch praktisch) aufbauen können. Oder in anderer Sicht: die Analyse eines System-Ganzen muß letztlich den „functional context" berücksichtigen:

---

[22] Vgl. H.-J. Flechtner: Der Begriff des Elements und seine Anwendung in der Psychologie. Philosophia Naturalis V (1959), 451 ff.

„If one wishes to understand the operation of a complete system, he normally must do so through functional analysis, in terms of its subsystems... If a neurobiologist wishes to attain understanding of a nervous system, he certainly may do it... in terms of the functional significance of each system element, or subsystem."[23]

Die Art der Integration

Bolzano hat einmal bei der Bestimmung des Unterschieds von „Ganzen" und „Summen" einen Gesichtspunkt hervorgehoben, der auch für uns hier wichtig ist. Er schreibt: „Inbegriffe einer solchen Art, in denen nicht nur die Verbindung der Teile als etwas Gleichgültiges, sondern die Teile der Teile als Teile des Ganzen betrachtet werden dürfen, erlaube ich mir mit einem von den Mathematikern entlehnten Ausdruck Summen zu nennen."[24]

Wichtig ist für uns an dieser Aussage, daß nur für Summen eine *Transitivität* der Teil-Eigenschaft angenommen werden darf, nicht aber für Ganze oder Ganzheiten. In einer Ganzheit oder Gestalt sind die Teile so *integriert,* daß es oft kaum möglich ist zu sagen, daß sie echte „Teile" des Ganzen sind. Dies meint unter anderem Gesichtspunkt auch Mill, wenn er als Grundsatz seiner „mental chemistry" festhält: Die komplexen Einheiten entstehen wohl aus den Elementen, sie bestehen aber nicht aus ihnen[25].

Die besondere Art der Vereinheitlichung, die *Integration* von Elementen zu einer Ganzheit können wir mit einem passenden, aus der Chemie entlehnten Begriff auch als *Synthese* der Elemente zum Ganzen bezeichnen: die Synthese von (chemischen) Elementen zu einer (chemischen) Verbindung ist keine Summierung, sondern sie führt zu etwas völlig Neuem, mit neuen, anderen Eigenschaften als sie die Elemente aufweisen. Ein einfaches Beispiel: die Verbindung des weichen Metalls Natrium, das mit Wasser heftig reagiert, und des giftigen Gases Chlor führt zum Kochsalz (Natriumchlorid). Hier kann man sogar nachweisen, daß Kochsalz nicht aus Natrium- und Chlor-Atomen „besteht" – es besteht aus Na^+- und Cl^--Ionen, die bereits andere Eigenschaften als die entsprechenden Atome haben. Die Beispiele ließen sich beliebig häufen, es genüge hier der Hinweis, daß so verschiedene Stoffe wie Alkohol, Essigsäure, Zucker, Vitamin A und viele hundert andere nur aus Kohlenstoff, Wasserstoff und Sauerstoff bestehen, und daß selbst die Anzahl der atomaren Teilchen den Charakter eines Stoffes noch nicht bestimmt: so haben Essigsäure, Glykolaldehyd (der ein-

---

23 Edwin R. Lewis: Neural Subsystems: Goals, Concepts, and Tools. The Neurosciences (II). 1970. p. 395.

24 Bolzano: Wissenschaftslehre (1837 f.) § 84, (Ausg. W. Schultz) 2. Aufl. Leipzig 1929, Bd. I. S. 400.

25 John Stuart Mill: A System of Logic. Vol. II, Book VI, Chapter IV, § 3. (3d ed. 1851, p. 425.)

fachste Zucker) und der Ameisensäure-methyl-ester alle drei die gleiche Bruttoformel $C_2H_4O_2$. Entscheidend ist somit nicht nur Art und Menge der elementaren Bestandteile, sondern auch und vor allem ihre *Anordnung* in der Molekel.

Man kann daher sagen, daß die folgende, auf biochemische Verhältnisse zugeschnittene Aussage für alle Ganzheiten, speziell auch für die V-Ganzheiten gilt: „The assembly exhibits many properties not found in its individual constituents and, indeed, even the properties of individual constituents are no longer the same as a result of incorporation into the more complex structure."[26]

Wir brauchen also nicht zu befürchten, daß wir bei einer molekularen Untersuchung der V-Gestalten im Sinne einer chemischen Analyse den Blick für die Ganzheit oder Gestalt verlieren und in einen „Atomismus" geraten, wie er in den Übertreibungen der alten „Elementen-Psychologie" nicht immer vermieden wurde.

Die Grundbegriffe

Eine Untersuchung der V-Gestalten und ihrer Elemente erfordert eine Erklärung der beiden Grundbegriffe „Ganzheit" und „Gestalt", die nicht immer streng unterschieden werden.

a) Eine *Ganzheit* oder weniger genau ein *Ganzes* ist eine Vereinigung von Einheiten oder Elementen zu einer übergeordneten Einheit derart, daß – nach einem Satz von WERTHEIMER[27] – „was im Ganzen geschieht sich nicht daraus herleitet, wie die einzelnen Stücke sind und sich zusammensetzen, sondern umgekehrt, wo – im prägnanten Fall – das, was an einem Teil dieses Ganzen geschieht, bestimmt ist von inneren Strukturgesetzen dieses Ganzen". Speziell für die V-Gestalten können wir – wenn auch nicht in allen Fällen – diese Definition verschärfen durch die folgende von BURKAMP: „Ein Ganzes ist eine durch sinnbedingten Zusammenschluß von Einheiten gebildet zu denkende neue Einheit. Die Einheiten, die das Ganze bilden, heißen in dieser Funktion die Teile des Ganzen."[28]

b) Der Begriff *Gestalt* bedeutet eine „Verschärfung des Ganzheitsbegriffs". Eine charakteristische Eigenschaft einer „Gestalt" ist (nach EHRENFELS): „daß gerade bei Änderungen, die sämtliche Teile eines Ganzen betreffen, seine Eigenart erhalten bleibt, falls dabei die Struktur des Ganzen erhalten bleibt." (W. METZGER)[29]

Der aus der Wahrnehmungs-Theorie stammende Ausdruck „Gestalt" hat den Charakter des *Anschaulichen* auch für die allgemeine Gestalt-

[26] HENRY R. MAHLER, EUGENE H. CORDES: Biological Chemistry. 2nd ed. New York, Evanston, San Francisco, London 1971. p. 2.

[27] Zitiert nach dem Artikel „Ganzheit – Gestalt – Struktur" von WOLFGANG METZGER im Lexikon der Psychologie. herausg. v. W. ARNOLD, H. J. EYSENCK u. R. MEILI. Freiburg, Basel, Wien 1971. Bd. I. Spalte 676.

[28] WILHELM BURKAMP: Die Struktur der Ganzheiten. Berlin 1929. S. 1.

[29] W. METZGER: Lexikon der Psychologie. Spalte 679.

Theorie behalten. Er läßt sich schwer umschreiben, sondern ist unmittelbar erlebbar und nachvollziehbar, was z. B. deutlich wird an der gestaltpsychologischen These der „Tendenz zur guten Gestalt“[30]. Die *Transponierbarkeit* der Gestalt besagt, formal gesehen, daß hier gleichsam die „Ganzheit qua Ganzheit“, unabhängig von ihren Elementen im Blickpunkt steht.

Doch stellt die Transponierbarkeit noch viele Probleme; praktisch betrifft sie vor allem das *Wiedererkennen* einer Gestalt, sie spielt damit auch eine Rolle bei den heute weit verbreiteten Untersuchungen über „maschinelle“ Gestalterkennung. METZGER spricht einmal ausdrücklich von einer „Ähnlichkeit (Wiedererkennbarkeit) von Wahrnehmungsgebilden bei Transposition“ und von der „Ähnlichkeit von Melodien, Intervallcharakteren und Klangfarben bei verschiedener Tonart und verschiedenem Zeitmaß“[31]. Tatsächlich ist ja z. B. eine in c-moll gespielte Melodie nicht mehr die gleiche, wenn sie nach b-moll transponiert wird; ihr „Charakter“ hat sich verändert – wohl aber kann man sie „wiedererkennen“.

Zur Analyse der V-Gestalten

1. Eine Analyse der Verhaltensgestalten in einfachere und schließlich elementare V-Einheiten kann sich nicht damit begnügen, diese Glieder und Teile aufzuweisen, sondern sie muß – will sie das Entstehen des Ganzen aus den Teilen verständlich machen – stets berücksichtigen, welche Funktionen diese Teile im Ganzen ausüben. Dies kann zunächst formal geschehen, das heißt unter Berücksichtigung einer „Systematik der S-R-Relationen“: handelt es sich jeweils um ein *spontanes* oder ein *reaktives* Verhalten, und weiterhin um eine Antwort, eine Reaktion, einen Reflex usw.? Denn da dieselbe elementare oder Teil-V-Einheit sowohl in dieser als auch in jener S-R-Funktion im Ganzen fungieren kann, bestimmt sie den Charakter der Ganzheit mit, während andererseits die jeweilige Art ihrer Funktion durch ihre Stellung im Ganzen bestimmt wird.

---

[30] Allerdings gibt es mehrere Versuche, auch die „gute Gestalt“ informationstheoretisch zu erfassen. Als erster ging wohl ATTNEAVE (1953) von dem Gedanken aus, „daß die Umweltreize, welche als ‚gute Gestalten‘ erlebt werden, weniger Information enthalten“. Damit müßten „alle Wahrnehmungskomplexe, die den ‚Gesetzen‘ der guten Gestalt entsprechen, einen sehr hohen Grad an Vorhersagbarkeit zeigen“, womit prinzipiell die Grundlage für quantitative Versuche gegeben wäre. Vgl. dazu ERICH MITTENECKER u. ERICH RAAB: Informationstheorie für Psychologen. Göttingen 1973. S. 141 ff.

[31] WOLFGANG METZGER: Psychologie. 2. neubearb. Aufl. Darmstadt 1954. S. 54.

Bei der Zerlegung selbst wird man weiterhin beachten müssen, ob die Teile in zeitlichem *Nacheinander* oder *Nebeneinander* auftreten, ob es sich also bei den Ganzheiten um *V-Sequenzen* oder um *V-Netze* handelt. Diese und andere Kriterien für eine Analyse der V-Gestalten werden an einem biologischen Beispiel deutlicher werden:

2. Am Verhalten einer Grabwespe schildert EIBL-EIBESFELDT „die Ordnung nach Folge und Gleichzeitigkeit", die zugleich eine „hierarchische Ordnung des Verhaltens" widerspiegelt und „verschiedene Integrationsstufen erkennen läßt". Er schreibt:

„Die im Frühsommer schlüpfenden Grabwespen (*Ammophila campestris*) kommen in Fortpflanzungsstimmung und sind dann bereit, sich zu paaren, und ihre Brut zu pflegen. Der Brutpflegestimmung sind nun eine Reihe von Triebhandlungen untergeordnet: Nestplatzsuche, Nestbau, Raupenjagd, Eiablage, Füttern der Larven und Öffnen und Schließen der Nester. Und jeder dieser Triebe wiederum besteht aus Ketten von Einzelhandlungen, die von auslösenden Reizsituationen kontrolliert werden. So sucht die Grabwespe zunächst nur ein Nest, und erst wenn sie einen geeigneten Platz gefunden hat, beginnt sie scharrend und beißend das Nest zu graben, wobei sie den losgegrabenen Sand wegträgt. Ist die Nestkammer fertig, verschließt sie den Eingang mit einem passenden Klümpchen. Nun kommt die Wespe in eine neue Stimmung: Sie sucht eine Raupe, ergreift und tötet sie. Ist dies geschehen, dann löst der Eintragetrieb den Jagdtrieb ab, und es folgen die Instinkthandlungen Transportieren, Ablegen der Raupe vor dem Nest, Nestöffnen, Hineinkriechen, Sichumdrehen, Ergreifen und Hineinziehen der Raupe. Schließlich legt die Wespe ein Ei ab und verschließt das Nest. Sie besucht das Nest in der Folge wiederholt, und ist die Larve geschlüpft, wird sie zunächst mit kleinen und später mit größeren Raupen gefüttert; hat sie sich schließlich verpuppt, verschließt die Schlupfwespe das Nest endgültig. Sie richtet ihr Verhalten dabei situationsgemäß ein, bringt etwa weniger Raupen, wenn schon viele im Nest sind, oder kleine, wenn die Larve noch klein ist (G. P. BAERENDS, 1941)."[32]

Dies ist eine recht lange und heterogene V-Sequenz, die aber doch „sinnvoll" zu einem Ganzen geschlossen ist, bei dem sozusagen ein Glied in das andere greift. Gerade dieses Ineinandergreifen ist aber interessant: der Auslöser für eine neue Teileinheit ist jeweils eine besondere *„Stimmung"* (im Sinne der *Ethologie,* I, 149 f.), die Frage ist nur, ob diese Folge von Stimmungen als solche „programmiert" ist, oder ob sie, wie EIBL-EIBESFELDT schreibt, jeweils durch „Reizsituationen ausgelöst" wird. Ist dies der Fall, so besagt es: eine jeweils neue oder etwas „andere" Situation löst die neue Stimmung aus – die „neue" oder „andere" Situation ist aber das Ergebnis des Verhaltens des Tieres, des „Behandelns" der Situation durch das Tier. Der „neue" Situations-

[32] IRENÄUS EIBL-EIBESFELDT: Grundriß der vergleichenden Verhaltensforschung. München 1967. S. 168.

Stimulus ist also für das Tier bereits gekoppelt mit einem Verhaltens-Stimulus und, im einfachsten Sinn, mit einem Erfolgs-Stimulus – es handelt sich also um eine *Rückkopplung*. Und das besagt, daß letztlich auch die „Instinkthandlung" durch den *Erfolg* gesteuert wird, wobei „Erfolg" hier nur besagt, daß etwas, das den weiteren Ablauf des Verhaltens bedingt, geschehen ist, ohne daß das Tier dieser Tatsache irgendwie „innesein" muß: das Geschehene steuert „als Geschehenes" – eben als „neue Situation" – den weiteren Ablauf der V-Ganzheit.

Ist der Ablauf der Situationen z. B. durch Eingriff von außen gestört, so unterbricht dies die Verhaltenssequenz. v. Frisch berichtet über Versuche, bei denen man einer Wespe, die soeben ihr Nest mit Raupe und Ei darin verschlossen hatte, eine zweite Raupe vor das Nest legte. Die Wespe sah die Raupe, und der Ablauf des situationsgemäßen Verhaltens setzte ein: sie öffnete das Nest, – und fand dort die bereits vorhandene Raupe; also verschloß sie, durch diese Situation bestimmt, das Nest wieder – kehrte um, sah die Raupe draußen, öffnete das Nest erneut und so fort[33]. Ist die Situation aber nur verändert, so ist die Wespe in der Lage, sich ihr anzupassen, also zu *lernen*. So nimmt in einem Versuch Baerends (1941), während die Wespe das Innere des Nests inspiziert, die draußen abgelegte Raupe „und legt sie etwas weiter vom Baueingang weg, dann sucht die Wespe, bis sie die Raupe findet, schleppt sie wieder zum Baueingang, und es wiederholt sich der ganze Ablauf mit Ablegen, Inspizieren etc. noch einmal. Dies wiederholt sich, bis nach 30 bis 40 Versuchen die Grabwespe die Raupe doch direkt, ohne sie wegzulegen, in den Bau trägt"[34].

Teileinheiten und Elemente

Das angeführte Beispiel zeigt schon, daß in der Sequenz der Verhaltensgestalt verschiedene Untereinheiten mehrfach auftreten, wie z. B. laufen, tragen, suchen, die wir als Teileinheiten auch anderer Verhaltensgestalten finden können. Als Teileinheiten von Verhaltensgestalten sind sie nicht starr sondern jeweils spezifisch für die Ganzheit, zu der sie gehören; die verschiedenen Ausprägungen haben aber doch soviel Gemeinsames, daß die Sprache sie mit demselben Namen belegt. Die Untereinheiten sind selbst wieder, in verschiedenem Grade, komplex, und wir können die Analyse weiterführen z. B. bis zu den verschiedenen Bewegungsphasen etwa des Laufens[35], oder zu den Phasen des trial-and-error Verhaltens beim Suchen usw.

Gehen wir noch weiter, so kommen wir zu den R_i, den *inneren Reaktionen* im System, zunächst zu den bewegenden Untersystemen – den Muskeln des Organismus – und weiter zu den Befehls- und Steue-

---

33 Karl v. Frisch: Du und das Leben (alte Ausgabe). Berlin 1936. S. 151.

34 Eibl-Eibesfeldt: a.a.O. S. 219.

35 Vgl. dazu Günter Tembrock: Grundriß der Verhaltenswissenschaften. 2. Aufl. (Grundbegr. d. mod. Biol. Bd. 3.) Stuttgart 1973. S. 27 ff.

rungsübermittlern, also den Nerven – und zu den komplizierten *Schaltnetzen,* die letztlich den Bewegungsgestalten zugrunde liegen.

Der Übergang von den Elementen der Verhaltensgestalten zu den R_i, also zu den Vorgängen in den Muskeln und Nerven bis hin zu den Schaltsystemen bedeutet offensichtlich ein Überschreiten der oben erwähnten „Grenze der Analyse“, formal gesehen einen Übergang von der Verhaltensforschung zur Physiologie: Die Einheiten der Neurophysiologie, die „Schalteinheiten“ sind infolge der anderen Fragestellung und des anderen Gesichtspunkts auch anders definiert als die der Verhaltensforschung, und es gibt zunächst etwa zwischen dem Schaltschema einer bestimmten Bewegung der Armmuskeln und der „entsprechenden“ Bewegung, z. B. beim Boccia-Spiel, wo es gilt, Richtung und Entfernung möglichst genau zu steuern, nur eine *Zuordnung,* aber keine unmittelbar einsehbare Beziehung. Gerade diese Grenzüberschreitung aber ist wichtig, d. h. die Art der Zuordnung ist ein entscheidendes Problem, das nun von den beiden Seiten aus angegangen werden muß. Dies führt zu zwei Konsequenzen, nämlich einer praktischen: zur Ausbildung einer neuen „Disziplin“; und einer wissenschaftstheoretischen – auch auf diese müssen wir hier kurz eingehen. Doch zunächst die praktische Konsequenz:

Die Neuroethologie

Wir lesen bei Tembrock: „Die Untersuchung der neuronalen Grundlage des Verhaltens ist ein Teilgebiet, für das der Name ‚*Neuroethologie*‘ eingeführt wurde.“[36] Sie „befaßt sich mit den nervösen Grundlagen des Verhaltensaufbaus, der Verarbeitung von Informationen, ihrer Speicherung, Auslese, Programmierung und Integration im Rahmen eines koordinierten und biologisch adaptierten Verhaltens, dessen Wirkungsgefüge über Phylogenese und Ontogenese (zusammen als ‚Hologenese‘ bezeichnet) aufgebaut ist“.

„Die wesentlichsten Verfahren der Neuroethologie sind die Ableitung elektrischer Potentiale von bestimmten Bereichen des Nervensystems (gegebenenfalls auch von einzelnen Nerven- bzw. Sinneszellen), ferner das Setzen elektrischer definitiver Reize; seltener werden auch chemische oder andere physikalische Reize (z. B. Ultraschall) verwendet, oder es werden Teile des Nervensystems ausgeschaltet, um aus den dadurch erzielten Verhaltensänderungen Einblicke in funktionelle Zusammenhänge zu gewinnen.“ Diese Methoden werden uns nachher, bei der Besprechung der „Lokalisation des Lernens“ wiederbegegnen und dort besprochen werden, hier interessiert „die am meisten geübte Methode, die elektrische Hirnreizung, bei der vor allem die Schule von Hess in Zürich bahnbrechend war“[37].

Bei diesen Versuchen ist es gelungen, zahlreiche Verhaltensformen, einfache wie auch komplizierte, das heißt Ganzheiten von bestimmten

[36] Tembrock: a.a.O. S. 136.

[37] Tembrock: a.a.O.

Hirnbereichen in Tieren auslösen; hierfür nur ein Beispiel aus den Untersuchungen an Katzen: „Im Rahmen des agonistischen Verhaltens ...: Drohen allein; Drohen, gefolgt von Angriff; Drohen, gefolgt von Flucht; Flucht allein. Als typische Komponenten des Drohens ließen sich auch isoliert von bestimmten Hirnbereichen diese Verhaltensweisen auslösen: Öffnen der Augen, Pupillendilatation, Haarsträuben, Ohrensenken, Ohrenanlegen, Ducken, Vorwärtsrotieren der Vibrissen, Kopfsenken, Krallenvorstrecken, Rückenkrümmen, Strecken und Versteifung der Extremitäten, beschleunigte, tiefere Atmung, Miktion und Defäkation, Grollen und Jaulen, Kreischen, Fauchen, Aufstehen, Schwanzzittern, Schwanzschlagen und Anheben der Schwanzwurzel."[38] Dabei „lassen sich diese Komponenten so auslösen, daß vom Normalverhalten nicht unterscheidbare Koordinationen zustande kommen". Zahlreiche Untersuchungen in verschiedenen Laboratorien haben die Ergebnisse von HESS bestätigt und weiter ausgebaut, so vor allem Untersuchungen von v. HOLST und Mitarb.[39], so daß TEMBROCK zu folgender Kennzeichnung der Situation kommt: „Generell kann aus zahlreichen Versuchen, die an Säugetieren zur Klärung neurophysiologischer Grundlagen des Verhaltens durchgeführt wurden, gesagt werden, daß es angeborene neuronale Dispositive gibt, die durch wiederholte Ausübung weiterentwickelt und in die individual-spezifische Umwelt eingepaßt werden können. Daneben gibt es eine Erwerbsmotorik von erlernten Bewegungsmustern, die sich allmählich automatisieren können, indem deren neuronales Dispositiv durch fortgesetzte Inanspruchnahme schließlich organisch fixiert wird."[40]

Entsprechend ergab sich nach SINZ aus den elektrischen Reizungen: „daß alle komplexen Verhaltensfolgen aus Teilakten bestehen, die man von anderen Reizfeldern auch isoliert auslösen konnte. ... Endhandlungen können einmal durch ihre speziellen untergeordneten Antriebe aktiviert werden, im anderen Fall aber als Glied eines Verhaltenskomplexes durch einen basalen Drang verursacht sein."[41]

Formal physiologisch gesprochen sind die „neuronalen Dispositive" angelegte Schaltungsmuster im Netz des Nervensystems, während die „erlernten Bewegungsmuster" mögliche, also potentielle Schaltungsmuster sind, die durch das Erlernen „realisiert" werden. Dabei ist nun aber wichtig, daß solche Schaltungseinheiten austauschbar sind, d. h. in verschiedenen Schaltungsganzheiten auftreten können, die dann die neurophysiologische Grundlage für die ausgeführten Verhaltensganzheiten sind. Und es folgt aus den Ergebnissen, daß die „elementaren" Schal-

---

38 a.a.O. S. 137.

39 Zu Einzelheiten vgl. TEMBROCK a.a.O., spez. S. 139 f.; IRENÄUS EIBL-EIBESFELDT: Grundriß der vergleichenden Verhaltensforschung München 1967, S. 172 ff. und speziell: ERICH V. HOLST and URSULA V. SAINT PAUL: Electrically controlled behavior. in: Psychobiology. (Readings from Scientific American) 1967. p. 56 ff.

40 TEMBROCK: a.a.O. S. 139.

41 RAINER SINZ: Lernen und Gedächtnis (UTB 358) Stuttgart 1974. S. 36.

tungsmuster offenbar anatomisch *lokalisiert* sind, jedenfalls soweit lokalisiert, daß sie von bestimmten Hirnabschnitten aus aktiviert werden können. Auch dieses Problem wird uns nachher bei der „Lokalisierung des Lernens" beschäftigen. Es führt aber zugleich zu der zweiten oben erwähnten Folgerung:

Die unspezifischen Elemente

Ein wichtiges, wenn auch nicht notwendiges, Prinzip einer Elementartheorie komplexer Ganzheiten ist, daß die Anzahl der Elemente kleiner, ja wesentlich kleiner ist als die der Ganzheiten. Die Chemie bietet dafür ein besonders deutliches Beispiel: die ca. 3 oder 4 Millionen Stoffe, die die Chemie kennt, sind Verbindungen von nur ca. 100 Elementen; ob es sich um Sterne, Gebirge oder Lebewesen handelt, die Untersuchung findet in ihnen immer dieselben Elemente, Auswahlen aus jener Liste von 100 Elementen. Und die Sprache ist ein noch deutlicheres Beispiel: durch mechanische Kombination von ca. 30 Elementen (Buchstaben, Satzzeichen) können nicht nur sämtliche Wörter einer Sprache gebildet werden, sondern (prinzipiell) eine *Universalbibliothek*, die alles enthält, was in dieser Sprache je geschrieben ist oder geschrieben werden kann[42].

Aus dem Prinzip folgt aber weiter, daß die Elemente ihren Eigenschaften und ihrem Verhalten nach in bezug auf Eigenschaften und Verhalten der Ganzheiten *unspezifisch* sind, dies gilt – wie wieder ein chemisches Beispiel deutlich macht – auch für die Spezifität der biologischen Arten. Die Eiweiß-Stoffe der Organismen sind artspezifisch, und artfremdes Eiweiß, das z. B. in den Blutkreislauf gerät, kann zu schweren Schockwirkungen führen. Organismus B ernährt sich aber auch und vorwiegend von Eiweiß der Organismen A, um daraus arteigenes Eiweiß b aufzubauen. Bei der Verdauung werden die Eiweiß-Körper a in ihre unspezifischen (artunspezifischen) Bausteine zerlegt: in die Aminosäuren, denn alle Eiweiß-Stoffe bestehen aus Aminosäuren – ca. 20 verschiedenen –, und die Primärstruktur der Eiweiß-Stoffe, der Proteine, bestimmt ihre Spezifität ähnlich wie die „Primärstruktur" der Wörter lahm, halm und mahl deren sprachliche Spezifität bestimmt. Die Aminosäuren werden von B resorbiert und B „baut" aus ihnen seine eigenen Eiweiß-Stoffe auf. Die Aminosäuren sind aber selbst charakteristisch strukturierte Verbindungen von Kohlenstoff, Wasserstoff, Sauerstoff und Stickstoff, Verbindungen mit spezifischen Eigenschaften und einem spezifischen (chemischen) Verhalten bei Reaktionen mit anderen Stoffen. Ihre Eigenschaften und ihr Verhalten innerhalb eines Proteins und damit ihr Beitrag zu den spezifischen Eigenschaften und dem spezifischen Verhalten dieses Proteins werden wesentlich be-

---

[42] Vgl. zur Universalbibliothek Otto Kraemer: Automat und Mensch. Universitas *13* (1958), *512*; sowie H.-J. Flechtner: Grundbegriffe der Kybernetik. 5. Aufl. 1970. S. 83 ff. – *S. a. u. S. 314 ff.*

stimmt durch ihre Stellung in der Kette der AS, der Primärstruktur des Proteins.

Ähnlich müssen wir uns vorstellen, daß die kleineren oder elementaren *Verhaltens-Einheiten* „unspezifisch" sind, d. h. daß sie in verschiedenen Verhaltensganzheiten enthalten sein können, wobei sich ihre Eigenschaften und Verhaltensfunktionen je nach ihrer „räumlichen" oder „zeitlichen" Stellung – im Netz oder in der Sequenz – modifizieren und so zur charakteristischen Verhaltensgestalt ihren Beitrag liefern. Und das Entsprechende dürfte dann auch für die R_i im Organismus, also letztlich für die Schalteinheiten, Schaltkreise und Schaltnetze gelten, die die Verhaltensgestalten „aufbauen" und das Verhalten steuern und regeln.

Bei der Wichtigkeit der „unspezifischen" Elemente der Ganzheiten sei dieses Thema noch von zwei anderen Gesichtspunkten aus beleuchtet:

So heißt es z. B. bei R. F. SCHMIDT: „Die komplexen Fähigkeiten des Gehirns werden vor allem durch eine entsprechende Verknüpfung der Neurone erzielt.... Diese Verknüpfungen gleichen den ‚integrierten Bausteinen' in der Elektronik, also vorfabrizierten Verschaltungen, die für häufig wiederkehrende Aufgaben in den verschiedensten elektronischen Geräten eingesetzt werden können." Ein Beispiel dafür sind die *Reflexbögen.* „Sie dienen dazu, immer wieder vorkommende stereotype Reaktionen des Organismus auf seine Umwelt in zuverlässiger Art und Weise und mit möglichst geringem Aufwand durchzuführen."[43]

HEINZ V. FOERSTER sieht das Problem vom Standpunkt der Molekularbiologie aus: „Molecular genetics is one example of a successful bridge that links a phenomenology of macroscopic things experienced directly ... with the structure and function of a few microscopic elementary units.... An important step in building this bridge is the recognition that these elementary units are not necessarily the sole constituents of the macroscopic properties observable in things, but are determiners for the synthesis of units that constitute the macroscopic entities."[44]

Die Tatsache, daß die *Elemente* der V-Ganzheiten *unspezifisch* sind, ja sein müssen, sollen aus ihnen alle V-Ganzheiten synthetisiert werden, führt zu einer weiteren Einsicht: daß nämlich die Unterscheidung der verschiedenen S-R-Relationen, also ob es sich um „Ursachen", „Reize" „Signale" handelt, nur oder wesentlich in der *molaren* Betrachtung entsteht. Je weiter wir in den *molekularen* Bereich vordringen, desto mehr verschwinden auch die charakteristischen Merkmale der besonderen S-R-Relationen, die sich damit selbst als V-Einheiten erweisen, deren Analyse zu den unspezifischen Elementarvorgängen führt, die jeweils *determiniert,* also kausal bestimmt sind.

---

[43] R. F. SCHMIDT: Physiologie kleiner Neuronenverbände, Reflexe. In: Neurophysiologie. herausg. v. R. F. SCHMIDT. (Heidelb. Taschenb. 96) Berlin, Heidelberg, New York 1971. S. 104.

[44] HEINZ V. FOERSTER: Molecular Ethology. in: Molecular Mechanisms in Memory and Learning. ed. G. UNGAR. New York, London 1970. p. 213.

Umgekehrt ergibt sich daraus auch, daß und warum „das Verhalten“ eines Organismus, also die Vielfalt seiner V-Ganzheiten, wenn überhaupt, so nur schwer kausal erklärt werden kann. Jedenfalls ist es ein wahrscheinlich „ideales“ Ziel einer biologischen Theorie des Verhaltens zu erklären, wie z. B. aus den elementaren physiologischen und biochemischen Elementarvorgängen „Antworten auf“ Situationen entstehen. Dies gilt, wie z. B. HARMON betont, selbst schon für den neurophysiologischen Bereich: „In neurophysiology, it seems hopeless to accept the standard argument that one must start at the lowest levels (e. g. molecular, subcellular), opening *all* black boxes before going on to greater system complexity.“[45]

Die Gestalten

Für die Verhaltens-Ganzheiten wie auch für die entsprechenden Schalteinheiten und Ganzheiten gilt aber auch, daß es sich um *Gestalten* im strengen Sinn handeln kann, daß „Ganzheiten qua Ganzheiten“ *(s. S. 25)* übertragbar sein können, unabhängig von der Natur ihrer Teile und Elemente. Dies ist besonders wichtig für das *Lernen,* genauer für das Phänomen, das man als *Lerntransfer,* als „Erlernen bestimmter Lernstrategien“ bezeichnet. Ein solcher Lerntransfer ist nicht nur dem Menschen eigentümlich, sondern läßt sich auch bei Tieren beobachten (I, 241, 326 f.).

---

[45] LEON D. HARMON: Neural Subsystems: An Interpretive Summary. The Neurosciences (II). 1970. p. 486.

Allgemeine Schaltanalyse des Lernens

Das N-System und das Problem der Modelle

Das N-System

1. Das *äußere Verhalten* eines Organismus, allgemeiner eines Systems, ist eine Einheit, die aus dem Zusammenwirken vieler Bewegungs- und Steuerungsorgane, allgemein: vieler *Untersysteme* entsteht. Entsprechendes gilt für das *innere Verhalten,* und zwar sowohl für dasjenige, das in das äußere Verhalten mit hinein gehört, als auch für dasjenige, das nicht – oder nur als *Ausdruck* (Gesten, Mimik usw.) – nach außen in Erscheinung tritt. Betrachten wir die jeweiligen Tätigkeiten der Untersysteme (US), ihren jeweiligen Beitrag zum Gesamtverhalten, als *Elemente* des Verhaltens, so entsteht das Ganze als ein Nebeneinander, Nacheinander, allgemein als ein *Miteinander* elementarer Verhaltensakte (VA). Man kann auch von einem *Muster* (pattern) elementarer VA sprechen, das wie das Zeichenmuster eines Signals in bestimmter Weise geordnet sein muß. Man kann geradezu festlegen: Das Gesamtverhalten des Systems Σ in einem Zeitpunkt in einer Situation ist eine *codierte Anordnung* von Elementarverhalten der Untersysteme. Dies wäre etwa die *formale* „Auflösung" der *V-Gestalt,* da es sich ja jetzt nicht mehr um deren elementare Einheiten, sondern letztlich um Schaltungen, genauer um Schalt-Ganzheiten handelt.

Codiert, das besagt, daß das Zusammenspiel und Zusammenwirken der US nach einem *Plan* aus dem „Alphabet" möglicher Verhaltensweisen aller US *ausgewählt* und nach einem *Code* zur Einheit zusammengeschlossen wird. Dieser „Plan" kann das angeborene Verhaltensschema sein, der AAM der Ethologen, der durch einen „Schlüsselreiz" ausgelöst wird (I, 146 f.), er kann aber auch ein erlerntes Schema sein, der EAM, der das angeborene ersetzt oder modifiziert (I, 158 f.). Der Code bestimmt auch hier das Nebeneinander bzw. Nacheinander der elementaren VA, man kann deshalb auch von einer Auftretens- und Folge-Häufigkeit bzw. -Wahrscheinlichkeit sprechen und weitere informationstheoretische Begriffe anwenden, um Bildung und Struktur eines solchen Verhaltensmusters sozusagen „in den Griff zu bekommen".

Die *Codierung* dieses Musters setzt das Vorhandensein bestimmter Beziehungen zwischen den US voraus, genauer gesagt: die Möglichkeit einer *Kommunikation* zwischen ihnen, wie wir oben unter anderem Gesichtspunkt schon betont haben. Vermittelt wird diese Kommunikation durch S-R-Beziehungen, und zwar in allen Varianten, also als Ursache – Wirkung, als Reiz – Auslösung und als Signal – Antwort.

2. Sind die Arten der zwischen den US bestehenden S-R-Beziehungen verschieden, so sind es auch *die Funktionen,* die diese „als Signal"-Wirkungen im Rahmen der Codierung ausüben müssen. Derartige Funktionen sind z. B. rein formal: Aktivierung, Hemmung, Steuerung, Kopplung usw. Die *Mittel* der „als Signal"-Wirkungen können – bei einem Organismus – sein a) *physiologische,* und zwar speziell nervöse, und b) *chemische.* Allgemeiner können wir hier von *Schaltungen* sprechen, und das bedeutet: die Codierung des Verhaltens-Musters besteht in der Herstellung eines bestimmten, dem „Schema" entsprechenden *Schaltungsnetzes.* Sowohl die physiologischen als auch die chemischen „Schaltungen" werden uns später beschäftigen, hier, in der Allgemeinen Schaltanalyse, geht es um *Schaltprinzipien* und um *Schaltelemente,* mit deren Hilfe derartige Netze aufgebaut werden können, ganz gleich ob es sich um Modelle, Maschinen, um Organismen, Gemeinschaften oder sonstige Systeme handelt.

Nur empfiehlt es sich für uns, um Raum zu sparen und um Wiederholungen zu vermeiden, die allgemeine Schaltanalyse bereits am *Nervensystem* (N-System) zu exemplifizieren und somit auch spezielle physiologische Fakten als Beispiele zu verwenden.

Das Problem der Modelle

1. Gegeben ist ein kompliziertes Netz von Verbindungen, im speziellen Fall als Beispiel ein *Neuronennetz.* Dieses Netz und seine Funktionen, ja Funktionsmöglichkeiten gilt es zu verstehen. Dabei müssen wir, um Mißverständnisse zu vermeiden, betonen, daß das Neuronennetz kein „kontinuierliches" Netz ist, sondern nach der Neuronentheorie ein funktionelles Geflecht; mit den Worten von ECCLES: „Implicit in the neurone theory was the assumption that nerve cells must enter into functional connection with one another by contiguity, not continuity."[1]

Eine *analytische* Untersuchung eines solchen Netzes ist aber wegen seiner Kompliziertheit unmöglich. Die folgende Schilderung vermittelt davon einen guten Eindruck[2]: „Even moderately complex metabolic systems and nerve nets involve many components which appear to be severally reversible, irreversible, closed, open, forced, facultative, stable, metastable, and unstable, within the same system. They involve multiple, mutually interdependent, dynamic components in simultaneous

[1] JOHN CAREW ECCLES: The Physiology of Synapses. Berlin, Heidelberg, New York, 1964. p. 1.

[2] R. B. LIVINGSTON: Some limitations affecting physics and mathematics as applied to biology and especially to the nervous system. in: Physics and Mathematics of the Nervous System. ed. M. CONRAD, W. GÜTTINGER, and M. DAL CIN, Berlin, Heidelberg, New York. 1974. p. 36.

action, constituting understructures that possess swirls and eddys of feed-back loops and altogether without any apparent single controlling focus." Nur eine Teilanalyse ist jeweils möglich, indem man einzelne Funktionskreise daraus isoliert, also z. B. im physiologischen Beispiel abgrenzbare Verhaltensformen wie Kontrolle von Bewegungen oder Entscheidung zwischen Angriff oder Rückzug untersucht. Für eine sinnvolle Isolierung kommt es eben darauf an, daß man weiß – wie YOUNG es formuliert hat (I, 6) – „what sort of system we are looking for"; sonst befinden wir uns in der Lage eines Menschen, der ohne nähere Kenntnis des Geräts vor dem Kabeldschungel eines Computers steht und herausfinden soll, welchen Funktionen die einzelnen Verbindungen dienen und wie das Gerät arbeitet.

Um zu wissen, wonach wir suchen, liegt es nahe, vom „anderen Ende" anzufangen, also vom Verhalten, speziell vom *Lernen,* auszugehen und das heißt: von der *Leistung* des Systems auf seine Bedingungen zurückzuschließen. Praktisch also: Welche Verbindungen und welche Schaltungen müssen gegeben sein, damit die betreffende Leistung vollbracht werden kann? Das aber wieder setzt eine Kenntnis davon voraus, wie überhaupt Schaltungen zu bestimmten Leistungen führen können.

Das „überhaupt" ist wichtig, es bedeutet, daß die Prinzipien jener Schaltungen in der *Allgemeinen Systemtheorie* gewonnen werden und aus ihr entnommen werden können; es bedeutet weiterhin, daß die so gewonnenen Schaltungen *allgemeingültig,* d. h. für jede Art von Systemen und Netzen gültig sind, unabhängig von ihrer „Natur", nur abhängig von der Funktion. Ein Beispiel haben wir in der „Grundlegung" schon erwähnt (I, 10): Dieselbe „Formel" einer solchen Schaltung kann interpretiert werden als eine elektrische Schaltung in einem Stromnetz, als ein mengentheoretischer Satz, als logische Implikation und als Neuronenschaltung im ZNS. Das Relationsgefüge ist stets dasselbe, nur die Variablen sind verschieden, je nach der Interpretation.

Ist dies aber so, dann gibt es neben dem analytischen Weg der Untersuchung eines solchen Netzes auch einen *synthetischen;* die Konstruktion von Modellen. Anders gesagt: „Man kann aber auch ... den Versuch unternehmen, auf Grund der bekannten Funktionsmöglichkeiten des einzelnen Ne (= Neuron, d. Vf.) rein synthetisch vorzugehen, indem man mögliche Schaltungen zur Lösung bestimmter Aufgaben zusammenstellt." (ERISMAN[3])

2. Es ist hier nicht der Ort, das Problem derartiger *Modelle* eingehend und theoretisch zu behandeln, nur auf einige Punkte muß hingewiesen werden, nämlich auf eine grundlegende Unterscheidung verschiedener Arten von Modellen und weiterhin auf gewisse naheliegende Fehlschlüsse, die man aus einer richtig arbeitenden Konstruktion ziehen könnte.

---

[3] THEODOR H. ERISMANN: Grundprobleme der Kybernetik. 2. vollst. neubearb. Aufl. Berlin, Heidelberg, New York 1972. S. 32.

Da der „Modell"-Begriff heute in vielen Wissenschaften eine große Rolle spielt, wollen wir die hier wichtige Unterscheidung von Modellarten, schon um ihre allgemeine Gültigkeit zu zeigen, einer ganz anderen Wissenschaft, nämlich der Linguistik entnehmen. Es handelt sich für uns hier um sog. „*Simulationsmodelle,* bei denen ein Ablauf simuliert ... wird. Dabei ist grundsätzlich zwischen zwei Typen zu unterscheiden, die *Funktions-* und *Leistungsmodell* heißen mögen. – *Leistungsmodelle* simulieren ein Verhalten nach dem Black-Box-Prinzip: bei einer gleichen Ausgangssituation, bei gleichen Ausgangsdaten, soll ein gleiches Ergebnis erzielt werden wie im simulierten Bereich. Der konkrete Verlauf, durch den das Ergebnis im Modell und im Original erzeugt wird, ist irrelevant, muß keinesfalls derselbe sein, und man darf von der Arbeitsweise und Strukturierung des Modells nicht auf das Original schließen. – *Funktionsmodelle* kopieren nicht nur Ausgangs- und Endzustände von Verhaltensweisen, sondern sie funktionieren in den im Modell enthaltenen Teilen in derselben Weise wie das Original." (BÜNTING[4])

Oder in einer biologischen Fassung desselben Gedankens: Die Autoren stellen sich das Problem „to clarify the processes of complex motor control in biological mechanisms by inquiring how one might design a robot to perform tasks requiring the coordination of various actions. We do not imply that the engineering solution will be identical to the biological one, but certainly an engineering analysis of the problems will provide a useful framework in which to discuss various hypotheses about biological functions." (ARBIB u. Mitarb.[5])

Und schließlich zu der biologischen auch noch eine psychologische Stellungnahme: „Das technisch-apparative Modell ist mit einem psychologischen Sachverhalt insoweit isomorph, als die logischen Strukturen beider Bezugssysteme identisch sind (Zemanek, 1961). Ein auf die Dauer vielversprechendes Thema der Psychologie sind u. E. ... diese (gemeinsamen) logischen Strukturen, nicht aber die technischen Abbildungsmodelle dieser Strukturen." Und: „Der große Fortschritt, der in der Inanspruchnahme der Kybernetik für die Psychologie gelegen ist, besteht in der ausdrücklichen Thematisierung der Strukturmerkmale, die dem Erleben, dem Verhalten, der organischen und der ‚technischen' Natur gemeinsam sind." (TH. HERRMANN[6])

Damit kommen wir zu den naheliegenden Fehlschlüssen:

a) Aus dem Gesagten ergibt sich unmittelbar: Wenn eine bestimmte Schaltung – z. B. in einer Maschine – zur Ausbildung einer „beding-

[4] KARL-DIETER BÜNTING: Einführung in die Linguistik. Frankfurt a. M. 1971. S. 25 f.

[5] M. A. ARBIB, G. F. FRANKLIN, and N. NILSSON: „Some Ideas on Information Processing in the Cerebellum" in: Neural Networks. ed. E. R. CAIANIELLO. Berlin, Heidelberg, New York 1968. p. 43.

[6] THEO HERRMANN: „Informationstheoretische Modelle zur Darstellung der kognitiven Ordnung". Handb. d. Psychologie Bd. I, 2. herausg. R. BERGIUS. Göttingen 1964. S. 657 f.

ten Reaktion" führt, dann ist der Schluß von der Schaltung auf die Leistung richtig; die Umkehrung des Schlusses aber – etwa in dem Sinne, daß bedingte Reaktionen (auch in Organismen) eine solche Schaltung voraussetzen – ist ebensowenig begründet wie die bekannte Umkehrung: wenn die Straße naß ist, hat es geregnet. Immerhin: es k a n n so sein.

b) Die *Schaltalgebra* zeigt, daß dieselbe Prinzipschaltung in sehr verschiedenen Formen realisiert werden kann. Es ist eine der praktischen Aufgaben jener Disziplin, komplizierte Schaltungen rechnerisch zu vereinfachen, also der jeweiligen Prinzipschaltung möglichst anzunähern.

Das besagt, daß es für jede Schaltung eine *optimale* Realisierung gibt – im Grenzfall die Prinzipschaltung selbst – und daß man diese aus einer gegebenen Schaltung rechnerisch ermitteln kann. Es ist nun durchaus denkbar, ja aus Gründen, die im weiteren Verlauf unserer Darstellung sichtbar werden, sogar wahrscheinlich, daß die „Lösung" des jeweiligen Schaltproblems, also die biologische Realisierung durchaus nicht die im schalttheoretischen Sinne „optimale" ist. Wir können daher von der schalttheoretisch optimalen Lösung bestenfalls auf das Prinzip der biologischen Realisierung schließen, nicht aber auf die tatsächliche spezielle Realisierung.

Weshalb dies so sein wird, läßt sich aus einer Aussage von LASHLEY folgern: daß nämlich „the same neurons which retain the memory traces of one experience must also participate in countless other activities"[7] – und dies gilt logischerweise auch für die Verbindungen zwischen den Neuronen, d. h. für das ganze Netz: die Schaltungen im ZNS müssen stets viele verschiedene Funktionen ermöglichen, sie werden daher für e i n e bestimmte Funktion sicherlich nicht die schalttheoretisch „optimale" Lösung darstellen.

c) Bei der besonderen Art des Neuronennetzes, z. B. in stofflicher Hinsicht, ist es denkbar, ja wiederum wahrscheinlich, daß im Organismus die gleiche Prinzipschaltung, die im Modell realisiert werden konnte, nicht nur anders – z. B. komplizierter – sondern auch *andersartig* realisiert sein wird. Ein Beispiel aus einem verwandten Bereich: Eine bestimmte chemische Reaktion in den Zellen eines Organismus benötigt zu ihrer Entstehung Energie. Die gleiche Reaktion kann im Labor etwa durch starkes Erhitzen realisiert werden – dem Organismus ist dieser Weg aus naheliegenden Gründen verschlossen, er muß anders vorgehen, gelangt aber an dasselbe Ziel.

d) Hinzukommt, worauf ERISMANN noch hinweist, und was mit den oben unter b) behandelten Fragen zusammenhängt, „daß die Analyse einer einzigen organischen Schaltung noch keineswegs bedeutet, daß die gleiche Aufgabe auch von anderen Organismen (oder auch nur von an-

---

[7] KARL S. LASHLEY: „In search of the engram" in: The Neuropsychology of Lashley. Selected Papers. Ed. by F. A. BEACH, D. O. HEBB, C. T. MORGAN, H. W. NISSEN. New York, Toronto, London 1960. p. 502.

deren Teilen desselben Organismus) in gleicher Weise angegangen wird. Zu viele Fälle sind bekannt, in denen die Natur zur Erreichung eines Zieles verschiedene Wege beschreitet"[8].

Das N-System und zwei technische Systeme: ein Vergleich

In der Einleitung zu seinem Beitrag über „Cellular Studies of Learning"[9] betont ERIC R. KANDEL, daß „knowledge of neuronal interconnection is so meager that no single function of the central nervous system, even the simplest, has been completely analyzed in terms of its ‚wiring' diagram". Dies ist einer der Gründe, weshalb wir hier einen scheinbaren Umweg einschlagen über einen Vergleich mit zwei anderen, ähnlichen Systemen aus der Technik. Ein anderer Grund ist, daß ein solcher Vergleich schon recht alt und geradezu „zwangsläufig" angestellt worden ist, nämlich der Vergleich der Nerven mit Telefon- oder Telegrafendrähten und des Nervennetzes mit einem technischen Nachrichtennetz. Der eigentliche Grund für unser Vorgehen aber ist, daß solche technischen „Netze" nicht pro domo konstruierte „Modelle", sondern vorliegende, in ihrer Arbeits- und Leistungsfähigkeit bewährte Systeme sind, die wir hier nun als *Modelle* in großem Maßstab ansehen. Wenn die Funktionsprinzipien technischer und biologischer Systeme „identisch" sind (s. o.), so müssen wir aus einem solchen Vergleich gewisse grundlegende Einsichten auch über die Funktion des N-Systems gewinnen können.

1. Die beiden „Modelle", die wir hier betrachten wollen, sind das *Fernsprechnetz* (F-System) und das *Eisenbahnnetz* (B-System). In einer etwas groben Verallgemeinerung wollen wir alle drei Systeme, das N-System, das F-System und auch das B-System als *Nachrichtensysteme* betrachten, also auch die Reisenden und die Güter als „Nachrichtenträger".

Die drei Systeme haben vielerlei gemeinsam; zunächst äußerlich, daß alle drei ungeheuer kompliziert sind, vielfältig verzweigt, innerlich verbunden und untereinander verflochten, so daß der Ausdruck „Netz" eine recht anschauliche Charakterisierung aller drei Systeme ist. Für das F-System wie auch für das B-System ist ferner kennzeichnend, ja bestimmend, daß man von jedem beliebigen „Ort" (Knotenpunkt im Netz) jeden beliebigen anderen Ort erreichen kann – evtl. mit „Umsteigen". Auf die Frage, ob dies auch für das N-System gilt, finden wir eine Antwort bei C. JUDSON HERRICK. Er schreibt: „Every neuron of the

[8] ERISMANN: a.a.O. S. 33.
[9] The Neurosciences (I). ed. G. C. QUARTON, TH. MELNECHUK, F. O. SCHMITT. New York 1967. p. 666.

cerebral cortex is enmeshed in a tangle of very fine fibers of great complexity, some of which come from very remote parts. It is probably safe to say that the majority of cortical neurons are directly ore indirectly connected with every cortical field."[10] SZENTÁGOTHAI formuliert dies nach MARK noch genauer: „he has estimated, informally, that the density of interconnections throughout the brain is such that one could trace a path via anatomical synaptic connections from any one neurone to any other one by passing through only five intermediate cells."[11]

Gemeinsam ist den drei Systemen auch, daß sie bei einer Bestandsaufnahme zu einem bestimmten Zeitpunkt gerade so und als solche *gegeben* sind, daß sie sich im Zeitverlauf aber ändern: Im F-System werden neue „Anschlüsse" geschaffen, das Netz wird erweitert – im B-System werden im Bedarfsfall neue Strecken gebaut, andere stillgelegt. Und diese Veränderungen werden vorgenommen auf Grund der *Erfahrung,* anders gesagt: auf Grund der statistisch festgestellten Benutzungshäufigkeit. Es ist prinzipiell denkbar – wenn auch technisch und wirtschaftlich kaum sinnvoll – solche Veränderungen im Netz zu „automatisieren"; eine solche „science fiction"-Vision macht deutlich, daß man im Grunde von allen drei Systemen sagen kann, daß sie *lernen:* beim N-System ist dies die Grundlage aller physiologischen Lerntheorien, beim F- und B-System ist der „Lernvorgang" vermittelt durch die Betriebsleitung. *Lernen* heißt dann in allen drei Fällen: das gegebene Schaltschema wird auf Grund der Erfahrung so geändert, daß es der Umwelt und ihren Bedingungen besser angepaßt ist. Der diesem Lernen zugrunde liegende Mechanismus besteht – für das F- und B-System und nach Meinung vieler Theoretiker auch für das N-System – in einem „Weichenstellen" bzw. der Einführung neuer „Weichen" in das Netz, d. h. der „Fluß" durch das Netz wird an einigen Stellen umgeleitet, anders geführt.

Eine weitere Gemeinsamkeit zunächst der beiden Vergleichssysteme ist, daß bei ihnen ständig und gleichzeitig sehr viele „Flüsse" durch das Netz laufen, von denen jeder einzelne für sich gesteuert werden muß, zugleich aber doch so, daß er in die Gesamtheit aller gleichzeitigen und einander folgenden Flüsse eingepaßt ist. Anders ausgedrückt: Beide Systeme sind ständig „aktiviert", sind ständig „in Betrieb". Hier besteht allerdings zwischen dem F- und dem B-System ein Unterschied: der „ständige Betrieb" ist beim B-System eine Tatsache, beim F-System eine Wahrscheinlichkeit. Zu gewissen Zeiten aber ist in beiden Systemen die Aktivität stark reduziert.

Besteht diese „ständige Aktivität" nun auch für das N-System? In den letzten Jahrzehnten haben die Untersuchungen immer deutlicher

---

10 Zitiert nach ROBERT B. LIVINGSTON: „Reinforcement". in: The Neurosciences (I). p. 568.

11 Nach RICHARD MARK: Memory and nerve cell connections. Oxford 1974. p. 118.

gemacht, daß – wie es LASHLEY vor mehr als zwei Jahrzehnten formulierte – „all of the cells of the brain must be in almost constant activity, either firing or actively inhibited“[12]. Und entsprechend lesen wir bei E. R. JOHN: „It is well known that most cells of the brain are in incessant activity. Such cells may indicate the occurrence of some specific stimulus by a change in their characteristic ‚resting‘ pattern of discharge.“[13] Daß diese ständige Aktivität, wie bei den beiden anderen Systemen, zu gewissen Zeiten stark reduziert ist, nämlich im Schlaf, ist eine naheliegende Annahme, die aber nicht ohne weiteres akzeptiert werden darf. Dazu nur ein Beispiel: „As a matter of fact, activity of cat visual cortex neurons during S-LVF (= „sleep with low-voltage fast EEG activity“, entspricht dem „paradoxen“ oder REM-Schlaf, d. Vf.) is about as great as during W-VIS, a state of waking associated with patterned stimulation of the retina. ... High levels of neuronal activity during SLVF seem to be quite general.“[14] Dies darf allerdings nicht so verallgemeinert werden, als wären alle Bereiche oder Zentren des Hirns im Schlaf in gleicher Weise aktiviert; EVARTS betont an anderer Stelle[15]: „Although sleep cannot represent a period of *generalized* rest for the brain, it could represent a period of *relative* rest for certain specific elements.“

2. Gehen wir nun von diesen mehr formalen Gemeinsamkeiten zur Funktion über, zum Transport von Nachrichten, genauer: zum Transport von *Nachrichtenträgern,* also von *Signalen,* so zeigen sich Unterschiede zwischen dem F- und dem B-System, die erlauben, unseren Vergleich zu spezifizieren: Beim F-System – den Telegramm-Verkehr eingeschlossen – werden die Signale in Form codierter Impulsfolgen übertragen – dies entspricht prinzipiell dem N-System. Weiterhin wird bei jeder aktuellen Übertragung von Signalen das Netz aktiviert, d. h. das F-System „arbeitet“ nur, wenn aktuell übertragen wird. Das B-System dagegen ist ständig in Betrieb. Mit anderen Worten: Das F-System stellt dem Benutzer ein *Transportnetz,* das B-System aber ein *arbeitendes Transportsystem* zur Verfügung.

Und wie steht es nun mit dem N-System?

Voraussetzung ist das ständige „in Betrieb sein“ des ZNS, eine Auffassung die LASHLEY an anderer Stelle noch schärfer formuliert: „It is probable that every neuron in the cerebral cortex, and indeed in the whole nervous system, is subject to continuous bombardment by nerve impulses. This follows from consideration of cell number, of frequency of sensory input, and the continuity of the cerebral network.“[16] Betrachten wir nun zunächst die *Signale,* die übertragen werden, so liegt

---

[12] KARL S. LASHLEY: „In search of the engram“. a.a.O. p. 502.
[13] E. ROY JOHN: Mechanisms of memory. New York, London 1967. p. 12.
[14] EDWARD V. EVARTS: „Unit activity in sleep and wakefulness“ in: The Neurosciences (I) p. 546.
[15] a.a.O. p. 555.
[16] KARL S. LASHLEY: „Crebral organization and behavior“. a.a.O. p. 536.

der Vergleich zwischen N-System und F-System nahe. Bedenkt man aber, daß es im Organismus noch ein zweites Nachrichtensystem gibt, das hormonale, und speziell im ZNS das *neurohormonale,* so liegt ein Vergleich mit dem *Telegramm-Nachrichtensystem* näher: Übertragung durch Impulsfolgen und weitere Übertragung durch Boten. Dies gilt auch für die Übertragung an den Synapsen durch die Transmitterstoffe. Doch wir wollen diesen Vergleich nicht weiter ausspinnen, da er modellmäßig nichts leistet. Wichtiger ist der *Übertragungsmechanismus:*

Wie im obigen Zitat von E. R. JOHN schon angedeutet ist, müssen wir annehmen, daß wegen der ständigen Aktivität des ZNS Nachrichten bzw. Signale den vorhandenen „Flüssen" aufgelagert werden, das N-System stellt somit dem Nachrichten-Transport wie das B-System ein arbeitendes Transportsystem zur Verfügung. Wir kommen damit aber zu einem wichtigen Phänomen, dem sog. *neural noise,* dem „Störpegel" des Nervensystems.

Es ist denkbar, daß dieser Störpegel jene allgemeine Aktivierung des N-Netzes ist. WEISKRANZ scheint darauf hinzuzielen, wenn er sagt: „I am assuming that there is some noise level within the system, and that until the signal gets above the noise level, it is not retrievable." Und als eine „further assumption which, I think, is necessary to account for our intervening activity result": „that each new input to the system produces a temporary increment in noise, which gradually decays."[17] Auch die Auffassung von ECCLES zielt in diese Richtung, wenn er erklärt, daß „but at least in large part this synaptic noise, as it has been called, is probably attributable to random synaptic bombardement"[18].

Für die Nachrichtenübertragung im ZNS ist dieser „background of activation" offensichtlich gegeben, und dies bedeutet, daß ein Signal nur empfangen werden kann, wenn es nicht nur die Erregungsschwelle überschreitet, sondern „gets above the noise level". Wie dies geschieht, darüber lassen sich nur Vermutungen anstellen. JOHN stellt in einer kritischen Übersicht über die „deterministischen Gedächtnistheorien" einige wichtige Fragepunkte zusammen, „a number of questions which seem crucial to an understanding of the mechanisms of information coding, storage, and retrieval in the brain", von denen wir hier zwei hervorheben wollen: „(1) From the viewpoint of a central nervous system neuron, how is activity arising from the influx of information to be stored differentiated from activity arising from spontaneous or background discharge?" Und: „(4) How is discharge of a cell due to spontaneous causes distinguished from discharge due to the arrival of afferent information similar to previous inputs stored in that cell?"[19]

Daß das Aufnehmen eines Signals vom neural noise stark abhängt,

---

[17] LAWRENCE WEISKRANTZ: „Central Nervous system and the organization of behavior" in: The Organization of recall. ed. D. P. KIMBLE. New York 1967. p. 288 and 289.

[18] Sir JOHN ECCLES: The Physiology of Synapses. Berlin, Heidelberg, New York. 1964. p. 35.

[19] E. ROY JOHN: a.a.O. p. 13 f.

haben Untersuchungen von GREGORY (1956, 1957) sowie von GROSSMAN und SZAFRAN gezeigt: „the level of neural noise of the visual system increases with age." Dabei erwies sich, daß „‚easily discriminable' signals to be relatively more affected than ‚difficult' ones, ... that changes in performance with age should be attributed to neural noise somewhere early in the chain of perceptual mechanisms, probably before discrimination". Zur Erklärung fügt SZAFRAN hinzu: Es wird postuliert „an increasing level of neural noise, which would tend to obscure all differences between signals or states and offer the speculation that in physiological terms the noise might be an increased rate of spontaneous firing of neurons, or an increased likelihood for neighboring neurons to excite another by nonsynaptic pathways"[20].

Steuerung: Bei der kaum übersehbaren Mannigfaltigkeit möglicher Verbindungen in diesen Systemen bedarf es einer *Steuerung,* die einen reibungslosen Ablauf garantiert. Die beiden Vergleichssysteme haben hier verschiedene Möglichkeiten entwickelt. Da das N-System nach dem Bisherigen dem B-System näher steht, da es Sender und Empfänger von „Signalen" ebenfalls ein „arbeitendes Transportsystem" zur Verfügung stellt, könnte das B-System für die Steuerung im N-System ein Modell bilden.

Das B-System muß als in sich arbeitendes System unabhängig von Art und Menge der Benutzung gesteuert sein: das Kursbuch ist ein Abbild dieser allgemeinen Steuerung. In diesen allgemeinen Rahmen ist ein zweites Steuersystem eingebaut: die Steuerung durch Signale, die die generelle Steuerung modifiziert und das System den jeweiligen lokalen Verhältnissen anpaßt. Für unsere jetzige Fragestellung ist die generelle Steuerung wichtig – die spezielle ist ein Problem der Physiologie.

Nehmen wir die generelle Steuerung des B-Systems als Modell, so folgt daraus für das N-System die Hypothese: Der sog. „neural noise" ist nichts anderes als die „dauernde Aktivität" des Nervensystems, d. h. der neural noise beruht keineswegs auf einem „random synaptic bombardment" (ECCLES) und auch nicht wie bei SZAFRAN allgemein auf einem „spontaneous firing of neurons", sondern die „dauernde Aktivität" des ZNS ist ebenso systematisch und sinnvoll geordnet wie das „arbeitende System" des B-Systems: nämlich sie ist dann die Gesamtheit aller je in einem Augenblick vorhandenen Signal-Kommunikations-Verbindungen zwischen den verschiedenen Untersystemen des Organismus, seinen Organen und Apparaten, ein ständiger Signalaustausch, der zur Steuerung und Regulierung des ganzen komplexen Lebensgeschehens ständig nötig ist. Entsprechend lesen wir z. B. bei TAYLOR: „In the cerebellum for example, a Purkinje cell has a firing rate of about 30 times a second when there are no signals; that will increase when signals are required up to 200 a second. There is spontaneous firing all the time, and this is a feature apparently of the whole nervous system. It could occur

[20] JACEK SZAFRAN: „Psychophysical Studies of Aging in Pilots" in: Human Aging and Behavior. ed. G. A. TALLAND New York, London 1968. p. 50 f.

because activity must be going on all the time to keep the organism functioning and keep the central nervous system ticking over properly and effectively."[21]

Wir kommen damit zu einem Bilde vom ZNS, wie es sich etwa aus den Feststellungen von GAZE ergibt. GAZE erörtert, im Anschluß an die Anschauungen von SHOLL[22], die Anwendung statistischer Methoden auf das ZNS. Er schreibt: „while many physiologists use statistical methods for the most adequate description of some electrophysiological results (Burns, 1968), this does not necessarely imply that the neural connections underlying the electrical activity are themselves random; the connections could be well-ordered but of such complexity that only a statistical treatment of the functional results is feasible." Den entscheidenden Punkt zur Frage, ob „randomness or otherwise of neural connections" hat – wieder nach GAZE – W. M. SIEBERT hervorgehoben (1962). GAZE zitiert: „A random process is a *mathematical model*, not a physical reality. To say that some set of data can be usefully considered for some purpose *as if* it came from a certain random process is not by any means the same as saying that the physical process involved *is* that random process."[23] Und entsprechend lesen wir bei PALAY: „The nervous system is not a random net. Its units are not redundant. Its organization is highly specific, not merely in terms of the connections between particular neurons, but also in terms of the number, style, and location of terminals upon different parts of the same cell and the precise distribution of terminals arising from that cell. The central nervous system is organized as a series of interdependent hierarchies of analysis and control by means of a circuitry that provides for the reciprocal interactions necessary for modulation of both input and output."[24]

Schaltelemente

Schalter und Weichen

Nach dem Versuch, die Eigenart des N-Systems durch einen Vergleich mit technischen Systemen ähnlicher Funktion zu verdeutlichen, wenden wir uns jetzt den Schaltungen selbst zu. Wieder exemplifizieren

---

[21] J. G. TAYLOR: Neural networks and the brain. in: Physics and Mathematics of the Nervous System. 1974. p. 249.

[22] In seinem Buch: The Organization of the Cerebral Cortex. New York 1956. Neudruck 1967 (nach GAZE).

[23] R. M. GAZE: The Formation of Nerve Connections. London, New York 1970. p. 220, s. a. p. 259 ff.

[24] SANFORD L. PALAY: „Principles of Cellular Organization in the Nervous System" in: The Neurosciences (I). New York 1967. p. 31.

wir die allgemeinen Eigenschaften der Schaltungen und Schaltelemente vorwiegend am N-System, also an physiologischen Schaltelementen und Schaltungen.

1. Daß in einem System Schaltungen gegeben bzw. möglich sind, setzt voraus, daß a) alle Untersysteme untereinander in einer Weise verbunden sind, daß sie miteinander in Kommunikation treten können, und d. h. speziell, daß sie Sender und Empfänger von „Strömen“ sind, die das Schaltnetz durchlaufen. Dies mögen Materieströme oder Energieströme sein oder auch, als spezieller Fall, *Signalströme.* Das Schaltnetz als Ganzes ist gegeben, ist – mit geringen Ausnahmen – festgelegt, so daß alle Untersysteme untereinander ständig potentiell oder latent verbunden sind. Welche Verbindungen jeweils aktualisiert werden, wird durch die Schalter und Schaltelemente bestimmt, die in bestimmter Weise miteinander kombiniert werden können und so jeweils ein „Schaltganzes“ oder eine „Schaltgestalt“ ergeben, die Grundlage der daraus entstehenden V-Gestalt. Durch die Schaltung-Ganzheiten wird der Fluß der Signale, mit anderen Worten, so *gesteuert,* daß das benötigte oder erwünschte Verhalten daraus resultiert.

2. *Schalten* ist Steuern eines Stroms nach Stärke und Richtung; wir können daher zwei Arten von Schalteinheiten unterscheiden: Stärkeschalter oder *Schalter* i. e. S., und Richtungsschalter oder *Weichen.* Die dritte Art, der *Verteilungsschalter,* ist sozusagen eine Kombination der beiden anderen: der ankommende Fluß wird auf verschiedene Leitungszweige aufgeteilt und dabei nach Richtung und Stärke verändert. Mit Hilfe solcher Verteilungsschalter lassen sich *Netzwerke* bilden, wie sie aus der Elektrizitätslehre bekannt sind (KIRCHHOFFsche Gesetze), die auch Maschen, d. h. geschlossene Stromkreise enthalten können, womit die Möglichkeit für die zahlreichen Rückkopplungen gegeben ist, die im N-System eine wichtige Rolle spielen.

Als *Schalter* bezeichnet man – wenn wir uns wieder an der Elektrizitätslehre orientieren – ein „Element, bei dem in der idealen Form je nach Art des gegebenen Schaltbefehls die vom Strom durchflossene Bahn entweder einen extrem hohen, im Idealfall unendlichen Widerstand oder einen extrem hohen, im Idealfall unendlichen Leitwert besitzt. Der Übergang vom Widerstand Null zum Widerstand Unendlich kann sich dabei zeitlich beliebig vollziehen“[25].

Seiner Funktion nach ist der Schalter ein *Enthemmer* bzw. *Hemmer.* Schalter können von außen gesteuert werden, z. B. durch Stimuli. Sie können aber auch von „innen“ gesteuert werden, durch ein vorgegebenes Eigenverhalten des Schalters. Schließlich kann auch der Fluß selbst den Schalter steuern; in diesem Fall ist der Schalter so konstruiert, daß der Fluß bei genügender Stärke den Schalter „aufdrückt“, oder der Schalter hat eine *Schwelle:* bis die Stärke des Flusses die Schwelle erreicht, ist der Fluß blockiert, erst bei Erreichen bzw. Überschreiten der

[25] OTTO MOHR: Grundlagen der Allgemeinen Elektrotechnik. Bd. III. (Sammlg. Göschen 198.) Berlin 1956. S. 6.

Schwelle ist er frei – der Schalter ist ein *Überlaufschalter:* nur was über die Schwelle geht, fließt weiter.

Im N-System können wir ein *Neuron* mit seinem Axon und seinen Dendriten als einen „innengesteuerten Schalter" aber zugleich auch als einen stromgesteuerten Schalter ansehen: Es besteht in ihm eine *Schwelle,* und nur wenn die Signalflußstärke diese Schwelle überschreitet – die *Schwellenstromstärke* – wird er weitergeleitet. Dabei gilt das Gesetz der räumlichen und zeitlichen *Summation:* wenn viele unterschwellige Reize das Neuron gleichzeitig erreichen, können sie sich so addieren, daß die Schwelle überschritten wird; aber auch zeitlich aufeinander folgende Reize können so addiert werden. Wieweit die Schwelle überschritten wird ist ohne Bedeutung, d. h. ein weiteres Anwachsen der Stromstärke verändert den weiteren Fluß nicht: es gilt das *Alles-oder-nichts-Prinzip:* das Neuron „feuert" oder „feuert nicht". Innengesteuert ist das Neuron durch die Tatsache, daß die Schwelle veränderlich ist, sie „pulsiert" gleichsam: sie kann so hoch sein, daß das Neuron auch für starke Ströme unerregbar wird – *absolute Refraktärzeit* –, nimmt dann ab, so daß stärkere Ströme sie überwinden können – *relative Refraktärzeit* – und kehrt schließlich zur „Normalhöhe" zurück. Dieses Pulsieren der Schwelle bietet die Möglichkeit, daß trotz des „Alles-oder-nichts-Gesetzes" Intensitätsunterschiede der Inputs (Reize, Signale) weitergeleitet werden können: da während der relativen Refraktärzeit nur stärkere Ströme (stärkere Impulse) die Schwelle überschreiten können, werden diese weitergeleitet, d. h. die Intensität eines Stimulus wird in eine schnellere Folge von Impulsen – sog. *Puls-Frequenz-Modulation* – übersetzt.

Weichen beeinflussen die Richtung eines Stroms. Sie bieten die Möglichkeit für eine Fortleitung in verschiedenen Richtungen, von denen eine verwirklicht wird, die anderen Wege werden verschlossen. Weichen müssen also gesteuert werden, und wieder gibt es die Möglichkeiten einer „von außen"-Steuerung – wie im B-System – oder einer „innen"-Steuerung oder schließlich einer Strom-Steuerung. Ein einfaches Beispiel einer „Stromsteuerung" war – ältere Leser werden sich daran vielleicht noch erinnern – die Straßenbahn, bei der der Fahrer vom Führerstand aus mit einer langen Stange die Weiche in „seine" Richtung stellte; später geschah dies elektrisch, wieder vom Führerstand aus. Wie dies Beispiel zeigt, setzt eine Stromsteuerung voraus, daß der Strom „sein Ziel" und damit „seine Richtung" kennt – dies entspricht, wieder im einfachsten Fall, im Verhaltensexperiment etwa einem T- oder Y-Labyrinth: das Versuchstier hat „gelernt", welcher der beiden Gänge zum erwünschten Ziel führt und biegt in diesen ein. Bei der „von innen"-Steuerung hat die „Weiche selbst gelernt" (wenn diese Formulierung einmal erlaubt ist), wie bei einem bestimmten Fluß, dessen Besonderheit sie „erkennen" muß, die Richtung bestimmt werden muß – auch dafür können wir in der Physiologie Beispiele finden.

Verteilungs-Schalter schließlich spielen eine wichtige Rolle bei allen Arten des Verhaltens eines Systems: sie teilen einen einheitlichen Fluß in verschiedene Richtungen auf oder sammeln aus verschiedenen Richtungen kommende Flüsse zu einem einzigen. *Neurone* sind, schon wegen der unvorstellbar komplizierten Struktur des N-Systems, auch, ja fast immer Verteilungsschalter, denn jedes Neuron ist ein Knotenpunkt in einem kaum übersehbaren Netz von Verbindungen, erhält von zahlreichen anderen Neuronen Impulse und sendet seinen Impuls an viele andere Neurone aus. Schon diese Tatsache macht eine *Analyse* des N-Systems in seine Funktions-Einheiten und ebenso auch umgekehrt einen Aufbau, eine *Synthese* aus Elementareinheiten praktisch unmöglich: wir können immer nur einige, gleichsam aus dem Ganzen herausgeschnittene und durch bestimmte Funktionen charakterisierbare Untereinheiten untersuchen – wie z. B. beim Octopus oder beim Cerebellum gezeigt wird – und so allmählich zu größeren Verbänden aufsteigen, ohne je das Ganze wirklich in den Blick zu bekommen.

Input-Verarbeiter

Die *Verarbeitung* eingehender Inputs ist eine der wichtigsten Aufgaben eines Systems, das sich „zur Umwelt verhält“, speziell also des N-Systems: das Verhalten des Systems ist eine „Antwort“ auf die Umwelt-Stimuli, und diese ist zwar auf den Stimulus ausgerichtet, hängt aber ihrer Art nach vom System ab. Für das N-System haben diese Voraussetzung für eine „Datenverarbeitung“ McCulloch u. Pitts in der Einleitung zu ihrer berühmten Arbeit formuliert: „At any instant a neuron has some threshold, which excitation must exceed to initiate an impulse. This, except for the fact and the time of its occurrence, is determined by the neuron, not by the excitation.“[26]

Aus dem soeben zitierten Satz können wir eine wichtige Unterscheidung von Schaltern ableiten: a) Schalter, die vom Input-Strom durchflossen werden, ihn weiterleiten, evtl. nach Verarbeitung, d. h. durch Kombination mit anderen gleichzeitigen Inputströmen usw. b) Schalter, die vom Input-Strom erregt werden, ihn aber nicht weiterleiten, sondern die einen a n d e r e n Strom steuern. Und schließlich c) „Schalter“, die, ebenfalls vom Input-Strom erregt, ein e i g e n e s Signal aussenden.

Die Verarbeitung im Falle a) haben wir oben kurz als „Kombination“ gekennzeichnet, man spricht in der Literatur auch von „Summation“, „Subtraktion“ und „Multiplikation“ von Stimuli, um deutlich zu machen, daß es verschiedene Möglichkeiten der Kombination von Input-Strömen im Neuron gibt. Nach Hubel und Wiesel findet eine wesentliche Verarbeitung der Stimuli an den *Synapsen* statt, also an den Über-

[26] Warren S. McCulloch and Walter H. Pitts: „A Logical Calculus of the ideas immanent in nervous activity“. Bulletin of Mathematical Biophysics, Vol. 5. p. 115 ff. (auch in: Embodiments of Mind. Cambridge/Mass. 1965. p. 19).

gangsstellen zwischen den einzelnen Neuronen, wo die Impuls-Folgen in Transmitter-Quanten übersetzt werden, in einen „Strom“ chemischer Substanzen, die vom präsynaptischen Ende des einen Neurons zum subsynaptischen Ende des folgenden Neurons übergehen und das Neuron erregen bzw. hemmen: „It is at the synapses that the modification and analysis of nerve messages take place“ schreibt HUBEL. „The kind of analysis depends partly on the nature of the synapse: on how many nerve fibers converge on a single cell and on how the excitatory and inhibitory endings distribute themselves.“[27] Die Kombinationsmöglichkeiten gleichzeitig an einem Neuron eintreffender Inputströme sind also sehr vielfältig, zumal erregende und hemmende Synapsen zusammenwirken, sie werden aber völlig unübersichtlich, ja zu einer geradezu phantastischen Vorstellung, wenn man erfährt, daß an e i n e m einzigen Neuron hunderte, ja tausende von Synapsen vorhanden sind. Wenn die Physiologie auch eine Fülle erstaunlicher Einsichten in den Verlauf der Umwelt-Stimuli bis zur Transformation in eine „Wahrnehmung“ gewonnen hat, so bleibt das „Schicksal“ eines speziellen Stimulus, z. B. ein farbiger Fleck in einer andersfarbigen Umgebung, infolge der „Verarbeitung“ auf jenem Wege bis zur Wahrnehmung „ein rotes Kleid auf einer grünen Wiese“ doch noch ein Rätsel, das sich kaum in Addition, Subtraktion und Multiplikation von Input-Flüssen auflösen läßt, ganz zu schweigen von den notwendigen Inputs aus dem Gedächtnis, die erst ermöglichen, den roten Fleck „als rotes Kleid“ und die grüne Umgebung „als Wiese“ zu s e h e n.

Knoten im Netz

Der Ausdruck „Knoten im Netz“ ist ein schwaches Bild für die soeben erwähnte Tatsache, daß jedes Neuron Empfänger vieler Inputs und Sender vieler Outputs ist bzw. sein kann; Inputs, die aus den verschiedensten „Richtungen“, also von vielen verschiedenen anderen Neuronen kommen, und Outputs, die ebenso an viele verschiedene Neurone gehen können. Die Vorgänge in diesem Netz auch nur einigermaßen zu entwirren, erfordert viel Kleinarbeit und noch mehr Geduld. Man kann, wie es z. B. in der *Schaltalgebra* geschieht, sozusagen „vom anderen Ende“ beginnen, indem man das Netz in kleine Einheiten auflöst und synthetisch vorgeht. Die Schaltalgebra ist, als Bestandteil der Allgemeinen Systemtheorie betrachtet, selbst „allgemein“, sie betrachtet also nicht speziell elektrische oder neurale Schaltungen, sondern „Schaltungen“ überhaupt“, deren prinzipielle Eigenschaften und Verhaltensweisen sich dann auf verschiedene Wissenschaften übertragen, in ihnen interpretieren lassen.

---

[27] DAVID H. HUBEL: „The visual cortex of the brain“. in: Psychobiology. (Readings from Scientific American) San Francisco and London. 1967. p. 270.

Als einfachste Schaltelemente betrachtet sie dann Schalter, die nur zwei Inputs erhalten, wobei sie zwei Arten unterscheidet:

Der *Oder-Schalter* (Symbol $\vee$) ist so eingerichtet, genauer gesagt: hat eine solche „Schwelle", daß jeder der beiden Inputs ihn „erregt", zu einem Output führt. Sind A und B die beiden Inputs, so lautet die für ihn charakteristische Formel: *A oder B oder beide.* Das „oder" ist das einschließende Oder = vel, daher das Symbol.

Der *Und-Schalter* (Symbol $\wedge$ wird nur erregt, wenn beide Inputs zusammen wirken: *A und B.* Daß Neurone als Und-Schalter fungieren können, zeigt die Tatsache, daß bei ihnen sowohl eine *räumliche* als auch eine *zeitliche Summierung* unterschwelliger Reize feststellbar ist.

Zu diesen beiden treten als weitere wichtige Schaltelemente:

Der *Verzweigungs-Schalter* (Symbol $\prec$), der einen Signalfluß aufteilt *(s. o. S. 46).* Im N-System finden wir solche Aufteilungen formal im Axon des erregten Neurons, dessen Signal auf diese Weise an verschiedene andere Neurone weitergeleitet werden kann.

Die *d-Einheit* (delay), ein Verzögerungs-Schalter, der nach der boshaften Kennzeichnung von GRENIEWSKI „resembles a bureaucrat who does nothing except hold up all decisions"[28].

Logische Funktionen

Die Schaltungsalgebra „wurde aus der ‚Algebra der Logik' entwickelt, die auf die Arbeiten von GEORGE BOOLE (1813–1864) zurückgeht"[29] – damit ist ihre Beziehung nicht nur zur Theorie technischer und neuronaler Schaltungen sondern auch zur Logik angedeutet worden. Man spricht daher auch von den verschiedenen Schaltungstypen, wie wir sie besprachen, als von *logischen Funktionen.* Die Namengebung ist vielleicht nicht sehr glücklich, weil wieder einmal (s. I., S. 27) der Name für etwas Spezielles auf das Allgemeine übertragen wird. Die sachlichen Zusammenhänge aber sind deutlich, sie beruhen darauf, daß – wie ERISMANN es formuliert – „die logischen Grundoperationen nichts anderes sind als das nötige gedankliche Werkzeug zur Herstellung jeder beliebigen logischen Verknüpfung zwischen Ja-Nein-Aussagen"[30]. Ordnet man einer Ja-Aussage einen „geschlossenen Schalter" zu, der weiterleitet, und einer Nein-Aussage einen „offenen Schalter", so lassen sich logische Verknüpfungen als Schaltungen darstellen, und lassen sich andererseits die WITTGENSTEIN'schen *Wahrheitstafeln,* die schematisch aufzeigen, wie durch und-, oder- usw. -Verbindungen

---

[28] HENRYK GRENIEWSKI: Cybernetics without Mathematics. (aus dem Polnischen übers. v. O. WOJTASIEWICZ) Oxford, London, New York, Paris u. Warschau. 1960. S. 25.

[29] ULRICH WEYH: Elemente der Schaltungsalgebra. 2. erw. und verb. Aufl. München 1961. S. 9.

[30] THEODOR ERISMANN: Grundprobleme der Kybernetik. 2. vollst. neubearb. Aufl. Berlin, Heidelberg, New York 1972. S. 33.

wahre oder falsche Aussagen entstehen, auch auf Schaltungen anwenden.

Genauer kann man in der Schaltalgebra definieren: „Eine ‚Logische Funktion' liegt dann vor, wenn der Eintritt eines Ereignisses in einer ganz bestimmten Weise von der Erfüllung einer oder mehrere Bedingungen abhängt."[31] „Es gibt zwei Grundtypen von ‚Logischen Funktionen', die mehrere Bedingungen miteinander verknüpfen, nämlich die ‚Und-Funktion' und die ‚Oder-Funktion'. Außerdem existieren noch zwei ‚Logische Funktionen', die jeweils nur eine Bedingung mit einer Aussage verknüpfen"; nämlich die *Identitäts-Funktion* und die *Nicht-Funktion.* In der Schaltalgebra besagt die Identitäts-Funktion: ist ein Input da, so gibt es auch einen Output; ist kein Input da, so gibt es auch keinen Output. Die Nicht-Funktion dagegen besagt: Ist ein Input da, gibt es k e i n e n Output"; ist k e i n Input da, so gibt es einen Output.

Unserer Liste verschiedeņer Schalt-Elemente müssen wir daher noch den *Identitäts-Schalter* – z. B. einen normalen Durchlaufschalter – und den *Nicht-Schalter* hinzufügen; seine Kennzeichnung besagt, auf die Physiologie übertragen: die Hemmung eines Neurons ist eine *aktive Hemmung;* es ist ein „Input da", aber dieser führt dazu, daß das Neuron diesen Impuls nicht weiterleitet.

Ein Beispiel: die bedingte Reaktion

Bei einem Versuch, vom Modell her in die verwirrende Vielfalt der „Verdrahtung" des Nervensystems vorzudringen, wird man die Schaltbausteine zunächst zu kleineren *Schalteinheiten* zusammenbauen und diese weiter zu *Subsystemen,* die schon kompliziertere Eigenschaften des ZNS simulieren können. Relativ einfache Schalteinheiten mögen etwa im Biologischen den Reflexen entsprechen, komplexere, wie etwa die „lernenden Automaten", dem Konditioniertwerden oder dem Lernen. Dabei ist, abgesehen von evtl. praktischen Verwendungen solcher Automaten, wichtig nicht nur, ja vielleicht nicht so sehr das gesamte Schaltsystem des Geräts, das (s. o.) möglicherweise anderen Prinzipien folgt als das biologische, sondern daß man beim Konstruieren ein Verständnis gewinnt, wie z. B. das Zusammenwirken von „und"-Schaltern und „nicht"-Schaltern zum gewünschten komplexen Verhalten des Geräts führt. Denn damit könnte man auch Einblick gewinnen, wie der Organismus an den Neuronen-Übergängen im Zusammenwirken von erregenden und hemmenden Synapsen bestimmte beobachtete Verhalten erzielt. *Lernen* besteht aus dieser Sicht darin, daß bestimmte, in sich fest geschaltete Untersysteme, geeignet zusammengeschlossen werden zu neuen Ganzheiten – und dies könnte formal durchaus den Vorgängen im ZNS entsprechen.

---

31 Weyh: a.a.O. S. 10.

Die bedingte Reaktion: Startpunkt für die Konstruktion eines Modells, das eine bedingte Reaktion zeigt, ist das einfache Schema (I, 29):

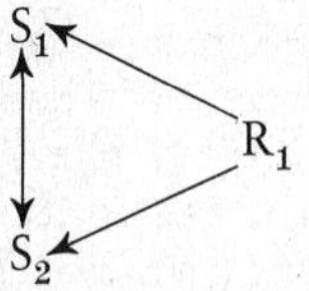

Zwei Situationen S_1 und S_2, die auf irgend eine Weise – z. B. häufige enge zeitliche Aufeinanderfolge – in Beziehung gesetzt worden sind, werden durch eine Reaktion beantwortet: beide zusammen oder auch jede für sich. Dies besagt im Prinzip, daß es sich um dieselbe Reaktion R_1 handelt; wobei dann kleine Varianten, wie sie die Praxis der Konditionierungs-Experimente gezeigt hat, mit einbegriffen sind: dieselbe Reaktion muß ja nicht immer genau die gleiche sein. „Dieselbe" Reaktion besagt also, daß ein im Organismus, im System Σ erworbenes Verhaltens- oder Schaltschema durch beide Situationen aktiviert oder ausgelöst wird, wobei durchaus die Möglichkeit besteht, daß die Ausführung, das aktuelle Verhalten durch miteingreifende Faktoren etwas modifiziert sein kann.

Was für ein Schaltschema ist nun brauchbar bzw. gar nötig, um das entsprechende Verhalten des Systems Σ zu ermöglichen? Wir wollen dies hier am einfachsten Fall zu finden versuchen, in der Hoffnung, damit der Prinzipschaltung des Konditionierens möglichst nahe zu kommen.

Die Prinzipschaltung: Das obige Funktionsschema gibt uns die nötigen Faktoren und Beziehungen. Wir haben eine black-box mit zwei Eingängen für die beiden Inputs S_1 und S_2 und einen Ausgang für die identische Reaktion R_1 als Output *(Abb. 2)*. Der Eingang von S_1 ist

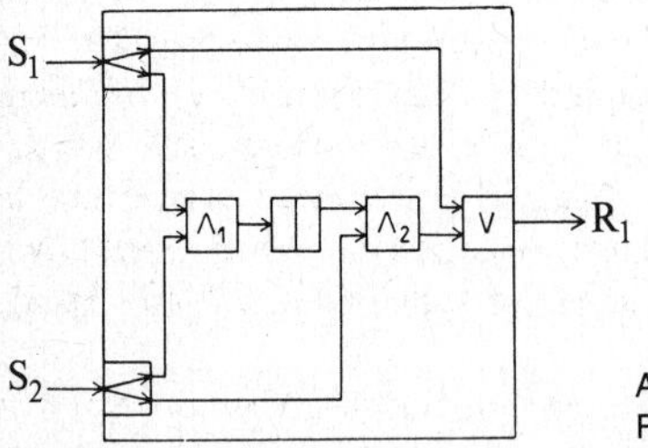

Abb. 2 Schaltschema für eine bedingte Reaktion. Erläuterungen im Text.

direkt mit dem Ausgang von R_1 verbunden, d. h. der Input S_1 löst immer die Reaktion R_1 aus. Der Eingang von S_2 ist nicht direkt mit dem Ausgang verbunden, d. h. welche Reaktion S_2 auch immer auslösen mag, R_1 wird zunächst von S_2 nicht ausgelöst, sondern erst, nachdem die Beziehung zwischen S_1 und S_2 zustande gekommen ist. Es muß also eine zweite Verbindung zum Ausgang geben, die zu einem „oder"-Schalter führt, da ja nach der Kopplung auch S_2 allein R_1 auslösen soll.

Eine Kopplung von S_1 und S_2 läßt sich schalttechnisch dadurch erreichen, daß Abzweigungen von beiden Eingängen (Verzweigungs-

Schalter) zu einem gemeinsamen „und"-Schalter Λ_1 führen, der nur „feuert", wenn er von beiden Inputs erregt wird.

Würde der Output dieses und-Schalters direkt zum Ausgang geführt, würde S_2 immer nur zusammen mit S_1 R_1 auslösen können – dies aber ist gerade nicht der Fall. Somit benötigen wir noch ein Zwischenglied zwischen Λ_1 und Ausgang, das ermöglicht, daß auch S_2 „allein" R_1 auslösen kann. „S_2 allein" besagt aber schalttechnisch, daß in diesem Falle S_1 nicht aktuell vorhanden sein muß. Wohl aber lehren die Konditionierungsexperimente, daß S_1 und S_2 „früher" einmal zusammengewirkt haben müssen, damit eine Konditionierung zustande kommt. diese „frühere" gemeinsame Wirkung könnte nun gespeichert sein, wir benötigen als Zwischenglied also einen *Speicher,* der den Output von Λ_1 als Input erhält und aufbewahrt. Wird nun dieser Speicher mit einem Zweig des S_2-Inputs zu einem zweiten „und"-Schalter Λ_2 geführt, dessen Output dann zum „oder"-Schalter des Ausgangs geht, dann ist die Aufgabe im Prinzip gelöst: S_2 „allein" zusammen mit dem Output des Speichers, der ja im Prinzip ein $S_1 + S_2$ ist, erregt Λ_2, und dessen Output löst R aus[32].

Diskussion des Schaltschemas

Schon dieses einfache Schaltschema zeigt einige der experimentell gewonnenen Eigentümlichkeiten des Konditionierens: Die $S_1 \leftarrow R_1$-Relation wird über die $S_1 \longleftrightarrow S_2$-Kopplung auf $S_2 \leftarrow R$ übertragen. Dies bedarf i. a. mehrerer Versuche, was dadurch angedeutet werden kann, daß der „Speicher" ein *Schieberegister* ist, das aus n hintereinandergeschalteten Zellen besteht[33]. Bei jedem ankommenden Input rückt der „Inhalt" (Erregungszustand) einer Zelle weiter zur nächsten, bis mit der Erregung der letzten Zelle der Speicher „feuerbereit" ist. Weiterhin ist deutlich, daß dieser Speicher immer wieder aufgeladen werden muß, was besagt: eine konditionierte Reaktion, die nicht immer wieder in Abständen durch den UCS „verstärkt" worden ist, wird „gelöscht".

Entscheidend für das Verständnis aber ist wieder einmal die Frage: Was wird gespeichert?

Offensichtlich der Stimulus bzw. die beiden Stimuli. Der Speicher ist somit ein *Memoria-Speicher,* seine Funktion ist das *Wiedererkennen* i. w. S. Was aber wird „wiedererkannt"? Das „Beisammen" von S_1 und S_2, die Kopplung $S_1 + S_2$ – und das besagt: dieser Speicher ist ein schaltungstechnisches Äquivalent der *Assoziation* zweier Stimuli, und zwar einer einfachen räumlichen oder zeitlichen *Kontaktassoziation.*

Wird dies einmal angenommen, so entstehen viele Fragen, von denen wir einige hier diskutieren müssen.

[32] Eine genauere Schaltung findet man z. B. bei H. Kretz: „Vollständige Modelldarstellung des bedingten Reflexes" in: Lernende Automaten. Herausg. H. Bolling. München 1961. S. 51 ff.

[33] So im Modell von S. W. Wagner in: „Kybernetik – Brücke zwischen den Wissenschaften". herausg. H. Frank. Frankfurt a. M. 5. Aufl. 1965. S. 126.

1) Die „Situation S_1" selbst kann nicht gespeichert werden, sie ist auch nicht der Input S_1 bzw. S_2, sondern beide Inputs sind *Signale* der Situationen, die neben ihrem an-sich-so-Sein auf die betreffende Situation hinweisen, sie ankündigen. Daß dies so ist, wird besonders deutlich beim klassischen PAWLOW-Experiment: der Hund, der auf den Glockenton (CS) hin Magensaft absondert, reagiert ja letztlich nicht auf diesen Ton, sondern auf die durch ihn (infolge der Kopplung) angekündigte Situation „Fressen kommt". Die Situation S_2 (Glocke erklingt) ist assoziativ mit der Situation S_1 (Fressen kommt) verbunden. Der Glockenton ist zum Signal auch für S_1 geworden, etwa so, als wenn im Verkehr ein Schild „Halt" (UCS) durch ein „rotes Licht" ersetzt ist (CS). Und das bedeutet dann, daß das Auftreten von S_2 allein (im Schaltschema) als Wiedererkennen von $S_1 + S_2$ und damit auch von S_1 dient.

2) Ist dies aber so, dann wird auch das Phänomen der Reiz-Generalisierung verständlich, daß nämlich das nach der Konditionierung wirksame S_{2n} dem beim Konditionieren selbst wirksamen S_{21} nicht genau gleich sein muß, sondern ihm nur mehr oder weniger ähnlich zu sein braucht. Es muß nur so ähnlich sein, daß es ein „S_1+S_2-Wiedererkennen" und damit indirekt ein S_1-Wiedererkennen auslöst.

3) Ein besonderes Problem stellt der Speicher, das Schieberegister, das man auch durch ein Schaltelement mit einer relativ hohen Schwelle ersetzen kann: die ankommenden S_1+S_2-Inputs werden zeitlich solange summiert, bis die Schwelle erreicht bzw. überschritten ist. Doch noch ist das Schaltelement gehemmt, sein Output wird erst durch Enthemmung ausgelöst – und dies geschieht durch S_2. Gehemmt ist dieser Output durch den zweiten „und"-Schalter Λ_2, enthemmt wird er durch das Eintreffen des Inputs S_2 an diesem Schalter. Diesen „gespannten" Zustand des Speichers kann man als ein schalttechnisches Äquivalent der *„Erwartung"* ansehen, die sich als ein Faktor in den Konditionierungsexperimenten (z. B. HULL, TOLMAN) ergeben hat. Ja, man könnte noch weiter gehen und sagen: der Speicher „drängt" zur Entladung, und es könnte geschehen, daß die Spannung so hoch wird, daß er sich von selbst entlädt, also die Schwelle des Λ_2-Schalters überschreitet – wir kämen damit zu einem Analogon der „Leerlaufhandlung" der Ethologen (I, 150 f.).

Kritische Reflexion: Wir sind mit diesen Erörterungen recht weit – für viele Leser sicherlich zu weit – vorgeprellt, und wir haben zugleich die von uns selbst ausgesprochene Terminologie-Regel verletzt, nämlich zur Erläuterung mechanischer oder elektrischer Vorgänge Begriffe aus der Biologie und Verhaltensforschung verwendet. Dies muß richtiggestellt werden: Wir haben nicht behauptet, daß diese Schaltvorgänge „Assoziation", „Wiedererkennen", „Erwartung" s i n d, sondern haben nur auf die Möglichkeit hingewiesen, daß sie diesen Phänomenen zugrunde liegen, d. h. daß die physiologischen, diesen Phänomenen zugeordneten Vorgänge nach diesen Prinzipien ablaufen können. Eine „Erklärung" jener Phänomene ist damit nicht gegeben, für das „Wiedererkennen" z. B. nicht einmal in seiner einfachsten Form als „wieder-so-Sein" (I, 119 f.). Die Spannung oder „Feuerbereitschaft" des Speichers ist gewiß keine „Erwartung", aber wenn das Tier in einer solchen Situation „Erwartung" oder „Voraussicht" zeigt, könnte eine solche „Feuerbereitschaft" vorhanden sein, die geeignet ausgelöst dann zum entsprechenden Verhalten führt.

LOKALISATION DES LERNENS

Gegenstände, Probleme, Methoden

Einleitung

1. Der Übergang von den formalen Betrachtungen des vorigen Abschnitts zu realen Lernsystemen, ihrer Struktur und ihrem Verhalten bereitet einige Schwierigkeiten. Selbst wenn wir – schon aus praktischen Gründen – sowohl von Maschinen einerseits als auch von Gemeinschaften andererseits absehen und uns auf Organismen beschränken, so bleibt die Frage: Welche Organismen können lernen? Welche können bzw. müssen wir daher hier besprechen, wenn wir nicht nur ihre Struktur und ihr Verhalten, sondern auch die *Lokalisation* dieses Verhaltens untersuchen wollen?

Wir können hier nicht beliebig wählen, etwa den Menschen und die Säugetiere, oder nur die Wirbeltiere. Bei solcher Wahl engen wir „Lernen" möglicherweise zu stark ein; ziehen wir den Kreis aber so weit wie möglich, also auch unter Berücksichtigung von Pflanzen und Mikroorganismen, so ist das, was wir dann als „Lernphänomen" behandeln und untersuchen, vielleicht zu heterogen.

Somit müssen wir die Frage: Welche Organismen können lernen? kurz untersuchen, um trotz der verschiedenartigen Antworten, die wir in der Literatur finden, zu einer für uns brauchbaren Antwort zu kommen.

2. Wenn die Frage, wer lernen kann, für die Untersuchung auch vordringlich ist, so ist sie doch *logisch* nicht primär. Die Beantwortung der Frage setzt voraus, daß wir ein *Kriterium* haben, nach dem wir Tiere, die lernen können, von solchen unterscheiden, die es nicht können. Und das heißt: wir müssen wissen, was Lernen ist; wir müssen uns also wieder einmal der Aufgabe stellen, den Begriff „Lernen" zu definieren oder wenigstens so zu kennzeichnen, daß wir ihn z. B. für eine Beantwortung der „wer"-Frage verwenden können.

3. Noch eine dritte Frage hängt mit den beiden genannten zusammen: Was kann überhaupt gelernt werden? Auch mit dieser Frage werden wir uns kurz beschäftigen müssen.

Die Gegenstände

Was ist „Lernen"?

1. Die Notwendigkeit, „Lernen" neu zu bestimmen, ergibt sich aus der gegenüber Band I veränderten Fragestellung. Dort hatten wir es wesentlich mit eindeutigen Fällen zu tun, etwa mit dem menschlichen Erlernen von Fähigkeiten wie Klavierspielen, Autofahren, oder in einer Problembox mit dem Lernen einer Ratte, die um Futter zu erlangen, einen Hebel drücken mußte und dgl. mehr. Jetzt aber werden wir mit *Grenzfällen* konfrontiert, mit Phänomenen, die dem Anschein nach als „Lernen" anzusehen sind, die aber bei genauerer Untersuchung Zweifel an einer solchen Zuordnung aufkommen lassen. Gerade diese Grenzfälle sind wichtig, einmal für eine genauere Abgrenzung des Bereichs und damit des Begriffs „Lernen", und dann, weil gerade an den spezifizierenden Unterschieden die für Lernen kennzeichnenden Merkmale und Beziehungen deutlich werden können.

Um eine spezielle Möglichkeit einer Veränderung gegenüber dem in Bd. I. Gesagten zu nennen: Die Unterscheidung zwischen *Memoria* und *Mneme* und ihr Zusammenwirken beim Erlernen neuer Verhaltensweisen dürfte jedes Lernen kennzeichnen; jedenfalls müssen wir dies nach Bd. I, S. 233 ff., 259 ff. und 263 ff. annehmen. Dagegen könnte es auch aus dieser Sicht zweifelhaft sein, ob die Unterscheidung der S-R-Relationen, speziell die Feststellung, daß Lernen eine *Antwort* auf eine Situation bzw. auf einen Stimulus sei, in dieser allgemeinen Form aufrechterhalten werden kann. Zur Entscheidung dieser Frage wollen wir einen besonders aufschlußreichen „Grenzfall" betrachten.

2. Wir haben eine Kultur von *Escherichia coli*-Bakterien; das Kulturmedium enthält Glucose (Traubenzucker), die die Bakterien für ihre Ernährung verwenden können, da sie das Glucose abbauende Enzym besitzen. Bringt man die Organismen jetzt in ein Kulturmedium, das statt Glucose Lactose (Milchzucker) enthält, so können sie dieses Disaccharid, das aus Galaktose und Glucose besteht, nicht spalten und somit nicht verwerten, da ihnen das für die Spaltung nötige Enzym fehlt. Doch die Bakterien passen sich dem neuen Nährmedium an: sie entwickeln das ihnen fehlende Enzym, die β-Galaktosidase. Das gleiche finden wir bei gewissen *Staphylokokken*-Arten, die mit Penicillin bekämpft wurden: sie entwickeln das Enzym Penicillinase, das das Antibiotikum inaktiviert; die Bakterien werden so Penicillin-resistent.

Es liegt sehr nahe, hier von einem *Lernen* zu sprechen: die Tiere „lernen", sich der neuen Situation anzupassen, sie lernen ein neues Verhalten (R_i), nämlich die Synthese eines Enzyms, das im einen Fall die Verwertung einer „von Natur" unverwertbaren Substanz, im anderen Fall das Unschädlichmachen einer sie bedrohenden Substanz ermöglicht. Man spricht in beiden Fällen von einer *Enzyminduktion* – der ältere Name *adaptative* Enzymbildung läßt die Beziehung zum „Lernen“ noch deutlich anklingen.

Eine Parallele aus einem anderen Bereich sei hier eingeschaltet: Dringt ein Krankheitserreger, z. B. ein Bakterium, in einen Organismus ein, so übt er im allgemeinen zwei Wirkungen aus: er wirkt *pathogen* (erzeugt die spezifische Krankheit) und er wirkt *antigen,* d. h. er veranlaßt den betroffenen Organismus zur Bildung und Ausschüttung spezifischer *Antikörper* (AK), die die *Antigene* blockieren oder zerstören. Ist nicht auch die Antikörper-Bildung ein „Lernen“ bzw. ein dem Lernen nahe verwandter Vorgang?

Die Kennzeichen, die wir bisher über das Lernen gefunden haben, treffen jedenfalls auf alle drei Fälle zu: wir haben einen *Stimulus* = Lactose, Penicillin, Antigen; ein *Wiedererkennen* (des Stimulus bzw. der Situation), eine spezifische *Antwort* auf den Stimulus = Bildung von β-Galaktosidase, von Penicillinase und von AK; und wir haben schließlich die dadurch erreichte *Anpassung* – Nutzung der Lactose, Unschädlichmachung des Penicillins und der pathogenen Erreger.

Gehen wir aber jetzt in die Einzelheiten des Geschehens – z. B. der β-Galaktosidase-Induktion – so ändert sich das Bild: Das Substrat, die Lactose, wird aufgenommen und gelangt in die Wirtszelle. Dort reagiert sie mit einer spezifischen, für sie reaktionsbereiten Substanz, die als *Repressor* ein bestimmtes Gen, das *Operator-Gen,* auf der Kern-Desoxyribonucleinsäure (DNA) blockiert. Dadurch wird das Operator-Gen frei und setzt die nächste Phase in Gang: an den *Struktur-Genen* bildet sich eine spezifische Ribonucleinsäure (RNA), die messenger- oder Matrizen-RNA. Diese löst sich ab, gelangt im Zellplasma zu den Ribosomen und verbindet sich dort durch Paarung mit den spezifischen transfer-RNA (t-RNA), die aus dem Pool die einzelnen Aminosäuren heranführen. So entsteht schließlich die β-Galaktosidase. Und dies bedeutet: das zu verarbeitende Substrat induziert selbst das für seinen Abbau benötigte Enzym. Der Vorgang – auch wenn man mehr in die Einzelheiten geht, als wir dies getan haben – entspricht genau der „normalen“ Proteinsynthese und den dabei „normalen“ Regulationen. Er gibt keinen Anlaß, von einem „Lernen“ zu sprechen.

3. Erinnern wir uns jetzt des oben *(S. 30 ff.)* über Verhaltens-Ganze und speziell über die „unspezifischen Elemente“ dieser V-Ganzen Gesagten: *Lernen* ist eine V-Ganzheit und auch die *Adaptation* der Bakterien an ein verändertes Kulturmilieu (= veränderte Umwelt) ist eine solche V-Ganzheit. Das für diese V-Ganzheiten Charakteristische wird nur auf dieser *molaren* Ebene sichtbar. Die physiologischen und biochemischen Vorgänge beim Lernen sind ebenso wie die der Enzyminduktion *unspezifische Elementarvorgänge,* die die Ganzheiten bilden. Bei den Reaktionen der Enzyminduktion z. B. besteht kein Anlaß – und das gleiche gilt für die Penicillinase-Induktion – zu fragen, wo das induzierende Substrat, die Lactose bzw. das Penicillin, herstammt und ob es nützlich, schädlich oder neutral für den betreffenden Organismus ist. Ein Substrat ist „da“ und induziert die Bildung einer Sub-

strat-ase, die dieses Substrat abbaut: ein chemischer Vorgang, der ohne Bezug auf ein Verhalten oder eine Situation zu verstehen ist. Erst auf der molaren Ebene treten Begriffe auf wie „Umwelt", „unverwertbar", „schädlich" und „Anpassung an die Situation" und damit die Fragen nach einem „Verhalten" des Organismus in dieser Situation. Von der molaren Ebene aus wird dieses Verhalten dann „zweckmäßig" oder „unzweckmäßig" – wir geraten damit wieder in den Fragenkomplex, den wir in Band I unter dem bewußt schockierenden Stichwort „Das Dogma der Arterhaltung" besprochen haben. Wir wollen hier nicht wieder darauf eingehen; man sieht wohl, daß er unter dem soeben gewonnenen Gesichtspunkt sich deutlicher darstellt.

Bedenken wir schließlich das oben *(S. 22 f.)* über die „Grenzen der Analyse" und die Nützlichkeit bzw. Notwendigkeit ihrer Überschreitung Gesagte, so folgt für unser jetziges Problem: Die Erkenntnis der molekularen Vorgänge beim Lernen und bei lernähnlichen Vorgängen erlaubt eine *Vertiefung* der molaren Erkenntnis, z. B. über den Einfluß einer Veränderung einzelner molekularer Vorgänge auf das molare Verhalten. Aber *Objekt* der Untersuchung ist auch hierbei das *molare Verhalten,* das jetzt aus molekularer Sicht besser verstanden wird.

4. Zur Abgrenzung eines „echten" *Lernens* gegenüber anderen, ähnlichen Phänomenen bedarf es aber noch eines weiteren Punktes. Wir haben in Bd. I (S. 315 ff.) über den „Erfolg des Lernens" gesprochen und formal festgestellt: „Der Erfolg des Lernens ist das gelernt-Haben". Dieses gelernt-Haben ist ein *Zustand,* dessen nicht nur der Mensch, sondern sicherlich auch viele Tiere „irgendwie" inne-sind. Wir haben dieses Innesein in seiner einfachsten, nicht notwendig bewußten Form als ein *können-Können* zu charakterisieren versucht. Dieses können-Können als Zustand des gelernt-Habens scheint uns für vollzogenes *Lernen* notwendig zu sein. Nur wo wir dies feststellen können oder annehmen müssen, dürfen wir im eigentlichen Sinne von einem *gelernt-Haben* sprechen.

Welche Organismen können lernen?

1. Die Frage, welche Organismen lernen können, ist noch nicht entschieden. Während einige Autoren die Möglichkeit noch offen lassen, daß letztlich alle Organismen, auch die Einzeller, lernen bzw. konditioniert werden können, sind andere davon überzeugt, daß z. B. auch Bakterien nicht nur lernen können, sondern sogar „etwas" haben, das man als Gedächtnis bezeichnen kann bzw. muß: Bei Untersuchungen über die Chemotaxis von Bakterien ergaben sich Resultate, die zeigten, „bacteria must possess a ‚memory' which allows them to compare a past with a present environment."[1] Wieder andere Untersucher lehnen

[1] Daniel E. Koshland Jr.: The Chemotactic Response in Bacteria. in: Biochemistry of Sensory Functions. ed. L. Jaenicke. (25. Coll. Ges. f. Biol. Chem., April 1974) Berlin, Heidelberg, New York 1974. p. 140.

diese Möglichkeit ab. So lesen wir z. B. bei PLOOG/GOTTWALD, daß „heute kaum noch Zweifel daran bestehen, daß einzellige Lebewesen keine bedingten Reaktionen zeigen“[2].

Diese Verschiedenheit der Beurteilung einer für die Lerntheorie immerhin nicht unwichtigen Frage beruht letztlich auf der verschiedenen Beurteilung der Begriffe „Lernen“ und „Konditionieren“. Nach dem im vorhergehenden Abschnitt Gesagten werden wir von einem *Lernen* immer dann sprechen können, wenn wir begründete Vermutung haben dürfen, daß die Lebewesen irgend eine Art von inne-Sein ihres Zustands, also speziell des gelernt-Habens, des können-Könnens haben. Damit entzieht sich aber die untere Grenze der lernfähigen Lebewesen einer eindeutigen Festlegung, da beim Absteigen von den höher organisierten Lebewesen zu den einfacheren und bis zu den Einzellern derartige Vermutungen sehr bald kaum noch oder gar nicht mehr begründet werden können und günstigstenfalls spekulative Extrapolationen sind.

2. Dadurch werden aber die „niederen“ Lebewesen für die Lernforschung keineswegs unwichtig. Im Gegenteil, sie sind in gewissem Sinne sogar bevorzugte Objekte der Lernexperimente, speziell auch im Hinblick auf die *Lokalisation* des Lernens. Es ist wohl eine erlaubte oder wenigstens methodisch gerechtfertigte Annahme, daß bei einem lernähnlichen Verhalten, z. B. von Planarien, Mechanismen im Spiel sind, die in gleicher oder analoger Form als *elementare* Vorgänge auch am Lernen höherer Tiere beteiligt sind, ohne allerdings allein dieses Lernen erklären zu können. Lesen wir z. B., daß „we can now specify the locus of the neural change during short-term habituation, as in *Aplysia*“ und daß „that critical change results from an alteration in synaptic transmission“[3], so bedeutet dies doch, speziell angesichts der weit verbreiteten „Synapsen-Theorie“ des Lernens: wir können an *Aplysia* Vorgänge isoliert untersuchen, die zu lernähnlichem Verhalten führen und wahrscheinlich auch beim echten Lernen eine Rolle spielen.

Die Paradoxie (a peculiar paradox), von der EISENSTEIN in diesem Zusammenhang spricht, ist nur eine Folge des Übergangs von der molaren zur molekularen Betrachtungsweise: „As we study progressively simpler systems and thus increase the likelyhood of uncovering fundamental mechanisms, we move progressively away from a system that is acknowledged as demonstrating the phenomenon – the behavior whose bases we are trying to determinc.“[4] Die „fundamental mechanisms“ sind eben die unspezifischen Elemente des „behavior“, deren isolierte Funktion an diesen Untersuchungen sichtbar wird.

---

[2] DETLEV PLOOG/PETER GOTTWALD: Verhaltensforschung (U&S Taschenb.) München, Berlin, Wien, 1974. S. 78.

[3] ERIC R. KANDEL: An Invertebrate System for the Cellular Analysis of Simple Behaviors and Their Modifications. in: The Neurosciences (III) ed. F. O. SCHMITT and F. G. WORDEN. Cambridge (Mass.) and London 1974. p. 366 f.

[4] E. M. EISENSTEIN: The Use of Invertebrate Systems for Studies on the Bases of Learning and Memory. in: The Neurosciences (I) New York 1967. p. 653.

Was kann gelernt werden?

„Lernen" sei jetzt im weiteren Sinne verstanden, auch das Konditionieren umfassend. Wir haben schon in Band I (S. 303 f.) davon gesprochen, daß es durch Konditionieren möglich ist „to obtain voluntary control of what is for most persons an involuntary reflex" (S. T. MORGAN), und daß man viele der „Wunderleistungen" der Yogis und Fakire auf „klassische Konditionierungsmechanismen" zurückgeführt und einige auch mit ihrer Hilfe im Labor reproduziert hat.

Systematische Untersuchungen, über die DICARA berichtet[5], zeigen „that the control of visceral activities... can be learned in the same manner that skeletal responses can be learned" (218). Zwei Beispiele seien zur Verdeutlichung angeführt:

1) Curarisierte Ratten („to abolish skeletal activity") konnten trainiert werden „to increase or decrease heart rate by approximately 20 per cent" (N. E. MILLER and DICARA, 1967). Dieses „heart-rate learning showed another of the important properties of the instrumental learning of skeletal responses – it could be remembered (DICARA and MILLER, 1968)". (218 f.)

Dabei ergaben sich interessante Einflüsse auf das Verhalten, speziell auf das Lernverhalten der so behandelten Ratten, z. B. in einem shuttle-avoidance test: „rats previously rewarded for decreasing their heart rates learned very well, but those rewarded for increasing their heart rate learned extremely poorly, as if their reactivity or emotionality had been greatly increased." (221 f.)

Andere Experimente zeigten, daß curarisierte Ratten lernten „to increase or decrease the formation of urine..., and that they do so by changing renal blood flow". (222)

2) MILLER und BANUAZIZI (1968) verglichen das Lernen verschiedener Reaktionen bei denselben Tieren, z. B. von „intestinal contractions", mit der Änderung der heart-rate (220). Ein Ergebnis dieser Versuche war „that the instrumental learning of two visceral responses can occur independently of each other and can be made specific to the response rewarded". Und es zeigte sich auch „that various visceral responses have specific representations roughly analogous to that of skeletal responses, in the cerebral cortex". (SHERNIGORSKII, 1967)

Zusammenfassend stellte DICARA fest: „These instrumental responses aimed at correcting internal homeostatic imbalance would appear to be no less adaptive than those learned skeletal responses that are directed toward altering the relationship of the animal to its external environment." (222)

Mit anderen Worten: Der Umfang der äußeren (R_a) und inneren (R_i) Reaktionen und Verhaltensweisen eines Organismus, die durch Lernen und Konditionieren verändert und an neue Bedingungen ange-

[5] LEO V. DICARA: Plasticity in the Autonomic Nervous System: Instrumental Learning of Visceral and Glandular Responses. in: The Neurosciences (II). 1970. p. 218 ff. (Seitenzahlen der Zitate im Text in Klammern).

paßt werden können, ist offensichtlich viel größer, als man bisher angenommen hat. Auch hier dürfte eine Untersuchung der molaren Verhaltensänderungen „niederer“ Organismen die Möglichkeit bieten, die molekularen Vorgänge bei entsprechenden Verhaltensänderungen bei „höheren“ Tieren zu erkennen – und, wie die in I, 303 zitierte Bemerkung von HOVLAND andeutet, möglicherweise auch therapeutisch zu nutzen.

Ein interessantes Problem stellt die *Metamorphose*. EISENSTEIN formuliert es in der kurzen Frage: „Will the butterfly remember what the cater-pillar learned?“ und er fügt hinzu: „That is, perhaps advantage should be taken of the remarcable phenomenon of metamorphosis.“[6]

Probleme und Methoden

Die Probleme

Wenn *Lernen* als ein Erwerb neuer Verhaltensweisen zu einer „bleibenden Veränderung“ des Organismus führt, muß diese Veränderung „irgendwo“ sein – diese triviale aber notwendige Folgerung führt auf das Problem der „Lokalisation des Lernens“ bzw. des „Gedächtnisses“, das offenbar ein Grundproblem einer physiologisch-chemischen Untersuchung der mnestischen Phänomene ist. Das Problem wie auch die Versuche zu seiner Lösung sind schon sehr alt; die Wurzeln reichen zurück bis in die Zeiten der frühen griechischen Philosophie und deren Spekulationen über den „Sitz der Seele“ im Körper. Bei HERAKLIT findet sich das anschauliche Bild: „Wie eine Spinne, die in der Mitte ihres Netzes sitzt, es merkt, sobald eine Fliege irgend einen Faden ihres Netzes zerstört, und darum schnell dahin eilt, als ob sie um den zerrissenen Faden sich härmt[7], so wandert des Menschen Seele bei der Verletzung irgendeines Körperteils rasch dahin, als ob sie über die Verletzung des Körpers, mit dem sie fest und nach bestimmtem Verhältnis verbunden ist, ungehalten sei.“ (Frgm. 67a) Ein Vergleich mit einer sehr ähnlichen Äußerung von JASPERS macht den Unterschied zwischen dem anatomischen Begriff des „Sitzes der Seele“ und dem ganzheitlichen eines „Funktionsbereichs der Seele“ deutlich: „Das Seelenleben ist bei den leisesten Regungen wie bei heftigen Erschütterungen mit dem somatischen Geschehen bis in die letzten Ausläufer verknüpft.“[8] Für den

[6] EISENSTEIN: a.a.O. p. 665.

[7] HERMANN DIELS: Die Fragmente der Vorsokratiker. 4. Aufl. Bd. I. Berlin 1922. Die Übersetzung dieser Stelle ist zweifelhaft. Im überlieferten Bericht heißt es: „quasi de fili perfectione dolens“. DIELS ersetzt „perfectione“ durch „persectione“ (a.a.O. S. 91 u. XXIV) und übersetzt „als ob sie um die Herstellung(?) des Fadens sich härmte“. Die obige Übersetzung nach FRANZ JOSEPH BRECHT: Heraklit. Heidelberg 1936. S. 88.

[8] KARL JASPERS: Allgemeine Psychopathologie. Vierte, völlig neu bearb. Aufl., Berlin, Heidelberg 1946. S. 159.

Arzt und Philosophen ALKMAION von Croton ist – wahrscheinlich als ersten in der Geschichte des abendländischen Denkens – der „Sitz der Seele“ das *Gehirn*. Seine Sektionen an Tieren hatten ihm gezeigt, daß das Hirn mit den Organen durch „Pfade“ verbunden ist, also durch Nerven, deren Funktionen er durch Experimente mit lebenden Tieren soweit ermittelte, daß eine Durchschneidung bestimmter „Pfade“ zu einem Ausfall von Funktionen führte.“[9]

Wir wollen hier nicht die Vielzahl der Versuche anführen, die in den zweieinhalb Jahrtausenden seit jenen Anfängen unternommen worden sind, um den „Sitz der Seele“ und damit nach weitverbreiteter Auffassung auch den des „Gedächtnisses“ zu bestimmen. Wir wollen vielmehr auch hier wieder von den überhaupt vorhandenen Möglichkeiten ausgehen, um den Fragenbereich abzugrenzen. Wo also können die dem „Lernen“ und dem „Gedächtniserwerb“ zuzuordnenden Veränderungen im Organismus auftreten? Welche „Orte“ kommen für einen Sitz der *Engramme* überhaupt in Frage?

I. a) Der *ganze Organismus* ist der Sitz der Engramme, die sich überall verteilen. Diese Möglichkeit könnte wichtig werden, wenn der Nachweis erbracht werden kann, daß auch Organismen ohne Nervensystem lernen können.

b) Das *gesamte Nervensystem* (NS), z. B. bei niederen, aber mit einem NS versehenen Organismen. Die Engramme sind dann über das ganze NS verteilt, nicht aber außerhalb des Systems.

c) Das *ganze Zentralnervensystem* (ZNS) bei höher organisierten Lebewesen wie speziell auch beim Menschen. Nimmt man diese Möglichkeit als wahrscheinlich an, verschiebt sich das Lokalisationsproblem von der Struktur des ZNS auf seine funktionellen Apparate (s. unter II.), es sei denn, man entschließt sich zu Vorstellungen wie dem „Hologramm-Modell“ *(s. S. 87 ff.)*.

d) *Bestimmte Bereiche des ZNS* (Regionen, Untereinheiten, Zentren). Diese Auffassung vertrat LASHLEY: „Limited regions may be essential for learning or retention of a particular activity, but within such regions the parts are functionally equivalent. The engram is represented throughout the region.“[10]

e) Bestimmte *Kerne* (nuclei) oder entsprechende identifizierbare Gruppen von Nervenzellen.

f) Bestimmte *Zellen* im ZNS – doch führt diese Möglichkeit bereits zur zweiten Gruppe:

---

[9] DIELS: a.a.O. S. 133. Der Bericht – ein Fragment gibt es nicht – spricht davon, daß „Alcmaeo . . . primus exsectionem adgredi est ausus“, und dabei gefunden habe, „duas esse angustas semitas, quae a cerebri sede, in qua est sita potestas animae summa ac principalis, ad occulorum cavernas meent naturalem spiritum continentes . . .“

[10] KARL S. LASHLEY: „In Search of the Engram“ (1950). in: The Neuropsychology of Lashley. ed. by BEACH, HEBB, MORGAN, NISSEN. New York, Toronto, London. 1960. p. 501.

II. Jetzt handelt es sich nicht um bestimmte „Orte", an denen die Engramme zu finden sind, sondern um bestimmte *Funktionsträger,* d. h. um neuroanatomische Einheiten wie Neurone, Glia-Zellen, Synapsen, Membrane, die durch mnestische Vorgänge verändert werden, nicht aber in bestimmten Hirnregionen lokalisiert sind. Bei allen diesen Einheiten kann man dann als mögliche Veränderungen unterscheiden:

1) Die *vorhandenen Einheiten* werden durch die mnestischen Vorgänge verändert (umstrukturiert, „gängiger", durchlässiger usw.)

2) *Neue Einheiten* werden gebildet, z. B. neue, mnestisch spezifische Proteine oder andere Makromolekeln; neue Verbindungen zwischen Neuronen und Neuronennetzen entstehen usw.

3) *potentiell vorhandene Einheiten* werden latent oder aktualisiert. (s. „Selektionstheorie des Lernens", Bd. I. S. 115.)

Für alle diese Möglichkeiten gibt es experimentelle Unterlagen, genauer gesagt: es gibt experimentelle Daten, die im Sinn einer dieser Möglichkeiten gedeutet werden können und auch gedeutet worden sind. Diese Deutungen sind dann aber, auf Grund anderer experimenteller Daten und deren Deutung oft kritisiert, ja abgelehnt worden. Insgesamt legt die Situation des Lokalisationsproblems das skeptische Urteil nahe, daß H.-L. TEUBER in seinem Vortrag über „Hirnphysiologische und psychologische Grundlagen des Gedächtnisses" auf der 106. Versammlung Deutscher Naturforscher und Ärzte 1970 in Düsseldorf über die bisherigen Bemühungen und über nahezu alle Hypothesen auf diesem Gebiet fällte: „not proved." Dieses Urteil muß uns für die folgenden Darstellungen zur Vorsicht mahnen, es darf aber nicht davon abschrecken, die Experimente und ihre Deutungen – wenigstens einen kleinen Teil aus der überreichen Literatur – darzustellen und zu erörtern, und dies, ohne jedesmal das „not proved" oder ein evtl. „proved" besonders hervorzuheben. Schließlich mag das „not proved" in vielen Fällen „not yet proved", ein n o c h -nicht-bewiesen bedeuten, und wir würden die reiche Mannigfaltigkeit und bunte Fülle der Bemühungen unzulässig einengen, wollten wir uns auf ein im strengen Sinne „proved"-Material beschränken.

Die Erörterung der Möglichkeiten, die das Lokalisationsproblem bietet, sei abgeschlossen mit der Wiedergabe zweier entsprechender Darstellungen der Problemlage. Die erste stammt von LASHLEY:

„The nature of memory trace or engram ... could be divided into five major groups: the growth of new processes connecting active neurons, the increase in transmitter availability in active pathways, changes in the molecular structure of the synaptic membrane, reverberatory excitation and the timing of motor systems so as to become resonant to particular patterns of activity in sensory systems."[11]

---

[11] KARL S. LASHLEY: „Learning III. Nervous Mechanisms in Learning". In: A Handbook of General Experimental Psychology ed. C. MURCHINSON. Worcester/Mass. 1934. p. 456 ff. (zitiert nach der Darstellung bei E. R. JOHN: Mechanisms of Memory. New York, London 1967. p. 7 f.)

Eine andere Übersicht über das Problem eines „anatomical approach" gibt Galambos:

„By about 1900 the anatomists had clearly formulated three morphological questions still debated, and still unresolved by experiments. First, are memories stored in particular brain regions, or centers, that increase in size with use? Second, does synaptic efficiency rise in learning because nerve terminals became larger, or more numerous or more effective? Third, do glial cells join with the neurons in making memories by providing essential support, by their mechanical activities (motility) or in some other manner?"[12]

Methoden

Welche Möglichkeiten gibt es nun, die Frage der Lokalisation mnestischer „Engramme" zu entscheiden oder wenigstens in diesem oder jenem Sinne begründet zu beantworten? An dieser Stelle kann es sich nur um einen recht groben Überblick über Methodengruppen handeln, um eine gewisse Ordnung im Bereich der gegebenen Möglichkeiten. Als Ordnungsprinzip wählen wir die beiden in der „Grundlegung" von Bd. I besprochenen Gruppen A) und B) (I., 5 ff.) mit den Funktionsgleichungen ZNS = f(Ps) und Ps = F(ZNS). Wir müssen diese Gleichungen verallgemeinern, weil nicht mehr die *Psyche* (Ps) sondern das *Verhalten* (V) der Organismen jetzt Thema ist.

I. *ZNS = f(V)*

Bei den mnestischen Phänomenen entsprechen Änderungen der unabhängigen Veränderlichen V Änderungen in der abhängigen Veränderlichen ZNS; einer beobachtbaren Verhaltensänderung ist eine beobachtbare Änderung im ZNS zugeordnet – das ist die Voraussetzung für die Untersuchung dieser Gruppe. Eine grundsätzliche Schwierigkeit bei derartigen Untersuchungen ist, ob die evtl. gefundenen Zuordnungen *ein-eindeutig* sind: führen mehrere gleiche Verhaltensänderungen stets zu den gleichen Änderungen im ZNS? Und: Sind die gefundenen Änderungen im ZNS n u r der betr. Verhaltensänderung oder auch anderen Veränderungen zuzuschreiben? Da beide Fragen in der hier vorliegenden black-box-Situation kaum durch den experimentell gewonnenen Nachweis von Input-Output-Relationen beantwortet werden können, bedarf es eines „Modells" vom Innern der Box, einer Hypothese, anders ausgedrückt: einer b e s t i m m t e n Fragestellung – man muß wissen, wonach man fragt und wonach man sucht.

In der Literatur findet man eine ganze Reihe solcher *Suchhypothesen* die den jeweiligen Untersuchungen zugrunde gelegt wurden: Verän-

---

[12] Robert Galambos: „Brain Correlates in Learning" in: The Neurosciences (I). New York 1967. p. 641 f.

derung der Synapsenübertragung, gewisse „Weichenstellungen" im ZNS, Veränderungen der Zellstruktur oder der chemischen Zusammensetzung der Zelle durch veränderte oder neu gebildete Makromoleküle wie Proteine, Nucleinsäuren, Mucopolysaccharide usw. Und wie überall bestimmt auch hier die gezielte Fragestellung die Wahl der Methode.

Vom Lokalisations-Problem aus gesehen handelt es sich dabei vor allem um Möglichkeiten im Sinne der obigen Gruppe II, um die Frage nach den Funktionsträgern der mnestischen Veränderungen.

II. $V = F(ZNS)$

Die zweite große Gruppe der Methoden, mit denen man das Lokalisations-Problem einer Lösung zuführen will, geht davon aus, daß gesetzte Veränderungen in dem jetzt als unabhängige Veränderliche angesehenen ZNS zu beobachtbaren Veränderungen in der abhängigen Veränderlichen V führen. Wieder besteht die Schwierigkeit, eine gefundene Zuordnung als *ein-eindeutig* nachzuweisen, und wieder bedarf es gewisser Suchhypothesen, bestimmter Fragestellungen, weil sonst keine brauchbaren Antworten erwartet werden können. Speziell für unser Thema ist eine solche Hypothese z. B., daß es „Lernen" und „Gedächtnis" nicht nur „gibt", sondern daß sie auch psychologisch eindeutig definiert sind, so daß es möglich ist, die gefundenen Verhaltensänderungen ein-eindeutig diesen psychischen oder Verhaltens-Kategorien zuzuordnen. Für das Lokalisationsproblem speziell lautet das Problem der Ein-eindeutigkeit der Zuordnung: Welche Schlüsse dürfen wir von dem O r t der im ZNS gesetzten Veränderungen auf die Lokalisation des betr. Verhaltensphänomens ziehen?

1. Geht man von der Annahme aus, daß „Lernen" und „Gedächtnis", spezieller: daß *Mneme* und *Memoria* (I, 30 ff.) an einen „Ort" im ZNS gebunden sind, muß man diesen Ort etwa dadurch finden können, daß man verschiedene Bereiche im ZNS künstlich ausschaltet und untersucht, ob die entsprechende Verhaltensfunktion dadurch gestört oder gar gelöscht ist. Es ist die Methode künstlich gesetzter *Läsionen* im ZNS, die sog. *Exstirpationsmethode.* Auf den ersten Blick erscheint diese Methode als „die Methode der Wahl", denn sie ist eine logische Konsequenz aus der Grundannahme einer bestimmten Lokalisation: wird ein von einem Organismus gelerntes Verhalten durch eine Läsion im Bereich X des ZNS gelöscht, so besteht hier offenbar eine Zuordnung, ja eine reale Abhängigkeit zwischen dem Ort und der betr. Verhaltensweise.

So häufig daher die Exstirpationsmethode seit vielen Jahrzehnten angewendet worden ist, so scharf und häufig ist sie auch kritisiert worden. Dafür einige Beispiele aus recht verschiedener Sicht:

An erster Stelle sei der PAWLOW-Schüler K. M. BYKOW genannt: „Über keine ihrer Arbeitsmethoden haben die Physiologen so viel Schlechtes gesagt wie über die Exstirpationsmethode, angefangen mit LUDWIG, der sie mit dem Versuch verglich, den Mechanismus einer Uhr mit dem Schmiedehammer zu erforschen, bis zu I.-P. PAWLOW, der schrieb: ,Die Großhirnhemisphären weisen die komplizierteste Konstruktion auf, die durch die schöpferische Kraft der Natur geschaffen wurde; um sie kennenzulernen, wenden wir aber grobe Formen der Zerstörung an, die plumpe Abtrennung ihrer einzelnen Teile.' Und trotzdem konnte kein Physiologe, der sich mit der Erforschung des Gehirns befaßt, ohne diese grobe, unangemessene, unphysiologische und trotzdem notwendige und bisher sehr wertvolle Methode auskommen und wird es auch in Zukunft nicht können."[13]

KLAUS CONRAD wendete sich weniger gegen die Methode selbst als gegen voreilige Deutungen der Ergebnisse: man mußte „endlich einsehen, daß es ein grundsätzlich vorschneller und letztlich unhaltbarer Schluß war, aus der Lokalisierbarkeit der Symptome auf diejenige der Funktion ... zu schließen. Wenn ich also bei der Läsion des Gyrus angularis regelmäßig das Lesen gestört finde, ist der Schluß, daß deshalb im Gyrus angularis normalerweise das Lesevermögen lokalisiert sei, durchaus unzulässig. Vielmehr ist lediglich daraus zu entnehmen, daß die normale Leseleistung von jener Hirnstelle aus störbar ist."[14]

Eine genauere Untersuchung der Problematik der Exstirpationsmethode gibt K. L. CHOW. Er findet in dieser Methode vier „methodische Schwierigkeiten", von denen die dritte für uns interessant ist: „Third, the aim of the ablation method is in a way never attainable, for it throws away the object (the region of the brain) one wishes to study. As a result, it reveals only what the remaining, surgically altered system – but not the missing part – can do." CHOW zieht dann aus dieser Feststellung die logische Konsequenz: „A more direct approach to counter the third point (we throw away what we want to study) is to use a preparation with all brain regions destroyed except the structure in which one is interested." Er setzt zwar hinzu, „there are practical limitations to this proposal", doch „some attempts to create such preparation have been made"[15]. Ähnliche Versuche hatte schon LASHLEY unternommen mit einem Ergebnis, aus dem man schließen könnte, daß das Erlernen und seine Speicherung (bzw. Erhaltung) nicht am selben Ort lokalisiert sind. LASHLEY schreibt: „Memory disturbances of simple sensory habits follow only upon very extensive experimental destruction, including almost the entire associative cortex. Even combined destruction of the prefrontal, parietal, occipital and temporal areas, excluding of the primary sensory cortex, does not prevent the

---

[13] K. M. BYKOW: Großhirnrinde und innere Organe. (übers. a. d. Russ.) Berlin (VEB-Verlag) 1953. S. 275.

[14] KLAUS CONRAD: Über differentielle und integrale Gestaltfunktion und den Begriff der Protopathie. Der Nervenarzt *19* (1948), 315.

[15] K. L. CHOW: „Effects of ablation" in: The Neurosciences (I) New York 1967. p. 708 ff. u. 713.

animal from forming such habits, although preexisting habits are lost and their reformation is greatly retarded."[16]

Einen weiteren bemerkenswerten Gesichtspunkt bringt E. R. JOHN in die Diskussion; er schreibt: „Were the memory of an event stored in the brain as a thing or set of things in a fixed place or set of places, the many experiments... should have provided substantial evidence that *specific* memories could be irreversibly eradicated by damaging localized regions of the brain. By and large, attempts to demonstrate such specific erasure have been unsuccessful. If any effect is observed from such damage, it has almost invariably been an effect on a *class* of memories, ... rather than the selective *erasure* of a specific memory."[17]

Man kann daher abschließend sagen, daß die Exstirpationsmethode auch in Zukunft noch ihre Rolle spielen wird, daß sie aber nicht geeignet ist, das Lokalisationsproblem zu lösen, oder wie es in einem Kommentar zu einer „Work Session" des NRP heißt: „the reports in this section of the Work Session provided relativ strong evidence that removal of tissue from the CNS and subsequent study of the subject's behavoir are not sufficient to warrant generalizations as to structurfunction relationships in the brain." Zur Exstirkation muß vielmehr eine Reihe weiterer Untersuchungen hinzukommen: „With sequential lesions, there seem to be processes occurring over time that may serve to change CNS organization and alter its role in the mediation and control of behavior. The degree to which CNS areas are capable of reorganization and the variables that can affect such change have to be considered in defining the function of the area under study."[18]

Neben der Exstirpationsmethode gibt es noch ein anderes Verfahren, bestimmte Areale im Cortex „auszuschalten", d. h. ihre Funktionen zu unterbinden: die *Spreading Depression* (SD), etwa „eine sich ausbreitende Stille". Sie wurde erstmals von LEÃO beschrieben (1944) und bedeutet eine Ausschaltung der bioelektrischen Reizbeantwortung bestimmter Hirnregionen. Wichtig ist, daß diese Ausschaltung reversibel ist. Über die Vorgänge bei der SD schreibt E. R. JOHN: „Spreading depression (SD) is a reaction displayed by neural tissue to a variety of agents ranging from electrical stimulation to topical application of KCl. The reaction seems to consist of a gradually spreading potential change, accompanied by a flattening of the EEG, a disappearence of evoked responses, and impedance changes, apparently resulting from a marked intracellular chloride shift and a massive extracellular potassium shift accomplishing a massive depolarisation of involved neurons."[19]

---

[16] KARL S. LASHLEY: In Search of the Engram. (a.a.O. p. 487 f.) – Vgl. auch das PAWLOW-Zitat: Bd. I., S. 175.

[17] E. ROY JOHN: Mechanism of Memory. New York, London 1967. p. 9.

[18] „Functional Recovery after Lesions of the Nervous System". ed. EDUARDO EIDELBERG and DONALD G. STEIN. Neurosciences Res. Prog. Bull. Vol. 12. No. 2. (June 1974). Cambridge (Mass.). p. 254 f.

[19] E. ROY JOHN: a.a.O. p. 25.

2. Eine zweite Gruppe von Methoden zur Lösung des Lokalisationsproblems geht genau den umgekehrten Weg wie die erste: statt bestimmte Hirnabschnitte auszuschalten und die Wirkung dieser Läsionen zu beobachten, versucht man hier, bestimmte Regionen künstlich zu e r r e g e n, um aus der ausgelösten Wirkung, dem Verhalten des Organismus, Rückschlüsse auf die Funktion der erregten Region zu ziehen. Über die Vorteile und Nachteile dieser Methode gibt BREWER einen guten Überblick:

„A second method of approach, while involving some sort of interference with the brain or spinal cord, does not entail, as far as can be ascertained, destruction or injury to the tissue, although it requires that the skull be trepaned. It entails the direct excitation of nervous tissue by chemical or electrical means and the subsequent observation of the animals reaction. Chemical excitation is brought about by local application of strychnine and it is a method with rather limited possibilities. By far the most important technique in this field is the employment of faradic (induced) current as a means of stimulation. ... Electrical stimulation of cortical areas, however, yields only limited information. In man, for example, exploration of the superficial cortex in the sensory areas does not lead to the reporting of meaningful sensory experience. ... This is perhaps not altogether surprising. Applying electrical shocks to the brain is rather like throwing a stone into a pond – it makes a splash!“[20]

Gerade für die Erforschung des Gedächtnisses aber haben diese Versuche – es sei nur auf die Experimente PENFIELDS hingewiesen – recht interessante Ergebnisse gebracht, nämlich nicht nur „splashs“, sondern unter bestimmten Bedingungen recht genaue Reproduktionen und Erinnerungen infolge einer Reizung des Schläfenlappens.

3. Und schließlich noch eine dritte Gruppe wichtiger Methoden, die zu einer Lokalisierung bestimmter Funktionen im Hirn führen können – oder wenigstens führen sollten: die verschiedenen Verfahren der *Encephalographie*. Um noch einmal BREWER zu zitieren: „The third kind of physiological investigation does not involve interference with the nervous system at all. It is concerned with the recording and analysis of electrical activity initiated by the brain itself. Such a record of nervous activity is called electroencephalogram, E. E. G. for short. Electrodes are placed in contact with the scalp where they pick up the minute voltages which originate in the electrical activity of the brain. These are amplified and may be recorded as the movements of a pen on an slowly-moving sheet of paper.“[21]

Man hat auf diese von dem deutschen Psychiater HANS BERGER entdeckte und 1929 erstmalig veröffentliche Methode große Hoffnungen gesetzt; nicht nur in klinischer Hinsicht – hier hat sie die Hoffnungen

---

[20] C. V. BREWER: The Organization of the Central Nervous System. London, Melbourne, Toronto 1961. p. 114 f.

[21] a.a.O. p. 117.

weitgehend erfüllt – sondern auch als eine Methode, Einblick zu gewinnen in die Beziehungen zwischen ZNS-Funktionen und psychischem Geschehen sowie auch Lösungen des Lokalisationsproblems zu finden. Schon BERGER aber hat betont, daß mit dem EEG nicht psychische Vorgänge meßbar werden, sondern immer nur Vorgänge der Zelltätigkeit, und d. h. die Schlüsse auf eine Lokalisierung psychischer Funktionen, speziell auch des Lernens, sind nicht spezifischer als bei den anderen Methoden. So schreibt auch GROSSMAN: „If one finds that the frequency or amplitude of EEG is altered after a particular experimental manipulation, all that can be known is that this part of the nervous system may play some role in a neural process which occurs under these circumstances.“[22] Knapper und zugleich genauer formuliert heißt dies: Wird durch die Veränderung oder Exstirpation eines speziellen Teils des ZNS ein Verhalten oder eine psychische Funktion verändert oder verhindert, so folgt daraus, daß „only a link, not a locus, has been disturbed“[23].

Doch hat der Ausbau dieser Methode neue Möglichkeiten, speziell auch für das Lokalisationsproblem geschaffen. Schon vor mehr als 10 Jahren konnte H. FISCHGOLD (Paris) feststellen: „So erweist sich schließlich das *Oberflächen-EEG* – das nämlich die ganze Hemisphäre erfaßt – nur als eine kleine Probe aus dem unermeßlichen Summen im Gehirn; durch Tiefenelektroden, die stereotaktisch in die nervöse Substanz eingeführt werden, verwandelt sich das klassische EEG in ein *dreidimensionales* EEG, eine intrakranielle Elektrographie.“[24]

Eine andere Weiterentwicklung der klassischen Elektroencephalographie ist die *Toposkopie* (cortical toposcopy). Sie entstand 1949 in den USA (J. C. LILLY) und etwa gleichzeitig in der Sowjet-Union (LIWANOW und ANANJEW). Toposkopie-Geräte wurden seitdem vielfach gebaut unter Verwendung verschiedener Techniken, so von W. GREY WALTER[25] und von DONALD W. DEMOTT. DEMOTT kennzeichnet die Toposkopie als „the study of the cortex in two dimensions of space“[26]. Während das klassische EEG „a continual graph of voltage versus time“ ist, sind „in toposcopic recordings two dimensions of space also part of the data. Toposcopic data may be analyzed in terms of voltage versus space, which is the shape of instantaneous patterns, space versus time, which is the propagation of wave fronts, for voltage versus time, which is the

---

[22] SEBASTIAN PETER GROSSMAN: A Textbook of Physiological Psychology. New York, London, Sidney 1967. p. 623.

[23] „Functional Recovery after Lesions of the Nervous System“. Report based on an NRP Work Session. ed. by E. EIDELBERG and D. G. STEIN. Neurosciences Res. Prog. Bull. Vol. 12. (June 1974) p. 210.

[24] H. FISCHGOLD im Geleitwort zu JOHANN KUGLER: Elektroencephalographie in Klinik und Praxis. Stuttgart 1963. S. VII.

[25] W. GREY WALTER: Das lebende Gehirn. Köln, Berlin 1961. S. 73 f., 166, 208 f.

[26] DONALD W. DEMOTT: Toposcopic studies of learning. Springfield/Ill. 1970. p. 3.

conventional EEG, or for voltage versus space versus time, which is change in patterns"[27].

Nicht vergessen seien schließlich die *pharmakologischen* Methoden, also die Untersuchung der Einwirkung bestimmter Drogen auf das ZNS und auf dessen Funktionen, speziell auf das Verhalten des Organismus und auf seine psychischen Zustände.

Diese „chemische Methode" hat dann zu einer neuen Möglichkeit geführt, das Lokalisationsproblem in den Griff zu bekommen: Durch die Beeinflussung der Signal-Übertragung an den Verbindungsstellen von Neuronen, den *Synapsen,* an denen die Übertragung durch chemische Substanzen, die *Transmitter-Substanzen* erfolgt. UNGERSTEDT schreibt dazu: „The identification of various transmitter substances in the central nervous system (CNS) has made possible new ways of linking CNS function to CNS anatomy. We are now able to focus our attention on anatomically distinct areas where identificable neurons contain high concentrations of suspected transmitter substances." Durch die Kenntnis dieser Transmitter-Substanzen und ihrer Lokalisation ist es auch möglich geworden, die Signal-Übertragung in diesen Synapsen genauer zu untersuchen und sie auch chemisch zu beeinflussen, m. a. W. es besteht z. B. „the possibility of producing specific lesions of various monoamine pathways in the brain", denn diese „pathways run separated at various points where lesions may be localized in order to increase the specifity of the degenerations"[28].

Die Lokalisationen

Durch *Lernen* erwirbt der Organimus eine neue, veränderte oder andere Verhaltensweise, und diese bleibt erhalten, d. h. sie bestimmt das reale Verhalten des Organismus, wenn dieser in die entsprechende Situation gerät. Vom S-R-Schema aus, so hatten wir bisher gesagt, wird beim Lernen R gespeichert, bzw. bleibt erhalten. Fragen wir aber jetzt, w o dieses R erhalten bleibt, so bedarf es genauerer Charakterisierungen, etwa durch die Feststellung, daß natürlich nicht das Verhalten selbst gespeichert werden kann, sondern das *Verhaltensmuster* R' oder entsprechend die Veränderung im ZNS, die dann das reale Verhalten des Organismus bestimmt. Bezeichnen wir diese Veränderung im Organismus als das *Engramm des Lernens,* so lautet das Lokalisierungsproblem jetzt: W o findet sich im Organismus das Engramm des Lernens? – und die Untersuchung kann nun die einzelnen, in der Einleitung aufgezählten Möglichkeiten prüfen.

Dies alles erscheint recht trivial – doch es war nicht ganz überflüssig, es noch einmal auszusprechen, da nämlich dabei deutlich geworden ist, daß Darstellung und Fragestellung noch unvollständig sind. Es ge-

---

[27] DEMOTT: a.a.O. p. 5.

[28] URBAN UNGERSTEDT: Functional Dynamics of Central Monoamine Pathways. The Neurosciences (III). 1974. p. 979.

nügt nicht zu fragen, wo das Lern-Engramm gespeichert ist, man muß ja auch wissen, wo dieses Engramm e n t s t e h t. Und das bedeutet, daß das Lokalisationsproblem „des“ Lernens die Teilfragen nach der Lokalisierung der verschiedenen *Phasen* des Lernens umfaßt: die Bildung des Engramms – das Speichern – das Lagern – das Abrufen – und die Realisierung, die „performance“. Es ist keineswegs sicher, ja, nicht einmal wahrscheinlich, daß alle Phasen am selben „Ort“ zu finden sind.

Der Organismus als Ort der Engramme

Wenn wir bei der „Suche nach dem Engramm" den oben aufgezählten Möglichkeiten folgen, und zwar zunächst in derselben Reihenfolge, so bedeutet dies nicht und kann nicht bedeuten, daß wir vom Groben, Umfassenden allmählich zum immer Feineren, vom Ganzen schrittweise zu den Teilen und weiter zu deren Teilen fortschreiten, um den Ort der Engramme gleichsam einzukreisen. Ein Fortschreiten von der tiefgründigen Feststellung, daß die Engramme (Egg) „irgendwo im Organismus" vorhanden sind, zur Fragestellung ob sie dann im Nervensystem zu finden seien und weiter, in welchem Teil des NS – ein solcher Fortgang wäre reichlich absurd. Unser Fortschreiten ist vielmehr bestimmt durch die schon einleitend erwähnte Tatsache, daß alle aufgezeigten Möglichkeiten einer Lokalisierung der Egg experimentell untersucht und auch belegt worden sind; die Annahmen, daß sie im ganzen Organismus oder aber n u r etwa im ZNS zu finden sind, schließen einander somit aus. In diesem Abschnitt fragen wir, ob bzw. bei welchen Organismen die Egg im „ganzen Organismus" zu finden sind.

1. Der Organismus ist ein Ganzes und handelt als ein Ganzes – dies ist eine These, die sowohl PAWLOW als auch WATSON vertreten haben, und die für die Ethologie geradezu eine Grundlage ist. Auch das erlernte Verhalten ist ein Verhalten des Organismus-Ganzen – die Annahme liegt daher nahe, daß es auch als solches „erhalten" bleibt bzw. gespeichert wird. Formal haben wir diese Möglichkeit in der „Grundlegung" bereits angedeutet (I, 25): durch das Lernen ist das System bzw. der Organismus A zum Organismus A′ geworden, und das bedeutet: der ganze Organismus lernt und verändert s i c h dabei. Er selbst, als A′, ist, wenn man so will, selbst und als ganzer das „Engramm".

Von dieser These aus kann man nun in verschiedenen Richtungen weitergehen: man kann das ganzheitliche Lernverhalten – wie man in Analogie zu chemischen Verfahren sagen darf – entweder *zerlegen* oder *zerteilen,* d. h. man kann entweder das komplexe Gesamtverhalten in seine Untereinheiten zerlegen und diese weiter bis zu den Verhaltenselementen, oder man zerteilt das Ganze in seine „unspezifischen" Elemente und versucht, es durch eine Synthese aus diesen Teilen zu verstehen[1].

[1] Zur Unterscheidung von „Zerlegen" und „Zerteilen" vgl. H.-J. FLECHTNER: „Der Begriff des Elements und seine Anwendung in der Psychologie" Philosophia naturalis V (1959), 432 ff.

2. Für das *Zerlegen* sei als Beispiel die folgende Analyse eines anscheinend einfachen „Lern-Verhaltens" einer Ratte im Labyrinth in der anschaulichen Schilderung von McCONNELL und SHELBY wiedergegeben:

„Although it is customary for writers in this field to speak as if the learning process was unitary and indivisible, we know this not to be the case. We say, loosely, that ‚a rat learns to go right in a T-maze', and often pretend, for mathematical and theoretical convenience, that all the animal has acquired was one ‚bit' of information. The rat, being unaware of our theoretical needs, learns a great deal more than merely to go right in the maze – it also learns that it will be handled daily and hence habituates to a given experimenter (but not to strangers), that it will be put into a large piece of apparatus daily by the experimenter, that there will be food (or some reward) at the end of the maze, that it will be removed from the maze at a rather specific time, that it will subsequently be put back in the maze for a second trial, etc. We know from Tolman's work, too, that the rat typically learns a fair amount about the spatial characteristics of the room in which the maze is housed as well as what the maze smells like, what colour it is, what textures the floor and the walls have, etc. Rather than acquiring one bit of information, the rat surely acquires a hundred or more, perhaps thousands of bits, even in a very simple maze experiment. Some of these bits of information are necessary for solving the problem the psychologist sets before the rat, some are not."[2]

Diese Zerlegung eines einfachen Lernverhaltens – die Ratte findet im Labyrinth ihr Futter – zeigt nicht nur, wie komplex dieses Verhalten in Wirklichkeit ist, sondern sie macht auch deutlich, wie schwierig es ist, es genau zu verstehen; z. B. was die Frage betrifft, welche dieser mit-vorhandenen Lernvorgänge für die Lösung der Aufgabe „notwendig" sind und welche es nicht sind. Jeder dieser Teilvorgänge müßte – vom Standpunkt der Lokalisierung aus – sein eigenes Engramm haben. Möglicherweise könnte man für alle diese Engramme „Orte" finden (falls es sie gibt), aber für das Verständnis des Gesamt-Verhaltens des Organismus hätte man damit wenig gewonnen, denn dieses entsteht durch das Zusammenwirken aller jener erlernten Verhaltensweisen und noch mancher anderer – zusätzlich vieler „ungelernter" – als Verhaltens-Ganzes oder Verhaltens-Gestalt. Und dieses Verhaltensganze ist – das ist die These in diesem Abschnitt – nirgends „lokalisiert", oder es ist, – wenn man so will, im ganzen Organismus „lokalisiert".

3. Die These, daß „der ganze Organismus lernt", läßt sich vom Standpunkt der Kybernetik bzw. Informationstheorie aus weitgehend formalisieren. Sie besagt ja, daß dasjenige, das beim Lernen erhalten

---

[2] JAMES McCONNELL and JESSIE M. SHELBY: „Memory transfer experiments in invertebrates" in: Molecular Mechanisms in memory and learning. ed. G. UNGAR. New York, London 1970. p. 89 f.

bleibt, das *Verhaltensmuster* ist, das Schema des Zusammenwirkens der Teileinheiten (im Sinne der Zerlegung) oder der verschiedenen Funktionsträger (im Sinne einer Zerteilung). Erhalten bleibt also das *Programm* des künftigen Verhaltens. Durch das Lernen wird der Organismus in einem bestimmten Sinne programmiert, ohne daß dieses Programm „irgendwo" gelagert sein muß: es hat sich beim Lernen eingespielt und läuft unter entsprechenden Bedingungen ab (vgl. dazu auch I, 54 f.).

4. Eine Folgerung aus dieser These ist die Annahme, daß Engramme, welcher Art sie auch sein mögen, an funktionell sehr verschiedene Einheiten gebunden sein können, speziell, daß sie nicht notwendig in einem Nervensystem vorkommen müssen.

Dieses Problem zu untersuchen, erscheinen Lernversuche an *Protozoen* als sehr geeignet, denn eine solche Untersuchung hat – neben ihrem allgemeinen und lerntheoretischen Interesse – den Vorzug, daß „it allows us to consider whether the ability to learn is a general property of all protoplasm or whether, in fact, it is unique to nervous tissue." (E. M. EISENSTEIN[3])

Man hat die Experimente von BEATRICE GELBER als die „most systematic efforts to explore learning-related behavior in paramecia" bezeichnet (EISENSTEIN). In einer Übernahme der Vorsuchsanordnung von van OYE, die dieser 1920 für seine Experimente mit Planarien entwickelt hatte *(s. u. S. 78 f.)*, versuchte GELBER, Pantoffeltierchen unter möglichst natürlichen Bedingungen auf eine Nahrungsaufnahme an einem bestimmten Ort in ihrem Gefäß zu gewöhnen: Ein Platindraht wurde senkrecht in das Gefäß eingetaucht und die Anzahl der Organismen, die ihn umgaben oder sich an ihn hefteten, wurde gezählt. Darauf wurde der Draht mit dem Bakterium *Aerobacter aerogenus* beködert und in gleicher Weise eingetaucht. Nach einer Trainingszeit von ca. 40 Versuchen wurde wieder die Anzahl der Tiere gezählt, die sich um den beköderten Draht scharten oder an ihm hafteten. Schließlich wurde erneut der unbeköderte Draht eingeführt und entsprechend die Anzahl der Tiere bestimmt. Die Versuche wurden gleichzeitig mit drei Gruppen von Tieren unternommen: einer experimentellen Gruppe, einer Kontrollgruppe und einer bereits früher trainierten Kontrollgruppe; die Kontrollgruppen erhielten stets nur den unbeköderten Draht. Es zeigte sich: „The number of ‚clingers' increased steadily and significantly during training in the training group, but not in the other two groups."[4]

Gegen diese Versuche hat DONALD JENSEN kritische Einwände erhoben, u. a. mit der Behauptung, „that the procedure used to demonstrate learning in paramecia have produced changes in the environment, rather than in the paramecia"[5], denn durch den Stoffwechsel der Bak-

---

[3] E. M. EISENSTEIN: „The Use of Invertebrate Systems for Studies on the Bases of Learning and Memory" in: The Neurosciences (I.). 1967. p. 656.
[4] MCCONNELL and SHELBY: a.a.O. p. 73.
[5] Nach EISENSTEIN: a.a.O. p. 656.

terien am Draht werde die Umgebung des Drahtes stärker sauer, und frühere Versuche von JENNINGS, wie auch Experimente von JENSEN selbst, hätten gezeigt, „that paramecia show a clinging response to an object in their environment, and that this clinging ... is increased in an acid environment“[6].

Aus dieser Kritik entspann sich eine längere Kontroverse; EISENSTEIN urteilt über sie recht skeptisch: „As is often the case in such controversies the evidence for both positions is suggestive rather than conclusive.“ Härter noch urteilt A. PROSCOSIL (1966): „Jensen and Gelber talk past each other with amazing regularity, she answering criticisms Jensen did not make, and he making criticisms that are not pertinent to what she did.“[7]

So bleibt die Frage, ob Einzeller lernen können, auch nach diesen Untersuchungen noch offen. Daß sie lernen können, ist aber, nach EISENSTEIN, weiterhin „a most provocative possibility“[8].

Im Hinblick auf unser augenblickliches Thema ist eine Bemerkung von McCONNELL und SHELBY von Interesse, daß nämlich GELBERS Ergebnisse – neben anderen an anderen Tieren gewonnen – „suggest that the chemicals that mediate memory in these invertebrates are widely diffused through the animals bodies“ – eine spezielle Formulierung der These, daß der ganze Organismus Ort der Engramme des Lernens ist[9].

---

[6] a.a.O.

[7] McCONNELL/SHELBY: a.a.O. p. 74.

[8] EISENSTEIN: a.a.O.

[9] McCONNELL/SHELBY: a.a.O. p. 100.

Das Nervensystem als Organ des Lernens

Beim Übergang zu Lebewesen, die ein Nervensystem (NS) haben, entsteht zunächst die Frage: Ist das NS am Lernen auch beteiligt?, oder ist nur das NS Organ des Lernens? Die erste Teilfrage bringt gegenüber dem im vorigen Abschnitt Behandelten nichts Neues, wir beschränken uns daher hier auf die zweite Teilfrage: das NS und nur dieses ist das *Organ des Lernens* und auch der „Ort" der Engramme.

1. Aber können alle Tiere, die ein Nervensystem haben, lernen? Zur Beantwortung dieser Frage sind viele Untersuchungen vorgenommen worden, so z. B. mit *Coelenteraten* (Hohltieren), die aber keine eindeutigen Ergebnisse erbrachten. Wichtiger für die Entwicklung des Problems wurden Experimente mit *Planarien,* denn „as Bullock has noted, at this level we see the first centralized nervous system with a distinct brain"[1]. Die Frage spezialisiert sich somit: Können Planarien lernen?

Schon hierbei, nicht erst bei den berühmten und „berüchtigten" Experimenten über „Memory Transfer Through Cannibalism in Planarians?" (McConnell, 1962) entzündete sich eine Kontroverse, die an Umfang und Heftigkeit die bei den Paramecium-Versuchen erheblich übertrifft. Wie heftig und wie grundsätzlich hier die Meinungen aufeinander prallen, wird deutlich an einer Sammlung von Symposiums-Vorträgen, die 1970 erschienen ist. Hier geben W. C. Corning und D. Riccio einen Überblick über die Lern- und Konditionierungs-Experimente mit Planarien, untersuchen die verschiedenen Methoden, mit denen die oft einander widersprechenden Ergebnisse gewonnen wurden, und stellen die Ergebnisse der vergleichenden Untersuchungen in Tabellen übersichtlich zusammen[2].

Der wahrscheinlich erste Versuch, die Lernfähigkeit von Planarien aufzuweisen, ist das Experiment von van Oye (1920), dessen Abänderung für Paramecien-Untersuchungen wir schon kennengelernt haben. *(S. 76)*. Die *Abb. 3* zeigt schematisch die Versuchsanordnung:

In das Gefäß mit Wasser, in dem sich die Tiere befinden, wird wieder von oben ein Draht eingeführt, an dessen unterem Ende etwas Nahrung

---

[1] E. M. Eisenstein: „The Use of Invertebrate Systems for Studies on the Bases for Learning and Memory" in: The Neurosciences (I) 1967. p. 658.

[2] W. C. Corning and D. Riccio: „The Planarian Controversy" in: Molecular Approaches to Learning and Memory" ed. W. L. Byrne. New York, London 1970. 107 ff. Vgl. zur Kontroverse auch die Einleitung des Herausgebers a.a.O. p. XI ff.

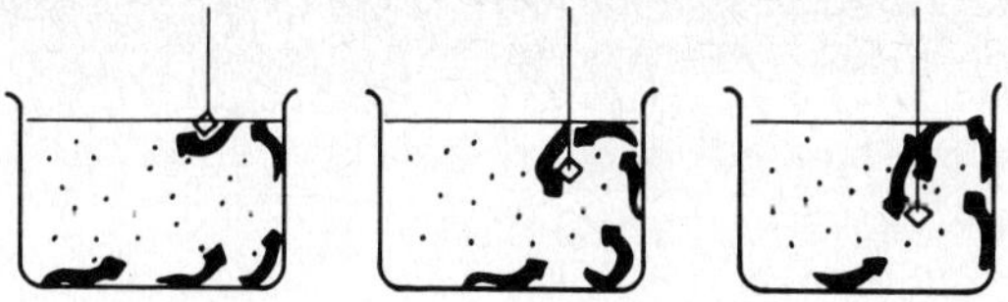

Abb. 3 Training von Planarien. (Nach CORNING und RICCIO: The planarian controversy. In: 277).

befestigt ist. Zunächst findet keins der Tiere die Nahrung, erst als der Draht soweit zurückgezogen ist, daß der Nahrungsbrocken auf der Oberfläche erscheint, erreichen ihn die Tiere, da es für sie jetzt leichter ist „to locate it by crawling up the site of the container". Beim Training wird der Draht nun stufenweise tiefer eingeführt, und es zeigt sich: „it is possible to train planarians to reach the reward when it is several centimeters below the surface of the water."[3] P. H. WELLS untersuchte mit der gleichen Technik die Möglichkeit des Konditionierens von Planarien: „When light is associated with the training periods it was found that it took conditional properties – the presentation of the light along with an unbaited rod resulted in a significant greater number of trained subjects appearing at the end of the rod than control animals."[4] So kommen CORNING und RICCIO, auch auf Grund anderer Versuche, zu dem Ergebnis: „planarians possess the capacity of learning."[5]

Spätere Experimente von CORNING und FREED (1968) konnten dies nicht nur bestätigen, sondern führten zur Beobachtung eines unerwarteten Lernens der Würmer, und zwar eines aktiven Vermeidungslernens (active avoidance response), genauer nach FOPPA einer „Fluchtreaktion", bei der es darauf ankommt, „die optimalen Fluchtreaktionen auf einen bereits wirksamen Schmerzreiz zu erlernen". (I, 324 f.) Die Autoren arbeiteten mit der Kombination: elektrischer Schock als UCS, Licht als CS. „On a number of occasions", berichten sie, „subjects were observed to crawl up the sides of the porous clay restraining wall as soon as the shock treatments began and once out of the water they would, of course, no longer experience the shock." Die Schilderung ihrer Bemühungen, dieses Verhalten zu verhindern, schließen die Autoren mit der Bemerkung: „It should be mentioned here that it only took the planarian two or three days to learn how to avoid the shock but it took the experimenters two weeks to learn how to prevent this behavior."[6]

Die Kontroverse, auf die wir hier noch nicht eingehen, hatte ein sehr positives Ergebnis: Man lernte durch die kritischen Gegenargumente und durch deren Prüfung immer neue Faktoren kennen, die einen Einfluß auf das Verhalten der Planarien haben können und die bei den

[3] CORNING and RICCIO: a.a.O. p. 110.
[4] a.a.O. p. 111. [5] a.a.O. [6] a.a.O. p. 115.

Experimenten kontrolliert werden müssen, will man vergleichbare Ergebnisse erhalten. Solche Faktoren sind nach McConnell: „species, temperature, diurnal variation, seasonal variations, water content, food, lighting, condition, shock parameters, intertrial intervalls, slime and others.“[7] Sie alle, oder wenigstens die wichtigsten von ihnen müssen konstant gehalten werden. Wie die Autoren feststellen: „It seems paradoxical that when we run rats, we handle our subjects, we specify what breeding line the stock is from, we train them in sound proof boxes, and we specify a large number of factors which when put together give us an output which we call learning. Planarians on the other hand, are popped into a trough, given a CS and US and are expected to perform like a learning rat.“[8]

2. Können Planarien also lernen und bleibt das Erlernte erhalten, so entsteht die Frage, w o es erhalten bleibt. Diese Frage kann bei Planarien sehr einfach und zugleich eindeutig entschieden werden: diese Organismen haben eine äußerst ausgeprägte Fähigkeit zur Regeneration. Werden die Tiere quer durchgeteilt, so regenerieren beide Teile zu vollständigen Tieren.

Planarien wurden trainiert[9], und zwar mit einem Licht-Schock-Apparat, mit Licht als CS und einem elektrischen Schock als UCS, solange, bis sie – nach weniger als 200 Versuchen – das 92%-Niveau erreicht, d. h. in 25 aufeinanderfolgenden Versuchen 23mal richtig reagiert hatten. Darauf wurden die Tiere durchgeschnitten und 30 Tage ihrer Regeneration überlassen. Nach dieser Zeit wurden sie – jetzt regenerierter Kopfteil und regenerierter Schwanzteil – erneut bis zum Erreichen des 92%-Niveaus trainiert. Es ergab sich eine erhebliche Ersparnis der dafür benötigten Versuche: die durchschnittlichen Anzahlen von Versuchen bis zum Erreichen des Niveaus betrugen z. B. für die fünf Tiere der Gruppe E v o r der Teilung 134, n a c h der Teilung für das Kopfteil-Tier 40 und für das Schwanzteil-Tier 43,2 Versuche. Außerdem hatte sich die Streuung erheblich vermindert (hier nur als Differenz der Extremwerte angegeben): beim originären Training benötigte Tier E-5 200, E-4 nur 83 Versuche, Streuung also 117. N a c h der Teilung bei den Kopfteil-Tieren aus E-1 = 50, aus E-5 = 30; Streuung also = 20; bei den Schwanzteiltieren aus E-3 = 72, aus E-2 = 24 Versuche, Streuung = 48.

Aus diesen und aus ähnlichen Experimenten anderer Untersucher, lassen sich zwei Folgerungen ziehen:

a) Die „Engramme“ des Erlernten sind offenbar im ganzen Nervensystem (wenn nicht im ganzen Organismus) verteilt, so daß auch nach der Teilung die Ergebnisse, bei einer Prüfung nach der „Ersparnis-

---

7 Corning and Riccio: a.a.O. p. 129.

8 a.a.O.

9 Vgl. zum Folgenden James McConnell and Jessie M. Shelby: Memory transfer experiments in invertebrates. in: Molecular Mechanisms in memory and learning. ed. G. Ungar. New York, London 1970. p. 82 ff.

methode", ein Vorhandensein von „Engrammen" in beiden Teilen beweisen.

b) Da der „Kopfteil" offenbar besser „behält" als der Schwanzteil, was nicht nur durch die größere Ersparnis sondern auch durch die geringere Streuung nahegelegt wird, könnte man vermuten, daß das Lernen selbst und die primäre Speicherung im Kopfteil erfolgt, daß dann aber die Engramme sich allmählich über das ganze NS verteilen, wenn auch vielleicht nicht gleichmäßig.

Dies erinnert an einen anderen biologischen „Verteilungsvorgang": Für die Verpuppung von Raupen ist ein bestimmtes *Hormon* nötig, das im Gehirn gebildet und dann durch den Körper transportiert wird. Daß es sich dabei wirklich um eine Wanderung von Stoffen handelt, konnten Experimente beweisen (z. B. Kopeč, 1922), bei denen Vorder- und Hinterende des Tiers durch Abschnüren voneinander isoliert (aber nicht getrennt) wurden – nur der Vorderteil verpuppte sich.

Dieser Vergleich führt zu einer dritten (möglichen) Folgerung: es könnte sein, daß auch die Engramme, die gelagert und möglicherweise durch den Körper transportiert werden, *Stoffe* sind, z. B. Makromolekeln. Andere Versuche über die Natur speziell memorieller Engramme, vor allem die Arbeiten von Hydén über die Rolle der *Ribonucleinsäure* (RNA) bei Lern- und Gedächtnisvorgängen, ließen dann die Frage entstehen, ob auch bei Planarien eine Beziehung zwischen Erlernen und RNA nachweisbar ist. War dies der Fall, so mußte man die Lagerung der Engramme chemisch beeinflussen können, nämlich durch das Enzym Ribonuclease (kurz RNase), das die RNA in der Zelle abbaut. Ist eine RNA der „Träger" des Erlernten, so mußte eine Einwirkung von RNase dieses Erlernte zerstören, und damit mußten die Ersparnisse beim neuen Erlernen der Teiltiere verschwinden.

Experimente von Corning und John (1961) konnten diese Vermutung bestätigen: „they confirmed the importance of RNA in planarian learning by showing that ribonuclease (RNase), ..., could effectively ‚erase' memory retention in regenerating planarian tails."[10] Cherkashin und Sheiman konnten dann 1967 diese Wirkung in gleicher Weise bei Kopfteil- und Schwanzteil-Tieren nachweisen. Ihre Experimente zeigten aber noch etwas anderes: Wird bei einem trainierten Tier das Kopf-Ganglion entfernt, verschwinden die gelernten Antworten (konditionierten Reaktionen), „but memory was restored when the ganglion regenerated"[11].

Als Ergebnis der RNase-Versuche hielten Corning und Riccio fest: „that memory in planarians involves the entire central nervous system and that the cephalic ganglia are necessary for its ‚read out'."[12]

3. Der nächste Schritt folgte nahezu zwangsläufig – wir gehen deshalb, auch wegen des inneren Zusammenhangs, schon jetzt kurz darauf ein, obwohl diese Experimente später genauer untersucht werden

---

[10] Corning/Riccio: a.a.O. p. 142.

[11] a.a.O. [12] a.a.O.

müssen. *(S. 217 ff.)* McConnell und Shelby schildern die weitere Entwicklung: Planarien sind nicht nur für solche Experimente interessant, weil sie lernen können und die Fähigkeit zur Regeneration haben, sondern auch weil sie „lack the immune reaction found in most higher organisms. The head of one animal can fairly readily be grafted onto the body of another. ... We reasoned that if heads could be transferred from one worm to another, why couldn't the chemicals involved in memory formation also be taken from a trained animal and ‚grafted' somehow onto another animal? Then it occurred to us that hungry planarians (of the species we were using) are cannibalistic; why couldn't we train a group of donor planarians, then cut them in pieces and feed them to hungry, untrained cannibals?"[13]

Damit begannen die vielzitierten und ebenso viel und heftig kritisierten „Kannibalismus-Experimente" McConnells und seiner Mitarbeiter (seit 1962). Nur die ersten Versuche waren echte „Kannibalismus"-Experimente: man gab zerkleinerte trainierte Tiere untrainierten zu fressen. Der Einwand, daß die von den „recipients" aufgenommene Nahrung verdaut werden müsse und daß dadurch die „chemicals", speziell die RNA abgebaut, also zerstört würde, wurde einmal durch den Erfolg der Versuche widerlegt: etwa ein oder zwei Tage nach der Verfütterung wurden die gefütterten Tiere auf das 92%-Niveau trainiert. Es zeigte sich, „the animals that had dined on educated donors were, in the very first training trials, significantly superior to a group of control animals that had been fed untrained donors. These experiments were performed ‚blind', in that the person training the cannibals did not know which animal had had what type of tissue to eat"[14].

Daß die RNA nicht durch Verdauung zerstört wurde, ließ sich aber auch biochemisch begründen: Planarien haben kein eigentliches Verdauungssystem, die aufgenommene Nahrung gelangt in das Intestinal-Lumen, wird dort aber nicht verdaut, sondern phagozytierende Zellen an den Wänden des Lumens nehmen – nach Art von Amöben – die Nahrungsbrocken auf und verdauen sie dann, so daß „the complex molecules thought to ‚code' memory in this animal would reach cells throughout the cannibals body intact"[15].

Ein weiterer Einwand, daß möglicherweise ganze Zellen des Donor-Tiers übertragen würden, sich im Empfänger-Tier einnisteten „and consequently gain at least partial control of the cannibal's behavior"[16], konnte ebenfalls widerlegt werden, vor allem durch Versuche mit Zell-Extrakten, speziell mit extrahierter RNA aus den Donor-Tieren. Über diese Versuche berichten wir genauer später *(s. u. S. 220 ff.)*.

Inzwischen sind diese Versuche auch mit anderen Tieren, vor allem mit Ratten, Mäusen, Goldfischen, fortgesetzt worden, und die Ergeb-

---

13 James McConnell and Jessie M. Shelby: a.a.O. p. 84.
14 a.a.O. p. 85.
15 a.a.O. p. 94.
16 McConnell/Shelby: a.a.O. p. 94.

nisse lassen eigentlich keinen Zweifel mehr zu, daß die Übertragung von Hirn-Extrakten aus trainierten auf untrainierte Tiere bei den Empfänger-Tieren auf eine noch nicht geklärte Weise zu besseren Lern- und Behaltens-Leistungen führen.

4. Doch zwei Fragen entstehen hier: die allgemeine Frage, wie diese Versuchsergebnisse zu deuten sind, und dann die für uns jetzt speziell wichtige, was die Ergebnisse für das Problem der Lokalisation der Engramme besagen.

Die erste Frage ist in den vergangenen Zeiten schon nach allen Seiten diskutiert worden, ohne daß sie eine endgültige Lösung gefunden hätte. Handelt es sich wirklich um einen „memory-transfer“, oder „handelt es sich dabei nicht nur um Auswirkungen einer allgemeinen Stimulierung oder Sensibilisierung oder anderer genereller Umstimmungen in der Beantwortung eines Merkmalspaars?“ (B. RENSCH[17]). Es ist die Frage, ob die Wirkung des Transfers spezifisch oder allgemein ist – auch darauf werden wir später eingehen müssen.

Für eine *Lokalisierung* des Lernens bzw. seiner Engramme geben vor allem die Teilungsversuche einige Hinweise: Offenbar sind bei Planarien bereits die *Phasen* des Lernens getrennt. Während für die Bildung der Engramme das Nervensystem, speziell das Kopfganglion notwendig ist, könnten die Engramme „irgendwo“ gelagert sein, sei es im NS, sei es im Organismus überhaupt. Für den Abruf und die Ausführung der gelernten Leistung ist dann aber wieder das Kopfganglion nötig. Eine Zerstörung des Kopfganglions führt zum „Verschwinden“ der erlernten Reaktionen, weil die Reproduktion, das „reading out“, gestört ist, etwa entsprechend einem „Vergessen“ beim Menschen, das nicht auf einer Zerstörung der Engramme, sondern auf Reproduktions-Hinderung beruht.

Ja, man könnte sogar annehmen, daß bei Planarien bereits eine Trennung von *Memoria* und *Mneme* besteht, wobei das Kopf-Ganglion das memorielle Engramm, nämlich die „Situation“, enthält, während die mnemischen Engramme, also die Verhaltens-Schemata, ebenfalls wie bei höheren Tieren und auch wohl beim Menschen, an anderen Orten des Nervensystems zu finden sind. Das „reading out“ bedeutete dann eine Aktivierung der mnemischen Engramme auf Grund eines „Wiedererkennens“ der Situation, da ja das Training der Empfänger-Tiere in der gleichen Situation erfolgt wie das der Donor-Tiere. Das führt allerdings zu schwierigen Problemen, wenn wir jetzt die Folgen einer Regeneration oder gar einer Neuentwicklung des Kopf-Ganglions bedenken – Problemen, die wir an dieser Stelle nicht erörtern können.

---

17 BERNHARD RENSCH: „Probleme der Gedächtnisspuren“. Vortrag in der Rhein.-Westfäl. Akad. d. Wiss. Opladen 1971. S. 37.

Das Gehirn als Organ des Lernens

Das Gehirn als Ganzes

Die Ergebnisse der Planarien-Experimente haben deutlich gemacht, daß es notwendig ist, die verschiedenen *Phasen* des Lernens auch bei der Lokalisierungs-Frage zu unterscheiden. Dies wird besonders wichtig werden, wenn es gilt, die Funktionen des *Cortex* beim Lernen zu erörtern. Zugleich aber ist deutlich geworden, daß innerhalb der Phasen das *Lagern* der Engramme offensichtlich eine besondere Funktion ist – und das gilt sowohl für die mnemischen als auch für die memoriellen Engramme. Denn w e n n das Erlernte in stofflicher Form gelagert wird, muß es einen „Ort" oder viele „Orte" geben, wo diese Makromolekeln zu finden sind. Und wenn es sich beim Lagern nicht um Stoffe handelt sondern um Bahnungen, „Weichenstellungen" und dgl., so müssen auch die diesen zugrunde liegenden morphologischen, physiologischen oder chemischen Veränderungen „irgendwo" vorhanden sein.

Fassen wir dem Lagern gegenüber die übrigen Phasen, also Aufnahme des Stimulus, Speichern des Erlernten, Abrufen des Gelagerten und Ausübung der Reaktion vereinfachend als *Lernfunktion* zusammen, so besteht hier durchaus die Möglichkeit, daß ein bestimmtes Organ wie z. B. das Gehirn als Ganzes funktionieren kann, ohne daß sich „Orte" für den Sitz der Lernfunktion oder bestimmte Untersysteme als spezifische Funktionsorte angeben lassen. Daß die Situation speziell für das jetzt zu betrachtende Gehirn sehr schwierig ist, beleuchtet ein Satz, der vor mehr als drei Jahrzehnten diese Problemsituation charakterisierte, und der auch heute noch gültig und nicht gerade ermutigend ist: „Die Doktrin einer strengen Hirnlokalisierung für die einzelnen unterschiedlichen Funktionen ist so unwahrscheinlich wie die gegenteilige Annahme, daß das Gehirn gleichsam als undifferenziertes Ganzes arbeitet."[1]

Von diesen beiden Möglichkeiten wird uns hier, dem Gang der Darstellung entsprechend, zunächst die zweite interessieren: das Gehirn als „Organ" der Lernfunktion.

1. „The bigger the brain, the greater the brain power – this seems

---

[1] Theodor Elsenhans: Lehrbuch der Psychologie. Dritte, völlig veränd. Auflage von Fritz Giese. Bearb. u. herausg. v. W. H. Gruhle u. F. Dorsch. Tübingen 1939. S. 496.

to be a general rule among comparable members of animal kingdom."[2] – dieser Satz des Zoologen RENSCH gibt uns einen ersten Anhaltspunkt, etwa in dem Sinne, daß wir sagen können: Je größer das Gehirn, desto größer auch die Lernfähigkeit. RENSCH bestätigt diese Spezialisierung seines einleitenden Satzes: „Size quite evidently is a decisive factor in the brain's learning capacity."[3] Zahlreiche Untersuchungen von RENSCH und seinen Mitarbeitern ergaben dann, daß „allgemein die größeren Arten durchschnittlich mehr visuelle Aufgaben gleichzeitig zu beherrschen lernten als die kleineren Arten"[4]. Aus vielen Generalisationsexperimenten folgerte RENSCH schließlich: „Die Ergebnisse der mehr als 20 000 Transpositionsversuche zeigen, daß bei Steigerung der erblichen absoluten Körper- und Hirngröße bzw. der wahrscheinlich damit gegebenen größeren Neuronen- und Synapsenzahl die Generalisationsfähigkeit zunimmt."[5]

2. Einen Schritt weiter führt uns die erste der oben zitierten Fragen von GALAMBOS: „Are memories stored in particular brain regions, or centers, that increase in size with use?" *(S. 66)* Diese Frage hat eine Antwort gefunden durch die Untersuchungen über den Einfluß der Umgebung auf die Hirngröße: Hat eine an Reizen reiche Umwelt (enriched environment), die allgemein zu einer gesteigerten Hirntätigkeit bei der Verarbeitung dieser Reize führt, einen Einfluß auf das Hirngewicht oder auch auf die Anzahl der Hirnzellen?

Die Untersuchungen der Arbeitsgruppe DIAMOND, LAW, RHODES, LINDNER, ROSENZWEIG, KRECH und BENNET (1964, 1966) haben einen solchen Zusammenhang aufgezeigt. Bei den früheren Arbeiten ergab sich, „that an enriched behavioral environment brings about measurable morphological changes in the rat brain. In those experiments depths and differential cell counts were taken on from frozen, thionin stained sections from the brain of rats living for 80 days in enriched or impoverished conditions. From these sections we found a 6,2 per cent increase in the depth of the visual cortex of the rats from the enriched environment"[6]. Die Untersuchung der Anzahl der Neurone und Gliazellen ergab, mit einer verbesserten Methode[7], „an absolute increase in glia cells in the

---

[2] BERNHARD RENSCH: „The Intelligence of Elephants". in: Psychobiology. San Francisco and London (1967) p. 158.

[3] a.a.O. p. 163.

[4] BERNHARD RENSCH: Gedächtnis, Begriffsbildung und Planhandlungen bei Tieren. Berlin u. Hamburg. 1973. S. 75.

[5] a.a.O. p. 128.

[6] M. C. DIAMOND etc.: „Increases in Cortical Depth and Glia Numbers in Rats Subjected to Enriched Environment". J. comp. Neurol. *128* (1966), 117 ff. (jetzt auch in Memory Mechanisms. ed. PRIBRAM. p. 9).

[7] a.a.O. p. 18. – Diese Tatsache stützt ALTMANNS These, der auf Grund eigener Untersuchungen (ALTMAN and DAS, 1966) zu der Folgerung kam: „The anatomical and chemical changes reported by Krech et al. may largely result from the stimulation of glial division." nach: E. R. JOHN: Mechanisms of Memory. New York, London 1967. p. 43.

enriched brains", und weiterhin, „that the oligodendrocytes and cells with characteristics of both oligodendrocytes and astrocytes are proliferating"[8]. Welche Bedeutung diese Vermehrung der Gliazellen haben könnte, darüber gibt es viele Vermutungen: „to supply additional neural nutritional needs, to support newly formed fibers, to regulate ionic movement in the brain, to give additional specifity to synaptic membranes, to respond to axoplasmatic movement, to regulate vascular flow, to encode experience, or to supply either energy or substrate for energy to the axons."[9]

Dabei sind das „enriched" und das „impoverished environment" folgendermaßen charakterisiert:

„The enriched situation has these characteristics: The animals are housed in groups of ten or twelve in a large cage that is provided with ‚toys' such as ladders, wheels, boxes, platforms etc. The toys changed each day from a larger group. To enrich the rat's experience further we take them out every day for a half-hour exploratory-session in a square field (90 x 90 cm) with a pattern of barriers that is changed daily. ... Each enriched-experience animal has a littermate assigned to the impoverished condition. Here animals live in individual cages that have solide side walls, so that an animal cannot see or touch another. These cages are placed in a separate, quiet, dimly lighted room ... The isolated rats have food and water ad lib, like their enriched brothers."[10]

Die Ergebnisse, die ROSENZWEIG in seiner späteren Arbeit berichtet, entsprechen den oben genannten: „The cortex of the enriched rats weighs 4% more than that of the restricted rats."[11] „the glias ... were 14% more numerous ... and the ratio of glia to neurons is then also increased."[12] Nach Prüfung einiger Einwände kommt ROSENZWEIG zu dem Schluß: „Thus it appears that formal training alone may be able to produce changes in the brain."[13]

Entsprechende Versuche an anderen Instituten ergaben, daß auch die *Synapsen* sich unter dem Einfluß der Erfahrung ändern können. So stellte KJELD MØLLGAARD (Kopenhagen) „electron micrographs of brain sections from the third layer of the occipital cortex of rats" her, die zeigten, „that rats from enriched environments had junctions that averaged approximately 50 per cent larger in cross section than similar junctions in littermates from impoverished environments"[14]. Und Ex-

---

[8] DIAMOND et al.: a.a.O. p. 19.

[9] a.a.O. p. 19.

[10] MARK R. ROSENZWEIG: „Evidence for anatomical and chemical changes in the brain during primary learning". in: Biology of Memory. ed. K. H. PRIBRAM and D. E. BROADBENT. New York, London 1970. p. 71.

[11] a.a.O. p. 73. [12] a.a.O. p. 78. [13] a.a.O. p. 83.

[14] MARK R. ROSENZWEIG, EDWARD L. BENNETT and MARIAN CLEEVES DIAMOND: „Brain Changes in Response to experience." Scientific American 226 (1972) No. 2. p. 27.

perimente an der Illinois-University (GREENOUGH, R. WEST and T. B. FLEISCHMANN) bestätigten, „that there is increased synaptic contact in enriched-experience rats“[15]. Speziell konnten WALSH, BUDTZ-OLSEN, PENNY & CUMMINS (1969) feststellen, „that a high level of environmental stimulation leads to a thicker hippocampus with a higher density in both oligo- and astroglia compared to those of control rats living in isolation“[16].

Doch stehen diesen Experimenten andere gegenüber, die einen Zusammenhang zwischen „growth and learning in the adult brain“ nicht finden konnten. Man darf, wie ROSENZWEIG hierzu äußert, diese experimentellen Ergebnisse natürlich nicht übersehen, doch „the failures, insofar as they can be taken at face value, only show routes that did not lead to the goal; they do not demonstrate that the goal does not exist“[17].

3. Darf man die Ergebnisse der Experimente, die wir kurz dargestellt haben, als einen begründeten Hinweis dafür ansehen, daß das Gehirn der eigentliche „Ort“ des Lernens ist, und zwar – wie schon die Planarien-Versuche vermuten lassen – sowohl des memoriellen als auch des mnemischen Lernens, so wird die oben gestellte Frage jetzt aktuell: Lernt das Gehirn als Ganzes?

Diese Frage hat eine eigenartige Beantwortung gefunden in der *Hologramm-Theorie* des Gedächtnisses, von der ECCLES anläßlich einer Konferenz über „Information Processes in the Nervous System“ gesagt hat, sie sei „one of the most interesting features of the conference“, denn es gäbe jetzt „good evidence ... that memory can be thought of in terms of holography“[18].

Die Betonung, daß es sich um eine Gedächtnis-Theorie handelt, macht schon deutlich, daß primär das *Lagern* der Engramme hier in Frage steht, indirekt aber ist damit auch die Lernfunktion angesprochen, da ein „Lagern im ganzen Gehirn“, wie es die Hologramm-Theorie annimmt, die Vorstellung z. B. einer Lokalisierung des Speicherns und Abrufens zumindest schwierig macht.

Doch was ist ein Hologramm und was ist Holographie?

LONGUET-HIGGINS, der auf dem erwähnten Treffen das „Hologramm“-Modell erläuterte, ging dabei auf die schwierige physikalisch-technische Erklärung nicht ein; er sagte:

„A hologram is an optical record in which every grain in the emulsion has been influenced by light from every point on the object, and therefore records something about the object as a whole (Collier, 1966). ... To the naked eye the hologram is a meaningless jumble of grey

15 a.a.O.

16 Nach HOLGER HYDÉN and PAUL W. LANGE: „Correlation of the S100 Brain Protein with Behavior“ in: Biochemistry of Brain and Behavior. ed. R. E. BOWMAN and S. P. DATTA. New York, London 1970. p. 343.

17 M. R. ROSENZWEIG: „Evidence ...“ p. 70.

18 Sir JOHN ECCLES: im „Preface“ zu „Information Processing in the Nervous System“. Proc. of a Sympos., Buffalo 1968. ed. K. N. LEIBOVIC. Berlin, Heidelberg, New York 1969. p. VI.

markings, but if it is illuminated with part of the wavefront which produced it, the rest of the same wavefront will automatically emerge from it."[19]

Das ist für den Außenstehenden sicherlich kaum verständlich; doch bevor wir versuchen, nur ein wenig in die physikalische Seite der Holographie einzudringen, wollen wir – gleichsam zur Beruhigung und zugleich als ein Warnsignal – folgende Äußerung von O. H. SCHMITT anführen: „It is not good to accept too much of the physical machinery of present day optical and sonic holography in incorporating these ideas into nervous system modeling. The big principle involved is that of dispersing spatial information widely within a two or, occasionally, three dimensional storage domain as an amplitude function."[20]

Wir wollen aber trotzdem versuchen, einige Kennzeichen der Holographie etwas deutlicher zu machen; wir zitieren dazu auszugsweise aus dem „Gegenwartslexikon"[21]: „Die holographische Abbildung geschieht in zwei Schichten:

1. Speicherung von Amplitude und Phase des kohärenten Wellenfeldes,

2. Rekonstruktion des ursprünglichen Wellenfeldes aus dieser gespeicherten Information."

Zur Speicherung: Aufgenommen wird das „Bild" eines Objekts mit einem kohärenten Laser-Strahl, d. h. mit einem Strahl, der streng nur eine Wellenlänge enthält. Dieser Strahl wird in zwei Teilstrahlen aufgespalten, von denen der eine das Objekt trifft und von dort zurückgestrahlt wird, während der andere direkt zur Fotoplatte geht. Die beiden Wellen überlagern sich auf der Platte und erzeugen dort Interferenzen: Wellenberg addiert sich zu Wellenberg, ebenso Wellental zu Wellental, und Wellenberg und Wellental löschen einander aus. So werden auf der Platte „Amplitude und Phase" des Wellenfeldes gespeichert. Auf der Platte finden wir dabei das „meaningless jumble", genauer gesagt eine bestimmte Verteilung der Interferenzpunkte der geteilten Welle. Da keine Linsen fokussieren, interferieren auf der Platte die ganzen Wellen. Durch diesen Vorgang wird das Objekt „in eine Intensitätsverteilung umgesetzt und damit photographisch registrierbar."

Wird jetzt dieses „stationäre Interferenzmuster" wieder mit dem kohärenten Laser-Strahl „beleuchtet", wird „das Licht des Wiedergabebündels an dem Hologramm gebeugt".

„Die als Beugung bezeichnete Veränderung von Licht, das von dem beleuchteten Objekt ausgeht, enthält Informationen über das beugende

---

19 H. C. LONGUET-HIGGINS: „The non-local storage and associative retrieval of spatio-temporal patterns." a.a.O. p. 39.

20 OTTO H. SCHMITT: Biological Information Processing Using the Concept of Interpenetrating Domains" in: Information Processing in the Nervous System. 1969. p. 328.

21 Gegenwartslexikon, hrg. v. EMIL HEINZ GRAUL unter Mitarb. v. H. MÜLLER u. H. BRILMAYER. Stuttgart 1973. B. I. S. 209 f.

Objekt selbst. Auf diese Weise ist es möglich, durch Beugung des Lichtes an dem Hologramm das ursprüngliche Bild des Objekts wieder zu erzeugen. Betrachtet man das Hologramm, so sieht man an der Stelle, an der sich bei der Aufnahme das Objekt befand, sein virtuelles Bild."

Die Grundeigenschaften des Hologramms zeigen schon, daß das Hologramm gewisse Eigenschaften des Gedächtnisses widerspiegelt – unter der Voraussetzung, daß das Gehirn „als Ganzes" lernt: Eine Vielzahl von „Punkten", z. B. Nervenzellen, in denen das aufgenommene Signal fixiert ist, wobei jeder solcher Punkt gleichsam ein Engramm des g a n z e n Objekts ist. Es genügt eine abgestimmte Teilaktivierung einer Gruppe von Engrammen, um das Ganze zu reproduzieren.

Aus diesen Grundeigenschaften folgt eine weitere, die ebenfalls das Hologramm mit dem Gedächtnis teilt: Während bei einer normalen Fotoaufnahme eine Teilzerstörung des Films die Reproduktion unvollständig macht oder zerstört, und entsprechend, falls das Engramm eines Stimulus an einem Ort gelagert sein sollte, eine Läsion der betreffenden Hirnstelle es stören oder zerstören müßte, kann beim Hologramm bereits ein kleiner *Teil* immer das ganze Objekt wiedergeben, d. h. „holograms are remarkably insensitive to damage; quite a passable image of the original object can be conjured up when a part of the hologram has been removed". Daß Entsprechendes auch beim Gedächtnis auftritt, ist durch zahllose Versuche erwiesen worden, so daß schon vor ca. vier Jahrzehnten LASHLEY eine Art anatomisch-physiologischer Grundlage für das Hologramm-Modell gegeben hat: „There is evidence of mutual dependence of parts in which specialization of structures seems less important than the mere mass of functional tissue. There are indications that within the entire cortex, for certain functions, and within specialized areas, for others, the subordinate parts are all equally capable of performing the functions of the whole."[22]

Und schließlich noch eine weitere, für die Holographie und ihre Anwendungen wichtige Eigenschaft des Hologramms, die aber, sollte sie auch für die Anatomie und Physiologie des Gedächtnisses zutreffen, weitreichende Folgen hätte: „One can use the same hologram for recording a number of different scenes. What one does is to expose the plate, before development, to the wavefront from each scene. Then if the light from part of one scene is allowed to fall on the hologram, the rest of that particular scene makes its appearence." Innerhalb gewisser Grenzen kann man daher sagen: „a multiply exposed hologram behaves as an associative, or content-adressable, memory."[23] Mit anderen Worten: das Hologramm-Modell gibt eine Lösung für das Problem, wie ein örtlich oder über einen Raum verteilt gelagerter Engramm-Komplex, dessen „Ort" der Erinnernde nicht kennt, nach einer „inhaltlichen"

---

[22] KARL S. LASHLEY: „Integrative Functions of the Cerebral Cortex". Physiol. Rev. *13* (1933), 1–42. (jetzt auch in: The Neuropsychology of Lashley, 1960. p. 217 ff., spez. 247).

[23] H. C. LONGUET-HIGGINS: a.a.O. p. 40.

(content-) Adresse gefunden und reproduziert werden kann: „The problem of content-adressing is solved automatically: a scene can be recalled in outline by supplying any part of it and – which is a positive advantage – in no other way."

Über den Mechanismus, der für das Hologramm physikalisch geklärt ist, läßt sich für das Gehirn noch nichts sagen. LONGUET-HIGGINS betont daher auch: „It would be naive to accept holography as a literal model of, say, the visual memory."

Im zweiten Teil seines Vortrags behandelt LONGUET-HIGGINS dann ein entsprechendes z e i t l i c h e s Hologramm, das er *Holophon* nennt: „A temporal hologram, or ‚holophone', would be a physical system which could record one or more time-varying signals in such a way that the input of a cue from any one of them would immediately evoke the continuation of that particular signal."[24] Einzelheiten des Modells, die im Vortrag – auch mathematisch – gegeben werden, brauchen wir hier nicht zu erörtern; auch hier betonte der Vortragende: „As a model of the memory the holophone must not be taken too literally", „but I would like to suggest that the general principles underlying its operation should be given very serious consideration in connection with the brain."[25]

Da Sir JOHN ECCLES in der oben zitierten Aussage ausdrücklich auch auf die Gedanken von K. H. PRIBRAM hingewiesen hat, seien diese hier ebenfalls kurz dargestellt:

„In a Hologram the information in a scene is recorded on a photographic plate in the form of a complex interference, or diffractions, pattern that appears meaningless. When the pattern is illuminated by coherent light, however, the original image is reconstructed. What makes the hologram unique as a storage device is that every element in the original image is distributed over the entire photographic plate."[26] Das Hologramm-Modell verbindet PRIBRAM nun mit einer chemischen Hypothese: „The hypothesis presented here is that the totality of the process has a more or less lasting effect on protein molecules and perhaps other macromolecules at the synaptic junctions and can serve as a neural hologram from which, given the appropriate input, an image can be reconstructed. The attractive feature of the hypothesis is that the information is distributed throughout the stored hologram and is thus resistent to insult. If even a small corner of a hologram is illuminated by the appropriate input, the entire original scene reappears."[27] Und schließlich: „Coding and recoding are found to be essential operations in both memory storage and remembering. ... The basic premise involved is that neighbouring neural elements do not work independently of one another. By virtue of lateral interactions, neural elements spatially

---

[24] a.a.O. p. 41 ff. [25] a.a.O. p. 45.

[26] KARL H. PRIBRAM: „The Neurophysiology of Remembering". Scientific American *220* (1969), No. 1. p. 73.

[27] a.a.O. p. 77.

superpose the excitatory and inhibitory electrical potentials that arise among neighbouring nerve cells. These transformation generate a microstructure of postsynaptic events, which can be regarded as wave fronts that set up interference patterns with other (preexisting or internally generated) wave fronts producing in their totality something resembling a hologram. Given a mechanism capable of storing this hologram, an image could be evoked at some later time by the appropriate input.“[28]

Die Octopus-Versuche

Bevor wir auf einzelne Bereiche des Säugetier- und des Menschen-Gehirns eingehen, kehren wir noch einmal zu den Invertebraten zurück, und zwar zu den hier speziell interessanten Octopus-Experimenten von YOUNG, BOYCOTT und Mitarb. Diese Untersuchungen betrafen die *Lernfähigkeit* des Octopus, besonders seine Fähigkeit, visuelle, taktile und chemische Unterscheidungen zu treffen, diese zu behalten und bei seinem Verhalten zu verwerten. „*Octopus vulgaris* is a very valuable subject in these respects“, schreibt YOUNG, „The animal lives among the rocks, often hidden in a crevice, and comes out to attack objects moving in his visual field. The attack on an unfamiliar object is slow and cautious.“[29] Das Tier lernt sehr schnell, „retention is excellent for the time it has been tested, up to five weeks“[30]. Ja, WHITTAKER stellt sogar fest: „The cephalopods have the most highly developed nervous system of any invertebrate and show a capacity of learning, visual and tactile pattern recognition and sophisticated behavior superior to many vertebrates.“[31]

Als geeigneter Ort für diese Experimente erwies sich die berühmte Zoologische Station in Neapel, „where both seawater aquariums and Octopus vulgaris were in abundant supply“[32].

---

[28] a.a.O. p. 85 f.

[29] J. Z. YOUNG: The Memory System of the Brain. Oxford 1966. (Neudruck 1968). p. 22.

[30] a.a.O. p. 24.

[31] V. P. WHITTAKER: Aspects of the Biochemistry of Cholinergic Transmission in *Torpedo* and *Loligo*. in: Biochemistry of sensory Functions. (25. Coll. Ges. Biol. Chem. April 1974). Berlin, Heidelberg, New York. 1974. p. 519.

[32] BRIAN B. BOYCOTT: „Learning in the octopus“ in: Psychobiology. (Readings from Scientific American) (1967). p. 133. – Wieviel Arbeit und wieviel Mühe waren nötig, wieviele Schwierigkeiten mußten überwunden werden, damit 1965 dieser so selbstverständliche Satz geschrieben werden konnte! Eine Vorstellung davon erhält man, liest man die Darstellung der Geschichte der Zoologischen Station in Neapel bei THEODOR HEUSS: Anton Dohrn. 2. erw. Aufl. Stuttgart u. Tübingen 1948. S. 114 ff., spez. z. B. S. 201 ff.

Über die frühen Lernversuche berichtet BOYCOTT: „In our early experiments we attempted to train octopusses to do a variety of things, such as taking crabs out of one kind of pot but not out of another, to run a maze and so on. Our most successful experiment was to put a crab in the tank together with some kind of geometric figure – say a Plexiglas square ... – and give the octopus an electric shock when it made the normal attacking response. With this simple method we found that octopusses could learn not to attack a crab shown with a square but go an attacking a crab shown without one. The purpose of these experiments was to elucidate the anatomy and connections of the animal's brain and relate them to its learning behavior.“[33]

Das Nervensystem des Octopus

a) *Die Sinnesorgane:* Die meiste Information darüber, ob er angreifen soll oder nicht, erhält der Octopus durch die Augen und durch die chemotaktilen Rezeptoren seiner Arme. Während die Augen die wichtigsten Fernsinne sind, können die Rezeptoren der Arme Nahrung nur auf wenige Zentimeter „erkennen“. Weiterhin sind wichtig die Statocyten für die Regulierung der Körperhaltung.

b) *Das periphere System:* „The octopus's nervous system is less completely centralized than that of vertebrates. Many of the important reflex centres remain separated at the periphery. ... The nerve centres in the arms make up much the greater bulk of the whole nervous system. Out of the total of some 500 million nerve-cells in the animal more than 300 million are in the arms.“[34]

c) *Das Gehirn:* Wie bei den meisten Invertebraten umgibt das Gehirn des Octopus die Speiseröhre (den *Oesophagus*). „The various lobes of the octopus brain are visible and distinct entities, arranged in a regular manner *(s. d. Abb. 4),* and with a discernible order. ... The whole set of four lobes is repeated twice over. One set is associated with the visual memory; the other, with only minor differences, with the tactile memory.“[35] „The optic lobes form the greater part of the whole central nervous system and contain 120 out of the 130 million nerve-cells in the centre. The lobes are connected with the rest of the brain by large optic tracts. ... It is in these lobes and their connections that we must look for the coding, learning, and computing systems of the visual input.“[36] Und: „the inferior frontal and vertical system can store chemotactile representations in the absence of the optic lobes, which are thus only concerned with vision.“[37]

Das taktile System erwies sich für die Untersuchungen als noch ergiebiger als das optische. Dabei zeigte sich, daß die beiden Hemisphä-

[33] BOYCOTT: a.a.O.
[34] J. Z. YOUNG: A model of the brain. Oxford 1964. p. 100.
[35] YOUNG: System. p. 20.
[36] YOUNG: Model. p. 108. [37] a.a.O. p. 109.

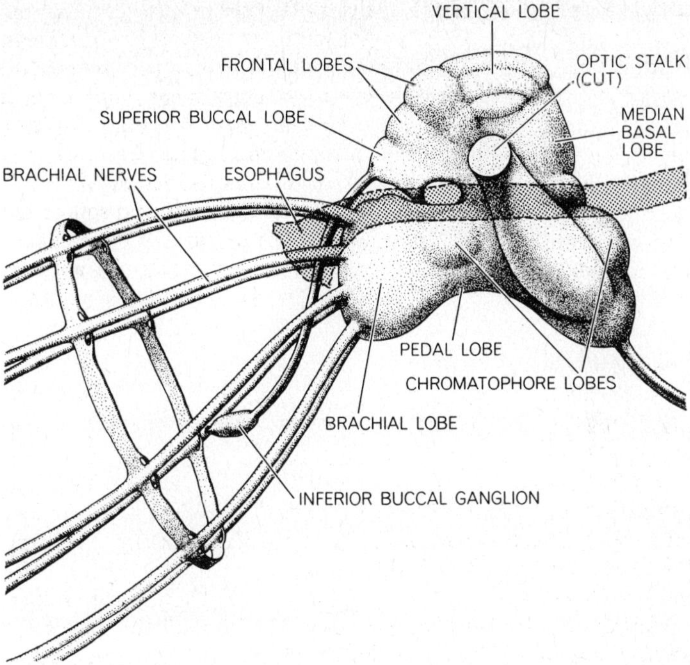

Abb. 4 Seitenansicht eines Octopus-Gehirns (nach BOYCOTT: Learning in the Octopus. In: 311).

ren gesondert „arbeiten" können: „In animals functionally bisected we have been able to teach the two sides in opposite directions."[38] Beim gesunden Tier dagegen scheint es einen „Transfer" zwischen den Hemisphären zu geben, der allerdings Zeit benötigt, wie einer Bemerkung von WEISKRANTZ zu entnehmen ist: „There is a very nice example that Martin Wells gives with octopus. If you train one tentacle on tactile discrimination and it learns, and if you than try to transfer the discrimination to another tentacle you don't get immediate transfer, but, if you wait 30 min., the transfer does occur."[39]

Das Lernen

a) *Optisches Lernen:* Der „Ort" des visuellen Lernens und des optischen „Gedächtnisses" sind die optical lobes. Doch nicht die Lobi schlechthin, sondern YOUNG und Mitarb. haben eine recht genaue Differenzierung in den einzelnen Hirnteilen gefunden *(vgl. Abb. 4):*

[38] YOUNG: System p. 94. Vgl. dazu die Versuche von SPERRY u. a.: *S. 100 ff.*

[39] LAWRENCE WEISKRANTZ: Diskussionsbemerkung zum Vortrag von GORDON H. BOWER „Descriptive Theory of Memory". in: The Organization of Recall. ed. D. P. KIMBLE. New York. 1967. p. 126 f.

„Within the optic lobes of an octopus the fibres (die vom Auge kommen, d. Vf.) end in a plexiform zone that has remarcable similiarities to the nervous part of the retina of the vertebrates.“[40] Von dieser Zone, die als eine der Hüllschichten einen optischen Lappen umgibt, werden die Signale weitergeleitet; auf ihrem Wege passieren sie verschiedene Zellen. „The shapes of the cells that carry excitation onwards from the plexiform zone probably play a fundamental part in the coding system. ... The shapes and sizes of their dendritic fields probably constitute the means by which the orientation and length in different directions of figures are measured. Hence they may be called classifiers of orientation and length.“[41] Insgesamt sind am Vorgang des visuellen Lernens drei Arten von Zellen beteiligt: „Those immediately deep to the classification cells are memory storage cells, which have alternative outputs to what we may call motor cells, or command cells, lying still nearer to the centre of the lobe. ... The third type, multipolar cells, provide the source of inhibition of a pathway.“[42] Oder, wie es in der späteren Darstellung heißt: „The classifying cells communicate each with two cells that may be called ‚memory cells‘, leading to channels for attack or retreat. The signals of result ... arrive at the appropriate memory cells and, through collaterals of these, they pass to the opposite channell, which they inhibit. Learning consists in making this inhibition longlasting, by changes ... which probably involve the small cells that are abundant in such centres.“[43]

b) *Taktiles Lernen:* Der Teil des Gehirns, der mit Berührungsreizen und chemischen Reizen gekoppelt ist, besteht ebenfalls aus vier Lappen, die denen des optischen Systems weitgehend ähneln. WELLS hat gefunden, daß taktiles Lernen unmöglich wird, wenn der „tactile lower lobe (posterior buccal)“ entfernt wird. „This region of large and small cells apparently functions as the memory store itself.“[44]

Doch auch hier muß man genauer sagen: Nicht die Lobi selbst sind der „seat of memory“, sondern sie sind „needs for its proper use in more difficult discriminations. Moreover they are concerned in transfer“. „Removal of these lobes does not in any way impair visual learning, and removal of the optic lobes does not influence the tactile memory.“[45]

c) *Der vertikale Lappen:* Dieser Lobus hat Funktionen, wie wir sie vom Kopf-Ganglion der Planarien und vom Frontal-Hirn der Vertebraten kennen. „Removal of the vertical lobe has shown“, schreibt YOUNG, „that it is not the seat of the visual memory record, but is concerned with the establishment and use of the record, as we may say, with the reading-in and reading-out“[46].

Exstirpationsversuche am Vertikal-Lobus und am oberen Frontal-Lobus (median superior frontal) haben genauere Einblicke in die Lo-

[40] YOUNG: System p. 29.
[41] YOUNG: Model p. 147.
[42] a.a.O. p. 155.
[43] YOUNG: System p. 39.
[44] a.a.O. p. 86.
[45] YOUNG: System p. 87.
[46] a.a.O. p. 79.

kalisation des Lernens und in die Funktionen dieser beiden Lobi gebracht.

Zunächst bestätigte sich auch für den Octopus die LASHLEYsche These, daß es mehr auf die Quantität der zerstörten Zellen als auf ihre Qualität, also auf ihre eventuellen „Lernfunktionen", ankommt: „There is a definite relation". schreibt BOYCOTT, „between the amount of vertical lobe left intact and the accuracy with which a learned response is performed. This seems to suggest that, at least in the octopus's vertical lobe, ... memory is both everywhere and nowhere in particular"[47].

Doch der interessanteste Teil der beiden Lobi „is the upper tier of lobes, the median superior frontal and vertical"[48]. Bündel von Nervenfasern, die sowohl optische als auch Tast-Fasern enthalten, gelangen in den Frontallappen: „This system seems to be designed to allow the setting up a range of combinations of visual inputs with signals from the chemotactile and taste systems." Zwischen den beiden Lobi besteht eine Verbindung, die für das Verhalten wichtig ist: „Any octopus in which the upper circuit has been interrupted tends to attack more readily than normal, even if the objects that it attacks prove unrewarding or painful."[49] Aus den Ergebnissen seiner Experimente folgerte YOUNG, daß „the superior frontal to vertical circuit is thus concerned especially in suppressing responses when these lead to painful consequences". Wird die Funktion des vertikalen Lobus ausgeschaltet, reagiert das Tier allein auf Grund der Funktion des superior frontal. „This agrees with the conception that the first lobe is especially concerned with ‚amplification', or more exactly multiplication, of the signals promoting attack, and the second lobe with inhibiting them."[50]

Offenbar hat der „upper circuit" auch noch eine Transfer-Funktion, die auch für den visuellen Bereich nachweisbar ist *(s. o. S. 93):* „One striking result of interrupting its circuit is to prevent transfer to the other side of the body of a representation that is set up by training with only one eye."[51] „The input can be given to one eye only and the optic lobe of that side then removed. The animal will perform correctly with the other eye, but only if the vertical lobe circuit had been intact during the training."[52]

d) *Kurzzeit- und Langzeit-Gedächtnis:* Eine andere Funktion des Vertikal-Lobus ist, daß er der Ort einer Art „Kurzzeit-Gedächtnis" ist. Darauf bezügliche Experimente „can be interpreted by supposing that the vertical lobe system is somehow concerned with maintaining the representation for a sufficient period for it to be ‚printed' in the more permanent memory"[53].

BOYCOTT geht ausführlicher auf diese Versuche ein. Es ergab sich ein Unterschied bei den Tieren, denen der Vertikal-Lobus entfernt worden

---

[47] BOYCOTT: a.a.O. p. 134.
[48] YOUNG: System p. 63.
[49] YOUNG: a.a.O. p. 65 f.
[50] a.a.O. p. 68.
[51] YOUNG: System p. 74.
[52] a.a.O. p. 76.
[53] a.a.O. p. 74.

war, ob die Konditionierungs-Versuche – eine Krabbe allein, also attackieren; eine Krabbe mit geometrischer Figur und Schock, also nicht attackieren – in längeren Abständen (2 Stunden) oder schnell (5 Minuten) einander folgten. Im zweiten Fall benötigten die operierten Tiere zum Erlernen nicht mehr Versuche als gesunde Tiere bei größerem Abstand der Versuche. Doch bestand ein wichtiger Unterschied zwischen diesen Tieren: „A normal octopus has a learning-retention period of two weeks or longer, but animals without a vertical lobe had retention periods of only 30 minutes to two hours. These observations suggest that the establishment of a memory involved two mechanisms. There is first a short-term, or transitory, memory that, by its continuing activity between intervals of training, leads to a long-term change in the brain. If there were no reinforcement, the short-term memory would wane; with reinforcement it keeps going and so induces the long-term – and by implication slower – changes that enable a brain to retain memories for long periods.“[54]

Aus der Fülle des experimentellen Materials und seiner Deutungen, das Young und seine Mitarbeiter in langen Jahren erarbeitet haben, konnten wir hier nur weniges darstellen, vor allem der Sache nach diejenigen Ergebnisse, die sich auf die Lokalisierung des Lernens beziehen. Diese scheint beim Octopus streng durchgeführt zu sein: „In the octopus, then, visual and tactile memory functions are sharply localized. Yet the two systems are not wholly independent.“[55] Die beiden Lernsysteme gleichen einander im Aufbau weitgehend, und bei beiden sind entsprechende funktionelle Einzelheiten festzustellen – so die Funktionen der Klassifizierungs-Zellen, der „Gedächtnis“-Zellen usw. Und das gelernte Verhalten wird bei beiden gesteuert vom Ergebnis des Verhaltens: von Belohnung und Strafe. Für das Einwirken dieser „Erfahrung“ scheint der Vertikal-Lobus die entscheidende „Stelle“ zu sein.

Die Ergebnisse seiner Untersuchungen haben Young aber noch zu einer weiteren Hypothese geführt, die auch für uns wichtig ist: zu der Hypothese von dem „Model in the brain“.

Die Memoria

Man muß, um den soeben eingeführten Begriff richtig verstehen zu können, unterscheiden zwischen einem „model of the brain“, für das Young in seinen Büchern ein genau durchkalkuliertes Beispiel gibt, und einem „model in the brain“, um das es jetzt geht.

„What the brain learns must represent features of the world.“[56] – das ist der Ausgangspunkt, der an anderer Stelle schärfer, und zugleich im Sinne der „Merkwelt“ v. Uexkülls, definiert wird: „that the brain contains a model of the animal's world, that indeed each species of animal or plant in a sense ‚models‘ or represents the world around it.“[57]

---

[54] Boycott: a.a.O. p. 135.
[55] Young: a.a.O. p. 87.
[56] Young: Model. p. 125.
[57] a.a.O. p. 4.

Der Begriff eines „Modells" aber enthält, daß es funktioniert, daß es benutzt werden kann, um Möglichkeiten – etwa des Verhaltens – durch Simulation zu testen. „This is obviously true of the working model in the brain. Its value is primarily in enabling us to test our probable consequences of various line of action ‚in the heads' and then to decide what is likely to be the best course of action." und YOUNG schließt: „We may thus find it reasonable helpful to say that as learning proceeds a model is built in the brain."[58]

YOUNG hat diesen Gedanken von KENNETH CRAIG übernommen und bemüht sich, „to push the idea to the extent of describing in a octopus brain the units out of which the model is built"[59]. Und er fährt fort: „When we say that the brain contains a ‚model' we intend to emphasize the following points about the ‚engrams' that are built up in the brain by learning. (1) They are formed by appropriate selection among a set of code units, predetermined, probably by heredity. (2) They are used in making predictions that are useful for homeostasis. (3) The usefulness, at least of more elaborate models, is that they can be made to conduct, as it were, small-scale experiments within the head."[60]

Offensichtlich handelt es sich hier um Funktionen einer *Lern-Memoria,* die beim Octopus bereits in einem höher organisierten Grade vorhanden sein soll und die das Erhaltenbleiben erlernten Verhaltens erst sinnvoll anzuwenden gestattet. Das wird deutlich an einem Kommentar, den HEINZ v. FOERSTER zu einer Darstellung (von YOUNG) der hier nur angedeuteten Schaltprinzipien des Lernens beim Octopus gibt *(s. u. S. 406).* Es heißt bei FOERSTER: „The principle of ‚selection' or of ‚search for meaning' of a particular stimulus is incorporated in the choice of pathways that lead to different actions. What that stimulus ‚means' becomes clear to the animal, of course, only *after* a test. ‚Attack' may under certain stimulus conditions mean ‚Pain', under others ‚Pleasure'. Note here the important point that neither pain nor pleasure are objective states of the external universe. They are states that are generated purely within the animal, they are ‚self-states' or – to use terminology of physics – ‚Eigen-States' of the organism which permit it to refer each incoming signal to its own self, i. e. to establish self-refence with respect to the outside world."[61]

Diese Auswahl und Steuerung auf Grund der „Erfahrung" ist nach allem „lokalisiert" in den beiden oberen Lobi, im medialen superior Frontal und im Vertical. Vergleicht man dies etwa mit den Planarien-Versuchen, so wird deutlich, wie durch die Evolution die Verhältnisse nicht grundsätzlich geändert, sondern nur wesentlich differenziert werden. Dies bezieht sich nicht auf die zweifellos vorhandenen Diskonti-

---

[58] a.a.O. p. 43 f.

[59] YOUNG: Model. p. 125.

[60] a.a.O. p. 126.

[61] HEINZ v. FOERSTER: „What is memory that it may have Hindsight and Foresight as well?" in: The Future of the Brain Sciences. ed. S. BOGOCH. New York 1969. p. 32 ff.

nuitäten in der Entwicklung, sondern auf die zugrundeliegenden „Mechanismen", wie Boycott dies genauer ausführt:

„Whatever its nature, a memory must consist not only of a representation, in neural terms, of the learned situation but also of a mechanism that enables that representation to persist. A distinction must be made between the topology of what persists (the coding and spatial relations involved in the memory of a particular animal) and the mechanisms of persistence (the neural change that is presumably the same in the memory of any animal)."[62]

Die beiden Hemisphären

1. R. W. Sperry hat einmal darauf hingewiesen, daß der Grundplan des Säugetierkörpers mit seinen vielfach paarigen Organen und Gliedern „in gewissem Sinne auch ein paariges Gehirn vorgesehen hat". Bei der Großhirnrinde sind die beiden *Hemisphären* deutlich unterschieden, dabei sind die beiden Hälften strukturell Spiegelbilder zueinander. Jede Hirnhälfte ist mit einer Körperseite verbunden, und zwar über Kreuz, d. h. die linke Hirnhälfte mit der rechten Körperseite und umgekehrt. Die beiden Hälften ruhen auf einem gemeinsamen Stamm und sind durch zahlreiche Verbindungen auch untereinander funktionell verbunden. Die anatomisch und in weitem Sinn auch funktionell wichtigste dieser Verbindungen ist der „Balken", das *Corpus callosum.* Im Balken, der auch als die „große Kommissur" bezeichnet wird, verlaufen die meisten der vielen Millionen Nervenfasern, die die beiden Hemisphären miteinander verbinden.

Dieses Bild einer „Vereinheitlichung" der beiden Hemisphären durch diese Verbindungen wird nun aber gestört. Man weiß schon seit längerem – wie Brenda Milner schreibt[63]: „that the left and right hemisphere of adult man are not functionally equivalent despite a near identity of structure." Es ist aber keineswegs so, wie man früher annahm, daß „the left hemisphere was prepotent for most cognitive processes". Vielmehr hat sich immer deutlich gezeigt, daß zwischen den Hemisphären eine „complementary specialization" besteht, oder wie es Teuber formuliert: „The concept of unilateral dominance of left over right hemisphere in man has been abandoned and replaced by one of complementary specialization."[64]

Für das Problem einer Lokalisierung der mnestischen Engramme im Gehirn entsteht damit aber eine neue Frage: Finden wir die Engramme

[62] Boycott: a.a.O. p. 134.

[63] Brenda Milner: „Introduction" zum Abschnitt „Hemispheric Specialization and Interaction": The Neurosciences (III). Cambridge (Mass.) and London 1974. p. 3.

[64] Hans-Lukas Teuber: Why Two Brains? a.a.O. p. 71.

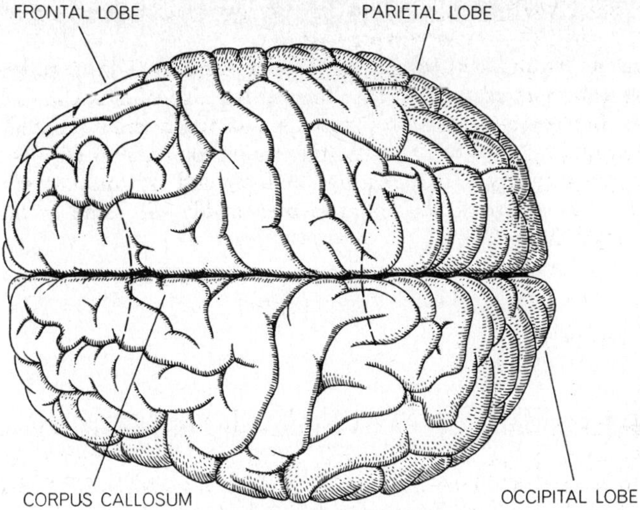

Abb. 5 Das menschliche Gehirn. Aufsicht.

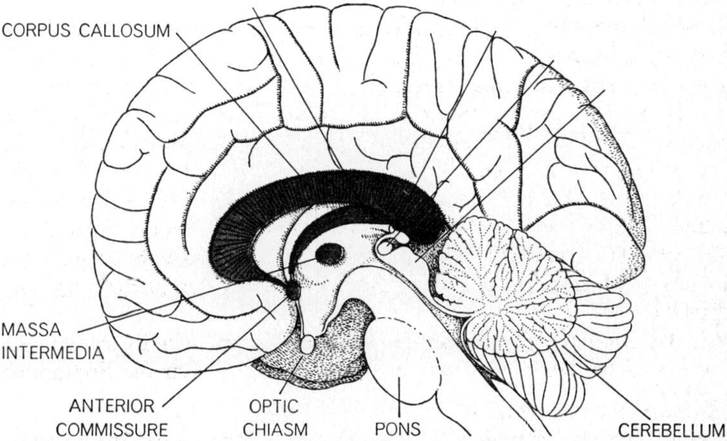

Abb. 6 Medianschnitt. (Einzelheiten im Text). (Nach SPERRY: The great cerebral commissure. In: 311).

in einer der beiden Hälften, und wenn ja, in welcher? – oder finden wir sie in beiden Hälften? Und allgemeiner: Ist nur eine der beiden Hälften fähig zu lernen oder sind es beide – oder aber, benötigen wir zum Lernen beide Hemisphären?

So seltsam es klingen mag, die Untersuchung dieser Fragen ist im Prinzip die gleiche gewesen wie die der entsprechenden Frage bei den Planarien und sie hat auch zunächst zu weitgehend gleichen Ergebnissen geführt[65]. Bei den Planarien-Versuchen trennte man das Tier in zwei (oder auch mehr) Teile und stellte fest, daß alle Teile die Engramme enthielten. Dabei fand man, daß der Kopfteil – bzw. nach der Regeneration das Kopfteil-Tier – gegenüber dem Schwanzteil (bzw. Schwanzteil-Tier) eine gewisse Dominanz aufwies, wobei die Vermutung entstand, daß die Engramme im Kopfteil gebildet werden und dann entlang dem Nervensystem in den Schwanzteil wandern. Bei den berühmten Versuchen von Sperry und Mitarb. trennte man die beiden Hirnhälften voneinander und stellte fest, daß beide Hälften die Engramme z. B. gelernter Unterscheidungen enthielten, ja, daß auch hier die Engramme (was immer sie sein mochten) von der „dominanten" Hälfte, offenbar über den Balken, in die nicht-dominante Hälfte gewandert sein mußten.

Betrachten wir die beiden Abbildungen *(Abb. 5 u. 6, S. 99):*

Die obere gibt eine Aufsicht eines menschlichen Gehirns; die beiden Hirnhälften mit der sie trennenden Furche, der *Fissura cerebri longitudinalis* oder des *Sulcus sagittalis,* sind deutlich erkennbar. Die beiden gestrichelten Kurven geben die ungefähre Grenze des unter der Rinde, dem *Cortex,* liegenden *Balkens* an. Die untere Abbildung gibt einen Medianschnitt des menschlichen Gehirns, in dem das Corpus callosum und einige andere Kommissuren zwischen den Hirnhälften schraffiert sind (ob die Massa intermedia eine Kommissur ist, ist noch umstritten). Wichtig auf dieser Abbildung ist noch das *Chiasma opticum* (korrekter: Chiasma fasciculorum opticorum), das auf der folgenden *Abb. 7* deutlicher dargestellt ist. Auf ihr sieht man, daß die von der nasalen Augenseite kommenden Fasern sich kreuzen, so daß schließlich im „primären Sehzentrum", in den *Corpora geniculata lateralia,* den „seitlichen Kniehöckern", beide Hirnhälften Teil-Bilder beider Augen erhalten. Für eine vollständige funktionelle Trennung der beiden Hemisphären muß daher, wie die Abbildung andeutet, auch das Chiasma opticum durchtrennt werden.

Die ersten der so berühmt gewordenen „split brain"-Experimente wurden von Ronald E. Myers 1951 im Rahmen seiner Doktorarbeit in Sperrys Laboratorium unternommen. Wir folgen hier der Schilderung, die Sperry von seinen eigenen Versuchen mit Katzen und Affen gegeben hat:

Nach der Durchtrennung von Balken und Sehnervenkreuzung „the

---

[65] Vgl. zum Folgenden auch die entsprechenden Octopus-Versuche, oben *S. 93.*

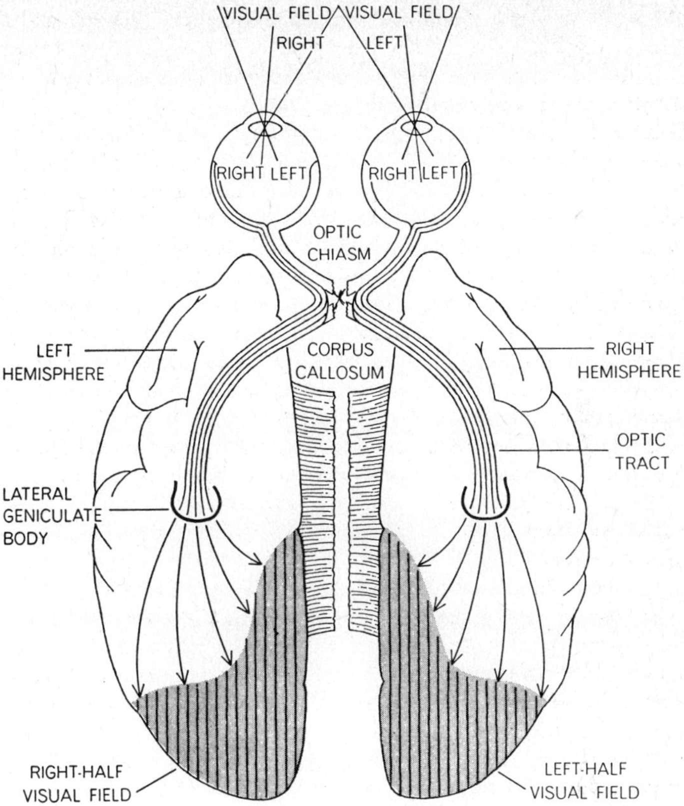

Abb. 7 Split-Brain schematisch. (Erklärung im Text). Nach SPERRY (in 311).

animal was trained to solve a problem presented only to one eye, the other eye being covered with a patch. The problem might be, for example, to discriminate between a square and a circle; if the animal pushed a panel bearing the correct symbol, say the square, it got a reward of food. After it had learned to make the correct choice with one hemisphere, the problem was then presented to the other eye and hemisphere, the first eye now being blindfolded. When the subject used the second eye, it reacted as if it had never been faced with the problem before."[66] Beim Lernen mit dem zweiten Auge ergab sich also keinerlei Lernersparnis. Ja, beide Augen konnten entgegengesetzte Aufgaben bewältigen: mit dem linken Auge etwa das Quadrat als „richtig", und mit dem rechten Auge den Kreis als „richtig" erlernen. Und dies nicht nur nacheinander, sondern mit Hilfe einer von COLWIN P. TREVARTHEN ent-

[66] R. W. SPERRY: „The Great Cerebral Commissure" in: Psychobiology. (Readings from Scientific American, 1967) San Francisco, London. p. 241.

wickelten Versuchsanordnung konnten beide Augen bzw. Hemisphären sogar gleichzeitig entgegengesetzte Wahlen treffen, wobei in Einzelfällen „both hemispheres learn their respective answers fully and simultaneously"; meist aber ergab die Teilung der Aufmerksamkeit bei den Affen, daß eine, ihre dominante Sphäre, schneller und besser lernte[67].

Daraus konnte man zunächst schließen, daß jede Hemisphäre „ihre" Engramme speichern und auf Abruf aktualisieren kann.

3. Bei den motorischen Experimenten, z. B. mit einer Katze, wurde das Tier in eine „training-box" gesetzt, die so konstruiert war, daß es mit seinen Pfoten frei operieren, aber nicht sehen konnte, was es tat. Die Katze lernte, durch Niederdrücken einer rauhen Taste Nahrung zu erlangen, während sie beim Niederdrücken einer daneben vorhandenen glatten Taste keine Belohnung erhielt. Dies wurde beim noch nicht operierten Tier für eine, z. B. die rechte Pfote, gelernt. Ohne Schwierigkeit vermochte das heile Tier die Aufgabe dann auch mit der linken Pfote zu lösen. ‚But when the corpus callosum has been cut beforehand, the training of one paw does not help the other; on shifting from the first paw to the second the cat has to learn the discrimination by touch all over again."[68]

Auf Grund zahlreicher split-brain-Experimente kam SPERRY zunächst zu der Folgerung, „that the corpus callosum has the important function of allowing the two hemispheres to share learning and memory. It can do this in either of two ways: by transmitting the information at the time the learning takes place, or by supplying it on demand later. In the first case the engrams, or memory traces, of what is learned are laid down both in the directly trained hemisphere and, by way of the corpus callosum, in the other hemisphere as well. In other words, intercommunication via the corpus callosum at the time of learning results in the formation of a double set of memory traces, one in each half of the brain. In the second case a set of engrams is established only in the directly trained half, but this information is available to the other hemisphere, when it is required, by way of the corpus callosum."[69]

SPERRYS Ergebnisse konnten von dem Prager Physiologen BUREŠ bestätigt werden. BUREŠ arbeitete nicht mit dem eigentlichen „split brain", sondern erzeugte ein solches durch *spreading depression (SD, s. o. S. 69 f.):* er schaltete durch Applikation von Kaliumchlorid (KCl) auf die Oberfläche des freigelegten Hirns, z. B. von Ratten, die eine Hemisphäre aus; die andere Hemisphäre reagierte weiter normal. Die Ratten lernten dann eine leichte Aufgabe bis zur Beherrschung. Hatte sich die stillgelegte Hemisphäre erholt, wurde die andere Hirnhälfte in gleicher Weise ausgeschaltet – die Ratten mußten jetzt die früher beherrschte Aufgabe völlig neu lernen. Das gleiche ergaben die Versuche von

---

[67] a.a.O. p. 249.
[68] SPERRY: a.a.O. p. 242.
[69] a.a.O. p. 242 f.

RUSSELL und OCHS (1963): „A chemical ‚split-brain' can be achieved so that if a conditioned response is established while SD is applied to one cortical hemisphere, no performance is displayed during subsequent testing in which the previously intact hemisphere is depressed while the previously depressed hemisphere is intact. Transfer of information between the two hemispheres can be accomplished by one trial with both hemispheres intact." (E. R. JOHN[70])

Neuere Untersuchungen haben gezeigt, daß die Verhältnisse auch hier komplizierter sind, als die frühen Versuche von SPERRY u. a. vermuten ließen. Über sie berichtete GAZZANIGA auf dem „Otfried Foerster Symposium" 1975. Diese Untersuchungen betrafen vor allem „the effects of partial commissurotomy on inter-hemispheric integration tasks". Es zeigte sich, daß „there is a discrete specifity of function within the forebrain commissures. The posterior or splenial areas subserve visual transfer as does the anterior commissure. The area slightly anterior to the splenium (= der „Balkenwulst", das hintere Ende des Balkens, d. Vf.) is responsible for somatosensory transfer"[71].

Erfahrungen am Menschen

In Fällen schwerer, anders nicht mehr zu behandelnder epileptischer Anfälle werden die beiden Hirnhälften chirurgisch getrennt. „This is an operation that eliminates direct cross-communication between the hemispheres but leaves both hemispheres otherwise intact and functioning independently."[72] Die Anfälle verschwanden nach dieser Operation und der Patient zeigte keine wesentlichen Veränderungen „in his personality or level of intellect"[73].

Ja, es ergab sich im einzelnen: „A person two years recovered from the operation and otherwise without complications might easily go through a medical check-up without revealing that anything was particularly wrong to someone not acquainted with his surgical history. Speech, verbal intelligence, calculation, established motor coordination, verbal reasoning and recall, personality, and temperament are all preserved to a surprising degree in the absence of hemispheric interconnection."[74] Nur zeigt sich, „that the left and right hemisphere following their disconnection, function independently in most conscious mental activities. ... Each left and right hemisphere has its own private chain of memories and learning experiences that are inaccessible to recall by

---

70 E. ROY JOHN: Mechanisms of Memory. New York, London 1967. p. 26.

71 M. S. GAZZANIGA: Partial Commissurotomy and Cerebral Localization. in: Cerebral Localization. ed. K. J. ZÜLCH, O. CREUTZFELDET, O. C. GALBRAITH. New York, Heidelberg, Berlin 1975. p. 133.

72 R. W. SPERRY: Lateral Specialization in the Surgically Separated Hemispheres. in: The Neurosciences (III). 1974. p. 5.

73 SPERRY: The Great Cerebral Commissure. a.a.O. p. 244.

74 SPERRY: Lateral Specialization . . . a.a.O. p. 6.

the other hemisphere. In many respects each disconnected hemisphere appears to have a separate ‚mind of its own'"[75].

Mit anderen Worten: die Zusammenarbeit der beiden Hälften war gestört. „In any task that required judgment or interpretation based on language, which is stored only in his left hemisphere, he clearly shows the effects of the cerebral disconnection. He cannot read any material that falls in the left half of his visual field. ... As a rule he cannot carry out verbal commands with his left hand or leg."[76]

Anders dagegen verhalten sich Erregungen der Gefühlssphäre: „Emotional effects triggered through one hemisphere as by lateral presentation of an offensive odor, embarassing photo, etc., tend to spread easily into the opposite hemisphere", offensichtlich über andere, nämlich subcorticale Bahnen. „Emotional processes thus appear to exert a general reinforcement in learning." Die gleiche „unifying influence" haben auch die „mechanisms of orientation and attention"[77].

Zusammenfassend urteilen GOTT, ROSSITER u. Mitarb. über ihre Untersuchungen „on subjects lacking direct interhemispheric communication" (144): „that commissurotomy patients have highly dependent within-hemisphere functioning, but independent between-hemisphere functioning. ... The significantly higher within-hemisphere correlations ... suggest increased similarity in functioning within the isolated hemisphere."[78]

Die subcorticalen Verbindungen

Daß es einen Transfer der „Erlernten", also der Engramme von der trainierten zur untrainierten Hemisphäre gibt, hatten SPERRYS Versuche gezeigt, zugleich aber auch, daß dieser Transfer nicht nur durch das Corpus callosum geleitet wird. SPERRY hatte schon sehr bald Fälle gefunden, die der ursprünglichen Annahme von der alleinigen Wirkung des Balkens widersprachen: „An animal with a split brain sometimes behaves as if the two hemispheres were still in direct communication in one way or another."[79] So hatten z. B. Katzen gelernt, Helligkeitsgrade mit einem Auge zu unterscheiden. „With the corpus callosum severed the cats were able to transfer this learning from one hemisphere to the other when brightness distinctions were easy to make, but not when they were fairly difficult." Wurden aber außer dem Balken auch die „cross connections in the midbrain" durchtrennt, war der Lern-Transfer unterbunden, woraus man schließen konnte, „that in the cat

---

[75] SPERRY: a.a.O. p. 7.

[76] SPERRY: Great Commissure. a.a.O. p. 244.

[77] SPERRY: Lateral Specialization ... a.a.O. p. 8.

[78] P. S. GOTT, V. S. ROSSITER, G. C. GALBRAITH, and R. E. SAUL: Visual Evoked Responses in Commissurotomy Patients. in: Cerebral Localization. a.a.O. p. 144 u. 148.

[79] SPERRY: Great Commissure p. 246 f.

the process involved is simple enough to occur at a level lower than the corpus callosum".

Der „Ort" der Engramme

SPERRY hatte 1966 in seinem Vortrag bei dem „Intensive Study Program" (ISP) in Neurosciences bestätigt: „That the commissure mediate interhemispheric transfer of learning and memory has been demonstrated repeatedly. We don't know yet, however, in what form information of the directly trained hemisphere is carried across by the commissures."[80] So ist z. B. die Frage noch offen, ob nur „an abbreviated and abstracted part of the original visual input" durch die Kommissur wandert, oder ob eine Hemisphäre „can see visual images via an optic input that had passes through the other hemisphere".

Weitere Ergebnisse folgten aus späteren Untersuchungen, die vor allem die Beeinträchtigung des Gedächtnisses betrafen: speziell in den ersten 18 Monaten nach der Operation zeigt sich eine Beeinträchtigung des Kurzzeitgedächtnisses (STM). „Vergessen" wurden Verabredungen, telefonisch erhaltene Nachrichten, das Wiederfinden eines geparkten Wagens war erschwert und die Patienten wußten nicht mehr „where they have put things"[81]. Die Untersuchungen ergaben allgemein Hinweise, die „indicate a selective memory deficit (Zaidel and Sperry, 1972)".

Umgekehrt mehrten sich aber die Anzeichen, daß die rechte Hemisphäre (the „minor" hemisphere) auch bei Gesunden ihre eigene Funktion, nicht zuletzt auch beim Behalten hat: „it appears that the minor hemisphere can readily learn and remember such things as spatial relationships and related sorting and assembly tasks", und dies auch bei Operierten: „Similarly simple verbal memory seems to be very preserved in the left hemisphere." „Thus, processing and laying down of memory within each hemisphere may be little affected as such, implying the general impairment to be a reflection primarly of transactional aspects of interhemispheric integration."[82]

Das *Langzeitgedächtnis* (LTM) scheint durch die Operation wenig betroffen zu sein: „Neither the patients nor their families on being questioned have noticed or complained about any general loss after the surgery of long-term memory." (15) Dies könnte vielleicht bedeuten, „that firmly established, frequently used memories become in time sufficiently verbalized in the left hemisphere to make the loss of the right hemispheric compound pass unnoticed". Dies könnte aber auch ein Hinweis sein für die Lokalisierung dieser LTM-Engramme.

---

[80] SPERRY: Split Brain Reproach to Learning Problems. The Neurosciences (I) 1967. p. 721.

[81] SPERRY: Lateral Specialization . . . a.a.O. p. 15.

[82] a.a.O. p. 15 f.

Bei erlernten Bewegungen und V-Ganzheiten ergab sich Entsprechendes[83]: die Patienten waren „severely impaired in performing new movements that require interdependent regulation of speed and timing between right and left hands"; im Gegensatz zu „habitual long established bimanual coordination, like tying neckties or shoelaces, which have been found to survive surgery with little or no detectable deficit". Dies könnte bedeuten – abermals ein Problem der Lokalisierung jetzt der *mnemischen Engramme* – „that prolonged use brings a change in the higher control mechanisms such as a shift to lower undivided centers". Die Beziehungen zum Problem der *Automatisierung* erlernter Bewegungen (s. I, 284 f.) werden hier deutlich.

Lernen und Gedächtnis

Auch für die Unterscheidung von Lernen und Gedächtnis, die eben sichtbar geworden ist, sprechen einige der Experimente SPERRYS: „Motor learning and the engramm formation involved seem at first glance to be rather different from perceptual and cognitive learning"[84] – aber dies nicht nur „at first glance". SPERRY fährt fort: Dabei erhebt sich beim „motor learning ... the old question of the nature of the representation of movement of motor response at the cortical level, a question for which we still lack a clear answer".

Die Unterscheidung wird auch bestätigt durch Versuche von BOSSOM und HAMILTON (1963) bzw. HAMILTON (1967), die vermuten lassen, daß „the organization of the visual-motor system, as contrasted with that for figure discrimination, entails midbrain and even brainstem mechanisms, which allow subcerebral cross-communication between hemispheres"[85]. RICHARD HELD, dessen Vortrag auf dem zweiten ISP wir das obige Zitat entnehmen, schließt seinen Bericht über diese Frage: „The results with split-brain animals suggest that the locus-specific information is available at subcortical levels and, hence, can cross to the opposite hemisphere through subcortical commissures. Figure specific information, on the contrary, appears to be available only in the cerebrum, as jugded by its ready transfer only through the cerebral commissure."[86]

---

[83] a.a.O. p. 16.

[84] SPERRY: Split Brain Reproach to Learning Problems. The Neurosciences (I) 1967. p. 722.

[85] RICHARD HELD: Two Models of Processing Spatially Distributed Visual Stimulation. The Neurosciences (II) 1970. p. 322.

[86] a.a.O.

Das Cerebellum

Über die Bedeutung des Kleinhirns und seine Funktionen ist man sich im Einzelnen ziemlich einig, so z. B. daß es der Erhaltung des Gleichgewichts dient und eine wichtige Rolle spielt bei der Abstimmung und Koordination der Bewegungen. Fragt man aber weiter, wie dies geschieht, also nicht nur nach der Aufgabe und Zielsetzung, sondern nach der Funktion selbst, so differieren die Antworten zum Teil erheblich. Wieweit es sich dabei um Teillösungen handelt, die sich vielleicht zu einem Gesamtbild vereinigen lassen, und wieweit um Perspektiven, die seiten- und standpunktbedingt sind, können wir hier nicht erörtern. Unser Thema ist das *Lernen,* und von dieser Fragestellung aus erweist sich die Theorie von ECCLES als eine besonders geeignete Grundlage; sie bildet daher den Schwerpunkt der folgenden Betrachtungen.

Zur Anatomie

Für eine gewisse Einheitlichkeit und Spezifizierung der Funktion des Kleinhirns spricht die Tatsache, daß es zwar der Größe nach bei den verschiedenen Tierarten erheblich variiert, seine Lage im ZNS dagegen bemerkenswert konstant ist. Und weiterhin, daß seine Struktur ebenfalls einheitlich ist: „Ein Schnitt durch das Kleinhirn zeigt in allen Fällen, daß es sich um eine kontinuierliche, manchmal reich gefaltete Platte von ganz einheitlichem Bau handelt, die auf der Oberfläche des Kleinhirns liegt, die sogenannte Kleinhirnrinde, an die immer ein gewaltiges Faserbündel angeschlossen ist, das die Rinde auf ihrer ganzen Breite in beiden Richtungen mit anderen Gehirnteilen verbindet“ (BRAITENBERG[87]). Die Anordnung dieser Fasern zeigt aber ein besonderes Merkmal: „Ganz anders als in der Großhirnrinde sind die Fasern in der Kleinhirnrinde nicht in allen Richtungen angeordnet, sondern in zwei aufeinander senkrechten Richtungen, der transversalen und der longitudinalen. Dabei sind es ganz verschiedene Arten von Fasern, die in der einen und in der anderen Richtung verlaufen.“ Und schließlich noch eine wichtige Besonderheit, nämlich „daß die Kleinhirnstruktur in der Mittellinie nicht unterbrochen ist“. Auf diese Weise liegt „in der Mitte stets ein langes, ununterbrochenes, vom vorderen bis zum hinteren Rand des Kleinhirns reichendes Band von Kleinhirnrinde“, der Kleinhirnwurm *(Vermis).*

Unterhalb der gefalteten (grauen) Rinde liegt das (weiße) *Mark,* weiterhin liegen im Innern des Kleinhirns verschiedene Gruppen von Nervenzellen; die größte ist der *Nucleus dentatus* (gefältelter Kern). Im Querschnitt bietet das Kleinhirn so ein Bild, das die alten Anatomen veranlaßt hat, das Kleinhirn als „Lebensbaum“ (arbor vitae) zu bezeichnen.

---

[87] VALENTIN BRAITENBERG: Gehirngespinste. Neuroanatomie für Kybernetisch Interessierte. Berlin, Heidelberg, New York 1973. S. 73.

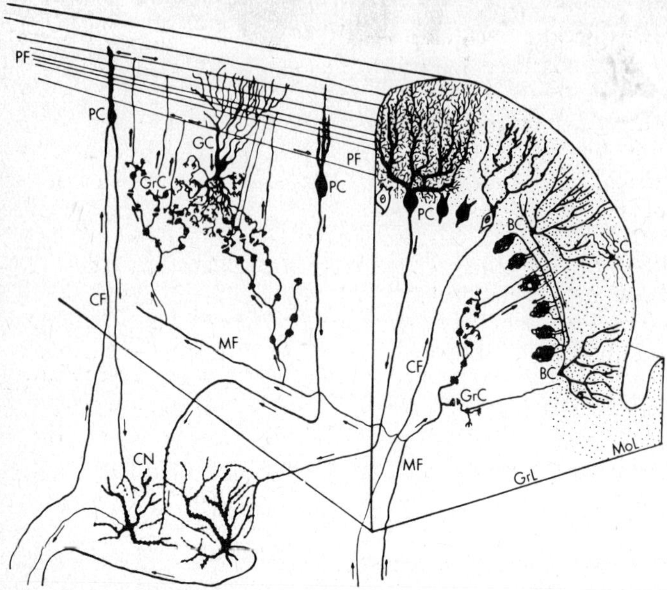

Abb. 8 Schematische Zeichnung eines Segments einer Kleinhirnwindung. Einzelheiten im Text. (Aus ECCLES, 93, nach FOX). CN Kleinhirnkerne, CF Kletterfasern, MF Moosfasern, GrC Granularzellen, GrL Körnerschicht, MoL Molekularschicht, PF Parallelfasern, PC Purkinjezellen, BC Korbzellen, SC Sternzellen, GC Golgizellen.

An der Rinde des Cerebellum lassen sich drei Schichten unterscheiden *(s. Abb. 8):* Als oberste die *Molekularschicht,* ihr folgt die *Schicht der Purkinje-Zellen* und dieser die *Körnerschicht.* Von einigen Anatomen – z. B. BRAITENBERG – werden die beiden ersten Schichten zusammengefaßt und nur Molekularschicht und Körnerschicht unterschieden.

2. Den *Purkinje-Zellen* (PZ) kommt im Cerebellum eine zentrale Rolle zu, denn nur von ihnen gehen Outputs aus, sie allein senden Signale aus dem Cerebellum. Auffallend sind die stark verästelten und verzweigten Dendriten der PZ. Diese Bäume steigen senkrecht auf bis in die Molekularschicht; dabei liegen die Äste und Zweige eines Baumes in e i n e r Ebene, die Geflechte überlappen daher einander nicht.

In der Körnerschicht finden wir die *Körnerzellen* (Granulärzellen, GZ). Ihre Dendriten sind kurz, ihre langen Axone steigen senkrecht empor, durchsetzen die Schicht der PZ und gelangen in die Molekularschicht, wo sie sich T-förmig ausbreiten und als *Parallelfasern* einige Millimeter weit waagerecht verlaufen. Die Zahl der Körnerzellen ist nach neueren Ermittlungen unvorstellbar groß. S. L. PALAY hat dies in einer hübschen Paradoxie ausgedrückt: „Of the 10^{10} cells in the brain, 10^{11} are in the granular layer of the cerebellar cortex.“[88]

---

[88] Nach RODOLFO R. LLINÁS: The Cortex of the Cerebellum. Scientific American *232* (1975). No. 1. p. 61.

In der Körnerschicht befinden sich außerdem die *Golgi-Zellen* mit ebenfalls sehr verzweigten Dendriten, die sich aber nach allen Seiten ausbreiten. Ihr Axon ist abwärts gerichtet und verzweigt sich stark, von den Dendriten gehen die meisten aufwärts zur Molekularschicht.

Unter den Zellen der Molekularschicht (i. e. S.) sind die *Korbzellen* die wichtigsten. Es sind sternförmige Zellen mittlerer Größe, ihr Axon verläuft parallel zur Oberfläche und gibt Seitenäste ab, die sich am verengten Oberteil der PZ bürstenartig verzweigen und dort die sog. „Purkinje-Zell-Körbe" bilden. Die Verästelungen ihrer Dendriten liegen wie die der PZ in einer Ebene.

ECCLES hat ein anschauliches Bild dieser Schicht gegeben: „The molecular layer is built up of sheets of dendritic arborization – oriented in the transverse plane of the folium – sheets of Purkinje cell dendritic arborizations alternating with sheets containing the arborization of basket, stellate, and probably also of Golgi cells. Additionally the axons and the main branches of stellate and basket neurons are also situated in the spaces between the Purkinje dendritic arborizations."[89]

Inputs und Outputs

1. Inputs erhält das Cerebellum durch zwei Faserstränge: die *Kletterfasern* und die *Moosfasern*. F. E. BLOOM und Mitarb. haben kürzlich noch ein drittes System entdeckt, dessen Fasern aus dem im Boden des IV. Ventrikels liegenden *Locus caeruleus* kommen; über seine Funktion ist aber noch nichts bekannt[90].

Die *Kletterfasern* erregen die Purkinje-Zellen: „Each climbing fiber attaches itself to a single Purkinje cell and climbs up on the dendritic tree in an ivy-like fashion."[91] Und umgekehrt: „Each Purkinje cell receives synapses from only one climbing fiber which exerts such a powerful excitatory action that the Purkinje cell responds by a brief repetitive discharge at high frequency."[92] Beide Tatsachen sind nach ECCLES besonders bemerkenswert, er schreibt: „The enormous extent of the apparently one-to-one synaptic contacts made by each climbing fiber onto its Purkinje cell provides perhaps the most remarcable synaptic mechanism in the nervous system – a monosynaptic pathway which would be expected to have an enormously high safety factor as well as an all-or-nothing functional action."[93] Und: „The climbing fiber is the most powerful and specific excitatory synapse yet discovered in the central nervous system."[94] Dabei handelt es sich um eine besondere Art von Synapsen, nämlich *Spine-Synapsen:* „the two cells

---

[89] JOHN C. ECCLES, MASAO ITO, JÁNOS SZENTÁGOTHAI: The Cerebellum as a Neuronal Machine. Berlin, Heidelberg, New York 1967. p. 198.

[90] LLINÁS: a.a.O. p. 58.

[91] ECCLES u. a.: a.a.O. p. 36.

[92] JOHN C. ECCLES: The dynamic loop hypothesis of movement control. in: Information Processing in the Nervous System. ed. K. N. LEIBOVIC. Berlin, Heidelberg, New York 1969. p. 247.

[93] ECCLES u. a.: Cerebellum p. 156.

[94] a.a.O. p. 166.

are actually in contact only where small spines protrude in groups from the surface of the Purkinje-cell dendrite."[95] Die Kletterfasern stammen meist oder ausschließlich aus der *Unteren Olive* im Hirnstamm und übertragen Signale sowohl aus dem Rückenmark als auch aus dem Zwischenhirn und dem Cortex ins Cerebellum.

Die Purkinje-Zellen erhalten aber noch weitere Inputs, nämlich über die *Moosfasern,* wenn auch nicht direkt. Die Moosfasern erregen die Körnerzellen (GZ), diese leiten die Erregung über ihr Axon weiter bis in die *Parallelfasern,* und diese übertragen dann die Erregung auf die PZ. Auch hier begegnen uns wieder phantastische Zahlen; so lesen wir bei LLINÁS: „a single human Purkinje cell can receive as many as 100,000 parallel fibers (compared with a single climbing fiber)."[96] Die Erregung der Körnerzellen erfolgt aber wieder auf eine besondere Weise, nämlich über *Glomerulus-Synapsen:* „There is reason to assume", schreibt SZENTÁGOTHAI, „that glomeruli synaptic arrangements are highly effective and versatile tools of information processing."[97] Die Moosfasern verzweigen sich beim Eintritt in diesen Glomerulus und bilden dort sog. „Rosetten". Eine solche Rosette ist verbunden vor allem mit den kurzen Dendriten der Körnerzellen und weiterhin mit den absteigenden Axonen der Golgizellen. „One mossy rosette in the center can transmit excitation to a hundred granule dendrites. Such a transmission, however, can be inhibited by a single preterminal branch of a Golgicell axon that distributes its inhibitory terminals into the outer zone of the glomerulus."[98] Weiterhin wird das Zusammenspiel der verschiedenen Einflüsse dadurch kompliziert, daß die Golgi-Zellen „can be considered to be negative feedback devices that operate over the parallelfiber system to limit the mossy-fiber input to the Purkinje cells"[99]. Oder, wie es LLINÁS an anderer Stelle formuliert: daß die Golgi-Zellen „may serve not only as a feedback overflow-preventing system but also as a ‚gating' device, which, by means of a feed-forward mechanism, would prevent sequential activation through a particular mossy-fiber channel"[100].

2. Die Outputs des Cerebellum gehen, wie schon erwähnt, n u r von den Purkinje-Zellen aus. Sie werden über deren Axon zu den Kernen im Innern des Cerebellum geleitet, speziell zum *Nucleus dentatus.* Von dort weiter zu den Kernen in der Medulla und in der Brücke – eine wichtige Leitung führt zum *Deiterschen Kern* in der Medulla oblon-

---

[95] LLINÁS: a.a.O. p. 60. Man hat geschätzt, „that a purkinje cell and its climbing fiber are probably in synaptic contact at about 300 points." a.a.O.

[96] LLINÁS: a.a.O. p. 62.

[97] JOHN SZENTÁGOTHAI: Glomerular Synapses, Complex Synaptic Arrangements and Their Operational Significance. The Neurosciences (II) 1970. p. 427.

[98] a.a.O. p. 440. [99] a.a.O. p. 429.

[100] RODOLFO LLINÁS: Neuronal Operations in Cerebellar Transactions. The Neurosciences (II) 1970. p. 419.

gata, dem Endpunkt des Nervus vestibularis aus dem Gleichgewichtsorgan im Ohr.

Die schematische Zeichnung *(Abb. 9)* gibt die Zusammenhänge wieder: Kletterfasern (CF) erregen die Purkinje-Zellen (PC) an den Den-

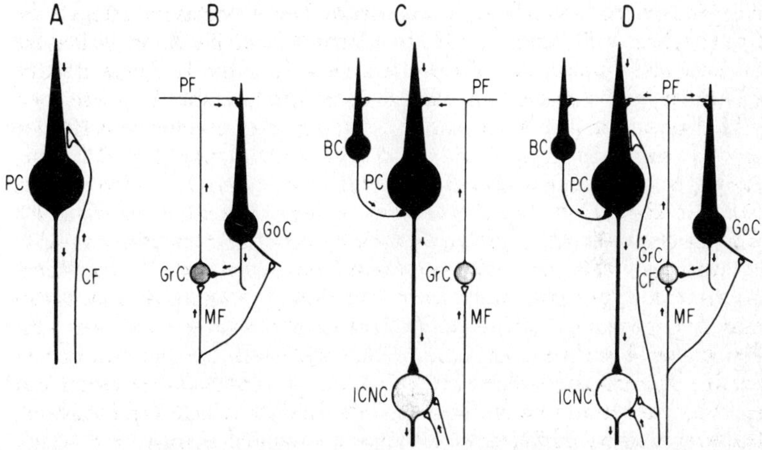

Abb. 9 Die wichtigsten Verbindungen im Kleinhirn: PC Purkinjezelle; CF Kletterfaser; GrC Körnerzelle; PF Parallelfaser; GoC Golgizelle; MF Moosfaser; BC Korbzelle; ICNC Zelle aus einem Intracerebellaren Nucleus. Abb. D ist eine Zusammenfassung von A, B und C. (Aus Eccles in 93.)

driten in der Molekularschicht. Moosfasern (MF) erregen in der Körnerschicht die Körnerzellen (GrC), die ihrerseits über die Parallelfasern (PF) sowohl die Dendriten der Purkinjezellen als auch die Korbzellen (BC) erregen. Diese haben eine inhibitorische Wirkung auf die Purkinjezellen (schwarz gezeichnet), die ihrerseits auf die subcorticalen Zellen (ICNC) ebenfalls hindernd wirken.

Diese Tatsache, daß alle Purkinjezellen des Cerebellum „have an inhibitory synaptic action upon the target neurons" (Eccles) mag zunächst überraschen, doch die Skizze gibt auch dafür eine anschauliche Erklärung: durch Collateralen zu den „target cells" (ICNS) werden diese sowohl von den Kletter- als auch von den Moosfasern erregt; dadurch entsteht eine „background excitation", in die die PZ nun hindernd eingreifen; sie üben, wie Eccles es ausdrückt, auf die Output-Muster dieser target-cells „a sculpturing effect" aus.

Man kann sich vorstellen, daß die Signalgebung der PZ also etwa so funktioniert wie die Rauchsignale nordamerikanischer Indianerstämme: eine kontinuierlich aufsteigende Rauchsäule wird rhythmisch durch Abdecken mit einem Tuch unterbrochen, so daß einzelne „Rauchimpulse" aufsteigen, die Zeichen des Signals. Entsprechend wird hier der Outputstrom der Target-Zellen durch die inhibitorische Wirkung der PZ rhythmisch unterbrochen, so daß sich dem Output ein neues Muster, der Code der PZ überlagert. Nach ECCLES hat sich gezeigt, „that this inhibitory depression of neuronal discharge can be handed on from these neurons to neurons next in sequence as a silence or a diminished discharge, which is called disfacilitation, and which can be transmitted indefinitely through the nervous system“[101]. Dazu sei angemerkt, daß – nach LLINÁS – im Laufe der Evolution „disfacilitation, as a mechanism of cerebellar control, must have been a secondary specialization of the primordial function of Purkinje cells“[102].

Bei einer Kombination mit anderen Neuronen kann die Wirkung der PZ auch direkt erregend sein. So lesen wir z. B. bei HARMON: „inhibition in membrane action is often confused with inhibition in system action. ... A notable example is seen in the commonly held view that cerebellar Purkinje cells are inhibitory, a circuit view based on the evidence of their direct output. However, from a subsystem point of view, if Purkinje axons happen to terminate on inhibitory interneurons which disinhibit particular subsystems, the effect of Purkinje activation is excitatory.“[103]

In diese Signalübertragung greifen nun die *Korbzellen* modifizierend ein. Ihre Wirkung auf die PZ ist inhibitorisch. Diese „inhibitory action of basket cells ... can silence the background discharges of Purkinje cells and so diminish the inhibition of the target neurones, a disinhibition, which is equivalent to an excitatory action, and this in turn can be transmitted along the neuronal pathways from the cerebellum“[104]. Erregung der inhibitorischen Wirkung der PZ durch die Moosfasern (via Parallelfasern) und Hemmung dieser inhibitorischen Wirkung durch die Korbzellen können einander überlappen, und dies gibt „excellent opportunities for the integration of the inputs of the various mossy fibers“.

Die Kompliziertheit der Zusammenhänge und das Zusammenspiel der Funktionen wird vielleicht durch eine etwas andere Darstellung – von LLINÁS (z. T. nach SZENTÁGOTHAI) – etwas durchsichtiger: „The stimulation of a small bunch of mossy fibers activates, through the granule cells and their parallel fibers, an extensive array of Purkinje cells and all three types of inhibitory interneuron. Subsequent interactions of the neurons tend to limit the extent and duration of the response. The activation of Purkinje cells through the parallel fibers is soon inhibited by the basket cells and the stellate cells, which are activated by the same parallel fibers. Because the axons of the basket and stellate cells run at right angles to the parallel fibers, the inhibition is not confined to the activated Purkinje cells; those on each side of the beam or column

[101] ECCLES: Dynamic Loop Hypothesis ... p. 247 f.

[102] LLINÁS: a.a.O. p. 423.

[103] LEON D. HARMON: Neural Subsystem: An Interpretive Summary. The Neurosciences (II). 1970. p. 491.

[104] ECCLES: a.a.O. p. 248.

of stimulated Purkinje cells are also subject to strong inhibition. The effect of the inhibitory neurons is therefore to sharpen the boundary and increase the contrast between those cells that have been activated and those that have not. – At the same time the parallel fibers and the mossy fibers have activated the Golgi cells at the granulate-level. The Golgi cells exert their inhibitory effect on the granule cells and thereby quench any further activity in the parallel fibers. This mechanism is one of negative feedback: through the Golgi cell the parallel fiber extinguishes its own stimulus. The net result of the interactions is the brief firing of a relatively large but sharply defined population of Purkinje cells."[105]

3. Eine *Kontrolle der Bewegung* der Glieder eines Organismus ist eine der Funktionen des Kleinhirns. Vom Ansetzen der Bewegung eines Gliedes gelangen Signale zu Untereinheiten im subcorticalen Bereich des ZNS, die sie verarbeiten und an das *Rückenmark* und seine Zentren

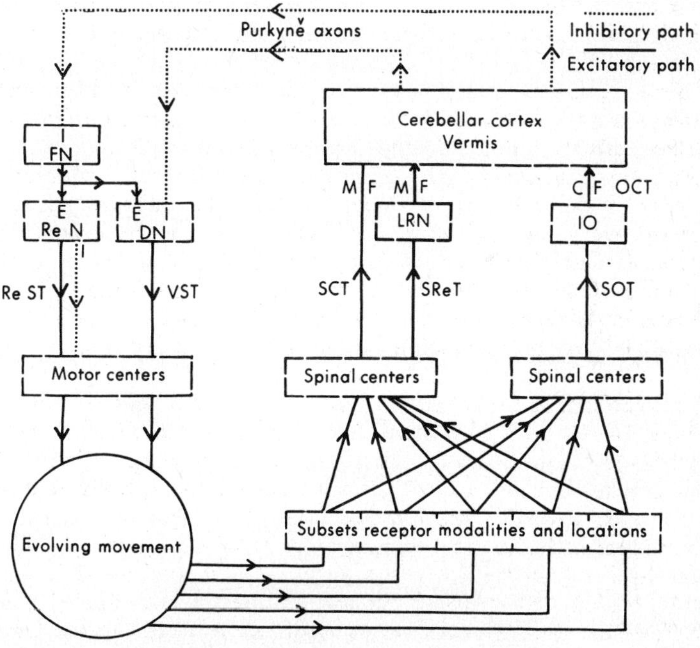

Abb. 10 Verbindungswege zwischen Hirn, Rückenmark und Kleinhirn. Ausgezogene Linien = erregende, gepunktete Linien = hemmende Fasern. SOT Spino-olivar Trakt; IO innere Olive; OCT Olivocerebellar Trakt; SCT Spinocerebellar Trakt; FN Nucleus fastigeus; ReN Nucleus reticularis; ReST Reticulospinal Trakt; DN Deiters Kern; VST Vestibilospinal Trakt; Lateral reticular Nucleus. (Nach ECCLES in 183.)

[105] LLINÁS: The Cortex of the Cerebellum. Scientific American. *232* (January 1975). p. 63.

weitergeben. *(s. d. Schema Abb. 10).* Von dort laufen Signale über den Spino-cerebellar Trakt und über dessen Moosfasern zum Cortex des Kleinhirns, sowie über den Spino-olivar Trakt zur *unteren Olive* und von dort über die Kletterfasern ebenfalls zum Kleinhirn-Cortex. Über die PZ gelangen dann die Verarbeitungsmuster dieser Signale zum Dachkern *(Nucleus fastigii)* oder/und zum *Nucleus dentatus.* Von diesen Target-Zellen des Cerebellums werden sie weitergeleitet zu den motorischen Zentren im Rückenmark, und dort steuern sie die soeben begonnene Bewegung.

Die Outputs der PZ gehen verschiedene Wege je nach dem Ort der Purkinje-Zellen im Cerebellum: Aus den Hemisphären gelangen sie über den Nucleus dentatus zum *Thalamus* und von dort zu den großen Pyramidenzellen in der motorischen Region des Cortex cerebri. Aus dem „Intermediate lobus" werden sie über einen zwischenliegenden Kern zum *Nucleus ruber,* dem „roten Kern" im Stammhirn geführt, und von dort zu den kleinen Pyramidenzellen im motorischen Zentrum des Cerebrums. Und aus der Vermis schließlich gelangen die Outputs der PZ entweder zum *Deiterschen Kern* oder über den Nucleus fastigii zur Formatio reticularis und von dort weiter zu den zugehörigen Zentren im ZNS.

Die Regelkreise

Nach dieser etwas summarischen Darlegung der Schaltungen müssen wir etwas genauer ins Einzelne gehen. Bei der Kompliziertheit des Zusammenspiels der vielen verschiedenen Zentren müssen wir hier schrittweise vorgehen. Bisher haben wir nur die Inputs zum Cerebellum aus dem Rückenmark und den zwischengeschalteten Kernen sowie die Outputs zu den verschiedenen subcorticalen und corticalen Zentren betrachtet. Jetzt müssen wir die Schließung der Kreise berücksichtigen, also die Inputs des Cerebellums aus den subcorticalen und corticalen Zentren des Großhirns.

Von den *Pyramidenbahnen,* die von den Pyramidenzellen im motorischen Zentrum des Cortex ausgehen, zweigen Collateralen ab zum *Brückenkern* und zur *unteren Olive (s. d. Schema Abb. 11),* von der die Signale, nach Verarbeitung, in den Moosfasern bzw. in den Kletterfasern zur Pars intermedia des Cerebellum weitergeleitet werden. Beide Kerne erregen aber auch den *Nucleus interpositus,* den oben erwähnten „zwischengeschalteten Kern", der zugleich Empfänger der inhibierenden Wirkungen der PZ aus der Pars intermedia ist („excitatory background"). Von dort gehen die Signale über den ventro-lateralen Teil des Thalamus zurück zum Cortex des ZNS. Eine Zweigleitung führt zum *Nucleus ruber* und von dort direkt zur Beeinflussung der Bewegung.

Abb. 12 zeigt, daß es sich genauer um zwei Regelkreise handelt; einer, der die Hemisphäre des Kleinhirns (HC), der andere, der die

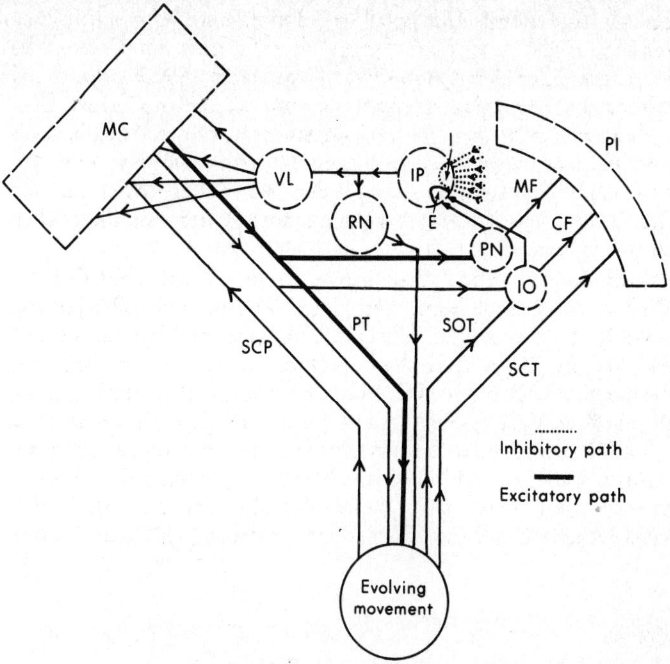

Abb. 11 Einzelheiten der Verbindungen zwischen der Pars intermedia (PI) des Kleinhirns mit dem motorischen Zentrum im Cortex (MC) und dem Rückenmark. RN Nucleus ruber; IP Nucleus interpositus; die anderen Symbole wie in Abb. 10 (Nach ECCLES in 183.)

Pars intermedia (PI) einschließt. Der I. Hauptkreis ist einfacher: Von den motorischen Zentren im Rückenmark (SMC) und über die bewegten Glieder zurück zum Cortex cerebri. Als Nebenkreis angeschlossen der Weg vom motorischen Cortex zur Hemisphäre des Cerebellum und zurück. Der II. Hauptkreis ist komplizierter: Parallel laufen Verbindungen von den motorischen Zentren im Cortex cerebri und vom Nucleus ruber (RN) zu den motorischen Zentren im Rückenmark, wo sie sich vereinigen, und wieder zurück zum Cortex. Von den Ausführungsorganen verläuft aber auch eine direkte Verbindung zur Pars intermedia des Cerebellum und geht, zusammen mit dem Nebenkreis Motor Cortex-Cerebellar Cortex, zum Nucleus ruber und von dort zu den motorischen Zentren im Cortex. Aus der *Abb. 11* ist auch zu ersehen, daß die Hemisphären des Kleinhirns überhaupt keine direkten Signale vom Rückenmark bzw. von den ausführenden Organen erhalten, sondern nur die Pars intermedia.

Abschließend sei das Zusammenspiel und die funktionale Ordnung der Kreise in der Darstellung von ECCLES selbst wiedergegeben:

„We may regard the cerebellum as in this way giving to the cerebrum an ongoing comment on its PT (Pyramidentrakt) discharges. Considerably later will be the feedback to the cerebrum along the spinocerebral pathways (SCP) of information resulting from the muscle contractions evoked by the PT discharge. This pathway is fairly expeditious, being via fast conducting fibers of the dorsal columns or the spino-cervico-thalamic tract, and it acts monosynaptically on PT cells as well as by more delayed and integrated cortical pathways. In this way the cerebrum receives information indirectly from the evolving movement via the changes in the PT discharge and it is, of course, continually modulating the PT discharge by virtue of its computation from its own input along the PT collaterals. Thus, again we can envisage that all PT discharges are provisional and are unceasingly subject to revision both by the feedback from the periphery as a consequence of the evolving movement and more expeditiously via the cerebro-cerebellar loop."

Wahrscheinlich enthält, so fährt ECCLES fort, das Kleinhirn eine große Menge an gelagerter Information („immense store of information"), die in Form der speziellen neuronalen Verbindungen dort codiert ist. Erhält es nun einen Input aus der Pyramidenbahn, so wird dieser ver-

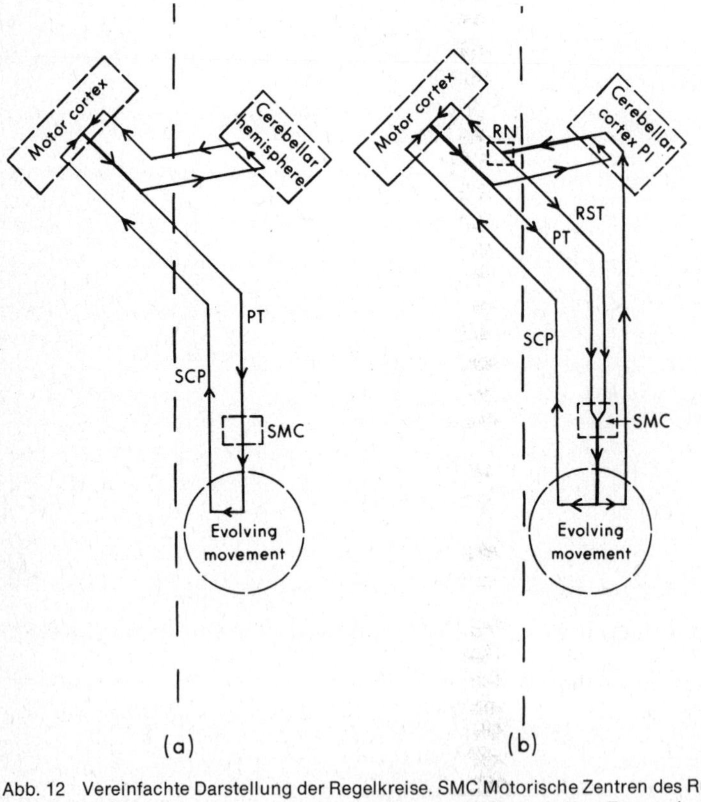

Abb. 12 Vereinfachte Darstellung der Regelkreise. SMC Motorische Zentren des Rückenmarks; RST Rubrospinal Trakt. Sonstige Symbole wie in Abb. 10. (Aus ECCLES in 183.)

arbeitet („computation by the integrational machinery of the cerebellum"), was zu einem Output führt, der nun in geeigneter Weise den Output der Pyramidenbahn zu den motorischen Zentren des Rückenmarks korrigiert.

Hinzuzusetzen ist, daß die Schemata „are, of course, greatly oversimplified. It may be presumed that there are many other dynamic loops forming complex interacting patterns with it and involving such structures as the caudate nucleus, the globus pallidus und the substantia nigra"[106].

ITOs Hypothese

Fragen wir nun, wie das *Lernen* in diesem ECCLES-Modell der Funktion des Kleinhirns unterzubringen ist, so liegt die Annahme nahe, daß das Lernen im Zusammenwirken von Cortex-Input (Lern-Memoria) und codiertem Verhalten im Cerebellum zustande kommt. Dies führt dann etwa zu einer Änderung des codierten Musters und zu dessen Fixierung.

Diese Skizze läßt sich verdeutlichen auf Grund einer Theorie der Kleinhirn-Funktion, die MASAO ITO 1968 aufgestellt hat und die wir hier, nach der Darstellung ECCLES, wiedergeben[107]:

Auf Grund der Tatsache, daß das Kleinhirn wesentliche Inputs über die Pyramidenbahn-Collateralen und die zugehörigen Relais-Kerne erhält, kam ITO zu der Annahme, daß das Kleinhirn eigentlich nur die Rolle eines „dummy" spiele – soweit es die Kontrolle der Bewegungen betrifft – mit anderen Worten, es sei eine Art „Strohmann", oder, etwas positiver ausgedrückt, nur ein „Statist" bei dieser Kontrolle. Sehen wir von dieser Charakterisierung einmal ab, sondern betrachten die Hypothese ITOS genauer, so kommen wir vielleicht zu einer positiveren Einschätzung.

ITO nimmt also an, daß eine willkürliche Bewegung ihren Ausgangspunkt im assoziativen Cortex des Großhirns nimmt und dann über den Motor-Cortex den normalen Weg zu den motorischen Zentren im Rückenmark nimmt. Von dort aus wird der Regelkreis geschlossen durch Signale zurück zum assoziativen Cortex. Der Seitenweg (Nebenkreis) durch das Kleinhirn erscheint ITO als ein „miniaturized image of the loop through the external world". Und jetzt kommt der entscheidende Punkt: „The essential feature of his concept is", schreibt ECCLES, „that the cerebellum, by virtue of its trained performance in respect of learned, skilled movement, can make continuing predictions to the cerebral cortex of the movement that is being programmed by the discharges down the pyramidal tract *before this movement actually has occured* and so, of course, before any sensory feedback can reach the association area of the cerebral cortex."[108] Auch hier muß in Betracht

[106] ECCLES: Dynamic Loop Hypothesis . . . a.a.O. p. 258.
[107] a.a.O. p. 260 f. [108] ECCLES: a.a.O. p. 261 (Hervorhebung von mir).

gezogen werden, daß noch andere Kreise eine Rolle spielen, die sich aber alle dem Bild einfügen lassen.

Der Schluß ist wohl nicht allzu kühn, daß dieses „miniaturized image" nichts anderes ist als das gespeicherte Muster des Verhaltens, also das *Lern-Engramm,* das nun auf dem geschilderten Wege zusammen mit dem entsprechenden „Image" der Situation die entstehende Bewegung bestimmt und steuert, „before this movement has actually occurred". Daß dies nicht reine Phantasie ist, dafür sprechen Experimente über die Funktion des Cerebellum bei einigen Fisch-Arten, Experimente, die für uns nur interessant sind durch eine Schlußfolgerung von BULLOCK (persönliche Mitteilung an LLINÁS): „The point here is that we have evidence that the fish is doing a complex job of analysis with the cerebellum *without moving;* it is not necessarily a movement-coordinating organ at all."[109] Allerdings ist dieser letzte Schluß wohl nicht zwingend, denn die Folge jener Analyse kann ja durchaus eine movement-coordination durch das Cerebellum sein.

Unter etwas anderem Gesichtspunkt, nämlich die angeborenen und die automatisierten Bewegungen betreffend, kommt KORNHUBER zu einer ähnlichen Auffassung der Funktion des Cerebellum. Er schreibt: „the cerebellum is necessary for the design of rapid movements prior to their initiation – movements that are preprogrammed because they are too fast to be regulated continuously by feedback."[110]

Andere Hypothesen

Wir haben ITOS Hypothese im Zusammenhang mit der Darstellung von ECCLES etwas ausführlicher dargestellt, weil sie sich besonders gut in den Rahmen unserer bisherigen Betrachtungen einfügt. Es wäre aber sehr einseitig, wollten wir uns mit ihrer Besprechung begnügen. Es gibt noch eine ganze Anzahl anderer Auffassungen und Hypothesen über die Funktion und Arbeitsweise des Cerebellums, von denen wir einige hier kurz besprechen müssen.

Eine dieser Thesen, die der von ITO am nächsten kommt, betrachtet das Cerebellum und speziell diese Phase seiner Funktion als ein *intended-movement system*" (OSCARSSON, 1969[111]). In der Darstellung von LLINÁS: „The climbing-fiber system is particularly involved in supplying to the cerebellar cortex information about ongoing central activity in the motor pathways." „The cerebellum is then visualized as an error-correcting device in which intended and performend movements are organized and composed." In diesem Modell arbeiten die beiden afferenten Faser-Systeme zusammen.

---

109 LLINÁS: Neuronal Operations . . . The Neurosciences (II) 1970. p. 424.

110 H. H. KORNHUBER: Cerebral Cortex, Cerebellum and Basal Ganglia: An Introduction to Their Motor Functions. The Neurosciences (III) 1974. p. 269.

111 R. LLINÁS: „Neuronal Operations in Cerebellar Transactions" in: The Neurosciences (II). 1970. p. 415.

Auch als *learning-system* wird das Cerebellum angesehen (MARR, 1969). Wieder nach LLINÁS (im Auszug): „Every time a climbing fiber is activated, the parallel fibers, which are activated simultaneously, are reinforced, and in this manner a Purkinje cell ‚learns' to ‚recognize' patterns of activation of parallel fibers."[112] Genauer gesagt: die Purkinje-Zelle wird konditioniert: „By strengthening a parallel fiber synapse whenever climbing fiber activity coincides with activation of that parallel fiber, the cell can be trained to respond to parallel fiber input alone."[113]

LLINÁS selbst spricht von einem *phasic-controlsystem,* wobei Kletterfasern und Moosfasern unabhängig voneinander wirken. „This phasic control system would utilize the Purkinje-cell mantle concomitantly with the mossy-fiber afferents in a time-sharing fashion", was besonders wichtig sein kann, wenn „a rather strong and well-localized inhibitory pattern needs to be imposed on the target-cells of the Purkinje neurons, e. g. when a step-function type of correction is required during a particular movement"[114].

Die bisher genannten Hypothesen gehen von den Kletterfasern aus; andere dagegen von den Moosfasern – Grundproblem ist in beiden Fällen, wie die beiden Faser-Systeme zusammenwirken. Hier sei an erster Stelle die Theorie vom „Kleinhirn als Zeitmeßapparat" von BRAITENBERG (1962)[115] genannt, das *timing-device system,* wie es LLINÁS nennt[116].

Die Erregung der Purkinje-Zellen durch die Moosfasern über die Parallelfasern führte zu der Frage: Was hat es für einen Sinn, „daß jedes Signal, das in das Parallelfasersystem eingeht, zunächst über weite Strecken hin verschmiert wird, indem jede Parallelfaser hunderten von Purkinje-Zellen dieselbe Mitteilung macht. ... Die Antwort, die sich aufdrängt, ist diese: es ist zwar dasselbe Signal, das über eine Parallelfaser eine lange Reihe von Purkinjezellen erreicht, aber es kommt nicht zur selben Zeit bei verschiedenen Purkinjezellen an". (84) Und das bedeutet, nach LLINÁS: „the conduction time of a synchronous parallelfiber volley would generate a strict sequential activation of the Purkinje cells."[117] BRAITENBERG deutet, von seiner These aus, die besondere Struktur des Cerebellum, z. B. „bedeutet ein flacher Dendritenbaum (der Purkinjezellen! d. Vf.) ... einen wohldefinierten Zeitpunkt", wodurch „die Gleichzeitigkeit der Ankunft einer Erregungsfront (parallelfiber volley, d. Vf.) an jeder Purkinjezelle einer Reihe" gewährleistet ist (85).

Als eine der möglichen Funktionen dieser „Kleinhirnuhr" betrachtet

---

112 a.a.O.

113 Conceptual Models of Neural Organization. ed. J. SZENTÁGOTHAI and M. A. ARBIB. Neurosciences Res. Prog. Bull. Vol. 12., 3 (October 1974). p. 443 ff.

114 LLINÁS: a.a.O.

115 V. BRAITENBERG: Gehirngespinste. Berlin, Heidelberg, New York 1973. S. 84 ff. (Seitenzahlen im Text)

116 LLINÁS: a.a.O.

117 LLINÁS: a.a.O.

BRAITENBERG: daß wie bei einem Wecker „auf der Uhr ein Ort markiert" wird, an dem, wenn der Zeiger an diesen gelangt, ein Signal ausgelöst wird. Das Markieren eines Ortes in der Kleinhirnrinde kann man sich so vorstellen, daß über Kletterfasern ... einige Purkinjezellen aktiviert werden, so daß ein über die Parallelfasern verzögert eintreffendes Signal an jener Stelle veränderte Bedingungen antrifft" (86). Oder, eine zweite Möglichkeit: „Man kann sich vorstellen, daß nach der Eingabe eines Signals an einer bestimmten Stelle im Moosfaser-Parallelfasersystem die Kleinhirnrinde zu einem späteren Zeitpunkt durch eine kurzdauernde, aber diffuse Erregung des Kletterfasersystems sozusagen abgefragt wird" (87). In beiden Fällen muß man annehmen, „daß eine bestimmte Erregungsdichte im Purkinjezellensystem nur dort erreicht wird, wo Kletterfasern und Parallelfasern gleichzeitig erregend wirken, also an der Stelle, wo die Erregungswelle im Parallelfasersystem zur Zeit der Abfragung durch die Kletterfasern gerade angekommen ist (87).

Interessant ist, daß ECCLES (1966), von den Kletterfasern ausgehend, zu einer entsprechenden Hypothse gekommen ist (wieder nach LLINÁS): „The climbing fiber could function, so to speak, as a testing probe by which to measure the excitability level of the Purkinje cell at any time. ... it was suggested that the climbing fibers could ‚read out' the result of mossy-fiber activity."[118] Und: „It has been found experimentally that the number of action potentials evoked in a Purkinje cell by climbing-fiber activation is related to the excitability level of the Purkinje cell."[119]

Für die „Kleinhirnuhr-These" haben inzwischen FREEMAN (1969) beim Frosch und KAISERMAN-ABRAMOF und PALEY (1969) sowie NIEUWENHUYS und NICHOLSON (1969) beim „mormyrid fish" (Marmorbrasse oder Tapirfisch) experimentelle Grundlagen gefunden, so z. B. beim Frosch „that the Purkinje cells are activated in an exclusively sequential manner"[120].

„Die eigentliche Frage ist aber", schreibt BRAITENBERG (87) „wozu dient solche Raum-Zeit- und Zeit-Raum-Transformation bei den Aufgaben, die offenbar dem Kleinhirn innerhalb des Nervensystems zufallen, nämlich Erhaltung des Gleichgewichts und Koordination feiner Bewegungen?" BRAITENBERG exemplifiziert dies genauer an der Bogenführung eines Geigenspielers und dem Zusammenspiel der verschiedenen dabei mitwirkenden Gelenke (Ellbogen-, Hand- und Fingergelenke). „Die Bewegung muß als Ganzes verstanden werden und wird dann durch einen unbewußten Mechanismus im Detail programmiert. Die zeitlichen Abläufe, die sehr präzise abgestuft sein müssen, werden möglicherweise im Kleinhirn bestimmt." (88) Dabei geht es wie in vielen anderen Fällen, „um Millisekunden oder Zehntel von Millisekunden". „Überlegt man sich im Vergleich dazu die zeitliche Genauigkeit der Kleinhirnuhr anhand der Fortpflanzungsgeschwindigkeit der Signale im Parallelfasersystem und dem Abstand benachbarter Purkinjezellbäume, so

---

[118] a.a.O. p. 414. [119] a.a.O. [120] a.a.O. p. 416.

erhält man ... den Wert von etwa einem Zehntel einer Millisekunde als die kleinste in der Kleinhirnrinde in der Richtung der Parallelfasern auflösbare Zeit, was gut dazu passen würde." (88)

Ein in etwa damit verwandtes Modell stellten ARBIB, FRANKLIN und NILSSON auf[121], das von der Grundannahme ausgeht, daß „the Cerebrum controls the strategy of motion, whereas the Cerebellum controls fine timing parameters"[122]. Anders gesagt: „The cerebrum gives gross values, and the cerebellum refines the values." Eine der wichtigen Aufgaben des Cerebellums sehen die Autoren in der „importance of smooth transition between different phases of a sequence"[123]. Auf der Grundlage der von MERTON (1951) aufgestellten und später u. a. von GRANIT, HOLMGREN und MERTON (1955) ausgebauten Theorie der Muskelerregung geben die Autoren dem Cerebellum noch eine spezielle „Schaltfunktion". Jene Theorie kann, nach den Autoren, wie folgt „summarized" werden: „The muscle-spindles are arranged in parallel with the main muscle and so respond to changes in length rather than in tension." Die Muskelspindeln werden nun nicht nur durch äußere Längenveränderung des Muskels erregt, sondern über die sog. Gamma-Fasern, nach diesem Modell auch vom Cerebellum aus: „The gamma-system serves to cause the muscle-spindles to contract, the spindle afferents then respond to the incongruity in length between the spindle and the main muscle and excite the alpha-neurons which cause the main muscle to contract, until congruity is attained."[124] Die „einfachste Intepretation" von GRANIT und Mitarb., „that the cerebellum controlled a neural switch which directed excitation, originating elsewhere, into either the alpha- or the gamma-route"[125] erscheint den Autoren nicht als ausreichend, sie kommen zu einem Modell, das auf folgenden Annahmen beruht:

„1. We assume, first that the action ... is mediated mainly by the cerebellar hemispheres...

„2. We assume that the volition to move is initiated in the cerebral cortex and *initially* transmitted to the motor cortex in area 4 of BRODMAN.

„3. The cerebral-cortical projection from the sensory-motor area on the cerebellum is anteriorly via mossy fibers from the pons and posteriorly via climbing fibers from the inferior olive. The projection back is via the dentate nucleus and thalamus.

„4. The dorsal spino-cerebellar tract seems to project *medially* on the cerebellar cortex and, as a first approximation, is omitted."[126]

Die Autoren schließen (nach einer informationstheoretischen Betrachtung des Modells): „We feel that part of the cerebellar sheet is

[121] M. A. ARBIB, G. F. FRANCLIN, and N. NILSSON: „Some Ideas on Information Processing in the Cerebellum" in: Neural Networks. Proc. of the School on Neural Networks. June 1967. Berlin, Heidelberg, New York 1968. p. 43 ff.

[122] a.a.O. p. 49.

[123] a.a.O. p. 51.

[124] a.a.O. p. 52.

[125] a.a.O. p. 53.

[126] a.a.O. p. 54 f.

involved in smoothing or filtering to give a smooth envelope of output firing."[127] Ähnlich äußerte ECCLES auf der NRP Work Session (Oktober 1972): „We are learning throughout our lifetime, getting a wiser and wiser cerebellum to enable us to make more graceful and efficient movements."[128] Dies könnte die – oder eine wesentliche – physiologische Grundlage sein für das *können-Können* als Innesein vor einer zu bewältigenden Aufgabe (I, 262, 316; *u. o. S. 60*).

Ist das Lernen lokalisiert?

Vorläufiger Abschluß

1. Wenn wir diese Frage stellen, so bedeutet dies eigentlich, daß wir das Thema „Lokalisation" abschließen und jetzt versuchen werden, ein Fazit aus dem gebotenen Material zu ziehen. Daß es nur ein „vorläufiger" Abschluß sein könnte, ergibt sich schon daraus, daß wir bisher einen wichtigen Teil der Lokalisationsforschungen noch gar nicht behandelt haben: die verschiedenen Teile des Gehirns, also das Frontalhirn, das Parietalhirn, das Temporalhirn und das Occipitalhirn, deren verschiedene Teile (Gyri) usw. Wir mußten hier darauf verzichten, weil uns die Behandlung dieser Frage zu weit vom Thema ab in die eigentliche Gedächtnisforschung geführt hätte, die Gegenstand des III. Bandes sein wird. Wir konnten aber auch darauf verzichten, weil die spätere Behandlung des *Lernens,* soweit nötig und möglich, Gelegenheit bieten wird, die eine oder andere Einzeltatsache zu erwähnen.

Dennoch können wir hier die Frage nach der Lokalisation nicht nur des Lernens, sondern aller Funktionen des Hirns allgemein stellen und Antworten suchen bzw. zu finden versuchen, die die Situation auf diesem Problemgebiet kennzeichnen und damit als Grundlage für das Folgende dienen können.

2. Beginnen wir mit dem Fazit, daß einer der Klassiker der Lokalisationsforschung, KARL S. LASHLEY, am Ende eines zusammenfassenden Referats über seine Arbeiten gezogen hat:

„I sometimes feel, on reviewing the evidence on the localization of the memory trace, that the necessary conclusion is that learning just is not possible. ... Nervertheless, in spite of such evidence against it, learning does sometimes occur." Und dann folgt die Wendung zum Positiven: „Although the negative data do not provide a clear picture of the nature of the engram, they do establish limits within which concepts of its nature must be confined, and thus indirectly define somewhat more clearly the nature of the nervous mechanisms which must be responsible for learning and retention."

---

[127] a.a.O. p. 57. [128] Conceptual Models . . . a.a.O. p. 454.

LASHLEY gibt dann sechs Folgerungen an, die seiner Ansicht nach aus den damals (1950) vorliegenden Erkenntnissen gezogen werden können:

„1. It seems certain that the theory of well-defined conditioned reflex paths from sense organ via association areas to the motor cortex is false...

„2. It is not possible to demonstrate the isolated localization of a memory trace anywhere within the nervous system. ...

„3. The so-called associative areas are not storehouses for specific memories....

„4. The trace of any activity is not an isolated connection between sensory and motor elements....

„5. The equivalence of different regions of the cortex for retention of memories points to multiple respresentation.... Analysis of the sensory and motor aspects of habits shows that they are reducible only to relations among components which have no constant position with respect to structural elements....

„6. Consideration of the numerical relations of sensory and other cells in the brain makes it certain, I believe, that all of the cells of the brain must be in almost constant activity, either firing or actively inhibited. There is no great excess of cells which can be reserved as the seat of special memories. The complexity of the functions involved in reproductive memory implies that every instance of recall requires the activity of literally millions of neurons. The same neurons which retain the memory traces of one experience must also participate in countless other activities."[129]

Gegenüber dieser sehr vorsichtigen Stellungnahme zur Situation des Lokalisationsproblems veröffentlichte SCHALTENBRAND im selben Jahr einen Aufsatz über „Das Lokalisationsproblem der Hirnrinde", der zu einer Diskussion mit K. CONRAD und H. SPATZ führte. SCHALTENBRAND schloß diese Diskussion mit der Feststellung, „daß bestimmte Hirngebiete für bestimmte Hirnleistungen 1. zureichend und 2. notwendig sind, und in solchem Falle ist es wohl zulässig, die entsprechenden Leistungen dorthin zu ‚lokalisieren'[130]".

3. Dies etwa war der Stand der Dinge um 1950, und man darf wohl sagen, daß sich darin bis heute nicht sehr viel geändert hat. Trotz neuen Materials sind wir von einer „Lösung" des Lokalisationsproblems immer noch weit entfernt.

Auf dem „Otfried Foerster Symposium" (Köln, 1975) bot die „General Discussion" die Möglichkeit, zusammenfassend die verschiedenen Themen des Symposiums zu behandeln. In der ersten dieser Diskussionen, die dem Thema „Localization of Normal Function" gewidmet war, stellte R. E. MYERS fest:

„Our own studies using cats, monkeys, and chimpanzees, have

---

[129] KARL S. LASHLEY: In search of the engram. a.a.O. p. 501 f.

[130] G. SCHALTENBRAND: Deutsche Medizin. Wochenschr. 75 (1950) 533 ff. u. 553 ff.

provided straightforward and unequivocal answers to these questions of localization of function. First, a strict localization of function exists."[131] Dies wird deutlich an der speziellen Struktur des *Corpus callosum (s. o. S. 98 f.)* und dessen Empfangsorten: „the different zones of the corpus callosum serve to interconnect the different specific zones of the cortical surface and these connections are always strongly homologic in their distribution. For example, the splenium of the corpus callosum interconnects only the occipital regions; the posterior body region of the corpus callosum contains all those fibers which pass between the parietal lobes; the anterior body region interconnects the posterior frontal regions; and finally, the genu and rostrum interconnect the prefrontal and the orbito-frontal regions of the cortex."[132] Aber selbst im Corpus callosum entdeckte man auch andere Verbindungen: „strong evidence also exists for an equipotentiality of an equivalence of functions of different fiber strands within the various distinct portions of the commissure in the handling of specific sensory information. ... these studies, taken together, place us in the peculiar position of, on the one hand, insisting upon a specific and closely identifiable localization of various sensory functions within various portions of the commissure, but at the same time, they force us to the conclusion that, within those specific morphologic sectors, a nearly complete equipotentiality of the various component bundles is obtained with respect to the transfer of specific discrimination."[133]

Und MYERS kommt dann zu einem Schluß, der weitgehend der Auffassung von LASHLEY entspricht *(s. etwa oben S. 64)*: „Thus, we are forced again to the conclusion that a strict localization of function exists with respect to specific regions of the cortex. That is, learning and memory functions which relate to the several sense modalities are carried out in different zones of the cortical surface. However, within these specific identifiable functional sectors of cortex, further lesion work demonstrated a considerable equipotentiality of function."[134]

4. Neue, inzwischen möglich gewordene und genutzte Methoden erlaubten auch auf diesem Gebiet weitere Fortschritte. Wir haben oben *(S. 72)* schon auf *chemische* Methoden hingewiesen, die das Untersuchungsfeld erweitern. Hierzu noch ein Zitat von S. D. IVERSEN: „the demonstration that several different transmitters exist in the brain, not diffusely distributed but strictly localized in different anatomical systems, encouraged neurospsychologists to investigate the functional significance of these transmitter systems for the control of behavior."[135]

5. Nach wie vor sind die Anschauungen in der Lokalisationsfrage geteilt, ja oft einander entgegengesetzt – nur ist die Lage gegenüber

---

[131] R. E. MYERS in: Cerebral Localization. Ed. K. J. ZÜLCH, O. CREUTZFELDT, G. C. GALBRAITH. New York, Heidelberg, Berlin 1975. p. 293.

[132] R. E. MYERS a.a.O. p. 295.

[133] a.a.O. p. 294 f.

[134] a.a.O. p. 295.

[135] SUSAN D. IVERSEN: 6-Hydroxydopamine. ... The Neurosciences (III). 1974. p. 705.

vergangenen Jahrzehnten insofern verändert, daß neben ein „entweder-oder" immer mehr – im Anschluß an LASHLEY – ein „sowohl als auch" tritt, und es zeigt sich, daß die Frage „ob Lokalisation oder nicht?" letztlich wieder eine Frage *molarer* oder *molekularer* Betrachtung ist. Geht man von den Elementen aus, also von den Schaltungen der Neurone, von den Substanzveränderungen in den Zellen, so sind diese notwendig lokalisiert, wenn auch nicht immer nur an einem Ort. Geht man von der *Ganzheit* aus, wie sie sich etwa in der folgenden Aussage von LIVINGSTON darstellt: „We must bear in mind that the brain is simultaneously the integrater of physiological, psychological, and social processes."[136], dann wird man – ensprechend wie bei motorischen Handlungen des Organismus – ebensogut sagen können, daß das ganze Gehirn, ja der ganze Organismus „lernt" und aus dem „gelernt-Haben" heraus sich verhält, wie man einzelne Organe und „Apparate" als Teileinheiten dafür verantwortlich machen kann.

Da aber z. B. die Schalteinheiten als Elemente der Verhaltens-Gestalten in verschiedenen V-Gestalten eine Funktion haben können *(s. o. S. 30 ff.)*, und da sie lokalisiert sind, können – je nach der Bedeutung die sie für die betreffende V-Gestalt haben – mehrere V-Gestalten von jener „Stelle" aus beeinflußt oder gestört werden. Dies könnte eine Erklärung für die Vielfalt und teilweise Widersprüchlichkeit der Läsions-Experimente sein.

Die mit der Lokalisation von Funktionen und speziell des Lernens zusammenhängenden Probleme werden uns immer wieder begegnen, wir können uns daher mit diesem vorläufigen Abschluß begnügen. Nur auf zwei Punkte müssen wir noch hinweisen, weil ihre Bedeutung für die Lokalisationsforschung leicht übersehen werden kann: auf die *Diaschisis* und auf die *Spreading Depression*.

Diaschisis

1. Der Begriff *Diaschisis* wurde 1914 von v. MONAKOW geprägt; er bezeichnet nach U. H. PETERS[137] den „vorübergehenden Ausfall der Funktion eines Nervenabschnittes durch Störung an anderer Stelle des Neuronenkreises zu dem er gehört". Während TEUBER von dem „difficult concept of diaschisis as a hypothetical process of temporary disruption of function" spricht, „affecting neuronal complexes remote from the site of the lesion itself"[138], kennzeichnet MINKOWSKI in seinem „Nachruf"

---

[136] ROBERT B. LIVINGSTON: Brain Circuit Relating to Complex Behavior. The Neurosciences (I). 1967. p. 500.

[137] UWE HENRIK PETERS: Wörterbuch der Psychiatrie und medizinischen Psychologie. München, Berlin, Wien 1971. S. 105.

[138] Bericht über den Vortrag von HANS-LUKAS TEUBER auf der NRP Work Session, Januar 1973 (updated by participants) über Functional Recovery after Lesions of the Nervous System. v. E. EIDELBERG and D. G. STEIN. Neurosciences Res. Prog. Bull. *12*, No. 2 (Juni 1974) p. 197.

auf v. Monakow diesen „charakteristischen und fruchtbaren Begriff der Diaschisis (Abspaltung) als das vorübergehende Versagen ganzer funktionell zusammenhängender Neuronenverbände nach plötzlichem Entzug eines wichtigen kooperativen Gliedes, bzw. einer ständigen Erregungsstelle", kurz als eine *Fernwirkung der örtlichen Läsion*[139].

Schon der Hinweis auf die NRP Work Session zeigt, daß der Begriff der Diaschisis und seine Problematik heute wieder aktuell geworden ist, und dies beweist auch die Tatsache, daß in den Allgemeinen Diskussionen des „Otfried Foerster Symposiums" die letzte speziell dem „Concept of Diaschisis" gewidmet war[140]. (Leider mußte die Diskussion aus zeitlichen Gründen abgebrochen werden.)

Für die Methodik der Läsionen als Mittel zur Lokalisationsbestimmung bedeutet die Diaschisis, daß selbst eine so vorsichtige Formulierung, daß durch Läsionen „only a link, not a locus has been disturbed"[141], nicht mit Sicherheit zutreffen muß, sondern letztlich nur – mit Klaus Conrad – geschlossen werden kann, daß eine Funktion durch eine bestimmte Läsion *überhaupt störbar* ist *(s. o. S. 68).*

2. Über die bei der Diaschisis wirksamen „Mechanismen" wissen wir auch heute nur wenig. In dem Bericht über Teubers Vortrag lesen wir: „Monakow admitted that he could not define ‚diaschisis' in physiological terms. He only knew, what it was not. ... He specified that diaschisis spread along established neuronal pathways, although (curiously) ‚not along primary afferent and efferent routes'."[142] Und weiter: „Provided a physiological basis for diaschisis could be found, the concept of diaschisis may turn out to be helpful in understanding those numerous instances where recovery of functions seems to take place without specific retraining." (a.a.O.)

Spreading depression (SD)

Das Charakteristikum der „Diaschisis", die „Fernwirkung einer Läsion", führt uns zu der zweiten, einleitend erwähnten „Läsionsmethode", der *Spreading Depression-Methode (S. 69 f.),* bei der ebenfalls eine lokal gesetzte Störung – z. B. durch chemische Substanzen wie KCl – sich im Cortex „ausbreitet". Grossman kennzeichnet die hier, nicht zuletzt auch für das Lokalisationsproblem, bestehenden Möglichkeiten wie folgt: „The technique of producing what amounts to a massive functional lesion which apparently is readily reversible holds great

---

[139] Mieczyslos Minkowski: Constantin von Monakow. (Nachruf) in: C. v. Monakow: Gehirn und Gewissen. Psychobiologische Aufsätze. Zürich 1950. S. 39 f.

[140] M. S. Gazzaniga: The Concept of Diaschisis. in: Cerebral Localization. a.a.O. p. 328 ff.

[141] D. G. Stein: Bericht über die Diskussion zum Vortrag v. Teuber. a.a.O. p. 210.

[142] Teuber: a.a.O. p. 197 f.

promise for future research."[143] Wir wollen deshalb, GROSSMANS Darstellung folgend, etwas genauer auf diese Methode eingehen:

Eine elektrische oder chemische Reizung einer Stelle der Cortexoberfläche kann dort zu einer Potentialänderung führen, die sich, in langsamen Wellen fortschreitend, allmählich über größere Bereiche des Cortex ausbreitet. Die Ausbreitungsgeschwindigkeit beträgt etwa 3 bis 5 m/sec. Die Potentialänderung beginnt mit einem stärkeren negativen Potential von 9–10 mV, dem ein schwächeres positives Potential folgt. Dieses „direct current shift" blockiert in den von ihm betroffenen Cortex-Bereichen jede Antwort auf einen anderen Reiz, sie legt die betreffenden Areale gleichsam vorübergehend „still". Die Ausbreitung wird durch einen Sulcus gestoppt bzw. erheblich verzögert; außerdem scheint die SD ausschließlich auf den Cortex beschränkt zu sein: „This selectivity is perhaps one of the most useful properties of the spreading depression."[144]

Die vermuteten (GRAFSTEIN, 1956) und die bereits nachgewiesenen (BRINDLEY, 1960) *chemischen* Vorgänge bei dieser Ausbreitung sind etwas genauer bekannt: „The propagation of the depression presumably depends on a depolarization of immediately adjacent cells, and this might account for the fact that the spread of depression occurs only in areas of the brain characterized by a very high cell density."[145] Weiterhin stellte GRAFSTEIN fest, „that the inition and propagation of spreading depression depend on the liberation of relatively large quantities of potassium which depolarizes neighbouring neurons and thus establish a chain reaction", d. h. die Permeabilität der Zellmembran für Kalium ist stark erhöht. Andererseits wird die Höhe des negativen Anfangspotentials erheblich vermindert und dadurch die Ausbreitung der Depression verzögert bis unterbrochen, wenn Ca^{2+}-Ionen zugeführt werden[146].

Diese beiden Tatsachen: die hohe Zelldichte als Voraussetzung für die spreading depression und die hemmende Wirkung von Ca^{2+}-Ionen, legen es nahe, einen Zusammenhang zu vermuten zwischen der spreading depression und dem in den 60er Jahren entdeckten Phänomen eines unmittelbaren Transports von Energie und Stoffen – auch von Makromolekeln – durch die verbindende Membran unmittelbar benachbarter Zellen[147]. Auch die Wirkung der Erdalkali-Ionen wie Calcium und Magnesium ist offenbar in beiden Fällen die gleiche. LOEWENSTEIN, der die *Intercellular Communication* sehr genau untersucht hat, hat eine „Calcium-Hypothese" aufgestellt; er schreibt: „Central to the hypothesis is the idea that the low level of calcium ions within the cells is responsible for the state of high permeability in the junctional mem-

---

143 GROSSMANN: A Textbook of Physiological Psychology. New York, London, Sidney 1967. p. 741.

144 GROSSMANN a.a.O. p. 737.

145 a.a.O. p. 737.

146 a.a.O. p. 736 f.

147 WERNER R. LOEWENSTEIN: „Intercellular Communication". Scientific American 222 (1970), No. 5, p. 78 ff.

branes."[148] Und das besagt eben, daß eine Erhöhung der Ca^{2+}-Konzentration im Zellinnern die „Intercellular Communication" zwischen eng benachbarten Zellen ebenso behindert oder stoppt wie eine entsprechende Erhöhung in den „immediately adjacent cells", deren Depolarisation bei der SD behindert oder stoppt. Diese Wirkung von Ca^{2+} bzw. Mg^{2+} wurde speziell von BERAN (1960) untersucht: er versuchte „to spare certain regions of the cortex by the topical application of such cations as Ca^{++} or Mg^{++} which are known to arrest the propagation of the depression. ... One experiment found that the application of Mg^{++} to the sensory-motor cortex on the dominant hemisphere protected a learned response from the normally drastic effects of spreading depression in that hemisphere."[149]

BUREŠ und BUREŠOWA haben in mehreren Versuchsreihen den Einfluß der spreading depression auf die *Konditionierung* bei Ratten untersucht[150]. Zwei Versuchsreihen waren angesetzt: die Tiere der ersten Gruppe wurden trainiert, sich auf einen akustischen CS auf den Hinterbeinen aufzurichten; die der anderen hatten gelernt, einen elektrischen Schock (UCS) zu vermeiden, indem sie – auf den gleichen Ton hin – in die Drahtwände des Käfigs sprangen. Dann wurden beide Gruppen unterteilt: die experimentelle Gruppe wurde mit KCl behandelt: Den Tieren wurde durch eine kleine Öffnung in der Schädeldecke ein Stück mit KCl getränktes Filterpapier eingeführt. Die Tiere der Kontrollgruppe erhielten auf die gleiche Weise ein mit Kochsalzlösung getränktes Stück Filterpapier. Dann wurden die Tiere erneut auf die konditionierte Reaktion getestet: „No changes were observed following the control application of saline, but all animals stopped responding to the CS within one-half to 1 min after the application of potassium chloride." GROSSMAN bemerkt zu diesen Versuchsergebnissen: „BUREŠ's findings are particular interesting in view of the fact that unconditioned responses to the electric shock appeared little affected, whereas even very primitive learning responses, such as escaping from the shock by jumping onto the wiremesh walls of the apparatus, were completely suppressed during the depression. This observation suggests a degree of selectivity with respect to acquired behavior that has not been observed with other techniques." Weitere Versuche der beiden Prager Physiologen ergaben z. B., „that rats cannot acquire a complex visual discrimination when trained during spreading depression of even one hemisphere".

---

148 a.a.O. p. 82.
149 GROSSMAN: a.a.O. p. 741.
150 GROSSMAN: a.a.O. p. 739.

Die Funktionselemente des Nervensystems

Einleitung

Ist das Nervensystem das Organ des Lernens und auch oder ausschließlich der „Sitz“ der Engramme, dann entstehen jetzt in neuer Sicht die oben in der Problemübersicht unter II. aufgeführten Probleme: die Fragen nach der Rolle der Funktionselemente des NS beim Lernen. Die „neue Sicht“ besagt, daß es sich jetzt um eine *molekulare* Untersuchung handelt, genauer um eine „auf der ersten molekularen Ebene“, denn zur Untersuchung stehen jetzt nicht mehr das NS und seine Untersysteme, sondern die *Funktionselemente,* die selbst möglicherweise unspezifische Elemente sind *(S. 30 f.),* aber doch in ihrem Zusammenwirken eben „Lernen“ vollziehen. W i e diese Elemente am Lernvorgang beteiligt sind, das zu untersuchen ist eine Aufgabe der nächsten molekularen Ebene; dieses Problem wird uns bei der Betrachtung der „Phasen des Lernens“ beschäftigen. Hier fragen wir danach, w e l c h e Funktionelemente des NS an den Lernvorgängen beteiligt sind bzw., da die Entwicklung unserer Kenntnisse noch sehr im Fluß ist, daran beteiligt sein können.

Die wichtigsten Funktionselemente sind: die *Neurone,* die Verbindungen der Neurone untereinander, speziell die *Synapsen,* die *Gliazellen* und die *Membranen.* Über Bau und Funktion dieser Elemente müssen wir uns kurz orientieren, um ihre evtl. Funktion beim Lernen verstehen zu können.

Die Neurone und die Nerven

1. Die *Neurone* (Nervenzellen, Ganglienzellen) sind die Funktionsorgane des NS: sie empfangen innere und äußere Signale aus vielen Quellen, verarbeiten diese, leiten sie weiter und sind damit nicht nur die Zentren des physiologischen Geschehens im ZNS, das dem Organismus ermöglicht, sich in seiner Umwelt zu erhalten, sondern sind zugleich – je nach Organisationshöhe und Differenzierung des NS – die Grundlage oder der zugeordnete physische „Partner“ des *Innenlebens*

des Organismus, sei dies ein bloßes *Inne-Sein,* sei es ein *Bewußtsein* im Sinne des „scio me scire" des Augustinus.

Ihre unvorstellbar große Zahl – man schätzt, daß das menschliche Gehirn 10 Milliarden (10^{10}) Neurone enthält[1] –, die noch unvorstellbarere Vielzahl ihrer Verbindungen untereinander (wenn eine solche „Steigerung" einmal erlaubt ist) – „Es ist durchaus nicht falsch zu sagen, jedes Neuron sei mit jedem Neuron, wenn auch eventuell über viele Zwischenneurone verknüpft", schreibt R. F. Schmidt[2] – und die noch weniger vorstellbare Zahl der Verbindungsstellen an einem einzelnen Neuron – an einer Pyramidenzelle z. B. „there would be more than 10 000 – spine synapses, and all of these probably are excitatory" lesen wir bei Eccles[3], und an den Purkinje-Zellen des Cerebellums schätzt man ihre Zahl auf 100 000 Synapsen mit afferenten Fasern[4] – machen es verständlich, daß die Neurophysiologie hier vor einem kaum lösbaren Problem steht, wenn sie versucht, Schaltungen und Schaltungsganzheiten im NS aufzuweisen und funktionell zu verstehen. Und fügen wir dem noch eine Aussage von Lashley hinzu, „that the learning of even the simplest behavioural response involves a complex patterned operation in millions of neurones, the so-called engram[5], so bedarf es kaum noch einer besonderen Versicherung, daß wir von der Lösung des Lernproblems auf physiologischer Ebene noch sehr weit entfernt sind, so großartig auch die Ergebnisse im einzelnen schon sind.

2. Die Nervenzellen unterscheiden sich von den übrigen Körperzellen z. T. erheblich, eben auf Grund ihrer Funktionen. Zwar hat auch die Nervenzelle wie alle tierischen Zellen einen zentralen Zellkern und eine Zellflüssigkeit (Cytoplasma) und sie ist von einer Membran umschlossen. Trotz vieler Einzelerkenntnisse ist sie aber funktionell noch eine black-box: sie empfängt viele Signale und sendet ein Signal aus – aber was dabei im Innern der Zelle geschieht, darüber wissen wir noch recht wenig. Viel mehr wissen wir dagegen über die Funktionsapparate des Neurons. Da sind zuerst die aus dem Zellkörper herausragenden *Dendriten,* die Empfangsapparate des Neurons. Sie sind oft stark verzweigt, ja bilden, wie z. B. im Cerebellum, dichte Büsche, die übersät sind mit Empfangsstellen für Signale. Und da ist weiterhin das *Axon* (eigentlich „der" Axon), sozusagen das „Sendegerät" des Neurons. Auch das Axon verzweigt sich oft und leitet damit sein Signal an mehrere andere Neurone. Nur erwähnt sei – dies wird uns später genauer beschäftigen – daß das Axon als „Hohlzylinder" neben dem Signaltransport auch dem *Stofftransport* dient (axonal flow).

---

1 Wahrscheinlich noch mehr, *s. o. S. 108.*

2 R. F. Schmidt: „Physiologie kleiner Neuronenverbände, Reflexe" in: Neurophysiologie. herausg. R. F. Schmidt. (Heidelberger TB). Berlin, Heidelberg, New York 1971. S. 105.

3 John C. Eccles: Facing Reality. New York, Heidelberg, Berlin 1970. p. 15.

4 Rodolfo R. Llinás: The Cortex of the Cerebellum. Scientific American 222 (1975). No. 1. p. 61.

5 Nach Eccles: a.a.O. p. 28.

Einige Zahlen mögen einen Eindruck von den Größenverhältnissen geben: Die Nervenzelle hat einen Durchmesser der Größenordnung von 30 μm (0,03 mm), variierend zwischen 5 und 100 μm. Die Länge der Dendriten beträgt etwa 20–200 μm, die des Axons variiert zwischen wenigen μm bis zu etwa 1 m. Die Durchmesser der Axone dienen zur Klassifikation der *Nervenfasern,* da die Geschwindigkeit der Erregungsleitung dem Durchmesser proportional ist. Die *A-Fasern,* die von einer Myelinhülle umgeben sind (sog. markhaltige Fasern) haben Durchmesser von 1–18 μm, die „marklosen" C-Fasern (eigentlich „unmyelinisierte" Fasern) von 0,1–1 μm.

Die größere *Leitgeschwindigkeit* der A-Fasern beruht nicht nur auf ihrem größeren Durchmesser, sondern vor allem auf ihrer Myelinschicht, die das Axon mit Unterbrechungen umgibt. Diese Myelin-freien Stellen (Ranvier'sche Schnürringe) sind für die Fortleitung der Erregung wichtig: Während in den umhüllten Teilen die Erregung sehr schnell fortgeleitet wird, erleidet sie an den Schnürringen eine gewisse Verzögerung; man sagt anschaulich: „bei markhaltigen Nervenfasern springt die Erregung von Schnürring zu Schnürring, die Erregungsleitung wird deshalb dort ‚saltatorisch' genannt."[6]

Die verschiedenen Leitgeschwindigkeiten der Nervenfasern sind aber anscheinend nicht nur in ihrer Struktur begründet, sondern haben auch eine physiologische Bedeutung, wie wir einer Bemerkung von Eccles entnehmen können: „Es gibt eine Menge Anhaltspunkte dafür, daß die Fasergeschwindigkeit zur Dringlichkeit der Information, die sie übermitteln soll, in Beziehung steht. Die schnellsten Fasern sind mit der Kontrolle der Bewegung beauftragt, sie finden sich sowohl im afferenten Input von den Muskeln zum Gehirn als auch in den deszendierenden Bahnen vom Gehirn zu den Muskeln."[7]

3. Man kann die Neurone nach den verschiedensten Gesichtspunkten einteilen, z. B. nach ihrer Größe, ihrer Form, nach der Anzahl und Länge der Fortsätze usw. Unter den funktionell begründeten Unterscheidungen ist hier eine von Interesse, da sie in gewissem Sinne grundlegend ist: wir finden a) *Rezeptor-Neurone,* die „receive and transduce environmental energy, such as light, heat, mechanical or electrical energy, and chemical stimuli." und b) *Synaptische Neurone,* die „receive already coded information from other neurons by means of synaptic contacts"[8]. Eine funktionelle Unterscheidung ist im Grunde auch die nach der Anzahl und der Art der *Dendriten:* „Most of the diversity found in the form of neurons is dependent on the complexity of branching and on variation in the length of processes extending from the receptive portion of synaptic neurons, the dendrites."[9] Denn die „recep-

---

[6] J. Dudel: „Erregung von Nerv und Muskel" in: Neurophysiologie. herausg. R. F. Schmidt. Berlin, Heidelberg, New York 1971. S. 68.

[7] John Eccles: Das Gehirn des Menschen. München, Zürich 1975. S. 51.

[8] David Bodian: Neurons, Circuits, and Neuroglia. in: The Neurosciences (I). New York 1967. p. 10.

[9] a.a.O.

tive portion of a neuron is differentiated to respond to specific chemical or bioelectric stimuli, but it also serves as a mechanism that integrates converging inputs“[10].

Diese receptive portion ist eine der vier wichtigen funktionellen „Stellen“ des Neurons. Die zweite ist das „Initial Segment“, Ursprung des Axons am Körper der Nervenzelle, ein hügelartig vorgewölbter Teil, der auch als „Axon-Hügel“ bezeichnet wird. Hier entsteht, nach der Verarbeitung der aufgenommenen Signale, das von der Nervenzelle weitergeleitete Signal. Das Axon selbst ist die „conducting portion“, das dritte wichtige Funktionselement, und schließlich folgt das vierte Element, die „transmitting portion“, die *Synapse,* auf die wir weiter unten noch eingehen müssen.

4. Eine der charakteristischen Eigenschaften einer Nervenzelle ist, daß die reife Zelle sich nicht mehr *teilen* kann. Eine zweite ist die starke Aktivität der Protein-Synthese – HYDÉN spricht einmal von der „conspicuous protein production on the nerve cells“[11]. Diese beiden Eigenschaften hängen allem Anschein nach miteinander zusammen, wie BODIAN ausführt: „It is considered likely that, after an axon outgrowth, the very failure of nerve cells to divide is related to the high rate of specific protein synthesis.“[12] Dies führt aber zu einer weiteren möglichen Schlußfolgerung, nach MARK[13]: „the brain does not grow in size, neurons do not divide and it has no metabolic protein output such as the plasma proteins from the liver. Therefore the protein synthesis must be balanced by a correspondingly high rate of protein breakdown (Lajtha, 1970). – The reason for such rapid turnover of structural molecules in an organ that remains macroscopically the same size and microscopically apparently unchanging for year and year of adult life is not known. Since there is no other apparent reason, it seems probable that there is a constant manufacture and exchange, and recognition of, and response of neurons to, specific protein containing marker molecules that maintain and modify ... the detailed patterns of functional intercellular synaptic connections.“ Oder in anderer Sicht: Diese hohe Produktionsrate und das ständige turnover der Protein-Molekeln in den Nervenzellen könnte eine Stütze sein für die „chemische Gedächtnistheorie“, für die Annahme, daß spezifische „memory-proteins“ die memoriellen Engramme sind *(vgl. u. S. 332 ff.).*

5. Eine weitere Besonderheit der Nervenzelle ist ihre Spezialisierung. MARK betont, „that the nerve cells from different parts of the brain show quite characteristic specializations in shape as well as in the connections they appeared to make by synapses with other neurones“. Ja, „that even neurons that are morphologically identical and presumable secrete

[10] a.a.O. p. 12.

[11] HOLGER HYDÉN: Biochemical Aspects of Brain Activity. abgedr. in: Memory Mechanisms. ed. K. H. PRIBRAM (Brain and Behavior 3. Penguin Modern Psychology.) 1969. p. 35.

[12] BODIAN: a.a.O. p. 8.

[13] RICHARD MARK: Memory and nerve cell connections. Oxford. 1974. p. 98.

the same transmitter, differ among themselves with regard to their place in a developmental sequence"[14].

Wir werden noch mehrfach Gelegenheit haben, auf die Eigenschaften und Funktionen der Neurone einzugehen. Zum Abschluß noch eine Kennzeichnung „des Neurons", wie sie J. G. TAYLOR auf der „Summer School" in Triest, 1973 gegeben hat: „The neuron is a summation device." und: „the cell body is a decision-making device", und zusammenfassend: „the nerve cell is quite a complicated machine; we have to take account of both space and time effects. It is a four-dimensional object and not a one-dimensional one."[15]

Synapsen

Unter den verschiedenen Funktionselementen des Nervensystems sind die *Synapsen* wohl die interessantesten und zugleich diejenigen, die die schwierigsten Probleme stellen. Funktionell ist eine Synapse definiert als die Kontaktstelle zwischen zwei Neuronen, also als das Funktionselement, das die Weiterleitung eines Signals vom einen zum anderen Neuron vermittelt. Dabei lassen sich unter den verschiedensten Gesichtspunkten – anatomisch, physiologisch, chemisch, pharmakologisch usw. – Unterschiede zwischen Synapsen aufweisen, die verschiedene Arten bestimmen.

So definieren z. B. FREDERICH und SCHMIDT: „Die Verbindungsstelle einer axonalen Endigung mit anderen Zellen wird *Synapse* genannt. ... Endet ein Axon oder eine Axonkollaterale auf dem Soma eines anderen Neurons, so sprechen wir von einer *axo-somatischen Synapse*. Entsprechend heißt eine Synapse zwischen Axon und Dendrit eine *axo-dendritische Synapse* und zwischen zwei Axonen eine *axo-axonische Synapse*. Endet ein Axon auf einer Skelettmuskelfaser, so wird diese Synapse *neuromuskuläre Endplatte* genannt."[16] Diese zunächst rein morphologische Unterscheidung hat aber auch weitere Bedeutung, z. B. eine pharmakologische. So schreibt GRUNDFEST: „it is appropriate to note that axodendritic and axosomatic synapses of the mammalian brain exhibit different pharmacological properties."[17] Nach neueren Unter-

---

[14] RICHARD MARK: a.a.O. p. 42 f.

[15] J. G. TAYLOR: Neural Networks and the Brain. in: Physics and Mathematics of the Nervous System. ed. M. CONRAD, W. GÜTTINGER, and M. DAL CIN. Berlin, Heidelberg, New York. 1974. p. 240.

[16] B. FREDERICH und R. F. SCHMIDT: Der Aufbau des Nervensystems. in: Neurophysiologie. herausg. R. F. SCHMIDT. Berlin, Heidelberg, New York 1971. S. 3.

[17] HARRY GRUNDFEST: Synaptic and Ephaptic Transmission. in: The Neurosciences (I). 1967. p. 362 f.

suchungen muß man den obigen Unterscheidungen noch die *dendro-dendritischen Synapsen* hinzufügen: sie finden sich z. B. im Riechlappen *(Bulbus olfactorius)* zwischen Zellen der verschiedenen Schichten des Bulbus. „Solche Kontakte vermitteln einen Informationsfluß in einander entgegenlaufenden Richtungen."[18] Schließlich hat man neuerdings gefunden, daß es auch somatodendritische Synapsen gibt (Spaček et al. 1973)[19].

Die Beziehungen zwischen „Axon", „Dendrit" und „Synapse" sind durch Definitionen von Bodian (1962) festgelegt worden: „Dendrites are those processes that ‚receive synaptic endings from other neurons'; axons ‚conduct nervous impulses away from the dendrites', and axon telodendria (terminals) provide for ‚synaptic transmission to the dendrites of other neurons'."[20] Diese Aussage muß allerdings heute modifiziert werden, da (s. o.) im *Bulbus olfactorius* „the mitral-cell dendrites are presynaptic as well as postsynaptic to the peripheral dendrites of the granule cells."[21]

Neuerdings haben Untersuchungen am Max Planck Institut für Psychiatrie in München zum Begriff einer *dendritic secretion* geführt: „it has been demonstrated recently that dendrites are releasing macro molecules as well as highly active small molecules. It is assumed that neurons use this mechanism (dendritic secretion) for the control of their microenvironment."[22]

Bei den axo-dendritischen Synapsen ist noch eine wichtige Sonderform zu erwähnen, die *Spine-Synapsen:* viele Dendriten haben zahlreiche „Dorne" *(spines),* die sich gleichsam dem Axon entgegenstrecken und spezielle Empfänger für die Übertragung sind. Über sie, wie über eine andere Sonderform, die *Glomerulus-Synapsen,* *siehe o. S. 109 f.* Eine andere Sonderform axonaler Synapsen sind die sog. „en passant terminals" von Axonen: eine Klassifikationsgrundlage für Synapsen ist „whether the terminal is the actual terminal of the axon or is one of a series of axonal enlargements that bear synaptic vesicle accumulations and make specialized contacts with dendrites or cell bodies"[23].

---

[18] H. Altner: Physiologie des Geruchs. in: Grundriß der Sinnesphysiologie. herausg. R. F. Schmidt. Berlin, Heidelberg, New York. 1973. S. 214.

[19] „Local Circuit Neurons". ed. P. Rakic. Neurosc. Res. Prog. Bull. *13* No. 3. (August 1975) p. 310.

[20] Gordon M. Shepherd: The Olfactory Bulb as a Simple Cortical System. The Neurosciences (II). 1970. p. 547.

[21] Shepherd: a.a.O.

[22] Georg W. Kreutzberg: Transneural Mechanisms and axonal transport. (First European Neurosciences Meeting. Munich 1975. Abstract Collection.) Exp. Brain Res. *23* (1975), Suppl.; No. 470 (S. 237).

[23] F. E. Bloom: Correlating Structure and Function of synaptic Ultrastructure. in: The Neurosciences (II). 1970. p. 739.

Zur Anatomie der Synapsen:

Im Prinzip ist die synaptische Verbindung „in most instances, a simple apposition of two cell membranes with an interstitial space, the synaptic cleft, continuous with that found elsewhere between cells"[24]. Dabei ist aber die *präsynaptische Endigung* eines Axons eine oft kugelförmige Verdickung, die in ihrem Innern eine Anzahl kleiner Bläschen, die *Vesikeln* enthält. Zwischen den beiden Neuronen, genauer zwischen der präsynaptischen und der postsynaptischen Membran besteht ein kleiner Spalt von etwa 100–200 Å Breite, der bei der Signalübertragung durch die *Transmittersubstanzen* überbrückt werden muß. Lage und Ausschüttung dieser Substanzen, ihre Überwindung des synaptic cleft

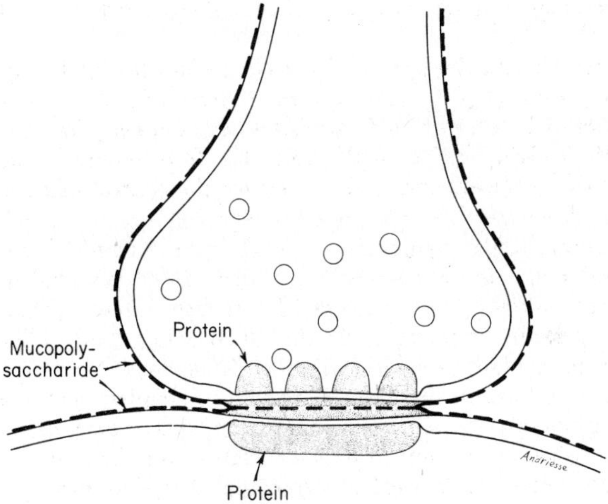

Abb. 13 Idealisiertes Modell einer Synapse nach BLOOM (in 295).

und ihre Wirkung an der *subsynaptischen Membran* werden später ausführlich besprochen werden *(S. 248 ff.)*; hier genügt die Feststellung, daß durch die Übertragung dieser Substanzen die subsynaptische Membran erregt wird, und zwar entweder aktiviert (depolarisiert) oder gehemmt (hyperpolarisiert). Diese chemische Übertragung an der Synapse ist möglicherweise eine spätere Stufe in der Evolution der Organismen, denn bei wirbellosen und niederen Wirbeltieren, z. B. Fischen, findet man auch eine rein elektrische Signalübertragung *(Ephapse)*. Doch

---

[24] SANFORD PALAY: Principles of Cellular Organization in the Nervous System. in: The Neurosciences (I). 1967. p. 26.

auch hier ist neuerdings eine etwas andere Auffassung aufgetreten. Wir lesen über die „electrical synapses" bei DUNN und BONDY: „recently they have been observed in the central nervous system of mammals and may be more prevalent than hitherto thought."[25]

Die synaptische Übertragung ist *gerichtet:* „an outstanding feature is the polarized character of synaptic transmission, as opposed to the capacity for bidirectional or unpolarized propagation of an impulse in an axon."[26] Auf Grund eingehender, auch elektronenoptischer Untersuchungen ist man zur Aufstellung einer „idealisierten" Synapse gekommen, die auch chemische Einzelheiten berücksichtigt *(s. d. Abb. 13).* Wir lesen bei BLOOM[27]: „We may therefore assume, . . ., that a protein comprises the synaptic specialization and accounts for the electron-dense material in the cytoplasm of presynaptic and postsynaptic elements, but differs from the composition of the more general types of cell coat."

Die Glia-Zellen und ihre Funktion

Die Glia-Zellen, oder die *Neuroglia,* sind das „Stützgewebe" des Nervensystems, man nennt sie auch die „Bindegewebszellen" des NS. Dies ist eine der Funktionen der Neuroglia, die BODIAN so charakterisiert: „The word neuroglia connotes the first conception of the neuroglia cells as the ‚neural glue' that separates and holds the neuron population together."[28] Mikroskopisch kann man zwei Arten von Gliazellen unterscheiden: die sternförmigen, mit zahlreichen Fortsätzen versehenen *Astrocyten,* und die *Oligodendrocyten* mit wenigen, dünnen Fortsätzen.

1. Mit zunehmender Erkenntnis zeigte sich aber, daß die Glia-Zellen noch eine ganze Anzahl anderer Funktionen ausüben, so daß man funktionell feiner einteilen kann:

Da ist, nach BODIAN, zunächst die *Skelett-Neuroglia*; die Zellen enthalten im Innern Bündel feiner Fibrillen, ein „Fibrillen-Skelett". „These cells form a complete membran that covers the exterior surfaces and the blood vessels that penetrate into the central nervous system from the outer surface."[28] Mit Ausnahme der Synapsen-Spalte sind damit alle Neurone „largely separated from each other by neuroglial processes"[29]. Neben dieser isolierenden Funktion haben die Astrocyten noch eine weitere wichtige Aufgabe, nämlich für die E r n ä h r u n g

[25] ADRIAN J. DUNN and STEPHEN C. BONDY: Functional Chemistry of the Brain. Flushing, New York. 1974. p. 113.

[26] GRUNDFEST: a.a.O. p. 356.

[27] BLOOM: a.a.O. p. 738.

[28] DAVID BODIAN: a.a.O. p. 22.

[29] a.a.O.

der Nervenzellen. Eine dieser Funktionen ist „the transport of gas, water, and electrolytes from blood vessels to cells within the nervous tissue“, eine zweite möglicherweise ihre Rolle beim „coupling with certain metabolic pathways of adjoining nerve cells“[30].

Weiterhin spielen die Glia-Zellen eine Rolle bei der *Pufferung* der die Neurone und Gliazellen umgebenden Flüssigkeit, die den *Extracellulärraum* füllt: der Cerebrospinalflüssigkeit, des *Liquor cerebrospinalis*[31]. Dies bedarf einer kurzen Erläuterung:

Die *Erregung* einer Nervenzelle beginnt mit einer Permeabilitätsänderung der Zellmembran und einem Austausch von Kationen. Im Ruhezustand sind in der Zelle viel Kalium-Ionen, K^+, dagegen außerhalb sehr viel Natrium-Ionen, Na^+. Die im Ruhezustand für Na^+ kaum durchlässige Membran wird durch die Erregung Na^+-durchlässig; ein Na^+-Einstrom in die Zelle verändert das Ruhepotential von ca. –70 mV (gegen außen) auf ca. + 20 mV. Dem Na^+-Einstrom folgt ein K^+-Ausstrom, und der K^+-Gehalt in der Umgebung einer „feuernden“ Nervenzelle wird offenbar durch die Glia-Zellen reguliert: „By taking up K^+ from extracellular regions adjacent to cells which are firing, glia cells thus protect or buffer these regions from cation changes which would disturb the behavior of adjacent neurons.“[32]

Elektronenoptische Untersuchungen haben diese Vermutung bestätigt, sie haben einen „uptake of fluid by cerebral tissues under several circumstances ... in astroglia“ ergeben. Auf Grund weiterer Experimente kamen die Autoren zu dem Schluß: „It can thus be concluded that glial cells carry out processes of active cation transport which contribute to maintaining the extracellular fluid of the brain at their normal, relatively low K^+ content; they probably also contribute to regulating other solutes.“[33] Allerdings muß man diese „Pufferwirkung“ der Astrocyten noch in Verbindung bringen mit der Tätigkeit der *Natrium-Kalium-Pumpe,* die nach Abklingen der Erregung aktiv Na^+ aus der Zelle und K^+ in die Zelle transportiert, um die Ruhelage der Zelle wiederherzustellen und sie so für eine neue Erregung bereit zu machen.

Noch in anderer Funktion können Glia-Zellen aus dem Liquor Substanzen aufnehmen: an den Synapsen übernehmen chemische Substanzen, die *Transmitter-Substanzen,* den Signal-Transport vom einen zum anderen Neuron. Diese Substanzen müssen dann aus dem Synapsen-Spalt entfernt werden, damit die Synapse wieder arbeitsfähig ist. Dafür gibt es mehrere Möglichkeiten, über die wir später genauer sprechen müssen. Hier nur der Hinweis, daß bei einer dieser Transmittersubstanzen, der γ-Aminobuttersäure (GABA) Glia-Zellen als Auffänger dienen: „glial accumulations of ^{3}H-GABA have been observed in

---

30 a.a.O. p. 23.

31 Henry McIlwain and H. S. Bachelard: Biochemistry of the Central Nervous System. Edinburgh and London 1971. p. 42 f.

32 a.a.O. p. 43.

33 McIlwain/Bachelard: a.a.O. p. 93.

various regions of rat CNS when labeled GABA is injected into the cerebrospinal fluid (Iversen and Schon, 1973)."[34]

2. Die *Oligodendrocyten* enthalten keine Fibrillen-Bündel, sind dafür aber reich ausgestattet mit *Ribosomen* und sind daher „presumably involved in a high level of protein synthesis"[35]. Sie bilden die *Myelin*-Schicht der Nervenfasern des ZNS; außerdem sind alle Fasern, die myelinisierten wie auch die unmyelinisierten, umgeben von den *Schwann-Zellen,* einer speziellen Art von Glia-Zellen.

Eine dritte Art von Glia-Zellen sind die *Microglia-Zellen;* ihre Funktion ist noch nicht genau bekannt. Man nimmt an, daß sie vor allem tätig sind „in damaged nervous tissue as scavanger cells"[36], also sozusagen als „Straßenkehrer". Nach Untersuchungen von SJÖSTRAND spielen sie offenbar eine Rolle bei der Regeneration von Nerven; er fand in der ersten Woche der Regeneration eine „hypertrophy of the microglia surrounding the capillaries in the area"[37].

3. Die vielfältigen Funktionen der Glia-Zellen machen deutlich, daß das Zusammenwirken von Neuron und Glia viel inniger und komplizierter ist, als man früher annahm. Eingehende Untersuchungen führten dann HYDÉN und Mitarb. zu der These, daß „the neuron and its oligodendroglia seem to constitute a metabolic symbiosis"[38] oder ausführlicher: „For ten years we have analysed the neuron and its glia in mammals and have come to the conclusion that they together constitute a metabolic and functional unit. When the demand on energy is increased in the neuron, the capacity of the electron transferring system in its respiratory chain increases. In the glia surrounding the neuron, there occurs a switch-over to the less-efficient anaerobic glycolysis to cover the glial energy demand. ... Furthermore, acidic proteins are localized in nuclei of neurons and in cell bodies of glia. There is what we consider good evidence that governing molecules are transferred between the glia and the neuron. RNA seems to flow between these cells. During learning, the glia responded in a similar way as did the neurons with respect to synthesis of specific nuclear RNA."[39]

Eine Bemerkung von IVERSEN zeigt dann, daß es offenbar auch eine sozusagen „umgekehrte" Wirkung zwischen Neuron und Glia gibt: GILMAN und NIRENBERG (1971) und CLARK und PERKINS (1971) fanden,

---

[34] LESLIE L. IVERSEN: Biochemical Aspects of Synaptic Modulation. in: The Neurosciences (III). ed. F. O. SCHMITT and F. G. WORDEN. Cambridge (Mass.) and London. 1974. p. 908.

[35] BODIAN: a.a.O. p. 23. [36] a.a.O. p. 24.

[37] HOLGER HYDÉN: RNA in Brain Cells. in: The Neurosciences (I). 1967. p. 261.

[38] HOLGER HYDÉN: Biochemical aspects of brain activity (1961). (abgedr. in Memory Mechanisms. ed. K. H. PRIBRAM. Penguin Modern Psychology. Brain and Behavior 3. 1969. p. 44.).

[39] HYDÉN: Nucleic Acids in Memory and Learning. in: The Future of the Brain Sciences. ed. S. BOGOCH. New York 1969. p. 272 f.

daß eine der Transmittersubstanzen, das *Norepinephrin* (Noradrenalin) „stimulated a very large increase in the production of cyclic AMP by various pure line tissue cultures of glia cells, and that such stimulation was mediated by what appeared to be a typical β-adrenergic receptor in the glia cells“[40].

4. Ist die Mit-Funktion der Neuroglia beim Lernen damit wahrscheinlich geworden, so sind einige Untersucher einen Schritt weitergegangen und haben der Glia die Hauptrolle zugesprochen. Eine Bemerkung von McCULLOCH weist dazu sozusagen den Weg: Er spricht über das Langzeitgedächtnis und sagt: „I see no particular reason for assigning it to neurons instead of to their matrix – the glia.“[41] BOGOCH stellt dann einige dieser Theorien zusammen[42]: so betont ALTMAN daß „since glial cells form the matrix in which nerve cells are embedded, the environment and hence the properties of neurons may radically altered by glial proliferation“ – wir erinnern uns der Versuche des Arbeitskreises um DEMAN, ROSENZWEIG, KRECH etc. *(s. S. 85 ff.)*, deren Ergebnisse ROSENZWEIG so zusammenfaßte: „Both our chemical and anatomical findings demonstrate that one response of the brain to heightened environmental demands is a proliferation of glia.“[43] Ein zweiter Gesichtspunkt, ebenfalls von ALTMAN, ist, daß „increased glial multiplication, through the role of glia cells in myelination, may be associated with recruitment of more conducting elements into newly formed neuronal circuits.“ Wieder einen Schritt weiter geht F. O. SCHMITT, im Anschluß an HYDÉN: „The neuron-glia unit contains the molecular bases for memory.“[44] Und schließlich noch einmal HYDÉN selbst: „Glial RNA is the substrate for short-term memory, whereas neuronal RNA is the substrate for long-term memory.“[45]

Es ist hier nicht der Ort, solche Hinweise und Vermutungen zu erörtern; sie wurden nur angeführt, um zu zeigen, daß bzw. wie man versucht, die Funktion der Neuron-Glia-Einheit beim Lernen zu verstehen.

---

[40] IVERSEN: a.a.O. p. 912.

[41] WARREN S. McCULLOCH: Why the Mind is in the Head. in: Cerebral Mechanisms in Behavior. The Hixon Symposium. ed. L. A. JEFRESS. New York 1951. p. 42 ff. (abgedr. in: Embodiments of Mind. Cambridge/Mass. 1965. p. 131.).

[42] SAMUEL BOGOCH: The Biochemistry of Memory. London, Toronto 1968. p. 87.

[43] MARK R. ROSENZWEIG: Evidence for anatomical and chemical changes in the Brain during primary learning. in: Biology of Memory. ed. K. H. PRIBRAM and D. E. BROADBENT. New York and London 1970. p. 78.

[44] Nach BOGOCH: a.a.O. p. 87.

[45] Nach BOGOCH: a.a.O.

Membranen

Sind die *Synapsen* auch in gewisser Hinsicht die interessantesten Funktionselemente des Nervensystems – schon weil in ihnen die Transformation der Signale in chemische Quanten auftritt – so sind die *Membranen* heute vielleicht die wichtigsten. So schreibt auch F. O. Schmitt: „Central to neuroscience is membranology, not only because of its role in neuronal excitation and in synaptic function, but also because of the high probability that plasticity, learning, and memory may be somehow inbedded in, and triggered of, the membrane of brain cells, neuronal and glial."[46]

Funktionen

„Membranen haben eine Vielzahl vitaler, biologischer Funktionen, die nicht alle ein erkennbares morphologisches Korrelat besitzen. Zum ersten stellt die Plasmamembran die Grenzschicht zwischen der Zelle und ihrer Umgebung dar; sie enthält Funktionsorte zum Erkennen anderer Zellen, Viren, Hormone, Antikörper und weiterer regulativer Stoffe. Zum zweiten haben viele Membranen die Aufgabe, eine präzise topologische Ordnung zwischen verschiedenen, funktionell einander bedingenden, membran-gebundenen Enzymen und anderen Organisationseinheiten herzustellen."[47]

Die Funktion der Membran als *Grenzschicht* umfaßt wieder viele einzelne Funktionen, etwa entsprechend wie bei der Haut, die als Schutzhülle, als Sinnesorgan, als Ausscheidungsorgan usw. dient. So ist auch eine der Teilfunktionen der „Grenzschicht" eine *Sperre* gegen das Eindringen bestimmter Substanzen in die Zelle. Da aber andererseits die Zelle ständig mit Substanzen versorgt werden muß, ist die Membran zugleich die *Pforte* der Zelle, durch die diese Substanzen eindringen können. Dazu benötigt die Membran die erwähnten „Funktionsorte zum Erkennen", besser vielleicht: zur Differenzierung und Unterscheidung „geeigneter" und „ungeeigneter" Substanzen. Die Kombination der Funktionen „Pforte" und „Sperre" erinnert an eine „Grenzstation", bei der ein Zugang zum anderen Land auch nur nach genauer Kontrolle möglich ist. Der „Grenzübertritt" vollzieht sich allerdings bei der Membran auf verschiedene Weisen: neben einem *passiven Transport* der Substanzen durch die Membran – z. B. durch *Diffusion* – spielt ein *aktiver Transport* mit Hilfe von *Trägern* (carrier) eine große Rolle: der aktive Transport kann z. B. auch gegen einen Konzentrationsgradienten erfolgen.

[46] F. O. Schmitt: Molecular Membranology. in: The Dynamic Structure of Cell Membranes. (22. Coll. Ges. Biol. Chem. 1971.) ed. D. F. Hoelzl Wallach and H. Fischer. Berlin, Heidelberg, New York 1971. p. 5.

[47] Donald F. Hoelzl Wallach, Hubertus G. Knüfermann: Plasmamembranen. (Heidelberg. TB) Berlin, Heidelberg, New York. 1973. p. 13 f.

Struktur

Die Struktur der Membranen muß ihre vielfältigen Funktionen ermöglichen – und damit beginnen die Schwierigkeiten der Membranologie. Es gibt bereits eine große Zahl von *Membran-Modellen* – neben künstlichen Membranen, die Membran-Funktionen im Einzelnen zu untersuchen erlauben – aber bisher hat keines dieser Modelle sich allein durchsetzen können.

Die alte Vorstellung, daß Membranen *Poren* enthalten (Siebmodell), die Substanzen passender Molekülgröße und Form hindurchlassen, andere zurückhalten, gibt höchstens ein Modell für den passiven Transport und dies auch nur in engen Grenzen. In elektronenoptischen Darstellungen erscheinen Membranen „als zwei elektronendichte Schichten, die durch eine helle, elektronendurchlässige Zone voneinander getrennt werden“[48]. Chemisch bestehen Membranen sowohl aus *Proteinen* als auch aus *Lipiden*. Der Lipidanteil erklärt, daß lipophile Substanzen schneller als hydrophile hindurchdringen können, während gegen polare, hydrophile Substanzen, spez. auch gegen wichtige Ionen, „sich Plasmamembranen ... wie Isolatoren verhalten, oder genauer ausgedrückt, wie ein schwaches Dielektrikum“[49]. So kam man zur Hypothese der „äquivalenten Poren“ als einer Modifikation des Siebmodells: zur „Annahme einer apolaren Grenzzone mit ‚Poren‘, die die freie Diffusion polarer Moleküle gestatten“[50]. Doch: „es gibt keinen Hinweis dafür, daß Plasmamembranen, im Gegensatz zu Kernmembranen, fixierte Perforationen mit definiertem Durchmesser besitzen. Trotzdem ist dieses Konzept als Arbeitshypothese von Wert.“ (a.a.O.)

Andererseits weisen aber „das Permeabilitätsverhalten und die elektrischen Eigenschaften darauf hin, daß Membranen einen apolaren i n n e r e n Teil haben“[51]. Die erste Annahme, daß dieser apolare Teil „den Kohlenwasserstoffketten der bimolekularen Lipidschicht“ zuzuordnen sei, hat sich nicht voll bestätigt, „seitdem man aus Röntgen-Streuungsanalysen erfahren hat, daß viele lösliche globuläre Proteine in ihrem Innern sehr apolare Anteile besitzen.“ (a.a.O.) Hinzukommt, was speziell für Ionen gilt, daß es „genetisch bedingte spezifische Unterschiede im Permeabilitätsverhalten der Membranen gegenüber sehr nahe verwandten Ionen und deren durch aktiven Transport bewirkte intra- und extrazelluläre Verteilung“ gibt (a.a.O.). So kann z. B. – bei der Erregung eines Nerven – der Einstrom der Na^+-Ionen durch Tetrodotoxin spezifisch gehemmt werden, während die K^+-Permeabilität unbeeinflußt bleibt; umgekehrt wird die K^+-Permeation und nicht die der Na^+ durch Substanzen wie Tetra-äthyl-ammoniumchlorid spezifisch blockiert. Dieses unterschiedliche Verhalten Ionen gegenüber führte zu der Annahme, daß die Neuron-Membran „getrennte Kanäle für Natrium- und Kalium-Ionen enthält“, deren „Schleusen sich als Ant-

---

[48] Hoelzl Wallach/Knüfermann: a.a.O. p. 4.

[49] a.a.O. S. 9. [50] a.a.O. S. 10. [51] a.a.O. S. 11.

wort auf eine Depolarisation zu verschiedenen Zeiten öffnen". Dabei hat sich dann gezeigt (ARMSTRONG u. KEYNES), „daß die Öffnung der Natriumschleusen einen elektrischen Strom durch die Membran erzeugt"[52].

Eine weitere wichtige Änderung gegenüber dem alten Siebmodell ist, daß nach McCONNELL „ca. 25 % of the membrane has relatively high fluidity"[53]. Bei der Untersuchung der „molecular structure of the highly fluid regions" ergab sich „that it must be a lipid bilayer"[54] und weiterhin, daß „the fluid hydrophobic regions... are doubtless associated with the long hydrocarbon chains of the membrane lipids". (a.a.O.) Dabei spielen Doppelbindungen (-C=C-) in den Kohlenwasserstoffketten eine Rolle: „the introduction of carbon-carbon double bonds into long hydrocarbon chains enhances fluidity."[55] „Thus, a significant role of lipids in membranes must be to provide a *fluid* permeability barrier" und, was von Wichtigkeit sein kann, „this fluidity permits transport both perpendicular and parallel to membrane surface." (a.a.O.) Für die Struktur der Membran folgt daraus: „Regions of membranes having (protein)-(lipid bilayer)-(protein) structures may have both rigid protein and fluid lipid permeability layers." (a.a.O.) Aber auch die anderen Funktionen der Membran werden beeinflußt: „It is quite plausible" schreibt McCONNELL, „that fluidity may also serve as a regulator or even a switch for biochemical and biophysical events in membranes. For example, an effector, a hormone, or both, may bind to a hydrophobic region, modify the fluidity, and increase or decrease the rate of membrane transport."[56]

Eine interessante Erscheinung als Folge der „fluidity" der inneren Lipidschicht ist die sog. „flip-flop action" (KORNBERG and McCONNELL), „by which a lipid may be transposed with polar end on one side of a bilayer to rotate through 180° to take up a position with polar ends on the opposite side of the bilayer"[57].

Eine Membran, die aus Protein- und Lipidschichten besteht und nicht nur selbst viele verschiedene Substanzen enthält, sondern an die in vielen Fällen auch *Enzyme* gebunden sind, die im Zellinnern wirken, ist ein kompliziertes chemisches System, eine „dynamische Mosaikstruktur": „Makromoleküle der Membran können eine solche Struktur durchdringen und so mit beiden Kompartimenten in Kontakt treten; sie können sich auch im apolaren inneren Teil der Membran befinden, auf eine der beiden Oberflächen beschränkt sein und/oder eine gewisse tangentiale Mobilität besitzen."[58] Es ist also verständlich, daß dieser strukturellen Kompliziertheit und stofflichen Vielfalt eine Vielfalt che-

---

[52] JOHN C. ECCLES: Das Gehirn des Menschen. übers. v. A. HARTUNG. München, Zürich 1975. S. 39.

[53] F. O. SCHMITT: Molecular Membranology. a.a.O. p. 9.

[54] HARDEN M. McCONNELL: Molecular Motion in Biological Membranes. in: The Neurosciences (II). 1970. p. 701.

[55] a.a.O. p. 703. [56] a.a.O. p. 705.

[57] F. O. SCHMITT: a.a.O. p. 10.

[58] HOELZL WALLACH/KNÜFERMANN: a.a.O. S. 14.

mischer Reaktionen bei der Ausübung ihrer Funktionen entspricht. Andererseits „rufen die Kräfte, die die einzelne molekulare Einheit in ein geordnetes System zwingen, gleichzeitig die Kooperationsfähigkeit (Kooperativität) des Systems als ein Ganzes hervor“[59]. Dabei versteht man unter *„Kooperativität“* „die besonderen Wechselwirkungen zwischen den Komponenten eines Systems, bei dem die Reaktion e i n e r Komponente mit einem Substrat die Reaktion einer a n d e r e n Untereinheit des Systems mit dem gleichen Substrat ermöglicht, die vorher nicht möglich gewesen wäre.“ (a.a.O., Anm.) Daß auch die Lipide an dieser Kooperativität beteiligt sind, betont TRÄUBLE. SCHMITT schreibt dazu: „The types of lipids, their polar groups, chain lengths, degree of unsaturation etc., TRÄUBLE points out, are probably specific for each cell type, possibly for each individual cell, and these factors are reflected in the physiological behavior of the cell. Lipids, therefore, are not indifferent structural components of membranes, but participate in the chemical determination of membrane properties – a point of view that was long ago advocated by LEHNINGER.“[60]

Ein spezielles Membran-Modell

Die Schwierigkeit, Modelle aufzustellen, die alle Funktionen der Membranen erklären, dürfte nach dem Gesagten deutlich geworden sein, ja, man muß sich der Aussage von HOELZL WALLACH/KNÜFERMANN anschließen, die schreiben: „Unsere gegenwärtigen Kenntnisse über die Membranen erlauben die Aufstellung eines allgemeinen einheitlichen Membranmodells noch nicht; es ist auch unwahrscheinlich, daß eine solche allgemein gültige Membranstruktur existiert.“[61] Als Ausweg aus dieser Schwierigkeit ergeben sich zwei Möglichkeiten: Modelle für spezielle Funktionen, oder: Modelle für bestimmte spezielle Membranen zu suchen. Eine dritte Möglichkeit, an einer speziellen Membran, nämlich einer Bakterienmembran, eine spezielle Funktion zu untersuchen, hat McCONNELL verwirklicht. Da seine Darstellung des Modells zugleich die logische Gedankenfolge wiedergibt, die zur Aufstellung des Modells geführt hat, wollen wir sie hier im Wortlaut anführen[62]:

„We suggest that a crucial role of membrane fluidity in connection with perpendicular transport is the maintenance of a permeability barrier near proteins that are ‚moving‘ in the hydrophobic region to provide transport of ions, or molecules, or both through the membrane. For example consider the (facilitated) transport of the polar, water-soluble molecule *lactose* through a membrane with a typical thickness of the order of 100 Å (e. g., the limiting membrane of *E. coli*). This large polar molecule must be in contact with polar groups as it moves from one side of the membrane to the other; the polar environment is

---

[59] a.a.O. S. 16.

[60] F. O. SCHMITT: a.a.O. p. 12. [61] a.a.O. p. 121.

[62] McCONNELL: Molecular Motion in Biological Membranes. a.a.O. p. 703 f.

doubtless provided by stereospecific binding site (or sites) on one or more membrane proteins. Thus, not only does a large molecule traverse the membrane, but an even larger protein binding site moves through the membrane. The protein itself is certainly not fluid, so a very large rigid structure must move from one side of the membrane to the other, without great frictional resistance, and without opening up to other water-soluble ions and molecules, holes, cracks, or other breaks in the permeability barrier. These conditions surely require that the transporting protein be contained in a fluid hydrophobic environment. A speculative model of the membran with a transport protein is shown in the Figure *(Abb. 14)*. In this Figure it is assumed that binding of the lac-

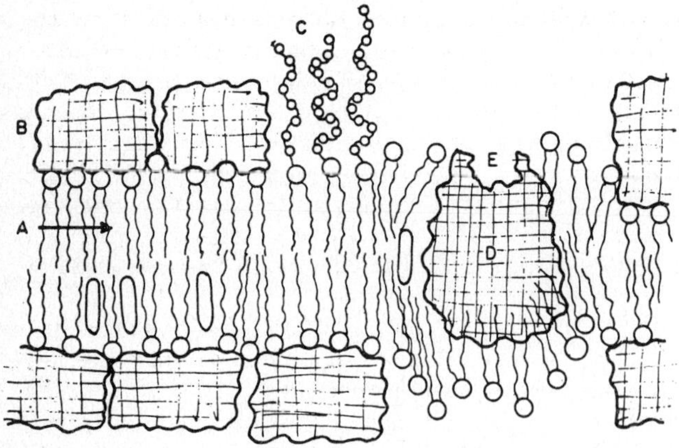

Abb. 14 Schematisches Modell einer Membran-Struktur. D lipophiles Protein; E polare Bindungsstelle von D; B Protein, C Lipopolysaccharide. (Aus F. O. SCHMITT in 87, nach MCCONNELL.)

tose produces the loss of an otherwise exposed polar region of the protein, which could be accomplished if the lactose were so bound in a crevice in the protein as to be almost ‚buried' in the protein. The lactose binding should eliminate all exposed or ‚bare' polar groups on the carrier protein, so that it can rotate or move in the lipid region without loss of hydrophilic solvation energy."

Die „Struktur-Proteine"

Gegen eine Überbetonung der „Flüssigkeit" der Membranen sind schon seit einiger Zeit Einwendungen erhoben worden, nicht zuletzt, weil eine Membran eine gewisse Festigkeit besitzen muß, die bei der flüssigen Lipid-Doppelschicht schwer zu erreichen ist. Neuere Untersuchungen von KREUTZ u. Mitarb. haben daher zu etwas anderen Ergebnissen geführt. KREUTZ führte auf dem 25. Coll. der Ges. f. Biol. Chemie in Mosbach 1974 aus: „The whole membrane surface is covered with double chained super-structures consisting of protein strands in a two dimensional association, forming several dislocation areas in the membrane surface. ... Apparently, the matrix protein strands define the coordination loci (binding sites) for the protein particles (die im elektronenmikroskopischen Bilde sichtbar sind, d. Vf.). ... The quantitative evaluation of these structures lead us to propose protein-chains for the matrix protein, in which polypeptides are arranged in a zigzag-manner. ... Probably this protein type represents a spiral-protein, either forming single or double spirals."[63] In der Diskussion zu dem Vortrag, die sich auch mit den „Struktur-Proteinen" befaßte, erläuterte KREUTZ näher: „One of the most striking results in the field of biomembrane research since 20 years is that all biomembranes partly consists of a protein, possessing qualities which deviate from those of normal enzymatic protein. ... It is hard luck for this protein that it is not fitted with enzymatic activities, i. e. pure chemical functions. This may be the reason why biochemists regard it as non-existent. However, it is my conviction that this protein is to fulfill a very important function, namely to establish the structural and, consequently, also the functional basis for biomembranes. Its task is essentially of a physical nature, and its existence therefore cannot be discussed on the basis of chemical criteria."[64]

Daß dieses Modell aber nicht grundsätzlich von den bisherigen verschieden ist, zeigt die Schlußbemerkung von KREUTZ zu dieser Diskussion: „The structural protein can move, but restrictedly. It can form paracrystalline regions – fluid-like structures –; it can be mobile; however, essentially vertically to its long axis it will be relatively invariable and stable. ... According to my concept, the spiral protein can be incorporated into the lipid phase essentially producing lipid monolayers and in between these regions bilayered lipid phases may exist, allowing linear shifting (movements) of other proteins in the lipid phase. Thus the spiral protein will guarantee a stable total super-structure, and at the same time will allow fluidic zones within the membrane."[65]

---

[63] W. KREUTZ, K.-P. HOFMANN, and R. UHL: On the Significance of Two-Dimensional Super-Structures in Biomembranes for Energy-Transfer and Signal Conversion. in: Biochemistry of Sensory Functions. ed. L. JAENICKE. Berlin, Heidelberg, New York 1974. p. 312.

[64] a.a.O. p. 326.

[65] KREUTZ: a.a.O. p. 328. – Weitere Einzelheiten zu diesem Modell brachte KREUTZ in seinem Referat auf dem Internistenkongreß in Wiesbaden 1975. (vgl. etwa den ausführlichen Bericht in der Naturwissenschaftlichen Beilage der Frankfurter Allgemeinen Zeitung vom 3. September 1975.)

Ionentransport durch Membranen

Daß eine Membran nicht nur eine Abgrenzung und eine Schranke, sondern vor allem auch eine „Pforte" ist, haben wir mehrfach erwähnt, und am Modell von McConnell haben wir auch ein Beispiel für den Transport einer „sperrigen" Molekel wie Lactose gegeben. In allen Membranen, speziell aber im ZNS, spielt der *Transport von Ionen* eine besondere Rolle. Er ist so wichtig, daß wir hier etwas ausführlicher darauf eingehen müssen: Ionentransport durch Membranen ist ja nicht nur eine Bedingung für die *Erregung* eines Nerven, sondern z. B. auch für *Freisetzung von Transmittersubstanz* an den Synapsen und damit für die beiden zentralen Vorgänge im Nervensystem.

Zur Problemlage: „The excitation of the nerve membrane is intimately coupled to a fast exchange of sodium and potassium ions" lesen wir bei Eigen und Winkler[66]. „Processes of this kind have been studied for a long time, and various mechanisms involving ‚pumps' and ‚carriers' have been proposed. Whatever those ‚demons' are, they must have a size-specific recognition site by which they distinguish selectively a given alkali ion from its (smaller and larger) homologues. Actually, the hypothetical concept of the carrier reflects largely the difficulty in explaining selectivity in terms of simple ionic interactions. On the other hand, how the interaction of alkali ions with such carriers could be explained in chemical terms remained an unsolved problem as well."

Poren- oder Träger-Mechanismen: Aus dem Zitat ergibt sich, daß nicht nur für größere Molekeln, sondern auch für Ionen, ja selbst für Alkali-Ionen ein Träger-Transport anzunehmen ist oder jedenfalls diskutiert wird. Demgegenüber wird die Ansicht vertreten, daß wenigstens in einigen Fällen bei Ionen ein Poren-Mechanismus wahrscheinlicher ist. Bamberg u. Mitarb. äußern hierzu: „At present we don't know to what extend Nature really uses carriers for ion transport. On the other hand, for certain biological transport systems it is rather certain that carrieres are not involved. An example is the sodium channel of the nerve membrane, where different experiments lead to a number of about 10^8 Na^+ions which pass per second through the open channel. This number is by four orders of magnitude higher than the maximal transport rate of a single carrier molecule of the valinomycin type *(s. u. S. 149 f.)*. It is therefore rather unlikely that the sodium channel is operated by a carrier mechanism. But, of course, the high transport rate could well be explained by a pore."[67]

---

[66] Manfred Eigen and Ruthild Winkler: Alkali-ion Carriers: Dynamics and Selectivity. The Neurosciences (II) 1970. p. 685.

[67] E. Bamberg, R. Benz, P. Läuger, and G. Stark: Carrier and Pore Mechanisms in Lipid Membranes. in: Biochemistry of Sensory Functions. (25. Coll. Ges. biol. Chem.) ed. L. Jaenicke. Berlin, Heidelberg, New York 1974. p. 342 ff. (Seitenangaben der Zitate im Text)

Poren-Mechanismus

Eine Grundfrage, die hier auftritt ist: Sind die *Poren* in der Membran vorhanden, wie im alten Siebmodell, oder entstehen sie jeweils in der Membran, wie z. B. bei KOSOWERS Theorie der Ausschüttung von Transmittersubstanz an der Synapse *(s. S. 260 ff.)*. Die Wahrscheinlich keit spricht für ein Entstehen – und auf dieser Grundlage haben auch BAMBERG u. Mitarb. ihre Untersuchung der „Pore Mechanisms" vorgenommen: Das Entstehen von Poren hängt mit strukturellen oder konformativen Änderungen von Membran-Proteinen zusammen. Allerdings: „The functional characterization of membrane proteins which may act as pore molecules has not been very successful." (342) Doch gibt es eine Modell-Substanz, das *Gramicidin* (genauer: Valin-gramicidin A), ein Antibiotikum, mit dem man die Porenbildung in einer Membran untersuchen kann.

Gramicidin A ist ein lineares Pentadekapeptid, das fast ausschließlich hydrophobe Aminosäuren (14 AS) enthält. Seine Struktur ist dadurch bemerkenswert, daß sich – wieder mit einer Ausnahme – D- und L-Aminosäuren in der Kette regelmäßig abwechseln. „If gramicidin A is introduced into a biological or artificial membrane, the membrane becomes cation permeable." (343) Und zwar dadurch, daß „gramicidin presumable forms pores in a lipide membrane" (232).

Wie geschieht dies?

Wahrscheinlich durch eine Konformationsänderung des Peptids: es formt sich zu einer *Helix*. „In order to act as a pore, the helix must have in its center a hydrophilic tunnel of the appropriate diameter and, besides this, the length must be sufficient to bridge of the membrane." (343) Da sich aber berechnen läßt, daß die Länge der Helix eines Peptides dafür nicht ausreicht, hat URRY „proposed that the pore consists of a dimer of gramicidin A." (343)

Aus den Ergebnissen weiterer Untersuchungen folgerten die Autoren dann: „If the dimer hypothesis is correct, then the switching-on of the pore corresponds to the association of two gramicidin monomers, and the switching-off to the dissociation of the dimer." (346) Eine weitere Bedingung, die sich aus den Größen- bzw. Längenverhältnissen ergab, konnte bestätigt werden: „If a voltage is applied to the membrane, charges of opposite sign build up at the two membrane surfaces. This gives rise to pressure, so that the membrane is elastically deformed. – The membran thickness is reduced by changing the composition of the lipid." (346) Zusammengefaßt: „Under the influence of the electric field part of the inactive (monomeric) Gramicidin is converted into the active form of a pore." (348)

Na^+- und K^+-Kanäle

Auch die Vermutung, daß es für Na^+ und K^+ „verschiedene Kanäle" gäbe, wurde untersucht, wofür sich die verschiedene Beeinflussung durch spezifische Drogen als geeignetes Mittel erwies *(s. o. S. 141 f.)*. Der Na^+-Transport wird spezifisch blockiert durch Tetrodotoxin (TTX) bzw. durch Saxitoxin (STX), während der K^+-Transport durch Tetraäthylammonium (TEA) spezifisch beeinflußt wird[68]. Da die Wirkung von TTX nur darin besteht, „to reduce the amplitude of the sodium current while it does not effect its time course" (353), kam man zu der Annahme (auch auf Grund von Gleichgewichtsexperimenten): „one TTX molecule binds to one receptor per channel to form a drugreceptor complex, TTX · R, upon which the channel is promptly and completely occluded." (353) Auch TEA wirkt nur auf die Amplitude, nicht aber auf den Zeitverlauf des K^+-Stroms. Weiter hat sich gezeigt, daß die „drug effects ... depend on the surface of the membrane to which the drugs are applied" (361), während z. B. lokale Anästhetica nach NAVAHASHI (1971) wahrscheinlich „von innen" wirken: „they act in the cationic form at the internal membrane surface, which they can reach from outside only in the uncharged configuration." (363)

Träger-Mechanismen

Wenn auch in einzelnen Fällen ein Transport von Alkali-Ionen durch Membranen ohne Träger angenommen werden kann, so wird man im allgemeinen auch bei diesen Ionen voraussetzen dürfen, daß sie auf Träger angewiesen sind. Eine Untersuchung von Träger-Mechanismen für Alkali-Ionen wird dann auch Hinweise für andere Ionen-Transporte mit Trägern liefern können.

Derartige Untersuchungen wurden sehr erleichtert und intensiviert, als man fand, „that certain antibiotics bind potassium ions selectively and transport them through natural and artificial (lipid) membranes"[69]. Bei diesen Antibiotika kann man zwei Gruppen unterscheiden: die einen sind neutrale makrozyklische Verbindungen, die chemisch zu verschiedenen Stoffklassen gehören; die anderen sind geladene offenkettige Substanzen. Alle als Träger wirkenden Antibiotika enthalten eine Anzahl polarer Liganden, doch „large parts of the molecule, however, must be hydrophobic so that the carrier may easily penetrate into lipid membranes. ... It is quite obvious that a selective carrier action must be a consequence of a selective binding capacity for the different alkali ions." (685) Als „Träger" liegen die offenkettigen Molekeln in einer veränderten Konformation vor: die in ihnen vorhandene Carboxylgruppe „is believed to form H-bonds to hydroxyl groups at the opposite end of the linear structure, thereby forming a cyclic conformation". (685)

---

[68] W. ULBRICHT: Drugs to Explore the Ionic Channels in the Axon Membrane. in: Biochemistry of Sensory Functions. a.a.O. p. 351. (Seitenzahlen der Zitate im Text)

[69] MANFRED EIGEN and RUTHILD WINKLER: Alkali-ion Carriers: Dynamics and Selectivity. The Neurosciences (II). 1970. p. 685 ff. (Seitenzahlen der Zitate im Text in Klammern)

Wie wird ein solcher Träger nun „beladen"?

Wir haben auf der einen Seite die *Membran,* in ihr die *Träger-Molekel,* die als zyklische Makromolekel vorliegt und in ihrem Innern eine Höhle (cavity) enthält, die der Form und Größe des Metall-Ions angepaßt ist. (694 f.) Auf der anderen Seite haben wir das *Metall-Ion,* M^+, das aber nicht isoliert in der Lösung vorliegt, sondern verbunden ist mit Lösungsmolekeln (solvent molecules): *Hydratation* bzw. allgemein *Solvatation* der Ionen. Das Metall-Ion liegt somit als *Komplex* vor:

$$[M(H_2O)_x]^{n+} \quad \text{bzw.} \quad [M(Solv)_x]^{n+}$$

Dieser Komplex wird, falls Form und Größe „passen", in die Höhlung des Trägers aufgenommen und dort koordinativ gebunden, etwa an eine Gruppe Y der Träger-Molekel. Dabei wird ein Solv gegen Y ausgetauscht, und Y vermittelt die Bindung an den Träger.

Dabei sollten „as many solvent molecules as possible ... be replaced by the coordination sites of the carrier molecule" (694). Doch entsteht damit ein neues Problem: „to strip off the whole solvation sphere cost considerable activation energy", deshalb muß man annehmen „that the carrier-complex formation is a stepwise ‚redressing' process, in which every solvent molecule is substituted stepwise, so that a balance of solvation and ligand-binding energy is always maintained". (692 f.) Dieses Zusammenwirken ist nach EIGEN/WINKLER auch der eigentliche, die hohe Spezifität eines Trägers für ein bestimmtes Alkali-Ion begründende Faktor: „size specifity is *not* a consequence of a special force, but is rather the result of the superposition of two influences – solvation and chelation." (687)

K^+-Ionen Transport mit Valinomycin

Spezielle Untersuchungen über den Ionen-Transport mit Antibiotika haben BAMBERG u. Mitarb. unternommen, und zwar mit *Valinomycin* als Träger für K^+-Ionen[70]. Die Valinomycin-Molekel besteht aus einer Kette, in der Peptid- und Ester-Bindungen abwechseln. „The six ester carbonyl groups of valinomycin may interact with a potassium ion. In this way a complex is formed in which the central is surrounded by a cage of six oxygen atoms." (332) „The interior of the complex offers to an ion an environment which is similar to the hydration shell of the ion in aqueous solution. The exterior surface of the complex is mainly hydrophobic." (333) Auch hier zeigte sich, daß die Spezifität des Valinomycins, verschiedene Alkali-Ionen zu unterscheiden, hoch ist. (335)

Von den beiden Möglichkeiten, daß der Ionen-Träger-Komplex sich bereits in der wäßrigen Phase bildet und dann die Membran durchdringt, oder daß – die auch von EIGEN betrachtete Möglichkeit – „a hydrated ion from the aqueous phase may react in the interface with a

---

[70] E. BAMBERG u. Mitarb.: a.a.O. p. 331 ff. (Seitenzahlen der Zitate im Text. Hervorhebungen von mir)

carrier molecule from the membrane", ist nach den Messungen die zweite die wahrscheinlichere. Der so gebildete Komplex wandert dann zur entgegengesetzten Grenze der Membran, und dort wird das Ion durch Dissoziation abgegeben. (336) Dabei betonen die Verfasser: „that the ion transport considered here is of a purely *passive* nature, i. e. ions move down their electro-chemical gradient which is given by the difference in the concentration and the difference in the electrical potential between both aqueous phases." (337)

Man kann – nach BAMBERG – die Träger-Funktion vergleichen „with the function of an enzyme. An enzyme reduces the energy barrier which separates the reactants from the products of a chemical reaction. In an analogous way, the function of a valinomycin carrier consists in reducing the extremely high activation barrier for the transport of an alkali ion across the hydrophobic interior of a lipid membrane." (341) „The fact that valinomycin ... is a very efficient potassium carrier results from the high turnover number of the molecule. In analogy to an enzyme, we may define a *turnover number of an ion carrier* as the maximum number of ions which can be transported per second by a single carrier molecule in the limit of high ion concentration." (341) Die Berechnung ergibt dann, „that a single valinomycin molecule is able to transport 10^4 potassium ions per second through the membrane". (342)

Nach einer neueren Darstellung von GUIDOTTI[71], der 5 „membrane transport systems" untersucht hat – Na^+- und K^+-Transport, Ca^{2+}-Transport, Anionen-Transport und Rhodopsin-Transport *(s. u. S. 181 ff.)* – ergab sich, „that all five of them appear to have the same characteristics: they are transmembrane oligomeric glycoproteins." Dabei sind folgende Punkte wichtig:

„(1) The proteins span the bilayer (are transmembrane proteins) because they catalyze transport *by undergoing small conformational changes rather than by diffusing* backwards and forward across the bilayer....

„(2) The proteins are oligomeric. ... The axis of symmetry of the oligomeric protein must be perpendicular to the surface of the membrane....

„(3) The proteins are glycoproteins in order to fix their transmembrane arrangement...."

[71] GUIDO GUIDOTTI: The structure of membrane transport systems. Trends in Biochemical Sciences. (TIBS). *1* (1976) No. 1. p. 11 ff. (Hervorhebung von mir)

AUFNAHME UND VERARBEITUNG

Einleitung

Das Aufnehmen des Stimulus und der Situation und seine Bedeutung für das *Lernen* und das *Lernverhalten* haben wir in Bd. I (S. 240 ff.) ausführlich behandelt. Jetzt stellt sich die Frage aus physiologischer Sicht erneut und fordert eine Lösung, die wenigstens im Prinzip erlaubt, die physiologischen Antworten mit den psychologischen in Verbindung zu bringen. MOUNTCASTLE hat die hiermit gestellte Aufgabe einmal deutlich gekennzeichnet: „We wish to know how the qualities of form, contour, locus, intensity and temporal movement are transduced into neural patterns, how these are further relayed centralward, and which aspects of this neural activity are likely to be critical for an interpretive and decision mechanism itself composed of neurons."[1] Er setzt hinzu: „This is a large order indeed" und „you will see that detailed information in terms of neural actions is limited", und auch heute wird die Wissenschaft, auch wenn in den zehn Jahren seit diesem Ausspruch viel Neues und Wichtiges entdeckt worden ist, sagen müssen, daß „information is limited".

1. Die Lokalisation der Aufnahme-Phase ist durch die Lage spezifischer Sinnesorgane wie Augen, Ohren, Haut usw. und weiterhin durch den Verlauf der aufgenommenen Signale primär gegeben. Problematisch bleibt dagegen die Lokalisierung derjenigen „Organe", in denen die *Verarbeitung* der Signale erfolgt. Hier entsteht speziell das Problem der *Sinnesmodalitäten,* die offenbar an verschiedenen „Orten" verarbeitet werden und auch von verschiedenen Stellen aus störbar sind, die aber bei einer Wahrnehmung der Situation als Ganzer zu einer Einheit verarbeitet und wahrscheinlich auch als solche Einheit gespeichert werden, die dann abgerufen werden kann. Doch das eben ausgesprochene „wahrscheinlich" überspringt sozusagen das Problem, das GALANTER ausführlicher darstellt: „We have divided the sensory part of organisms into modalities, for fairly good reasons. Is storage likewise partitioned among the modalities from which the information arrives? If so, can information in visual memory be addressed for retrieval by auditory inputs? The answer is obviously ‚yes'. Much evidence suggests that the modality of the input address makes no difference. Perhaps there is indeed a central store that is not modality specific?" GALANTER

[1] V. B. MOUNTCASTLE: The Neural Replication of Sensory Events in the Somatic Afferent System. in: Brain and Conscious Experience. ed. J. C. ECCLES. Berlin, Heidelberg, New York 1966. p. 86.

fügt allerdings hinzu: „It is hard for me to imagine what would constitute evidence for nonmodality specific storage. We shall need to develop, I believe, totally new experimental techniques to examine the question."[2]

Wir können hier auf dieses Problem nicht näher eingehen, nur einige Hinweise pro und contra für die These von GALANTER mögen angeführt werden:

Ein interessanter Fall eines „nonmodality specific storage" zeigte sich bei den Läsionsexperimenten BRENDA MILNERS am Temporallappen: Lobectomy des für das Sprechen dominanten linken Lappens „selectively impairs memory, regardless of whether the material to be retained is heard or read"[3].

Dagegen haben MURDOCK und WALKER (1969) „presented mixed auditory and visual unrelated items in lists in a free recall procedure. They found that subjects clustered together in recall visual or auditory items"[4], und HERRIOT betont: „Subjects organized their recall in terms of the modality in which the items were presented, and therefore they used that attribute in coding them."[5]

2. Eine andere Frage, die letztlich auch mit der Verarbeitung der Stimuli zusammenhängt, ist: Wie sollen wir „Aufnehmen des Stimulus" bzw. „Aufnehmen der Situation" definieren? Wie gegen eng damit verbundene Funktionen der Verarbeitung abgrenzen? Anatomisch und physiologisch durchläuft der aufgenommene Stimulus vom Sinnesorgan bis zum Ort seiner Transformation in eine „Wahrnehmung" und dann zum „Ort" seiner Speicherung mehrere Stationen. Wir können den Ausweg wählen, als „Aufnehmen" die Gesamtheit aller Vorgänge zu bezeichnen, die von der Stimulierung des Sinnesorgans bis zur endlichen „Wahrnehmung" führen. Dann aber müssen wir in anderer Hinsicht verschiedene Stadien unterscheiden – ein Ausweg, den wir im folgenden zu gehen versuchen.

Eine solche Festlegung zwingt uns nun allerdings, hier auch die *Physiologie des Wahrnehmens* zu behandeln, uns den vielen, zum Teil noch ungelösten Problemen zu stellen, die dieses schwierige Gebiet enthält. Wir müssen uns dabei äußerst beschränken, einmal dadurch, daß wir im wesentlichen nur einen Bereich, das *visuelle Wahrnehmen* näher betrachten, und zum anderen dadurch, daß wir aus der Fülle der Fragestellungen und Erkenntnisse dieses Forschungszweiges nur das herausgreifen, was uns für unser Thema notwendig erscheint.

3. Wir gehen wieder von dem in Bd. I (S. 259 ff.) entwickelten Modell-Versuch aus *(s. o. das Schema, S. 15)*; es zeigt sich, daß die

[2] EUGENE GALANTER: Comments on Memory. in: The Organization of Recall. ed. D. P. KIMBLE. New York 1967. p. 350 f.

[3] BRENDA MILNER: Memory and the medial temporal regions in the brain. in: Biology of Memory. ed. K. H. PRIBRAM and D. E. BROADBENT, New York, London 1970. p. 30.

[4] Nach PETER HERRIOT: Attributes of Memory. London 1974. p. 44.

[5] a.a.O. p. 45.

Fragestellung dadurch erheblich komplizierter wird. Wir können uns nicht mit der Untersuchung der Aufnahme und Verarbeitung des Situations-Stimulus begnügen, da speziell beim Lernverhalten Anfang und Ende in besonderer Weise miteinander verknüpft sind, nämlich a) durch die während der Zeit dieses Verhaltens einander folgenden *Situations-Stimuli,* die sich nicht nur wie FOPPA betont hat (I, 328 f.) „in sich" ständig verändern, sondern auch d u r c h das Handeln des Systems in bestimmter Richtung verändert werden. Und b) durch die äußeren und inneren *Verhaltens-Stimuli* – wir erinnern an die TOTE-Einheit und die dort (I, 280) am Beispiel sichtbar gewordenen ständigen Rückkopplungen – und c) durch die *Erfolgs-* bzw. *Mißerfolgs-Meldungen,* die als innere Reaktionen des Systems ebenfalls (innere) Stimuli sind. Alles dies, zusammen mit der aus dem LTM abgerufenen E_{LTM}-Einheit, die zum Erkennen und Wiedererkennen der Situation nötig ist, führt zur Bildung der *Wahrnehmungseinheiten* – und dies bedeutet eine bereits im Aufnehmen selbst notwendige Verarbeitung des ursprünglichen Situations-Stimulus.

Einige dieser Verarbeitungsmomente vollziehen sich sicherlich bereits im *Rezeptor,* z. B. das Zusammenwirken von Situations- und Verhaltensstimulus, denn der äußere V-Stimulus, z. B. die „gesehene" eigene Handlung, ist ja ein Bestandteil der Situation und gelangt als solcher in den Rezeptor. Aber auch das „inne-Sein" des eigenen Handelns muß als innerer Stimulus in die „Transportbahn" eingespeist werden.

Dies sind Fragen, die aus dem Versuch, das physiologische Geschehen mit dem psychologischen zu verbinden, entstehen – Antworten gibt es bisher auf sie kaum.

4. Mit den physiologischen Vorgängen im Rezeptor, speziell im Auge, werden wir uns beschäftigen müssen. Es folgt dann die Behandlung des „Transports" über die verschiedenen Zentren bis zu einem hypothetischen Akzeptor (falls es etwas derartiges gibt), der die Endgestalt der Verarbeitung aufnimmt und damit die „Schaltstelle" der Transformation in die Wahrnehmung wäre.

Das Sehen behandeln wir hier als Spezialfall einer durch *energetische* Umwelt-Signale induzierten oder ausgelösten Wahrnehmung. Kurz müssen wir dann aber noch auf die *substantiellen* Umweltsignale eingehen, also auf die *Chemorezeption,* z. B. Geruch und Geschmack.

Das Orientierungsverhalten

Als erste Teilphase der Aufnahme eines Stimulus bzw. einer Situation müssen wir die *Orientierungsreaktion* ansehen, ohne daß damit gesagt sein soll, daß sie stets einer Stimulusaufnahme vorausgeht. Der Begriff ist uns bereits mehrfach in Bd. I begegnet (S. 145, 168 und 244 f.), nämlich in der Ethologie und bei PAWLOW. Man kann sie mit GROSSMAN etwa so kennzeichnen: „The first time a novel stimulus is presented to an animal or the intensity of a constant present stimulus is noticeable changed, a sequence of behavioral responses can be observed which indicates that the animal is attending to the change in the environment.“[1] Schon die Vielfalt der „responses“, die ein solches „Aufmerken“ beim Organismus auslöst, läßt vermuten, daß die Orientierungsreaktion (OR) kein einfacher Akt ist, sondern für genauere Untersuchung noch aufgegliedert werden muß. JASPER hat bereits 1954 auf die Gefahr einer Vermengung verschiedener Teilphänomene hingewiesen. In einer Diskussionsbemerkung zu einem Vortrag von MAGOUN erklärte er: „One of the causes of confusion here is the identification of the so-called ‚arousal-pattern‘, desynchronization or flattening of the EEG with behavioural arousal.“[2] Und rund zwei Jahrzehnte später kann GROSSMAN dies noch verschärfen: „It seems clear, however, that the cortical arousal or activation pattern is not descriptive of a general rise in excitability or even neural activity, as has been widely believed in the past.“[3]

So werden auch wir hier den arousal effect oder, wie wir sagen wollen, die *arousal response* – als eine „Reaktion“ auf einen Stimulus – vom „behavioural arousal“, also dem beobachtbaren Verhalten unterscheiden, bei dem, nach der Schilderung von GROSSMAN „the animal turns its head, pricks up its ears, and may get up to approach and investigate the source of stimulation“[4]. Daß dieses *Orientierungsverhalten* ein eigenes Phänomen ist, hebt LORENZ hervor, wenn er schreibt (vgl. Bd. I, S. 162): „Es stellt geradezu die Regel dar, daß der übersättigte Organismus auf die normalerweise handlungsauslösenden Reize auch

[1] SEBASTIAN PETER GROSSMAN: A Textbook of Physiological Psychology. New York, London, Sidney 1967. p. 623.

[2] H. W. MAGOUN: „The ascending reticular system and wakefulness“ in: Brain Mechanisms and Consciousness. ed. J. F. DELAFRESNAYE. Springfield (Ill.) 1954. p. 19.

[3] GROSSMAN: a.a.O. p. 640. [4] a.a.O. p. 623.

dann noch aufmerksam wird, nach ihnen hinblickt oder sich sonstwie nach ihnen orientiert, wenn die Instinkthandlung selbst durch wiederholtes Ablaufen vollkommen erschöpft ist." Man wird also sagen können, daß die arousal response ein Indikator für eine Zustandsänderung ist, die das Orientierungsverhalten hervorruft, auslöst oder ermöglicht, mit ihm aber nicht vermengt oder gleichgestellt werden darf.

Die arousal response

Das Phänomen hat viele verschiedene Namen, neben dem von uns gewählten findet man z. B. arousal pattern, activation pattern, Weckreaktion, Desynchronisation. Alle heben ein charakteristisches Moment hervor, so daß sie bei der Kennzeichnung helfen können.

„arouse", wörtlich = wecken, auch aufrütteln; die zweite Bedeutung ist wichtig, denn gemeint ist nicht ein Wecken aus dem Schlaf sondern ein Aufrütteln, Aufmuntern aus einem Ruhezustand. Das klassische Beispiel: jemand sitzt oder liegt mit geschlossenen Augen, entspannt und ruhig – dann veranlaßt ihn etwas, die Augen zu öffnen: er ist „Da", wach, bereit, seine Umwelt aufzunehmen.

Untersuchen wir dies jetzt physiologisch mit Hilfe des EEG: „If one places conductive electrodes on the surface of the scalp of the human or other animals and amplifies the signal about a million times, a potential difference can be recorded between any two of the electrodes. This potential has the form of a more or less sinusoidal and regular oscillation with a dominant frequency of about 8 to 13 cycles per second in the adult of the species."[5]

Oszillationen mit dieser Frequenz werden als α-Wellen bezeichnet; sie sind charakteristisch für den oben geschilderten entspannten Ruhezustand. In dem Augenblick, in dem der Mensch die Augen öffnet, ändert sich das Bild: die α-Wellen verschwinden und werden ersetzt durch die β-Wellen mit größerer Frequenz und geringerer Amplitude; ihre Frequenz (15–30) beträgt hier 18 bis 24 sec^{-1}. Der Ausdruck Desynchronisation bezieht sich darauf, daß die β-Wellen weniger regelmäßig aussehen, er bezieht sich aber auch auf vermutete physiologische Ursachen der Änderung. In einer anschaulichen Vorstellung, die aber sicherlich zu einfach ist: die synchronen α-Wellen könnte man auffassen als Ausdruck der ständigen im NS herrschenden Tätigkeit der Neurone, die das Zusammenspiel aller Organe und Apparate im Organismus regulieren *(s. o. S. 42 f.)*. Ein Stimulus von außen wirkt in diesem regelmäßig arbeitenden System als eine *Störung*, die den Organismus

---

[5] F. Morrell: Electrical Signs of Sensory Coding. in: The Neurosciences (I). 1967. p. 452.

zur Stellungnahme zwingt und sozusagen „aus dem Takt bringt“: Desynchronisierung des Elektroencephalogramms.

Bei diesem alpha-‚blocking‘, wie man den Vorgang auch genannt hat, muß man noch zwei Formen unterscheiden: „There is (1) a diffuse or *generalized* form affecting all regions of both cerebral hemispheres, and (2) a *localized* form limited to specific cortical regions.“[6] Oder, um noch einmal GROSSMAN zu Wort kommen zu lassen: „The presentation of any novel stimulus (or stimulus change) produces a sudden alteration in the electrical activity of the cortex. The slow, synchronous activity (alpha rhythm) typical of the resting organism gives way to fast, low-amplitude discharges which typically outlast the stimulus. This activation pattern is elicited by stimuli of all sensory modalities but generally appears more prominent in a specific modality (vision in man, audition in the cat).“[7]

Dieser im EEG aufweisbare „arousal effect“ hat nun interessante Eigenschaften. Die oben erwähnte Differenzierung der beiden Formen finden wir bei GROSSMAN etwas ausführlicher behandelt:

Verschiedene Untersucher „have found that the initial presentation of most stimuli produces a general desynchronization response in all areas of the neocortex as well as presumably related changes in the electrical activity of the midbrain and thalamic reticular formation. This generalized response disappears with repeated presentations of the same stimulus, and alpha blocking remains only in the sensory projection area of the stimulus modality.“[8]

Diese Schilderung legt einen Vergleich mit einem anderen physiologischen Vorgang nahe, nämlich daß der Stimulus zunächst als *Streß* wirkt, dem eine „Alarmreaktion“ folgt, die „generalized desynchronization“. Ist die Situation bzw. ihr Stimulus „erkannt“ bzw. „wiedererkannt“, antworten nur noch die stimulus-spezifischen Areale. Die generalisierte Reaktion wäre damit eine Antwort auf das „Neue“, bzw. auf die „Änderung“, sie klingt bei Wiederholung des gleichen Stimulus schnell ab: Gewöhnung (habituation).

Weiterhin ist interessant eine Folgerung, die bereits aus früheren Arbeiten gezogen wurde und die sich bestätigt hat: „that the arousal value or meaning of a stimulus may be a more important determinant of the magnitude of the activation response than intensity per se.“[9] Oder, wie es SMYTHIES formuliert: daß für den „arousal value“ nicht so sehr die Intensität des Stimulus als vielmehr „its significance to the individual in that particular context“ entscheidend ist[10]. Dies setzt ein „Erkennen“ bzw. „Wiedererkennen“ des Stimulus voraus.

Schließlich sei noch als besonders schwieriges *Problem* der arousal response erwähnt, daß ADRIAN und MATTHEWS schon 1934 zeigen konn-

---

[6] F. MORRELL: a.a.O. p. 452 f.
[7] GROSSMAN: a.a.O. p. 640.
[8] a.a.O. p. 626.
[9] a.a.O. p. 624.
[10] J. R. SMYTHIES: Brain Mechanisms and Behavior. 2nd ed. Oxford and Edinburgh 1970. p. 114.

ten, „that *hypnotic suggestions* to ‚see' or ‚not see' a stimulus could alternately elicit or suppress the arousal reaction"[11].

Die Orientierungsreaktion

Anatomische und physiologische Untersuchungen haben nicht nur ebenfalls zu einer Zweiteilung der „Orientierungsreaktion" geführt, sondern zugleich Hinweise dafür gegeben, daß die beiden Teile anatomisch verschieden lokalisiert sind. So unterschieden SHARPLESS und JASPER „between a short (a few seconds at most) ‚phasic' response which occurs during and immediately after the presentation of a stimulus and tends to be very resistant to habituation and a more prolonged tonic reaction which may last several minutes and habituates rapidly"[12]. Sie vermuten, „that the phasic response may represent an activation of the nonspecific thalamus projection system...; the tonic response, on the other hand, may represent a more general influence of the midbrain reticular formation"[13].

Von einer anderen Seite aus, auf Grund von Drogenexperimenten, speziell mit Amphetamin und Nikotin, kamen GOLDSTEIN und NELSEN zur Hypothese eines doppelten arousal-systems, nämlich: „that the functional consequences of the RF mediated arousal are different from those of hippocampal mediated arousal."[14] Die beiden Autoren unterscheiden die beiden Formen als den RF mediated „drive arousal" und den hippocampal mediated „incentive arousal"[15].

Damit ist der *Hippocampus* thematisch geworden, der sichtlich eine wichtige Rolle im Orientierungs-Geschehen spielt. SINZ berichtet darüber: „R. JUNG und A. E. KORNMÜLLER entdeckten 1938 im Hirnstrombild der Hippokampus-Region des Kaninchens einen regelmäßigen Rhythmus von 4–7 Hz (auch Thetarhythmus genannt), der später auch an Ratten, Katzen und Affen immer wieder dann gefunden wurde, wenn die Tiere ein Orientierungs- und Lernverhalten zeigten."[16] Dieser Theta-Rhythmus ist nach SINZ „als typischer Hirnstromrhythmus einer Orientierungsreaktion aufzufassen"[17].

Diese Feststellung schließt an die Darstellung von SMYTHIES an[18], die

---

11 GROSSMAN: a.a.O. p. 624. (Hervorhebung von mir).

12 GROSSMAN: a.a.O. p. 644.

13 a.a.O.

14 LEONIDE GOLDSTEIN and JUDITH M. NELSEN: Some views on the neurophysiological and neuropharmacological mechanisms of storage and retrieval of information. in: Memory and Transfer of Information. ed. H. P. ZIPPEL. New York, London 1973. p. 183.

15 a.a.O. p. 185 f.

16 RAINER SINZ: Lernen und Gedächtnis (UTB) Stuttgart 1974. S. 92.

17 a.a.O.

18 J. R. SMYTHIES: Brain Mechanisms and Behaviour. 2nd ed. Oxford and Edinburgh 1970. p. 64 f., 102 f., 114 ff.

wir kurz zusammenfassen wollen: Danach beginnt der Orientierungsvorgang offenbar im Hippocampus (HC). In der ersten Phase werden die durch den Stimulus ausgelösten Potentiale „widely all over the cortex" ausgebreitet – was dem generellen arousal effect entsprechen könnte. Folgt nun diesem generellen Effekt die *Orientierungsreaktion* (OR), so ist damit möglicherweise die Funktion des HC beendet, die langsamen Theta-Wellen lassen (in dieser Sicht) vermuten, daß der HC gehemmt ist. Umgekehrt: Wird jetzt erneut der HC aktiviert – durch einen neuen Stimulus oder durch die Änderung eines bestehenden – so verschwindet die OR, deren „Ort" wahrscheinlich die Formatio reticularis (RF) ist. Dafür spricht die Tatsache, daß die OR unmittelbar durch elektrische Stimulierung der RF ausgelöst werden kann, und zwar eine OR, die der durch einen Stimulus ausgelösten zum Verwechseln ähnlich ist[19].

Folgt dann der Orientierungsreaktion die „eigentliche" Antwortreaktion des Organismus auf den Stimulus, das *Orientierungsverhalten* (OV), so verschwindet die OR, es hört damit auch die Hemmung des HC auf – die Theta-Wellen verschwinden, der Hippocampus ist wieder reaktionsbereit.

Doch haben Untersuchungen am Hippocampus einer Katze ADEY zu einer etwas anderen Deutung der Theta-Wellen geführt: „Hippocampal autospectral analyses made during four behavioral states – after a warning stimulus, during performance of a light-dark discrimination and approach to food reward, and at the beginning and end of each trial – show that this theta rhythm shifts its frequency consistently during the successive behavioral states.... The sharp peaks of spectral density move stepwise from 4.0 Hz, during the period before a warning tone, to 5.0 Hz with a narrow high peak in the warning epoch, and to 6.0 Hz at the beginning of the discrimination approach epoch.... As the goal is approached, the total EEG power drops, and the main spectral peak reverts to 5.0 Hz; thereafter, the spectrum trends toward that of the prewarning state, 4.0 Hz."[20] Für das Lernverhalten von besonderem Interesse ist die dann folgende Bemerkung von ADEY: „Distinct differences were found between correct and incorrect responses. ‚Attention sets' immediately preceding the incorrect performance were substantially different from those in correct responses", ein Phänomen das auch bei Affen gefunden wurde. So gab es z. B. „no shift of theta peak activity to 6.0 Hz in the approach epoch in incorrect responses.... Incorrect responses showed very high and very regular 4.0 Hz activity (50 per cent of spectral power) by comparison with correct responses."[21]

[19] H. W. MAGOUN: in der Erwiderung auf eine Diskussionsbemerkung von JASPER zu seinem Vortrag: The ascending reticular system and wakefulness. in: Brain Mechanisms and Consciousness. ed. J. F. DELAFRESNAYE. Springfield (Ill.) 1954. p. 19.

[20] W. R. ADEY: Spontaneous Electrical Brain Rhythm Accompanying Learned Responses. in: The Neurosciences (II). 1970. p. 229.

[21] a.a.O. 230.

Das Orientierungsverhalten

1. Wenn auch die OR verschiedene Phasen oder auch Arten unterscheiden läßt, so ist das Orientierungsverhalten, als Ganzes gesehen, doch physiologisch nach SOKOLOW „ein einheitliches funktionales System", das sich aber auch nach seiner Darstellung noch aus „Komponenten zusammensetzt". Diese sind: „a) *somatische* (Augen- und Ohrenbewegungen, Kopf- und Körperbewegungen, Riech- und Schnupperbewegungen); b) *vegetative* (Herz- und Gefäßveränderungen, Hautwiderstand, Pupillen- und respiratorische Reaktionen); c) *elektroencephalographische* (Veränderungen der Frequenz der Grundpotentiale, des Niveaus der Ruhepotentiale und der neuronalen Impulse); d) *sensorische* Komponenten (Absinken der Wahrnehmungsschwellen und Erhöhung der Verschmelzungsfrequenzen der sensorischen Systeme)." Psychologische Charakteristika sind nach SOKOLOW: „die unspezifischen Reaktionen auf die Reizmodalität..., selektives Auslöschen des Orientierungsreflexes durch bestimmte Gestaltungsqualitäten der wiederholt dargebotenen Reize und Spontanerholung nach einiger Zeit sowie Aufhebung der Löschung nach der Darbietung eines neuen Reizes."[22]

Versuchen wir, diese Charakteristik mit den in Bd. I gewonnenen hypothetischen Darstellungen in Zusammenhang zu bringen, so ergibt sich etwa folgendes Bild:

Das Auftreten eines neuen Stimulus bzw. die Änderung eines bestehenden Stimulus bedeutet eine Art „Einschalten" des funktionalen Systems, physiologisch einen „on-Effekt". Noch ist die Situation bzw. die Spezifität des Stimulus nicht „erkannt" bzw. „wiedererkannt", was in PAWLOWS Kennzeichnung der OR als „was-ist-das-Reflex" deutlich ausgesprochen ist. Daraus resultiert eine Art „Suchen" – eine Ausbreitung der Potentiale „widely all over the cortex" – d. h. die generelle arousal response „mündet" in den Verarbeitungsgang des Stimulus, wirkt als innerer Stimulus auf das Abrufen des memoriellen Engramms E_{LTM} und damit auf die Auslösung (Mitauslösung) des Wiedererkennens. Gleichzeitig aber wird das *Orientierungsverhalten* in Gang gesetzt, was neue äußere (und innere) Stimuli schafft und so zur „Erkennung" der Situation beiträgt. Mit dem Erkennen bzw. Wiedererkennen wird die generelle zur spezifischen arousal response, auch die Orientierungsreaktion verklingt, und das System wird auf das *Antwort-Verhalten* geschaltet.

Das Orientierungsverhalten kann aber – vielleicht als Folge eines noch ungenauen Erkennens der Situation(?) – verstärkt werden zum *Explorationstrieb* bzw. einen solchen auslösen, z. B. beim Bestehen eines Problemcharakters der Situation (I, 148), wie schon PAWLOW für

---

[22] E. N. SOKOLOW: Artikel „Orientierungsreflex" im Lexikon der Psychologie. herausg. W. ARNOLD, H. J. EYSENCK u. R. MEILI. Freiburg, Basel, Wien 1973. Bd. II. Spalte 691.

den Menschen annahm: „Der Orientierungsreflex mündet schließlich in jene Neugier (kognitiver Trieb), die der Ursprung aller Wissenschaft ist, und er führt zu einer unbegrenzten Orientierung über die umgebende Welt."[23] Andererseits bestehen enge Beziehungen zwischen OR und *Aufmerksamkeit,* aber wohl nur, wenn der Stimulus in irgend einer Form ein „Aufmerksamkeitsmotiv" ist, speziell wenn er Signalcharakter, also Bedeutung für den Organismus hat.

Gewöhnung

Eine Beziehung der *Gewöhnung* zum Orientierungsverhalten ergibt sich einmal auf Grund der Unterscheidung einer „generalized" und einer „localized form" der arousal response, oder wie es bei SOKOLOW heißt: eines „generalized orienting and a localized orienting" Reflexes, wobei „the localized form of the orienting reaction in some degree became related to the modality of stimulation"[24]. Zum anderen aus der Tatsache, daß die „generalized response disappears with repeated presentation of the stimulus" *(s. o.).*

Sowohl der Einfluß der Orientierungsreaktion auf das Lernen als auch die Bedeutung der Gewöhnung für die Aufnahme der Stimuli und für das Behalten sind Gegenstand von Untersuchungen geworden, bei denen neben dem EEG noch ein weiteres Verfahren angewendet wurde: die *Hautgalvanische Reaktion* (HGR, englisch: Galvanic Skin Response, GSR). Sie beruht auf der Tatsache, daß die Haut dem Fließen eines elektrischen Stroms einen Widerstand entgegensetzt. Man kann diesen Widerstand, bzw. seinen Kehrwert, die Leitfähigkeit der Haut, messen und findet dann: „Der Widerstand ändert sich mit dem Zustand von Individuen.... In der Psychophysiologie werden vor allem kurzfristige Änderungen zum Nachweis orientierenden und defensiven Verhaltens herangezogen."[25] Man spricht daher auch vom „psychogalvanischen" Phänomen oder Reflex und definiert etwa: „Herabsetzung des elektrischen Hautwiderstandes (FÉRE-Effekt) oder Schwankungen des Hautpotentials (TARCHANOW-Effekt) bei psychischer Erregung."[26] Eine bekannte Anwendung der HGR ist der „Lügendetektor".

Die Orientierungsreaktion äußert sich nun so deutlich in der HGR, daß SOKOLOW die HGR geradezu „as an indicant of the orienting reac-

---

[23] Zitiert nach SOKOLOW: a.a.O. Sp. 693.

[24] E. N. SOKOLOW: Neuronal Models and the Orienting Reflex. in: The Central Nervous System and Behavior. ed. M. A. B. BRAZIER. Josiah Macy, Jr. Foundation. 1960. (abgedr. auszugsw. in: Perception and action. Brain and Behavior 2. ed. K. H. PRIBRAM. Penguin Books. 1969. p. 227.)

[25] Artikel „Hautwiderstand/Hautpotential" von W. SCHÖNPFLUG im Lexikon der Psychologie. Herausg. W. ARNOLD, H. J. EYSENCK, R. MEILI. Basel, Wien 1973. Bd. II. Spalte 64.

[26] UWE HENRIK PETERS: Wörterbuch der Psychiatrie und medizinischen Psychologie. München, Berlin, Wien 1971: „Reflex, psychogalvanischer". S. 382.

tion" bezeichnet hat[27]. SOKOLOW konnte zeigen, daß die HGR nicht nur sehr exakt auf ein Neueinsetzen eines Stimulus sondern auch auf dessen Änderung anspricht: schon nach wenigen Wiederholungen eines Licht-Stimulus, von denen jeder 5 s dauerte, verschwand die HGR (und ebenso das α-blocking). Eine Verkürzung der Stimulus-Dauer auf 2 s rief die HGR und das α-blocking wieder hervor[28]. Als Ergebnis seiner Untersuchungen stellte SOKOLOW die folgende Hypothese auf: „The beginning of stimulation in every case is a stimulus, and its prolongation acts as a second one" und zwar: „the prolongation of stimulation produces an unconditioned inhibitory process which can develop during a sufficiently long presentation of each stimulus."[29]

Gewöhnung wäre nach dieser These eine aktive *Hemmung,* oder, in etwas anderer Sicht (I, 121 f.), ein zeitlich begrenztes aktives Verlernen der Reaktion, das gekoppelt ist mit einer stärkeren „Fixierung des Stimulus im Informationsspeicher" (GLASER[30]). Dieser Speicherung entspricht in etwa SOKOLOWS Hypothese vom „neuronal model", das unter dem Einfluß der „repeated presentations" gebildet wird: „The model postulates a chain of neural cells which preserve information about the intensity, the quality, the duration, and the order of presentation of the stimulis."[31]

Bei Lernexperimenten, speziell beim *sequentiellen Lernen* = „Erwerb einer Anzahl einzelner Sequenzen (im einfachsten Fall Paar-Assoziationen)" und beim *seriellen Lernen* = „Erwerb einer einzigen Serie von Elementen" (F. MERZ[32]) spielen die Orientierungsreaktion und die Gewöhnung eine wichtige Rolle. Untersuchungen, über die WALKER berichtete[33], ergaben z. B. eine Beziehung zum *Positionseffekt* (I, 250) bei einer Sequenz: Bei einer Folge von 8 „paired associates" war die Abweichung der HGR vom Normalwert (Basal Resistance Level, BRL) beim ersten Paar weitaus am größten (210 f.). Schließt man daraus auf ein besonders hohes „arousal level", so ergibt sich die Folgerung von WALKER: „that items learned at a higher arousal level are better recalled in a week" (221); d. h. es tritt der sog. „primacy effect" auf, der nach einer Kennzeichnung von BOWER (213) „refers to the fact that the first 3 or 4 words are better recalled than later ones, except for the last..." Und das besagt, im Zusammenhang mit der HGR, wie MELTON es formulierte (214): „the very high GSR on the first item is just due to primacy; that is, it is not due to the characteristics of the stimulus. The memory for the first item is due to its first position."

---

[27] Nach N. J. MACKINTOSH: The Psychology of Animal Learning. London, New York, San Francisco 1974. p. 39.

[28] SOKOLOW: a.a.O. p. 228 f.

[29] a.a.O. p. 233.

[30] E. M. GLASER: Die physiologischen Grundlagen der Gewöhnung. dt. v. R. BARTELS. Stuttgart 1968. S. 79.

[31] SOKOLOW: a.a.O. p. 228 und 231.

[32] Lexikon der Psychologie. Bd. II. Sp. 439.

[33] EDWARD L. WALKER: Arousal and the memory trace. in: The Organization of Recall. ed. D. P. KIMBLE: New York 1967. p. 186 ff. (die Seitenzahlen der Zitate, auch der Diskussionsbemerkungen, im Text in Klammern).

Die Aufnahme

Vom Rezeptor zum Cortex: das Sehen

Der Rezeptor

Das Rezeptorpotential

Die objektive Empfangsbereitschaft des Organismus für einen Stimulus ist bestimmt durch den *Rezeptor;* umgekehrt gibt es für jeden Rezeptor einen *adäquaten Reizbereich* – für das Auge, das wir hier näher betrachten wollen, das *Licht.* Das besagt, daß der Rezeptor Auge die Stimuli in Form eines Bündels elektromagnetischer Wellen erhält; diese beeinflussen und verändern den Rezeptor in einer bestimmten Weise: der Rezeptor wird zu einem *Codierer,* einem Umwandler elektromagnetischer Energie in ein Bündel elektrischer Impulse, die durch den Nerven weitergeleitet werden. Der Vorgang läßt sich aufgliedern in eine kausale Einwirkung = Veränderung des Rezeptors durch die aufgenommene Energie, und in einen zweiten Teilvorgang = Transformation der aufgenommenen Energie in eine andere Energieform, die durch den Nerven weitergeleitet werden kann (der Rezeptor wirkt hier als „input transducer", *S. 12*). Entscheidend für die Funktion des Rezeptors als Informationsvermittler ist, daß das weitergeleitete Impulsbündel dem Bündel elektromagnetischer Schwingungen *zugeordnet* werden kann, daß es z. B. ein Abbild des aufgenommenen Bündels ist. Damit „Wahrnehmung" entsteht, muß der Vorgang sich auf der Ebene des *Signals* abspielen: aufgenommen wird ein Signal aus der Umwelt, das eine *Nachricht* überträgt, und diese Nachricht muß bei der Transformation „erhalten" bleiben: die Transformation ist somit ein *Umcodieren.* Wieweit diese Nachricht bei den verschiedenen Umcodierungen tatsächlich erhalten bleibt, wieweit also das „Wahrgenommene" dem betr. Umweltausschnitt entspricht und was dies heißen mag, ist letztlich ein Problem der *Erkenntnistheorie,* von dem wir hier absehen können. Jedenfalls entsteht schließlich ein „Bild" der „Umwelt", und unsere Frage ist hier nur, w i e es entsteht.

Wie der Rezeptor Auge die eintreffenden Lichtwellen aufnimmt und in Erregung von Nervenzellen transformiert, ist ein Problem der *molekularen* Wahrnehmungsphysiologie, auf das wir noch eingehen werden. Hier auf der *molaren* Ebene können wir nur feststellen, d a ß der

Rezeptor verändert wird und daß die Wirkung des kausalen Vorgangs eine *Enthemmung* ist: es hat sich gezeigt, daß „die elektrische Energie des Rezeptorpotentials im Photorezeptor um mehr als den Faktor 1000 größer sein kann als die des Lichtreizes“[1]; das Subsystem *Retina* wirkt als *Verstärker* und *Wandler*. Das Ergebnis ist das *Rezeptorpotential*. Dieses breitet sich aus, erreicht so das *Axon* und erregt es: „Das Receptorpotential wirkt auf das Axon somit als elektrischer Reiz, es wird deshalb auch als *Generatorpotential* bezeichnet.“[2]

Struktur und Funktion

Wir haben soeben die Retina als „Subsystem“ bezeichnet, was ihrer Funktion entspricht; aber auch anatomisch ist sie nicht einfach gebaut: „In all vertebrates“ schreibt WERBLIN, „the retina is constructed with the same five basis types of cells.“[3] Man muß in ihr verschiedene Schichten unterscheiden: auf das Pigment-Epithel folgt die Schicht der *Rezeptor-Zellen* (Stäbchen und Zäpfchen), auf diese eine Schicht von *Horizontalzellen*. Die nächste Schicht enthält die *Bipolarzellen*, auf diese folgen die *Amacrinzellen* und auf diese schließlich die *Ganglienzellen*, deren Axone den *Nervus opticus*, den Sehnerv bilden *(s. Abb. 15)*.

In der Retina wird nun das Signal in zwei verschiedenen Richtungen transportiert: „It is carried in the input-output direction by a sequence of three cell types: receptor cells to bipolar cells to ganglion cells. Only the receptor cells contain photopigments and act as transducers, converting light into neural signals that are processed by succeeding retinal cells. The receptor cells drive the bipolar cells, which then pass the signal on to the ganglion cells. The ganglion cells generate the retinal output.“ Aber: „Information is also carried laterally, at right angles to the input-output pathway, by the horizontal and amacrine cells, which are strategically positioned to perform important operations that relate activity across different parts of the visual field.“[4] Und das bedeutet: „Each lateral interneuron receives from the cell that preceds it in the input-output pathway, and it is capable of transmitting back to that cell, across to its neighbors or forward to the succeeding input-output cell.“ Somit ist „each input-output pathway strongly influenced by activity in neighboring pathways through the laterally oriented interneurons.“

Nun wissen wir *(s. o. S. 135)*, daß wir erregende und hemmende *Synapsen* zwischen zwei Neuronen unterscheiden müssen, deren Zusam-

---

1 M. ZIMMERMANN: Sensorisches System. in: Neurophysiologie. herausg. R. F. SCHMIDT. (Heidelbg. TB.) Berlin, Heidelberg, New York 1971. S. 213.

2 M. ZIMMERMANN: Sensorisches System. a.a.O. 214.

3 FRANK S. WERBLIN: The Control of Sensitivity in the Retina. Scientific American. *228* (1973). 1. p. 71.

4 a.a.O.

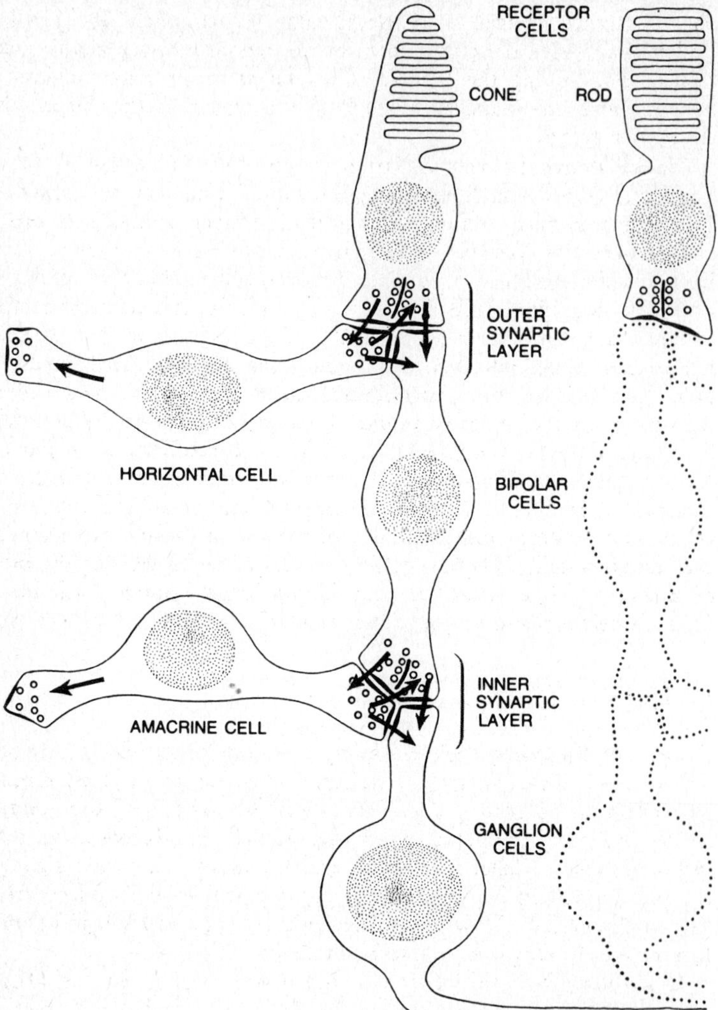

Abb. 15 Verbindungen der Zellen in der Retina, nach elektronenmikroskopischen Aufnahmen von DOWLING. (Aus WERBLIN in 404.)

menwirken einen wesentlichen Teil der *Verarbeitung* eines Signals bildet. Neuere Untersuchungen haben nun interessante Verschiedenheiten in den Retina-Zellen aufgezeigt: „The receptor cells, the horizontal cells and (in some cases) the bipolar cells polarize in the negative-going direction, or hyperpolarize, with illumination."[5] Sie werden also durch

[5] a.a.O. p. 73.

das Licht nicht erregt sondern gehemmt. Doch nach den bipolaren Zellen ändert sich dies: „the form of the retinal message changes drastically after leaving the bipolar cell. The amacrine and ganglion cell behave more like classical neurons in the way that they depolarize", sie werden erregt.

Die Schaltung der vier Zellarten ist an *Abb. 15* zu sehen; sie entstand auf Grund von Elektronenmikroskop-Aufnahmen von DOWLING. Erregungen können weitergeleitet werden immer von den Neuronenendigungen, die Vesikeln mit Transmitter-Substanz enthalten (kleine Kreise in der Abb.), also von den Rezeptorzellen (Stäbchen und Zäpfchen) zu den Bipolarzellen und zu den Horizontalzellen, von diesen zu den Rezeptor- und Bipolarzellen und von diesen zu den Amacrin- und zu den Ganglionzellen. Dabei muß man bedenken, daß in der Retina „hundreds of rods and several cones run to the same bipolar cell and several bipolar converge towards the same ganglione cell"[6]. Somit nimmt jede dieser Ganglion-Zellen, die ihre Fasern in den Nervus opticus leitet, Signale auf „from a miniatur center consisting of a number of receptors, bipolars, horizontal and amacrine cells, all of which contribute to the properties of the receptive field represented in one ganglion cell"[7]. Dieses „pooling of the ganglion cells of the output of a series of like elements – the bipolar cells" könnte auch bei der „stimulus generalization" eine Rolle spielen[8].

Horizontal- und Amacrin-Zellen

Über die Schaltung der Zellen und über die Zellen der Retina selbst haben neuere Untersuchungen weiteres interessantes Material erbracht. Vor allem ist der Anteil der *Horizontalzellen* (HZ) und der *Amacrinzellen* (AZ) an der Verarbeitung der Signale im Rezeptor deutlicher geworden: diese Zellen „integrate and transform the visual signals of the photoreceptors before these signals are sent to the optic nerve via the ganglion cells". (DOWLING[9]). Die Zellen selbst zeigen einige Besonderheiten, von denen wir kurz sprechen müssen:

Horizontalzellen: In der Retina finden sich zwei Arten von HZ: die einen haben wie andere Neurone ihr *Axon,* den anderen f e h l t das Axon; bei Primaten tritt nur die erste Gruppe auf. (335) Die *Dendriten* beider Arten haben Verbindung nur mit den Zäpfchen der Rezeptor-

6 RAGNAR GRANIT: Sensory Mechanisms in Perception. in: Brain and Consciousness Experience. ed. J. E. ECCLES. Berlin, Heidelberg, New York 1966. p. 122.

7 a.a.O. p. 124.

8 P. O. BISHOP: Beginning of Form Vision and Binocular Depth Discrimination in Cortex. The Neurosciences (II). 1970. p. 473.

9 JOHN E. DOWLING: LCN's in the Vertebrate Retina. in: Local Circuit Neurons. ed. P. RAKIC. Neurosciences Res. Prog. Bull. Vol. 13, No. 3. (August 1975. p. 334 ff.) (Seitenzahlen der Zitate im Text).

zellen, die *Axon-Endigungen* der I. Art nur mit den Stäbchen (335). Die HZ empfangen über Dendriten und Axon-Endigungen Informationen von den Rezeptor-Endigungen und leiten diese Information weiter zu den Dendriten der Bipolarzellen (BpZ); sie tragen damit bei zur „local integration of the visual signals". (337)

„For the most part horizontal cells respond to light with graded hyperpolarization." Sind die Zellen auf Farbempfang codiert, „they hyperpolarize when they are stimulated with one class of spectral illuminations and depolarize when they are stimulated by another." (338) „The hyperpolarization responses of horizontal cells to light are produced when the receptors hyperpolarize. In the dark, receptors appear to release continuously a transmitter (perhaps one of the acidic amino acids) that depolarize the horizontal cells. When the receptors hyperpolarize, the transmitter flow decreases and, hence, the horizontal cells hyperpolarize." (338)

Zur *Funktion* der HZ: „The function of horizontal cells in the retina is considered to be that of providing lateral interaction between horizontal cells and bipolars.... Since horizontal cells can sum signals over a large surface, they respond best to diffuse fields of light.... The horizontal cell signals act to inhibit the signals of receptor cells and bipolar cells; hence, these latter cells are inhibited by diffuse light and are stimulated best by small spots of light placed in the center of their receptive fields." (339 f.)

Amacrin-Zellen: Die Amacrin-Zellen haben wie die Art II der Horizontal-Zellen kein Axon. Sie „receive inputs from the axon terminals of bipolar cells as well as from other amacrine cells." (340) „Amacrine cells probably play an important role in forming the direction sensitivity and edge-detector properties of the more complicated ganglion cell receptive fields." (341) Auf Licht reagieren sie meist mit langsamen Potentialen, die entweder depolarisieren oder hyperpolarisieren. Viele von ihnen sind auch gute „detectors of changes in illumination. Ganglion cells that receive a preponderance of synaptic input from amacrine cells responds transiently at the onset and offset of illumination and are often very sensitive to motion." (343) AZ und HZ sind vielfach funktionell gekoppelt: „The stimulation of the bipolar cell could lead to the release of transmitter and a subsequent depolarization of the amacrine cell. The amacrine cell could then feedback through the reciprocal synapse to the bipolar cell and thus inhibit it. The bipolar cell would then stop releasing its transmitter, thus terminating the response of the amacrine cell." (343)

Gemeinsamkeiten: „These cells have several properties in common, e. g., the dendrites of both cells are both pre- and postsynaptic *(s. o. S. 134)*. Neither cell has an axon that conducts action potentials. ... Both cells mediate lateral interactions." Zusammenfassend: „In compairing their general functions, it would be fair to say, that, in the retina, amacrine cells primarily perform a temporal analysis, whereas horizontal cells perform a spatial analysis." (343)

Und: „the horizontal and amacrine cells in the vertebrate retina are excellent exampels of LCN's." (343) Dies bedarf einer Erklärung:

Local Circuit Neurons (LCN)

Dieses „novel and exciting subject of scientific inquiry" (RAKIC) ist im Grunde gar nicht so neu; geschichtlich führen seine Wurzeln zurück bis zu GOLGI (1883) und RAMÓN y CAJAL (1899). Doch mußte es in unserer Zeit neu entdeckt werden, denn „most investigations of the anatomical and functional organization of the central nervous system deal with the long projections and fiber connections between different distant structures."[10] (295) Die „local neuronal circuits" dagegen sind „the connections between local neurons as well as between these neurons and locally engaged portions of projection neurons", und sie sind „of considerable functional significance". (295) Da diesem Thema „less than 10 %" der veröffentlichten Arbeiten oder Vorträge auf Tagungen bisher gewidmet worden ist, wählte NRP die „LCN" als Thema einer Work Session (June 1973); die Ergebnisse wurden dann – „updated by participants" – 1975 veröffentlicht[10].

Zwei Begriffe wurden auf dieser Sitzung geprägt:

Local circuit neuron: Dieser Begriff „simply implies that the cells in question connect to other cells within the vicinity of the same structure rather than to cells in distant brain structures or organs." (300) Er entspricht weitgehend der von LENHOSSÉK (1895) geprägten Definition der „short axon cells": „The term short axon cells should be limited to those cells of the central nervous system whose axons never leave gray areas to enter tracts or nerves" (302); nur umfaßt LCN heute auch „cells that have no axons" (314). LCN's finden sich im ZNS weit verbreitet, ja „it is probably safe to state that there is not a single structure in the mammalian central nervous system that lacks LCN's." (305) Sie treten auf „at higher phylogenetic levels", als „a new class of cells", und „these cells are superimposed on chains of ganglion cells and function as processing elements and not simple as bridges between input and output." (306)

„With these new discoveries", schreibt RAKIC, „various aspects of integration, plasticity, learning, and memory have been assigned to the property of local circuits and local circuit neurons." (313)

Local neuronal circuit: Dieser Gegenbegriff zum LCN bezeichnet „the independent reverberation of impulses confined only to part of a cell membrane, to a single dendrite, or to one or several LCN's." (300) „Local circuits can be defined as any portion of the neuron (or neurons) that, under given conditions, functions as an independent integrative unit." (300) „The function of the local circuit is to integrate in-

---

10 „Local Circuit Neurons". ed. PASKO RAKIC. a.a.O. p. 295 ff. (Seitenzahlen der Zitate im Text).

formation at the local level rather than to propagate it out of a given structure." (300)

Das rezeptive Feld

Die „Gesamtheit aller Punkte der Körperperipherie, von denen aus eine Zelle durch spezifische Reize beeinflußt werden kann", wird als das *rezeptive Feld* dieser Zelle bezeichnet[11]. Eine flächige Lichtquelle wird die über die Retina verteilten RZ verschieden intensiv erregen, zugleich machen sich Besonderheiten der Verbindungen zwischen den Zellen bemerkbar: Fällt das Licht nur auf RZ, die in direkter Verbindung mit einer BpZ stehen, wird diese hyperpolarisiert, also gehemmt. Fällt es auf eine RZ, die nicht mit dieser BpZ verbunden ist, wird die Erregung von einer HZ aufgenommen und an die BpZ weitergeleitet: hierdurch wird die BpZ depolarisiert, also erregt.

Bei der Abbildung der von den Rezeptoren aufgenommenen Umwelt leistet sich das Nervensystem – nach einer Darstellung von O. CREUTZFELDT – „einen Luxus, der in technischen Maschinen nur schwer realisierbar ist: Jeder Ortspunkt auf der Rezeptoroberfläche (d. h. der Körperoberfläche, der Netzhaut, dem Hörorgan usw.) wird durch einen eigenen Nachrichtenkanal repräsentiert, also durch jeweils eine Nervenzelle mit der ihr zugehörigen Nervenfaser. Die Netzhaut (Retina) des Menschen enthält z. B. eine Million Nervenzellen, so daß also eine Million Punkte des Gesichtsfeldes abgetastet werden können. Die Beleuchtung jedes einzelnen Punktes führt zu einer intensitätsabhängigen Impulsfrequenzänderung in dem zugehörigen Einzelkanal, so daß das gesamte retinale Bild, umgewandelt in Entladungsfrequenzen in den parallelen Kanälen, gleichzeitig ins Gehirn gesandt und nicht wie beim Fernsehgerät im Scanningverfahren abgetastet wird"[12].

„on"- und „off"-Zentren

Ein tieferes Eindringen in diese Vorgänge führt uns zu den berühmten Untersuchungen von KUFFLER, HARTLINE, LEVIN, von HUBEL und WIESEL sowie von BARLOW und LEVICK über die S t r u k t u r der rezeptiven Felder in der Retina:

„Bei den Bipolarzellen werden zwei verschiedene Neuronen-Klassen gefunden. Die *on-Bipolarzellen* reagieren bei punktförmiger Belichtung des Z e n t r u m s ihrer rezeptiven Felder mit einer *Depolarisation,* während die Belichtung der peripheren Teile des receptiven Feldes eine Hyperpolarisation der Membran auslöst. Auch bei den off-Bipolar-

---

[11] J. DUDEL: Allgemeine Sinnesphysiologie. in: Grundriß der Sinnesphysiologie. herausg. v. R. F. SCHMIDT. (Heidelbg. TB) Berlin, Heidelberg, New York 1973. S. 15 f.

[12] OTTO D. CREUTZFELDT: Informationsverarbeitung und -speicherung im Gehirn. Universitas 27 (1972), 262 f.

zellen findet man eine solche antagonistische Organisation des receptiven Feldes", d. h. hier führt die Belichtung des Zentrums zur Hyperpolarisation; Belichtung der Peripherie zur Depolarisation[13].

Bei den Ganglienzellen – und nur ihre Membran bildet bei Erregung Aktionspotentiale – unterscheidet man entsprechend: wird bei *on-Zentrum-Neuronen* das Zentrum belichtet, führt dies zur Depolarisation der Membran und bei Überschreiten der Erregungsschwelle zu einem Aktionspotential, das über das Axon fortgeleitet wird. Belichtung der Peripherie führt zur Hyperpolarisation, also zu Hemmung der Fortleitung. Umgekehrt verhalten sich die *off-Zentrum-Neurone (s. Abb. 16).* Eine der Funktionen, die durch diese Struktur erfüllt wird,

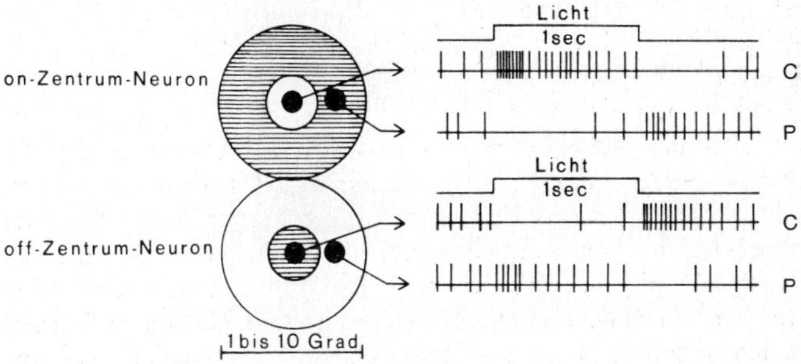

Abb. 16 on-Zentrum- und off-Zentrum-Neuron (links) bei Belichtung der rezeptiven Felder der Säugetiernetzhaut (Lichtpunkte schwarz). Rechts: C bei Belichtung des Zentrums, P bei Belichtung der Peripherie. (Aus: GRÜSSER und GRÜSSER-CORNEHLS: Physiologie des Sehens, in 150.)

ist: „What each of these ganglion cells was doing, . . . , was comparing the illumination of the center of its perceptive field with that of the surround."[14]

Die Verarbeitung der Außenwelt-Stimuli im Rezeptor betrifft im wesentlichen die *optischen* Eigenschaften der Stimuli; man kann vielleicht auch sagen, daß im Rezeptor aus dem Einstrom der Stimuli das *Signal* entsteht in Form einer „Übersetzung", die zugleich vereinfacht und verdeutlicht. Der Rezeptor wirkt hier als Input-transducer *(S. 12),* der die Stimuli umformt in eine für den Weitertransport geeignete „Form", und d. h. nicht nur in eine andere Energieform, sondern – wie wir bei WERBLIN lesen – „the retina must compress the very large range of intensities presented by the outside world into a narrower

---

[13] O.-J. GRÜSSER und U. GRÜSSER-CORNEHLS: Physiologie des Sehens. in: Grundriß der Sinnesphysiologie. herausg. R. F. SCHMIDT. (Heidelbg. TB). Berlin, Heidelberg, New York 1973. S. 122 ff.

[14] CHARLES R. MICHAEL: Retinal Processing of Visual Images. Scientific American *220* (1969). No. 5. p. 108.

range that can be adequately handled by the optic-nerve fibers"[15]. Kontraste werden verstärkt, die Unterscheidung von Figur und Grund verdeutlicht, Stillstand oder Bewegung des gesehenen Objekts bzw. des Stimulus-Musters werden registriert u. dgl. „With these mechanisms the retina can transmit a high-contrast, high-acuity message to the brain about the presence and movement of boundaries within the visual field."[16]

Die seitlichen Kniehöcker

Vom Rezeptor Auge wird das Signal zur ersten Verarbeitungsstation auf dem Wege zum Cortex, zu den seitlichen Kniehöckern, den *Corpora geniculata lateralia* geleitet. Auf diesem Wege werden die Bündel des *Nervus opticus* in besonderer Weise auf die beiden Hirnhälften verteilt: im *Chiasma opticum (S. 100)* wird die linke Hälfte des Gesichtsfelds *(s. Abb. 17),* also temporal (außen) beim linken und nasal (innen) beim rechten Auge, durch den *Tractus opticus* in die rechte Hirnhälfte geführt, und die Nerven, die je dem rechten Gesichtsfeld entsprechen, in gleicher Weise in die linke Hirnhälfte. Sie werden dort aber nicht funktionell vereinigt, sondern: „The pathways from two eyes pass through the lateral geniculate nucleus with only minimal

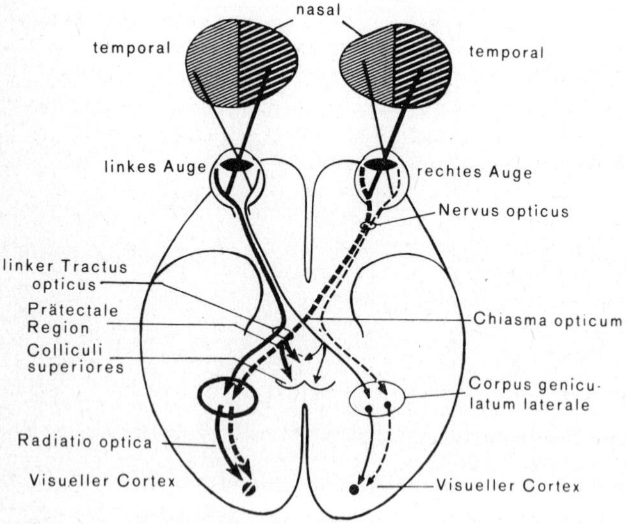

Abb. 17 Schema des Verlaufs der Sehbahnen im Gehirn des Menschen. (Aus GRÜSSER und GRÜSSER-CORNEHLS a.a.O.)

[15] WERBLIN: a.a.O. p. 71. [16] a.a.O. p. 79.

interaction (Sanderson et al., 1969) and come together effectively, for the first time, immediately on reaching the striate cortex."[17] Die beiden Zweige des Tractus opticus enthalten je etwa 1 Million Axone retinaler Ganglienzellen[18].

Auch das Geniculatum ist nicht einfach, sondern recht kompliziert aufgebaut: Im Corpus geniculatum laterale werden die Opticusfasern in sechs verschiedene Zellschichten umgeschaltet[19], und zwar hat man gefunden, daß „crossed fibers reach layers 1, 4, and 6 and uncrossed fibers distribute to layers 2, 3, and 5"[20]. Die „topologische Organisation" der Übertragung in der Sehbahn besteht darin, „daß ähnlich der Abbildung eines bestimmten geographischen Gebiets auf einer Landkarte das räumliche Erregungsmuster in der Ganglienschicht der Netzhaut sich im räumlichen Erregungsmuster der Neurone des Geniculatum laterale, der Colliculi superiores und der Sehrinde abbildet"[21].

Auch in den Zellen des Geniculatum finden wir die on-off-Struktur entsprechend wie in den Retinalganglien. Hubel schreibt darüber:

„Each geniculate cell is driven from a circumscribed retinal region ... and has either an ‚on'center or an ‚off'center with an opposite periphery. There are, however, different geniculate cells and retinal ganglion cells, the most important of which is the greatly enhanced capacity of the periphery of a geniculate cell's receptive field to cancel the effects of the center."[22] Hierbei handelt es sich offenbar nicht mehr nur um eine Summierung bzw. Subtraktion zweier Stimuli, sondern wie Hubel betont: „this means that the lateral geniculate cells must be even more specialized than retinal ganglion cells in responding to spatial differences in retinal illumination rather than to the illumination itself. The lateral geniculate cell, in short, has the function of increasing the disparity – already present in retinal ganglion cells – between responses to a small, centered spot and to diffuse light."

Über Art und Struktur der *Synapsen* im Geniculatum (LGB = lateral geniculate body) liegen genaue Untersuchungen vor. Zunächst: „the retinocortical flow is interrupted by relay cells, and retinocortical impulses come under the influence of activity from other brain structures, as well as under some inhibitory influence from the contralateral retina"[23]. „We concluded", heißt es bei Creutzfeldt weiter, „that one geniculate relay cell receives its specific retinal excitatory input from only one optic-tract fiber", und daß „electrical stimulation of the optic tract

---

[17] P. O. Bishop: The Neurosciences (II). 1970. p. 472.
[18] Grüsser und Grüsser-Cornehls: a.a.O. p. 127.
[19] a.a.O. S. 128.
[20] Sebastian Peter Grossman: A Textbook of Physiological Psychology. New York, London, Sidney 1967. p. 101.
[21] Grüsser und Grüsser-Cornehls: a.a.O. p. 128.
[22] David H. Hubel: The visual cortex of the brain. „Psychobiology". (Readings from Scientific American). San Francisco and London (1963) p. 274.
[23] Otto D. Creutzfeldt: Some Principles of Synaptic Organization in the Visual System. The Neurosciences (II). 1970. p. 638.

reveals that on-center as well as off-center fibers primarily excite LGB relay cells."[24] Dabei handelt es sich um „glomerulus synapsen" *(o. S. 110)*, bei denen die „axon terminals of retinal afferents occupy the central position in the glomeruli"[25]. Untersuchungen von SINGER und CREUTZFELDT (1970) führten dann zu einem Modell, das zugleich „an important principle of synaptic organization in the LGB" zeigt: „On--center cells of the LGB receive excitatory input only from on-center fibers of the optic tract and inhibitory input only from the off-center fibers. . . . The same is true of off-center-cells."[26]

Zusammenfassend kann man die Funktion des Geniculatum mit CREUTZFELDT wie folgt kennzeichnen: „The main function of the LGB may therefore be seen in the combination of the retinal and nonretinal inputs into the same relay cell."[27]

Die Sehrinde

Von den Corpora geniculata lateralia geht es „in einem Zuge" – die Sehbahn heißt jetzt *Radiatio optica* – zum Hinterhauptlappen des Cortex, in die *Sehrinde*. Dabei hat man gefunden – um wieder HUBEL zu zitieren – „The retinas project to the visual cortex (via the laterial geniculate body) in a systematic topologic manner; that is, a given area of cortex gets its input from a circumscribed area of retina"[28]. Jetzt konvergieren, wie schon erwähnt, die Inputs an einzelnen Cortex-Zellen: „Because various afferents with different functional properties converge on single cortical cells, stimuli in different parts of the receptive field may result in excitation, inhibition, or disinhibition."[29]

Nun haben Untersuchungen über die Feinstruktur des Cortex COLONNIER zu der These geführt, daß „the structural design of the whole neocortex is such that it should be conceived as a mosaic of overlapping columns each possessing its own functional specifity on the basis of its tangential articulation with incoming fibers and each processing this information up and down within the column for a significant output"[30]. Von physiologischer Seite ergänzte MOUNTCASTLE dies in der Diskussion zu dem Vortrag COLONNIERS: „The physiological evidence for the columnar organization is based upon three observations: first, that the cells in such a column normal to the cortex are related to identical peripheral receptive fields; second, that all the cells in such a column

[24] a.a.O. p. 639.

[25] JOHN SZENTÁGOTHAI: Glomerular Synapses. ... The Neurosciences (II) 1970. p. 431.

[26] CREUTZFELDT: a.a.O. p. 640.

[27] a.a.O. p. 646.

[28] HUBEL: a.a.O. p. 275.

[29] CREUTZFELDT: a.a.O. p. 642.

[30] M. L. COLONNIER: The Structural Design of the Neocortex. in: Brain and Consciousness Experience. ed. J. C. ECCLES. Berlin, Heidelberg, New York 1966. p. 18.

in the somatic sensory cortex are activated by the same quality of stimulation from the identical set of peripheral receptors; and third, that the initial pattern of discharge of these cells is nearly identical from the top to bottom of such a column."[31] Beim visuellen Cortex mögen die Verhältnisse etwas anders liegen, doch schreibt MOUNTCASTLE: „I have seen in manuscript a paper from Hubel and Wiesel which describes a beautiful columnar organization in areas 18 and 19 of the visual cortex, which parallels in extent that which they described earlier for area 17."[32]

Gegen diese These der „columns" im NS hat CREUTZFELDT Bedenken erhoben: „Firstly, it is clear that both columnar concepts are not directly comparable with each other. MOUNTCASTLES ‚columns' indicate that different types of receptors project into different spots of the somatosensory cortex, whereas HUBEL-WIESEL columns are more of a functional character (orientation), but with the different functional types of afferents ... being mixed in each ‚column'. But even the actual concept of a functional column in the visual cortex is questionable in the light of recent analysis. ... All that can be said is that there is a certain statistical coherence of similar orientations in the vertical and horizontal domain, but no well-defined functional column representing only one orientation."[33]

In der Sehrinde fanden HUBEL und WIESEL drei Arten von Empfangszellen, die sie als „simple", als „complex" und als „hypercomplex" bezeichneten[34].

Die einfachen Zellen: Ihr Funktion ist „to respond to line stimuli – such shapes as slits (which we define as light lines on a dark background); dark bars (dark lines on a light background), and edges (straight-line boundaries between light an dark regions). Whether or not a given cell responds depends on the orientation of the shape and its position on the cell's receptive field." Auch bei den einfachen Zellen finden sich sowohl on-Zentrum- als auch off-Zentrum-Zellen, nur sind sie hier meist anders strukturiert: on- und off-Bezirke liegen entweder in Streifen nebeneinander, oder ein on-Streifen ist umschlossen von off-Bereichen, bzw. umgekehrt.

Die komplexen Zellen: „They too respond to bars, slits or edges, provided that, as with simple cells, the shape is suitable oriented for the particular cell under observation. Complex cells, however, are not so

---

[31] MOUNTCASTLE: a.a.O. p. 18 f. vgl. auch den Vortrag von MOUNTCASTLE auf derselben „study week", a.a.O. p. 85 ff., spez. p. 89. die Bemerkung bezieht sich zunächst, wie der Vortrag, auf das „Somatic afferent system".

[32] a.a.O. p. 18 f. vgl. auch HUBEL: a.a.O. p. 277 f.

[33] O. CREUTZFELDT: Some Problem of Cortical Organization in the Light of Ideas of Classical „Hirnpathologie" and of Modern Neurophysiologie. in: Cerebral Localization. An Otfried Foerster Symposium. ed. K. J. ZÜLCH, O. CREUTZFELDT, G. C. GALBRAITH. New York, Heidelberg, Berlin 1975. p. 221 f.

[34] HUBEL: a.a.O. p. 275.

discriminating as to the exact position of the stimulus, provided that it is properly oriented. Moreover, unlike simple cells, they respond with sustained firing to moving lines."

Die hyperkomplexen Zellen: Auch sie bestehen aus einem zentralen on-Bereich und einem peripheren off-Bereich, bzw. umgekehrt. Auch sie werden am besten erregt von richtig orientierten Linien-Stimuli, d. h. sowohl die „on"- als auch die „off"-Bereiche sind „orientation-sensitive". Sie vor allem reagieren auf bewegte Linien[35].

Die *einfachen* Zellen werden schon durch „einfache" Lichtreizmuster wie Lichtpunkte oder Hell-Dunkel-Grenzen erregt, während für eine Erregung der *komplexen* und *hyperkomplexen* Zellen „differenziertere Reizmuster in das rezeptive Feld projiziert" werden müssen, „z. B. Hell-Dunkel-Konturen von bestimmter räumlicher Orientierung, Konturunterbrechungen, Ecken usw". „Neuronen des visuellen Cortex mit komplexen und hyperkomplexen rezeptiven Feldern haben in der Regel in jeder Retina ein rezeptives Feld. Diese Zellen können also monokular von jedem Auge allein oder binokular aktiviert werden."[36] Abschließend heißt es dann: „Insgesamt gibt es im primären, sekundären und tertiären visuellen Cortex (Areale 17, 18, u. 19, d. Vf.) mindestens 15 verschiedene Neuronenklassen, die jeweils über das gesamte corticale Projektionsgebiet des Gesichtsfeldes verteilt sind. Im räumlichen Erregungsmuster der Neurone einer Neuronenklasse werden jeweils andere Eigenschaften eines visuellen Reizmusters abgebildet."[37]

Untersuchungen von Creutzfeldt u. Mitarb. haben dieses Bild noch verfeinern können: „Intracellular analysis of visual cortex cells has led us to the following conclusion (Creutzfeldt and Ito, 1968; Creutzfeldt 1968): „The combination of inputs to a cell explains the existence of certain ‚optimal' shapes"[38]; und weiter: „In area 17, the main retinogeniculate input into one cortical cell consists of two to five radiation fibers. ... Optimal stimuli are those that simultaneously inhibit inhibitory or activate excitatory input fibers. Such optimal stimuli are often bars of light or darkness. Moving stimuli are usually more effective than stationary stimuli. ... Direction-specific movement responses result from the successive invasion of the receptive fields by excitatory off-center and on-center input fibers or of excitatory and inhibitory on-center input fibers. Many possible input combinations were found."[39]

---

[35] Charles R. Michael: Retinal Processing of Visual Images. Scientific American. *220* (1969) No. 5, p. 109.

[36] Grüsser und Grüsser-Cornehls: a.a.O. S. 136 f.

[37] a.a.O. S. 137.

[38] Creutzfeldt: Some Principles ... The Neurosciences (II) 1970. p. 643.

[39] a.a.O. p. 646.

Das obere Vierhügelpaar

Von der Sehrinde laufen Verbindungen zurück zu den *Colliculi superiores*, dem „oberen Vierhügelpaar" (*s. Abb. 17*). Doch dieses sensorische Verarbeitungszentrum ist bereits durch eine Nebenleitung in den Tractus opticus eingeschaltet: wie die Abb. 17 zeigt, zweigt zwischen Chiasma opticum und Geniculatum eine Verbindung zu den Coll. sup. ab. Die Bedeutung dieses Verarbeitungszentrums wird schon dadurch betont, daß „this neural structure receives sensory information from the animals visual, auditory and somatic systems"[40]. Weiterhin empfängt es, wie soeben gesagt, „impulses directly from the optic nerve as well as impulses relayed from the visual cortex". Und: „Recent experiments (1972, d. Vf.) suggest that the deep layers of the Superior colliculus may contain superposed topographic maps of the visual, auditory and somatic fields."

Man kann auch im Colliculus superior mehrere Schichten unterscheiden, die wichtigsten sind: eine oberflächliche graue Schicht (*stratum griseum superficiale)*, die optische Schicht (*stratum opticum)*, die graue Zwischenschicht *(stratum griseum intermediale)* und die tiefe graue Schicht (*stratum griseum profundum)*. Die Signale aus der Retina gehen vorwiegend in die äußere graue und in die optische Schicht, dagegen Signale aus dem auditory cortex und aus der entsprechenden akustischen Verarbeitungsstelle, den *Colliculi inferiores* (unteres Vierhügelpaar), in die Zwischenschicht und in die tiefe graue Schicht. Das Gleiche gilt für Signale aus dem somatischen System, aus den Hirnstamm-Nuclei und aus dem Rückenmark. (73)

Auch im Colliculus superior finden wir die topographische Organisation der Signale wie im Geniculatum und in der Sehrinde. „Each portion of the superior colliculus receives input from retinal cells and from cortical cells, that respond to the same portion of the visual field." (75) Entsprechendes gilt für die akustischen und somatischen Inputs, wenn bei ihnen die Abbildung auch nicht so genau ist wie bei den visuellen Inputs.

Es hat sich gezeigt, daß die rezeptiven Felder der Coll. Sup. „zwei- bis viermal größer" sind als die entsprechenden im visuellen Cortex, und weiterhin, daß die meisten „collicular cells respond to moving stimuli". (77) Etwa drei Viertel der Zellen sind „directionally selective. That means that they responded well to movement in one direction and poorly or not at all to movement in the diametrically opposite direction". (78) Dabei antworten die Coll.-Zellen „over a much wider range of movement than cortical cells". Entsprechendes gilt für die Formen; auch hier besteht ein Unterschied zu den komplexen und hyperkomplexen Zellen in der Sehrinde: „most collicular cells responded well to a wider range of stimulus sizes and shapes". (78)

---

[40] Barbara Gordon: The Superior Colliculus of the Brain. Scientific American 227 (1972), No. 6. p. 72 (Seitenzahlen der Zitate im Text).

„Die Nervenzellen der Colliculi superiores senden Axone vor allem zu jenen Gebieten des Hirnstammes, durch die Augenbewegungen gesteuert werden. Gleiches gilt für die Axone von Nervenzellen der prätectalen Region, die zusätzlich noch Kontakte an Nervenzellen des Hirnstammes haben, von denen die Pupillenreaktion und die Akkomodation gesteuert wird.“[41]

Gerade für diese Aufgaben scheint die oben erwähnte Kopplung von Inputs aus verschiedenen Sinnesbereichen wichtig zu sein. Die Entdeckung, daß in den tieferen Schichten Zellen vorhanden sind, die „respond to auditory and somatic stimuli“, war eine Überraschung. Einige dieser Zellen antworteten nur auf akustische und somatische Reize, „but a large number responded to both visual and auditory stimuli and a few both to visual and somatic stimuli“. Und: „The most striking characteristic of cells responding to both auditory and visual stimuli was that many of their requirements for auditory stimuli were similar to their requirements for visual stimuli. The cells had auditory receptive fields just as they had visual receptive fields.“ (79) Allgemein ergab sich, daß „the position of cell's somatic receptive field was related to the receptive-field positions of nearby cells that responded to visual stimuli. Thus the deep layers of the superior colliculus seem to embody superposed topographic maps of the visual, auditory and somatic fields.“ (80) „Cells in the deeper layers of superior colliculus seem to be able to integrate information about the approximate location and direction of movement of the stimulis that impinge on both the auditory and visual system.“ (80)

Interessante Ergebnisse erbrachten auch die Versuche über die *Gewöhnung* (habituation) der Colliculus-Zellen an Folgen gleicher Stimuli. So fanden Wurtz und Goldberg bei Versuchen mit Affen, „that the collicular cells become habituated only when the stimulus had no behavioral significance for the animal“ (80) – und das besagt: schon die oberflächlichen Colliculus-Zellen (die die Autoren untersuchten) empfangen die Stimuli „als Signale“, d. h. die *Bedeutung-für* spielt eine wichtige Rolle.

Zusammenfassend erklärt die Verfasserin: „The general conception emerging from these studies of the superior colliculus and visual cortex of cats and monkeys is that the cortex processes sensory information in order to determine ‚what the stimulus is‘. The colliculus determines ‚where the stimulus is and where it is going‘ in order to bring the stimulus into the center of the visual field and keep it there.“ (81)

Die Colliculi superiores sind somit eine der wichtigen Schaltstellen in den beiden visuellen Systemen, die man bei Säugetieren gefunden

---

[41] Grüsser u. Grüsser-Cornehls: a.a.O. p. 128. – Einzelheiten zu dem Thema „Eye Movements and Visual Perception“, auf die einzugehen hier zu weit führen würde, in „Conceptual Models of Neural Organization“ ed. J. Szentágothai and M. A. Arbib. Neurosciences Res. Prog. Bull. Vol. 12, No. 3 (Oktober 1974). p. 335 ff.

hat: „We can, to a crude first approximation, talk about two visual systems: the ‚where'system in the midbran and the ‚what'system in the visual cortex."[42] Oder, wie es entsprechend bei BULLOCK heißt: „that the pathway via geniculate to cerebral cortex has the function of determining the ‚what', the pathway to mid-brain tectum that of determining the ‚when and where' of visual stimuli"[43].

Neuere Untersuchungen, über die SPRAGUE auf einer „Work Session" des NRP berichtet hat[44], haben das Bild von der Funktion der Colliculi superiores noch abrunden und verdeutlichen können. (In der Work Session sprach man vom „tectum" statt von den coll. sup., „because tectum applies to all vertebrates and colliculus has been typically restricted to mammals".) (173)

Die verschiedenen Schichten des Coll. sup. – insgesamt kann man mit Einschluß „weißer" Materie, 7 Schichten unterscheiden – sind weitgehend selbständig gegeneinander. (204) Ja, die anatomischen Daten erlauben eine „major functional generalization, namely, that the deeper layers of the tectum receive visual input independent of that obtained from the retina via the superficial part of lamina II". (212) Und zwar erhalten diese „deep laminas afferent visual input from (1) the retina and visual cortices via superficial laminas and intrinsic tectal linkages and (2) directly from the visual cortices, the motor cortex, the cerebellum, and the ventrolateral geniculate (Edwards et al., 1974; Graybiel, 1974)". Hinzukommen die bereits genannten Inputs vom Coll. inf. (akustisch), somatische Inputs sowie Inputs aus der Formatio reticularis (RF). In den tieferen Schichten liegen aber die Neurone, von denen die Verbindungen zu motorischen Neuronen ausgehen. Solche „tectal neurons give rise to tracts strongly driving oculomotor and cervical motoneurons". (211); allgemein, wie es in der „Introduction" heißt: „The tectum, then, is not only intimately associated with the retina and cortex, but, in ‚speaking' directly to the motor system, it constitutes a major link in the transformation of visual information into adaptive motor patterns." (173) Denn: „A major function of the tectum at all levels of vertebrate phylogeny is the orientation of eyes, pinnes, head, and body toward visual and acoustic stimuli in the environment." (178)

Die Spezialisierung des Coll. sup. auf eine „sensorimotor function" wird auch aus Exstirpations-Versuchen deutlich: „the colliculectomized animals were quite incapable of orienting to visible objects or of going from starting position to goal under visual guidance. Yet they showed themselves capable of making a form discrimination when allowed to

---

[42] Conceptual Models of Neural Organization. ed. J. SZENTÁGOTHAI and M. A. ARBIB. Neurosciences Res. Prog. Bull. Vol. 12 (Oktober 1974), No. 3. p. 329.

[43] THEODOR HOLMERS BULLOCK: Operations Analysis of Nervous Functions. The Neurosciences (II) 1970. p. 377.

[44] Sensorimotor Function of the Midbrain Tectum. ed. D. INGLE and J. M. SPRAGUE. Neurosciences Res. Prog. Bull., Vol. 13 (May 1975), p. 173 ff.

guide themselves to the stimulus figure (entrance to goal box) by tactile means. (Gerald Schneider, 1969. Die Versuchstiere waren Syrische Goldhamster[45].)

Daß mit alledem der „Weg" eines visuellen Stimulus vom Rezeptor zur „Transformation" nicht erschöpfend beschrieben ist, dafür nur ein Beispiel: MacLean konnte zeigen, „that units in areas of the posterior parahippocampal cortex are activated by photic stimulation ... a large percentage of responding units in the posterior hippocampal gyrus gave sustained on-responses during illumination of the eye, suggesting that such neurons may signal changes in background illumination and thus possibly play some role in wakefulness, alerting, light-dependent neuroendocrine changes or in all three."[46] Dies fügt sich gut in das oben *(S. 159 ff.)* über die „Orientierungsreaktion" Gesagte ein.

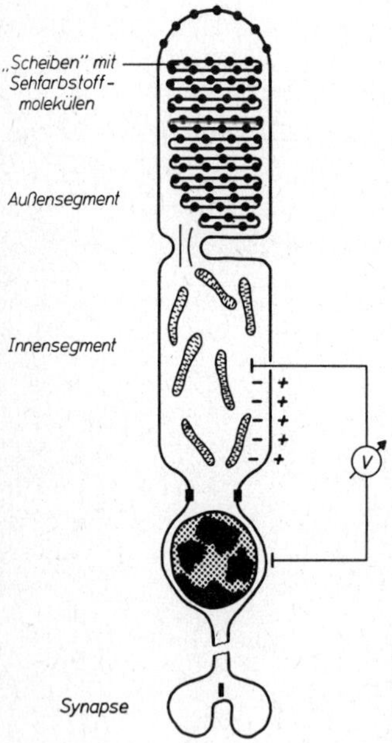

Abb. 18 Wirbeltier-Lichtsinneszelle (Stäbchen). Nach Stieve: Mechanismus der Erregung von Lichtsinneszellen. Naturwiss. Rdsch. 27 (1974). H. 2. S. 45.

45 Richard Held: Two Modes of Processing Spatially Distributed Visual Stimulation. The Neurosciences (II). 1970. p. 323. Vgl. auch: Functional Recovery after Lesions of the Nervous System. ed. E. Eidelberg and D. G. Stein. Neurosciences Res. Prog. Bull. Vol. 12 (June 1974), No. 2, p. 222 ff.

46 Paul D. MacLean: The Triune Brain, Emotion and Scientific Bias. The Neurosciences (II), 1970. p. 342 f.

Chemie der Photorezeption

Die Struktur

In Fortführung des oben *(S. 164 ff.)* über die Struktur der *Retina* Gesagten betrachten wir jetzt ein einzelnes *Stäbchen* (rod), von denen in der Schicht der Photorezeptoren rund 120 Millionen enthalten sind – neben ca. 6 Millionen Zäpfchen für das Farbsehen. An einem solchen Stäbchen können wir *(s. Abb. 18)* ein *Außensegment* und ein *Innensegment* unterscheiden. Das Außensegment enthält 500–2 000 regelmäßig geschichtete Scheibchen, das Innensegment enthält „the metabolic machinery for biosyntheses and energy metabolism“[47]. Auf das Innensegment folgt der Zellkern der Stäbchenzelle und schließlich die Synapse zu den Bipolarzellen.

Das Rhodopsin

Der eigentliche Rezeptor für den optischen Stimulus in den Stäbchen ist das *Rhodopsin;* in den Zäpfchen finden sich entsprechende Sehfarbstoffe, und zwar hat sich gezeigt, daß „drei verschiedene Zapfentypen mit unterschiedlichen Sehfarbstoffen vorkommen“, was „auf Grund sinnespsychologischer Befunde“ bereits vor mehr als 100 Jahren in der „trichromatischen Theorie des Farbsehen von YOUNG und HELMHOLTZ“ gefordert worden war[48].

Rhodopsin ist der Bedeutung und der Menge nach (ca. 85 %) das wichtigste Protein in der Photorezeptor-Membran. Eine topographische Analyse der Membranen (beim Rind) hat ergeben, daß Rhodopsin, das bei einer intakten Membran z. B. von Proteasen auch in höherer Konzentration nicht angegriffen wird, in der Mittelschicht der Membran liegt, es ist „deeply embedded in the hydrophobic core of the phospholipid bilayer, and is only for a small part exposed to the aqueous phase“[49].

Durch die Aufnahme der Lichtenergie wird im Rhodopsin ein Stoffwechselvorgang – ein Kreislauf – in Gang gesetzt, den man, etwas verändert nach WALD, so zusammenfassen kann:

---

[47] S. L. BONTING and F. J. M. DAEMEN: Biochemistry of Visual Pigments in Relation to Visual Excitation. in: Biochemistry of Sensory Functions. (25. Coll. Ges. Biol. Chem., 1974) ed. L. JAENICKE. Berlin, Heidelberg, New York 1974. p. 4.

[48] O.-J. GRÜSSER und U. GRÜSSER-CORNEHLS: Physiologie des Sehens. in: Grundriß der Sinnesphysiologie. herausg. R. F. SCHMIDT. (Heidelbg. TB) Berlin, Heidelberg, New York 1973. S. 111.

[49] F. J. M. DAEMEN, P. J. G. M. VAN BREUGEL, and S. L. BONTING: On the Topography of Photoreceptor Membranes. in: Biochemistry of Sensory Functions. a.a.O. 329 f.

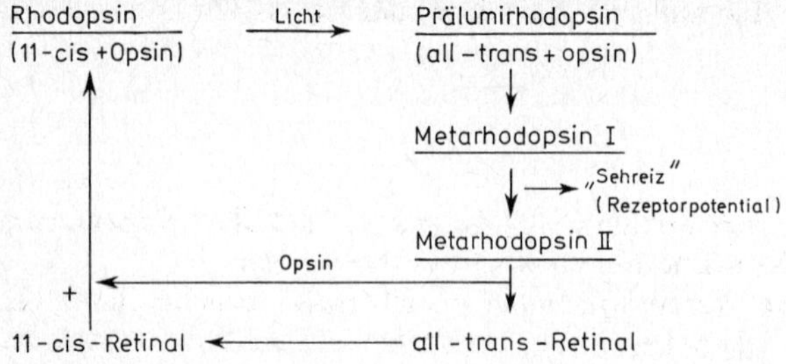

Der **Sehzyklus** nach WALD aus: D. OSTERHELT: Vergleichende Aspekte der Photorezeption von Retinal-Proteinkomplexen in: Biochemistry of Sensory Functions. p. 66

„The visual mechanism begins with the absorption of a photon by a molecule of rhodopsin, located in the rod sac membrane or photoreceptor membrane."[50] Rhodopsin ist ein Chromoprotein; es besteht aus einem Eiweiß-Bestandteil, dem *Opsin,* und der chromophoren Gruppe, dem *Retinal.* Retinal ist ein Oxydationsprodukt des Vitamin A, es kommt in zwei Formen vor: als *11-cis-Retinal* und als *all-trans-Retinal.*

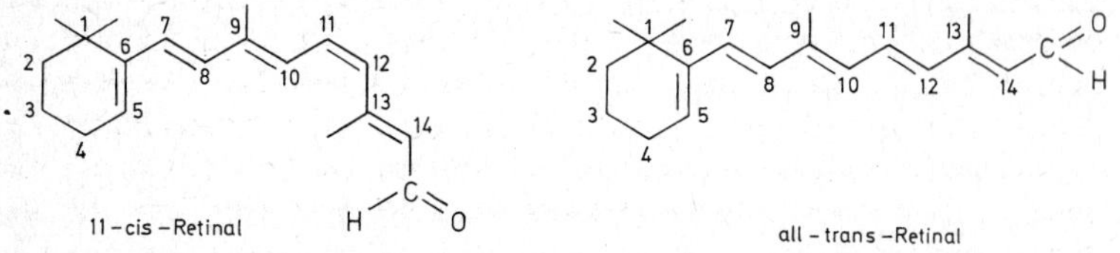

In der Dunkelheit ist das 11-cis-Retinal an das Opsin gebunden und zwar als sog. *Schiffsche Base,* die aus der Vereinigung eines primären Amins mit einem Aldehyd entsteht:

$$R_1{-}NH_2 + OCH{-}R_2 \rightarrow R_1{-}N{=}CH{-}R_2 + H_2O.$$

Die Bindungsstelle ist eine freie Aminogruppe der Aminosäure Lysin, eines der Bausteine des Opsins.

Aufnahme der Lichtenergie führt zu einer Strukturänderung des Retinals: aus der 11-cis-Form entsteht die all-trans-Form; als Folge davon kommt es zu einer Konformationsänderung des Opsins, die stufenweise verläuft *(s. d. obige Schema):* Rhodopsin → Prälumirhodopsin → Metarhodopsin I → Metarhodopsin II; schließlich trennt sich das Retinal vom Opsin.

Der Übergang vom Metarhodopsin I zum Metarhodopsin II ist wahrscheinlich die Phase, in der der Nervenimpuls, der „Lichtreiz" und damit das „Rezeptorpotential" entsteht. Damit das Stäbchen wieder funktionsfähig ist, muß das Rhodopsin zurückgebildet werden, was

[50] BONTING/DAEMEN: a.a.O. p. 1.

voraussetzt, daß das all-trans-Retinal wieder in 11-cis-Retinal umgewandelt wird.

Die Potentiale

Man muß bei der Erregung des Rezeptors und der Weiterleitung dieser Erregung insgesamt drei Potentiale unterscheiden:

a) *Das primäre Rezeptorpotential* (engl. early receptor potential, abgekürzt ERP). Schon bei den ersten Stufen der Konformationsänderung des Rhodopsins treten schwache Spannungssignale auf, die man auch als „schnelle Fotospannung“ bezeichnet, sie sind offenbar eine Folge der „Umfaltung“ des Rhodopsins[51].

b) *Das sekundäre Rezeptorpotential* (late receptor potential, LRP): Jetzt verändert sich das Membranpotential der Lichtzelle. Die Zwischenprozesse sind noch nicht genau bekannt, man weiß nur, daß es zu einer „Widerstandsänderung der Zellmembran des Photorezeptors und einer Änderung des Ruhemembranpotentials“ kommt[52].

Einige wichtige Einzelheiten sind bereits aufgefunden worden: Es handelt sich bei der Erregung der Photorezeptoren ähnlich wie bei der Erregung der Nervenzelle um eine Veränderung der Membranpermeabilität für Ionen. Im Ruhezustand, im Dunkeln, beträgt das Ruhepotential der Photorezeptorzelle –20 bis –40 mV, ist also innen negativ gegen außen. Genau wie bei der Nervenzelle ist der Gehalt an Kalium-Ionen, K^+, innen groß, der an Natrium-Ionen, Na^+, außen groß. Bei der Nervenzelle wird durch die Erregung die Permeabilität der Membran für Na^+ stark erhöht, Na^+ strömen ein, das Potential wird positiv gegen außen – es kommt zur *Depolarisation* der Zelle. Bei der Photorezeptorzelle ist es genau umgekehrt: durch die Erregung wird die Zelle innen stärker negativ gegen außen: *Hyperpolarisation.* Nur angemerkt sei, daß interessanterweise bei den Invertebraten der Vorgang umgekehrt läuft, hier wird der Photorezeptor durch das Licht depolarisiert.

Eine der Ursachen für das Verhalten des Vertebraten-Photorezeptors ist, daß nach Korenbrot und Cone (1973) die Außenmembran des Außensegments „selective permeable to sodium ions in the dark“ ist[53]. Die Na^+ „can enter the rod outer segment at least 100 times easier than they can leave it“. Das eingedrungene Natrium muß wieder entfernt werden (analog wie nach der Erregung einer Nervenzelle), dazu bedarf es der Energie: die Na^+ werden *aktiv* nach außen transportiert. So

---

[51] Henning Stieve: Mechanismen der Erregung von Lichtsinneszellen. Naturw. Rdsch. 27 (1974). S. 48.

[52] O.-J. Grüsser und U. Grüsser-Cornehls: a.a.O. S. 111 f.

[53] Henning Stieve: On the Ionic Mechanisms Responsible for the Generation of the Electrical Response of Light Sensitive Cells. in: Biochemistry of Sensory Function. a.a.O. p. 81.

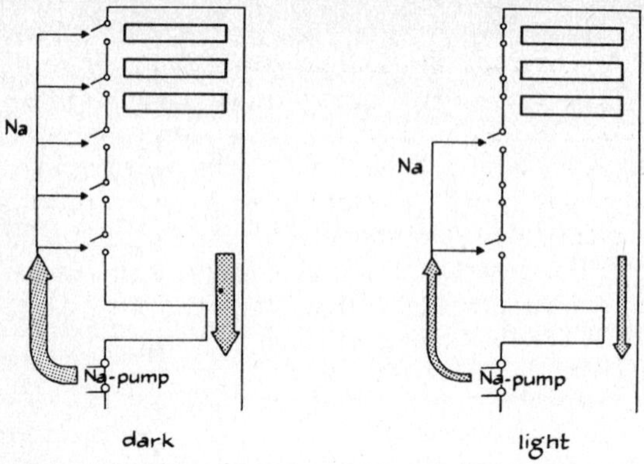

Abb. 19 Der Natrium-Strom im Wirbeltierstäbchen (schematisch). (Aus: BONTING-DAEMEN: Biochemistry of visual pigments in relation to visual excitation. In 32.)

ergibt sich für den Dunkelzustand das Bild eines Na^+-Stroms – der sog. Dunkelstrom *(s. Abb. 19)*[54].

Die Folge der Lichteinwirkung ist nun, wieder nach KORENBROT und CONE, eine Reduzierung des Na^+-Einstroms und damit des Dunkelstroms: „Light causes a selective permeability decrease of the cell membran of the rod outer segment for sodium ions. This is the cause of a transient decrease of the dark current and a hyperpolarization of the cell membrane."[55]

Auch über die Art dieser Änderung der Membran-Permeabilität hat man sich Vorstellungen gemacht: wieder wie in so vielen neurobiologischen Vorgängen spielen hier Calcium-Ionen, Ca^{2+}, eine wichtige Rolle. BONTING und DAEMEN stellten sich die Frage: „how is the signal of the photolysis of a rhodopsin-molecule in the photoreceptor membrane transmitted to the outer membrane, which is separated by a 75–400 Å space from the nearest photoreceptor membrane?"[56] Und sie griffen eine Hypothese von YOSHIKAMI und HAGGINS (1973) auf: „that calcium ions act as a transmitter between the two membranes." Dabei sollen die Scheibchen als „calcium stores" dienen. Nach dieser Vorstellung sollen dann die Calcium Ionen „diffuse to the outer membrane and close sodium channels", also die Poren, durch die die Na^+ eindringen können, verschließen. Eine Modifikation dieser Annahme ergab sich durch eine Diskussionsbemerkung von WALD zu dem Vortrag der beiden Autoren, daß nämlich „the Ca^+ concentration is also high in the extracellular fluid and works equally on cones as on rods by working on the plasma membrane itself by closing off Na^+ channels through the plasma membrane"[57]. BONTING und DAEMEN erwiderten darauf: „The presence of a high calcium concentration near the outer membrane

[54] S. L. BONTING and F. J. M. DAEMEN: a.a.O. p. 15.
[55] Nach STIEVE: Ionic Mechanisms . . . p. 81.
[56] BONTING and DAEMEN: a.a.O. p. 16.
[57] a.a.O. p. 21.

appears to have the same effect on the sodium permeability of this membrane as the bleaching of rhodopsin.“ Doch wird der Dunkelstrom nicht nur durch die Blockierung der Na^+-Poren reduziert, sondern auch durch eine Verminderung des „aktiven Transports“: „The active transport of sodium and potassium is due to a membrane bound ATPase which is activated by sodium, potassium and magnesium ions, but inhibited by calcium ions.“[58] Das besagt, daß der aktive Transport durch ein Enzym bewirkt wird, das aus dem „Energieakkumulator“ der Zelle, dem Adenosintriphosphat (ATP), die benötigte Energie freisetzt.

Chemorezeption

Einleitung

Eine objektive Empfangsbereitschaft von Organismen für Signale aus der Umwelt besteht nicht nur für energetische Signale wie Licht und Schall, sondern auch für materielle, also für chemische Substanzen wie bei *Geruch* und *Geschmack*. Die hier auftretenden Probleme haben nicht nur in sich große biologische Bedeutung, sondern auch durch ihren Zusammenhang mit anderen verwandten Erscheinungen, und dies in doppelter Richtung: auf der einen Seite bestehen sicherlich Beziehungen zur *Synapsenübertragung* im Nervensystem, denn letztlich handelt es sich ja auch hier um eine *chemische* Signalübertragung und Auswertung; auf der anderen Seite bestehen Beziehungen zur *Nahrungsaufnahme* bei niederen Lebewesen, speziell bei Bakterien, bei der die Substanzen zugleich als Signal und als Nahrung dienen. In allen diesen Fällen haben die Organismen spezifische *Empfänger,* die die betreffenden externen Substanzen „erkennen“ können. Eine molekulare Untersuchung wird zu zeigen haben, worin ein solches „Erkennen“ besteht, und welche chemischen Vorgänge ihm zugrunde liegen.

Sowohl bei den chemischen Sinnen als auch bei der Synapsenübertragung muß der stoffliche Stimulus zu einem Aktionspotential im Empfangsapparat führen, das die Weiterleitung des Signals bis zur Transformation in die Nachricht gewährleistet. Bei den Bakterien, um bei diesem Beispiel zu bleiben, muß die Aufnahme und Verarbeitung des stofflichen Stimulus einmal das Verhalten beeinflussen, zum anderen aber auch die Weiterleitung der Nahrungssubstanz zur Verarbeitung im Innern ermöglichen, also zum *Stofftransport* führen.

Eine Untersuchung der Chemorezeption bei Bakterien erweist sich in der schon einmal betonten Hinsicht als wichtig auch für unsere Fragestellung: sie erlaubt die Untersuchung elementarer Vorgänge sozusagen im „Reinzustand“, die möglicherweise in höheren Organismen

---

[58] Stieve: a.a.O. p. 84.

in deren Verhaltensganzheiten mitwirken. Koshland jr. betont diese Möglichkeit sehr deutlich:

„The signalling process in these bacteria is certainly not as complex as in higher species with a central nervous system, but it could quite possibly use similar biochemical principles. The information is received at receptors on the surface, as in higher species. The signal is processed and transmitted to motor organs as in higher species. The distance the signal must travel is much shorter, but the stimulus is transmitted and does elicit a behavioral response. The response to specific chemicals is analogous to the specific responses in higher organisms, e. g. odor in man and pheromones in insects. ... The bacteria utilize ‚memory' in the sense that it allows the bacterium to compare its past with its present. This memory is very short, but it requires a biochemical mechanism which allows an integration over time. ... The level of some chemical or membrane potential seems critical for the signal to the flagella. Moreover, the inputs to this level from a variety of attractants and repellents act as a summation process. Such levels could logically be related to equivalent levels in a neuron."[59]

Chemotaxis und Chemorezeption bei Bakterien

Positive und negative Chemotaxis

„Motile bacteria are attracted to a variety of chemicals – a phenomenon called chemotaxis", schreibt Julius Adler, und fügt hinzu: „Although chemotaxis by bacteria has been recognized since the end of the 19th century, ..., the mechanisms involved are still almost entirely unknown. How do bacteria detect the attractants? How is this sensed information translated into action; that is how are the flagella directed?"[60] Aus dieser Definition und Problemstellung folgt schon, daß es sich bei der Chemotaxis um die Wirkung von *Signalen* aus der Umwelt handelt, um die Wirkung stofflicher Signale, die dann in den meisten Fällen auch als Nahrung dienen.

Verstehen wir unter *Taxien* – im Unterschied zu den *Kinesen,* bei denen durch spezifische Reize ungerichtete Bewegungen ausgelöst werden – „räumlich orientierte reizabhängige Bewegungsänderungen"[61], so sind die Taxien Beispiele eines von außen ausgelösten und gesteuerten Verhaltens. Dabei kann die Steuerung *passiv* oder *aktiv* sein: S

---

[59] Daniel E. Koshland Jr.: The Chemotactic Response in Bacteria. in: Biochemistry of Sensory Functions. (25. Coll. Ges. Biol. Chemie. 1974) ed. L. Jaenicke. Berlin, Heidelberg, New York 1974. p. 154.

[60] Julius Adler: Chemoreception in bacteria. in: Olfaction and Taste. IV. (Proc. of the Fourth Intern. Symposium.) ed. D. Schneider. Stuttgart 1972. p. 70.

[61] Günter Tembrock: Grundriß der Verhaltenswissenschaften. 2. Aufl. (Grundbegr. d. mod. Biol. Bd. 3.) Stuttgart 1973. S. 39.

zieht das System Σ an und Σ folgt passiv (z. B. bei der Phototaxis), oder S wirkt auf Σ als „Ziel“, das Σ dann aktiv anstrebt.

Bei der Chemotaxis ist der Stimulus eine *chemische Substanz,* die den Organismus auf sich ausrichtet und ihn – aktiv oder passiv – anzieht oder abstößt. Ist die Substanz ein *attractant,* kann der Mechanismus der Steuerung im einfachsten Fall ein Diffusionseffekt sein: Von einer „Quelle“ aus breitet sich der attractant durch Diffusion aus und wird dabei zunehmend verdünnt. Der Organismus folgt dem so entstehenden Konzentrationsgradienten in Richtung wachsender Konzentration bis zur Quelle. Einfachstes Beispiel für Stimulussteuerung: in einer Wunde sondern die beschädigten Zellen eine Substanz ab, das *Leukotaxin,* das sich im Gewebe allmählich ausbreitet. Die Leukozyten folgen dem Konzentrationsgradienten bis zur Wunde und nehmen dort den Kampf mit den eingedrungenen Erregern auf. Beispiel für eine entsprechende Steuerung beim Menschen: Polizisten, durch einen leichten Leuchtgasgeruch alarmiert, folgen der zunehmenden Intensität des Gasgeruchs bis zur Wohnung, in der das Gas ausströmt.

Bei der negativen Chemotaxis haben die Substanzen eine abstoßende Wirkung. Biologisch wichtig ist, daß bei Bakterien „most substances that act as repellents are harmful to the organisms“. Interessant ist, daß „the ability of a substance to harm the organism is unrelated to the mechanism of chemotaxis“[62], eine Trennung der Wirkungen der Stimulus-Substanz, die in etwa der Unterscheidung der pathogenen und antigenen Wirkung eingedrungener Erreger entspricht.

Was wird entdeckt?

„To learn about the mechanism that bacteria use to detect attractants, it is important first to know *what* is being detected. One possibility is that the attractants themselves are detected. In that case, extensive metabolism of the attractants would not be necessary for chemotaxis. There is another possibility: the attractants themselves are not detected but, instead, some metabolite of the attractants is detected (for example, the pyruvate inside the cell); or the energy produced from the attractants, perhaps in the form of adenosine triphosphate, is detected. In these cases, metabolism of the attractants would be necessary for chemotaxis.“ Die dieser Frage gewidmeten Untersuchungen haben ergeben, daß „the attractants themselves are detected“[63], und zwar unabhängig von ihrer Bedeutung als Nahrung. ADLER schreibt: „some chemicals that *E. Coli* are unable to utilize for food or even to alter in any way do attract the bacteria.“[64]

---

[62] JULIUS ADLER: Chemotaxis in Bacteria. in: Biochemistry of Sensory Functions. (25. Coll. Ges. f. Biol. Chem. 1974) ed. L. JAENICKE. Berlin, Heidelberg, New York 1974. p. 116.

[63] a.a.O. p. 107.

[64] JULIUS ADLER: The Sensing of Chemicals by Bacteria. Scientific American *234* [1976]. No. 4, p. 43.

Substanz und Empfänger

Zum Verständnis der Chemotaxis benötigen wir zunächst die Kenntnis folgender „Faktoren“: a) die Stimulus-Substanz; b) ihre Bedeutung für den Organismus, ob sie also ein attractant oder ein repellent ist; und c) einen Rezeptor des Organismus, der die Substanz von anderen unterscheidet und mit ihr so reagiert, daß das entsprechende Verhalten des Organismus ausgelöst wird.

Als *attractants* dienen (bei *E. coli)* z. B. Zucker wie Galaktose, Glucose, Ribose, sowie Aminosäuren wie Asparaginsäure und Serin[65]. Als *repellents* wirken z. B. Carbonsäuren (wie Essigsäure, Buttersäure), Alkohole und hydrophobe Aminosäuren (wie Leucin, Tryptophan)[66].

Die *Rezeptoren* sind sehr spezifiziert: während die repellents im allgemeinen gruppenspezifisch wirken – z. B. die oben genannten chemischen Stoffklassen je auf denselben Rezeptor –, wirken die attractants entweder als kleinere Gruppen – z. B. neben Galaktose auch Glucose und Fucose – oder streng individual-spezifisch – z. B. nur Fructose oder nur Maltose[67].

E. coli z. B. „has at least 20 different chemosensors, about 12 for attractants and about eight for repellents“[68].

Der *Rezeptor* im Organismus ist oder enthält ein *Protein:* „Each chemoreceptor is presumed to utilize a protein – the ‚recognition component‘ – to bind specifically the chemicals it can detect. This protein is believed to be in or associated with the cytoplasmic membrane, and to be a part of the transport system“[69], das den als Nahrungsstoff dienenden Stimulus ins Innere bringt. Dies gilt für alle Rezeptor-Proteine: „All the binding proteins or chemoreceptors, identified so far as being involved in chemotaxis play a dual role.“ Dabei sind „the sensing and the transport branches of this dual system independent. Transport is not required for sensing and sensing is not required for transport“[70].

Der Vorgang

Ist kein Gradient vorhanden, schwimmen die Bakterien für etwa eine Sekunde ruhig in gerader Richtung (a ‚run‘), dann wird ihre Bewegung für weniger als eine Sekunde richtungslos, „they tumble“ (a „twiddle“ or series of „twiddles“) und schwimmen dann wieder weiter in einer zufälligen neuen Richtung. „Increasing attractant concentrations cause cells to tumble less frequently, while increasing repellent concentrations cause more tumbling; on the other hand, decreasing concentrations cause the opposite effect (more tumbling for attractants and less

---

[65] Adler: Chemotaxis in Bacteria. a.a.O. p. 110.
[66] a.a.O. p. 118.
[67] Adler: a.a.O. p. 115.
[68] Adler: The Sensing of Chemicals . . . a.a.O. p. 44.
[69] Adler: Chemotaxis . . . a.a.O. p. 118.
[70] Adler: The Sensing of Chemicals . . . a.a.O. p. 44.

tumbling for repellents)."[71] Bei der positiven Chemotaxis also „avoid the bacterial low concentrations and accumulate in the region of higher concentration"[72]. Dabei ist die Wirkung bei den attractants relativ lange: „A sharp positive gradient suppressed tumbling in some cases for as long as thirty minutes. Sharp negative gradients increased tumbling for as long as thirty seconds, but never as long as thirty minutes."[73]

Damit entsteht jetzt die Frage nach der bereits erwähnten *memory* der Bakterien *(o. S. 186)*. KOSHLAND Jr. schreibt: „The memory in this case allows the bacterium to select its movement in a gradient situation in such a way as to optimize biological properties."[74] Größere Lebewesen könnten einen Konzentrationsgradienten mit geeigneten Sinnesorganen erkennen, mit „spatial sensors which provide an instantaneous analysis of differing concentrations at the head and the tail". Das Bakterium mit einer Länge von nur 2 µm ist dazu nicht in der Lage, da ein entsprechender Gradient zwischen head and tail = 1 part in 10^4 betrüge. Hier tritt nun die Bewegung und damit die „memory" in Funktion: „A memory which allows the bacterium to move through space by 10 or 100 body lengths would allow the bacterium to measure the concentrations difference which it must detect." (a.a.O.)

In einer neueren Arbeit[75] versteht KOSHLAND jr. die „zufälligen" Richtungsänderungen des Bakteriums als eine Art *Suchen:* „The random motion of bacteria through space is used to sense gradients by incorporation into the bacteria a simple memory system. The bacterium compares the concentration observed at t_1 with the concentration at t_2. If it is going up a favorable gradient ($C_2 > C_1$) tumbling is suppressed. If it is going in an unfavorable direction ($C_2 < C_1$), for example down a gradient of attractant, the difference increases tumbling so the bacteria sets off in a new direction."

Versuche mit gleichzeitiger Einwirkung eines positiven und eines negativen Gradienten ergaben: „the quantitative behavior was that of a system which integrated the signals from the repellent and the attractant to produce a net effect"[76] – also ein Beispiel für eine „Datenverarbeitung" etwa wie bei einem Neuron, das gleichzeitig erregende und hemmende Inputs algebraisch addiert.

---

71 ADLER: Chemotaxis ... a.a.O. p. 125.

72 ADLER: Chemoreception in bacteria. a.a.O. p. 78.

73 DANIEL E. KOSHLAND Jr.: The Chemotactic Response in Bacteria. in: Biochemistry of Sensory Functions. a.a.O. p. 141.

74 KOSHLAND Jr.: a.a.O. p. 142.

75 D. E. KOSHLAND Jr.: Bacterial chemotaxis as a simple model for a sensory system. Trends in Biochemical Sciences (TIBS). *1* (1976) No. 1 p. 2.

76 KOSHLAND Jr.: The Chemotactic Response, a.a.O. p. 145.

Ein Modell-Versuch

Als W. Grey Walter vor einigen Jahrzehnten mit seinen „künstlichen Schildkröten" experimentierte, denen er so hübsche Namen wie „Elmer", „Elsie" und „Cora" gegeben hatte, stieß er auch auf ein Problem, das gleichsam eine Ergänzung zu dem soeben besprochenen Bakterienexperiment bildet: nämlich die gleichzeitige Einwirkung zweier gleicher positiver Gradienten auf einen Organismus bzw. auf sein Modell.

Das Modell, dessen Verhalten Walter in seinem Buch erörtert[77], war „Elsie" = *e*lectro *l*ight *s*ensitive with *i*nternal and *e*xternal stability. Ihrer Funktion nach war sie eine *Machina speculatrix*. Ihre Einrichtung war nicht sehr kompliziert: „zwei Miniaturröhren, zwei Relais, zwei Kondensatoren, zwei kleine elektrische Motoren und zwei Batterien." Hinzu kommen eine fotoelektrische Zelle und ein Berührungskontakt. Das Ganze ist auf ein Gestell auf Rädern montiert und ist selbst beweglich. Walter schreibt dazu: „Selbst die mit solcher Sparsamkeit im Aufbau dargestellten Variationen von Verhaltensweisen sind verwickelt und unvorhersagbar."

Die erste Schaltung in M. spec. sorgt dafür, daß das Gerät sich im Dunkeln ähnlich wie ein Bakterium bewegt: „Wie die ruhelosen Lebewesen in einem Tröpfchen Teichwasser bewegt sie sich geschäftig in einer Reihe von Kurven umher" – als „suche" sie nach einem Reiz. Sobald ein Lichtstrahl die Fotozelle trifft, hört das „Suchen" auf, M. spec. bewegt sich auf das Licht zu: positiver Fototropismus. Aber nicht bis ganz hin zur Lichtquelle: eine zweite Schaltung – negativer Fototropismus – sorgt dafür, daß M. spec., sobald die Intensität des Lichts einen Schwellenwert übersteigt, umkehrt und zurückweicht.

„Setzt man vor *M. speculatrix* in gleicher Entfernung zwei gleichstarke Lichtquellen, wird sie sich nicht auf die Mitte der beiden einstellen, sondern erst die eine und dann die andere aufsuchen."[78] Walter weist selbst auf die Parallele dieser Situation zu „Buridans Esel" hin, der zwischen zwei völlig gleichen (solo loco verschiedenen) Heubündeln verhungern müsse, und meint, M. spec. könne auf diese Weise diesem Dilemma entgehen. Das ist natürlich nicht der Fall[79], da auch jeder reale Esel dem Dilemma auf die gleiche Weise entgehen würde: er fängt an, auf der einen Seite zu fressen. Die entscheidende Frage ist: warum beginnt der Esel z. B. links? Weil die Bündel natürlich nicht ganz gleich sind und weil auch der Esel kein vollsymmetrisches System ist. Macht man aber die beiden Halb-Systeme = Hälfte des Esels plus zugehörigem Heubündel, exakt gleich, solo loco

---

[77] W. Grey Walter: Das lebende Gehirn. Dt. v. Gertrud Walther. Köln, Berlin 1961. S. 138 ff.

[78] W. Grey Walter: a.a.O. S. 139.

[79] Vgl. dazu H.-J. Flechtner: Grundbegriffe der Kybernetik. 5. Aufl. Stuttgart 1970. S. 305 f.

verschieden, dann gibt es keine Entscheidung: Entscheidung zwischen A und B setzt irgendeine Ungleichheit von A und B voraus; das ist der Sinn dieses Gedankenexperiments. Ebenso bei M. spec.: w e l c h e Lichtquelle ist „die eine“, die sie zuerst ansteuert? und warum diese? In der Praxis: Können Menschen sich nicht entscheiden, „zählen sie an den Knöpfen ab“ oder spielen „Kopf oder Schrift“ – sie lassen den *Zufall* entscheiden.

Wie steht es nun aber bei unserem Bakterium?

Ist sein Verhalten allein durch die positive Chemotaxis bedingt, ist es ein echter Chemotropismus? Dann wird es durch den Stimulus angezogen und in den Gradienten hineingezogen. Es folgt dem „stärkeren“ Stimulus bzw. M. spec. folgt einer Unsymmetrie der beiden auftreffenden Lichtstrahlen auf der Fotozelle u. dgl. Gibt es nun auch eine Sättigungsschwelle, die das Bakterium zur Umkehr bringt? Ob ein Hinweis von Silhavy auf Untersuchungen von Mesibov et al., die ergaben, daß „galactose chemotaxis is strongly inhibited at galactose concentrations around 1 mM“[80] eine solche Möglichkeit andeutet, ist angesichts der sehr komplizierten Vorgänge dabei zweifelhaft.

Wirken aber die beiden Stimuli als *Signale,* so muß das Bakterium wie im Versuch mit den beiden verschiedenen Stimuli diese Signale „verarbeiten“, muß sozusagen „entscheiden“, welchem Signal es sich zuerst zuwendet, in welchen Gradienten es sich hineinbewegt.

Eine Entscheidung zwischen diesen beiden Verhaltensweisen und ebenso ein Verständnis der „Inputverarbeitung“ beim Versuch mit den beiden verschiedenen, einander entgegengerichteten Stimuli, setzen voraus, daß man genauere Einblicke in die Vorgänge in der Zelle gewinnt – und dies wäre dann auch eine Hilfe für das Verständnis der Inputverarbeitungen im Neuron. Erste Schritte in dieser Richtung bedeuten die Untersuchungen von Silhavy u. Mitarb. über das GBP:

Ein Beispiel: das GBP[81]

Das *Galactose-bindende Protein* (GBP) ist der erste Chemorezeptor, der aus *E. coli* isoliert werden konnte (Anraku, 1968). GBP erfüllt in *E. coli* zwei Funktionen: „From the combination of biochemical and genetic analysis, it is clear that GBP is an essential component for galactose transport as well as for galactose chemotaxis.“ (184)

Das Protein: Bestimmungen des Molekulargewichts des isolierten GBP ergaben Werte von 36 500, die „indicate that GBP exists in solution as a monomer“. (169) Doch liegt GBP offenbar in zwei Konformationen vor, wobei die Bindung des Substrats zu einer Konforma-

---

[80] T. J. Silhavy, W. Boos, and H. M. Kalckar: The Role of Escherichia Coli Galactose-Binding Protein in Galactose Transport and Chemotaxis. in: Biochemistry of Sensory Functions. 1974. p. 199.

[81] Silhavy u. Mitarb.: a.a.O. p. 166 ff. (Seitenzahlen der Zitate im Text in Klammern.)

tionsänderung führt: „A thorough examination of the binding properties of GBP by equilibrium dialysis provided evidence for the substrate induced conformational change" (170). Dabei werden von 1 mol GBP 2 Mol Galactose gebunden. Fluoreszenz-Analyse ergab, daß an der Bindung im GBP die Aminosäure Tryptophan beteiligt ist (172 ff.), ja, daß bei der Bindung von Galaktose und Glucose *(s. o. S. 188)* „a tryptophan residue in the active site is being affected somewhat differently by the two sugars". (176)

Die beiden Konformationen von GBP – State I und State II – stehen in Lösung im Gleichgewicht miteinander, wobei II/I ⟨⟨ 1 (179). Wichtig ist, daß die Experimente – auf deren Einzelheiten wir hier nicht eingehen können – „clearly demonstrated that it is the galactose-GBP complex and not free galactose itself that must be recognized by the cytoplasmic membrane for its subsequent steps in transport or chemotaxis". (190)

Zusammenfassung der Ergebnisse: „There are three characteristic properties of the protein which occur upon substrate binding and which could conceivably be important for the GBP-membrane interaction:

„1. *Conformational change* – diese aber „does not involve an extensive refolding of the polypeptide backbone. ... It seems rather to involve only small changes in the binding-site region of the protein."

„2. *Alteration in surface charge:* sie aber „probably is not the major factor in the GBP-membrane interaction."

„3. *Appearance of the second low-affinity galactose binding site:* Dies führte die Autoren dazu, „to suspect that the second site was not really a substrate binding site, but rather a recognition site for a membrane-bound glycoprotein." (200 f.).

Geruch und Geschmack

Beim Übergang von den Bakterien zu größeren, höher organisierten Tieren, genauer: beim Übergang von den Wasser- zu den Landtieren finden wir eine Differenzierung der Chemotaxis in „Geruch und Geschmack". „In aquatic animals", lesen wir bei KALMUS, „the border line between taste and smell can be somewhat blurred, but in terrestrial animals taste is mediated through water soluble substances at a short distance, while the molecules of odorous substances which may be insoluble in water can travel considerable distances."[82]

Als „chemische Sinne" haben *Geruch* und *Geschmack* viel Gemeinsames: beide werden durch substantielle Stimuli ausgelöst, beide sind Arten nicht nur der Chemorezeption sondern auch der Chemotaxis und zwar auch dies in den beiden Formen (s. o.), die man etwa als

---

[82] H. KALMUS: Minimum Central Faculties necessary for Complex Chemical Perceptions. in: Olfaction and Taste, IV. ed. D. SCHNEIDER. Stuttgart 1972. p. 161.

„angelockt werden" bzw. „abgestoßen werden" und als „suchen nach" bzw. „vermeiden" kennzeichnen kann. Beim *Geschmack* wird das Suchen-nach oft durch den *Geruch* ausgelöst; gesteuert wird es letztlich durch die *Memoria,* die„Erfahrung", daß das, was so und so duftet oder „aussieht", angenehm schmeckt. Auch sonst wirken Geruch und Geschmack oft zusammen, eine alltägliche Erfahrung beim Essen. „Da die Mundhöhle offen mit dem Nasenraum in Verbindung steht, können Geschmackstoffe zu den Geruchsrezeptoren der Nase diffundieren und entsprechende Empfindungen verursachen."[83] So kommt es zu Misch-Empfindungen, so daß man z. B. schwer sagen kann, ob man Chloroform oder SO_2 riecht oder schmeckt.

Man kann allgemein sagen: „Was in der Umgangssprache als ‚Geschmack' einer Speise oder eines Getränkes bezeichnet wird, ist fast immer eine Empfindung, die aus Geschmacks- und Geruchskomponenten zusammengesetzt ist, die jedoch als einheitlich erlebt wird."[84]

Geruch

„It is well known that the smell of houses, woods, harbours and similar ambiences is not only remembered over long periods but may also have very strong evocative powers."[85] Dieses Faktum bedeutet nicht nur ein interessantes Phänomen für die Gedächtnisforschung, sondern ist auch ein Grund dafür, daß wir gerade auf die „chemischen Sinne" etwas genauer eingehen. Allerdings würde eine Darstellung der anatomischen und physiologischen Grundlagen des Riechens – und das Gleiche gilt für das Schmecken – etwa ebenso viel Raum beanspruchen wie die des Sehens, aber auch viele Parallelen dazu aufweisen. Wir müssen darauf verzichten und beschränken uns hier auf einige Punkte, speziell auf diejenigen, bei denen Beziehungen zu dem bei den Bakterien Gefundenen deutlich werden, m. a. W. auf die auch hier auffindbaren *elementaren Vorgänge.*

Spezifität: Die Spezifität der olfaktorischen *Rezeptoren* für die verschiedenen Substanzen – man hat geschätzt, daß durch den Geruch mindestens 10 000 verschiedene Gerüche unterschieden werden können[86] – ist ähnlich differenziert wie bei den Bakterien: Spezifität für einzelne Substanzen, für Substanzgruppen und – was hier hinzukommt – eine Fähigkeit, Mischgerüche zu erkennen und zu unterscheiden. KALMUS schreibt dazu: „Chemoreceptors may be highly spe-

---

[83] H. ALTNER: Physiologie des Geschmacks. in: Grundriß der Sinnesphysiologie. herausg. R. F. SCHMIDT. (Heidelbg. TB) Berlin, Heidelberg, New York 1973. S. 198 f.

[84] KLAUS EYFERTH: Die Chemischen Sinne des Menschen. Handb. d. Psychol. Bd. I, 1. herausg. W. METZGER. Göttingen 1966. S. 250 f. (Hervorhebung von mir.)

[85] KALMUS: a.a.O. p. 165.

[86] EYFERTH: a.a.O. S. 252.

cific substances as for instance the queen substance in the honey bee group and several sex attractants in moths. ... In contrast to these highly specified detectors is the integrated working of several classes of more generalized detectors, which we believe are implicated in the recognition of complex odour mixtures, which are highly specific either for individuals or for groups. ... Mixtures differing in absolute and relative concentrations are yet recognized as pertaining to the same objects."[87] KALMUS gibt ein interessantes Beispiel für das Erkennen des „individual human body odour" durch den Hund: „The only individuals, whose odours well trained dogs mistake for each other are those of monozygotic (identical) twins."[88]

Untersuchungen von VARESCHI an der Honig-Biene haben die Art der Spezifizierung der Rezeptoren verdeutlichen können. Untersucht wurden einzelne Zellen „from the antennal plate sensilla of worker, drone and queen-bees. Each of these sensilla is innervated by 5 to 35 olfactory receptor cells. ... These cells could be arranged in 10 reaction groups. The cells of each group respond only to a certain group of substances, called the ‚reaction spectrum' of these cells. ... It appears that the different spectra do not overlap and that the steric and chemical differences of these odors inside a given spectrum are sometimes even more distinct than those of odors in different spectra"[89].

In etwas anderer Sicht lesen wir bei ALTNER: „Wir wissen bisher nur, daß die Riechzellen *individuelle Reaktionsspektren* aufweisen. Jede einzelne Zelle reagiert also auf zahlreiche Stoffe; die Auswahl dieser Stoffe aber ist von Zelle zu Zelle verschieden. ... Offenbar werden Geruchsreize ... in der Weise codiert, daß bei gegebener Konzentration *jedem Duftstoff ein bestimmtes Erregungsmuster* entspricht, das sich über einer großen Population von Sinneszellen ausbildet. Das *relative Erregungsniveau zahlreicher Receptoren* enthält demnach die Information über die Art des Duftstoffes." Auch hier finden wir also eine Art *Synthese* zu einem „Ganzen", was den individuellen „human body odour" und sein Erkennen durch den Hund verständlicher macht als die Annahme einer bloßen „mixture".

Die Empfindlichkeit der Rezeptoren kann außerordentlich hoch sein. So ist es „beim Seidenspinner, einem Schmetterling, gelungen nachzuweisen, daß ein *einzelnes* auf die Membran einer Sinneszelle auftreffendes *Molekül* des vom Weibchen erzeugten Lockstoffes ausreicht, um ein *fortgeleitetes Aktionspotential* auszulösen"[90].

Die Rezeptoren: Die Vielzahl unterschiedener Stimuli und die Verflechtung ihrer Wirkungen, z. B. bei der Synthese zu „Ganzheiten", sind Gründe, weshalb wir bis heute über Natur und Funktion der Re-

---

87 KALMUS: a.a.O. p. 162 f.

88 a.a.O. p. 163.

89 E. VARESCHI: Single cell response and odor-discrimination in the honeybee. Olfaction and Taste IV. a.a.O. p. 187.

90 H. ALTNER: a.a.O. S. 209 f.

zeptoren noch wenig wissen. Ein Beispiel einer Rezeptor-Untersuchung wollen wir kurz betrachten:

Ein Geruchsrezeptor in der Wander-Heuschrecke – der sog. „grass-odor receptor" – wurde von KAFKA genauer untersucht[91]. Der Rezeptor reagiert auf „fatty acids, unsaturated aldehyds, and alcohols". „Energy transfer between odor molecule and acceptor was interpreted to consist of two types of non-covalent bond elements: one due to non-directed bonding of the hydrocarbon structure and the other to more directed binding of the functional group. ... Cell excitation presumably is based on a *change of conformation* within the structure of the acceptor itself." (174)

Als Testsubstanzen dienten in einer ersten Versuchsreihe *Butansäure* = n-Valeriansäure (H_3C-CH_2-CH_2-COOH), *3-Butensäure* (H_2C=CH-CH_2-COOH) und *2-Butensäure* (H_3C-CH=CH-COOH). Zur Ermittlung evtl. sterischer Wirkungen wurde in den drei Säuren bei der zweiten Versuchsreihe jeweils ein H-Atom durch eine CH_3-Gruppe ersetzt. Die Fragestellung war: „Do methyl groups disturb the odor molecule-acceptor interaction itself or do they disturb the resulting effect of the interaction, such as a conformational change?" (175) Gewertet wurde die Anzahl der Säuremolekeln pro cm^3 ($\pm$ 20 %), die nötig waren, um eine konstante Reaktion (40 $\pm$ 3 Impulse pro sec.) bei einer Rezeptorzelle (Durchschnitt von 20 Zellen) hervorzurufen. *(s. Abb. 20)*

2-Butensäure war offensichtlich am wirksamsten, aber auch 3-Butensäure war noch wirksamer als Butansäure. „Therefore any conforma-

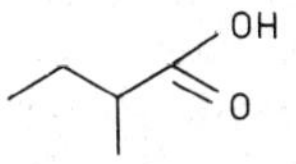

1,d -2-Methyl-butansäure
$1 \cdot 10^{15}$ *

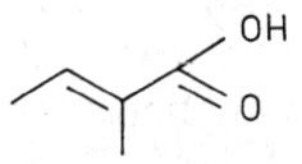

t-2-2-Methyl-butensäure
$4 \cdot 10^{15}$

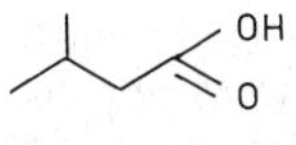

3-Methyl-butansäure
$1 \cdot 10^{15}$

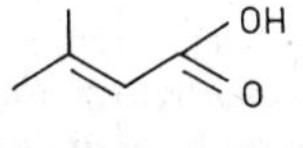

t-2-3-Methyl-butensäure
$4 \cdot 10^{15}$

* Anzahl der Molekeln wie oben im Text

Abb. 20 Butensäuren und ihre Methylderivate. (Nach KAFKA, An olfactory acceptor in the migrating locust. In 300.)

---

91 W. A. KAFKA: An olfactory acceptor in the migratory locust. Olfaction and Taste IV. a.a.O. p. 174 ff. (Hervorhebung von mir.)

tional change of the structure of the odor molecule within the binding site is negligible.“ (176)

Unter den methylierten Säuren sind die gesättigten am wirksamsten. Da diese „are more effective than the unsaturated ones, their methyl group must be in positions (during interaction) where they do not hinder sterically“. (177)

Als Schlußfolgerung heißt es bei KAFKA: „The effectiveness of interaction between the odor molecule and the acceptor site in this special group of cells seems to depend on the probability that a molecule has to fit into a narrow groove of very precise construction.“ (178)

Geschmack

Beim Geschmack finden wir sehr ähnliche Verhältnisse wie beim Geruch. Nur ist es hier möglich gewesen, die Fülle der Geschmäcke zu ordnen: „Die Geschmacksempfindungen können vier *Grundempfindungen,* süß, sauer, salzig und bitter zugeordnet werden.“[92] Außerdem nimmt man noch zwei *Nebenqualitäten* an: alkalisch und metallisch. (199) Doch erscheint schon in der alltäglichen Erfahrung diese Reduktion auf vier Grundklassen etwas mager, und so schreibt auch KALMUS, man werde „considerable reservations concerning the existence of only four taste modalities“ haben[93]. Die tatsächlichen Verhältnisse werden an einer Aussage von ANSCHÜTZ deutlich: „Es gibt eine Fülle komplexer Geschmäcke, die nach den Gegenständen benannt werden. ‚Erdbeere, Brot, Fleisch, Wein, Zitrone, Pilze‘ haben Besonderheiten, die sich nicht auf Grundqualitäten zurückführen lassen, wenngleich diese mit in sie eingehen.“[94] Und das besagt: wir haben es auch beim Schmecken wieder mit *Ganzheiten* zu tun, die durch Synthese aus den elementaren Empfindungen entstehen, aus ihnen allein aber nicht erklärt werden können.

Die Ergebnisse der physiologischen Untersuchungen, wie sie ALTNER zusammenfaßt, entsprechen den psychologischen: „Weder die Sinneszellen noch die fortführenden Fasern sind qualitätsspezifisch empfindlich. Vielmehr werden in der Regel Reize aus mehr als einem Qualitätsberich beantwortet.“[95] Die Fasern antworten aber „insofern *abgestuft spezifisch,* als bei Reizung mit einer Geschmackstofflösung von bestimmter Konzentration die Frequenz der einzelnen Fasern ungleich stark zunimmt. Wir bezeichnen die jeweils typischen Muster der Erregungszunahme einzelner Fasern auch als die *Geschmacksprofile* dieser Fasern“. (202) „Die abgestufte, relative Spezifität der Geschmacks-

---

[92] H. ALTNER: Physiologie des Geschmacks. a.a.O. S. 195 ff.

[93] KALMUS: a.a.O. p. 161.

[94] GEORG ANSCHÜTZ: Psychologie. Hamburg 1953. S. 214. (Hervorhebung von mir.)

[95] H. ALTNER: a.a.O. p. 202 ff.

fasern beruht 1. auf der abgestuften relativen Spezifität der Sinneszellen und 2. auf der Aufzweigung der Geschmacksfasern unter Ausbildung von rezeptiven Feldern. ... Im Hinblick auf die *Codierung* einer Reizsituation ergibt sich, daß aus der Aktivität einer *einzelnen* Faser *keine* eindeutige Information über Qualität und Konzentration entnommen werden kann. Erst ein Vergleich des *Erregungsniveaus* mehrerer Fasern gibt über das Auftreten charakteristischer Entladungsmuster Auskunft über die Qualität. Bei gegebener Qualität ist die Impulsfrequenz jeder einzelnen Faser ein Maß für die Konzentration der Reizsubstanz. Die Merkmale einer Reizsubstanz werden also in der Weise codiert, daß sich jeweils komplexe aber charakteristische *Erregungsmuster* über einer großen Zahl gleichzeitig aber unterschiedlich reagierender Neurone ausbildet." (204)

Über eine interessante Besonderheit des Geschmacksorgans berichtet BRADLEY: „There is evidence that the taste receptor can be stimulated by chemicals in the blood stream. Sensation of taste produced by intravenous injection have often been reported. Recently, it has been shown that the rat can experience a taste sensation following the intravenous injection of sodium saccharin."[96]

Rezeptoren: Auch hier kommt es primär zu einer „*Wechselwirkung* zwischen Molekülen eines Geschmacksstoffes und speziell differenzierten Stellen in der Membran der Sinneszelle, den *Acceptormolekülen*". (209) Wahrscheinlich ist der erste Schritt eine *Adsorption.*

Einzeluntersuchungen der Geschmackspapillen beim Rinde haben ergeben, „that a taste bud papillae („Geschmacksknospen") have a much higher content of lipids, especially phospholipids per dry weight of the tissue, than papillae and epithelium without taste buds. These results suggest that phospholipids in taste buds may play an important part in the taste perception."[97]

Speziell der „sweet-sensitive receptor" bei der Ratte und beim Rind ist Gegenstand vielfältiger Untersuchungen geworden. Er ist ein *Protein,* und in der Ratte ist dieses „binding protein considered to have a molecular weight larger than 100,000", während es beim Rinde ein MG von 150 000 hat[98]. Bei der Ratte besteht eine gewisse Wahrscheinlichkeit (high possibility) dafür, daß das Protein ein *Glykoprotein* ist[99].

Wie die Tiere, die dieses sweet-sensitive protein haben, diese „süßen" Substanzen empfinden, ist allerdings eine Frage, die kaum beantwortet werden kann. Hier bleibt es bei streng *behavioristischen* Unter-

---

[96] ROBERT M. BRADLEY: Duplexity of taste receptor loci. Olfaction and Taste IV. a.a.O. p. 273.

[97] K. KURIHARA, N. KOYAMA and Y. KURIHARA: Chemical architecture and model system of gustatory and olfactory receptor membrane. Olfaction and Taste IV. a.a.O. p. 237.

[98] Y. HIJI and M. SATO: Properties of sweet-sensitive protein extracted from the rat tongue. a.a.O. p. 222.

[99] a.a.O. p. 224.

suchungen: ob die Tiere auf Substanzen, die der Mensch als „süß“ empfindet, in bestimmter Weise reagieren, und wenn ja, ob sie so bei allen „Süßstoffen“, also nicht nur bei Zucker, sondern auch bei Saccharin oder z. B. bei dem merkwürdigen „süßen“ Protein *Thaumatin*[100] entsprechend reagieren.

---

[100] H. van der Wel: Thaumatin, the sweet-tasting protein from *Thaumatococcus Daniellii* Benth. a.a.O. p. 226 ff.

Erste Verarbeitung

Einleitung

1. Wir haben beim Sehen aus naheliegenden Gründen den Weg der Stimuli „vom Rezeptor zum Cortex“ in Stationen aufgeteilt. Diese Aufteilung läßt sich aber bei der Behandlung der „Ersten Verarbeitung“ nicht streng aufrechterhalten. Einmal, weil wir auch hier eine verwirrende Vielzahl von Lokalisationsproblemen zu behandeln hätten, zum anderen aber, weil funktionell die „Verarbeitung“ ein einheitlicher Vorgang ist, ein V-Ganzes, das zunächst *molar* untersucht werden muß. Die Einheitlichkeit betont besonders RUBINSTEIN: „der periphere Rezeptor und der zentrale Rindenapparat funktionieren als ganzheitlicher Apparat. ... Das Wesentliche besteht dabei nicht einfach darin, daß an den Rezeptionen eines äußeren Reizes sowohl der periphere Rezeptor als auch der zentrale Rindenapparat beteiligt sind, sondern im gemeinsamen Akt der peripheren und des zentralen Endes ein und desselben Apparates als einheitliches Ganzes.“[1]

Die Input-Verarbeitungen im physiologisch-optischen Bereich sind durch eine Fülle feinster experimenteller Untersuchungen weitgehend bekannt, weit mehr bekannt, als wir in unserem Abriß darstellen konnten. Auch über die Verarbeitungs-Vorgänge in den einzelnen Stationen haben wir Einzelheiten anführen können. Aber es ist heute noch nicht möglich, das „Ganze“ selbst in den Griff zu bekommen. Doch gibt es zusammenfassende Untersuchungen, die einige prinzipielle Gesichtspunkte hervorheben und einen Überblick über das Ganze erlauben. Auf zwei dieser Untersuchungen wollen wir etwas näher eingehen.

2. Auch hier kommt es wieder darauf an, die *Probleme* möglichst genau zu fassen. Ein zentrales Problem ist nach MOUNTCASTLE: „how is it that a central detector, itself composed of neurons, reads with such accuracy the location of neural activity in a related group of cells, and reads the sign of the quality of the stimulus as well?“[2]

Reduziert man diese allgemeine Fragestellung auf die Physiologie, so kommt man etwa zu der Formulierung von GRANIT: „Physiology is

---

[1] SERGEJ L. RUBINSTEIN: Sein und Bewußtsein. bearb. u. dt. herausg. v. H. HIEBSCH. Akademie Verlag Berlin 1962. S. 184.

[2] V. B. MOUNTCASTLE: The Neural Replication of Sensory Events in the Somatic Afferent System. in: Brain and Conscious Experience. ed. J. C. ECCLES. Berlin, Heidelberg, New York 1966. p. 88.

chiefly engaged in finding out how simple transducer properties are played upon by the nervous system in order to reproduce a representation of the world around us and of the state of our own body."[3]

Einen Schritt weiter in eine verfeinerte Untersuchung führt dann die Feststellung von CREUTZFELDT: „One of the maine aspects of coding within the nervous system is the spatial arrangement of its elements, the relations between them, and the combination of signals arriving at any given ganglion cell and at groups of ganglion cells from the different input sources of the periphery."[4]

3. Damit ist der Übergang zur *molekularen* Betrachtung der Input-Verarbeitung gegeben. Da diese selbst die *unspezifischen Elemente* der V-Ganzheit „Input-Verarbeitung" zu behandeln hat, also Vorgänge, die auch bei der weiteren Verarbeitung, z. B. zu den memoriellen und mnemischen Engrammen, eine Rolle spielen, werden wir diese erst in den nächsten beiden Abschnitten behandeln.

Redundanztheorie der Wahrnehmung

Eine Grundlage für die „Redundanztheorie der Wahrnehmung" (wie wir kurz sagen wollen) von H. B. BARLOW ist in der „Conclusio" seines Vortrags „Detection of Form and Pattern by Retinal Responses"[5] ausgesprochen als ein Fazit der Arbeiten von HARTLINE, LETTVIN, KUFFLER, HUBEL und WIESEL sowie seiner eigenen Untersuchungen:

„One should regard the retina as a device for abstracting information from the retinal image which is of special importance to the animal. In doing this it is the spatio-temporal patterns of luminance in the image that are important, whereas the overall luminance has to be discounted. ... Detection of pattern features of this order of complexity (a vertically oriented, slowly moving edge z. B., d. Vf.) can be done by a single neuron (with its connected network of bipolars, horizontals, and amacrines) and does not require cooperation of an ensemble of ganglion cells."[6]

---

[3] RAGNAR GRANIT: Sensory Mechanisms in Perception. in: Brain and Conscious Experience. a.a.O. p. 116.

[4] OTTO D. CREUTZFELDT: Some Principles of Synaptic Organization in the Visual System. The Neurosciences (II). 1970. p. 630.

[5] in: Physics and Mathematics of the Nervous System. ed. M. CONRAD, W. GÜTTINGER, and M. DAL CIN. Berlin, Heidelberg, New York 1974. p. 205 ff.

[6] a.a.O. p. 209.

Redundanz der Stimuli

In der Einleitung zur neueren Darstellung seiner These von der Redundanz der Stimuli spricht BARLOW von den „physical stimuli affecting the receptors“ und formuliert seine Grundthese: „There is not much room to doubt the main conclusion that these messages are highly redundant, and that the redundant features of the sensory scene are extremely important for the animal, regardless of any transformation or encoding its nervous system may perform: one function of our perceptual mechanisms must certainly be to identify redundancy in the sensory stimuli.“[7]

Dieses Erkennen von Redundanz ist aber nicht sozusagen „Selbstzweck“, sondern ist ein wichtiger Schritt in der Input-Verarbeitung. So heißt es in einer früheren Fassung der These: „The essence of the notion is that the nervous system does not form associations directly with the input but first *recodes the input into a less redundant form* suitable for associating directly with actions and response.“[8]

Nach dieser These besteht also ein wesentlicher Teil der Verarbeitung der Inputs auf dem Wege von der Retina bis zur „Wahrnehmung“ in einer *Redundanz-Verminderung* der Inputs. BARLOW führt dazu näher aus: „If one extends the idea, and supposes that different codes are found and utilized in different environments of sensory stimulation, the task of redundancy reduction seems to go deeper than simply processing information for pattern recognition. Probabilities of sensory events and joint probabilities of groups of events are required to select a code, and the selection made reflects in some manner this store of information. A redundancy reducing code selected for a particular environment of sensory stimulation thus represents much stored information about that environment.“[9] Entsprechend heißt es in der neueren Fassung kurz: „Attneave and I have made the suggestion that it is a primary function of sensory centres to recode the incoming messages in such a way as to reduce redundancy while preserving much of the information.“[10]

Was ist Redundanzverminderung?

Verstehen wir unter *Redundanz* (R) im alltäglichen Sinne das „Überflüssige“ in einer Nachricht, also eine „Weitschweifigkeit“ der Formulierung, so besteht eine Verminderung von R darin, dieses „Über-

---

[7] BARLOW: Redundancy and Perception. Physics and Mathematics a.a.O. p. 458.

[8] H. B. BARLOW: Trigger Features, Adaptation and Economy of Inputs. in: Information Processing in the Nervous System. ed. K. LEIBOVIC. Berlin, Heidelberg, New York. 1969. p. 209.

[9] BARLOW: Trigger Features . . . a.a.O. p. 210.

[10] BARLOW: Redundancy . . . a.a.O. p. 463.

flüssige" wegzulassen, nicht zu registrieren und zu speichern. Dies gilt – wenigstens was das Speichern betrifft – auch für die *positive Redundanz,* die in eine Nachricht eingebaut ist, um Mißverständnisse zu vermeiden und evtl. Übertragungsfehler auszugleichen, z. B. wie bei einem redundanten Telegramm-Text: eintreffe morgen mittwoch 13. April. . . .

Ein kurzer Umweg durch die *Informationstheorie* erlaubt, dies etwas exakter zu formulieren: Eine Nachricht enthält *Information* für mich, wenn sie mir etwas „Neues" mitteilt. „Neu" aber ist für mich an einer Nachricht, was ich noch nicht weiß, was ich daher nicht „voraussehen", nicht „erraten" kann. Anders ausgedrückt: das *Unwahrscheinliche.* Somit kann man sagen: „Eine wenig wahrscheinliche Nachricht liefert, grob gesprochen, mehr Information als eine Nachricht von höherer Wahrscheinlichkeit."[11]

Redundant an einem Signal oder einer Nachricht ist also nicht nur das, was ich weglassen kann, ohne den Inhalt der Nachricht zu verändern, sondern auch und vor allem das, was ich auf Grund des Übrigen erraten oder erschließen kann: dies bringt mir nichts eigentlich Neues, überträgt keine Information.

Erschließen oder erraten kann ich aber nicht nur auf Grund des „Übrigen" in der Nachricht, sondern vor allem mit Hilfe dessen, was ich *weiß,* was ich früher gelernt habe.

BARLOW vergleicht nun zwei Nachrichten miteinander, um R-Erkenntnis und R-Verminderung zu verdeutlichen: Wenn „messages appeared to be arriving completely at random, with no regularity or pattern", dann werden diese „messages ... have low redundancy and the information gained by receipt ..., is, on the average, nearly as high as the constraints imposed by the channel allow to be. ... If there was any departure from the apparently random arrival ..., this would enable one to make some predictions about the message, and this would decrease the average gain of information. – Contrast this with a channel, ... where the messages are highly redundant. Because of the regularity or pattern of this arrival one can form expectations at any moment, based on the messages received up to that moment and the known patterns, and these reduce the average information gained from each message"[12]. Und: „if one considers the set of physical messages received by sensory receptors it is immediately obvious that this is a high redundancy situation. There is obviously much regularity or structure." (a.a.O.)

Wir mußten auf diese informationstheoretische Seite eingehen, weil BARLOW sich in beiden Fassungen bemüht, seine Thesen informationstheoretisch zu fundieren. Es möchte uns aber doch zweifelhaft erscheinen, ob damit viel gewonnen ist und ob gerade Begriffe wie „Redun-

---

[11] ERICH MITTENECKER und ERICH RAAB: Informationstheorie für Psychologen. Göttingen 1973. S. 35.

[12] BARLOW: Redundancy . . . a.a.O. p. 459.

danz“ und „Redundanzverminderung“ hier viel zum Verständnis beitragen können. Wir glauben, daß wir von psychologischer Seite dem Gemeinten näher kommen können, wobei sich dann zeigen wird, daß es sich nicht nur um eine „erste“ Verarbeitung der Inputs handelt sondern um die grundlegende Inputverarbeitung, die jedes „Verhalten in einer Situation“ bestimmt, ja überhaupt erst möglich macht.

Lesen wir ein geschriebenes oder gedrucktes Signal, also eine Folge von Zeichen, so „lesen“ wir ja nicht die Buchstaben sondern Wörter, ja Satzteile und kurze Sätze „unmittelbar“. Sehen wir hinaus in eine Landschaft, so „sehen“ wir nicht die unendliche Mannigfaltigkeit einzelner Stimuli, die die Rezeptoren treffen, sondern „sehen“ Gegenstände, Personen, sehen „die Landschaft“ gegliedert in Vordergrund und Hintergrund usw. Wir „sehen“ unmittelbar, ob ein Stein „fällt“ oder nach unten „geworfen“ wird usw. usw. Wir erfassen unmittelbar die Regelmäßigkeiten, Muster, Beziehungen, Gesetzmäßigkeiten – soweit wir sie „kennen“, und zahllose aufgenommene Einzelheiten „übersehen“ wir, weil sie zwar zur Bildung der jeweiligen Ganzheit mitwirken, aber „in ihnen“ gleichsam verschwinden. M. a. W.: diese erste Verarbeitung ist das Phänomen der *Gestaltbildung,* der unmittelbar im Aufnehmen erfolgenden Zusammenfassung, Ordnung und Gliederung der Einzel-Stimuli zu Ganzen und Gestalten und deren Stellung und Beziehungen in dem übergeordneten Ganzen, das wir „als Situation“ usw. aufnehmen. Letztlich ist es also das Phänomen des *chunking* (G. A. MILLER, s. I, 86 u. 245 ff.), von dem wir nur sagen können, daß dabei zahlreiche Faktoren zusammenwirken, nicht zuletzt auch das *Kurzzeitgedächtnis* (STM) und das *Langzeitgedächtnis* (LTM) (I. 87), und – und dies ist wichtig – daß alles dies sozusagen „automatisch“, ohne ein besonderes Bewußtsein der mitwirkenden Tätigkeiten geschieht. „What we actually perceive“ heißt es bei KÖHLER, „are, first of all, specific entities such as things, figures etc, and also groups of which these entities are members“ (I, 243) – und dies eben unmittelbar, ohne bewußtes Erinnern, ohne Denken und Kombinieren, ohne bewußte Synthesen u. dgl.

Dies ist die Situation einer „ersten Verarbeitung“ der Stimuli, die es physiologisch zu analysieren und erklären gilt – wenn auch berechtigte Zweifel bestehen, ob dies jemals gelingen wird.

Die „Aktualgenese“ und eine These von RENSCH

1. Aus einer anderen Sicht können wir diesem Problem aber vielleicht doch etwas näher kommen. Die physiologischen Betrachtungen über den Weg der Situations-Stimuli vom Rezeptor bis zur „Endgestalt“, von der wir annahmen, daß sie das physische Gegenstück zur bewußten „Wahrnehmung“ sei, haben deutlich gemacht, daß die Ausbildung die-

ser „Endgestalt“ über zahlreiche Verarbeitungsstellen verläuft: die Endgestalt wird schrittweise aufgebaut. Legen wir die Parallelismus-Theorie der psycho-physischen Zuordnung zugrunde und die von ihr geforderte Isomorphie des psychischen und physischen Geschehens – eine Voraussetzung, die übrigens in geeigneter Modifikation, nämlich statt Isomorphie ein-eindeutige Zuordnung, auch für eine strenge Wechselwirkungstheorie gelten dürfte – so besagt dies: auch die psychische *Wahrnehmungsgestalt*, das psychische „Abbild“ der Situation, müßte entsprechend nicht „mit einem Schlage“, sondern ebenfalls schrittweise aufgebaut werden.

Diese Annahme schlägt eine Brücke zur Theorie der *Aktualgenese* (SANDERS): das „Entstehen einer Gestaltwahrnehmung aus komplexhaft-ganzheitlichen Vorgestalten. Allgemeiner auch der Prozeß vom ersten, diffusen Eindruck bis zum vollgegliederten Erlebnis“[13]. Auch psychologisch gesehen durchläuft also die Wahrnehmungsgestalt verschiedene Stadien. Ob bzw. wieweit sich diese Stadien den physiologischen zuordnen lassen, ist eine naheliegende, aber noch offene Frage. Jedenfalls ergibt sich hier die Möglichkeit (Denkmöglichkeit) einer Zuordnung, wobei eine abermals neue Sicht in den Blick tritt: eine These von BERNHARD RENSCH:

2. Auch nach dieser These lassen sich Beziehungen zwischen Signalgestalt und Wahrnehmungsgestalt vermuten, die einer genaueren Untersuchung wert sein könnten. 1952 veröffentlichte RENSCH seine wohl im allgemeinen sehr skeptisch aufgenommene „psychophysische Hypothese“ über die „psychischen Komponenten der Sinnesorgane“[14].

Von den Grundthesen, in denen RENSCH seine „Arbeitshypothese“ vorgreifend formuliert, seien hier zwei genannt:

„1. Sowohl Empfindungen als auch Vorstellungen laufen nicht Vorgängen in der Hirnrinde, sondern in (bzw. an) den Sinneszellen der Sinnesorgane parallel.

„2. Die Neuronen des Hirns ... haben nur die Funktion, durch Erregungsleitung Empfindungen und Vorstellungen in mannigfachster Weise zu assoziieren und assoziative Residuen (Engramme) zu bilden. Sie ermöglichen infolge amphidromer Leitfähigkeit (die aber antidrom über Synapsen hinweg zu sensiblen Fasern stark abgeschwächt ist) die Vorstellungsauslösung in den Sinneszellen.“

Zu diesen Thesen ließ sich gewiß vieles sagen – interessant ist vielleicht, daß aus informationstheoretischer Sicht ROSENBLATT zu einer sehr ähnlichen These gekommen ist. Er schreibt: „What is it that distinguishes the representation of some information in the higher nervous system from its representation in the retina? The fact is that there is no logical distinction whatsoever, as far as the representation of infor-

---

[13] Nach DORSCH/TRAXEL: Psychologisches Wörterbuch. 8. neubearb. u. erw. Aufl. Hamburg und Bern 1970. S. 12.

[14] BERNHARD RENSCH: Psychische Komponenten der Sinnesorgane. Stuttgart 1952. S. 10 ff.

mation is concerned. If we required no more than the representation of information in the nervous system in order to say that an individual ‚perceives', then we would be obliged to admit that perception must occur at the retinal level."[15] Der Ausweg, den ROSENBLATT aus dieser „seemingly paradoxical situation" anbietet, das weitere „requirement that the information be *available (accessible)* for controlling the responses of the organism" führt über die gegenwärtige Fragestellung hinaus.

Jedenfalls können wir, weder vom physiologischen noch vom psychologischen Standpunkt aus, Wahrnehmung nicht auf eine „representation of information in the nervous system" reduzieren – was auch RENSCH offensichtlich nicht tut. Damit entsteht die Frage, wie sich für RENSCH das Problem einer vollständigen und differenzierten *Wahrnehmungsgestalt* stellt.

Wir lesen bei RENSCH: „wenn man einmal ganz unvoreingenommen das optisch auf der Retina entworfene Bild mit dem völlig lückenlosen visuellen Erlebnis vergleicht, wird man doch sagen müssen, daß beide einander außerordentlich gut entsprechen, daß aber die Erregungsverteilung auf den weiteren Stufen der Sehbahn, in der Ganglienschicht der Retina, im Corpus geniculatum laterale und schließlich in der Sehsphäre dem keineswegs mehr genau entspricht."[16]

Was nun speziell die „Gestalt" angeht, erklärt RENSCH: Die Hypothese setzt voraus, „daß die Phänomene physiologischen Vorgängen in der Retina selbst parallel laufen. Hier werden viele Sinneszellen zugleich erregt, es muß also primär eine Gestalt wahrgenommen werden, die unmittelbar dem Retinabilde entspricht"; und: „Phänomenologisch ist die Gestalt auch auf Grund der ästhetophysischen Hypothese als etwas Primäres zu betrachten."[17] Und schließlich:

„Es bedarf also gar nicht spezifischer psychophysischer Sonderprozesse. Nur die Verknüpfbarkeit mit einem Erregungsablauf und damit das Eintreten in einen Bewußtseinszusammenhang schafft die Möglichkeit, daß einem Ich etwas bewußt wird. Dieses Eintreten in einen Bewußtseinszusammenhang kommt normalerweise in den auf Außeneinwirkungen spezialisierten Sinneszellen zustande, die einen ‚Reiz' in Erregung umwandeln."[18]

Auch zu diesen Sätzen wäre vieles zu sagen, speziell der „Gestaltpsychologe" wird hier zahlreiche Fragezeichen setzen *(vgl. etwa das Zitat von* WOLFGANG KÖHLER *oben S. 203).* Aber uns geht es hier nicht um eine kritische Untersuchung und Beurteilung dieser Arbeitshypothese, sondern wir glauben, daß in den angeführten Sätzen auch eine Antwort auf unser Problem enthalten ist.

---

[15] F. ROSENBLATT: Perceptions and Cognitive Systems. in: Lernende Automaten. (Fachtagung d. Nachr. techn. Ges. im VDE 1961.) München 1961. S. 229 f.

[16] RENSCH: a.a.O. S. 85. [17] a.a.O. S. 120.

[18] RENSCH: a.a.O. S. 173.

Verbinden wir nämlich die These von der „Gestalt" des Retinabildes und vom „Eintreten in einen Bewußtseinszusammenhang" bereits im Sinnesorgan mit der Theorie der Aktualgenese der Wahrnehmungsgestalt, so kommen wir zu der Folgerung, daß das Retinabild die erste und früheste *Vorgestalt* (im physiologischen Sinne) sein und damit der frühesten psychischen Vorgestalt entsprechen könnte. Und das bedeutete, daß – ganz im Sinne der Parallelismus-These bzw. ihrer Konsequenz – alle Vorgestalten *bewußt* sind – sei es unbemerkt, unbeachtet oder, in der Selbstbeobachtung, auch „beachtbar", d. h. in der Reflexion faßbar. (vgl. dazu Bd. I. S. 82 f.) Der ganze Vorgang der Verarbeitung der Situations-Stimuli bis zur Endgestalt wäre damit gleichsam in einem entsprechenden Vorgang der Bildung der Wahrnehmungs-Gestalt aus ihren Vorgestalten abbildbar, „spiegelt" sich in ihnen – wobei noch keinerlei Annahmen über die Art der Zuordnung, der Abbildung oder „Spiegelung" gemacht worden sind, letztlich also auch darüber, ob man der Parallelismus- oder der Wechselwirkungs-These zustimmt.

Dann gäbe es aber keine einheitliche *Transformations-Phase,* sondern jede physiologische „Vorgestalt würde sofort in eine entsprechende psychische „Vorgestalt" transformiert bis zur Endgestalt in beiden Bereichen.

Damit hätten wir, von einem etwas anderen Ausgangspunkt aus, einen Anschluß an die alte Frage der Lokalisation des Bewußtsein im „highest level" des ZNS, ein „Bild, welches noch solche Köpfe wie SHERRINGTON und H. JACKSON bezauberte, dem gegenwärtigen neurobiologischen Denken (aber) anachronistisch erscheint". „Die Verknüpfung des Psychischen mit dem Nervalen", fährt EY fort, „erfolgt in Wirklichkeit bereits in den tiefsten Organisationsschichten des Nervensystems. Die höheren Ebenen psychischer Aktivität sind durch ihre Abhängigkeit von den cerebralen Strukturen nicht festgelegt, sondern geöffnete Funktionskreise. Der highest level nervaler Aktivität wird zwar durch die Hirnrinde fundiert, dies aber in Abhängigkeit von ihren Infrastrukturen."[19]

Sensory Substitution

Daß die „erste Verarbeitung" noch viele unbekannte Probleme enthält, dafür nur ein Beispiel: Bei seinen Versuchen mit Affen, denen die Frontallappen entfernt worden waren („frontal lobe animals") und mit anderen, bei denen beide Temporallappen entfernt worden waren („temporal lobe animals"), kam DENNY-BROWN zu folgender Feststellung: „In terms of direct reaction we might generalize these differen-

[19] HENRY EY: Das Bewußtsein. dt. v. K. P. KISKER. Berlin 1967. S. 114.

ces by concluding that the frontal lobe animal had a defect in behavior directed by vision, with *overreaction* to contactual and auditory stimulation, whereas the temporal lobe animal had defective auditory response with *overreaction* to visual, contactual, and perhaps olfactory behaviour."[20] Entsprechend heißt es bei WEISKRANTZ mit einem Hinweis auf die funktionelle Bedeutung dieses Phänomens: „An animal who has impairment seems to have some sort of *compensation*, perhaps through acquired experience, which enables him to learn things in the other modality rather more rapidly."[21]

Während diese Ergebnisse eine gewisse Umstellung oder zentrale „Umschaltung" anzeigen mögen, die dem Lebewesen erlauben, den Verlust einer Sinnesmodalität in gewissem Sinne zu kompensieren, haben praktische und klinische Erfahrungen, über die BACH-Y-RITA berichtet, zu Schlüssen geführt, daß derartige „Umschaltungen" schon auf dem sensoriellen Niveau, bei der „ersten Verarbeitung" möglich sein können. Der Autor spricht von einer *Sensory Substitution.* BACH-Y-RITA führte dazu aus[22]:

„Our own endeavors at the Smith-Kettlewell Institute of Visual Sciences have been directed toward development of a *tactile vision substitution system* (TVSS) to present pictorial information to the blind. Briefly, with the TVSS, optical images picked up through a television camera are presented as a two-dimensional pattern of pulses to a mosaic of stimulators arranged on the skin of the trunk. Information of the patterned stimuli is then transmitted via the ascending somatosensory system to cortical areas for analysis and interpretation. Several factors indicate that the pictorial information can be interpreted as ‚visual': For example, after sufficient training with the TVSS apparatus, including learning the motor control needed to direct the camera to the visual field, our blind subjects report *experiencing the picture as located in space in front of them* rather than on their skin."[23] Trotz erstaunlicher Erfolge in der erworbenen Fähigkeit des Blinden „to make perceptual judgments and discriminations" u. a. stehen die Versuche für eine praktische Anwendung des TVSS noch in den Anfängen, aber, wie man wohl sagen darf, in hoffnungsvollen Anfängen.

---

20 D. DENNY-BROWN: The Frontal Lobes and their Functions. in: Modern Trends in Neurology. ed. A. FEILING. Butterworths. 1951. auszugsweise abgedr. in Memory Mechanisms. ed. K. H. PRIBRAM. (Penguin mod. Psychol. Brain and Behaviour. 3. 1969. p. 377.) (Hervorhebung von mir.)

21 LAWRENCE WEISKRANTZ: Central Nervous System and the Organization of Behavior. in: The Organization of Recall. ed. D. P. KIMBLE. New York 1967. p. 279. (Hervorhebung von mir.)

22 P. BACH-Y-RITA: Plastic Brain Mechanisms in Sensory Substitution. in: Cerebral Localization. (An O. Foerster Sympos.) ed. K. J. ZÜLCH, O. CREUTZFELDT, G. C. GALBRAITH. New York, Heidelberg, Berlin 1975. p. 203 ff.

23 a.a.O. (Hervorhebung von mir.)

Wichtig sind zunächst die theoretischen Ergebnisse. Bach-y-Rita kommt zu dem Schluß: „Our studies have revealed that information normally received through one sensory system, the visual, can be received through another, the somatosensory. This demonstrable fact is dependent on plastic neural mechanisms." (203) Und in den „Conclusions" – wir müssen für Einzelheiten der theoretischen Darlegungen auf das Original verweisen – heißt es sogar: „Experiments with such persons using the TVSS have demonstrated that a brain which has never been exposed to visual information can quickly adapt to such information, can develop visual means of analysis, and can receive such information transmitted over nonvisual pathways." (213)

Diese Sensory Substitution ist für Bach-y-Rita ein Spezialfall der Plasticity of the Nervous System. Er definiert: „In a more narrow sense, I have defined *sensory plasticity* as ‚The ability of one sensory system (receptors, afferent pathways and CNS representation) to assume the functions of another system, with the qualification, that the functions of specialized receptors ... cannot be performed by other natural receptors, but must be supplied by artificial receptors."[24]

---

[24] Bach-y-Rita: Plasticity of the Nervous System. in: Cerebral Localization. 1975. a.a.O. p. 313.

DIE ENGRAMME

Einleitung

Problemstellung

1. Die Phasen „Speichern", „Lagern" und „Abrufen" der Engramme müssen zwar ihrer Funktion nach unterschieden werden, in der Darstellung aber können wir sie nicht trennen, weil das Lagern bzw. ein gelagert-werden-Können der Zweck des Speicherns ist. Da das Lagern aber wiederum nicht eigentlich Selbstzweck ist, sondern so beschaffen sein muß, daß das Gelagerte abgerufen werden kann, wird die Darstellung gelegentlich auch auf das „Abrufen" vorgreifen müssen.

Unter *Speichern* verstehen wir hier die Phase des Lernens, die in der Psychologie und Physiologie des Lernens als *Konsolidierungsphase* bezeichnet wird, also z. B. den Übergang vom Kurzzeitgedächtnis (STM) zum Langzeitgedächtnis (LTM), zwei Formen des Gedächtnisses, die wir ja auch bei Tieren finden, z. B. beim Octopus *(s. o. S. 95 f.)*. Durch die Konsolidierung werden die Engramme in eine Form gebracht, die ein *Lagern* gelegentlich über viele Jahre erlaubt. Der in Bd. I (S. 294) erwähnte Begriff der „Dynamik im Spurenfeld" möge als Hinweis genügen, daß die Phase „Lagern" weder psychologisch noch physiologisch-chemisch ein statischer Ruhezustand ist, daß aber zu vermuten ist, daß die Mechanismen, die die Erhaltung des Gelagerten ermöglichen, voraussichtlich von denen des Speicherns verschieden sein werden.

2. Werden wir also auch Speichern und Lagern als Teile einer großen „Doppelphase" behandeln, so müssen wir doch wieder trennen zwischen den *mnemischen* und den *memoriellen* Vorgängen, speziell den dabei gebildeten Engrammen. Dabei verstehen wir unter Engrammen im jetzigen Zusammenhang zunächst alle bleibenden Veränderungen im Organismus, speziell im Nervensystem, die ein Lernverhalten ermöglichen, seien es Schaltungen oder Veränderungen an chemischen Substanzen. Und weiterhin werden wir unterscheiden müssen – was aber erst Thema eines späteren Abschnitts sein wird – den *Vorgang* des Lernens und den *Zustand* des gelernt-Habens. Wir kommen damit zu folgender Aufgliederung der Themen und Probleme der Abschnitte, die jetzt das eigentliche Lernproblem behandeln werden:

a) Die *memorielle Konsolidierung* des Stimulus bzw. der Situation, d. h. die Überführung des Stimulus-Musters aus dem aktuellen Vorgang in eine *Fixierung,* die ein Lagern und ein späteres Abrufen ermöglicht.

b) Die *mnemische Konsolidierung,* d. h. die Erhaltung eines Verhaltensmusters so, daß es beim Begegnen des Systems mit einer entsprechenden Situation als Ganzes abgerufen werden kann.

Die in diesem Band wie schon in Bd. I zugrunde gelegte Unterscheidung einer *Memoria,* also der Speicherung und Lagerung des Stimulus bzw. der Situation, und einer *Mneme,* der „Speicherung" und Erhaltung eines erprobten Verhaltensmusters, legt die Vermutung nahe, daß der die ganze neue Literatur durchziehende Gegensatz einer physiologischen und einer chemischen Lerntheorie kein „Gegensatz" ist, sondern daß beide Theorien ihren Geltungsbereich haben: Die vielfach vertretene physiologische Synapsentheorie des Lernens dürfte eine Erklärung des mnemischen Verhaltens sein, während die chemische Lerntheorie sich auf die Memoria bezieht.

3. Wir behandeln zunächst die *mnemischen* Engramme und ihre Konsolidierung; einmal weil in diesem Band das Lernen bzw. Erlernen von Verhaltensformen das zentrale Thema ist, und zum anderen, weil eine unüberblickbare Vielfalt von Arbeiten hier schon ein reiches Material bereitgestellt hat. Die *Lern-Memoria* ist weit weniger erschlossen, zudem werden die „eigentlichen" Probleme der Memoria erst bei der Behandlung des *Gedächtnisses* auftreten.

In beiden Problembereichen aber wird jetzt die ursprüngliche Aufgabe dieses Buches, die *Biochemie des Lernens* und die *Biochemie des Gedächtnisses* zentrale Bedeutung gewinnen, d. h. wir wenden uns jetzt der im strengen Sinn *molekularen* Betrachtung der mnestischen Phänomene zu. Wieder werden wir hier sowohl unterscheiden als auch vereinigen müssen, denn Physiologie und Biochemie des Lernens gehören zwar ständig zusammen, aber sie unterscheiden sich in ihrer Fragestellung und dementsprechend in ihren Methoden doch soweit, daß eine hier versuchte *physiologisch-chemische* Darstellung (I, 3, Anm. 1.) stets beide Gesichtspunkte berücksichtigen muß.

Um dies verstehen zu können, bedarf es einer kurzen Untersuchung der eigentümlichen Aufgaben einer „Chemie des Lernens", zumal viele heutige Versuche auf diesem Gebiet sich noch im „Vorfeld" der Probleme bewegen.

4. Das Problemfeld der folgenden Darstellungen ist damit im Umriß dargestellt, doch dürfen wir nicht verschweigen, daß die Darstellung selbst weitgehend sich an die Probleme wird halten müssen, da eine Lösung in den meisten Fällen noch in weiter Ferne liegt. In einer zusammenfassenden Rückschau hat der australische Physiologe RICHARD MARK am Schluß seines Buches[1] einen recht skeptischen Überblick über die gegenwärtige Problemlage gegeben, aus dem wir einiges zitieren wollen:

„The understanding of the brain is the only part of biology where the basic principles are still unknown.... To the most knowledgeable of scientists the brain is as dark and disquieting as were the cycle of

---

[1] RICHARD MARK: Memory and nerve cell connections. Oxford 1974. p. 130 f.

the seasons and the mysteries of human birth, growth, and death to the early man. We have some fragmentary principles, the nature of the nerve impulse and its transmission and cellular nature of the nervous system, but the cohesion of the whole thing, the undeniable unity of perception and response which emerges from the working brain has no scientific explanation even at a mechanistic level, let alone the problem of what to do with consciousness."

„Chemie des Lernens"

Probleme

1. In seinem einleitenden Referat „The Future of the Brain Sciences" auf der gleichnamigen Konferenz sprach Sir JOHN ECCLES von den „beiden Wegen der Untersuchung des Lernens": „Investigations on memory have tended to develop in two quite separate ways. One line of investigation is physiological and has a counterpart in neuro-anatomy. The other line of investigation is particularly concerned with the postulated chemical mechanisms of memory and seeks to discover specific chemical molecules that have a unique relationship each with a specific memory. This work can be criticized because it is not effectively correlated with neuro-anatomy and neuro-physiology and provides no bases for recall, which is the essence of memory."[2]

Diese Aussage ist für uns in zweifacher Hinsicht wichtig: a) Die Bemerkung, daß Physiologie und Chemie der Lernvorgänge „quite separate ways" seien und daß es der Lernchemie an Verbindungen mit Neuro-Anatomie und Neuro-Physiologie fehle, wollen wir nicht als eine Kritik an den bisherigen Bemühungen der Lernchemie verstehen, sondern als eine Mahnung, bei unserer Darstellung die Beziehungen zu diesen Nachbarwissenschaften nicht aus den Augen zu verlieren. b) Schwerer wiegt in kritischer Hinsicht die Behauptung, die Chemie des Lernens gäbe keine Grundlage für ein Verständnis der Reproduktion (und Erinnerung), und diese sei die „essence of memory". Ohne Zweifel ist dies ein kritischer Punkt für jedes Bemühen, die chemischen Vorgänge beim Lernen und Abrufen des Gelernten aufzuweisen, und ebenso zweifellos sind hier unsere Kenntnisse noch sehr gering und es ist schon viel gewonnen, wenn es gelingt, die wesentlichen Probleme zu finden und zu bestimmen.

Einen anderen Einwand gegen eine chemische Theorie des Gedächtnisses erhebt KOSOWER: es ist der *Zeitfaktor,* der hier berücksichtigt werden müsse. KOSOWER schreibt: „Now that we have a clear idea of

---

[2] „The Future of the Brain Sciences" Proc. of a Conference in New York, May 1968. ed. S. BOGOCH. New York, 1969. p. XXXVII.

the time required to generate a protein or an RNA molecule, we can be properly sceptical of proposals for DNA or RNA as ultimate, readily readable, storage sites for memory."[3] Demgegenüber betont aber EIGEN: „I should like to emphasize that the several seconds to several minutes it takes to consolidate labile information in the central nervous system is equivalent to that of biosynthesis of whole nucleic acid or protein molecules, not *de novo,* but under the control of the genetic program."[4]

2. Die Aufgaben, die eine „Biochemie des Lernens" stellt, lassen sich ableiten aus der allgemeinen Aufgabenstellung der *Biochemie:* „It is the general task of the biochemist to search for explanations for the phenomena of life in terms of interactions between the molecules characteristic of living organisms."[5] Daraus folgt als erste Aufgabe, die für das Nervensystem und speziell für das ZNS und das Gehirn „charakteristischen" Stoffe zu ermitteln und weiterhin zu untersuchen, ob es unter ihnen oder zu ihnen hinzukommend für das „Lernen" charakteristische Substanzen gibt. Die zweite Aufgabe besteht dann in der Ermittlung der „interactions between the molecules", d. h. in der spezifischen Untersuchung des *Lernstoffwechsels,* den es geben muß. Denn ob es sich beim Lernen und den durch Lernen hervorgerufenen Veränderungen in den Zellen und Geweben des Nervensystems um eine Neubildung von Stoffen, um Konzentrationsänderungen vorhandener Stoffe oder um deren Umstrukturierung, um energetische „Anregung" oder um Veränderungen an den Synapsen handelt – stets liegen derartigen Veränderungen spezifische Änderungen des *intermediären Stoffwechsels* in den Zellen und Geweben zugrunde. Wie im gesamten Organismus und in allen seinen Organen müssen wir auch im NS drei Funktionen des Stoffwechsels unterscheiden:

a) den *Energiestoffwechsel,* d. h. die Erzeugung, Lagerung und Verwendung von Energie;
b) den *Substanzstoffwechsel,* d. h. den Aufbau, Umbau und Abbau von Substanzen in den Zellen;
c) die *Steuerung* und *Regelung* des Zusammenspiels aller Stoffwechselvorgänge, die die Erhaltung des Organismus, seine Funktionen und damit auch das *Verhalten* des Organismus ermöglichen.

Lernen und *Gedächtnis* gehören offenbar zum Bereich c).

Was aber bedeuten „Steuerung" und „Regelung" chemisch? Letztlich wiederum eine Beinflussung von Stoffwechselvorgängen, sei es der Quantität oder der Qualität nach. So mag beispielsweise eine Umsetzung A → B gestoppt, gebremst oder beschleunigt werden; oder der enzymatische Apparat, der für A → B verantwortlich ist, kann so beeinflußt werden, daß statt dessen die Umsetzung A → C abläuft. Ein Bei-

[3] EDWARD M. KOSOWER: A Molecular Basis for Learning and Memory. Proc. Nat. Acad. Sci. USA. Vol. 69 (1972), No 11, p. 3292.

[4] MANFRED EIGEN: Dynamic Aspects of Information Transfer and Reaction Control in Biomolecular Systems. The Neurosciences (I) 1967. p. 142.

[5] HENRY R. MAHLER, EUGENE H. CORDES: Biological Chemistry. 2nd. ed. New York, Evanston, San Francisco 1971. p. 2.

spiel dafür ist die *Phenylketonurie* (I, S. 7), bei der durch das erblich bedingte Fehlen eines Enzyms der Abbau des Phenylalanins nicht den physiologischen Weg zum Tyrosin (A → B) sondern zur Phenylbrenztraubensäure (A → C) führt, eine Stoffwechselstörung, in deren Gefolge schwere psychische Störungen auftreten können (Phenylbrenztraubensäure-Schwachsinn). Derartige „Umsteuerungen" können energetisch, sie können aber auch chemisch, z. B. durch Hormone oder andere „Botenstoffe", veranlaßt werden. In das überaus komplizierte Gewebe des intermediären Stoffwechsels mit den vielfältigen gegenseitigen Beeinflussungen der verschiedenen Abbau-, Umbau- und Aufbau-Wege und den dadurch möglichen vielfältigen „Weichenstellungen" wird somit „steuernd" eingegriffen. Und das Entsprechende gilt für die „Regelung", bei der der Erfolg des Geschehens auf dieses Geschehen regulierend zurückwirkt. Ein einfaches Beispiel dafür ist die *Rückkopplungshemmung* (feedback inhibition) z. B. bei der Enzymproduktion: häuft sich das Endprodukt an, so „wird die Reaktion gebremst und schließlich gestoppt; wird das Produkt dann verbraucht, dann kommt die Synthese wieder in Gang"[6].

Die entscheidende Frage jeweils im Einzelfall ist natürlich: Wodurch werden diese steuernden Eingriffe ausgelöst? Welches ist der evtl. wirksame „zielbestimmende" Faktor, der erlaubt, statt von einem „Eingriff", einem rein formalen Steuern, von einer „Steuerung im Sinne der Anpassung", also z. B. einem *Lernen* zu sprechen?

Methoden

Bei der Vielfalt biochemischer Methoden können wir hier nur einige grundsätzliche Fragen erörtern[7].

Auch bei biochemischer Untersuchung des Lernens sind die beiden Grund-Fragestellungen möglich und auch nötig, d. h. ein Ausgehen von der Formel ZNS = f(V) wie auch von der anderen Formel V = F(ZNS).

Der erste der beiden Wege fordert eine Untersuchung bestimmter Teile, Zentren oder Zellen des ZNS auf chemische Veränderungen als Folge bestimmter Verhaltensweisen des Organismus, also speziell in bestimmten *Lernsituationen*. Sind solche Nachweise gelungen und ist – im Idealfall – die Zuordnung zwischen einem Verhalten V_a und der stofflichen Änderung St_a ein-eindeutig, dann entsteht die Frage nach den Mechanismen, die diese Änderung hervorrufen, also z. B. nach den erwähnten Stoffwechseländerungen; weiterhin nach den Faktoren, die die Änderung auslösen oder verursachen – und schließlich die „Ziel-

---

[6] Peter Karlson: Kurzes Lehrbuch der Biochemie. 8. völlig neubearb. Aufl. Stuttgart 1972. S. 75.

[7] Eine kritische Betrachtung der Möglichkeiten und Probleme neurochemischer Methoden findet man bei Edward Glassman: Macromolecules and Behavior: A Commentary. The Neurosciences (III). 1974. p. 667 ff.

Frage“: welche Beziehungen, d. h. verständlichen Zuordnungen gibt es dann zwischen Verhalten und Zentralnervensystem?

Der zweite Weg führt in die umgekehrte Richtung: Durch gezielte Beeinflussung von Stoffwechselvorgängen in den Zellen des ZNS versucht man, bestimmte Verhaltensweisen bzw. Änderungen des Verhaltens zu erzielen, so daß – wieder im Ideal-Fall – jetzt von dieser Seite her eine ein-eindeutige Zuordnung gefunden wird. Dies geschieht z. B. durch bestimmte chemische Substanzen, „Drogen“, die dem ZNS zugeführt werden. Angenommen, es habe sich aus den Untersuchungen auf dem ersten Weg ergeben, oder sei wahrscheinlich geworden, daß das „Behalten“, also die Engramm-Bildung und -Lagerung, mit der Produktion bestimmter Proteine zusammenhängt, dann wird man Substanzen zuführen, die, wie aus der Allgemeinen Biochemie bekannt, den Proteinaufbau in der Zelle spezifisch hemmen oder hindern. Ist die Folge solcher Beeinflussung, daß der Organismus das „Erlernte“ vergessen hat bzw. nicht mehr reproduzieren kann, dann ist damit e i n e Beweiskette geschlossen. Allerdings wird man bei der Kompliziertheit der Vorgänge und der Vielfalt der Möglichkeiten gegenseitiger Beeinflussungen noch nicht von einem „Beweis“ sprechen dürfen: man ist nur auf einem aussichtsreich erscheinenden Wege ein gutes Stück weitergekommen, und die Hoffnung, das Ziel zu erreichen, ist gewachsen. Wieder muß sich dann die Suche nach den chemischen Mechanismen anschließen, für die man – soweit es sich um Drogen handelt – die Methoden und Erkenntnisse der *Molekularen Pharmakologie* – und zwar sowohl der *Pharmakodynamik,* die den chemischen Wirkungsmechanismus untersucht, als auch der *Pharmakokinetik,* die den Metabolismus der Drogen im Organismus erforscht – benötigen wird.

Die Ergebnisse der Lokalisationsforschung sowie der Synapsen- und Membranphysiologie werden für derartige Untersuchungen wichtige Hilfen geben – z. B. daß man weiß, w o man zu suchen hat –, aber sie dürfen diese Untersuchungen nicht starr steuern: es könnte durchaus sein, daß an völlig unerwarteten „Orten“ sich Veränderungen zeigen, die dann umgekehrt der Lokalisations-Forschung Hinweise für weitere Untersuchungen geben würden.

Der chemische Lerntransfer

Einleitung

Wir beginnen mit der Behandlung eines Beispiels, das nicht nur seiner Aktualität wegen Interesse verdient, sondern auch geeignet ist, die vielfältigen Probleme einer Chemie des Lernens deutlich zu machen: es sind die vielumstrittenen *Lerntransfer*-Experimente. Einen Ausschnitt aus dem Problembereich haben wir bereits gezeigt *(S. 82 ff.)*; jetzt müssen wir das Thema grundsätzlicher behandeln.

1. Der Grundgedanke dieser Experimente ist: Man kann Erlerntes und Gelerntes von Individuum zu Individuum übertragen. McCONNELL und SHELBY haben geschildert *(s. o. S. 82)*, wie dieser Gedanke organisch aus den Ergebnissen verschiedener Experimente erwachsen ist. Der Gedanke war gewiß kühn, aber er war nicht kühner als seinerzeit der Einfall BEHRINGS, der aus der Beobachtung, daß einige Tiere gegen bestimmte Infektionskrankheiten immun sind, den Schluß zog, man könne diese „Immunität" vielleicht auf gesunde und kranke Tiere übertragen, um die einen zu schützen und die anderen zu heilen. Auch BEHRING glaubte daran – und er konnte dies dann beweisen – daß es sich hierbei um „Stoffe", um bestimmte chemische Substanzen handele: er entdeckte so die *Antikörper*. Entsprechend soll die Annahme, es handele sich beim Lerntransfer ebenfalls um chemische Substanzen, zur Entdeckung der *substantiellen Engramme* führen. Und so wie BEHRING lange um die Anerkennung seiner These kämpfen mußte – trotz offensichtlicher klinischer Erfolge der „Serumtherapie" – ist es auch denen, die seit eineinhalb Jahrzehnten den chemischen Engrammen nachspüren, nicht erspart geblieben, vielfältig und scharf kritisiert, ja angegriffen zu werden.

2. Es gibt aber noch andere Beispiele, die die „shift from electricity to juice" (I, 17) in der Physiologie deutlich machen. Eins der berühmtesten ist die mit den Namen DALE und LOEWI verbundene These von der Übertragung nervöser Signale über die Synapsen mit Hilfe chemischer *Überträgerstoffe* (transmitter), eine These, die mehr als drei Jahrzehnte um ihre Anerkennung ringen mußte[1]. Auch hier erwies sich als richtig, was UNGAR generell zu derartigen Versuchen sagt: „The mole-

---

[1] Vgl. dazu JOHN C. ECCLES: The Physiology of Synapses. Berlin, Heidelberg, New York 1964. p. 7 ff.

cular approach to higher nervous activity has been highly controversal from the beginning." Wenn immer dieser Gedanke auftauchte, erwies er sich als „strange" und – nach einem Wort von TROTTER (1941), das UNGAR zitiert: „the mind likes a strange idea as little as the body likes a strange protein and resists with similar energy."[2]

Einen anderen Vergleich zieht ROSENBLATT, wenn er schreibt: „It was undoubtedly the work of the molecular geneticist, with its emphasis on coding of complex information in a single molecule, that suggested the feasibility of attempting to transfer acquired information by means of a chemical extract."[3]

Die eingangs erwähnte Beziehung zur Immunologie finden wir (nach ROSENBLATT) schon vor mehr als einem Jahrzehnt bei SZILARD: „he has drawn attention to the possibility of immunological models as a basis of memory", und auch MCCULLOCH hat dies ausgesprochen: „We may see nature using the same trick as in the immune reactions."[4]

Schließlich noch aus jüngster Zeit ein Beispiel aus einem anderen Bereich: Die Arbeitsgruppe DEMENT, FERGUSON, COHEN und BARCHAS von der Stanford University School of Medicine hatte sich als Untersuchungsobjekt die „psychic mysteries of dreaming" gewählt: physiologisch gesprochen den „paradoxen Schlaf" oder *REM-Schlaf* (= *r*apid *e*ye *m*ovement sleep), also einen Schlafzustand, der durch Salven schneller Augenbewegungen gekennzeichnet und beim Menschen offensichtlich mit dem Träumen verbunden ist[5]. Die Untersuchung der Folgen einer „dream deprivation" führte zu der – auch von anderen Arbeitsgruppen gefundenen – Feststellung, daß eine „real and specific need for REM periods" bestehe. Aus den Experimenten mit Tieren ergab sich dann die Hypothese: „The results were best explained by assuming that a substance (or substances) ordinarily utilized during REM periods was accumulating in the CNS of the deprived subjects."[6] Diese Anhäufung könne dann dazu führen, daß in den Erholungsphasen, die den Experimenten folgten, der REM-Schlaf bei Tieren verstärkt auftritt. Verschiedene Erscheinungen, auf die wir hier nicht einzugehen brauchen, ließen dann vermuten, daß der „REM juice", wie die Autoren diese Akkumulation nannten, in der Cerebrospinalflüssigkeit (CSF), z. B. bei den untersuchten Katzen, vorhanden sei – und daß man den

---

[2] GEORGE UNGAR: „Introduction" zu: Molecular Mechanisms in Memory and Learning. New York, London 1970. p. VIII.

[3] FRANK ROSENBLATT: Induction of Behavior by mammalian brain extracts. Molecular Mechanisms . . . a.a.O. p. 103.

[4] WARREN MCCULLOCH: A Historical Introduction to the Postulational Foundations of Experimental Epistemology. in: Embodiments of Mind. Cambridge/Mass. 1965. p. 370.

[5] WILLIAM DEMENT, JAMES FERGUSON, HARRY COHEN and JACK BARCHAS: Non chemical methods and data using a biochemical model: the REM quanta. in: Psychochemical Research in Man. ed. A. J. and M. P. MANDELL. New York, London 1969. p. 275 ff.

[6] a.a.O. p. 279.

REM-juice von den REM-deprivierten Tieren, den „donor animals", auf andere, die „recipients" übertragen könnte. Die Experimente boten verschiedene Schwierigkeiten, die genaue Ergebnisse noch nicht zu gewinnen erlaubten, doch „there were several instances of a dramatic increase in amount of REM sleep following the injection of ‚deprived CSF'"[7].

Auf weitere Beispiele einer chemischen „Informations-Übertragung" wie die Transformations- und Transductions-Phänomene gehen wir weiter unten ein *(S. 241 ff.)*.

3. Dieser Überblick wird deutlich gemacht haben, daß ein *Lerntransfer* auf chemischem Wege eine durchaus vernünftige und möglicherweise wichtige Hypothese ist. Sie mag „strange" sein, aber gewiß nicht stranger als die den obigen Beispielen zugrunde liegenden Gedanken. Allerdings wird das Teubersche „not proved" *(s. o. S. 65)* hier mehr als auf vielen anderen Gebieten eine beachtenswerte Warntafel darstellen. Dies darf aber nicht hindern, die an vielen Orten vorgenommenen Versuche und ihre Ergebnisse „positiv-kritisch" zu bewerten, d. h. nicht von vornherein nur nach Mängeln und Fehlern in den Experimenten und ihrer Deutung zu suchen. Was dies für den „chemischen Lerntransfer" besagt, hat E. R. John im Schlußwort zu dem Buch „Molecular Approaches to Learning and Memory" (dessen Grundlage ein 1967 in New York abgehaltenes Symposium ist) ausgesprochen:

„Perhaps we should be more impressed by the fact that so many laboratories report positive results in this so implausible and improbable domain of endeavour, rather than by the failures. It is true that success in a transfer experiment seems intuitively improbable to most neural scientists, but it is also true that we have no significant level of comprehension of how learning occurs in the brain."[8]

Vielleicht gibt Richard Mark, bei aller Vorsicht, doch eine treffende Charakteristik der Situation auf diesem Gebiet: „The most telling criticism of chemical memory transfer experiments is not to deny the possibility of the effects, or to denigrate the investigators, but to say they are before their time."[9]

---

[7] a.a.O. p. 285 f.

[8] E. Roy John: „Summary: Symposium on Memory Transfer. A.A.A.S." in: Molecular Approaches to Learning and Memory. ed. W. L. Byrne. New York, London 1970. p. 341 f.

[9] Richard Mark: Memory and nerve cell connections. Oxford 1974. p. 69. – Vgl. zum Folgenden auch Gardner C. Quarton: The Enhancement of Learning by Drugs and the Transfer of Learning by Macromolecules. The Neurosciences (I). 1967. p. 748 ff.

Voraussetzungen und Probleme des Lerntransfers

Stoffliche Engramme

Die Transfer-Experimente bestehen in einer Übertragung von Stoffen von einem *Donor-Organismus* auf einen *Acceptor-Organismus,* gründend auf der Hypothese, daß mit diesen Stoffen „Lernen" übertragen werden könne, und zwar entweder das stoffliche *Lernengramm* selbst, oder die Fähigkeit, spezifische Lernengramme auch ohne eigenes Training ausbilden zu können. Ein Erfolg des Transfers besteht in beiden Fällen darin, daß der Empfänger „erlerntes Verhalten" auch ohne eigenes Lernen ausüben kann. Die Experimente gliedern sich damit in den großen Rahmen der zahlreichen Transfer-Experimente in Biologie und Medizin ein *(s. o. S. 217 f.),* speziell auch der *Immunologie:* sei es die Übertragung von *Krankheiten* durch Transfer, z. B. von Exotoxinen wie den Diphtherie-Toxinen, sei es die Übertragung von *Heilung* durch Transfer von Antikörpern (z. B. Serumtherapie), sei es die Übertragung von *Schutz* vor Krankheit durch den gleichen Transfer fremder Antikörper (passive Immunisierung) oder schließlich das „Erlernen" der Bildung spezifischer Antikörper durch Transfer von Antigenen (aktive Immunisierung). In allen diesen Fällen werden Substanzen, d. h. chemisch definierte oder definierbare Stoffe übertragen. Ein Vergleich des Lerntransfers mit diesen Erscheinungen ist daher nicht nur didaktisch oder methodisch von Interesse, sondern könnte wesentliche Parallelen sichtbar machen.

Betrachtet man die geschichtliche Entwicklung der beiden Forschungsrichtungen, so zeichnen sich ebenfalls Parallelen ab, da beide sehr ähnliche Stadien durchlaufen haben: Beim Lerntransfer zunächst das Verfüttern ganzer trainierter Donor-Tiere *(s. o. S. 82 f.),* dann Hirnextrakte solcher Tiere, Extrakte, die allmählich immer stärker „gereinigt" werden, bis als letztes Stadium dieser Reihe die reine Substanz, also der reine Überträgerstoff gewonnen wird, wie das *Skotophobin,* das dann im Labor synthetisiert werden kann. In der Immunforschung zunächst das Serum der „trainierten" Tiere selbst, das dann immer stärker und genauer gereinigt wird bis hin zu den enzymatisch von allem artfremden Eiweiß gereinigten „Fermo-Seren" und zu den synthetischen Antigenen (Haptenen). Für beide Phänomene ist es ein entscheidendes Problem: mögen die gesuchten Wirkstoffe, Engramme oder Antikörper, auch art-unspezifisch sein, so enthalten alle „Extrakte" stets arteigenes Eiweiß, das im Empfänger störende oder gar gefährliche Wirkungen auslösen kann. Bei der frühen Serumtherapie äußerte sich dies in der „Serumkrankheit" und in allergischen Erscheinungen, beim Lerntransfer könnte es zu noch unkontrollierbaren Einflüssen auf die Transfer-Wirkung führen und so eine Ursache für die Diskrepanz vieler Versuchsergebnisse in verschiedenen Laboratorien sein.

Somit ist es auch für die Transfer-Versuche ein wesentliches Erfordernis, mit möglichst reinen Substanzen oder wenigstens „definierbaren" Extrakten zu arbeiten; daher nehmen die zahlreichen, meist sehr komplizierten Verfahren zur Gewinnung der Extrakte und der Substanzen in den Berichten der Transfer-Versuche einen großen Raum ein. Doch gibt es auch hier, wie in vielen Phasen dieser Experimente, Überraschungen. So berichteten FJERDINGSTAD u. Mitarb.: „These results, if further confirmed, would seem to indicate that the same degree of specifity of transfer effects can be obtained when using the intracisternal RNA injections as with the intraperitoneal injection of a crude extract."[10] Daraus ergaben sich für die Untersucher zwei Folgerungen, einmal: die Reinigung der Extrakte zur Isolierung von RNA führte zu einer „reduction in protein content of about 600 times, without any concurrent change in activity. This would at least seem to show that the likelihood of the active component being a protein is not too large"[11]; und: „the active component being identically the same in all the different extracts. This would seem to indicate that the active component had to be extremely potent, but cannot be ruled out under present circumstances, as cannot either the possibility, that there may be several active components, for instance RNA and protein"[12] – oder, wie man hinzufügen könnte, ein höheres Peptid wie das Skotophobin.

Wirkungen des Transfers

Berücksichtigen wir wieder alle Möglichkeiten einer Wirkung übertragener stofflicher *Engramme* bzw. eines „Lernens ohne Training" – wir wollen die zweite Möglichkeit mit dem von einigen Autoren für die ganze Gruppe verwendeten Terminus *training-transfer* spezifizieren – so müssen wir zunächst in beiden Gruppen eine *direkte* und eine *indirekte Wirkung* unterscheiden; dies um so mehr, als gerade diese Unterscheidung in zahlreichen kritischen Betrachtungen und Wertungen der Transfer-Experimente eine Rolle spielt.

Die soeben angedeutete These, es handele sich beim „Engramm-Transfer" und beim „Training-Transfer" nicht nur um verschiedene Namen für dieselbe Sache, sondern um verschiedene Phänomene, ist zunächst rein hypothetisch. Sie entspricht aber der in diesem Buch vertretenen Unterscheidung von „Gedächtnis" und „Lernen" bzw. von

---

[10] E. J. FJERDINGSTAD, W. L. BYRNE, THOMAS NISSEN, H. H. RØIGAARD-PETERSEN: A Comparison of „transfer" results obtained with two different types of extraction and injection procedures, using identical behavioral techniques. in: Molecular Approaches to Learning and Memory. ed. W. L. BYRNE, New York and London 1970. p. 167.

[11] a.a.O. p. 168. Vgl. dazu auch FRANK ROSENBLATT: Induction of behaviour by mammalian brain extracts. in: Molecular Mechanisms in Memory and Learning. ed. G. UNGAR. New York, London 1970. p. 134.

[12] a.a.O. p. 169.

Memoria und *Mneme,* so daß wir versuchsweise annehmen dürfen: ein *Engramm-Transfer* ist ein Memoria-Phänomen, ein *Training-Transfer* ein Mneme-Phänomen. Daraus würde dann folgen, daß die Wirkungen eines reinen Engramm-Transfers sich von denen eines reinen Training-Transfers unterscheiden würden, genauer gesagt: daß wegen des stets gegebenen Zusammenwirkens beider zu prüfen sein wird, ob durch eine Übertragung mehr die Memoria oder die Mneme betroffen ist.

Engramm-Transfer

Die Grundthese des Engramm-Transfers ist: Das durch Konditionieren oder durch Lernen Erworbene wird chemisch in noch nicht näher bekannter Weise in einer Makromolekel gespeichert. Dieses stoffliche *Engramm* wird von dem Organismus, der es gebildet hat, auf einen anderen Organismus übertragen und wirkt dort in gleicher Weise wie im Donor. Die Ergebnisse der Transfer-Experimente erlauben noch keine eindeutige Beantwortung der Frage, w i e die übertragenen Engramme im Acceptor-Organismus wirken. Noch immer werden verschiedene Möglichkeiten diskutiert, so daß wir auch hier wieder die allgemeine Frage stellen müssen: wie k ö n n e n überhaupt übertragene Engramme im Rezeptor-Organismus wirken?

Unspezifische Wirkungen: Eine erste, immer wieder kritisch in die Diskussion geworfene Möglichkeit ist, daß das Engramm unspezifisch, etwa allgemein als Stimulans wirkt. Dies soll besonders für einen Transfer von Ribonucleinsäure (RNA) gelten (vgl. oben die Bemerkung von RENSCH, *S. 83*). Dabei sei aber auf eine Bemerkung von GLASSMAN hingewiesen, die zur Vorsicht vor verfrühten Verallgemeinerungen warnt, nämlich: „The difficulty, mostly semantic, is that nonspecific responses do not exist; they are merely responses whose cause is unknown.“[13]

Das Einführen eines körperlichen Engramms in einen fremden Organismus ist ein Spezialfall einer *Streß-Situation;* es führt zur „Alarmreaktion“, mit der der Organimus einen Streß beantwortet. Dabei wollen wir hier allgemein unter „Streß“ jede unspezifische Wirkung verstehen, auch wenn es sich nicht um eine Behinderung, Gefährdung oder Bedrohung des betroffenen Organismus handelt, gegen die dieser sich zur Wehr setzt. Das fremde Engramm wirkt also als Streß, wobei es dann gleichgültig ist, w o das eingeführte Engramm schließlich verbleibt. Der Organismus antwortet mit einer Alarmreaktion, also der Aktivierung des Hypophysen-Nebennierenrinden-Systems, die zur Ausschüttung von NNR-Hormonen führt, allgemein zu einer „Mobilisierung“, einer Aktivierung des Organismus, die sich z. B. auch in einer Aktivierung eines spezifischen Lernverhaltens auswirken kann.

Daß die unspezifische Alarmreaktion sich auch auf spezifische Ant-

[13] EDWARD GLASSMAN: Macromolecules and Behavior: A Commentary. The Neurosciences (III), 1974. p. 669.

wort-Reaktionen auswirken kann, zeigt wieder die Antikörper-Bildung: auch die eingedrungenen Krankheitserreger wirken zunächst unspezifisch als Streß, und die Mobilisierung des Organismus führt dann dazu, daß die durch die „memory-Zellen" initiierte und gesteuerte Antikörper-Bildung spezifisch aktiviert wird und „schneller" verläuft.

Das heißt aber, daß ein Nachweis einer unspezifischen Wirkung der Engramme nichts gegen eine mögliche spezifische Wirkung besagt, da beide Arten der Wirkung miteinander gekoppelt sein können. So fanden auch McConnell und Malin „that nonspecific as well as specific factors can be transferred, but that with the proper experimental design we can differentiate between these two types of factors"[14]. Allein der Sonderfall, daß das Engramm n u r unspezifisch wirkt, hätte Bedeutung für eine kritische Beurteilung der Transfer-Experimente.

„Artspezifische" Wirkungen: Der Begriff „spezifische Wirkung" wird bei den Transfer-Experimenten mit Recht eng gefaßt *(s. u.),* so daß es nötig ist, sowohl die „Spezifität" als auch die „Un-spezifität" zu differenzieren, nämlich durch einen Mittelbegriff, der zwischen beiden steht und den wir hier als *Artspezifität* bezeichnen – wobei sich der Terminus „Art" aber nicht auf Arten (Gattungen, Arten, Familien) von Organismen sondern auf „Arten des Verhaltens" bezieht. Gemeint ist: das Einführen eines fremden Engramms in einen Rezeptor-Organismus führt „artspezifisch" zu einer Erleichterung oder Verbesserung des *Lernens* oder *Konditioniertwerdens,* nicht aber z. B. zur Bildung oder Ausschüttung von Antikörpern. M. a. W. der Rezeptor-Organismus *lernt* allgemein leichter oder wird schneller *konditioniert,* ohne daß das gelernte oder konditionale Verhalten das beim Donor-Organismus trainierte sein muß. In bezug auf das übertragene Engramm ist die Wirkung also unspezifsch, in bezug auf dic „Art" des Verhaltens aber spezifisch. Etwas spezieller heißt es bei Rosenblatt „that there may be no simple correspondence between the behavior of a recipient animal and that of the donor, even though the induction effects are specific for the type of training received by the donor"[15] – ein Grund dafür, daß Rosenblatt bevorzugt „the term ‚behavioral induction' in place of the previous term ‚behavioral transfer'". (a. a. O.)

Stimulus-Spezifität: Ein Sonderfall einer spezifischen Wirkung i. e. S. ist die Stimulus-Spezifität, d. h. das Engramm überträgt nur Information über die spezielle Situation, in der das Training des Donors erfolgt ist. „No appropriate information about the response was transmitted via these injection."[16] Das bedeutet, daß der Empfänger-Organismus das Engramm einer Situationsspeicherung in der Lernmemoria erhält,

[14] James V. McConnell and David H. Malin: Recent experiments in memory transfer. in: Memory and Transfer of Information. ed. H. P. Zippel. New York, London 1973. p. 358.

[15] Rosenblatt: a.a.O. p. 198.

[16] Arnold M. Golub and James V. McConnell: „Empirical issues in interanimal transfer of information" in: Chemical transfer of learned information. ed. E. J. Fjerdingstad. Amsterdam, London 1971. p. 20.

und zwar von einer Situation, in der er sich zu dieser Zeit nicht befindet. Dies ermöglicht ihm, ein Lernverhalten zu aktivieren oder zu entwickeln – je nachdem, ob die Situation „wieder-Da" oder „erstmalig-Da" ist. Es handelt sich somit um eine reine Engramm-Übertragung. Nach Ansicht der Verfasser sollte diese Form „not be called learning".

Reaktions-Spezifität: Auch diese Form der Spezifität einer Übertragungswirkung wird von GOLUB und McCONNELL nicht als ein „learning" betrachtet. Angenommen, eine Gruppe von Donors ist trainiert auf S_1-R_1, eine andere auf S_2-R_2. Die Rezeptor-Organismen, entsprechend mit den Egs behandelt, reagieren nun jeweils vorwiegend mit R_1 oder mit R_2, aber „they respond indiscriminately to both stimuli" mit „ihrer" Antwort. Dies ist ein Beispiel für eine reine response- oder Reaktions-Spezifität[17], aber nicht eine Spezifität der Übertragung. Übertragen wird auch hier das Engramm des Stimulus bzw. der Situation, das aber nicht Stimulus-spezifisch sondern Organismus-spezifisch beantwortet wird. Das Verhalten gleicht somit weitgehend der in Bd. I (S. 249) erörterten „anamnestischen Reaktion" oder, falls zwischen S_1 und S_2 genügend „Ähnlichkeit" besteht, der „Situationsgeneralisierung" (Bd. I, S. 328).

Echte Spezifität oder Engramm-Wirkung: Als sozusagen „echte" Spezifität oder „learning specifity" gilt nur die stimulus-response-association im Sinne von NEAL MILLERS Definition eines „Grade-A Certified Learning" (1967): „Miller suggests that an animal (or group of animals) be trained to emit response R_1 to stimulus S_1 and response R_2 to stimulus S_2. A second animal (or group of animals) is trained to emit response R_1 to S_2 and response R_2 to S_1. He implies that if the test is passed by his experimental animals, everyone will agree that learning has been demonstrated."[18] In MILLERS eigener Darstellung ist dies das abschließende vierte Kriterium für Lernen – und es ist „believed to be the most fundamental one" –, nämlich: „that a learned response can be made specific to an arbitrarily selected stimulus."[19] Auch diese Formulierung erscheint nicht exakt genug, um mehrfache Deutungen auszuschließen, worauf wir aber hier nicht eingehen wollen. Wichtiger ist die Frage, wie man diese echte Spezifität speziell bei einem Lerntransfer testen kann.

GOLUB und McCONNELL erörtern mehrere vorgeschlagene Verfahren; erwähnt sei der Vorschlag von DYAL: „Dyal suggests that the appropriate experiment is one in which donors are trained on a discrimination problem in which they learn to respond to a particular stimulus and not to other, similar, stimuli along the same stimulus dimension (conditioned discrimination). If recipient animals injected with the trained material are trained to discriminate the stimulus that was ‚cor-

---

[17] ARNOLD M. GOLUB and JAMES V. McCONNELL: a.a.O. p. 20.

[18] a.a.O. p. 19.

[19] NEAL E. MILLER: „Certain Facts of Learning Relevant to the Search for its Physical Basis" in: The Neurosciences (I). New York 1967. p. 644.

rect' for their donor, and if they acquire the discrimination significantly faster than control recipients trained with another stimulus along the same stimulus dimension, a relatively strong statement could be made regarding the behavioral specifity of the effect."[20]

Ein anderes, ebenfalls von DYAL vorgeschlagenes Verfahren ist: „one would attempt to show a correspondence between donor training and recipient transfer effects by demonstrating that variables that affect donor training also affect the transfer phenomenon."[21]

Weiterhin ist bei der Definition und Feststellung der Spezifität zu beachten, daß „Specifity has a somewhat different meaning in classical and operant conditioning (I, 180). In classical conditioning, it refers to the dependence of the conditioning upon the specific pairing of the conditioned stimulus with the unconditioned stimulus. In operant conditioning, specifity refers to the dependence of the conditioning upon the specific pairing of some behavior with a reinforcing stimulus"[22].

Training-Transfer

In formaler Analogie können wir zunächst sagen: Wird beim Engramm-Transfer das memorielle Engramm übertragen, so beim Training-Transfer das *mnemische Engramm.* Anders gesagt: Beim Engramm-Transfer wird das „Abbild" S' einer Situation übertragen (I, 259), beim Training-Transfer das Schema eines bestimmten situationsgemäßen Verhaltens, das der Empfänger-Organismus dann nicht mehr durch eigenes Training – Lernen und Üben – erwerben muß.

Für ein Verständnis des Engramm-Transfers liegt die eigentliche Schwierigkeit nicht im Transfer-Problem sondern in dem allgemeineren eines *chemischen Engramms,* in dem nach einem unbekannten Code das Bild einer ganzen Landschaft, eine erlebte Situation und dgl. gespeichert sein soll. Beim Training-Transfer dagegen liegt die Schwierigkeit durchaus im Transfer selbst:

Im Donor-Tier hat das eigene Training zu einer Speicherung des erlernten Verhaltens geführt – physiologisch muß man annehmen, daß ein bestimmtes Schaltungsnetz im ZNS (oder einem entsprechenden Organ) ausgebildet wurde. Dieses Netz ist das *mnemische Engramm.* Wird nun beim Transfer-Experiment „etwas" übertragen, das beim Rezeptor-Tier zu einer Erleichterung oder schnelleren Beherrschung dieses spezifischen Lern-Verhaltens führt, so kann dieses „etwas" entweder das Schaltschema sein (unwahrscheinlich) oder eine Information, dieses besondere Schaltschema an Hand des „Vorbildes" und ohne eigenes Training zu entwickeln oder freizusetzen.

---

[20] GOLUB and MCCONNELL: a.a.O. p. 21.

[21] a.a.O. p. 22.

[22] I. KUPFERMANN and H. PINSKER: „Cellular Models of Learning and Cellular Mechanisms of Plasticity in Aplysia." in: Biology of Memory. ed. K. H. PRIBRAM and D. E. BROADBENT. New York and London 1970. p. 164.

Wir werden versuchen, im letzten Abschnitt dieser Darstellung des „chemischen Lern-Transfers“ einige Möglichkeiten der Wirkung von Engrammen – und zwar sowohl der memoriellen als auch der mnemischen Engramme – zu erörtern; vorerst bleibt das Gesagte ein Schluß aus den (erwarteten) Ergebnissen der Experimente auf die Bedingungen.

Und noch ein Punkt muß beim Training-Transfer beachtet werden: Zum eigenen Erlernen einer Verhaltensweise gehört *Übung,* und „Übung“ können wir in den weiten Bereich der *Erfahrung* einordnen als etwas, das man er-fahren, selbst „durchmachen“ muß, das sich – auch im menschlichen Leben – nicht „übermitteln“ läßt: man erwirbt durch eine solche Übermittlung nur ein *Wissen-um* die Erfahrung anderer. Auch dies wirkt erleichternd, selbst bei Tieren: wir erinnern an die Beobachtung, daß auch Tiere durch Zusehen beim Lernen anderer Tiere selbst leichter lernten (I, 326).

Ergebnisse und ihre Deutungen

Positive und negative Ergebnisse

Es ist eine Tatsache, die auch weder von der einen noch von der anderen Seite bestritten wird, daß einer recht großen Anzahl positiver Transfer-Experimente[23] eine nicht zu übersehende Anzahl negativer Experimente gegenübersteht, sei es, daß positive Ergebnisse in anderen Laboratorien nicht reproduzierbar waren, sei es, daß weitere eigene Versuche keine Ergebnisse mehr erbrachten. Man kann diese Tatsache als ein Kriterium dafür ansehen, daß der Boden, auf dem die Untersucher sich hier bewegen, sehr unsicher ist, und daß die Möglichkeit, es handele sich bei den beobachteten „Phänomenen“ letztlich um Laborartefakte und dgl. nicht übersehen werden darf.

Im Grunde genommen ist die Situation bei den Transfer-Experimenten doch eigentlich nicht viel anders als z. B. bei den Versuchen zur Lokalisierung der Engramme *(s. o. S. 122 ff.):* auch dort läßt die Fülle abweichender, ja einander widersprechender Ergebnisse der Experimente eine klare Deutung nicht zu. So scheint auch bei den Transfer-Experimenten eine andere Einstellung zu dem Nebeneinander und Gegeneinander von Ergebnissen richtiger oder jedenfalls fruchtbarer zu sein als eine grundsätzliche Kritik. Offenbar ist es doch nicht so, daß die negativen Ergebnisse die positiven „widerlegen“, sondern die Situation ist

---

[23] So berichtet z. B. Ejnar Fjerdingstad: „There are by now more than 100 positive reports of the transfer effect in vertebrates alone.“ E. J. Fjerdingstad: Chemical Transfer of Learned Information in Mammals and Fish: in: Memory and Transfer of Information. ed. H. P. Zippel. New York, London 1973. p. 430.

„more confusing", ja ist selbst ein „Problem" und als solches geradezu ein Bestandteil des Tranfer-Problems. So berichten z. B. GOLUB und MCCONNELL „it appeared that even in laboratories where positive resultats had previously been obtained, investigators failed to find evidence for the transfer phenomenon when they repeated the work of another investigator. The issue became even more confusing when it was reported that memory transfer experiments performed with material extracted from the brains of animals trained in one laboratory yielded positive transfer effects in a second laboratory, but that investigators in that second laboratory failed to find reliable transfer effects when they themselves trained the donor animals"[24]. Wenn dann allerdings E. L. BENNETT in einem Kommentar zu der (bereits mehrfach von uns angezogenen) Arbeit von CORNING und RICCIO bemerkt: „I find it distressing, however, in spite of ten years or more research in this area, that even Dr. Corning cannot point out to a 100% procedural replication of any one training study"[25], so muß man wohl sagen, daß eine solche Äußerung mehr gegen den Kommentator als gegen den Kommentierten spricht. Eine „100% procedural replication" kann man in der Biologie kaum auf einem Gebiet erwarten, in dem man alle notwendigen und für erfolgreiche Experimente hinreichenden Faktoren kennt, gewiß aber nicht in einem neu betretenen Gebiet, in dem jeder Schritt den Forscher vor neue Probleme stellt, seien es Probleme, die aus den Ergebnissen erwachsen, seien es Probleme der Wahl geeigneter Methoden. So heißt es denn auch im Schlußsatz eines Aufsatzes von BYRNE u. a. (Science, 1966) der die Fehlschläge einer großen Zahl von Untersuchungen aufzählte: „Failure to reproduce results is not, after all, unusual in the early phase of research when all relevant variables are as yet unspecified."[26]

Wenn wir einleitend von einer positiv-kritischen Beurteilung der Ergebnisse gesprochen haben, so meinte dies, daß man gerade die Divergenz, ja teilweise Widersprüchlichkeit der Ergebnisse als ein Problem sehen müsse. Gerade die negativen Ergebnisse können dann, aus dieser Sicht, einen hohen positiven Wert erhalten, untersucht man nämlich, warum in diesem oder jenem Fall das Ergebnis anders ausgefallen ist. Dies kann dann Hinweise geben auf Faktoren, die man bisher nicht genügend berücksichtigt hat – vgl. die „Faktor-Zusammenstellung" von MCCONNELL oben *S. 80* – oder auf Mechanismen, die den Erfolg verhinderten und deren Aufklärung wieder Hinweise gibt auf die entgegengesetzt wirkenden Mechanismen, oder schließlich auf das *Lokalisierungsproblem* des chemischen Transfers. So haben, um über dieses noch kurz zu sprechen, Untersuchungen von R. J. PORTER „in-

[24] ARNOLD M. GOLUB and JAMES V. MCCONNELL: „Empirical issues in interanimal transfer of information" in: Chemical Transfer of learned information. ed. E. J. FJERDINGSTAD. Amsterdam, London 1971. p. 4 f.

[25] EDWARD L. BENNETT: „Comments" in: Molecular Approaches to Learning and Memory. ed. W. L. BYRNE. New York, London 1970. p. 150.

[26] a.a.O. p. XI.

dicated that homogenates of isotopically labeled liver or kidney, following intraperitoneal injections, would preferentially localize in the corresponding organ"[27], und UNGAR äußerte sogar die Vermutung, „When an extract of brain taken from ... a trained animal is administered to a naive recipient the code molecules injected attach themselves to the neurons of the same pathways in which they where located in the donor's brain."[28] Doch bleibt die kritische Bemerkung E. R. JOHNs zu Folgerungen aus den PORTERschen Versuchen zu bedenken: „This study was carried out on material from kidney or liver, but not from the brain. In spite of the impressive specifity thus demonstrated for various organs, the blood-brain barrier provides reason to doubt that this phenomenon also exists with respect to the movement of peripherally-injected substances to the brain. No evidence for such migration has yet been provided."[29]

Wie fruchtbar für ein Verständnis eines chemischen Lern-Transfers gerade die bei den Experimenten auftretenden negativen Ergebnisse sind, zeigt der sog. „negative transfer". HALSTEAD und RUCKER berichten: „there have been several reports of negative transfer, defined as behavior of recipients in the direction opposite to the training of their respective donors (Halstead and Rucker, 1968; Nissen et al., 1965; Rosenblatt and Miller, 1966; Ungar and Irvin, 1967)"[30], oder wie es bei ROSENBLATT heißt: „As data on discrimination experiments accumulated, several new phenomena began to appear. The most puzzling of these was the ‚inversion phenomenon'. Recipient rats, instead of selecting the response for which the correspondent donors were trained, seemed to do just the opposite."[31] Und FJERDINGSTAD und Mitarb. stießen auf eine entsprechende Erscheinung: „They reported negative transfer in an experiment in which some recipients were trained in the same directions as their donors while other recipients were trained to the opposite or reversed discrimination. The curious result was that recipients trained in the direction opposite to that of their respective donors learned even faster than the recipients trained in the same manner as their respective donors" (Nissen et al., 1965, Fjerdingstad et al., 1965)[32].

Die Einstellung

Sehen wir in der Nichtreproduzierbarkeit gelungener Transfer-Experimente ein wichtiges *Problem* des chemischen Lerntransfers, so

---

[27] Nach BYRNE: a.a.O. p. XIX.

[28] GEORGES UNGAR: „Chemical transfer of learned information". Molecular Approaches ... p. 187.

[29] E. ROY JOHN: Summary. a.a.O. p. 339.

[30] WARD C. HALSTEAD, WILLIAM B. RUCKER: „The molecular biology of memory". a.a.O. p. 10.

[31] FRANK ROSENBLATT: „Induction of discrimination behavior by means of brain extracts". a.a.O. p. 197.

[32] HALSTEAD and RUCKER: a.a.O. p. 10.

müssen wir auch kurz auf die vermutlichen Gründe eingehen, und zwar sowohl auf die subjektiven als auch auf die objektiven Gründe. Die *subjektiven* Gründe, soweit sie „in der Sache" liegen, also nicht aus Unzulänglichkeiten oder Ungenauigkeiten der Experimente entspringen, lassen sich unter den Begriff der *Einstellung* des Untersuchers zusammenfassen.

Wie bei allen derartigen Versuchen ist eine *Hypothese* eine Voraussetzung, m. a. W.: man muß wissen, wonach man sucht. Die Suchhypothese ist also eine Voraussetzung, die Deutungshypothese steht dann am Ende des Experiments; sie bildet zugleich die Grundlage für die nächste Suchhypothese für ein weiteres Experiment. Fehlt eine Deutungshypothese – und BYRNE hat einmal darauf hingewiesen, „that a proper evaluation of the transfer phenomen has been handicapped by the lack of a hypothesis"[33] – dann führen weitere Versuche leicht zu einer bloßen Wiederholung oder zu ziellosem Herumtasten.

Doch Hypothesen sind auch bedenklich. JENSENS Kritik an den Paramecium-Experimenten *(S. 76 f.)* hebt besonders diesen Punkt hervor. Er spricht in diesem Zusammenhang von „demonstrations"; sie seien „searches for data which conform to and confirm pre-determinated theory"[34]. Sieht man von „bewußten" Demonstrationen dieser Art als hier irrelevant ab, sondern berücksichtigt „unbewußte Einstellungen", so ist es gewiß richtig, daß man leicht findet was man sucht. So ist die Warnung von RALPH GERARD (zitiert nach KONORSKI[35]) eine wichtige Regel auch für die Transfer-Forschung: „beware lest you find what you are looking for".

Man muß aber auch bedenken, daß das Gegenteil ebenso gültig ist: Man findet auch leicht n i c h t, was man nicht finden will. Auch hier spielt die Einstellung eine wichtige Rolle. CORNING und RICCIO weisen in ihrer Arbeit darauf hin: „What typifies many investigators in the area is their treatment of the laboratory subject as a learning machine, a preparation that will display consistent and unequivocal learning under automated and somewhat restricted conditions. Their *expectations* allow for little consideration of the organism and when the beast rebels and dirties up data, psychologists may refer to conclude that learning is impossible in the particular animal."[36]

Gleichheit der Versuchsbedingungen

UNGAR hat einmal „the factors that can account for success or failure" unter dem Titel „Experimental conditions" zusammengesetellt und

---

[33] BYRNE: a.a.O. p. XVI.
[34] W. C. CORNING and D. RICCIO: „The planarian controversy" a.a.O. p. 113.
[35] JERZY KONORSKI: „Perspectives of the research on the integrative activity of the brain; in: The Future of the Brain Sciences. ed. S. BOGOCH. New York 1969. p. 310.
[36] CORNING and RICCIO: a.a.O. p. 107.

untersucht[37]. „Critical factors" dieser Art sind: Donor training einschließlich der quality of donors, preparation of extracts, administration of extracts and recipient testing. Und er fügt hinzu: „The optimal conditions of the bioassay have to be determined by trial and error."

Eine allgemeine Bedingung ist: Experimente müssen reproduzierbar sein, sie müssen auch von anderen Untersuchern wiederholt werden können, sollen ihre Ergebnisse Gültigkeit erhalten. Das ist eine Selbstverständlichkeit, und man muß nicht so skeptisch sein wie Herblin: „After all, reproducibility is simply the replication of your own work"[38], um in dieser Aussage doch gewisse Probleme zu finden, die eine echte Reproduzierbarkeit stellt. Wir haben schon oben auf die Schwierigkeit hingewiesen, eine 100%ige Wiederholbarkeit in biologischen Experimenten zu erreichen – für die Neurophysiologie behauptet Grey Walter sogar: „One can never ‚repeat' an experiment on a brain."[39]

Formal kann man sagen, um etwas mehr ins Einzelne zu gehen: Reproduzierbarkeit eines Experiments setzt voraus, daß das zweite Experiment „unter gleichen Bedingungen" ausgeführt wird und dann zum gleichen Ergebnis führt wie das erste. Die Schwierigkeit besteht darin, die „gleichen Bedingungen" herzustellen. Die strenge (ideale) Forderung, daß „alle Faktoren" gleich sein müssen, ist undurchführbar, obwohl es gerade bei biologischen und Verhaltens-Experimenten vorkommen kann und vorkommen wird, daß schon geringe Veränderungen in der Situation – Umwelt + Zustand des Versuchsobjekts – das Ergebnis beeinflussen. Man kann vielleicht einschränkend sagen: Diejenigen Faktoren, die das erste Ergebnis bestimmt haben, müssen gleich sein. Auch dies ist schwierig zu erreichen, außerdem zeigt die Geschichte der Wissenschaft Beispiele, daß ein zunächst unbeachteter Faktor sich als entscheidend für das Ergebnis erwies. So bleiben schließlich die beim ersten Experiment ausdrücklich berücksichtigten und festgelegten Faktoren und Bedingungen: deren „Gleichheit" muß gegeben sein.

a) Gleiche Tiere: Die „extreme variability of individual rats" bildet nach Rosenblatt ein schweres Problem[40], für dessen Lösung Corning und Riccio als eine Grundbedingung angeben: „It ought to be established that the subjects are physiological the same animals. A good

---

[37] George Ungar: „Role of Proteins and Peptides in Learning and Memory". in: Molecular Mechanisms in Memory and Learning. ed. G. Ungar. New York, London 1970. p. 164 ff.

[38] W. F. Herblin: „The validity and reproducibility of the chemical induction of a position habit" in: Chemical transfer of learned information. ed. E. D. Fjeringstad. Amsterdam, London 1971. p. 59.

[39] W. Grey Walter: „Theoretical properties of diffuse projection systems in relation to behaviour and consciousness" in: Brain Mechanisms and Consciousness. ed. J. F. Delafresnaye. Springfield/Ill. 1954. p. 373.

[40] Rosenblatt: Molecular Approaches ... a.a.O. p. 198.

beginning would be to use the same species."[41] Eine weitere Voraussetzung ist nach K. P. WEISS: „An additional area of concern is the recipient's experimental and learning history."[42] Ja, auch die Vorgeschichte sowohl der Spender- als auch der Empfänger-Tiere muß vergleichbar sein; dies gilt selbst für die Abstammung von bestimmten Elternpaaren. So weiß man seit TRYON (1929, 1940), daß „by selective breeding maze-bright and maze-dull strains of rats were developed, the so-called S_1 und S_3 strains"[43]. Solche Tiere sind also von Geburt an „vorprogrammiert". Aber auch natürliche Auslese kann zu einer derartigen Vorprogrammierung führen, die dann aber nicht bekannt ist, wenn man nicht gründlich vor dem Experiment prüft.

Einflüsse, an die zunächst niemand denken wird, können ebenfalls eine Rolle spielen, wie ein Beispiel von ROSENBLATT zeigen möge: „It is important to assign rats to experimental groups according to a system which is independent of the order in which they are removed from stock cages. There are generally significant activity differences between the first rats to be withdrawn and the last rats in the cage, reflecting differences in timidity, ability to escape, curiosity, or other such factors. Differences due to a ‚captures bias' may be large enough to substantially affect the results of an experiment."[44]

b) Gleichheit der Verhaltensweise: Gleichartigkeit des Trainings und Prüfens bei Donor und Recipient ist eine selbstverständliche Voraussetzung, will man eine Erleichterung bzw. Beschleunigung des Erlernens beim Empfängertier feststellen.

Doch beruht die Gleichheit der Verhaltensweise nach Voraussetzung entscheidend auf der Art des übertragenen Engramms und d. h. auf der *Spezifität* der Transfer-Wirkung. Gleichheit des Engramms beruht aber – jedenfalls solange bis man Genaueres weiß – auf einer Gleichheit der Gewinnung des „Engramms", d. h. der Herstellung, Reinigung des Hirnextrakts bzw. des einzelnen Stoffes. Gerade an diesem Punkt hat die Kritik an den Versuchen angesetzt – erwähnt sei nur die umfangreiche Arbeit von STEWART: „Comments of the Chemistry of Scotophobin"[45] – andererseits zeigen die z. T. sehr ausführlichen Darstellungen der Experimente bei vielen der von uns angeführten Arbeiten – etwa von ROSENBLATT, von FJERDINGSTAD, um nur diese zu nennen – daß die Autoren diesem Punkt ebenfalls größte Bedeutung beimessen.

Dabei muß aber wohl noch etwas berücksichtigt werden, das in den Diskussionen kaum erwähnt worden ist – es wird deutlich an einer Bemerkung von ROSENBLATT: „Our rats are shipped (in weekly shipments) at an age of 60 days and are generally used within ten days of

---

41 CORNING and RICCIO: a.a.O. p. 128.

42 KENNETH P. WEISS: „Measurement of the effects of brain extract on interorganism information transfer." in: Molecular Approaches . . ." p. 325.

43 E. R. JOHN: Mechanisms of Memory. New York, London 1967. p. 41.

44 ROSENBLATT: a.a.O. p. 201.

45 Nature *238* (1972) p. 202 ff.

arrival. Older rats (up to 90 days) have occasionally been used, but younger rats appear to be preferable as recipients."[46] 60 Tage alte Ratten haben aber in ihrem bisherigen Leben bereits zahlreiche „Erfahrungen" gemacht, haben zumindest ihre „natürlichen" Reaktionen und Antworten auf Stimuli der Außenwelt benutzt und gefestigt. Sie haben somit – nach Voraussetzung – zahlreicher *Engramme* gespeichert, und diese Engramme werden bei einem Transfer von Gehirnextrakten mit übertragen. Das Empfängertier wird somit mit Engrammen geradezu überschwemmt, zumal Reinigung und Einengung der Extrakte so vorgenommen werden, daß das Lern-Engramm dabei erhalten bleibt. Unter der Voraussetzung, daß Engramme stofflich verwandt sind, dürfte sich dies auch auf die anderen Engramme erstrecken. Wie sie im Empfänger-Tier wirken, wissen wir nicht. Da aber mit dem erlernten Engramm auch das von ihm „verdrängte" oder „überdeckte" natürliche Engramm für den betr. Stimulus übertragen wird, wäre damit vielleicht eine Erklärung für den „Umkehreffekt" gegeben. Mit anderen Worten: Echte, reproduzierbare Spezifität der Übertragung ist eigentlich nur dann zu erwarten, wenn es – wie beim Skotophobin – gelingt, das „reine", synthetische Engramm zu übertragen.

Eine interessante Frage wäre schließlich noch: Ist es möglich, das Lern-Engramm von einem Empfänger-Tier auf ein z w e i t e s Empfänger-Tier zu übertragen? Wird durch solche „Tierpassagen" die *Virulenz* (sit venia verbo) des Engramms verändert? Etwa wie bei Tierpassagen von Krankheitserregern z. B. erhöht? Oder erniedrigt? Oder – wie etwa beim Pockenvirus – paßt sich das Engramm bei Artverschiedenheit der Empfängertiere diesem Tier an? Dafür spricht in gewissem Sinn die Wirkung des Skotophobins bei Ratten, Mäusen und Goldfischen: nur das Ergebnis des Verhaltens – Dunkelflucht – ist das gleiche, die Verhaltensweisen, die ausgelöst werden, sind je nach Tierart durchaus verschieden *(s. u. S. 240 f.)*.

Zur Funktion der Transfer-Substanzen

Die schon recht zahlreichen positiven Ergebnisse der Transfer-Experimente leiten zur nächsten Phase der Untersuchung dieses Phänomens über, nämlich zur Frage: Wie wirkt eine Transfer-Substanz im Empfänger-Organismus? Bisher können wir dazu nur sagen: sie wirkt im Empfänger-Tier als *Stimulus,* und zwar in doppeltem Sinne: sie erleichtert das Lernen und verbessert das Behalten einer Aufgabenlösung, und sie wirkt wahrscheinlich auch unspezifisch stimulierend als Stress. Die Wirkung ist weiterhin *spezifisch* insofern, als sie nicht „Lernen allgemein" verbessert, sondern „bestimmtes Lernen", d. h.

---

[46] Rosenblatt: a.a.O. p. 199.

verschiedene Arten von Lernen, und das bedeutet, es gibt nicht „die“ Transfer-Substanz, sondern verschiedene Arten. Oder, wie es UNGAR formuliert: „it is evident that each behavior must correspond to a specific molecule or group of molecules.“[47] Damit gliedert sich die Untersuchung des Transfer-Phänomens in zwei Teile: einmal eine *chemische* Untersuchung, d. h. eine Suche nach den spezifischen Molekeln und ihren biochemischen Funktionen – und dann eine Funktions-Analyse der Wirkung der Transfer-Substanz im Empfänger-Organismus und seinem Lernverhalten.

Als Beispiel für die chemische Untersuchung wählen wir das *Skotophobin,* einmal weil es am genauesten bekannt ist und dann, weil hier bereits eine Anzahl biochemischer Funktionsanalysen vorliegen.

Zur Chemie der Skotophobin-Wirkung

Struktur: Das Skotophobin ist in seiner chemischen Struktur als ein Pentadekapeptid, also als eine Kette von 15 Aminosäuren in Peptidbindung aufgeklärt und als solches auch synthetisiert worden, so daß die Möglichkeit besteht, mit der reinen Substanz zu experimentieren. Eine Kenntnis der Struktur ist Voraussetzung für ein Verständnis des Folgenden, wir geben sie in der üblichen abkürzenden Schreibweise[48]:

Ser –	Asp –	Asn –	Asn –	Gln –	Gln –	Gly –	Lys –	Ser –	Ala –
1	2	3	4	5	6	7	8	9	10
Gln –	Gln –	Gly –	Gly –	Tyr · NH_2.					
11	12	13	14	15					

(Ala = Alanin; Asn = Asparagin; Asp = Asparaginsäure; Gln = Glutamin; Gly = Glycin; Lys = Lysin; Ser = Serin; Tyr = Tyrosin, das hier als Säureamid vorliegt.)

Zu erwähnen ist, daß die von verschiedenen Tierarten gebildeten Skotophobine nicht genau die gleichen Eigenschaften haben; so ist das von Fischen gebildete „Fisch-Skotophobin“ – obwohl bei Fischen auch das synthetische Sk. wirkt –, z. B. im papierchromatografischen Verhalten: anderer R_f-Wert, d. h. andere Verteilung der einzelnen Aminosäuren im Papierchromatogramm – vom Ratten-Skotophobin etwas unterschieden[49].

Bildung im Donor-Tier: UNGAR und Mitarb. untersuchten die Bildung von Sk. bei trainierten Ratten und fanden zeitliche Unterschiede,

47 GEORGES UNGAR: „Role of Proteins and Peptides in Learning and Memory“ in: Molecular Mechanisms in Memory and Learning. ed. G. UNGAR. New York, London 1970. p. 160.

48 WOLFGANG PARR and GUNTHER HOLZER: „The Structure of the ‚Memory-Code-Word‘ Scotophobin.“ in: Memory and Transfer of Information. ed. H. P. ZIPPEL. New York, London 1973. p. 303 ff.

49 GEORGES UNGAR: „Evidence for Molecular Coding of Neural Information“ in: Memory and Transfer of Information. p. 326.

die eine Unterscheidung von *Lernen* und *gelernt-Haben* auch bei der Bildung von Sk. vermuten lassen: „Scotophobin increases progressively in the training during the first six days of training and decreases afterwards, in spite of the persistence of the learned behavior."[50]

Modifikationen des Skotophobins: Wichtige Aufschlüsse über Eigenschaften und Wirkungen einer Substanz ergeben oft Versuche mit einer chemisch modifizierten Substanz, da sie erlauben, die eigentlichen Wirkungs-„Stellen" in der Molekel aufzufinden.

Eine verhältnismäßig einfache Modifikation des Sk. ist die Ersetzung von Gln 5 und Gln 11 jeweils durch Glu, also Ersetzung der betreffenden Glutamine durch Glutaminsäure:

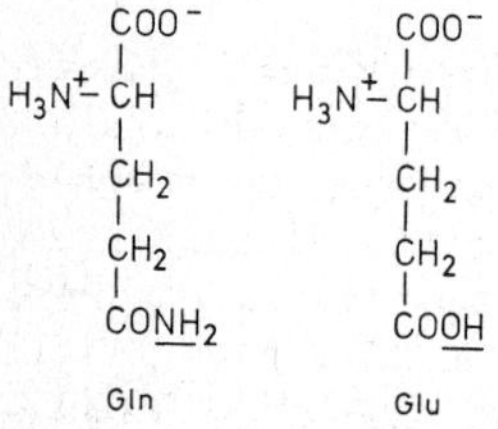

Diese Modifikation wurde mit verschiedenen Lernarten getestet. Sie erwies sich beim aktiven wie auch beim passiven Vermeidungslernen als aktiv für eine Verlängerung der Wirkung: „increase resistance to extinction of active and passive avoidance behavior", wie DE WIED feststellt[51]. Die Aktivität wie auch die Dauer der Wirkung war aber beim modifizierten Sk. deutlich kleiner bzw. kürzer als beim originalen Sk. Das läßt darauf schließen, daß die beiden NH_2-Gruppen der Gln 5 und Gln 11 eine, allerdings noch unbekannte, Rolle spielen.

Eine andere Veränderung einer solchen Molekel-Kette, die sich auch bei Hormon-Untersuchungen – z. B. beim ACTH – bewährt hat, ist eine Verkürzung der Kette, um festzustellen, welche *Bruchteile* der Molekel noch wirksam sind. Bei diesen Experimenten hat sich gezeigt, daß das 8–15 Bruchstück noch wirksam ist, allerdings noch weniger als die obige Modifikation, das sog. 5,11-Deamidoskotophobin[52]. Man kann auch im Deamidoskotophobin in der NH_2-Gruppe des Serins (AS 1) ein H durch eine Acetylgruppe (C_2H_5O-) ersetzen und erhält dann das N-Acetyl-5,11-deamidoskotophobin, „but dark avoidance activity is about the same as for the unsubstituted deamido derivative"[53].

---

[50] a.a.O. p. 325.

[51] D. de WIED: „Peptides and Behavior". Memory and Transfer of Information. a.a.O. p. 382.

[52] HELENE N. GUTTMAN, G. MATWYSHYN, and M. WEILER: „Studies with Dark Avoidance and Scotophobin" a.a.O. p. 391 ff.

[53] a.a.O. p. 413.

Die Untersuchungen von GUTTMAN und Mitarb. zur Bestimmung der Lokalisation von aufgenommenem ^{137}J-Skotophobin in den Zellen des Empfänger-Tiers ergaben, daß ein Teil des Skotophobins offenbar an bestimmte Zielstellen gebunden wird. Dies führte zur Vermutung, daß „scotophobin acts by complexing with some particular cellular component of fairly high molecular weight. Both synaptic junction membranes and one or other of the S-100 proteins *(s. u. S. 338 ff.)* are good binding candidates."[54] Da auf Grund von Untersuchungen von UNGAR und BURZYNSKI nur „little natural scotophobin is found in cerebellum of trained rats", dagegen „large quantities of ^{137}J-Scotophobin fixed in the pituitary (in der Hypophyse, d. Vf.) and spinal cord"[55], kann man vermuten, daß diese Organe an der Vermittlung der Skotophobin-Reaktion beteiligt sind.

Daß das Skotophobin, eine verhältnismäßig kleine Molekel, nur oder vorwiegend wirkt, wenn es an eine größere Molekel gebunden ist, läßt an eine Parallele aus der Immunologie denken: Antigene, die im betroffenen Organismus zur Bildung von Antikörpern führen, sind meist größere Molekeln. Es gelingt aber auch, „nahezu jedes beliebige Molekül an Protein oder ein synthetisches Polypeptid anzuhängen und damit Antiseren zu erhalten, die Spezifität gegen das eingeführte Molekül zeigen. ... Die eingeführten niedermolekularen Verbindungen, welche selbst nicht antigen sind, werden oft als *Hapten* bezeichnet. Am Protein kann man die Gruppierung als *haptene Gruppe* bezeichnen."[56]

Trifft die Annahme zu, daß das Skotophobin in der Zelle in dieser Weise an eine größere Molekel oder einen Zellbestandteil gebunden wird, so entsteht die Frage nach den *Bindungsstellen* im Skotophobin. Da man die erste Aminosäure, das Serin, verändern kann „without altering binding and activity", und da es auch möglich ist, die letzte Aminosäure, das Tyrosin, zu modifizieren und dadurch „not sacrifice dark avoidance activity", fallen AS 1 und AS 25 als Bindungsstellen aus[57]. Aus weiteren Versuchen ergab sich, „that the 2-asp 5,11 gln residues are necessary for full dark avoidance activity"[58]. Da aber wie oben gezeigt, auch die 5,11 glu-Modifikation des Skotophobins eine gewisse Wirkung zeigt, vermuten die Autoren – was allerdings eine pro domo-Hypothese ist – daß „it must be possible for the molecule to be converted to scotophobin in situ"[59].

Zusammenfassend stellt GUTTMAN fest: „We can therefore conclude that the important sites are among those residues which have not been modified, i.e. 2-4, 6-10, 12-14" and „that the binding sites and activity sites for scotophobin are not identical", eine Differenzierung, die von der Struktur und dem Verhalten von Enzymen bekannt ist.

---

54 a.a.O. p. 409.

55 a.a.O. p. 407.

56 ELVIN A. KABAT: Einführung in die Immunchemie und Immunologie. (übers. K. JAHN u. E. RÜDE). Berlin, Heidelberg, New York 1971. (Heidelberger Taschenbücher Bd. 79). S. 19.

57 GUTTMAN et al.: a.a.O. p. 413.

58 a.a.O.

59 a.a.O. p. 414.

Andere Peptide

Mit der Isolierung und Synthese des Skotophobins und weiter mit den Versuchen, die Modifikationen dieser Molekel verwendeten, entstand eine Frage, die als zu „mystisch" sicher nicht gestellt worden ist, die wir aber doch erwähnen wollen, da sie die weitere Entwicklung dieser Versuche verständlicher macht: Ist es die chemische Substanz selbst, die als Transfer-Substanz wirkt, oder ist das Skotophobin ein *Signal*, das eine bestimmte *Nachricht* überträgt, die vom Empfänger-Tier in irgend einer Weise „verstanden" werden muß, um wirken zu können? Die Antwort auf diese Frage scheint dadurch gegeben zu sein, daß das synthetische Skotophobin genau so wirkt wie das von einem Donor-Tier hergestellte. Doch ist dies nur e i n e mögliche Antwort, denn der Nachrichtengehalt eines Signals ist unabhängig von der Art der Entstehung dieses Signals, ob also z. B. ein Satz aus einem wissenschaftlichen Buch oder aus der durch rein mechanische Kombination der Zeichen entstandenen „Universalbibliothek" entnommen wird[60].

An dieser Stelle interessieren wir uns nur für die „syntaktische" Seite dieser Nachrichtenübertragung – wenn wir die zeichentheoretischen Begriffe hier derart anwenden dürfen – also für die Zeichen-Ganzheiten als solche, und d. h. für die chemischen Substanzen und ihre Reaktionen und evtl. Auswirkungen auf das Verhalten.

Unter diesem Gesichtspunkt erweitert sich aber der Problembereich: das Skotophobin ist ein Pentadekapeptid, es besteht also aus 15 Aminosäuren, die durch Peptidbindung (-CO-NH-) zu einer Kette verbunden sind. Versuche mit Goldfischen von ZIPPEL und DOMAGK (1969) haben gezeigt, daß die Tiere nicht nur auf eine Ablehnung von Dunkelheit, sondern auch auf Ablehnung bestimmter Farben (color-avoidance) trainiert werden können, und zwar speziell auf eine blue-avoidance und eine green-avoidance, und daß diese „Ablehnung" ebenfalls durch spezifische Transfer-Substanzen von den trainierten auf untrainierte Tiere übertragen werden kann. Auch bei diesen Substanzen handelt es sich um *Peptide*, und zwar um „comparative small peptides"[61].

Unter Berücksichtigung der im vorhergegangenen Abschnitt besprochenen Experimente mit dem modifizierten Skotophobin ergab sich damit fast notwendig die Frage, ob auch andersartige Peptide einen Einfluß auf das Lernverhalten ausüben können, speziell Peptide, die im ZNS vorkommen. Ja, da man die Transfer-Substanzen als „Botenstoffe" ansehen kann, die an bestimmten, noch unbekannten Stellen bestimmte Wirkungen auslösen, lag es weiterhin nahe zu fragen, ob die natürlichen „Botenstoffe" des Organismus oder bestimmte Modifikation von ihnen auch Einflüsse auf das Lernverhalten haben bzw. haben

[60] Zur Universalbibliothek vgl. H.-J. FLECHTNER: Grundbegriffe der Kybernetik. 5. Aufl. 1970. S. 83 ff.

[61] GEORGES UNGAR: Evidence for Molecular Coding of Neural Information. in: Memory and Transfer of Information. ed. H. P. ZIPPEL. New York, London 1973. p. 328.

können. So wurden die *Hormone,* speziell die *Peptid-Hormone* des ZNS Gegenstand eingehender Experimente.

Das Adrenocorticotrope Hormon (ACTH) wird vom Hypophysenvorderlappen (HVL) ausgesendet und regt in der Nebennierenrinde (NNR) die Bildung und Ausschüttung der NNR-Hormone an. Das ACTH ist ein Peptid aus 39 Aminosäuren (AS); der hormonal wirksame Bestandteil ist die Kette AS_{1-23}, während AS_{24-39} artspezifische Verschiedenheiten aufweisen.

Zunächst zeigte sich, daß die HVL-Hormone „affect acquisition and maintenance of conditioned behavior". Eine Entfernung des HVL (Adenohypophysektomie) bzw. der ganzen Hypophyse reduzierte merkbar die Fähigkeit der Ratte, eine Vermeidungsreaktion in der Schüttelbox zu erlernen (u. a. DE WIED, 1968[62]). Zufuhr vom ACTH normalisierte das Verhalten solcher Tiere nahezu vollständig. Doch nicht nur dies: „ACTH and related peptides not only affect extinction of ‚fear' motivated behavior, ACTH and also MSH (s. u.) inhibits extinction of an appetitive response as well."[63]

Auch bei diesen Versuchen zeigte sich, daß Bruchstücke der Kette, wie $ACTH_{1-10}$ und $ACTH_{4-10}$ die gleiche Wirkung ergaben[64]. Diese Bruchstücke haben aber keine Hormonwirkung, anscheinend ist „the influence of ACTH on behavior an extra target effect". ACTH und verwandte Peptide beeinflussen auch bei normalen Ratten das konditionale Verhalten, speziell führen sie zu einer „resistance of extinction" (MURPHY and MILLER, 1955) beim Schüttelbox-Training[65].

Während das synthetische Dekapeptid $ACTH_{1-10}$ und das Heptapeptid $ACTH_{4-10}$ in ihrer Wirkung der ganzen Molekel gleichen, ist ein $ACTH_{11-24}$ in dieser Hinsicht unwirksam (de WIED u. a., 1968). Da nicht nur das aktive sondern auch das passive avoidance-Verhalten in gleicher Weise beeinflußt werden, kommt de WIED zu dem Schluß: „the active core of ACTH in both ‚fear' motivated tests appears to resists in the amino end of the molecule", also in den ersten 10 Gliedern (a.a.O.). Später heißt es dann sogar: „The behavioral effect of ACTH appears to reside in not more than 4 amino acids. The sequence $ACTH_{4-7}$ ... is nearly as active as that of larger sequences."[66]

Die Aminosäuren eines Organismus haben im allgemeinen die L-*Konfiguration.* Als aber de WIED u. Mitarb. im $ACTH_{1-10}$ die AS 7 (Phenylalanin) durch ein D-Isomeres ersetzten, fanden sie eine Beschleunigung der Extinktion: $ACTH_{1-10}$ (7-D-Phe) wirkt als ein Antagonist zum $ACTH_{1-10}$ (7-L-Phe)[67]. Allerdings: Die Wirkung der

[62] D. de WIED: Peptides and Behavior. in: Memory and Transfer of Information. 1973. p. 373 f. vgl. auch de WIED: Pituitary-Adrenal System Hormones and Behavior. The Neurosciences (III) 1974. p. 655 ff. (ACTH and ACTH analogues).

[63] de WIED: Pituitary-Adrenal Hormones ... p. 656.

[64] de WIED: Peptides ... p. 374.

[65] a.a.O.

[66] de WIED: Pituitary-Adrenal Hormones ... p. 662.

[67] de WIED: Peptides ... p. 375 f.

„D-form peptides ... on passive avoidance behavior is not opposite to that of all-L-ACTH analogues as in active avoidance“[68].

Ein dem ACTH (auch *Corticotropin* genannt) in der chemischen Struktur verwandtes Hormon ist das *Melanotropin,* genauer: Melanozyten-stimulierendes Hormon (MSH). Es wird in einer intermediären Zone der Hypophyse gebildet und bewirkt „Ausbreitung der Melanophoren in der Haut von Amphibien und Fischen, führt also zur Verdunkelung“[69]. Auch beim Menschen führt es zu einem Dunkelwerden der Haut. Die chemische Verwandtschaft zum ACTH besteht darin, daß das Mittelstück beider Ketten – beim Melanotropin ist die Kette nur 18 AS lang – gleich ist. „Während Melanotropin im Gegensatz zum Corticotropin keine stimulierende Wirkung auf die Nebenniere ausübt, zeigt Corticotropin etwa 1 % der Pigmentationsaktivität des Melanotropins.“[70] Ein Vergleich zwischen ACTH und MSH zeigt, daß $ACTH_{4-10}$ und MSH_{7-13} die gleiche AS-Sequenz aufweisen, womit verständlich würde, daß es ähnlich wie das ACTH-Bruchstück wirkt.

Das Vasopressin: Auf den ersten Blick mag es verblüffend gewirkt haben, daß auch die Hormone des Hypophysen-Hinterlappens (HHL) ähnliche Wirkungen wie die des HVL auf das Lernverhalten zeigen. Einmal sind die beiden „Lappen“ kein einheitliches Organ, sondern sind sowohl entwicklungsgeschichtlich als auch z. T. morphologisch verschieden, man unterscheidet sie daher als Adenohypophyse (HVL) und Neurohypophyse (HHL). Die beiden wichtigsten Hormone des HHL sind das Okytokin (Oxytocin)[71] und das uns hier interessierende *Vasopressin,* das neben seiner blutdrucksteigernden Wirkung auch die Rückresorption des Wassers in den Nieren fördert und in dieser Hinsicht auch Adiuretin genannt wird.

Das Vasopressin ist ein Peptid aus 9 AS, von denen 6 zu einem Ring geschlossen sind. Die AS 8 – außerhalb des Ringes – ist entweder ein Arginin oder ein Lysin, am Ende der freien Kette findet sich (AS 9) ein Glycinamid. Die Versuche von de WIED u. Mitarb. wurden mit dem Lysin-Vasopressin vorgenommen und außerdem auch hier mit einer Modifikation, einem Oktapeptid, das durch Abspaltung der letzten AS entstanden war, dem „desglycinamide lysin vasopressin“. Es zeigte sich: „This peptid was highly active in stimulating the rate of acquisition of a shuttle-box avoidance response in hypophysectomized rats. It also increased resistance to extinction of active and passive avoidance behavior in intact rats and it had, like lysine vasopressin, a long term effect. Interestingly, desglycinamide lysine vasopressin is almost

---

[68] de WIED: Pituitary-Adrenal Hormones ... p. 656.

[69] PETER KARLSON: Kurzes Lehrbuch der Biochemie. 8. völlig neu bearb. Aufl. Stuttgart 1972. S. 326.

[70] THEODOR BERSIN: Biochemie der Hormone. 2. bearb. Aufl. Leipzig 1960. S. 170.

[71] Vgl. zu der Schreibweise H. J. FLECHTNER: Grundbegriffe der Biochemie. 2. Aufl. Stuttgart 1973. S. 340 Anm. 1.

devoid of the classical endocrine activities of lysine vasopressin (De Wied et al., 1972)."[72]

Als Ergebnis seiner Peptid-Untersuchungen kommt de Wied zu dem Schluß: „We postulated that the pituitary gland might contain small peptides which possibly operate in the formation of adaptive responses." (De Wied, 1968)[73]

Zur Wirkung des Skotophobins

Die im vorhergehenden Abschnitt besprochenen Wirkungen des Skotophobins und der anderen untersuchten Peptide sagen uns nur, daß diese Substanzen das Lernverhalten und in welcher Richtung sie es beeinflussen, sie sagen aber nichts darüber, wie dies geschieht. Die Frage nach den inneren Reaktionen, den R_i, ist noch offen, obwohl bereits Vermutungen und Hypothesen darüber angestellt worden sind. Die Suche nach diesen R_i setzt aber wieder einmal voraus, „daß wir wissen, wonach wir fragen" – und das bedeutet in diesem Falle, daß wir eine Vorstellung davon haben, welche *Funktion* die Transfer-Substanz im Lernverhalten ausübt bzw. ausüben kann. Dies wird deutlich an einer Hypothese, die Ungar über die Wirkung des Skotophobins aufgestellt hat und die wir hier kurz darstellen wollen[74]:

Ungar geht aus von Hypothesen, die Szilard (1964), Rosenblatt (1967) und Best (1968) entworfen haben, nach denen „molecular markers operate as ‚sign-posts' directing the traffic of nerve impulses". In Verbindung mit den Ergebnissen der Untersuchungen über die Entwicklung der Nervenbahnen in der Ontogenese, die zur These von der „chemospecificity of pathways" geführt haben *(s. u. S. 293 f.)*, also zu der Annahme, daß „during embryonic life the development of neural pathways is controlled by chemical labels that allow neurons belonging to the same pathway to recognize each other and establish synaptic contacts" (Sperry, 1963; Gaze, 1970; Jacobson, 1971) nimmt Ungar an, „that when, in the course of the learning process, new connections are created between the existing pathways, these are encoded as the combination of the labels that mark the pathways involved. For example, a new junction between two pathways, labeled a and b, could result in the formation of the complex ab. If the labels are peptides, their combination could be catalyzed by enzymes known as transpeptidases or peptide synthetases. We observed the presence of this type of enzyme in the brain and preliminary results suggest the increase of at least one of them during the early phase of dark avoidance training." Und weiterhin: „During learning two or more pathways are stimulated at the same time so as to create new synaptic junction between them"

[72] D. de Wied: Peptides . . . p. 378.

[73] a.a.O.

[74] George Ungar: „Evidence for Molecular Coding of Neural Information" in: Memory and Transfer of Information. p. 332 f.

– womit UNGAR einen Gedanken von PAWLOW wieder aufnimmt (I, 172 f.).

Die erste kritische Frage ist: Werden bei der Wirkung des Skotophobins tatsächlich „new junctions" geschlossen? Das Verhalten sowohl der trainierten Donor-Tiere als auch das der Empfänger-Tiere läuft durchaus „innate pathways", nämlich „Flucht" aus der Dunkelheit, wenn wir es einmal so kraß formulieren dürfen. Das heißt aber: es wird im Empfänger-Tier durch die Übertragung ein ganz normales Verhaltens-Ganzes ausgelöst, es bedarf keiner Ausbildung neuer Verbindungen oder neuronaler Netze. Ja, es handelt sich nach GRASTYAN u. Mitarb. (1966) um zwei „basic mechanisms in the brain: ‚approach' and ‚run away' mechanisms"[75].

Da aber auch die Situation beim Donor wie beim Rezipienten experimentell die gleiche ist, wird auch nicht ein neuer Situations-Stimulus übertragen, der zu einem andersartigen Verhalten führen könnte. Übertragen wird vielmehr etwas, was man vielleicht als die *Atmosphäre* der Situation bezeichnen kann, die im Rezipienten (wie vorher im Donor) eine andersartige *Stimmung* (etwa im Sinne der Ethologie) hervorruft: das, was bisher als „angenehm" empfunden war, wird jetzt als „unangenehm", als etwas zu-Vermeidendes „erlebt" und daher gemieden. Die andersartige Stimmung löst dann eine andere, aber ebenfalls bereits gegebene, „innate" Verhaltensweise aus.

Das führt uns zu den interessanten Untersuchungen von MCCONNELL und MALIN[76]. Ihre Untersuchungen an Mäusen führten sie zu der Frage: „Does scotophobin actually induce a fear of the dark compartment in the recipient animals? Or is the effect more general?" Und die Autoren fahren fort: „Perhaps all the scotophobin does is to make the mice more emotional and hence afraid to explore any new environment." Damit wurde das Problem der Emotionalität und ihrer Veränderung durch die Transfer-Substanz thematisch. Das eine Ergebnis dieser Versuche war: „scotophobin does not cause a generalized increase in the recipient's emotionality – instead, the fear response is specific to the black chamber. ... Scotophobin appears to mediate the avoidance of a specific experimental chamber only one of whose stimulus dimensions is darkness."[77]

Diese experimentellen Ergebnisse bestätigen weitgehend, daß die Emotionalität nicht nur eine Rolle bei diesen Versuchen spielt – was eigentlich selbstverständlich ist –, sondern daß sie der eigentlich vom Skotophobin beeinflußte „Faktor" ist, der dann durch „Umstimmung" das andersartige Verhalten auslöst.

Damit wird die Frage nach der „Wirkung" des Skotophobins aber von der „Ausbildung neuer Verbindungen" verschoben auf Einflüsse

---

[75] Nach J. R. SMYTHIES: Brain Mechanisms and Behaviour. Oxford and Edinburgh. 2nd. ed. 1970. p. 106.

[76] JAMES V. MCCONNELL and DAVID H. MALIN: „Recent Experiments in Memory Transfer" in: Memory and Transfer of Information. p. 349.

[77] a.a.O. p. 353.

der Substanz auf die „Stimmung“, auf die emotionale Sphäre – und die Versuche gliedern sich damit möglicherweise – in weiterem Sinne – in die Untersuchungen nach der Wirkung von *Drogen* auf das Verhalten ein.

Versuche mit Drogen

Auf die Unzahl der Versuche, die Einwirkungen von Drogen auf das Verhalten, speziell auf das mnestische Verhalten, untersuchen, hier einzugehen, besteht kein Anlaß, da die meisten dieser Versuche sich auf das *Gedächtnis,* auf die *Memoria* beziehen; dort wird von ihnen zu sprechen sein. Hier wollen wir nur kurz Experimente von ZIPPEL u. Mitarb. besprechen, die in Zusammenhang stehen mit den oben erwähnten color-avoidance Experimenten an Goldfischen; Untersuchungen über den Einfluß bestimmter Drogen auf die color-avoidance dieser Tiere.

Als Substanzen wurden verwendet das Thiopyridoxin, ein Derivat des Pyridoxins, nämlich ein Dimeres des Thiopyridoxins, das eine Disulfidbrücke aufweist (Encephabol®, Merck). Weiterhin ein sog. „Weckamin“, das Amphetamin, und schließlich das „Fencamfamin“ (ebenfalls von Merck). Interessant an diesen Experimenten ist einmal, daß die unspezifische, aktivitätssteigernde Wirkung der Substanzen sich von der spezifischen auf das Lernen deutlich unterscheidet: „the three drugs have different effects on the general activation and the learning ability of the goldfish.“[78] Das Thiopyridoxinderivat hatte die stärkste Wirkung auf die generelle Steigerung der Aktivität bei den Tieren, während das Fencamfamin die geringste Wirkung zeigte. „In contrast to their effects on the general activity, all three drugs were found to have a positive effect on the learning behavior of the animals.“[79] Zu bemerken ist weiterhin, daß bei der unspezifischen Wirkung ein deutlicher Unterschied der Dosierung festzustellen war, während „the different concentrations used did not appear to have such substantial effect on the learning ability“[80]. Dieser Unterschied könnte für die Frage nach der Art der spezifischen Wirkung wichtig sein, vielleicht in dem Sinne, daß die Drogen hier eher „Wirkstoffcharakter“ haben.

Weitere Transfer-Experimente

Eine Erforschung des Wirkungsmechanismus der Transfer-Substanzen wird andere, bereits untersuchte „Transfer“-Untersuchungen berücksichtigen müssen, um aus ihnen mögliche ähnliche oder gar gleiche Mechanismen ableiten zu können.

---

[78] HANS-PETER ZIPPEL, I. GREMMELS, and H. ABDEL GHAFFAR: „Action of Various Drugs on the Formation and Fixation of Long Term Information in the Goldfish *(Carassius Auratus)*“: Memory and Transfer of Information. p. 251.

[79] a.a.O. p. 252. [80] a.a.O.

Vererbung von Lernfähigkeit: Wir haben in Band I (S. 310, und *oben S. 231*) auf die Versuche von TRYON hingewiesen, „maze bright" und „maze dull"-Ratten zu züchten, d. h. Tiere, die durch Paarung erwiesen guter Lerner im Laufe der Generationen allmählich eine besondere Lernfähigkeit aufwiesen. Auch hier liegt ein „Lern-Transfer" vor, der wie alle vererbten Eigenschaften letztlich über die DNA weitergereicht wird. Entsprechende Züchtungen wurden bei Ratten auch in Hinsicht auf andere Lernarten, allgemein auf die Reaktionsfähigkeit erreicht. Die zentrale Frage, die sich die Autoren – H. MÜLLER-CALGAN und Mitarb. – stellten war: „What in particular is inherited in our test animals at all?"[81] Wieder werden die gut-lernenden (GL) von den schlecht-lernenden (BL) Tieren getrennt untersucht. Aus der Fülle der Untersuchungen können wir nur einige Punkte herausziehen, die allerdings noch keine Beantwortung der Frage erlauben, aber doch Hinweise für weitere Experimente geben[82]:

1) No differences could be detected between GL and BL as far as the pharmacological action on peripheral organs and receptors are concerned.

2) Without detectable differences in GL and BL were the effects of centrally acting substances such as myotonolytic tranquilizers, cataleptics, convulsants and narcotics.

3) Equally undifferentiated were pain sensivity and exploration behaviour in both strains.

4) Contrary to this, GL generally appeared to be slightly more sensitive to central stimulants and the sympathicomimetic amphetamine, BL, however, distinctly more sensitive to the cholinergic tremorine (induced tremor). Hier bestehen also deutliche Beziehungen zum Unterschied des cholinergischen und adrenergischen Systems, nach einer These von KHAVARI, die die Autoren anführen, besteht eine „implication of a dichotomous CNS adrenergic-cholinergic neurotransmitter mechanisms in the control of learned behaviour".

5) Deutlichere Unterschiede als zwischen den verschiedenen Gruppen der GL und BL bestehen zwischen den Geschlechtern der Tiere.

Die Schwierigkeit einer genauen Beantwortung der obigen Grundfrage besteht schließlich auch darin, daß „Hereditary predispositions could arise from other psychic or metabolic traits changing simultaneously with the selection for good and bad performance."[83]

Die releasing factors: Die Tatsache, daß speziell Hypophysen-Hormone, also natürlich vorkommende Peptide im ZNS, neben ihrer hormonalen Wirkung auch das Verhalten, speziell das Lernverhalten beeinflussen können, führt zur Vermutung, daß die Umschaltstelle zwischen

---

[81] H. MÜLLER-CALGAN, K. H. BECKER, H. J. ENENKEL, H. J. SCHLIEP and A. J. N. WILD: „The Reactivity of Wistar Rats selected for Good and Bad Learning, observed in various physiological and pharmacological Test Models". a.a.O. p. 89.

[82] H. MÜLLER-CALGAN . . . a.a.O. p. 87 f.

[83] a.a.O. p. 89.

Stimulusverarbeitung und Auswirkung auf das Verhalten letztlich im Hirn zu suchen ist, denn die HHL-Hormone werden im Hypothalamus gebildet und von dort zum HHL geleitet; während die Hormone des HVL zwar dort gebildet werden, aber auch sie werden durch „releasing factors" aus dem Zwischenhirn gesteuert.

Diese „Freisetzungsfaktoren" (KARLSON) sind chemisch ebenfalls Peptide, (soweit sie bekannt sind), so daß es denkbar erscheint, auch die Wirkung der oben besprochenen Hirnpeptide wie auch etwa des Skotophobins analog zu betrachten, M. a. W.: das Skotophobin wie auch die anderen Peptide sind nicht „Engramme", sondern wirken als eine Art releasing factor – eine Vermutung, die ZIPPEL einmal ausgesprochen hat: „Im Verlauf der Dressur werden niedermolekulare Eiweiße, nämlich Peptide, gebildet, die für eine begrenzte Zeit in der gleichen Weise wie ‚releasing hormones' – das sind chemische Substanzen, die die Funktion haben, einen weiteren Mechanismus auszulösen – in Aktion treten und eine bleibende Veränderung an erregbaren Systemen im ZNS erreichen."[84]

Transformation: Der Vergleich zwischen Transfer-Substanzen und releasing factors beruhte auf ihrer chemischen Verwandtschaft: beide sind Peptide. Eine solche chemische Verwandtschaft besteht aber auch zu den Substanzen bei einer anderen Art von Transfer, nämlich bei den sog. *Transformationen.* Hier handelt es sich um *Nucleinsäuren,* die ja auch beim Lern-Transfer in den Anfangszeiten eine wichtige Rolle gespielt haben, die jetzt nur durch das Skotophobin und ähnliche Substanzen etwas in den Hintergrund geraten sind. Ob mit Recht, wird zu prüfen sein, dazu wollen wir vorweg über einige NS-Transfer Versuche berichten.

Unter den verschiedenen Stämmen oder Typen von *Pneumokokken* gibt es einen, der ein für die Kapselbildung wichtiges Kohlenhydrat nicht herstellen kann; ihm fehlt das Gen dazu und damit auch ein Enzym in der für die Herstellung nötigen Synthese-Kette. Läßt man diesen R-Typ nun auf einer Kultur wachsen, der man zellfreien Extrakt von Tieren des anderen, des S-Stammes zugesetzt hat, so „erwerben" einige Bakterien des R-Typs die Fähigkeit, das Kohlenhydrat zu produzieren, und sie vererben diese Fähigkeit auch: es handelt sich also um eine „künstliche" Mutation. Der Vorgang konnte schließlich so aufgeklärt werden, daß die S-DNA aus dem Zellsaft in die Zelle des R-Typs eindrang und dort in noch unbekannter Weise das fehlende Gen einführte.

Später konnte man auf entsprechende Weise auch die Spezifität der Eiweiß-Körper eines Typs ändern, konnte ähnliche Experimente mit anderen Bakterien ausführen, und konnte sogar Resistenz gegen Antibiotika durch Übertragung der DNA resistenter Tiere auf „anfällige" erzeugen. Entscheidend ist, wie es DAVIDSON formuliert: „Presumably

---

[84] HANS-PETER ZIPPEL: „Sind Erinnerungen Moleküle?" bild der wissenschaft *11* (1974) H. 8, S. 44.

all ‚transformations' are essentially processes by which bacteria are endowed with enzyme-synthetisizing capacities which they did not previously possess."[85] Damit werden die Transformationen in einen größeren Rahmen eingefügt.

Transduktion: Sie ist eine Variante der Transformation, die formal noch mehr dem Lern-Transfer ähnelt, denn auch bei der Transduktion wird ein Donor-Tier und ein Empfänger-Tier benötigt, eine Transfer-Substanz und dazu noch ein Träger für diese Substanz. Die Transfer-Substanz ist wieder eine artspezifische DNA, der „Träger" aber ist ein *Bakteriophage.*

Ein Beispiel: Einer Mutante von *Escherichia coli* fehlt die Stickstoff-Base Thymin. Jetzt wird eine zur Synthese dieser Base befähigte Art mit dem Phagen T2 infiziert und der Phage dann auf die Mangel-Mutante übertragen, wo er bzw. seine DNA „has brought about the process of transduction by carrying the necessary mechanism for the establishment of the appropriate enzym for thymine synthesis"[86].

Hier sind noch viele Probleme offen, z. B.: wie wird die fremde DNA im Zellkern eingebaut? Wie funktioniert sie dort „normal"?, da sie letztlich ein Fremdkörper ist usw. Daß aus diesen Experimenten die sensationellen und oft „schockierenden" Versuche eines „gene engineering" und einer auch auf Menschen anwendbaren „Gen-Therapie" entstanden sind, sei hier nur angemerkt[87].

Enzym-Induktion: Im Grunde lassen sich auch Transformation und Transduktion diesem Titel unterordnen, doch versteht man unter *Enzyminduktion* einen speziellen Vorgang, der nun wirklich alle Anzeichen eines *Lernens* besitzt. Das Eigentümliche an dieser Erscheinung, die wir oben *S. 58 f.* bereits besprochen haben, ist, daß hier das Substrat eines nicht im Organismus vorhandenen Enzyms dessen Ausbildung bzw. Vermehrung bewirkt. Dies erschien zunächst rätselhaft, bis die Aufklärung des Vorgangs der Proteinsynthese in der Zelle durch MONOD und Mitarb. auch dieses Rätsel lösen konnte.

Lern-RNA und Skotophobin

Die Betrachtung verschiedener Transfer-Vorgänge von Substanzen, die besondere Eigenschaften in den Rezeptor-Organismen hervorrufen, hat uns Material geliefert, mit dem wir hoffen können, das Problem der Skotophobin-Wirkung wie auch der Wirkung der Übertragung von Lern-RNA (wie wir kurz sagen wollen) besser verstehen zu können.

---

85 J. N. DAVIDSON: The Biochemistry of the Nucleic Acids. 7th ed. 1972. Chapman and Hall and Science Paperbacks. p. 10.

86 DAVIDSON: a.a.O. p. 12.

87 Über die Möglichkeiten und Probleme derartiger Manipulationen unterrichtet z. B. GILBERT S. OMENN: Genetic Engineering: Present and Future. in: To Live and To Die: When, Why and How. ed. R. H. WILLIAMS. Berlin, Heidelberg, New York. 1973. p. 48 ff.

Der Transfer von Lern-RNA: Die Untersuchungen von HYDÉN und seinen Mitarbeitern haben gezeigt, daß beim *Lernen* im trainierten Organismus nicht nur die RNA-Menge in den Zellen vermehrt ist, sondern daß dabei eine spezifische RNA entsteht, deren Basenzusammensetzung gegenüber der normalen m-RNA verändert ist. Das könnte bedeuten, daß diese spezifische Lern-RNA das eigentliche Lern-Engramm erzeugt, bzw. als Matrize für dessen Erzeugung dient. Dieses könnte – unter Berücksichtigung bekannter Vorgänge beim Aufbau von Aminosäure-Ketten an der m-RNA, auch ein *Peptid* sein, z. B. das Skotophobin.

Wird nun die Lern-RNA transferiert, so könnte man weiterhin annehmen, daß sie in der Wirtszelle als Matrize für die gleiche Protein- bzw. Peptid-Synthese dient, daß also die Wirtszelle Skotophobin produziert. Das entspräche einem allgemeiner in der Chemie zu beobachtenden Prinzip: daß es wirksamer, in manchen Fällen vielleicht sogar notwendig ist, daß der „Wirkstoff" nicht fremd zugeführt wird, sondern im Organismus selbst e n t s t e h t. Als Fremdkörper könnte er – speziell wenn er mit einer größeren Molekel verbunden ist *(s. o. S. 235)* – als *Antigen* wirken und die Bildung von *Antikörpern* veranlassen, die ihn inaktivieren.

Der Skotophobin-Transfer: Nun muß aber nicht, wie in den Frühversuchen mit Hirnextrakten, das Skotophobin zusammen mit der Lern-RNA übertragen werden, es wirkt auch „allein". Das steht zunächst im Widerspruch zu dem eben Gesagten.

Danach ist aber Skotophobin das Produkt der Synthese an der Lern-RNA. Es besteht also offenbar eine chemische Beziehung des Skotophobins zu dem für seine Synthese in der DNA des Wirtsorganismus vorhandenen *Muster* der *Struktur-Gene.* Es wäre also denkbar, daß das Skotophobin als *Induktor* wirken kann, der den Repressor inaktiviert – und so, durch Enzym-Induktion seine eigene Bildung induziert.

Die Wirkung des Skotophobins

Wenn die soeben versuchsweise vorgetragenen Gedanken über mögliche chemische Vorgänge beim Lern-Transfer durch Skotophobin auch diskutierbar oder gar richtig sein sollten, so führen sie doch nur bis zur „Anwesenheit" oder zur Herstellung dieser Transfer-Substanz – die Frage nach ihrer *Wirkung* ist damit noch nicht einmal angeschnitten.

Berücksichtigen wir jetzt unsere Unterscheidung von Memoria- und Mneme-Engrammen, so können wir nach dem Obigen *(S. 240)* wohl sagen: Skotophobin bewirkt keine „neuen Schaltungen", also keine Mneme-Engramme, sondern ist ein *memorielles Engramm.* Es ist das Ergebnis einer Umstimmung im Donor-Organismus und nach seiner Übertragung auch im Rezeptor-Organismus: was vorher angenehm und daher gesucht war, wird jetzt unangenehm und gemieden.

Dies gibt eine Verbindung zu den in der Lernpsychologie ausgeführten Versuchen zum *Umkehr-Lernen* (reversal learning): Ein Tier lernt von zwei verschiedenen Gefäßen z. B. das rote zu öffnen, weil es dort Futter findet, nicht aber das blaue, das kein Futter enthält. Ist das Lernen gefestigt, wird „umgeschaltet": jetzt enthält das blaue Gefäß Futter, nicht aber das rote. Das Tier muß „umlernen". Eingehende Versuche zum reversal learning wurden von KENDLER und KENDLER (1962) unternommen; BITTERMANN hat zeigen können, daß die Fähigkeit zum Umlernen artspezifsch ist, daß Ratten z. B. gut umlernen, ja „sie lernen das zweite Problem schneller als das erste"[88]. Auch hier handelt es sich nicht um ein *mnemisches Umlernen* – das geäußerte Verhalten bleibt das gleiche – sondern um ein *memorielles „Umlernen"*, nämlich der Wahl des behandelten Objekts, also um eine *Umschaltung* von einer Schaltungseinheit auf eine andere. Beide sind vorhanden, im einen Fall angeboren, im anderen erlernt – und die Frage der „Wirkung" des Skotophobins spitzt sich zu auf das Problem, wie memorielle Engramme bestimmte Verhaltens-Ganzheiten auslösen oder aktivieren können. Das aber ist das Problem, oder eins der Probleme, die uns jetzt beschäftigen werden.

---

[88] RUDOLF BERGIUS: Psychologie des Lernens. (Urban Taschenbücher.) Stuttgart, Berlin, Köln, Mainz 1971. S. 35; vgl. dort auch S. 62 ff.

Die mnemischen Engramme

Die Elementarvorgänge

Einleitung

Was sind mnemische Engramme, wie entstehen sie und wie werden sie gespeichert und gelagert? – diese drei Fragen kennzeichnen den Problembereich, der für eine „Biologie des Lernens“ zentrale Bedeutung hat. Sie sind nicht unabhängig voneinander, auch wenn man sie aus methodischen Gründen einzeln behandeln muß; vor allem ist eine Beantwortung der ersten Frage eine Voraussetzung für eine Untersuchung der beiden anderen. Diese Antwort kann aber erst auf Grund der Beantwortung der beiden anderen begründet gegeben werden – wir sind daher gezwungen, die erste Frage vorgreifend hypothetisch zu beantworten, und zwar in dem Sinne unserer Darstellungen im Bd. I. und in den vorhergehenden Kapiteln:

Mnemische Engramme sind durch Lernen gebildete und gespeicherte Schaltungen zwischen Neuronen bzw. Schaltschemata – etwa im Sinne von ITOS Cerebellum-Hypothese *(s. o. S. 117 f.)* –, die beim Wiedereintritt des Organismus in die spezifische Situation aktiviert bzw. aktualisiert werden.

1. Wir finden im Organismus zwei Arten mnemischer Engramme: die *angeborenen* (ererbten) und die *erworbenen* (erlernten). Wir dürfen, wenigstens vorläufig, annehmen, daß beide Arten ihrer Natur nach gleich sind, d. h. daß in beiden Fällen Schaltungen zwischen Neuronen oder Schaltschemata gegeben sind. Deren Aktualisierung führt dann zu den *V-Gestalten (S. 20 ff.),* den sichtbaren Antworten des Organismus auf eine Situation.

Die Frage der Entstehung dieser V-Gestalten hat in der *Verhaltensforschung* – wobei der Behaviorismus hier mit eingeschlossen sei – zwei verschiedene Antworten gefunden:

a) WATSONS These, daß nur die *elementaren* Verhaltensformen angeboren seien, alle komplexen, die V-Ganzheiten und V-Gestalten dagegen durch Kombination, genauer durch eine Synthese aus den elementaren gebildet sind: sie sind durch *Übung,* also letztlich durch Lernen (das Konditionieren eingeschlossen) erworben.

b) Die Lehre der *Ethologie,* daß es artspezifische angeborene V-Ganzheiten und V-Gestalten gibt, gewissermaßen „Vorprogrammierungen" für alle einem Lebewesen normalerweise begegnenden Situationen und Stimuli. Die V-Einheiten können durch individuelle Erfahrung, also durch *Lernen* modifiziert werden.

Beide Auffassungen legen nahe, daß es sich um fertige, reale Schaltungen handelt. Die Entstehung mnemischer Engramme geschähe dann nach WATSON durch Zusammenschalten der elementaren Schaltungen zu neuen Schaltganzheiten, in ethologischer Sicht aber durch ein Umschalten innerhalb der gegebenen Einheiten, also durch *Modifikation* der gegebenen Schaltungen. Die beiden Auffassungen entsprechen den beiden in der Formalen Analyse (I, 112 ff.) besprochenen Fällen eines *Wechsels* des Verhaltensmusters – symbolisiert als $V_{11} \rightarrow V_{2n}$ (WATSON), und einer *Änderung* des Verhaltensmusters – $V_{11} \rightarrow V_{1m}$ *(Ethologie)*.

2. Weder die eine noch die andere Auffassung setzt voraus, daß die mnemischen Engramme auf die gleiche Weise wie die angeborenen entstanden sind, also etwa über eine Beeinflussung des *genetischen Codes*. Nach beiden Auffassungen „arbeitet" vielmehr das Lernen mit oder an dem Bestand des Angeborenen, für beide handelt es sich also letztlich um *Modifikationen* und nicht um Neubildungen im eigentlichen Sinne.

Fügen wir aber die hier wohl nicht fernliegende Annahme hinzu, daß auch die V-Ganzheiten der Ethologie im Laufe der *Evolution* durch ein „Lernen der Art", durch Kombination und Modifikation gegebener V-Formen entstanden sind – was etwa dem Standpunkt von LORENZ entspricht (I, 156 f.) – und dann der jeweils neuen Generation als „Bestand" übermittelt werden, so mag es erwägenswert sein, ob nicht das Enstehen mnemischer Engramme, als die bleibende Änderung einer V-Gestalt, die *Modifikation* im Sinne von LORENZ (I, 153), einer Mitwirkung des „genetischen Apparats", genauer des Nucleinsäure-Apparats bedarf. Die Modifikationen durch Evolution, aber auch die Züchtung von maze-bright und maze-dull Ratten *(o. S. 242)* und vor allem die viel erörterte Speicherung von Engrammen durch Synthese bestimmter Proteine weisen auf eine solche Möglichkeit hin: in allen diesen Fällen muß der genetische Apparat mitwirken.

Fassen wir den Begriff „Modifikation" so weit, dann können wir das Problem der Entstehung mnemischer Engramme allgemein so formulieren:

Wie werden Schalteinheiten oder Schaltschemata durch Lernen *modifiziert?*

Modifizierung von Synapsen

Verstehen wir die Bildung mnemischer Engramme als Modifikation von Schaltungen im ZNS, so heißt dies, daß Verbindungen zwischen Neuronen modifiziert bzw. neu geschaffen werden. Die Verbindungen zwischen den Neuronen sind aber die *Synapsen,* so daß unser Problem sich spezifiziert auf die Frage:

Können Synapsen modifiziert werden?

In der neueren Literatur wird diese Frage im allgemeinen bejaht. F. E. Bloom z. B. begründet dies damit, „that the synapse is not a static cellular communicatory conduit but a dynamic constellation of many biologic systems operating at the molecular level to adjust and regulate the effectiveness of transmitting and receiving elements“[1]. Aus dieser „Plastizität“ der Synapsen folgt nun aber nicht nur, daß die Synapsenübertragung im „normalen“ Geschehen variabel ist, sondern auch, daß sie durch geeignete Maßnahmen beeinflußt werden kann. „Es gibt eine ganze Reihe von Möglichkeiten, die chemische synaptische Übertragung zu beeinflussen“ schreibt R. F. Schmidt. So kann z. B. ein Pharmakon „verhindern, daß die Erregung in die präsynaptische Endigung hineinläuft; es kann den Mechanismus blockieren, der ... Überträgersubstanz freisetzt; es kann die Produktion oder Speicherung von Überträgersubstanz hemmen; es kann sich im synaptischen Spalt mit der Überträgersubstanz zu einem unwirksamen Komplex verbinden, oder die Überträgersubstanz rasch in unwirksame Bestandteile spalten; es kann schließlich mit der Überträgersubstanz um die Wirkstellen (Receptoren) an der subsynaptischen Membran konkurrieren“[2].

Man kann heute zwei Schulen unterscheiden: „two major schools of thought on the way in which interneural connections could be modulated by experience. One suggested basic mechanism is the formation of new connections between nerve cells; a second is modulation (that is, changes in efficiency of communication) across existing synaptic connections.“[3]

Unser Problem ist somit nicht so sehr die „ob“-Frage sondern die „wie“-Frage; wir dürfen uns bei ihrer Untersuchung auf das oben *(S. 133 ff.)* über Struktur und Art der Synapsen Gesagte beziehen.

Zur Problematik der Untersuchungen

Das einleitend angeführte Zitat von Bloom weist auf eine Schwierigkeit bei den Untersuchungen hin, die in einer längeren Passage von Mark deutlicher wird. Wir müssen sie hier anführen, um den Blick für die Kompliziertheit der Situation zu schärfen. Mark schreibt:

---

[1] F. E. Bloom: „Introduction“ zu dem Komplex „Dynamics of Synaptic Modulation“. in: The Neurosciences (III). Cambridge (Mass) and London. 1974. p. 904.

[2] R. F. Schmidt: „Synaptische Übertragung“ in: Neurophysiologie. herausg. v. R. F. Schmidt. Berlin, Heidelberg, New York 1971. S. 76.

[3] F. E. Bloom: Correlating Structure and Function of Synaptic Ultrastructure. in: The Neurosciences (II). New York 1970. p. 740.

„The problem in neurophysiology is not to find the modifiable synapse or neurone. There are already too many of them, particularly if one takes into account experiments on habituation to repeated stimuli (Horn, 1970). Almost all neurophysiological preparation, even the neuromuscular junction itself can be set up to demonstrate changes in responsiveness dependent upon the history of use. However, in neurophysiology almost all such preparations that do change in an obvious manner contain an enormous number of cells, synapses, and potential circuits for impulse activity and often require some extra manipulation, anaesthesia, surgical isolation or the like. – Our knowledge of the physiology of excitable membranes and of synaptic transmission has in fact depended upon the intensive study of a few selected preparations that do not show much in the way of use-dependent change. – Nevertheless experiments of the kind ... are important to do now because they generate ideas about the modifiability of neuronal function. ... Some of these findings may be relevant to memory, but in no case as yet has the complete analysis of the synpatic mechanism been possible.“[4]

Die Signalübertragung an der Synapse

Die Impulsfolge, die bei einer Signalübermittlung am Axonende eines Neurons eintrifft, setzt aus den dort vorhandenen *Vesikeln* eine chemische Substanz frei, die *Transmittersubstanz* (es sei erlaubt, dieses immer wieder vorkommende umständliche Wort als TrmS abzukürzen). Diese Substanz ist in den Vesikeln gelagert, wird ausgeschieden und „wandert“ über den Synapsenspalt zum Empfänger-Neuron. Dort reagieren die TrmS-Molekeln mit spezifischen Rezeptoren in der subsynaptischen Membran, und zwar entweder erregend (*Depolarisation* der Membran) oder hemmend *(Hyperpolarisation)*. Für die Kennzeichnung der Signal-Übertragung durch die TrmS sind drei Punkte wichtig:

a) Die übergehende TrmS-Menge ist *gequantelt,* d. h. es gelangen immer nur ganze Vielfache einer Grundmenge der Substanz an die subsynaptische Membran[5], was vermuten läßt, daß die Impulsfolge des Signals in diese Quantelung so abgebildet wird, daß in dem postsynaptischen Neuron die entsprechende Impulsfolge ausgelöst wird. Zahl-

---

[4] Richard Mark: Memory and nerve cell connections. Oxford 1974. p. 92 f.

[5] An der neuromuskulären Endplatte treten spontane Depolarisationen auf, die Miniatur-Endplattenpotentiale (MinEPP), die wahrscheinlich „durch die spontane Freisetzung kleiner ACh-Mengen (= TrmS-Substanz Acetylcholin, d. Vf.) verursacht werden“. (Schmidt, a.a.O. S. 83 f.) Man hat zeigen können, „that the end-plate potential, i. e., the response to a nerve impulse, consists of an integral number of units which are identical with the spontaneous miniature e.p.p.'s“. B. Katz und R. Miledi: The Quantal Release of Transmitter Substances. in: Studies in Physiology. Presented to J. C. Eccles. ed. D. R. Curtis and A. K. McIntyre. Berlin, Heidelberg, New York 1965. p. 120.

reiche Untersuchungen haben bestätigt, wie ECCLES schreibt: „the larger the spike potential of the presynaptic impulse, the larger the EPP or EPSP, hence, . . ., the larger the output of transmitter“[6].

b) Die Spezifität der TrmS-Wirkung ist nicht so sehr (oder gar nicht) durch die chemische Natur der TrmS bestimmt, sondern durch die Spezifität des empfangenden Rezeptors, so daß dieselbe TrmS je nach Rezeptor sowohl erregend als auch hemmend wirken kann. So kann z. B., wie IVERSEN schreibt, Acetylcholin „serve both as an excitatory and as an inhibitory transmitter at different synapses in the same organisms, and the same applies to NE“[7].

Allerdings gibt es hier wohl auch Ausnahmen. So gelten z. B. γ-Aminobuttersäure (im Gehirn) und Glycin (im Rückenmark) generell als „inhibitory transmitter“, was natürlich nicht ausschließt, daß auch hier der Rezeptor die Wirkung bestimmt, nur sind diese beiden Substanzen im Unterschied zu ACh und NE dann sozusagen monovalent.

c) Auch nach den neueren Erfahrungen gilt (prinzipiell) das Gesetz von DALE (1935), daß ein bestimmtes Axon nur e i n e TrmS freisetzt. Das „prinzipiell“ bedeutet, daß man auch hier Ausnahmen findet: So stellt PALAY bei der Besprechung verschiedener Typen von Synapsen fest, daß es eine „dritte Art“ gibt, „the most puzzling of all“, bei der zwei verschiedene Arten von Vesikeln zu finden sind, und „the mixture of two classes of vesicles in a single ending suggests that more than one kind of transmitter can be stored and released at an ending“[8]. Und JAIM-ETCHEVERRY und ZIEHER berichten über Untersuchungen, bei denen sie zu der Feststellung kommen, daß „Dale's principle (1935), stating that a neuron secretes the same transmitter from all its synaptic endings, cannot be universally applied, although it would still hold in the strictest case“[9].

Transmitter-Substanzen

Nach den heutigen Kenntnissen scheinen etwa 10 verschiedene TrmS zu existieren bzw. bekannt zu sein[10], von denen aber bisher „only three substances have been conclusively established as transmitter to date: acetylcholine, ACh; norepinephrine, NE (= Noradrenalin, d. Vf.); and γ-aminobutyric acid, GABA“. Diese zunächst im peripheren Nervensystem gefundenen und identifizierten TrmS haben zur Unterscheidung

---

[6] ECCLES: The Physiology of Synapses. Berlin, Heidelberg, New York 1964. p. 78.

[7] LESLIE L. IVERSEN: Neurotransmitters, Neurohormones, and other small molecules in Neurons. The Neurosciences (II). 1970. p. 769.

[8] SANFORD L. PALAY: Principles of Cellular Organization in the Nervous System. The Neurosciences (I) 1967. p. 28.

[9] GUILLERMO JAIM-ETCHEVERRY and LUIS MARIA ZIEHER: Localizing Serotonin in Central and Peripheral Nerves. The Neurosciences (III) 1974. p. 922.

[10] IVERSEN: a.a.O.

zweier Arten von Neuronen bzw. Synapsen geführt: den *cholinergischen,* mit ACh als TrmS, und den *adrenergischen,* mit NE als TrmS.

Mit einiger Wahrscheinlichkeit kann man unter den Monoaminen des Nervensystems noch *Dopamin* (DA) und *Serotonin* = 5-Hydroxytryptamin (5-HT)[11], und unter den Aminosäuren Glycin[12] als TrmS ansehen.

Da die Frage der TrmS im ZNS in vieler Hinsicht noch offen ist, nicht zuletzt, weil nicht immer klar entschieden werden kann, ob es sich bei der Wirkung einer Substanz spezifisch um eine TrmS-Wirkung handelt, haben HEYMANS und de SCHAEPDRYVER die wichtigsten Bedingungen für eine TrmS zusammengestellt:

„Several conditions should be fulfilled, however, before a substance can be regarded as having a transmitter function in the CNS (LEWIS, 1963): its presence in a relatively high concentration at the synapse or effector site, the occurrence of precursors and metabolites, as well as of ana- and catabolizing enzyme systems, the possibility to mimic or enhance its physiological actions by administering either the substance itself or its precursors, or by inhibiting its inactivation, the possibility to decrease its physiological actions either by preventing its synthesis or by speeding up its inactivation.“[13]

Arten der Modifizierung

Eine Modifikation der Synapsenübertragung kann, wenn wir die Möglichkeiten systematisch zusammenfassen, in verschiedenen Phasen des Vorgangs eingreifen:

a) Bei der Bildung der TrmS im Neuron;
b) Bei der Ausschüttung der TrmS;
c) Bei der Überwindung des Synapsenspalts;
d) Bei der Reaktion der TrmS mit dem postsynaptischen Rezeptor;
e) Bei der Eliminierung der TrmS aus dem Synapsenspalt, um die Synapse für eine neue Übertragung bereit zu machen.

In etwas anderer Sicht gibt WEIGHT eine Aufstellung der Möglichkeiten, die zur Ergänzung angefügt sei:

„(1) mechanisms relating to the modulation of transmitter release from presynaptic terminals; (2) synaptic influence on postsynaptic receptors;

---

[11] JACQUES GLOWINSKI: Storage and Release of Monoamines in the Central Nervous System. Handbook of Neurochemistry. ed. A. LAJTHA. Vol. 4. New York, London 1970. p. 91, 105 ff. s. a. W. WESEMANN: Biochemistry of Serotonin and Synaptic Membranes in Neurotransmission, in: Biochemistry of sensory Functions. (25. Coll. Ges. Biol. Chem.) ed. L. JAENICKE, Berlin, Heidelberg, New York. 1974. p. 568 ff.

[12] DAVID R. CURTIS and GRAHAM A. R. JOHNSTON: Amino Acid Transmitter. Handbook 4, p. 124 ff.

[13] C. HEYMANS and A. de SCHAEPDRYVER: Dopamine and Central Neurotransmission. in: Brain and Consciousness Experience. ed. J. C. ECCLES. Berlin, Heidelberg, New York 1966. p. 506.

(3) synaptic control of postsynaptic membrane permeability; and (4) synaptic activation of metabolic systems."[14]

Die Eliminierung der TrmS

Wir beginnen mit der Phase e). Es ist seit längerem bekannt, daß das Acetylcholin im Spalt sehr schnell abgebaut wird und zwar von einem speziellen dort vorhandenen Enzym, der Acetylcholinesterase, AChE: „die Wechselzahl der Cholinesterase ist besonders groß, sie beträgt etwa 3 Millionen! Das bedeutet, daß jedes Enzymmolekül pro Millisekunde 50 Moleküle Acetylcholin spalten kann."[15]

Eine Modifizierung der Übertragung in dieser Phase ist z. B. möglich durch Substanzen, die die AChE blockieren oder in ihrer Wirkung behindern. Solche Substanzen, auch als „Anticholesterasen" bezeichnet, sind z. B. Prostigmin und Physostigmin (Eserin): „Prostigmine and physostigmine (eserin) show structural resemblances to acetylcholine which enables them to become attached to the cholinesterases and their active sites, apparently of forces similar to those involved in the normal reaction with acetylcholine."[16] Daß eine solche „kompetitive" Behinderung der AChE auch Auswirkungen auf das *Lernen* haben kann, dafür nur ein Beispiel: „Eserine (applied) intraperitoneally in rats markedly affected the hypothalmus, inducing there a theta rhythm *(s. o. S. 159 f., d. Vf.);* with this came inhibition of the learning of a passive avoidance reaction. (Bureš, 1964.)"[17]

Auf eine interessante Spekulation sei wenigstens hingewiesen, nämlich auf eine vermutete Beziehung zwischen Cholinesterase und ACh-Rezeptor: „Many authors have considered the possibility that part or all of the molecular configuration of ACh receptors in membranes is composed of AChE. Too often the ‚evidence' given for this concept is that AChE is present wherever ACh receptors are found, and that both have structures which specifically fit ACh. Careful attempts to demonstrate overlapping of the surfaces of receptors and the enzyme, as deduced from the effects of ACh analogues and suitable inhibitors have so far failed to provide convincing evidence"[18], was verständlich ist, denn es ist ja durchaus denkbar, daß die A r t der Reaktion bei der

---

[14] FORREST F. WEIGHT: Physiological Mechanisms of Synaptic Modulation. The Neurosciences (III). 1974. p. 929.

[15] PETER KARLSON: Kurzes Lehrbuch der Biochemie. 8. völlig neubearb. Aufl. Stuttgart 1972. S. 375 f.

[16] HENRY MCILWAIN and H. S. BACHELARD: Biochemistry and the Central Nervous System. 4th ed. Edinburgh and London 1971. p. 458.

[17] a.a.O. p. 359.

[18] LINCOLN T. POTTER: Acetylcholine, Choline Acetyltransferase, and Acetylcholinesterase. in: Handbook of Neurochemistry. ed. A. LAJTHA. Vol. 4. Control Mechanisms in the Nervous System. New York, London 1970. p. 276.

Esterase, eine Hydrolyse der Esterbindung des ACh, und beim Rezeptor durchaus verschieden ist, so daß gewisse Strukturähnlichkeiten noch nichts über Gleichheit und Verschiedenheit der Wirkung besagen, oder, wie es POTTER formuliert: „there are several reasons to believe that the effective active sites are different."[19] *(s. auch u. S. 274)*

Es hat aber den Anschein, als ob der *chemische Abbau* der TrmS, wenn auch nicht typisch nur für ACh, so doch recht selten ist. Bei *adrenergischen* Synapsen hat man andere Möglichkeiten entdeckt, nämlich *physikalische* Mittel, um die TrmS aus dem Synapsenspalt zu entfernen: „One mechanism by which the actions of released transmitters of postsynaptic receptors may be modified is by removal of the free transmitter from the synaptic cleft.... These mechanisms involve a physical removal of the released transmitter from its site of action."[20] Der Organismus arbeitet dabei in vielen Fällen ökonomischer als beim chemischen Abbau: „most of the mechanisms that we know of are located in the membrane of the presynaptic nerve terminal so that removal of transmitter is also equivalent to ‚recapture'; with the possibility that transmitter molecules may be released, recaptured, and reused in many cases." (a.a.O.)

Besonders genau untersucht wurde dieser Vorgang beim *l-norepinephrine* (NE); die steuernde Wirkung der recapture zeigte sich darin, daß „compounds that are known to inhibit this uptake produce a marked potentiation and prolongation of the responses of innervated tissues to adrenergic nerve stimulation"[21]. Das „uptake system" für NE ist ungewöhnlich wirkungsvoll: „The high affinity of the NE uptake system means that it can work very efficiently when presented with the extremely low concentrations of NE that are likely to be encountered in the extracellular space under physiological conditions. Like other active transport systems, NE uptake is temperature and energy dependent and requires the presence of sodium ions in the external medium."[22] Man nimmt an, daß dieser „uptake mechanism" nicht nur im peripheren Nervensystem eine Rolle spielt, wo er untersucht wurde, sondern „it is assumed that it performs a similar function at adrenergic synapses in the CNS"[23], obwohl Nachweise dafür bisher nur spärlich sind.

Ein entsprechender „mechanism exists in nerve terminals of the dopamin-containing neurons in the basal ganglia of the CNS (Coyle and Snyder, 1969; Horn et al., 1971.)"[24]. Und abermals findet sich Entsprechendes bei den vermuteten Aminosäure-TrmS wie GABA, Glycin, Glutaminsäure, Asparaginsäure und Taurin. (IVERSEN, 1971, 1972.)[25]

---

[19] a.a.O.

[20] LESLIE L. IVERSEN: Biochemical Aspects of Synaptic Modulation. The Neurosciences (III). 1974. p. 905 f.

[21] a.a.O. p. 906.

[22] LESLIE L. IVERSEN: Biochemical Aspects of Synaptic Modulation. The Neurosciences (III). 1974. a.a.O.

[23] a.a.O.

[24] a.a.O. p. 907.

[25] a.a.O. p. 907.

Auch nicht-neurales Gewebe kann TrmS aufnehmen; dies ist anscheinend der Fall bei GABA, die von *Gliazellen* aufgenommen und in ihnen abgebaut wird. „One might thus speculate that an uptake of extracellular GABA into glia and other nonneural sites in the CNS, followed by metabolic degradation, could provide an alternative to the neural recapture system for terminating the actions of this amino acid."[26] Da es nun aber möglich ist, daß diese „accumulating capacity of glia demonstrated first for invertebrate nerve junctions may have served a useful enough biological property to have been retained upward through the phylogenetic scale", kann man wohl auch die weitere Vermutung von Bloom in Erwägung ziehen: „If it is possible for glia to accumulate transmitter, then it seems reasonable to ask whether the glia could not also be induced to release this transmitter under appropriate physiological demands."[27]

2. So wichtig alle diese Feststellungen für die Erkenntnis der molaren Vorgänge in den Synapsen auch sind, das *Lernen* wird von ihnen nur von Fall zu Fall bzw. momentan beeinflußt: sie führen kaum zu dauernden Modifikationen und damit zu einer Ausbildung mnemischer Engramme – doch können sie an deren Bildung als elementare Vorgänge beteiligt sein.

Eine solche Möglichkeit betont Mark, nach einer kritischen Erörterung der Bedeutung derartiger Vorgänge für das Lernen[28]; er schreibt: „There are thus good and widespread mechanisms for short-term modification of nervous transmission dependent in a proportional manner on the recent history of impulse activity, over a period of seconds, and lasting for up to half an hour and so. So widespread are these events among neurons that a learning mechanism would certainly have to take account of them, if it did not use one or a combination as an immediate store of the history of recent activity."[29]

Die Biosynthese der TrmS

Wegen der chemischen Verschiedenheit der TrmS wird die Phase a) jeweils spezifisch verlaufen, doch lassen sich nach Iversen einige Momente finden, die „appear to be common to all these systems"[30].

1) Die TrmS werden in dem Neuron synthetisiert, das sie abgibt.

2) Die für diese Synthese benötigten Enzyme und Enzymsysteme finden sich in dem betreffenden Neuron „throughout all regions, . . ., i. e. in cell body, preterminal axon, and nerve terminals. The major portion . . . is found in the region of the nerve terminals".

---

[26] a.a.O. p. 909.

[27] F. E. Bloom: Dynamics of Synaptic Modulation. The Neurosciences (III). 1974. p. 991.

[28] Richard Mark: Memory and nerve cell connections. Oxford 1974. p. 84 f.

[29] a.a.O. p. 88.

[30] Iversen: Neurotransmitters, Neurohormones . . . in: The Neurosciences (II) 1970. p. 772 f.

3) In einigen Fällen hat sich gezeigt, daß die Synthese-Rate durch eine „negativ-feedback inhibition" gesteuert wird, bei der das Endprodukt auf einen frühen Schritt der Reaktionsfolge hemmend zurückwirkt *(s. u. S. 266).*

4) Der Ort der Synthese ist wahrscheinlich in den Nerven-Endigungen; die Enzyme dagegen „are made in the cell body region of the neuron and must pass down the axon to the terminal regions"; ebenso werden die übrigen für die Synthese benötigten Komponenten „continuously replenished by perycaryol syntheses and axoplasmatic flow"[31]. „Conversely, the cell body receives material from the synapses that may control the supply of material to the synapse."[32]

Die Frage ob bzw. wieweit die Synthese der TrmS modifizierbar ist, spezifiziert sich nach den jeweiligen Synthesevorgängen. Allgemein äußert Iversen dazu: Einige Untersuchungen lassen vermuten, daß in adrenergischen Neuronen die Enzymmenge „increases when the cells are subjected to stimulation", was neue Gesichtspunkte öffnet für „one of the most exciting directions for neurobiology, namely, the description of mechanisms by which neuronal activity can modify synaptic function"[33]. Damit rücken auch Möglichkeiten in den Blick für eine Beeinflussung und Modifizierung synaptischer Vorgänge durch *Lernen:* durch Steuerung der Enzymbildung und dadurch der TrmS-Menge, anders gesagt: durch eine Steuerung der Regulation der TrmS-Synthese *(s. u. S. 264 ff.).*

Die Noradrenalin-Synthese

Die Biosynthese des Noradrenalins (NA), bzw. Norepinephrins (NE) geht von der Aminosäure Tyrosin aus und verläuft über Dioxyphenylalanin (DOPA), Dopamin (DA) zum Noradrenalin (NA) und von dort evtl. weiter durch Methylierung zum Adrenalin (A). Der Schritt vom Dopamin zum Noradrenalin erfolgt offenbar in den Vesikeln, in denen das NA dann gelagert wird[34], wie aus der Einwirkung von Reserpin folgt: Reserpin „blocks the uptake of DA by the storage vesicle. When this occurs the formation of NA from DA is inhibited (Stjarne and Lishajko, 1966)". Erwähnt sei, daß Reserpin auch „inhibits the uptake of 5-HT into the vesicles" (Wesemann, a.a.O. p. 579).

---

[31] a.a.O. 773.

[32] Adrian J. Dunn and Stephen C. Bondy: Functional Chemistry of the Brain. Flushing, New York. 1974. p. 102.

[33] Iversen: Neurotransmitters, Neurohormones ... in: The Neurosciences (II) 1970. a.a.O.

[34] D. G. Grahame-Smith: The Metabolic Compartmentation of Brain Monoamines. in: Metabolic Compartmentation in the Brain. ed. R. Balázs and J. E. Cremer. London and Basingstoke 1973. p. 51.

Die Acetylcholin-Synthese

ACh entsteht in der Zelle aus Cholin durch Acetylierung; die Acetylgruppe wird vom Acetyl-Coenzym A („aktivierte Essigsäure") übertragen. Wahrscheinlich wird ACh in den Nervenendigungen synthetisiert: „The terminal region seems to be able to synthesize locally all the acetylcholine it may need."[35] Das so entstandene ACh wird dann von den Vesikeln aufgenommen: „extravesicular acetylcholine is recently synthesized acetylcholine awaiting storage in the vesicles."[36]

γ-Aminobuttersäure (GABA)

Diese Aminosäure findet sich im Gehirn in freier Form. Sie kann auf einem Nebenweg des Citronensäure-Cyclus entstehen, über den sogen. „GABA-shunt": α-Ketoglutarsäure wird zu Glutaminsäure umgewandelt und diese zu GABA decarboxyliert[37]. Die Art der Lagerung von GABA ist noch nicht genau bekannt: „Most of the γ-aminobutyrate of the brain, while not combined in peptide form in protein, is nevertheless not in freely-diffusible state."[38] Doch haben Untersuchungen mit ^{14}C-GABA gezeigt, daß „preferential attachment was found to nerve-terminal fragments, and to vesicles from nerve-terminal fractions (Varon et al., 1965; Kuriyama et al., 1968)"[39], und Untersuchungen „to localize GABA at the cellular level in vertebrates" haben zu dem Ergebnis geführt, daß „the regional distribution is compatible with an inhibitory transmitter function"[40]. Das decarboxylierende Enzym, die Glutaminsäuredecarboxylase (GAD) „is found in animals almost exclusively in the nervous system"[41].

Die Ausschüttung der TrmS

In der Phase b) stellen schon die Mechanismen der Freisetzung der TrmS ein Problem, weil hier die Ansichten der verschiedenen Untersucher noch sehr differieren. Ein zweites Problem bildet dann die *Regulierung* der Ausschüttung.

---

[35] R. M. Marchbanks: Problems concerning the Compartmentation of Acetylcholine in the Synaptic Region. in: Metabolic Compartmentation in the Brain. London and Basingstoke 1973. p. 27.

[36] a.a.O.

[37] Peter Karlson: Kurzes Lehrbuch der Biochemie. 8. Aufl. 1972. p. 195.

[38] Henry McIlwain and H. S. Bachelard: Biochemistry and the Central Nervous System. Edinburgh and London 1971. 4th. ed. p. 193.

[39] Henry McIlwain and H. S. Bachelard: Biochemistry and the Central Nervous System. Edinburgh and London 1971. 4th. ed. a.a.O.

[40] Claude F. Baxter: The Nature of γ-Aminobutyric Acid. Handbook of Neurochemistry. ed. A. Lajtha. Vol. 3. New York, London, 1970. p. 292.

[41] a.a.O. p. 304.

Die Exozytose-Theorie

Eine der Theorien, die den Mechanismus der Ausschüttung von TrmS zu erklären versuchen, ist die *Exozytose-Theorie;* sie empfahl sich auch durch Parallelen zu anderen Vorgängen, wie der Freisetzung von Hormonen: als Folge einer Erregung durch den Impuls öffnet sich die Vesikel und entläßt ihren Inhalt an TrmS in den Synapsenspalt, womit zugleich die Quantelung der Übertragung eine Erklärung findet. „It could be shown" schreibt IVERSEN[42], „that the release of ACh evoked by nerve stimulation was composed of a burst of some 300 quants per nerve impulse." Doch damit entsteht eine zweite Frage: „If the concept of quantal release is accepted, the problem of the mechanism of release becomes one of explaining how the transmitter substance is transferred from the storage site within a membrane-bound vesicle to the extracellular fluid outside the axonal membrane." Ein Vergleich mit einem anderen, ähnlichen Vorgang, nämlich der Ausschüttung von Adrenalin (Epinephrin) und Noradrenalin (NA bzw. NE) aus dem Nebennierenrindenmark (adrenal medulla), führte zu der Vorstellung: „These results ... favour a mechanism of release in which all solute contents of the particles are discharged to the exterior, by a process of reverse phytocytosis or ‚exocytosis'."[43] Dabei wird, wie ROBERTSON betont, angenommen, daß es zu einer „fusion of vesicles with the synaptic membrane" kommt[44].

Gegen diese These hat ROBERTSON Einwände erhoben: einmal gegen die erwähnte „fusion" auf Grund der Feststellung von WHITTAKER, daß „the membrane of the synaptosome[45] is chemically distinct from the membran of the synaptic vesicle"[46].

Der zweite Einwand richtet sich gegen die Kopplung der Quantelung der Ausschüttung mit der Grundmenge einer Vesikel[47]. ROBERTSON weist vielmehr auf Untersuchungsergebnisse von WHITTAKER hin[48], „that the acetylcholine in the nerve endings exists in two pools. One of these

[42] LESLIE L. IVERSEN: Neurotransmitters, Neurohormones ... The Neurosciences (II) 1970. p. 774.

[43] a.a.O. p. 775.

[44] J. DAVID ROBERTSON: The Ultrastructure of Synapses. a.a.O. p. 715.

[45] Präsynaptische Nervenenden zeigen einen hohen Widerstand „to break down by liquid shear forces." „This resistance permits the isolation of presynaptic nerve terminals as sealed structures, to which we gave the name synaptosomes." V. P. WHITTAKER: The Investigation of Synaptic Function by Means of Subcellular Fractionation Techniques. a.a.O. p. 761.

[46] ROBERTSON: a.a.O. p. 715.

[47] Z. B.: „The synaptic vesicle takes on much greater significance than that of a subcellular storage particle; it becomes the means of releasing an effective quantity of transmitter from one point of the terminal surface." B. KATZ and R. MILEDI: The quantal release of transmitter substances. Studies in Physiology. Presented to JOHN C. ECCLES. ed. by D. R. CURTIS and A. K. McINTYRE. Berlin, Heidelberg, New York 1965. p. 123.

[48] WHITTAKER: Investigation ..., a.a.O. p. 764.

is in the vesicles, and the other is in the axoplasma of the ending. Present evidence seems to suggest that the ACh released during activity is from the free pool rather than from the vesicles"[49].

Zu dem gleichen Ergebnis kommt IVERSEN: „In both adrenergic and cholinergic neurons, there is now evidence that the transmitter stored in presynaptic terminals is not all immediately available for release (BIRK and MACINTOSH, 1961; GLOWINSKI, 1972). It seems instead that only a small pool of transmitter is easely released, and that this pool is highly dependent on replenishment by de novo transmitter synthesis, and, in the case of adrenergic nerves, by recapture of the previously released amine."[50] Bei GLOWINSKI heißt es: „quantitative estimations of NE release in peripheral tissues have confirmed the idea, based on pharmacological evidence, that the major part of NE content of adrenergic nerve fibers forms ‚a storage pool', while only a small percentage of the whole NE content is immediately available for extraneural release."[51]

Ist dies der Fall, so bedarf es jetzt aber einer besonderen Erklärung der Quantelung der Ausschüttung, für die ROBERTSON die folgende Deutung gibt: „It is not at all difficult to imagine some sort of molecular gate, distributed in numbers over the presynaptic membrane, that, in response to an electrical depolarization, would open just enough to let a reasonable constant number of acetylcholine molecules pass through to the synaptic cleft before closing."[52] Die Situation wird nicht einfacher durch die Ergebnisse von „Compartmentation"-Untersuchungen, über die GRAHAME-SMITH berichtet: auch hier wird die „possibility of non-vesicle bound pools" von NA[53] erwogen, doch es heißt weiter: „even the monoamines bound to the storage vesicles seem to be compartmented. There appear to be two pools of vesicular NA in nerve terminals – a small pool into which synthesis occurs which turns over at a fast rate, and a larger more stable pool that acts possibly as a storage reserve of transmitter monoamine."[54]

Die von ROBERTSON postulierten „gates" sind nun tatsächlich gefunden worden, allerdings in der Vesikel-Membran: „Akert, Moor, Pfenninger, and Livingstone have determined that the presynaptic dense projections are surrounded by a hexagonal pattern of pores opening

[49] ROBERTSON: a.a.O. p. 723.

[50] LESLIE L. IVERSEN: Biochemical Aspects of Synaptic Modulation. The Neurosciences (III) 1974. p. 910. – Vgl. speziell für NE auch JULIUS AXELROD: Regulation of the Neurotransmitter Norepinephrine. a.a.O. p. 868 f.

[51] JACQUES GLOWINSKI: Storage and Release of Monoamines in the Central Nervous System. Handbook of Neurochemistry. Vol. 4. 1970. p. 104.

[52] ROBERTSON a.a.O. p. 725.

[53] Wir passen uns mit den Abkürzungen – z. B. NE oder NA – den jeweils zitierten Autoren an.

[54] D. G. GRAHAME-SMITH: The Metabolic Compartmentation of Brain Monoamines. in: Metabolic Compartmentation in the Brain. ed. R. BALÁZS and J. E. CREMER. London and Basingstoke. 1973. p. 52.

into the presynaptic membrane that they regard as highly probably structural correlates for transmitter release points or vesicle attachment sites and that they term ‚synaptopores'.“ Und Untersuchungen von AKERT (1973) haben ergeben: „The frequency with which the hexagonally arrayed ‚synaptopores' are seen can be related to inferred changes in synaptic activity.“[55]

Die Glutathion-Hypothese

Mögen diese „Poren“ oder „gates“ nun in der Vesikel-Membran oder in der presynaptischen Membran des Neurons auftreten, sie entstehen offensichtlich erst bei der Erregung des Nerven, und die Frage ist nun, wie sie entstehen. Darüber haben KOSOWER und WERMAN eine interessante chemische Theorie entwickelt, die eine Mitwirkung des Glutathions annimmt:

Glutathion ist ein Tripeptid bestehend aus Glutaminsäure, Cystein und Glycin, ist also nach der internationalen Terminologie ein Glutaminylcysteinyl-glycin, was besagt, daß Glu und Cy ihre Säuregruppe für die Peptidbindung (-CO-NH-) hergeben. Für die Funktionen des Glutathions ist der wichtigste Teil die Sulfhydryl-Gruppe (-SH) des Cysteins; man kürzt die Substanz daher gern ab als GSH. Die SH-Gruppe kann leicht oxydiert (dehydriert) werden, und es bildet sich dann ein Dimeres der Form GS-SG.

Die Reduktion dieses GS-SG, eine Reaktion, die im Hirngewebe bis zu 250 µmol pro Sekunde und Gramm abläuft, erfolgt unter der katalytischen Wirkung einer Glutathion-Reduktase nach der Gleichung:

$$\text{GS-SG} + \text{NADPH} + \text{H}^+ \rightleftarrows 2\,\text{GSH} + \text{NADP}^+$$

wobei, wie in vielen anderen biochemischen Reaktionen, das Nicotinamid-adenin-dinucleotid-phosphat ($NADP^+$) in seiner reduzierten Form (NADPH) als Wasserstoff-Überträger dient. Das Gleichgewicht dieser Reaktion liegt vorwiegend bei der reduzierten Form GSH. Diese Tatsache ist für die Funktion des Glutathions wichtig. Sie kann, nach McILWAIN und BACHELARD, so formuliert werden: „that of maintaining metabolically important thiol compounds in the reduced form on which often depends their functioning as enzymes or coenzymes. This maintainance would require the reduction of disulfides by reduced glutathione; such reduction takes place spontaneously at the pH and glutathion levels of the brain, but may also be catalized.“[56]

Dies sind die chemischen Voraussetzungen für die Hypothese von KOSOWER und WERMAN[57].

---

[55] F. E. BLOOM: Dynamics of Synaptic Modulation. Perspectives for the Future. The Neurosciences (III) 1974. p. 992.

[56] HENRY McILWAIN and H. S. BACHELARD: Biochemistry and the Central Nervous System. 4. ed. Edinburgh and London 1971. p. 180.

[57] EDWARD M. KOSOWER: A Molecular Basis for Learning and Memory. Proc. Nat. Acad. Sci. USA. Vol. 69 (1972), No. 11. pp. 3292 ff.

Beim „transmitter transfer" von Neuron zu Neuron kann man, nach Kosower folgende Schritte unterscheiden: (1) Approach of and accumulation of vesicles at presynaptic regions; (2) attachment of vesicles to presynaptic vesicle-release sites (VRS); (3) rearrangement of VRS (initiated by local contraction), leading to the possibility of transmitter release from the vesicle; (4) exocytosis, expulsion of vesicle contents into the synaptic cleft; und schließlich (6) transmitter reception at postsynaptic membranes. (3292)

Die Vesikeln müssen nun aber aktiviert werden, um die Transmittersubstanz auszustoßen, der Vorgang der Exozytose muß in Gang gesetzt werden. Auf Grund von Untersuchungen von Werman und Mitarb. formulierten Kosower und Werman ihre Theorie, „proposing that dithiol sites in presynaptic membranes are converted to disulfides. The local contraction resulting from the chemical change leads to release of transmitter". (3292)

Für diese „contraction" in der präsynaptischen Membran nehmen die Verfasser nun zwei chemische Vorgänge an: einmal bedarf es, wieder wie bei vielen anderen biochemischen Reaktionen, der Mitwirkung von Calcium-Ionen, Ca^{2+}, und zwar pro TrmS-Quant 4–5 Ca^{2+}. Diese verbinden sich mit Thiol-Gruppen (SH) von je zwei Protein-Molekeln in der Membran zu Calcium-dithiolat. „The sulfur-sulfur distance in the dithiolate is less than that in the dithiol, and formation of the Ca^{2+} salt causes a contraction of the membrane in the dithiole site." (3294). Jetzt greift das Glutathion ein: „Glutathion disulfide (GSSG) oxidizes a small part of the dithiolate to a disulfide.... The sulfur-sulfur distance in the disulfide would be even shorter than that in the dithiolate, producing greater contraction at the dithiole site. Interaction of vesicles at the VRS of the disulfide form could lead to strained vesicles, and thus eventually to the release of acetylcholine. The disulfide form is a labile store and can, by one VRS ‚repair' mechanism, be returned by reaction with glutathione (GSH) to the normal, the dithiol state." (3294)

Eine Ergänzung zu dem ersten Schritt dieser Glutathion-Hypothese geben Untersuchungen von Rahamimoff über die TrmS-Ausschüttung an der *neuromuskulären Endplatte*. Eine Abhängigkeit der Anzahl der TrmS-Quanten von der Stärke der Depolarisation ist nachweisbar: „with larger depolarization more transmitter is liberated."[58] Doch „depolarization is not enough to produce transmitter release. Calcium ions have to be present in the medium at the time of the depolarization (Katz and Miledi, 1967)"[59]. Die genannten Autoren fanden weiter (1969), daß „there is evidence that transmitter liberation is associated with small inward currents of calcium ions at the giant synapse of the squid"[60]. Aus den Untersuchungen über die Beziehungen zwischen TrmS-Quantenzahl und Ca^{2+}-Konzentration ergab sich u. a., „that at

---

58 Rami Rahamimoff: Modulation of Transmitter Release at the Neuromuscular Junction. The Neurosciences (III) 1974. p. 944.

59 a.a.O. p. 945.

60 a.a.O. p. 947.

least 4 calcium ions have to be present simultaneously at a certain location on the presynaptic membrane to induce release of a quantum of transmitter"[61].

Noch einmal die Disulfide

Eine auf den ersten Blick entgegengesetzte Vermutung über die Bedeutung und Funktion von Disulfid-Gruppen in Membranproteinen finden wir bei ROBERTSON[62]. Zunächst ergab sich: „All the membranes of the stimulated fibers appear to be very dense." Diese „Verdickung" „is caused by the appearence of dense amorphous material that effectively increases the thickness of the inner and outer leaflet". Von Untersuchungen an „giant invertebrate nerve fibers" ist bekannt, daß sich dort ein Protein findet, das reich an Sulfhydril-Gruppen ist. „The possibility then arose that a protein high in disulfide groups was present mainly in or on the membrane leaflets and was affected by impulse propagation in such a way that the disulfide groups were reduced." Ob bzw. wie diese beiden Ansichten – bei ROBERTSON handelt es sich um eine allgemeinere Erscheinung: „The densification occurs in all the unit membranes bounded by axoplasma, including the surface membrane, endoplasmatic reticulum, and vesicle membranes." – zu vereinigen sind, ist eine offene Frage. Auf jeden Fall scheinen Oxydation und Reduktion von Membranproteinen bei der Signalübertragung an der Synapse eine wichtige Rolle zu spielen. *(s. auch u. S. 279)*

Andere Kontraktions-Theorien

Es gibt noch eine Anzahl weiterer Kontraktions-Theorien über die Ausschüttung und über die einzelnen Schritte, die dabei beobachtet oder angenommen worden sind – so heißt es z. B. bei AXELROD: „These findings would suggest the presence of a contractile microfilament on the neuronal membrane that is activated by Ca^{++}, which makes an opening in the membrane large enough to allow the soluble contents of the vesicle to be released."[63]

Eine interessante Hypothese haben BERL u. Mitarb. aufgestellt: DUNN/BONDY berichten darüber[64]: „Brain contains an actomyosin-like protein, neurostenin, which is concentrated in the synaptosomal fraction (8 to 10 percent of synaptosomal protein is neurostenin). The actin-like neurin interacts with muscle myosin and brain stenin in a similar manner, and myosin and stenin are molecularly similar. Berl has recently shown that synaptosomal plasma membranes are enriched in

[61] a.a.O. p. 948.
[62] ROBERTSON: Ultrastructure ... The Neurosciences (II) 1970. p. 718.
[63] AXELROD: Regulation ... a.a.O. p. 870.
[64] ADRIAN J. DUNN and STEPHEN C. BONDY: Functional Chemistry of the Brain, Flushing, New York 1974. p. 119 f.

neurin, whereas synaptic vesicle membranes are enriched in stenin. Thus he has suggested that during exocytosis a muscle-like contraction may occur between the stenin of the vesicles and the neurin of the presynaptic membrane. Ca^{2+}, which is essential for neurotransmitter release, could be the trigger for this interaction just as it is in muscle."

Zur Chemie des Vesikel-Inhalts

Die Komplizierung der Situation wird deutlich auch an den neueren Erkenntnissen über die chemische Zusammensetzung des Vesikel-Inhalts: außer den TrmS, also z. B. ACh und NE, enthält die Vesikel noch ATP (Adenosintriphosphat, einen wichtigen Energieakkumulator der Zelle), Mg^{2+}-Ionen und lösliche Proteine, die *Chromogranine,* die auch als „storage proteins" bezeichnet werden[65]. Sie sind möglicherweise mit dem NE verbunden – für ACh existiert wahrscheinlich ein Analogon dazu[66]. Weiterhin ist in der adrenergen Vesikel noch das Enzym Dopamin-β-hydroxylase enthalten *(s. u. S. 264).* Und alle diese Substanzen werden bei der Erregung des Nerven freigesetzt[67]. Über ihre möglichen Einwirkungen auf die Signal-Übertragung durch den Synapsenspalt ist bisher noch nichts Genaues bekannt.

Das gleiche gilt für das Vorhandensein einer *trophic substance:* „there is good evidence that nerves exert longterm trophic influences on the cells they innervate, a phenomenon that has been most intensively studied in the relationship between nerve and muscle (Guth, 1968, 1969). In vertebrate striated muscle, the presence of the motor innervation influences the sensitivity of the muscle fibers to ACh, their cholinesterase content and even the type of proteins, that are synthesized by the muscle (Guth, 1968)."[68]

DUNN/BONDY berichten über neuere Arbeiten speziell am Muskel, die ergaben, daß „thus a considerable proportion of the biosyntheses activity of muscle may be directed by neurotrophic factors. ... The diffusability and heat-labile nature of these factors suggest that they may be peptides"[69].

Die Anwesenheit von Mg^{2+} könnte regulierend wirken: RAHAMI-

---

[65] D. G. GRAHAME-SMITH: The Metabolic Compartmentation of Brain Monoamines. a.a.O. p. 52. Auf eine mögliche Funktion der Chromogranine weist auch WHITTAKER hin: „Synaptic vesicles isolated from noradrenergic nerves have a generally similar composition and their main core protein is immunochemically identical with Chromogranin." V. P. WHITTAKER: Aspects of the Biochemistry of Cholinergic Transmission in TORPEDO and LOLIGO. in: Biochemistry of Sensory Functions. 1974. p. 515.

[66] WHITTAKER: The Investigation of Synaptic Functions ... The Neurosciences (II) 1970. p. 764.

[67] GRAHAME-SMITH: a.a.O.

[68] IVERSEN: Neurotransmitter, Neurohormones ... The Neurosciences (II) 1970. p. 776.

[69] DUNN/BONDY: a.a.O. p. 163.

MOFF berichtete[70], daß Ca^{2+} sich mit einer Substanz X („a site on the presynaptic membrane") zu CaX verbindet, und daß man annimmt, „that the number of quants liberated by the nerv impuls is proportional to CaX" *(s. o. S. 261 f.)*. Nun hat JENKINSON zeigen können, daß auch Mg^{2+} mit diesem X einen Komplex MgX bildet, und daß „magnesium ions compete with calcium on the release process", denn „MgX is a complex ineffective in release"[71].

Damit wird ein weiteres Thema aktuell, nämlich die Frage nach der *Regulierung* der TrmS-Freisetzung, nach den Faktoren, die sie vollziehen und den Möglichkeiten, sie zu beeinflussen.

Regulierung der TrmS-Synthese und -Freisetzung

Nehmen wir an, daß die Synapsentätigkeit wie alle organismischen Vorgänge einer Regulierung unterliegt, also z. B. einer Anpassung an die jeweilige Situation, so setzt dies schon voraus, daß die einzelnen Phasen dieser Tätigkeit modulierbar sein müssen. Nun betont MANDELL mit Recht, daß „Regulation would seem to be of utmost importance in understanding the brain", denn „the brain, involved principally with information processing, must be able to regulate the rate of biosynthesis and degradation of intercellular messengers"[72]. Untersuchungen über eine solche Regulierung wurden vor allem der NE-Synthese und -Ausschüttung gewidmet[73].

Die natürliche Regulierung der *Catecholamine* (DA, NE und E) geschieht durch „changes in activity" der sie synthetisierenden Enzyme: (1) Tyrosin-hydroxylase (Tyrosin → Dopa); (2) Dopamin-β-hydroxylase (Dopa → NE); und (3) Phenyl-äthanolamin-N-methyltransferase (NE → E). Diese Enzyme werden im Zellkörper gebildet und durch axonflow zum Terminal transportiert, (1) und (2) „in close association"[74], und zwar relativ schnell, nämlich 1–5 mm pro Stunde. Zum Vergleich: „Axonal transport is a highly specialized process and different constituents are transported in a proximodistal direction at their own characteristic rate, rapidly (1 to 10 mm/hr) or slowly (1 to 3 mm/day) (Ochs, 1972)."[75] Die Dopamin-β-hydroxylase wird *(s. o. S. 263)* mit dem NE zusammen ausgeschieden und dann ins Blut abgegeben. Dies alles wurde an den sympathischen Nerven festgestellt.

Über neuere Erkenntnisse zum axonal transport hat P. WEISS vor der Deutschen Akademie der Naturforscher Leopoldina in Halle be-

---

[70] RAHAMIMOFF: a.a.O. p. 945 f.

[71] a.a.O. p. 946.

[72] ARNOLD J. MANDELL: Drug induced alterations in brain biosynthetic enzyme activity. in: Biochemistry of Brain and Behavior. ed. R. E. BOWMAN and A. P. DATTA. New York, London 1970. p. 97.

[73] AXELROD: Regulation of the Neurotransmitter Norepinephrin. The Neurosciences (III). 1974. p. 863 ff.

[74] a.a.O. p. 869.

[75] a.a.O.

richtet (13. 10. 75). Wegen der Wichtigkeit dieses Vorgangs gehen wir hier kurz darauf ein[76]: Im Axoplasma, das man als einen „fließenden Festkörper" ansehen kann, „dessen Viskosität etwa 1000mal höher als die des Wassers ist", gibt es 2 Transportsysteme. Neben dem langsamen Transportprozeß ist innerhalb der Nervenfaser noch ein weiteres Informationssystem angesiedelt, in dem eine 100mal schnellere Leitung abläuft, das morphologische Substrat dafür sind die Neurotubuli und das intertubuläre Kanalsystem." Über den wirksamen Mechanismus des Transports – noch kürzlich konnten DUNN/BONDY nur feststellen, wie er nicht verlaufen kann, z. B. nicht durch Peristaltik, „because axoplasmic-flow is highly selective and may take simultaneously in two directions within a single nerve fiber"[77]. – hat man auch genauere Vorstellungen gewonnen, nämlich „einen Treibmechanismus ... der an der Oberfläche des Axons in Gestalt von Wellenbewegungen abläuft... Durch Druck und Entlastung an den Enden derartiger Wellen kommt im Innern des Achsenzylinders ein Substanztransport in eine bestimmte Richtung zustande". Allerdings bleibt der obige Einwand gegen einen peristaltischen Transport wohl noch ein Problem.

Für eine chemische Regulation der NE-Synthese ist der erste Schritt der gegebene Ansatzpunkt: „Since the hydroxylation of tyrosine is thought to be rate-limiting step in the formation of catecholamines, it is the most likely site for the regulation of amine synthesis."[78] Die Regulierung führt zu einem „steady state" des NE: „Many reports suggest that during stimulation of adrenergic neurons, the steady-state concentration of NE is maintained to control levels by an increased rate of monoamine synthesis. ... Thus, the energy required to maintain the steady-state concentration of neuronal monoamines increases with the frequency of nerve impulses."[79]

Synthese und Ausschüttung von NE können aber nach den Untersuchungen von BLACK u. Mitarb. (1971) noch auf eine andere, interessante Weise reguliert werden: „Presynaptic cholinergic terminals regulate the formation of tyrosine hydroxylase in the sympathic nerve cell body"[80], d. h. cholinergische Nerven regulieren die Bildung adrenergischer Substanz. Und umgekehrt: „postsynaptic adrenergic neurons regulate the biochemical development of presynaptic cholinergic nerves."[81] Die gleiche gegenseitige Regelung der beiden TrmS finden wir bei IVERSEN ausgesprochen: „An inhibitory action of acetylcholine on NE release from sympathic nerve terminals has been clearly established by the studies of Loffelholz and Musholi (1969). Also NE inhibits acetylcholine release from parasympathetic nerve termi-

[76] Zitiert nach dem Bericht in Naturwiss. Rdsch. *29* (1976) H. 3., S. 89 f.

[77] DUNN/BONDY: a.a.O. p. 107.

[78] E. COSTA and N. H. NEFF: Estimation of turnover rates to study the metabolic regulation of the steady state level of neural monoamines. Handbook of Neurochemistry. Vol. 4. 1970. p. 54.

[79] COSTA and NEFF: a.a.O. p. 50.

[80] AXELROD: a.a.O. p. 866. [81] a.a.O.

nals (Paton and Vizi, 1969)."[82] Hierbei handelt es sich um eine besondere Art „Präsynaptischer Hinderung", nämlich um das „phenomen of transmitter release in response to inhibitory transmitters released in the vicinity of excitatory terminals". IVERSEN schreibt dazu: „Controversy remains as to the exact morphological relationship between presynaptic inhibitory terminals and the excitatory terminals, and it is perhaps doubtful whether the actions of released inhibitory transmitters in this way should be described as ‚modulation' rather than a special type of ‚neurotransmission'."[83] Zur Erläuterung sei eine kurze Schilderung der „presynaptic inhibiton" hier angefügt, wie wir sie bei MARK finden: „there is another inhibitory mechanism of common occurrence in the brain. Some pre-synaptic terminals themselves carry synapses for other pre-synaptic cells, to form a serial synapse of two successive pre-synaptic terminals leading to one post-synaptic membrane. The effect of the first synapse in the series is to depolarize the membrane of the second terminal.... This has no effect on the transmission of an impulse already travelling in the second pre-synaptic cell. The lowered membran potential of the second terminal does however lower the amount of transmitter substance by this synapse on to the final cell. The mechanism of this is not fully understood. Nevertheless, such an action will reduce the potency of a given synaptic ending by lowering the amount of transmitter secreted, without affecting the membrane of the post-synaptic cell directly."[84] *(s. auch u. S. 299 f.)*

Wieder eine andere Art der Regulierung der TrmS-Abgabe findet sich beim „NE release from peripherel adrenergic nerves". IVERSEN bezeichnet sie als *autoinhibition:* „transmitters may inhibit their own release from presynaptic terminals if sufficiently high concentration accumulate in the presynaptic cleft region."[85] Zum Chemismus dieser autoinhibition haben UDENFRIED und Mitarb. gefunden, „that norepinephrine is a negative feed-back regulator of its own biosynthesis by competing for pteridine co-factor at the active site of the rate limiting enzyme, tyrosine hydroxylase"[86].

Eine solche Autoinhibition findet sich auch bei anderen TrmS. MATTHIES berichtet, daß „acetylcholine concentration in the nerve ending obviously controls the activity of the cholin-acetyl transferase... For γ-aminobutyric acid, such a feed-back to L-glutamatedecarboxylase has also been described. Since these processes can already take place in the nerve ending, we would call them ‚Synaptosomal regulation"[87]. *(s. a. S. 268)*

[82] IVERSEN: Biochemical aspects ... The Neurosciences (III) 1974. p. 910.
[83] a.a.O.
[84] RICHARD MARK: Memory and nerve cell connections. Oxford 1974. p. 12 f.
[85] IVERSEN: a.a.O. p. 911.
[86] MANDELL: a.a.O. p. 100.
[87] H. MATTHIES: The intracellular regulation of the interneural connectivity – the molecular foundation of learning processes. in: Biochemical, physiological and pharmacological aspects of learning processes. (Proc. of the III. Neurobiol. Symp., Magdeburg 1971) VEB Verlag Berlin 1972. p. 34.

Ein weiterer Anwärter für eine Regulierung der TrmS-Abgabe könnten die *Prostaglandine* sein: eine Regulierung „could be mediated by the release of prostaglandins from innervated tissues in response to the released transmitter“[88]. Ein solches Auftreten von Prostaglandinen konnte HEDQUIST (1970) auch für das ZNS nachweisen. Hierbei sind sowohl NE als auch ACh betroffen (im sympathischen und parasympathischen System). Die Prostaglandine könnten einen drosselnden (damping) Effekt haben.

Andere Untersuchungen, über die DUNN/BONDY berichten, führten zu dem Ergebnis: „There also appears to be a specific activity associated with neurotransmission, Prostaglandins are synthesized postsynaptically following interaction of the neurotransmitter with the postsynaptic receptor, ... Prostaglandins probably have both pre- and postsynaptic effects. The former most likely is by control of neurotransmitter secretion, possibly by an effect on calcium ions.“[89]

Schließlich scheint auch das Adenosin-3':5'-cyclomonophosphat, – kurz: *cyclic AMP* (Cyclo-Adenylsäure) – eine Rolle zu spielen[90]. Das ZNS hat eine höhere Cyclo-AMP Aktivität als irgend ein anderes Organ, und es hat sich gezeigt, daß „cerebral levels of cyclic AMP are increased by norepinephrine and certain other CNS transmitters“. Das Cyclo-AMP ist außergewöhnlich energiereich; es spielt bei vielen Reaktionen im Organismus eine Rolle, so bei hormonalen Wirkungen – im Unterschied zu den „Botenstoffen“ wurde Cyclo-AMP von SUTHERLAND als „second messenger“ bezeichnet – so bei der Aktivierung von Enzymen, bei Transportvorgängen durch Membranen usw[91].

Die Zunahme von cyclo-AMP wird dabei, wie man aus Untersuchungen an postganglion-Neuronen beim Rinde geschlossen hat, durch Dopamin verursacht: „In the bovine superior cervical ganglion, exogenous dopamine causes a substantial increase in ganglionic cyclic AMP but not in ganglionic GMP. Conversely, exogenous acetylcholine increases ganglionic GMP; but not cyclic AMP.“[92]

Bei den Untersuchungen von GOLMAN und NIRENBERG (1971) sowie von CLARK und PERKINS (1971) ergab sich die bemerkenswerte Tatsache, daß NE eine starke Zunahme der cyclic-AMP-Produktion nicht nur in Nervenzellen sondern auch in Gliazellen hervorrief, „and that such stimulation was mediated by what appears to be a typical β-adrenergic receptor in the glia cells“. Dieses Ergebnis zeigt zum ersten Mal, „that glia cells can respond to a neurotransmitter substance and that they possess specific receptor sites for such substances“[93].

---

[88] IVERSEN: a.a.O. p. 911 f.

[89] DUNN/BONDY: a.a.O. p. 173 f.

[90] IVERSEN: a.a.O. p. 912.

[91] Vgl. PETER KARLSON: a.a.O. S. 311.

[92] JOHN W. KEBABIAN, FLOYD E. BLOOM, ALTON L. STEINER, PAUL GREENGARD: Neurotransmitters increase cyclic nucleotides in postganglionic neurons: Immunocytochemical Demonstration. Science *190* (1975), No 4210. p. 157.

[93] IVERSEN: a.a.O.

Für die Regulierung der ACh-Synthese und -Abgabe gelten ähnliche Prinzipien: „in the presence of physiological amounts of choline, ACh synthesis keeps pace with its release even during short bursts of nerve impulses at high frequency.“[94] „Thus synthesis is at least partially regulated in response to ACh release“ *(s. S. 266),* und: „At present the most plausible guess is that the rate and amount of ACh synthesis depend upon the equilibrium position of ChAc with its substrates and products.“[94] ChAc ist das Enzym, das die Acetylierung des Cholins katalysiert *(s. o. S. 257);* sein chemischer Name ist Cholin-O-acetyltransferase, kurz: Cholinacetylase (ChAc). ChAc findet sich in den Nervenendigungen wesentlich in freier Form; entsprechende Untersuchungen ergaben „that under osmotic conditions native to the tissue, the acetylase was free in the cytoplasm of the terminals; ... In particular, choline acetylase was not attached to the acetylcholine-containing vesicles“[95].

Nach WHITTAKER sind „Cholinergic neurons distinguished from other neurons in being able to synthesize three components – or rather categories of components – not found in other neurons. One of these is the enzyme choline-O-acetyltransferase. The second characteristic group of components is the group of proteins that make up the synaptic vesicles of cholinergic nerve terminals.... The third component is a membrane carrier with a very high affinity for choline... The carrier may well be the site at which acetylcholine synthesis is regulated“[96].

Bahnung einer Synapse

Ein speziell für das *Lernen* wichtiges Phänomen ist die *Bahnung einer Synapse,* die sog. *posttetanische Potenzierung,* die letztlich auch auf einer Beeinflussung der TrmS-Ausschüttung beruht:

Wir lesen bei R. F. SCHMIDT: „Wird z. B. das präsynaptische Ruhepotential durch häufige Benutzung der Synapse erhöht, so wird auch das nachfolgende Aktionspotential in seiner Amplitude vergrößert und dadurch die synaptische Übertragung verbessert: die Synapse wird gebahnt.“[97] Für diese Erscheinung sind „im wesentlichen zwei *präsynaptische Faktoren* verantwortlich... Das vergrößerte Aktionspotential setzt mehr Überträgerstoff in den synaptischen Spalt frei.... Zum zweiten führt repetitive Aktivierung zu einer vermehrten Bereitstellung von Transmitter am synaptischen Spalt. Diese *Mobilisation* bewirkt ebenfalls eine verbesserte synaptische Übertragung, da pro Aktions-

---

[94] LINCOLN T. POTTER: Acetylcholine, Choline Acetyltransferase, and Acetylcholinesterase. Handbook of Biochemistry. Vol. 4. 1970. p. 270.

[95] MCILWAIN, BACHELARD: a.a.O. p. 455.

[96] V. P. WHITTAKER: Biochemistry of Cholinergic Transmission ... in: Biochemistry of Sensory Functions. 1974. p. 531.

[97] R. F. SCHMIDT: Synaptische Übertragung. in: Neurophysiologie. herausg. R. F. SCHMIDT. (Heidelb. TB) Berlin, Heidelberg, New York 1970. S. 86.

potential ein vergrößerter Anteil des... vorrätigen Transmitters freigesetzt wird“[98].

Im Synapsen-Spalt

Auf die Möglichkeiten einer Modifizierung der Synapsen-Übertragung im Synapsen-Spalt haben wir schon kurz hingewiesen *(S. 249)*, doch handelte es sich dort um künstliche Beeinflussungen – ein Thema, das uns später noch beschäftigen wird. Hier handelt es sich um „natürliche“ Modifizierungen, die durch Gebrauch, Gewöhnung und speziell durch *Lernen* entstehen können, und die zu langfristigen oder gar dauernden Modifizierungen führen oder zu ihnen beitragen können.

Die Zustände und Vorgänge im Synapsen-Spalt werden im wesentlichen durch 4 Faktoren bestimmt: a) die präsynaptische Membran, die TrmS an den Spalt abgibt und, bei der Rückresorption, TrmS wieder aufnimmt; b) die postsynaptische Membran als Empfänger der TrmS und mit Funktionen, auf die wir noch eingehen müssen; c) die Transmittersubstanzen und ihr Verhalten im Spalt; d) die anderen mit der TrmS ausgeschütteten Substanzen *(S. 263 f.)*. Zwischen diesen Faktoren, die ja alle chemische Substanzen sind, kommt es nun im Spalt zu Reaktionen. Es ist aber nicht so, daß der Synapsen-Spalt lediglich der „Reaktionsraum“ ist, in dem sich diese Reaktionen abspielen; er ist durch seine Eigenschaften ein mitbestimmender Faktor des Geschehens.

Der Synapsen-Spalt

Der zwischen zwei Neuronen, die in „Kontakt“ miteinander stehen, befindliche *Synapsen-Spalt* ist im Durchschnitt 100 – 200 Å breit, was schon besagt, daß verschiedene Synapsen-Spaltbreiten zu finden sind. Dies ist nicht unwichtig, denn die unterschiedliche Breite ist eine der Grundlagen für eine Unterscheidung verschiedener *Typen* von Synapsen (Gray, 1959): „Type 1 is found on dentritic spines and dendritic truncs and is characterized by a widened synaptic cleft containing a plaque of extracellular material and by its very thick, dense, and extensive postsynaptic membrane. Type 2 is found on cell bodies and dendritic truncs and it has a narrower synaptic cleft usually devoid of extracellular material. Its postsynaptic membrane thickening is neither as dense nor as extensive as that of type 1.“[99] Die Vermutung, daß Typ 1 exzitatorische und Typ 2 inhibitorische Synapsen seien, hat sich nur in Einzelfällen, nicht aber allgemein bestätigen lassen[100]. Eine

[98] R. F. Schmidt: Physiologie kleiner Neuronenverbände, Reflexe. a.a.O. S. 113.

[99] M. L. Colonnier: The Structural Design of the Neocortex. in: Brain and Consciousness Experience. ed. J. C. Eccles. Berlin, Heidelberg, New York 1966. p. 10.

[100] Vgl. Sanford L. Palay: Principles of Cellular Organization in the Nervous System. The Neurosciences (I) 1967. p. 26 f.

Variante dieser Auffassung, wie sie z. B. von ELUL (1966) vertreten worden ist, daß „during synaptic activity, the interaction of the electrical field with the polarized ionic layer absorbed to the membranes of the synaptic region should increase the width of the synaptic cleft in excitatory synapses and narrow it in inhibitory synapses“[101], ist auch nicht bestätigt worden: „So far as the author is aware“ schreibt F. O. SCHMITT, „electron-microscopic studies reveal no range of synaptic cleft width, up to a micron or more.“[102] Ein weiterer Einwand ist nach SCHMITT, daß „some chemical adhesive, for example some constituent of the interstitial ground-substance such as mucopolysaccharide or glycoprotein, might bind presynaptic and postsynaptic membranes together to form functional synaptic units“[103].

Der Synapsen-Spalt ist ohne Zweifel bei einer Signal-Übertragung ein recht kompliziertes Reaktionssystem, da ja *(s. o. S. 263)* mit der TrmS auch andere Substanzen wie ATP, Enzyme und Proteine in den Spalt abgegeben werden und damit auch „esterases, oxidases, and other enzymes might be expected to be active within the channels to deal with acetylcholine and the biogenic amines, proteases for proteins, ribonuclease for RNA, etc“[104].

TrmS-Diffusion

Der Übergang der TrmS von der präsynaptischen zur postsynaptischen Membran erfolgt durch *Diffusion*. Deshalb müssen „the presynaptic endings ... be within transmitter diffusional range of the postsynaptic membrane“[105]. Die TrmS darf aber bei diesem Übergang auch nicht zu sehr „gestreut“ werden – man denke nur an die ungeheure Dichte der Synapsen z. B. auf einem Dendriten oder einem Zellkörper. So haben an der neuromuskulären Endplatte KATZ und Mitarb. zeigen können, „that the postsynaptic membrane behaves as if the transmitter impinged upon it in focalized bursts of several thousand molecules“[106].

Die Diffusion der TrmS führt in der Übertragung des Signals zu einer gewissen *Verzögerung* – the synaptic delay – die prinzipiell gemessen werden kann durch die Zeit, die vergeht „between the arrival time of the presynaptic impulse at the presynaptic terminals and the onset of the postsynaptic depolarization“. Genauere Untersuchungen haben dann zu dem Ergebnis geführt: „It seems likely that synaptic delays of about 0.3 msec occur throughout the mammalian central

---

[101] E. ROY JOHN: Mechanisms of Memory. New York and London 1967. p. 150.

[102] FRANCIS O. SCHMITT: Molecular Neurobiology in the Context of the Neurosciences. The Neurosciences (I) 1967. p. 216.

[103] a.a.O. [104] a.a.O. p. 217. [105] a.a.O. p. 216.

[106] PALAY: Principles of Cellular Organization in the Nervous System. a.a.O. p. 27.

nervous system, as well as at neuromuscular synapses on striated muscles."[107]

Die Miniatur-Potentiale

Ein spezielles Problem stellen – nicht nur für die Untersuchung dieser Vorgänge, sondern auch für ihre theoretische Deutung – die Miniatur-Potentiale. Über die *Miniatur-Endplattenpotentiale* (Min-EPP) haben wir bereits kurz gesprochen: sie entstehen in der postsynaptischen Membran „durch die spontane Freisetzung kleiner ACh-Mengen"[108]. „Unterdessen hat man auch an vielen anderen chemischen Synapsen Vesikel und Miniaturpotentiale gefunden", nicht nur an der neuromuskulären Endplatte[109]. Und zwar fand man nicht nur exzitatorische (excitatory postsynaptic potentials, EPSPs) sondern auch inhibitorische (IPSPs)[110]. Über die Bedeutung dieser Miniatur-Potentiale für die Synapsen-Übertragung ist bisher noch kaum etwas bekannt. Nach ECCLES ist „at least in large part this synaptic noise, as it has been called, probably attributable to random synaptic bombardment"[111]. Betrachtet man diesen synaptic noise als einen Spezialfall des oben *S. 41 ff.* besprochenen neural noise, so könnte auch der synaptic noise Funktionen haben, speziell auch für die Synapsen-Übertragung, etwa in dem Sinne, daß der Organismus für diese Übertragung ein „arbeitendes System" *(S. 40 ff.)* zur Verfügung stellt.

Modifikation der Vorgänge im Synapsen-Spalt

An erster Stelle sind hier die Untersuchungen mit *Drogen* zu nennen, speziell soweit ihre Wirkungsweise bekannt ist und damit Hinweise für die normalen Vorgänge gibt. So ist bekannt, daß *Curare* „kompetitiv das ACh von seinen Receptoren an der subsynaptischen Membran" verdrängt[112]. Die Übertragung ist damit unterbrochen. In der Wirkung ähnlich, wenn auch im Chemismus verschieden, ist der Einfluß veränderter, z. B. methylierter Vorläufer der Catecholamine. So kann etwa das α-Methyl-norepinephrin, das aus α-Methyl-DOPA gebildet wird, „replace a part of the NE in granule storage and can be released instead of NE, acting as ‚false'-neurochemical transmitter"[113].

Das bekannte Insektizid *E 605* wirkt als Esterase-Hemmer, d. h. die Cholinesterase (AChE) kann das ACh nicht abbauen, „dies führt zu

---

[107] JOHN C. ECCLES: The Physiology of Synapses. Berlin, Heidelberg, New York 1964. p. 38 u. 40.

[108] R. F. SCHMIDT: Synaptische Übertragung. in: Neurophysiologie. 1971. S. 84.

[109] a.a.O. S. 85.

[110] ECCLES: a.a.O. p. 35.

[111] a.a.O.

[112] SCHMIDT: a.a.O. p. 76.

[113] JACQUES GLOWINSKI: Storage and Release of Monoamines in the Central Nervous System. Handbook of Neurochemistry. 1970. Vol. 4. p. 103.

einem längeren Verweilen des ACh am subsynaptischen Receptor"; „das EPP wird größer und dauert wesentlich länger"[114].

Auf die Wirkung von *Reserpin,* das die Aufnahme von Dopamin und 5-HT in die Vesikel blockiert und damit die Synthese von NE verhindert, haben wir bereits hingewiesen *(S. 256).* Hinzugefügt sei, daß „this alteration of the main storage sites led to the intracellular enzymatic inactivation by MAO (Monoamin-Oxidase, d. Vf.) of the unbound amines.... Thus NE, DA, or 5-HT are almost completely destroyed before they escape from the neuron"[115].

Diese Beispiele mögen hier genügen; die Einwirkung von Drogen auf Lernen und Gedächtnis wird uns noch oft beschäftigen. An dieser Stelle ist etwas anderes wichtig:

Wenn es, wie diese Beispiele und viele andere Untersuchungen zeigen, möglich ist, Drogen oder modifizierte körpereigene Substanzen in den Synapsen-Spalt einzuführen und deren Wirkung dort zu untersuchen, so liegt der Gedanke nicht fern, daß auch der Organismus bestimmte Substanzen in den Spalt einführen kann, die dort bestimmte Wirkungen ausüben. Nun haben die Betrachtungen in Band I gezeigt, wie innig das Zusammenwirken von Gedächtnis und Verhalten beim Ausüben eines erlernten Verhaltens und erst recht bei seinem Erlernen ist. Das in der Memoria gespeicherte Engramm bildet die Grundlage für das Wiedererkennen der Situation und für die Auswahl und Aktivierung des entsprechenden Verhaltens in dieser Situation. Aktiviert werden muß das mnemisch gespeicherte Verhaltensschema bzw. die latente Verhaltensschaltung selbst. E i n e Möglichkeit einer solchen Aktivierung aber ist die chemische Aktivierung oder Auslösung, entsprechend der Wirkung der releasing factors bei den Hormonen, der Hormone selbst bei den verschiedenen Reaktionen: eine entsprechende „releasing substance", die wie die hormonalen ein niedermolekularer Stoff sein könnte, z. B. ein Peptid, modifiziert im Synapsenspalt die Übertragung. Wie dies, wenn überhaupt, im einzelnen geschehen könnte, diese Frage wird uns im nächsten Abschnitt wieder begegnen – sie hier schon zu nennen, drängte sich auf, einmal weil der Synapsen-Spalt ein möglicher Wirkungsort sein könnte, und zum anderen, weil damit eine neue Sicht auf die Wirkung der Transfer-Substanzen sichtbar würde.

Die postsynaptische Membran

1. Der Partner in der synaptischen Verbindung, das postsynaptische Neuron, ist keineswegs nur der Empfänger des chemischen Signals, das er aufnimmt, codiert und weiterleitet. Abgesehen von möglichen Verarbeitungen im Neuron ist bereits die eigentliche Empfangsstelle,

---

[114] Schmidt: a.a.O. S. 80.
[115] Glowinski: a.a.O.

die *subsynaptische Membran* ein Untersystem mit eigener Funktion, auch sie ist kein bloßer „Empfänger".

Dies zeigt sich schon bei den *Miniaturpotentialen,* den min-EPP an der neuromuskulären Endplatte – und auch an anderen Synapsen – die durch spontanes Freisetzen von ACh in der subsynaptischen Membran entstehen. Katz hat (1962) die Ergebnisse vielfältiger eigener und fremder Untersuchungen wie folgt zusammengefaßt: „the *frequency* of the miniaturpotentials is controlled entirely by the conditions of the *pre*synaptic membrane, while their *amplitude* is controlled by the properties of the *post*synaptic membrane."[116]

Weist schon dies auf eine gewisse Auslöserwirkung der TrmS hin, so wird die Eigenfunktion der subsynaptischen Membran noch deutlicher an der *S. 251* erwähnten Tatsache, daß die Spezifität der TrmS-Wirkung – ob erregend oder hemmend – nicht so sehr (oder gar nicht) von der Natur der TrmS, sondern vom empfangenden Rezeptor in der subsynaptischen Membran abhängt.

2. Führen diese Ergebnisse experimenteller Untersuchungen zu der Vermutung, daß letztlich das postsynaptische Neuron bestimmt, welche Signale weitergeleitet und wohin sie geleitet werden, so gibt es andererseits doch wieder Einflüsse vom präsynaptischen zum postsynaptischen Neuron, die hier modifizierend eingreifen könnten. Wir haben oben *S. 263 f.* von den *neurotrophen Faktoren* gesprochen, deren Freisetzung aus der präsynaptischen Membran „is partly or entirely *independent* of synaptic activation (Guth, 1968, 1969)"[117]. Robbins fährt fort: „By inference, these factors continuously regulate postsynaptic membrane properties and thus play an important role in the maintenance of *normal* synaptic function."

Eine spezielle Form der Beeinflussung der postsynaptischen Membran durch die Signal-Übermittlung finden wir in einer Vermutung von Stent angedeutet: „Thus each use of a synapse might leave a proteinaceous trace in the neighborhood of its postsynaptic side that would alter the weight the recipient neuron would place on future signals it might receive through that channel."[118]

Auch Einflüsse in umgekehrter Richtung lassen sich nach Robbins aufzeigen: „that a stimulated postsynaptic cell, by releasing factors into the synaptic space, could selectively enhance those particular terminals of the presynaptic cell that it contacts."[119]

3. Sprechen wir von den Funktionen der postsynaptischen Membran, so steht natürlich im Vordergrund des Interesses die Frage nach dem *Rezeptor,* der Wirkungsstelle der TrmS. Die Untersuchungen von

[116] John C. Eccles: The Physiology of Synapses. Berlin, Heidelberg, New York 1964. p. 30.

[117] N. Robbins: Long-Term Maintenance and Plasticity of the Neuromuscular Junction. The Neurosciences (III) 1974. p. 957.

[118] Gunther S. Stent: Induction and Repression of Enzyme Synthesis. The Neurosciences (I) 1967. p. 161.

[119] Robbins: a.a.O. p. 958.

Raftery u. Mitarb. mögen die Fortschritte in diesem Problembereich bei einer TrmS zeigen[120]:

Eine der ersten Feststellungen auf dem Wege zu einer Isolierung und Bestimmung des *Acetylcholin-Rezeptors* (AcChR) war die Bestätigung der bereits erwähnten *(S. 253 f.)* Verschiedenheit von AcChR und AcChE: „It is clear from this fractionation procedure that AcChE and AcChR molecules are not associated with the same membrane particles" (543). „Negative staining of the AcChR-rich particles reveals closed structures at least 80 % of which show masses of particles in the membrane which are approximately 80 Å in diameter and contain a central pit.... The consensus seems to be that these structures represent AcChR oligomers embedded in the membrane." Zusammengefaßt: „The obvious conclusions ... are: (1) the esterase and receptor molecules are separate entities and, (2) the receptor and esterase molecules are not embedded in, nor associated with, the same membrane." (543 ff.)

Durch Reinigungsverfahren (purification procedure) erhielten die Untersucher etwa 100 mg „highly purified receptor" (545), die molekularen Eigenschaften konnten wie folgt bestimmt werden: „By gel filtration the receptor appears to have Stokes radius corresponding to a molecular weight of approximately 500 000, while in sucrose density gradients containing 0.1 % Triton X-100 the S-value (= Svedberg-Einheit der Sedimentationskonstante, d. Vf.) obtained under equilibrium conditions corresponds to 9,7 S. The isoelectric point of the isolated receptor is close to 5 and it appears to be a glycoprotein containing N-acetyl-D-glucosamine, mannose and galactose." (547 f.)

Es zeigte sich weiterhin, daß „purified AcChR was capable of binding monovalent and divalent cations" (553), die aber „bind to a specific locus on the receptor molecule, but that this is not the acetylcholine binding site". (555)

Abschließend stellen die Autoren fest: AcChR hat, im Modell, zwei negativ geladene „binding sites", A und B (560). „Acetylcholine and carbamylcholine as well as nicotine bind to subsite ‚A', the specific cholinergic binding subsite, whereas monovalent and divalent cations bind to subsite ‚B', which is also occupied by the bis-quaternary compounds" (wie decamethionium, hexamethionium und DAP). (562)

4. *Wirkungen der TrmS auf das postsynaptische Neuron.* Einen Überblick über eine Anzahl von Reaktionen und Reaktionsfolgen, die die TrmS im postsynaptischen Neuron hervorzurufen oder auszulösen vermag, gibt Glassman[121] an Hand der folgenden *Abb. 21:*

---

[120] M. A. Raftery, J. Bode, R. Vandlen, Y. Chao, J. Deutsch, J. R. Duguid, K. Reed, and T. Moody: Characterization of an Acetylcholine Receptor. in: Biochemistry of Sensory Functions. (25. Coll. Ges. Biol. Chem. April 1974.) ed. L. Jaenicke. Berlin, Heidelberg, New York 1974. p. 541 ff. (Seitenzahlen der einzelnen Zitate im Text.)

[121] Edward Glassman: Macromolecules and Behavior: A Commentary. The Neurosciences (III) 1974. p. 671 f.

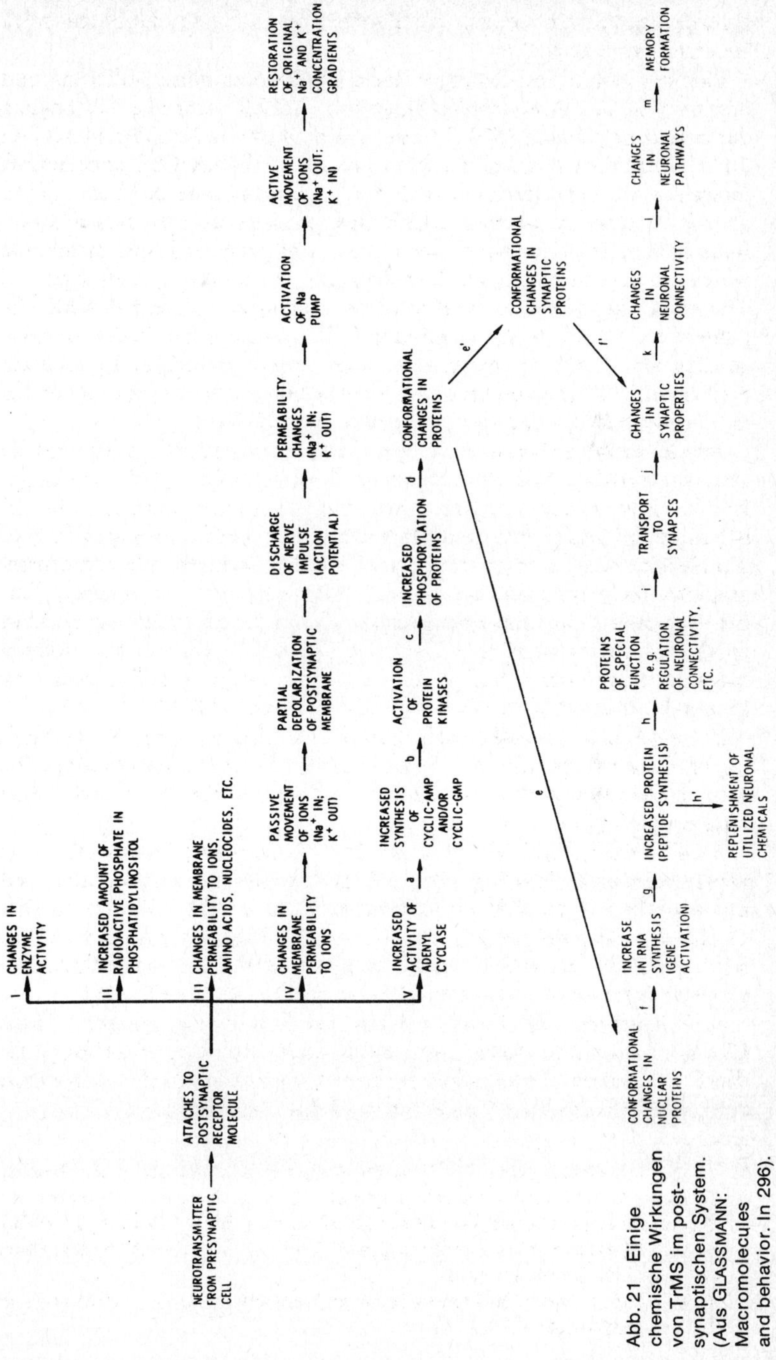

Abb. 21 Einige chemische Wirkungen von TrMS im postsynaptischen System. (Aus GLASSMANN: Macromolecules and behavior. In 296).

I. Die „changes in Enzym activity“ sind dort an erster Stelle genannt; sie sind eine generelle Einwirkung auf den Metabolismus im Empfänger-Neuron und sind auch bei vielen der weiter unten genannten Einwirkungen wesentlich beteiligt.

II. Unter den Phosphatiden des Gehirns spielen die *Inosit-Phosphatide* offenbar eine besondere, aber weitgehend noch unbekannte Rolle. (Inosit ist ein zyklischer, 6-wertiger Alkohol.) Im Gehirn finden sich mehrere Inosit-Phosphatide, IP, (phosphatidinositide, PI), nämlich mono-(MIP), di-(DIP) und tri-phosphoinositid (TIP). Alle drei bauten bei Versuchen mit ^{32}P diesen radioaktiven Phosphor ein, und zwar in der Reihenfolge MIP $>$ DIP $>$ TIP. Das in der Tabelle erwähnte phosphatidylinositol ist ein Zwischenprodukt der Synthese, das mit ATP das DIP ergibt[122]. Es hat sich nun gezeigt, daß eine „increased $^{32}PO_4^{3-}$ incorporation appears to be associated with synaptic activity (Larrabee & Leicht, 1965); it was blocked by curare and did not occur when the ganglion was stimulated antidromically“[123]. TIP und DIP „bond strongly to neural protein“, MIP dagegen nicht.

Nach Dunn/Bondy ist die Funktion der Inosit-Phosphatide „reflected in the very rapid turnover of their phosphate groups, associated with neurotransmission“[124]. Nach Schacht und Agranoff „acetylcholine increased phosphate incorporation into phosphoinositides.... They suggest that the specific effect of acetylcholine is to increase the hydrolysis of phosphatidic acid to diglyceride, which is rate-limiting for PI synthesis“[125].

III. Die Änderung der Permeabilität der subsynaptischen Membran betrifft nicht nur die bekannte Erhöhung der Durchlässigkeit für kleine Kationen wie K^+, Na^+ und für Cl^-, sondern „there are also changes in neuronal permeability of other ions, amino acids, nucleosides, and other compounds“.

IV. „Sequence IV shows the changes involved in the generation of the action potential of the cell“, bei der die erhöhte Permeabilität für Na^+ und K^+ eine entscheidende Bedeutung hat.

V. Jetzt treten die *Konformations-Änderungen* an Makromolekeln auf; wegen der Wichtigkeit gerade dieser Sequenz folgen wir hier der Darstellung Glassmans im Einzelnen:

„The activation of protein kinases by cyclic-AMP or cyclic-GMP (step b) eventually leads to conformational changes in proteins (step d) via their phosphorylation (step c). If the conformational change takes place in synaptic proteins (step e^1), then one can postulate rapid, direct effects on synaptic properties resulting in changes in neuronal connectivity with eventual memory formation. An alternative idea is that

---

122 Henry McIlwain and H. S. Bachelard: Biochemistry and the Central Nervous System. 4th ed. Edinburgh and London. 1971. p. 332.

123 a.a.O. p. 335.

124 Dunn/Bondy: Functional Chemistry of the Brain. 1974. p. 84.

125 a.a.O. p. 189.

conformational changes take place in nuclear proteins (step e), a process that leads to gene activation, RNA synthesis, and protein synthesis (steps f and g). This protein can be involved in processes involved with replenishing the chemicals of the neuron (step h^1) or, alternatively, may have special neuronal functions (step h) at the synapse (step j), where it regulates synaptic properties such as connectivity, etc. (steps k, l, m). It is possibly that during training, conformational changes in synaptic proteins occur rapidly to temporarily change connectivity associated with the formation of short-term memory, but that the events following conformational changes in the nuclear proteins are necessary for the permanent connectivity changes that underlie the formation of long-term memory.“ (671)

Die Beziehungen zwischen Konformationsänderung und Gedächtnis bzw. Lernen werden dann an Hand einer kleinen tabellarischen Abb. noch genauer gekennzeichnet:

Properties of Synapse

Conformation A
(stable)
no connectivity
non-functional synapse
non-functional pathway.

Conformation B
(short half-life)
temporary connectivity
functional synapse
functional pathway
(short term memory)

Conformation C
(stable)
permanent connectivity
functional synapse
functional pathway
(long term memory)

„Conformation state A is stable, but connectivity is not facilitated. If during training a pathway or network is activated in which this synapse is important, the molecule is shifted into conformational state B. Conformational state B is unstable, but it changes the properties of the neuron so that a temporal change in connectivity occurs. The new pathway or network can be considered a part of the mechanism underlying short-term memory. ... If certain factors are stimulated in the animal undergoing training, the molecule in conformation B is converted to a new stable form, conformation C, so that connectivity is permanently changed. Long-term memory is now possible.“ (672 f.)

Die Nachmansohn-Neumann-Theorie

Obwohl es heute kaum möglich ist, das überreiche Material aus den hunderten von Untersuchungen, von dem in den Abschnitten dieses Kapitels nur ein kleiner Teil wiedergegeben werden konnte, zu einem geschlossenen *Modell* oder einer abgerundeten *Theorie* zusammenzufassen, zeichnen sich doch die Umrisse und Grundzüge einer solchen Theorie ab – entsprechend etwa den Darstellungen in den neueren Lehrbüchern. Demgegenüber haben nun NACHMANSOHN und NEUMANN, beide auf dem 25. Colloquium der Gesellschaft für Biologische Chemie in Mosbach im April 1974, und NEUMANN außerdem ausführlicher, mit mehr physiko-chemischen Einzelheiten auf der „Summer School" in Triest im August 1973, ein Modell der Signal-Übermittlung an der Synapse entwickelt, das sehr andere und neuartige Wege ihrer Deutung beschreitet[126].

Zur Geschichte des Modells

Das neue Modell bzw. die neue Theorie reicht in ihren Anfängen zurück bis zu Anschauungen, die NACHMANSOHN in den 50er Jahren zur Deutung der Permeabilitätsänderung neuronaler Membranen bei der Erregung eines Nerven entwickelt hatte. „An attempt at an integral interpretation of basic data well-established by electrophysiological, biochemical and biophysical investigations was inspired by the late AHARON KATCHALSKY" heißt es bei NEUMANN (Neumann I, 77), der dann auch MANFRED EIGEN für sein „critical interest and generous support" dankt. Diese Namen seien hier genannt um zu zeigen, aus welcher Gedankenwelt und welchem Arbeitskreis die neue Theorie erwachsen ist.

Die Voraussetzung

„In the 1939's it was assumed that AcCh acts as a ‚neurohumoral' transmitter, which is released from nerve endings and, after crossing the non-conducting gap, stimulates the effector cell, nerve or muscle. The results of the biochemical analysis of the proteins processing AcCh, indicated very soon that this hypothesis is untenable." (Nachmansohn 434)

Das Grundpostulat

„Since there is until now *no direct experimental evidence for AcCh to cross the synaptic gap,* the action of AcCh may be alternatively assumed to be restricted to the interior of the excitable membrane of junctions and axons. This assumption is based on the fact that no trace of AcCh is detectable outside the nerve unless AcCh-esterase inhibitors are present. According to this alternative hypothesis *intermembraneous* AcCh combines with the receptor and causes permeability changes mediated by conformational changes of the AcCh-receptor."

---

126 DAVID NACHMANSOHN: Biochemical Foundation of an Integral Model of Nerve Excitability. in: Biochemistry of Sensory Functions. 1974. p. 431 f. EBERHARD NEUMANN: An integral physico-chemical model for bioexcitability. in: Physics and Mathematics of the Nervous System. ed. M. CONRAD, W. GÜTTINGER, and M. DAL CIN. Berlin, Heidelberg, New York 1974. (zitiert mit Seitenzahlen als Neumann I)
Ders.: Towards a Molecular Model of Nerve Excitability. in: Biochemistry of Sensory Functions. 1974. p. 465 ff. (zitiert als Neumann II)

„This is the basic postulate of the chemical theory of bioelectricity, attributing the primary events of all forms of excitability in biological organisms to the cholinergic system: in axonal conduction, for subthreshold changes (electronic spread) in axons and pre- and postsynaptic parts of excitable membranes." (Neumann I, 60).

Als eine der Grundlagen für dieses „integral model" mag angeführt werden, daß „AcCh-E reaction products can be made visible in the excitable membranes of more and more nerves formerly called noncholinergic". (Neumann I, 56)

Die Übertragung

Die erste Frage, die sich angesichts der bisherigen theoretischen Anschauungen stellt, ist: Wenn das AcCh nicht in den Synapsen-Spalt eintritt, wie wird die Erregung bzw. das Signal zur postsynaptischen Membran übertragen?

Schon 1935 hatte ECCLES die Möglichkeit erwogen, „that K^+ions are the transmitters carrying the impulse from the nerve terminal to the postsynaptic membrane". (Nachmansohn 454) Auf Grund neuerer Untersuchungen kam dann NACHMANSOHN zu der These, daß zunächst durch das Signal AcCh freigesetzt und das Signal dabei verstärkt wird. NACHMANSOHN schreibt: „The signal given by the release of AcCh is greatly amplified: for 1000 molecules of AcCh released in a nerve terminal, many millions of Na^+ions will enter the axon and an equivalent amount of K^+ions will flow into the non-conducting gap.... The K^+ concentration in the synaptic cleft will become high enough to induce the conformational change of the storage protein in the postsynaptic membrane leading to a release of AcCh, and thus initiate the same sequence of events as in the conducting and terminal membranes." (Nachmansohn 455; Neumann II, 487)

Zu der Feststellung, daß dieselbe TrmS, speziell das AcCh, sowohl erregend als auch hemmend wirken kann, äußert NACHMANSOHN: „Various factors such as structural organization, small changes in environment, reactions involving S-S or S-H groups of membrane proteins surrounding the gateways, may readily account for the apparently opposite effects of the same control mechanism." (Nachmansohn, 458) „In the case of the AcCh receptor there are S-S groups near the anionic group of the active site." (a.a.O.) und: „such a minor change of S-S groups in the receptor protein may transform an inhibitory into an excitatory action." (a.a.O.)

Die wichtige Frage nach der Funktion und Bedeutung der anderen TrmS wird – wenn auch nur gleichsam am Rande – beantwortet: „In the framework of the chemical model the various types of responses, excitatory and inhibitory synaptic properties are associated with structural and chemical modifications of the *same basic mechanism involving the cholinergic system.* Participation of neuroeffectors like the catecholamins or γ-aminobutyric acid and other additional reactions within the synapse possibly give rise to the various forms of depolarizing and hyperpolarizing potential changes in postsynaptic parts of excitable membranes.“ (Neumann II, 487)

Der Kontrollmechanismus

Wie vollzieht sich nun der „Kontrollmechanismus“ des AcCh?

„Typical for chemical processes in cells is their cyclic character“ schreibt NACHMANSOHN (459), und so handelt es sich auch hier um einen *Kreisprozeß*, den NEUMANN – in vereinfachter Darstellung – wie folgt formuliert (II, 488 ff.):

„1) Die „storage site“ S in der Membran bindet das synthetisierte AcCh:

$$S + AcCh = S(AcCh)$$

„Vesicle storage of AcCh as indicated by Whittaker and coworkers *(s. o. S. 258 f.)* is considered as additional storage for membrane sites of high AcCh turnover, for instance at synapses.“

„2) Durch die depolarisierende Erregung wird AcCh freigesetzt:

$$S(AcCh) = S' + AcCh$$

„The field-dependent conformational changes of S are assumed to gate the path of AcCh to the AcCh-receptors.“

„3) Das freie AcCh geht an den AcCh-Rezeptor R, der in einer Ca^{2+} bindenden Konformation vorliegt $R(Ca^{2+})$. „This association is assumed to induce conformational change to R′, that, in turn, releases Ca^{2+} ions:

$$R(Ca^{2+}) + AcCh = R'(AcCh) + Ca^{2+}$$

Die Freisetzung von Ca^{2+} „is assumed to change structure and organization of gateway components, G. The structural change from closed configuration, G, to an open state, G′, increases the permeability for passive ion fluxes.“

„4) Jetzt tritt die Esterase, E, in Funktion:

$$R'(AcCh) + E = E'(Ch^+, Ac^-, H^+) + R'$$

An der Esterase wird das vom Rezeptor R′ übernommene AcCh hydrolysiert in Cholin (Ch^+), Acetyl (Ac^-) und H^+.

Damit ist die Erhöhung der Permeabilität beendet, R′ bildet wieder mit Ca^{2+} $R(Ca^{2+})$; dadurch verändert sich auch G′ wieder zu G, zum geschlossenen Zustand.

Auf diese Weise „controls the AcCh cycle the ion movements across the terminal membran in a way similar to that proposed for the conducting membrane“. (Nachmansohn, 455)

Die Erregungseinheit

„We have introduced *the notion of a basic excitation unit* (BEU)." (Neumann II, 491 ff.). Sie besteht aus G, dem „Tor", das von dem cholinergischen Kontrollsystem umgeben ist; also von S, R und E, und die BEUs „are called SRE-assemblies". „The BEUs are assumed to be distributed over the entire excitable membrane, axonal, pre- and postsynaptic and dendritic parts." „In this concept the gateway is a permeation zone through which normally Na^{+}ions pass during the action potential." (Nachmansohn, 448)

Die Engrammbildung

Einleitung

1. Die bisherige Darstellung hat viel experimentelles und theoretisches Material über die Vorgänge an den Synapsen wie auch über Möglichkeiten einer Beeinflussung dieser Vorgänge gebracht, aber noch recht wenig über die Bildung und Konsolidierung *mnemischer Engramme.* Daß Synapsen modifiziert und synaptische Übertragungen moduliert werden können, bildet sozusagen nur den Rahmen für das eigentliche Problem, das – nach Mark – „is reduced to finding a neuronal consequence of sensory stimulation that can and sometimes does become converted into a permanent change"[127]. Doch auch diese Formulierung bedarf noch der „Reduktion", will man das Problem der Engrammbildung scharf fassen: Einmal, daß die „permanent change" nicht zu einer Beeinträchtigung, sondern zu einer Änderung der Funktion führen muß, und weiterhin, daß es sich hier wahrscheinlich um einen Zwei-Phasen-Vorgang handelt. So fährt auch Mark an der oben zitierten Stelle fort: „It is now clear that information entering the human brain tumbles through a series of filtering and encoding processes before the residue comes to rest in a form that may be converted into permanent memory. The preliminary processes take time, a few seconds or perhaps minutes under special circumstances, during which the information remains available for the direction of behavior even though its coding is altering. This stage of information storage is known as psychological short-term memory and contains at least two recognizable stages, and perhaps could be described as containing more if the complexity of material and that of the behavioral situation was increased." Dies gilt prinzipiell auch für die mnemischen Engramme und besagt letztlich, daß die möglichen Wege einer Beeinflussung und Modifizierung speziell der Synapsen-Übertragung zu einer Änderung des Übertragungs-Mechanismus bzw. der Übertragungs-Richtung führen können, die aber weder Dauer haben noch „abgerufen" werden können.

---

[127] Richard Mark: Memory and nerve cell connections. Oxford 1974. p. 36 f.

Um abgerufen werden zu können, muß die aktuelle Änderung *latent* oder *potentiell* werden, und die potentielle Änderung muß dann *spezifisch* aktualisiert werden, nämlich durch die gleiche „sensory stimulation", die zu ihrer Bildung geführt hat. Jedenfalls folgt dies für uns aus der in der Formalen Analyse (I, 116 f.) erörterten Frage des *Verlernens,* speziell für den Fall, daß die Änderung in einer Art „Weichenstellen" besteht, und d. h. daß die Änderung die alte Funktion nicht löscht, sondern neben der neuen erhält.

Eine weitere Folge dieser Annahme ist, daß die oben behandelten Vorgänge an den Synapsen und ihre Modifizierbarkeit auch bei der Ausbildung bleibender Änderungen eine Rolle spielen werden, daß sie die *unspezifischen Elementarvorgänge* bei der Bildung mnemischer Engramme sind. Wir betrachten somit die Bildung mnemischer Engramme als eine Form *inneren Verhaltens,* den komplexen Vorgang selbst als eine V-Ganzheit.

2. Beruht die Bildung mnemischer Engramme letztlich auf Änderungen an den Synapsen, so zeigt schon die alltägliche Erfahrung, daß diese Änderungen „von Dauer" sind: viele Beispiele motorischen Lernens sind bekannt, die praktisch nicht verlernt werden, auch nach jahrelangem Brachliegen nicht, wie Radfahren, Schwimmen, oder – wie MILLER als persönliches Erlebnis berichtet – Tennisspielen. MILLER folgert daraus: „It is quite clear, then, that the physical mechanism for learning and memory must be capable of retention and retrieval after long periods of time, during which most of the components of the body have turned over many times. Thus the physical basis of learning must reside in one of the relatively rare bodily components that do not turn over with time or in some self-maintaining structure, self-replicating molecule, or self-maintaining system."[128]

Veränderungen an Synapsen

Die Spine-Synapsen

Sichere Grundlagen für anatomische Veränderungen an den Synapsen gibt es für den speziellen Typ der *Spine-Synapsen (s. o. S. 134),* bei denen eine erhebliche Plastizität aufgefunden worden ist: „Of particular importance in the phenomena of plasticity" schreibt z. B. SMIRNOW, „are apparently dendritic spines of the central neurons which represent mostly specialized synaptic structures";[129] und er weist auf

[128] NEAL E. MILLER: Certain Facts of Learning Relevant to the Search for its Physical Basis. The Neurosciences (I) 1967. p. 649.

[129] G. D. SMIRNOW: Functional and structural aspects of plasticity. in: Biochemical, physiological, and pharmacological aspects of learning processes. Proc. of the III. Neurobiol. Symp. in Magdeburg, 1971. (Erg. exp. Med., Bd. 10) VEB Verlag, Berlin 1972. p. 14.

einen Satz von ECCLES, ITO und SZENTÁGOTHAI hin: „that usage gives growth of the spines and particularly the formations of the secondary spines that HÁMORI and SZENTÁGOTHAI described on Purkinje dendrites. One can, therefore, imagine that in the learning of movements and skills there is the microgrowth of such structures giving increased synaptic function."[130]

Einzelheiten zu dieser Annahme gibt ECCLES dann in einem neuen Buch[131]:

Modifizierbare Synapsen, „die für das Gedächtnis verantwortlich sein könnten", sind exzitatorisch und finden sich in der Großhirnrinde vor allem an den dendritischen Spines der Pyramidenzellen. „Es gibt auch einige Anhaltspunkte dafür, daß diese Spine-Synapsen bei Nichtgebrauch verkümmern." (224) Und man „kann sich vorstellen" daß „ein Wachstumsprozeß in den dendritischen Spines zu einer strukturellen Veränderung" führt, die von Dauer sein kann. (224)

Dabei muß man zwei Arten von Spine-Veränderungen unterscheiden: Eine Vermehrung der Spines *(Hypertrophie)* und eine Aufzweigung vorhandener Spines, die Bildung *sekundärer Spines.*

Eine erste, naheliegende Theorie war: „Nichtgebrauch führt zur Verkümmerung von Spine-Synapsen und übermäßiger Gebrauch zur Hypertrophie" – diese Theorie ist aus verschiedenen Gründen angreifbar (225). Eine zweite, von SZENTÁGOTHAI und MARR stammende Theorie, von ECCLES als „Kopplungstheorie des Lernens" bezeichnet, besagt: „daß synaptisches Lernen ein zweifaches oder dynamisch gekoppeltes Geschehen ist, nämlich, daß Aktivierung eines speziellen Synapsen-Typs Instruktionen für das Wachstum anderer aktivierter Synapsen auf dem gleichen (= demselben? d. Vf.) Dendriten liefert." (225)

Selektivität: Das entscheidende Problem sowohl bei der „Wachstumstheorie" als auch bei der „Kopplungstheorie" ist aber doch wohl, daß das Wachstum, die Aufzweigung und die Aktivierung gezielt sein müssen, gesteuert durch die Information über die Situation. Die veränderte „Schaltung" zur neuen Schalteinheit soll ja die „Erfahrung" früherer Versuche berücksichtigen und die Einheit „verbessern". Oder, wie es bei ECCLES heißt: „Wenn also ein Raum-Zeit Muster neuronaler Aktivierung eine ungefähre Kopie eines bei einer früheren Gelegenheit Aufgespielten ist, so wird das Subjekt eine Erfahrung davon herleiten, die es als eine Erinnerung an die Erfahrung, die natürlich vom Original der Kopie herrührt, erkennt." (227) Doch gilt dies nur für das gelernt-Haben, nicht aber für das Erlernen selbst.

Wir stehen hier vor dem wichtigen, ja für eine Lerntheorie zentralen Thema der *Selektivität.* P. A. WEISS definiert diesen Begriff einmal

---

[130] J. C. ECCLES, M. ITO, J. SZENTÁGOTHAI: The Cerebellum as a Neuronal Machine. Berlin, Heidelberg, New York 1967. p. 314.

[131] ECCLES: Das Gehirn des Menschen. dt. v. A. HARTUNG. München, Zürich 1975. S. 223 ff.

sehr allgemein: „The term ‚selectivity' denotes the relational property that enables two bodies to communicate or to combine in pairs to the exclusion of other combinations."[132] Und er fährt fort: „The dynamics and mechanisms involved are of so many kinds and forms, and the selective interactions vary so widely in discrimination sharpness, that it would be wholly unwarranted to postulate or search for any simple master mechanism."

Das synaptomere Protein

Kosower hat die von ihm und Werman entwickelte *Glutathion-Theorie (s. o. S. 260 ff.)* der TrmS-Ausschüttung auf die Gedächtnisbildung angewandt. Da es sich um eine Synapsen-Theorie des Gedächtnisses handelt, lassen sich seine Ausführungen auch auf mnemische Engramme anwenden:

Die Bildung von Disulfid-Gruppen in bestimmten Membran-Proteinen der VRS (vesicle release site) führt nach dieser Theorie zu einer Öffnung in der Membran, durch die die TrmS freigegeben wird. „The disulfide bonds act as information stores by making the VRS more effective as release sites. In the absence of other reactions, interchange with GSH would return the disulfide to the dithiol form, and thus erase the labile store. Reviewing the steps in transmitter transfer, one might well choose the VRS as the logical place for a temporary information store." Die Beziehungen zwischen S-S-Bindungen und TrmS-Ausstoß „make the disulfide bond a prime candidate as the molecular basis of short-term memory"[133].

Die Depolarisation der präsynaptischen Membran führt also über die Aktivierung der Ca^{2+} zu S-S-Bindungen, damit zur Kontraktion und damit zum TrmS-Ausstoß, der solange anhält, bis die S-S-Gruppen durch den „repair mechanism" mit GSH wieder zu SH-Gruppen werden. Kosower, der auch die zeitlichen Verhältnisse untersucht hat, kommt zu dem Schluß: „Based on the rate constante for thiol-disulfide interchange reactions and the concentrations of the reactants, the half-life for short-term memory can be between 10 sec and 30 hr."[134]

Auch das *Langzeit-Gedächtnis* (LTM) wird auf dieser Basis zu erklären versucht: der „repair mechanism" ist nur e i n e der Folgen der S-S-Kontraktion. „The second depends upon the presence of a cytoplasmatic component, which we shall call *synaptomeric protein.* The synaptomeric protein should be a dimer of the thiol-bearing unit component of the VRS. Insertion of the synaptomeric protein into the distorted VRS (infolge der S-S-Kontraktion „verzerrt", d. Vf.) would

---

[132] Paul A. Weiss: Neural Development in Biological Perspective. The Neurosciences (II) 1970. p. 58.

[133] Edward M. Kosower: A Molecular Basis for Learning. Proc. Nat. Akad. Sci. USA. Vol. 69 (1972), No. 11, p. 3294.

[134] a.a.O.

lead eventually to an expansion of the region of presynaptic transmitter release." (3294) Eine andere Möglichkeit wäre eine „insertion of neurofibrils next to a thiol-bearing site" (vgl. oben AXELROD, *S. 262*). Auf jeden Fall würde „an increase in synaptic size increase synaptic effectiveness, and would represent a stable information store, i. e. long-term memory". (3294): „Greater synaptic size does correspond to greater release of transmitter as measured by the size of the excitatory postsynaptic potential in endplates of different sizes. (M. KUNO, 1971)." (3294) „Reactivation of previously learned behavior could occur rather easily, since the permanent store is still present in the presynaptic membrane of the pathways involved in the learning." (3295)

Der „sign-post" Mechanismus

Eine andere ebenfalls chemisch fundierte Hypothese „of a possible specific molecular mechanism underlying memory" hat BOGOCH entwickelt; sie gründet auf seiner These *(s. u. S. 344 ff.)*, daß die sog. „Mucoide" des Gehirns, speziell hier die *Glykoproteine*, geeignete „Kandidaten" für substantielle Engramme seien[135].

Die Ausgangsannahme ist: „A single carbohydrate endgroup might determine whether or not transmission of an impulse is facilitated between neuron A and B." Befindet sich z. B. in der präsynaptischen Membran von A ein Glykoprotein A^1, so kann dessen Carbohydrat-Endgruppe etwa zwei verschiedene Formen annehmen; je nachdem, welche Form vorliegt, besteht ein Kontakt mit B oder nicht. Angenommen wird, daß im Ausgangsstadium kein Kontakt besteht. Dann könnte durch einen synthetischen Mechanismus, der etwa durch die Erregung des Neurons ausgelöst wird, – z. B. eine Enzyminduktion *(s. S. 244 f.)* – der Kontakt zwischen A und B hergestellt werden. BOGOCH stellt dies an einem Beispiel dar:

„Glycoprotein A^1 may exist with its end group a galactosamine residue, but with the postsynaptic membrane B possessing receptor B^1 specific only for galactose residue. ... A synthetic mechanism, a galactose transferase, here taken as only one example, could be present at or in A, which could upon the proper stimulus attach a galactose residue to the galactosamine end group of A^1. ... This (new, Vf.) galactose end group of A^1 would combine immediately with receptor B^1, ionically or covalently, the contact between A and B would be increased, the threshold lowered, and transmission between A and B facilitated. It is possible that the ‚proper stimulus' for the attachment of galactose is the passage of an excitatory impulse of sufficient intensity through A."

An anderer Stelle betont BOGOCH, daß „the uniqueness of this hypothesis rests not upon the specificity of the amino acid portion of the

[135] SAMUEL BOGOCH: The Biochemistry of Memory. New York, London, Toronto 1968. p. 214 ff.

molecule, ..., but rather in the specificity conferred by the conjugated carbohydrate component."[136] – eine vielleicht nicht unwichtige Parallele zur *Immunchemie,* z. B. zu den Körperantigenen der *Salmonella*-Bakterien: „die Spezifität dieser O-Antigene wird ganz durch den Kohlenhydratanteil bestimmt."[137] BOGOCH schließt: „The recent electron microscopic evidence by Droz and associates that glycoproteine are heavily concentrated at synpatic junctures is certainly relevant" und ebenso relevant ist, daß KANFER und RICHARDS (1967) gezeigt haben, „that puromycin blocks ganglioside synthesis" *(s. u. S. 332 f.).* „Thus it remains plausible that a glycoprotein-‚sign-post' mechanism represents the (or one) chemical basis of the establishment of the cluster of specific circuits in the nervous system which could constitute a memory record."[138]

Die „recognition molecules".

In dem auf BOGOCHS eben zitierten Vortrag folgenden Beitrag von UNGAR[139] stand das Problem der „recognition", z. B. bei der bedingten Reaktion, im Mittelpunkt. Auf UNGARS These, daß „an exchange of ‚recognition molecules' takes place between two hitherto unconnected pathways" fragte BOGOCH: „Could these be glycoprotein molecules?" UNGAR antwortete: „It may very well be so" und fügte dann eine etwas genauere Fassung des obigen Gedankens hinzu: „Consolidation of the conditioned response probably requires that the same ‚recognition molecules' be synthesized on both sides of the critical synapses at which new connections have been created. This implies in some of the neurons activation of DNA and RNA sequences that were repressed."

HYDÉN, in seiner Antwort auf eine Frage UNGARS, stimmte UNGAR in gewisser Hinsicht zu, erklärte aber „I see the creating of the new combination as a gene-RNA-protein problem" und erläuterte dies: „one has reason to assume the existence of a mechanism which serves experiential learning and memory during a lifetime. A retrieval of a memory may require a differentiated response from millions of neurons. These neurons have specific proteins in common which lead all the neurons to respond on a certain input and activate the transmitter substances." (a.a.O. p. 116)

---

[136] SAMUEL BOGOCH: „On recognition Molecules in Circuitry. in: The Future of the Brain Sciences. ed. S. BOGOCH. New York 1969. p. 105.

[137] Einführung in die Immunologie. herausg. v. d. Niederl. Ges. f. Immunologie. dt. Ausgabe (übers. v. I. TRINCKER) v. H. BRANDIS (Uni.-TB. 138) Stuttgart 1972. S. 5.

[138] BOGOCH: The Future. a.a.O. p. 112.

[139] UNGAR: a.a.O. p. 114 ff.

Neue Synapsen

Für den Spezialfall der Spine-Synapsen ist die Bildung neuer bzw. die Aufzweigung vorhandener Synapsen belegt, jetzt stellt sich die Frage allgemein: Gibt es im Nervensystem auch bei anderen Synapsen eine Neubildung? Auf diese Frage haben wir bisher keine einheitliche Antwort, sie ist auch nicht zu erwarten, da man auch hier wieder verschiedene Fälle unterscheiden muß, die jeder für sich beantwortet werden müssen; anders gesagt: der Begriff „neue Synapsen" bedarf einer genaueren Bestimmung. Gemeint sein kann *(s. Abb. 22.):*

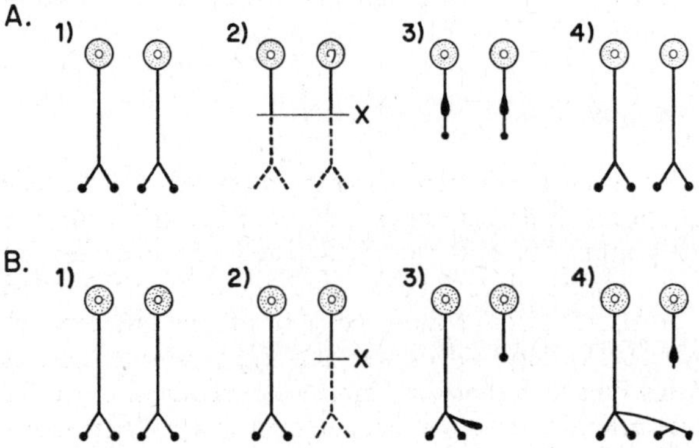

Abb. 22 Regeneration im Nervensystem: A. Die bei x durchtrennten Nerven bilden neue Axone und Terminals. B. Für einen durchtrennten Nerv übernimmt ein anderer die Funktionen (»collateral sprouting«). (Aus: MOORE u. Mitarb., Growth and plasticity of adrenergic neurons. In 296.)

a) Vorhandene, bisher nicht oder anders benutzte Synapsen, werden für ein bestimmtes Verhalten eingeschaltet.

b) Bisher nicht oder nicht mehr vorhandene Synpasen werden neu oder wieder gebildet;

c) Bisher nicht oder nicht mehr vorhandene Synapsen werden durch Aufzweigung von anderen mitversorgt.

a. Selektionstheorie: Eine Möglichkeit, das Erlernen eines neuen Verhaltens dem Verständnis näher zu bringen, bietet der erste Fall: die Nutzung vorhandener, bisher nicht oder anders verwendeter Synapsen zur Bildung einer neuen Verhaltensganzheit (V-Ganzheit). Im Grunde handelt es sich dabei um eine Anwendung der *Selektionstheorie des Lernens* (I, 115): Angenommen wird, daß sämtliche möglichen Synapsen-Verbindungen zwischen den Neuronen des NS aktucll oder potentiell vorhanden sind. Sie sind zu den angeborenen V-Einheiten bzw. den zugrunde liegenden Schaltungs-Einheiten zusammengeschaltet. Da beim realen Verhalten jeweils nur ein kleiner Teil dieser Synapsen-Schaltungen aktualisiert ist, befindet sich der größte Teil, auch der

„aktuellen“, entweder „in Ruhe“, ist also *latent* vorhanden, oder „arbeitet“ z. B. durch die min-EPSP, gleichsam „im Leerlauf“, wodurch er schnell aktivierbar ist. Erfordert eine bestimmte Situation ein bestimmtes Verhalten, so werden die latenten Synapsen-Verbindungen aktiviert, die V-Einheit wird realisiert.

Beim *Erlernen* einer neuen Verhaltensweise werden bisher nicht zusammengeschaltete Einheiten durch Aktivierung „neuer“ Synapsen zur Einheit zusammengeschlossen und bilden eine neue Schalteinheit, die Grundlage für eine neue V-Einheit. Bewährt sich das neue Verhalten in der Situation, so werden die „neuen“ Verbindungen „durch Gebrauch“ (by use) *latent*, also erleichtert und bevorzugt aktivierbar. In diesem Sinne ist die neue Schalteinheit *stabilisiert:* die Modulierung der (potentiell) vorhandenen Synpase führt zu einer Modifizierung, einer „bleibenden“ Veränderung, aber ohne daß die alte Verbindung gelöscht worden ist, diese ist potentiell geworden. Die latente Schalteinheit ist dann das *mnemische Engramm.*

b. Neubildung von Synapsen: Die Unterscheidung von Neubildung und Wiederbildung von Synapsen ist schon deshalb notwendig, weil die Wiederbildung belegt ist, während die Frage, ob Synapsen i. e. S. „neu“ gebildet werden können, noch offen ist. Tatsache ist aber, daß auch im reifen ZNS Synapsen gebildet werden können, und damit entsteht die Frage, ob dies für das *Lernen* einen Bedeutung hat.

1. Zur Kennzeichnung der heutigen Situation sei wieder ein Wort von SMIRNOW zitiert[140]: „Nowadays the possibility of growth of processes of central neurons and establishment of new synaptic connections has been demonstrated conclusively enough.“[141] und: „the ability of the structural changes of the functional organization is quite real for various forms of plasticity including the formation of conditioned reflexes.“

Die klarsten Fälle finden sich bei der *Nervregeneration,* zunächst im peripheren NS und dann auch im ZNS. MOORE und Mitarb. haben speziell adrenergische Nerven untersucht und das reiche Material darüber zusammengestellt[142]. Sie untersuchten zunächst die Regeneration zerstörter Nerven und dann Transplantate, die an ihrem neuen Ort innerviert wurden. Generell fanden sie: „The capacity to reinnervate in a characteristic pattern for a particular tissue is shared by many sympathetic neurons“ (964), und die Regeneration „ist independent of transmitter synthesis, storage, release, re-uptake, or receptor blockade.“ (964)

Im Einzelnen ergab sich: „After transection of the axon of a central adrenergic neuron, there is accumulation of amine in the severed axon proximal to the lesions (Dahlstörm and Fuxe, 1965). ... At 7 days after a lesion ... a new type of densely packed, delicate, varicose small

---

140 G. D. SMIRNOW: a.a.O. p. 15.

141 Wir erinnern an die Experimente mit „enriched-experience rats“, *o. S. 85 ff.*

142 ROBERT Y. MOORE, ANDERS BJÖRKLUND, and ULF STENEVI: Growth and Plasticity of Adrenergic Neurons. The Neurosciences (III) 1974. p. 961 ff.

fibers appears in the vicinity of the original axonal accumulations. These numerous, small fibers develop into an abundant system. ... They appear to represent regenerative sprouting from the severed central axons." (967) Transplantationsversuche brachten entsprechende Ergebnisse: „The transplant is free of adrenergic innervation for the first few days, but by 2 weeks many adrenergic fibers can be traced." (968) Auch hier konnte allgemein festgestellt werden: „All of the evidence available indicates that the sprouting central adrenergic axons are capable of innervating a denerved tissue."[143] (968)

Eine besondere Form des „sprouting" ist die in der *Abb.* 22 unter B gezeigte: das *collateral sprouting.* Ein Teil der Nerven, die ein Gebiet versorgen, ist zerstört. „The distal axons and terminals degenerate. Collateral sprouts form from the remaining innervation and reconstitute the terminal plexus." (962) Über einen Fall bei einem syrischen Hamster „in which the right eye and the superficial layer of SC (superior colliculus, Vf.) were ablated by birth" berichtet G. E. SCHNEIDER: „Axons from the remaining eye not only form an anomalous connection in the 'tweenbrain but form an abnormal pattern of termination in the midbrain tectum, some ending in the area of early surgical damage, others recrossing to the left colliculus."[144]

2. Wie aber kommt es dazu? MOORE und Mitarb. antworten: „regeneration can be considered part of an organism's attempt to maintain a homeostatic equilibrium in its interaction with its environment. The growth that appear in regeneration in a mature, fully established nervous system... could be a morphologic component of neural modifiability or plasticity." (962) Dies rückt die Regeneration funktionell in die Nähe des *Lernens,* sagt aber noch nichts darüber aus, ob beim Lernen ähnliche Vorgänge möglich sind.

Gemeinsam aber ist Regeneration und Lernen nicht nur die Funktion, anders gesagt: der *Zweck,* sondern auch der Anlaß: es liegt in beiden Fällen ein *Bedarf* vor, der ein entsprechendes Verhalten induziert oder auslöst, und dieser Bedarf wird aktualisiert durch ein *Signal,* das eine *Antwort* erfordert. Dieses Signal könnte ein „Botenstoff" sein, z. B. ein Hormon oder ein releasing factor. Es liegen Hinweise dafür vor, daß der *nerve growth factor* (NGF), der bei der Ontogenese des NS eine wichtige Rolle spielt, auch hier mitwirkt, also dieses Signal sein könnte: „NGF may participate in adrenergic neuron regeneration in the adult nervous system. In addition to the increased growth of adrenergic fibers NGF stimulated the growth of new axon sprouts from transected indoleamin fibers into the transplant" (969); und: „it

[143] Eine ausführliche Darstellung und Erörterung der Experimente von P. WEISS über Transplantation, Innervation und Funktion von „supernumary limbs in amphibia" findet der Leser in R. M. GAZE: The Formation of Nerve Connections. London, New York 1970. p. 14 ff.

[144] G. E. SCHNEIDER in: Functional Recovery after Lesions of the Nervous System. ed. E. EIDELBERG, D. G. STEIN. Neurosciences Res. Prog. Bull. Vol. 12, No. 2. (June 1974) p. 225.

is tempting to speculate that it may be required for normal growth and maturation of central neurons as well as a response to injury".(969)

Was aber ist dieser *nerve growth factor*[145]?

Chemisch ist er ein *Protein* (COHEN & LEVI-MONTALCINI, 1957) (4). Seine Funktionen wurden vor allem an Neuroblasten, also bei der Ontogenese von Neuronen, untersucht. „NGF from a specific source is quite unspecific in action: mouse submaxillary NGF (die submaxillare Speicheldrüse ist eine wichtige Quelle für NGF bei Maus und Ratte, d. Vf.) is effective on neuroblast of other mammals, birds, and even in Urodele embryos (Weis, 1969)" (5). 1967 konnten VARON, NUMERA und SHOOTER aus der submaxillar Speichelsdrüse der Maus ein Protein isolieren, einen 7S Komplex vom Molekulargewicht 140 000, das in drei verschiedene Molekeln dissoziierte, die als α, β und γ bezeichnet werden (6), wobei aber später 4α und 3γ-Untereinheiten unterschieden werden konnten: α^1-α^4 und γ^1-γ^3. Die β-Untereinheit bildet ca. 20 % des 7S-NGF[146].

Die Funktion der 7S-Einheit ist komplex, jede der Untereinheiten hat ihre eigene Funktion: Die NGF-Wirkung hängt an der β-Untereinheit, die γ-UE hat enzymatische, und zwar eine Esterase-Wirkung, und die α-UE zeigt „salvage"-Wirkung, nämlich eine „ability to protect embryonic sensory ganglionic cells during dissociation and recovery from embryonic ganglia". Dabei ist es von besonderem Interesse, daß die β-UE im Komplex wirksamer ist als isoliert: „The increased potency of the subunit in the 7S complex may be simply a question of its protection in the complex by the other two subunits, or it may be based on specific interactions between the subunits."[147]

In seinem zusammenfassenden Referat zu den Vorträgen über „Dynamics of Synaptic Modulation" auf dem III. Symposium des NRP (1973) stellt BLOOM fest: „These findings may indicate that there are several types of cellular signals that can induce certain neurochemically fiber systems to form new axons, and presumably new synapses."[148]

Aufnahme und Transport von NGF in Neuronen wurden von STÖCKEL und THOENEN untersucht. Sie fanden: „NGF is taken up with high selectivity by nerve terminals of adrenergic and sensory neurons and is transported retrogradely to the corresponding cell bodies by a colchicine-sensitive mechanism. ... It seems that binding and uptake of NGF depends on neuronal properties which are specific for adrenergic and sensory neurons."[149]

---

145 H. HOFFMAN: Biological Significance and Action of the „Nerve Growth" Factor. in: Biochemistry of Brain and Behaviour. ed. R. E. BOWMAN and S. P. DATTA. New York, London 1970. p. 3 ff.

146 SILVIO VARON and E. M. SHOOTER: The nerve growth factor proteins of the mouse submaxillary gland. a.a.O. p. 51.

147 a.a.O. p. 50.

148 F. E. BLOOM: Dynamics of Synaptic Modulation: Perspectives for the Future. The Neurosciences (III) 1974. p. 994.

149 K. STÖCKEL and H. THOENEN: Comparison between the retrograde axonal

Der „Now-print!" – Mechanismus

Eine andere Deutung des Anstoßes für Wachstumsprozesse an Zellverbindungen im NS gibt LIVINGSTON[150]. Nach dieser Hypothese ist das Wachstum einer neuen Verbindung „induced as a consequence of the waking brain being further aroused through its identification of biologically meaningful novelty". Diese Auffassung führt zu den folgenden Thesen:

„Any novelty has potential biological significance, and is signaled by initial reticular activation. ... Limbic-induced discharge enters a particular part of the reticular formation and thereby induces a generalized arousal. I have proposed that a consequence of this particular reticular discharge pattern is a generalized order, ‚Now print!' – an order for all neurons recently activated to undergo growth. This may involve first an alteration of ionic barriers, then a replication of proteins, and finally a growth of synapses according to particular local configurations that will increase the likelihood of repetition of the patterns of impulse conduction that just transpired."

An anderer Stelle heißt es dann genauer[151]:

„The steps are postulated to occur as follows: (1) reticular recognition of novelty; (2) limbic discrimination of biological meaning for that individual at that moment; (3) limbic discharge into the reticular formation; (4) a diffusely projecting reticular formation discharge distributed throughout both hemispheres, a discharge conceived to be a ‚Now print!' order for memory, and, finally, (5) all recent brain events, all recent conduction activities will be ‚printed' to facilitate repetition of similar conduction patterns."

Die Frage, w i e die Einzelvorgänge des „Now print!"-Befehls und des „printing" selbst verlaufen, bleibt notwendigerweise noch ein Problem; nur ein Hinweis wird in der zusammenfassenden Schlußbemerkung gegeben: „Following a generalized ‚Now print!' order, everything that has been on-going in the recent past will receive a ‚now print!' contribution in the form of a growth stimulus of a neurohormonal influence that will favour future repetitions of the same neural activities. The effect may be by cutting off a protein to make a facilitated pathway, or something else fairly specific and fairly local in relation to any territory throughout the hemisphere wherever there was immediately preceding activity."

---

transport of nerve growth factor (NGF) and tetanus toxin (TT) in sensory, motor and adrenergic neurons. (First European Neurosciences Meeting. München 1975. Abstract Coll.) Exp. Brain Res. *23*, suppl. (1975). p. 194, (Nr. 383)

150 ROBERT B. LIVINGSTON: Brain Circuitry Relating to Complex Behavior. The Neurosciences (I) 1967. p. 514 f.

151 LIVINGSTON: Reinforcement. a.a.O. p. 576 f.

Steuerung

Ob es sich um die Bildung synaptischer Verbindungen bei der *Ontogenese,* ob um Wiederbildung bei der *Regeneration* zerstörter Nerven oder schließlich um eine evtl. vorkommende Neubildung beim *Lernen* handelt, stets stehen wir vor demselben Problem, wenn wir versuchen, diese Vorgänge zu verstehen: wie findet das aus dem Neuron sich entwickelnde neue Axon seinen Weg zu dem zugehörigen Partner, wie also wird das Wachstum *gesteuert?*

Dabei müssen wir unterscheiden die Steuerung der Regenerations-Vorgänge selbst und die zentrale Steuerung der Erfolgsorgane nach erfolgter Innervierung. Die erste Art ist unser Thema, für die zweite nur ein Beispiel von GAZE: „When the muscles in a transplanted limb show homologous response it appears that the central nervous system is calling them into action by name, so to speak. When the biceps in the normal limb contracts, so does the biceps in the transplant. ... And so on, for all the individual muscles examined. This is evidence that the central nervous systems ‚knows‘ which muscle is which in the transplanted limb.“[152] Daß dies möglich ist, ist eine Folge der „richtigen“ Steuerung der Innervierung bzw. Regeneration selbst.

BREWER hat vor ca. 2 Jahrzehnten eine gute Charakterisierung der Problemlage gegeben, die im wesentlichen auch heute noch zutreffen dürfte: „The elucidation of the mechanism by which the axon establishes connection with a sense organ or an effector organ constitutes an unsolved problem in biology. There seems little doubt that initially the direction of growth is determined by the orientation of the neuroblast, although the factors which play a part in orientation are largely unknown.“[153] GROSSMAN gibt einen historischen Überblick über die seit mehr als 8 Jahrzehnten laufenden Bemühungen um die Lösung dieses Steuerungsproblems und zugleich eine Systematik dieser Lösungsmöglichkeiten[154].

Neurogenetische Theorien: Die erste Gruppe der Lösungsversuche faßt GROSSMAN unter dem Titel „neurogenetic theories“ zusammen, deren älteste wohl von HIS stammt (1889). Nach dieser Theorie sind im sich entwickelnden Embryo „growth and orientation of axonal processes ... the result of the continuous ‚impulsion‘ of protoplasma, ... and the direction of growth is determined by pre-existent pathways in the mesoderm“ (820). HELD (1905) erweiterte diese Theorie auf die Regeneration; „he found that regenerating nerve fibers tended to enter the neurilemmal sheath of the degenerated axon“. (820) Und DUSTIN (1920) „suggested that the course of neuronal growth, at least in regeneration,

---

[152] R. M. GAZE: The Formation of Nerve Connections. London, New York. 1970. p. 19.

[153] C. V. BREWER: The Organization of the Central Nervous System. London, Melbourne, Toronto. 1961. p. 38.

[154] SEBASTIAN PETER GROSSMAN: A Textbook of Physiological Psychology. New York, London, Sidney 1967. p. 817 ff.

may be determined by the location of connective scar tissues". (820 f.) Wenn derartige Theorien auch heute kaum noch diskutiert werden, so hat – nach GROSSMAN – doch e i n Gesichtspunkt historische Bedeutung gehabt: „because the concept of *predetermined* pathways for neural growth has been used to critize (criticize) anatomical theories of learning."

Mechanische Theorien bilden die zweite Gruppe, die Theorien von HARRISON (1910) und HAIDENHAIN (1911) umfaßt: durch sie wurde der Begriff des *Stereotropismus* in die Neurologie eingeführt. Die Hypothese war, „that stereotropic forces which were thought to operate in an essentially random fashion determine the geography of the nervous system. The amoeboid tip of growing neurons was believed to develop ‚exploratory' processes which guide neuronal growth along a path of least resistance" (821), wobei zusätzlich angenommen werden mußte, „that the initial direction of growth may be determined by the orientation of the neuroblast and by an innate tendency to reach specific peripheral organs by the shortest possible route."

Bioelektrische Einflüsse nimmt eine dritte Gruppe von Theorien an (822 ff.). Hier ist vor allem KAPPERS zu erwähnen (1917–1933), der eine Theorie der *Neurobiotaxis* entwickelt hat, nach der „the anatomical relationship between neurons is determined by electrical currents emanating from active neural elements. According to this theory neurons are electrically polarized and generate magnetic fields which influence the direction of growth of axonal as well as dendritic processes and induce the migration of nerve cells in the direction of the electric force." (823) Auch diese Theorie konnte nicht bestätigt werden, doch hat sie – nach GROSSMAN – „profoundly influenced subsequent anatomical theories of learning".

Chemotropismus (821 f.): Die Theorie einer chemischen Steuerung des Wachstums von Axonen ist wohl die einflußreichste geblieben. Eine frühe Form stammt schon von RAMÓN Y CAJAL (1898, modifiziert 1911, 1928). „Cajal agreed with the then generally accepted concepts of continous protoplasmic growth, development of exploratory processes on the tip of the growing neuron, and growth along paths of least resistance (stereotropism), but he argued that these principles did not suffice to explain the specifity of neural connections. He proposed that the amoeboid qualities of the developing axon are caused by the attracting or neurotropic properties of chemical substances which may be secreted by cells in the environment of the growing neuron." (821) Später spezifizierte CAJAL die Hypothese: „the primary secreting agents are the Schwann cells of the distal nerve stump; such cells were thought to secrete a catalytic agent which stimulates a receiving system in the developing axon. ... The theory suggests that two distinct chemical forces may be acting: (1) a general excitatory force promotes growth in the direction of the organ to be innervated, and (2) a more selective stimulus attracts specifically those fibers that are to have a particular relationship to the secreting region." (822)

Auch diese Theorie enthält notwendigerweise noch viele Schlüsse vom Ergebnis auf vermutete bzw. logisch geforderte Bedingungen, Bedingungen, die aber weder damals beweisbar waren noch heute nachweisbar sind.

Zum Abschluß geben wir noch eine neuere Fassung der chemischen Theorie wieder, wie sie SPERRY 1971 aufgestellt hat, und von der ECCLES sagt, sie sei „eine umfassende und herausfordernde Hypothese, der keine andere Konkurrenz macht“[155]. (Wir zitieren nach ECCLES):

„Die komplizierten Nervenfaserregelkreise des Gehirns wachsen, sammeln und organisieren sich durch Einsatz raffinierter chemischer Codes unter genetischer Kontrolle. Früh in der Entwicklung erwerben die Nervenzellen ... individuelle Identifizierungsmarken molekularer Natur, mittels derer sie erkannt und voneinander unterschieden werden können. ... Die wachsenden Fasern im sich entwickelnden Gehirn werden durch eine Art von sondierendem chemischen Berührungssystem geleitet. ... Durch selektive molekulare Auswahl werden die Nervenzellen an jeder der zahlreichen Gabelungen oder Entscheidungspunkte, auf die sie auf ihrer Reise durch eine Art dreidimensionales Labyrinth möglicher Kanalwahlen treffen, richtig in ihre gesonderten Kanäle gelenkt.“

Auch diese Hypothese gibt gewiß noch keine Lösung des Steuerungsproblems, wohl aber kann sie eine wertvolle *Suchhypothese* (I, 6, 32 f.) sein, die einer chemischen Theorie der Steuerung des Nervenwachstums spezifizierte Fragestellungen übergibt: was sind jene „molekularen Identifizierungsmarken“? Wie wird „erkannt“ und „unterschieden“? Wie funktioniert das „sondierende chemische Berührungssystem“? und wie die „molekulare Auswahl“? Alles Fragen, deren Beantwortung den Wert der Hypothese erst bestimmen könnte, die aber als Fragen der Untersuchung eine bestimmte Richtung geben. Der Wert einer begründeten Suchhypothese ist es eben, daß man jetzt „weiß, was man nicht weiß“, daß aus einem allgemeinen und unbestimmten ein spezielles und bestimmtes Nichtwissen geworden ist. Und mehr können wir beim heutigen Stand unserer Erkenntnisse bei diesem schwierigen Problem kaum erwarten.

Die Engramm-Ganzheiten

Betrachten wir die Synapsen als *Elemente* und die Modifikationen der Synapsenübergänge sowie die Neubildung synaptischer Verbindungen als *elementare Vorgänge* einer Engramm-Bildung, so stehen wir jetzt vor der Frage nach den mnemischen Engrammen selbst und ihrer Entstehung.

Aber noch eine dritte, ganz andersartige Frage wird jetzt thematisch; ihre Besonderheit wird vielleicht an einem Beispiel aus der Psy-

[155] JOHN C. ECCLES: Das Gehirn des Menschen. dt. Übers. v. A. HARTUNG. München, Zürich. 1975. S. 198.

chologie deutlich. Die wissenschaftliche Untersuchung von Träumen, Visionen wie auch von alltäglichen Erscheinungen wie Vergessen, Verlegen, Versprechen bemühte sich zunächst um eine Erklärung ihres Entstehens nach dem Ursache-Wirkungs-Prinzip: warum träumt man, warum vergißt man eine Verabredung, verlegt einen Gegenstand, verspricht sich? Vielleicht die wichtigste Bedeutung FREUDS für die Psychologie und Psychotherapie war seine neue Fragestellung: warum träumt man gerade dies, vergißt diese Verabredung, verlegt diesen Gegenstand, verspricht sich so? Das heißt: bei allen diesen Phänomenen gibt es nicht nur eine Ursache, sondern es muß auch eine *Steuerung* geben, die aus der Fülle der jeweils bestehenden Möglichkeiten eine bestimmte auswählt. Welche Faktoren bestimmen diese Auswahl?

Entsprechend können wir hier sagen: die Bildung von Eg-Ganzheiten speziell beim Lernen, ist erklärlich durch Modifikationen an den Synapsen oder durch Neubildung solcher Verbindungen und durch Zusammenschlüsse zu größeren Einheiten. Aber das Verhalten, das aus jenen Schaltungen und Schaltkreisen resultiert, soll und muß ja eine *Antwort* auf eine bestimmte Situation sein. Dazu müssen aber bestimmte Elemente zusammengeschaltet werden, und die Auswahl muß gesteuert sein durch bestimmende Faktoren. Die jetzt gemeinte Frage bezieht sich auf die Suche nach diesen Faktoren, die von Fall zu Fall den Zusammenschluß verschiedener Neuronenverbindungen zu Schalteinheiten steuern.

Die mnemischen Engramme und ihre Probleme

Nach allem bisher Gesagten ergibt sich die Antwort auf die Frage nach dem „Wesen“ der mnemischen Engramme als *Eg-Ganzheiten* von selbst: sie sind *Schaltganzheiten,* also Neuronennetze, in denen die elementaren Einheiten, die einzelnen Synapsen, *Teilfunktionen* ausüben, die evtl. auch im Ganzen gegenüber ihrer Einzelfunktion modifiziert sein können.

Ein Versuch einer Theorie der „mnemischen Engramme“ wird damit zum Versuch einer Theorie der *neuronalen Netze.* Derartige Versuche sind schon vielfach unternommen worden, aus kybernetischer, aus mathematischer oder physiologischer Sicht, aber so interessant und erfolgreich im Einzelnen diese Versuche auch sind und so wichtig es ist, sie mit wachsender Verfeinerung fortzusetzen – die unausweichlichen Vereinfachungen setzen ihrer wissenschaftlichen Bedeutung doch Grenzen, so daß man wohl allgemein dem Urteil von J. G. TAYLOR zustimmen kann: „In any case we have to realize that we have based our model of nerve nets on models of neurons which are not realistic. There is a great deal of noise in the system; even when there is no signal from outside. Nor have we based our model on what goes on in information transfer from one neuron to the next. We have assumed that it does happen, but we haven't said how and that is really very important in fact, in the total net behavior."[156]

Dies umreißt einige der Probleme, die eine Theorie der Nervennetze zu bewältigen hat. Auch hier wieder wird sichtbar, daß eine Kenntnis der elementaren, evtl. unspezifischen, Vorgänge nicht genügt, das Verhalten der Ganzheiten zu verstehen. Deutlicher betont TAYLOR dies an anderer Stelle: „The second problem is that of neuronal nets. If I take a number of neurons together what can they do? What are their capabilities? Various models have been suggested at which neurons can do remarkable things, they are much better than me at arithmetic, for example they can divide, they can multiply; they are magnificent computing machines; that is a single neuron. But can a neuronal net or a couple of neurons do that? Is even a single real neuron like that; can it multiply? We need the answers to these questions."[157]

Wieder handelt es sich bei diesem Neuronen-Modell um einen Schluß von der faktischen Funktion auf die „notwendigen" Bedingungen, die nun aber – schon zum Zweck einer mathematischen Behandlung der Phänomene – in „menschlichen" Kategorien bestimmt werden, deren Anwendung auf Neurone höchstens analoge Bedeutung haben kann. Welche physiologischen oder chemischen Vorgänge entsprechen aber real dem „Multiplizieren" und „Dividieren"? Anders gesagt: Mit diesen mathematischen Kategorien mag man das Verhalten der *Teilganzheit* „Neuron" verständlich machen können, welche elementaren Vorgänge im Neuron aber erzeugen und bestimmen dieses Verhalten?

Aus anderer Sicht hat KATCHALSKY, der dem schrecklichen Attentat zum Opfer gefallene israelische Forscher, Probleme einer Theorie der Nervennetze aufgezeigt; wir geben sie in der tabellarischen Form wieder, in der sie EIGEN in seiner „Aharon Katchalsky Memorial Lecture"[158] zusammengefaßt hat:

„1. How do cells interact with each other to build up specific connections in the network?

„2. After connections are formed, how do cells communicate with each other in the network?

„3. How do this communication provide feedback to alter or reinforce the connections?

„4. What principle is behind the self-organization in such a network (a) internal-redundance, feedback, and competition, (b) superimposed-‚value'?"

Eine andere Tabelle enthält die Probleme der „sequence of events of information storage in neural net works"; sie umfaßt im wesent-

[156] J. G. TAYLOR: Neural Networks and the Brain. in: Physics and Mathematics of the Nervous System. ed. M. CONRAD, W. GÜTTINGER, and M. DAL CIN. Berlin, Heidelberg, New York 1974. p. 230 ff.

[157] a.a.O. p. 253.

[158] MANFRED EIGEN: Molecules, Information, and Memory: From Molecular to Neural Networks. in: The Neurosciences (III). 1974. XXVII (extended abstract of the Memorial Lecture.)

lichen die von uns in den vorhergehenden Kapiteln behandelten Probleme. EIGEN schließt: „These tables contain only questions. It is our tribute to the memory of the great universal scientist to try to bring these problems closer to a solution."

Dies also ist die Situation; sie hat sich seit dem oben *(S. 38)* zitierten Wort von KANDEL: „that no single function of the central nervous system, even the simplest, has been completely analyzed in terms of its ‚wiring' diagram", nicht wesentlich verändert. Wie kompliziert solche Netze sind und welche Mühe das Auffinden ihrer Struktur und ihrer physiologischen Funktionen macht, davon haben wohl die Ausführungen und Abbildungen des „Cerebellum"-Kapitels einen Begriff gegeben.

Zum Abschluß dieser Aufweisung von Problemen wollen wir noch kurz auf einen Spezialfall eingehen, an dem der Unterschied zwischen dem Verhalten isolierter Teileinheiten und ihrem Verhalten innerhalb eines Ganzen besonders deutlich wird:

Die Schaltmolekel: Schon die einfachste Verbindung zwischen zwei Neuronen, die wir im Rahmen dieser Betrachtung als „Schalt-Molekel" bezeichnen können, wird, im Rahmen eines Neuronen-Netzes betrachtet, zu einem kaum zu bewältigenden Problem: Ist die Übertragung an der Synapse erregend oder hemmend, und wie kann sich diese Eigenschaft verändern, wenn die Molekel „im Netz" fungiert? Wie verhalten sich während der Übertragung die anderen Synapsen an demselben postsynaptischen Neuron? – wobei wir gar nicht an die oben erwähnten 10 000 oder im Cerebellum gar 100 000 Synapsen an einem Neuron denken müssen, um die Komplikation zu verstehen. Übertragen sie auch, und wenn ja, erregen sie oder hemmen sie? Hierbei treten dann die Fragen nach der Art der Verarbeitung dieser möglicherweise vielen gleichzeitigen Erregungen auf. Und wie verhalten sich räumliche und zeitliche Summierung unterschwelliger Erregungen im Netz? Und schließlich der „neural noise"; auf eine der hier auftretenden Grundfragen weist E. R. JOHN hin: „how is activity arising from the influx of information ... differentiated from activity arising from spontaneous or background discharge?"[159] Daß sie unterschieden werden können, ist sicher, denn tatsächlich werden ja Signale aus der Umwelt von Neuron zu Neuron weitertransportiert – oder geschieht dies nicht auf der „Molekel"-Ebene, sondern erst auf der Ebene „höherer Schalteinheiten"?

Es ließen sich noch viele weitere Fragen aufzeigen. Aus alledem wird deutlich, daß wir uns bei der Analyse und Bestimmung von Schaltnetzen im NS auf einige einfache, sozusagen „typische" Fälle beschränken müssen und auf spezielle Fragen später, soweit nötig (und möglich) eingehen werden.

---

[159] E. ROY JOHN: Mechanisms of Memory. New York, London 1967. p. 13.

Schalteinheiten und Schaltungen

Die erste der oben angeführten 4 Fragen betrifft die Möglichkeit, daß überhaupt Neurone sich so miteinander verbinden können, daß dabei funktionell spezifische Schalteinheiten entstehen. Diese Einheiten können dann wieder zu größeren, funktionsspezifischen Ganzheiten zusammengeschlossen werden. In einem chemischen Bilde: die Schalteinheiten entsprechen der Verbindung zweier oder mehrerer Atome zu Molekeln, die ihrerseits wieder – z. B. als „funktionelle Gruppen" – Glieder größerer Gebilde, z. B. von Makromolekeln werden können.

Was aber sind *funktionsspezifische Schalteinheiten?* Es sind zusammengeschaltete Neurone, die als Einheit eine bestimmte, feste Funktion ausüben. Sie können je nach der Gesamtsituation in das Netz eingebaut werden, wo sie dann, an der betreffenden Stelle, „ihre" Funktion ausüben.

R. F. SCHMIDT hat einige solche Schalteinheiten zusammengestellt[160], die wir hier kurz besprechen wollen.

Zunächst seien zwei formale *Prinzipien* genannt, die sich aus der Netzstruktur, also aus der Tatsache, daß ein Neuron ein Knoten im Nervennetz ist, ergeben: Das Prinzip der *Konvergenz,* das besagt, daß an einem Neuron viele, sehr viele (s. o.) Empfangsstellen für Signale von anderen Neuronen bestehen. Und das Prinzip der *Divergenz,* das besagt, daß ein Neuron an viele Neurone seine Signale weitergeben kann, da sein Axon sich „in einige bis zahlreiche Kollateralen aufteilen" kann (104).

Räumliche Bahnung: Die Vielheit der Synapsen zwischen präsynaptischen Neuronen und einem postsynaptischen Neuron ermöglicht, daß gleichzeitig eintreffende Signale aus vielen Quellen in bestimmter Weise *summiert* werden, so daß auch unterschwellige Erregungen zu einem Aktionspotential (AP) führen können. Bei unterschwelligen Reizen wirkt das Neuron somit formal als *Und-Schalter (S. 48):* $A \wedge B \wedge C \ldots \rightarrow AP$. Treffen überschwellige Reize ein, fungiert das Neuron als Oder-Schalter: $A \vee B \vee C \ldots \rightarrow AP$; treffen sie gleichzeitig ein, kommt es auch jetzt zur Summation (Summation überschwelliger Reize). Die Variationsmöglichkeiten bei der räumlichen Summation sind sehr groß, da erregende und hemmende Reize sich algebraisch summieren: $A + B - C \rightarrow AP$, wobei $AP = 0$ sein kann, wenn $C \geqq A + B$.

Doch erregt der Begriff „räumliche Summation" gewisse Bedenken, weil er – so lesen wir bei REIN-SCHNEIDER – „zu der Vorstellung verleitet, daß fortgeleitete Erregungen von verschiedenen Seiten einfach additiv zusammengesetzt werden. Das ist unmöglich und würde der Alles-oder-Nichts-Regel widersprechen. Es können sich nur die Teil-

[160] ROBERT F. SCHMIDT: Physiologie kleiner Neuronenverbände, Reflexe. in: Neurophysiologie, herausg. R. F. SCHMIDT. (Heidelbg. TB.) Berlin, Heidelberg, New York 1971. S. 104 ff.

beträge des lokalen Potentials, die durch die einzelnen afferenten Erregungen an der Nervenzelle ausgelöst werden, miteinander addieren. Wir verwenden lieber den allgemeinen Begriff *Bahnung* und verstehen darunter zeitlich begrenzte Förderung einzelner Leistungen des ZNS durch zusätzliche Erregungen. Es wird durch eine einlaufende Erregung sozusagen der Weg gebahnt für eine zweite gleichzeitige oder kurz danach eintreffende. Damit eine Nervenzelle in Erregung gerät ... *müssen Erregungen von mehreren Seiten eintreffen,* und es kommt zu einer Summation ihrer Wirkungen (nicht der Erregungen selbst) auf die Nervenzelle."[161]

Zeitliche Bahnung: Bei der zeitlichen Bahnung addieren sich die postsynaptischen Potentiale, „wenn eine zweite Erregung zeitig genug einläuft". Der Abstand der beiden Reize beträgt dann etwa 5 msec. „Nur innerhalb einer so kurzen Zeit ist die Bahnung durch die erste einlaufende Erregung noch groß genug, um die zweite wirksam werden zu lassen." (a.a.O.)

Die postsynaptische Hemmung: Das hemmende postsynaptische Potential ist sozusagen das Kehrbild des erregenden postsynaptischen Potentials, auch sein Zeitverlauf ist ungefähr der gleiche. Beim erregenden Potential (EPSP) ändert sich das Ruhepotential von etwa –70 mV auf ca. +30 mV, die Membranpermeabilität wird erhöht für Na^+. Beim hemmenden Potential (inhibitorisches Potential, IPSP) ändert sich das Ruhepotential auf ca. –80 mV, die Permeabilität der Membran ist erhöht für K^+ und Cl^-. Beim EPSP also eine *Depolarisation,* beim IPSP eine *Hyperpolarisation* der Membran.

Wir haben oben *(S. 251)* gesehen, daß dieselbe Transmittersubstanz (TrmS) sowohl erregend als auch hemmend wirken kann, daß also der Begriff einer „hemmenden TrmS" mit Vorsicht anzuwenden ist. Andererseits „lassen sich morphologisch erregende und hemmende Synapsen nicht unterscheiden"[162], so daß die Differenzierung der postsynaptischen Membran in noch unbekannten chemischen Vorgängen zu suchen sein wird.

Werden an einem Neuron „die erregende und hemmende Synapse etwa gleichzeitig aktiviert", so wird „der Einstrom der Na^+-Ionen an der subsynaptischen Membran der erregenden Synpase durch die gleichzeitig an der hemmenden Synapse ausströmenden K^+-Ionen teilweise kompensiert", das entspricht also dem obigen Fall von A + B – C: „Das EPSP erreicht durch das IPSP nicht mehr die Schwelle, die Zelle ist gehemmt."[163]

Präsynaptische Hemmung (s. o. S. 266): „Bei der präsynaptischen Hemmung kommt es zu keiner Veränderung der postsynaptischen Membran, sondern der hemmende Vorgang bewirkt eine verminderte

---

161 Max Schneider: Einführung in die Physiologie des Menschen. rev. 15. Aufl. des Buches v. H. Rein. Berlin, Heidelberg, New York 1966. S. 522.

162 R. F. Schmidt: Synaptische Übertragung. in: Neurophysiologie. a.a.O. S. 97.

163 Schmidt: a.a.O. S. 100.

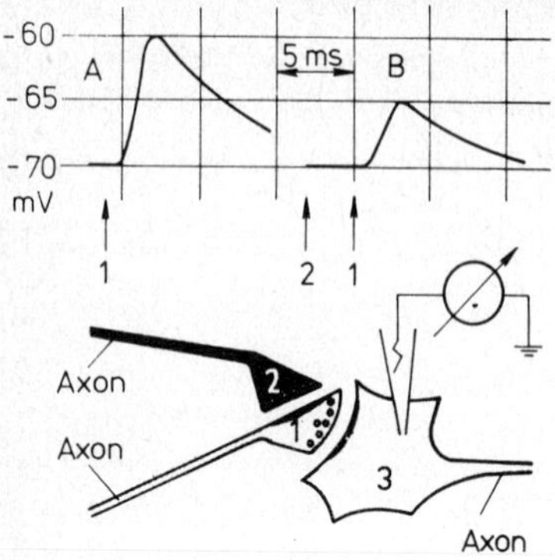

Abb. 23 Präsynaptische Hemmung eines Motoneurons. (Aus R. F. SCHMIDT: Synaptische Übertragung. In 293.)

Transmitterfreisetzung an der präsynaptischen Endigung der erregenden Synapse."[164] Wir haben z. B. 3 Neurone *(s. Abb. 23.):* N1 bildet mit N3 eine axo-somatische Synapse, die – der Annahme nach – erregend auf N3 wirkt. N2 bildet mit N1 eine axo-axonische Synapse, die in noch unbekannter Weise hemmend auf N1 einwirkt. Ein Zahlenbeispiel mag dies verdeutlichen: „Aktivierung der synaptischen Endigung 1 ruft in Neuron 3 ein EPSP von etwa 10 mV hervor. ... Wird Axon 2 vor Axon 1 aktiviert, so beträgt die Amplitude des EPSP nur noch 5 mV, ohne daß ein IPSP an der postsynaptischen Membran der Zelle 3 auftritt. Diese Form der EPSP-Hemmung *ohne* Änderung der postsynaptischen Membraneigenschaften bezeichnet man als *präsynaptische Hemmung.*" Wie gesagt „ist nicht bekannt, welche subsynaptischen Permeabilitätsänderungen durch Aktivierung der axo-axonischen Synapse ausgelöst werden und welche Überträgersubstanz von Axon 2 dabei freigesetzt wird. Fest steht lediglich, daß durch die Aktivierung der axo-axonischen Synapse die Überträgerfreisetzung an der axo-somatischen Synapse vermindert wird."

Hemmschaltungen

Zu den synaptischen Hemmungen treten noch die *hemmenden Schaltungen,* deren Funktion eine Steuerung und Differenzierung des Zusammenwirkens mehrerer Neurone ist.

Die *antagonistische Hemmung* ist die einfachste dieser Schaltungen: Wird an einem Arm der Beuger-Muskel durch Erregung des zugehörigen Motoneurons aktiviert, dann erregt zugleich eine Kollaterale des erregenden Nerven ein *Interneuron,* das seinerseits das Motoneuron des Streck-Muskels hemmt – und umgekehrt *(s. Abb. 24).*

Die Feedback-Hemmung kann ebenfalls an den Motoneuronen verdeutlicht werden *(s. Abb. 25):* Von den Axonen der erregenden Ner-

[164] a.a.O. S. 100 f.

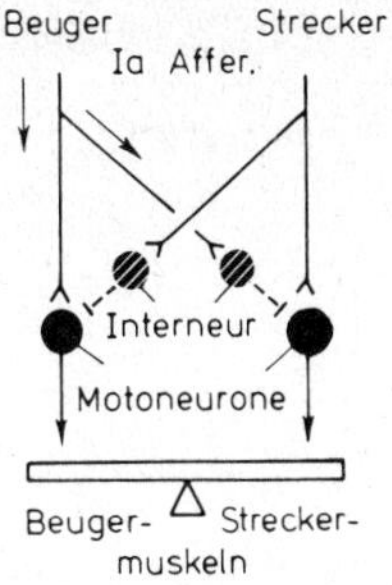

Abb. 24 Antagonistische Hemmung

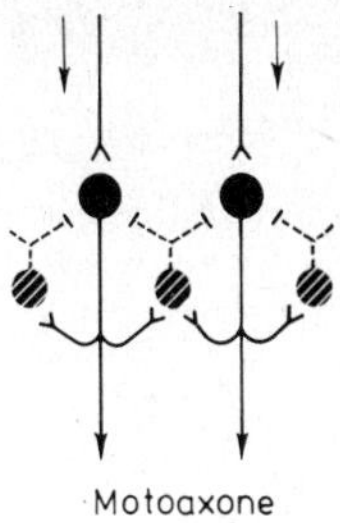

Abb. 25 Feedback-Hemmung

(Aus R. F. SCHMIDT: Physiologie kleiner Neuronenverbände. In 293.)

ven führen Kollateralen zu Interneuronen, die auf das Motoneuron des erregenden Nerven zurückwirken. Durch diese *Rückkopplung* wird erreicht, „daß geringe Aktivität der Motoneurone ungestört an den Muskel weitergeleitet wird, während überschießende Aktivität abgedämpft und damit ein Aufschaukeln von Erregungen (Krämpfe im motorischen System) verhindert wird“[165].

Die laterale Hemmung ist vor allem an den Sinnesorganen untersucht worden; sie spielt eine wichtige Rolle bei der Aufnahme der Stimuli. *Abb. 26* zeigt den vereinfachten Fall, daß ein einzelner Stimulus den „zentralen“ Rezeptor trifft und weitergeleitet wird. Infolge des *Divergenz*-Prinzips verästelt sich das Axon des Nerven, dadurch werden benachbarte Neurone miterregt, d. h. die geringe Frequenz ihrer spontanen Aktionspotentiale wird erhöht – und das bedeutet, daß „das erregte Gebiet erweitert wird“. Dies kann sich, wird die Erregung über mehrere Synapsen weitergeleitet, fortsetzen. DUDEL schreibt dazu: „Würden sich die Erregungen so ungehindert verbreiten, so wäre bald das ganze Gehirn erregt und die Unterscheidung spezifischer Reizqualitäten und Reizorte unmöglich.“ Auch hier sind nun *Interneurone* vorhanden, die – durch Kollateralen von den Axonen erregt – hemmend auf das erregte und vor allem auf die miterregten Neurone wirken. Dadurch wird das erregte Gebiet verengt. „Das Ergebnis der Hemm-Mechanismen ist, daß ... die Erregungen sich auf ein kleineres Gebiet erstrecken und daß sich um die zentralen erregten Neuronen ein Saum gehemmter Neurone bildet.“[166]

---

165 R. F. SCHMIDT: Physiologie kleiner Neuronenverbände, Reflexe. in: Neurophysiologie. herausg. R. F. SCHMIDT. Berlin, Heidelberg, New York 1971. S. 111.

166 J. DUDEL: Allgemeine Sinnesphysiologie. in: Grundriß der Sinnesphysiologie. herausg. R. F. SCHMIDT. (Heidelberger TB) Berlin, Heidelberg, New York 1973. 12 ff.

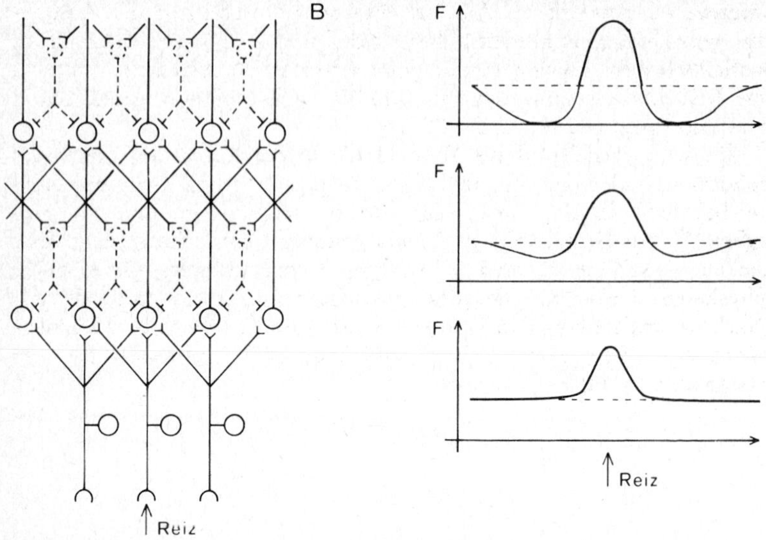

Abb. 26 Schema der lateralen Hemmung. Um ein zentral erregtes Gebiet entsteht durch negative Rückkopplung mit Hilfe hemmender Interneurone (gestrichelt gezeichnet) ein gehemmtes Umfeld. Das erregte Feld wird gleichsam ausgeblendet. (Aus J. DUDEL: Allgemeine Sinnesphysiologie. In 150.)

Die Synapsen-Triaden

Über eine besondere „Schaltung" von Synapsen, speziell im *Corpus geniculatum laterale (s. S. 172 ff.)* haben ungarische Forscher auf dem „First European Neurosciences Meeting" in München (1975) berichtet. (Wir zitieren aus den Abstracts): „Retinal afferents, Golgi interneurons and relay cells in LGB form synaptic triades (ST). These structures transform the retinal input into an ‚on-response' of the principal cell output. The ST-s can be coupled functionally by the Golgi-dendrites and also by Golgi-to-Golgi interconnections."[167] Elektronenoptische Untersuchungen des Geniculatum bei Rhesus-Affen haben ergeben, daß die Golgi-Dendriten in der Triade postsynaptisch zum Retina-Axon-terminal und präsynaptisch zur Relais-Zelle sind. Die kurzen Axone der Golgi-Zellen bilden Synapsen mit den nächstgelegenen Dendriten (oder dem Soma) der Relais-Zellen, aber auch rückkoppelnd mit den präsynaptischen Golgi-Dendriten. Dabei zeigt sich, daß etwa 40 % der präsynaptischen Seiten der Golgi-Zellen mit anderen Golgi-Zellen synaptische Kontakte haben, „suggesting the existence of an

---

[167] E. LÁBOS: Enhancement of integrative capacities by coupling synaptic triades in lateral geniculate body. Experimental Brain Res. *23* (1975) Suppl. (Abstract Collection) p. 116. (No 228).

interneuron network"[168]. Aus den Ergebnissen schließen die Autoren auf verschiedene Funktionen dieser Schaltung – z. B. „to discriminate stationary from moving retinal input-activities"[169]; allgemein: „that in the LGB, the incoming dynamic information is not only gated, but it is transscripted and reorganized"[170].

Ähnliche „Triaden" hatte KIDD (1962) in der Retina der Taube gefunden: „Kidd frequently found in the pigeon retina what appeared to be three terminal axons in synaptic relationship with one another."[171] Auf Grund weiterer Untersuchungen konnte GRAY dann feststellen, daß diese Triaden „have been found in every place where physiological evidence indicates presynaptic inhibition should occur". Nach der Darstellung von ROBERTSON bedeutet dies: Wenn N_2 normalerweise N_3 erregt, dann kann N_2 selbst durch N_1 gehemmt bzw. so erregt werden, daß es N_3 hemmt.

---

168 J. HÁMORI, T. PASIK, and P. PASIK: Quantitative electron microscopy of interneurons in lateral geniculate nucleus of Rhesus monkey. a.a.O. p. 84. (No 163).

169 E. LÁBOS: a.a.O. 170 a.a.O.

171 Nach J. DAVID ROBERTSON: The Ultrastructure of Synapses. The Neurosciences (II) 1970. p. 723.

Die memoriellen Engramme

Grundlegung

Einleitung

Mit den memoriellen Engrammen kommen wir zum Kernstück jeder Lern- und Gedächtnistheorie und zugleich zu den schwierigsten Problemen, von denen viele dicht an den „psychophysischen" Problembereich angrenzen und einige auch in ihm liegen. Da dieser Bereich aber eine terra incognita ist, können wir nichts besseres tun als uns an die Regel zu halten, die DESCARTES für seine Untersuchungen formulierte: „Wie jemand, der allein in der Dunkelheit wandert, beschloß ich, so langsam zu gehen und mich so großer Vorsicht zu befleißigen, daß ich wenigstens sicher blieb, nicht hinzufallen, wenn ich auch nur langsam vorwärts kam."[1] – wobei allerdings von einer „Sicherheit", nicht hinzufallen, bei unserem Bemühen kaum die Rede sein kann.

1. Unter dem Gesichtspunkt der Engramm-Bildung, speziell der Bildung memorieller Engramme, lassen sich die *Phasen des Verhaltens* in einer Situation wie folgt formalisieren:

I. *Aufnahme:*	SgS → N	a) Der Situationsstimulus (SgS) wird zur Nachricht (N) transformiert.
II. *Speichern:* Lagern	SgS → EgS N → EgN	b) Der Situationsstimulus wird als Signal-Engramm fixiert. – Und: die Nachricht wird als psychisches Engramm (EgN) konsolidiert.
III. *Abrufen:*	EgN → EgS EgS → SgS′	c) Auf unbekannte Weise „ruft" EgN das physische Engramm EgS ab, und dieses erregt (wieder) das Signal SgS′.
IV. *Handeln:*	SgS′ → EgMn	d) SgS′ aktiviert das mnemische Engramm EgMn des Verhaltens, und dieses löst das Verhalten aus.

[1] „Mais, comme un homme qui marche seul et dans les ténèbres, je me résolus

Mit dieser Darstellung der Phasen sind zugleich auch die Fragen und Probleme sichtbar geworden, die diese Phasen stellen. Fragen und Probleme, denn wir werden mehr Fragen als exakt formulierbaren Problemen begegnen. Doch können wir einem Betreten dieser terra incognita nicht ganz ausweichen, da immer wieder das Verhältnis von Signal und Nachricht und die Aktivierung des Signals durch das Nachricht-Engramm über das Signal-Engramm zur Diskussion stehen.

2. Aus dem Schema gilt es jetzt, die speziellen Fragestellungen und Probleme zu entwickeln. Thematisch ist zunächst Phase II, doch wird schon aus dem Schema ersichtlich, daß eine Behandlung von II ohne Rückgriffe auf I und Vorgriffe auf III nicht möglich ist.

Ausgangspunkt unserer Untersuchungen ist die oben *S. 212* ausgesprochene Vermutung, daß die memoriellen Engramme Gegenstand einer *chemischen Lerntheorie* sind, daß diese Engramme also letztlich definierbare chemische Substanzen sind. Was dies heißt, ja, was dies heißen kann, dies zu untersuchen, wird ein Thema dieser Grundlegung sein. Ein zweites Thema ist dann die Untersuchung der Frage, was die Biochemie zur Auffindung und Charakterisierung dieser Substanzen beitragen kann.

Ob bzw. wieweit diese Vermutungen sich begründen oder gar bewahrheiten lassen, ist eine Frage, die vorweg nicht beantwortet werden kann. Wir sind der Meinung, daß es bei einem Problembereich dieser Art am besten ist, wenn wir gleichsam mit dem Leser zusammen in ihn eindringen, weil dann die Fragen und Probleme bzw. die Antwort- und Lösungsmöglichkeiten deutlicher sichtbar werden, als legte man den Versuch eines „abgerundeten" Bildes vor.

Problementwicklung

Die Phasen

Die Phase I, die Aufnahme des Stimulus und seine Verarbeitung bis zur *Wahrnehmung*, haben wir oben kurz als SgS → N formuliert: aus dem im Nervensystem übertragenen *Signal* wird die *Nachricht* N, die „bewußte Wahrnehmung" des Stimulus bzw. der Situation. Wir können diese erste psychophysische Phase (s. I, 21) als Phase einer bestimmten *Umcodierung* ansehen: das physische Signal wird in einen „psychischen" Code (was immer das sein mag) umcodiert.

Die Phase II, hier unser eigentliches Thema, formulieren wir als SgS → EgS: aus dem Signal wird das (memorielle) *Engramm*. Hierbei handelt es sich nicht wie bei I um einen Übergang in einen anderen Seinsbereich, sondern um einen Übergang sozusagen in einen anderen

d'aller si lentement et d'user de tant de circonspection en toutes choses que, si je n'avançais que fort peu, je me garderais bien, au moins, de tomber." Discours de la méthode. Seconde partie. (Ed. livre de poche. 1973. p. 35.)

Aggregatzustand: das Signal wird aus einem *Vorgang* (SgS) in einen *Zustand* (EgS) übergeführt, anders gesagt: es wird *fixiert.*

Derartige Fixierungen bilden kein besonderes Problem – jede Niederschrift durch Schreiben, Druck, Tonbandaufnahme usw. „löst" dieses Problem – doch ist, wie die Literatur zeigt, gerade diese Transformation eines der zentralen Probleme der Lerntheorien.

Die hier vorliegende Schwierigkeit liegt darin, daß die Phase II in irgendeiner Weise mit Phase I gekoppelt ist: wir können zwar – und werden dies zunächst auch tun müssen – die Engramm-Bildung rein physiologisch-chemisch untersuchen, doch müssen wir bei einer Deutung der Ergebnisse ständig im Auge behalten, daß die Engramm-Bildung die Phase III, den „Abruf" des Engramms, ermöglichen muß – und III wiederum hängt eng mit I zusammen, will man nicht dem radikalen Behaviorismus oder einem physiologischen Reduktionismus das Wort reden. Hinzukommt, daß wir die Möglichkeit nicht ausschließen dürfen, daß II unmittelbar mit I zusammenhängt. Berücksichtigen wir dies, so kommen wir zu folgender Formalisierung:

$$\underbrace{(\mathrm{SgS} \rightarrow \mathrm{N})}_{\mathrm{I}} \overset{x}{\rightarrow} \underbrace{(\mathrm{SgS} \rightarrow \mathrm{EgS})}_{\mathrm{II}} \qquad (1)$$

Diese Formel läßt sich auf verschiedene Weisen interpretieren:

1. IxII besagt: zunächst vollzieht sich I, dann folgt II. Die Fixierung des memoriellen Engramms vollzieht sich also erst, nachdem I stattgefunden hat. Dafür sprechen die vielfältigen Erfahrungen mit dem *Kurzzeitgedächtnis* (STM) und die Untersuchungsergebnisse, die zeigen, daß die Engraphierung ins *Langzeitgedächtnis* (LTM) Zeit benötigt.

2. Es ist aber auch möglich, daß die Formel (1) bedeutet: II n u r, w e n n I, d. h. II ist von I abhängig, ist vielleicht eine *Folge* von I, bzw. I ist eine *Bedingung* für II. Psychologisch könnte man dies so interpretieren: nur was *bewußt* geworden ist (I), kann gespeichert und damit Bestandteil des Gedächtnisses werden. Diese Folgerung erscheint prima vista recht unwahrscheinlich; erinnern wir uns aber des oben bei der *Aktualgenese* Gesagten *(S. 203 ff.),* so kann man diese Möglichkeit nicht völlig ausschließen. (vgl. auch I, 82 f.: Grade des Bewußtseins)

Die Relation x

Auch wenn wir keinen unmittelbaren Zusammenhang zwischen I und II annehmen wollen, sondern nur eine zeitliche Aufeinanderfolge anerkennen, ist die Relation x ein zentrales Problem der Engrammbildung: es betrifft den *Beginn* der Fixierung: Auf der psychischen „Seite" (die Ausdrucksweise sei zur Vereinfachung erlaubt) haben wir die *Wahrnehmung* – auf der physischen Seite, ihr zugeordnet, die Phase I. Wir wollen die naheliegende Annahme machen, daß I solange dauert, wie die Wahrnehmung *bewußt* ist. Auf der physischen Seite folgt jetzt II, die Engrammbildung – auf der psychischen entsprechend die Konsolidierung von N in das psychische Engramm (was immer dies sein mag). Dabei „verschwindet“ N aus dem Bewußtsein; entweder momentan oder über die Grade des Bewußtseins: es wird unbeachtet – unbemerkt – potentiell bewußt, d. h. es kann durch bloße Zuwendung wieder bewußt werden. Diese Grade des Bewußtseins – oder wenigstens das „potentiell“ Bewußtsein – entsprechen dem Kurzzeitgedächtnis; die Engramm-Bildung bedeutet hier den Übergang von STM zum LTM. Im STM ist N *noch-bewußt* (die Grade eingeschlossen); aus dem LTM kann es *wieder-bewußt* werden.

Jetzt wird die Relation x thematisch: Phase I wird durch II abgelöst. I „hört auf“ – plötzlich oder abgestuft wie entsprechend auf der psychischen Seite. Man kann geradezu sagen: I wird auf II umgeschaltet. Aber w a s geschieht hier? W i e geschieht es? W a r u m hört I auf oder wird in II geändert? Und wenn diese Änderung oder Umschaltung *schrittweise* erfolgt, sind dann diesen „Schritten“ die Grade des Bewußtseins zugeordnet und speziell das STM? Was umgekehrt auch heißen könnte, daß die Grade des Bewußtseins *Modifikationen* von I zugeordnet sind, Modifikationen, die im Fall des Übergangs von I zu II besonderer Art sind. Aber welcher Art?

Phase III

Der innige Zusammenhang der Phasen zwingt uns jetzt, auch das *Abrufen* des Engramms oder der Engramme, also Reproduktion und Erinnerung und damit eine dritte Transformation: Engramm → Signal, kurz EgN → EgS und EgS → SgS′ zu berücksichtigen. Es liegt nahe, den Zusammenhang der drei Phasen in einem Kreisvorgang zu symbolisieren:

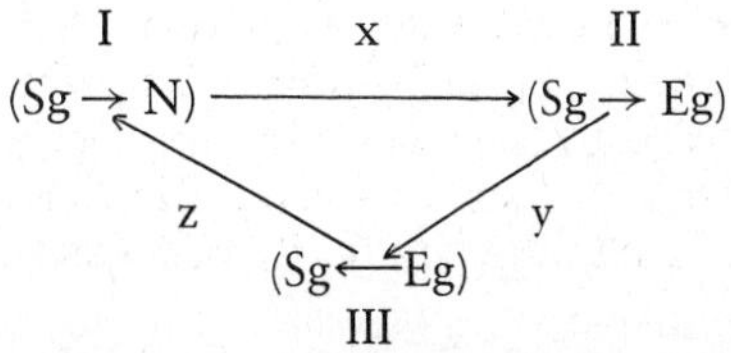

(Um das Schema nicht zu kompliziert zu machen, haben wir eine vereinfachte Symbolik verwendet.) In diesem Schema treten zwei neue Relationen auf, y und z, und beide stellen ihre eigenen Probleme:

Die Relation y

Formel III sagt zunächst nur aus: das Engramm wird zum Signal, Eg wirkt also als innerer Stimulus; die Identität von Eg in II und in

III läßt vermuten, daß auch Sg in II und III „dasselbe", III also eine „Umkehrung" von II ist.

Die Relation y umfaßt die Vorgänge und Bedingungen, die von II zu III führen: psychologisch gesprochen das *Abrufen* der Nachricht (Reproduktion und Erinnerung); physiologisch die *Aktivierung* des Engramms; wir können auch von einem „Abrufen" des Engramms sprechen, und zwar für beide Seiten: das physische Engramm enthält potentiell das Signal, das psychische potentiell die Nachricht.

Dieser Ausgangspunkt ergibt sich konsequent aus den Betrachtungen in Band I, er ist eine Möglichkeit der Formulierung des y-Problems. Aus ihr ergeben sich zunächst drei Fragen: W e r ruft ab? W o wird abgerufen? und W i e wird abgerufen?

Möglichkeiten der Beantwortung der ersten Frage kann man aus einer These von RUBINSTEIN ableiten[2]: „Die Quelle der psychischen Tätigkeit ist die Welt, die auf das Gehirn einwirkt." und: „Das Gehirn ist nur das *Organ* der psychischen Tätigkeit, der Mensch ist ihr *Subjekt.*" (vgl. I, 176). Das Engramm kann also aktiviert, das Signal abgerufen werden a) durch die „Welt", durch den Situations-Stimulus, der dem damaligen gleich oder sehr ähnlich ist, b) durch das Gehirn selbst, also durch das Zusammenwirken der inneren Reaktionen, R_i, im Organ, und c) vom Subjekt, wobei hier die im obigen Schema nicht miterfaßte Unterscheidung von Abrufen der Nachricht aus dem EgN und Abrufen des Signals aus dem EgS einen entscheidenden Teil des y-Problems bildet.

Die „wo"-Frage umfaßt die Problematik der *Adresse* der beiden Engramme und des Auffindens dieser Adresse. Und die „wie"-Frage schließlich umfaßt drei Teilfragen: die physiologischen Vorgänge beim Abrufen, die psychologisch erfaßbaren Vorgänge – und die Beziehungen der beiderseitigen Vorgänge zueinander, ihr Zusammenwirken zur Reproduktion von Gedächtnismaterial und zur Erinnerung an erlebte Situationen.

Die Relation z

Physiologisch handelt es sich formal um Umwandlungen von Sg in Eg und von Eg in (ein) Sg; doch da es sich um memorielle Engramme handelt, spielt die Nachricht N (aus Phase I) auch in den beiden anderen Phasen eine Rolle: auch bei ihnen muß die Nachricht erhalten bleiben, anders gesagt: es muß *dieselbe* Nachricht sein, deren Träger zunächst das Signal Sg war und das jetzt potentiell oder latent dem physischen Eg „aufgelagert" ist (um es bildlich auszudrücken). Die Identität der Nachricht in allen drei Phasen besagt aber noch nicht, daß auch – wie wir oben zunächst aus dem Schema abgelesen haben – das Sg in allen drei Phasen dasselbe sein muß. Eine solche Annahme

---

[2] SERGEJ L. RUBINSTEIN: Sein und Bewußtsein. bearb. u. a. d. Russ. übers. v. H. HIEBSCH. Akademie-Verlag Berlin 1962. S. 3 u. 5.

führt in ontologische Probleme, die hier nicht zu diskutieren sind. Wahrscheinlicher ist, daß es sich bei II um ein „neues" Signal handelt, das aus dem Engramm entsteht – und dieses kann nun dem ursprünglichen Sg gleich oder von ihm verschieden sein. Wir erinnern an das Beispiel von WILLIAM STERN (I, 43) von dem Boten, der eine ihm aufgetragene Botschaft sinngetreu, aber mit anderen Worten und in anderer Reihenfolge der Wörter übermittelt. Was es bedeutet, daß – mit den Worten STERNS – „der Sinngehalt sich lösen kann von der Wortmaterie", daß also das neue Signal dem alten nicht gleich sein muß, ist ein wesentlicher Punkt des z-Problems.

In diesem Fall einer Ungleichheit von Sg′ und Sg tritt aber ein neues Problem auf: auch durch Sg′ wird der Kreis „geschlossen", d. h. es beginnt ein neuer Kreislauf Sg′→N usf. Das würde bedeuten, daß dieselbe Nachricht in verschiedenen Eg′, Eg″ usw. gespeichert würde – ein Problem, auf das wir auch schon in Bd. I hingewiesen haben (I, 292).

Die Natur der memoriellen Engramme

Memorielle Engramme sind – wie wir in Bd. I zu zeigen versucht haben – die *Speicherform* der Erlebnisse, d. h. der Situationen, wie sie vom Organismus aufgenommen und verarbeitet worden sind. Mit Bezugnahme auf die Struktur des Wahrnehmens *(s. o. S. 15 f.)* besagt dies: das memorielle Engramm ist die Speicherform der *Wahrnehmungseinheit* W_E, der $(S\text{-}E_{LTM})$-Struktur. Daß in ihr, wie wir mehrfach gezeigt haben, nicht nur das Wahrgenommene sondern auch das Wahrnehmen enthalten ist, betont z. B. auch HERRIOT: „It has been suggested that the event of presentation itself is coded as an episode. Both the circumstances of presentation and the material presented are coded."[3]

Während in Bd. I die psychologische Natur und Struktur der memoriellen Engramme Thema war, ist es jetzt ihre *physiologische* Natur und Struktur. In dieser Sicht lautet eine erste Antwort auf die Frage nach der Natur der memoriellen Engramme: sie sind die Speicherform der *Signalmuster,* die als elektrochemische Vorgänge die Transformation in die bewußte Nachricht auslösen. Wir fragen wieder allgemein: welche Möglichkeiten bestehen für eine *Speicherung* derartiger Vorgänge?

Die Kreisströme

Eine erste Möglichkeit ist offenbar: die Vorgänge werden „als solche" gespeichert – wir kommen damit zu der viel erörterten Annahme, daß die neuralen Vorgänge in Form von *Kreisströmen* als solche und in ihrer Eigenart erhalten bleiben, etwa in der Art, wie es

---

[3] PETER HERRIOT: Attributes of Memory. London 1974. p. 129.

Nelson formuliert hat: als „resonant circuits in the brain. That is, variable-length, synaptically linked chaines of neurons could be selectively tuned to inputs of different frequences.“[4] Die Vorstellung entspricht in etwa dem „Laufzeitspeicher“, wie er als sog. „Quecksilber-Quarz-Gedächtnis“ in Datenverarbeiter eingebaut wurde: in ihm läuft, im Wechsel einer Transformation von elektrischem Signal in Ultraschall-Schwingungen und von diesen zurück in elektrische Schwingungen, ein Signal ständig um[5].

Gegen die Vorstellung von den Kreisströmen als Engrammen für das „Gedächtnis“ sind verschiedene Einwände erhoben worden. Einen dieser Einwände gegen die „reverberation theory“ müssen wir kurz besprechen. So schreibt Hydén: „It seems that long-term memory is not the result of a pattern of circulation currents, because information can be retrieved even if the animal has been subjected to such low temperatures that the electrical activity of the brain is stopped.“[6] Glees berichtet genauer über derartige Versuche[7]: Affen wurden zu Geschicklichkeitsaufgaben abgerichtet bis zur völligen Beherrschung. Die Tiere wurden dann in Narkose für 45 Minuten auf 18–19° C unterkühlt. Die elektrische Tätigkeit ihres Gehirns war damit praktisch erloschen, ließ sich nicht mehr feststellen, oder wie Glees es formuliert: „die neuronalen Schwingungen waren zusammengebrochen“. Nach dem Erwachen aus der Narkose vermochten die Tiere die Aufgaben, auch die „jüngst erst erlernten“, ohne Schwierigkeit zu lösen. Grossman, der ebenfalls auf derartige Experimente eingeht, z. B. von Mrosowsky (1963) u. a., schließt seine Darstellung mit der Bemerkung: „These findings represent some of the most impressive evidence against the hypothesis that reverberatory neural activity may be essential to the formation of memory traces.“[8]

Doch erhebt sich hier die Frage, ob diese Schlußfolgerungen schlüssig sind. Wenn solche Schwingungskreise oder Kreisströme bestehen bzw. durch ein Lernen zustande gekommen sind, dann sind damit mnemische Engramme, also neurale Schaltungen vorhanden bzw. gebildet worden, in denen jene Kreisströme laufen. Wird das Tier bis zum Verschwinden jeder elektrischen Aktivität unterkühlt, so heißt dies doch, in einem technischen Vergleich: das „Kraftwerk“ des Organismus, seines Gehirns ist stillgelegt worden. Damit haben sich aber doch nicht die Schaltungen verändert. Nach dem „Auftauen“ kommt das „E-

---

[4] P. G. Nelson: Brain Mechanisms and Memory. The Neurosciences (I). 1967. p. 774.

[5] Vgl. dazu H.-J. Flechtner: Grundbegriffe der Kybernetik. 5. Aufl. 1970. S. 192 f.

[6] Holger Hydén: Biochemical Changes accompanying Learning. The Neurosciences (I) 1967. p. 770.

[7] Paul Glees: Ist das Gedächtnis strukturell disponiert? Umschau 62 (1962) 435 ff.

[8] Sebastian Peter Grossman: A Textbook of Physiological Psychology. New York, London, Sidney 1967. p. 801.

Werk" wieder in Gang, und gleichartige Signale oder schon gespeicherte Signale können jetzt wieder ihre alten Bahnen laufen. Bei der Unterkühlung handelt es sich doch nicht um eine „Löschung" sondern um eine vorübergehende Stillegung des „Betriebes".

John zitiert bei seiner Untersuchung der Natur der Engramme Äußerungen aus Hebbs klassischem Werk „The Organization of Behavior" (1949) („the superb book"), u. a. auch folgende Stellen (Hebb, a.a.O. pp. 12–16): „The assumption we must accept is that the memory trace, the basis of learning, is in some way structural and static. ... Violent cortical storms can occur (as in *grand mal* epilepsy or cerebral concussion) without a detectable effect on earlier memories. That the trace should be purely ‚dynamic' – a pattern of activity not dependent on structural changes for its permanence – that seems in the highest degree unlikely."[9]

Wir brauchen auf weitere Einwände gegen die „reverberatory theory" des Gedächtnisses nicht weiter einzugehen, schon deshalb, weil diese Theorie weitgehend verlassen ist: man sucht heute nach stabileren, weniger störbaren Speicherformen der Engramme.

Aktuelle Bedeutung aber hat die reverberatory-theory für das *Kurzzeit-Gedächtnis* (STM). Hier lassen sich viele Erscheinungen mit Hilfe dieser Theorie erklären, so die relativ kurze Dauer des STM und die leichte Störbarkeit durch Interferenz (I, 85 f.). Hierzu lesen wir bei John: „This hypothesis originates from the anatomical studies of Lorente de Nó (1938). It was explicitly proposed by Hilgard and Marquis (1940), Hebb (1949), and numerous other workers who suggested that reverberatory activity sustains the representation of an experience until permanent structural or chemical storage has been accomplished."[10]

Doch gibt es Auffassungen, die zumindest vorsichtiger formuliert sind, so schreibt R. F. Schmidt: „Das Kurzzeitgedächtnis wird von verschiedenen Seiten auf ein Kreisen von Erregungen in positiv zurückgekoppelten Schaltungen zurückgeführt, doch gibt es experimentell dafür so gut wie keine Anhaltspunkte."[11] Eine andere Einschränkung der reverberatory theory des STM finden wir bei Mark, nämlich „that such memory depends on some electrical or metabolic consequences of a past period of intense activity and not on continued recycling of impulses by the actionpotential mechanism"[12].

Schärfer urteilen Dunn und Bondy. Sie erwähnen „the idea that immediate, short-term memory is electrical, whereas long-term memory is chemical" und betonen: „This is false." Vielmehr hätten Versuche mit ECS (= electric convulsive shock) und „flattening of the EEG by

---

[9] E. Roy John: Mechanisms of Memory. New York, London 1967. p. 164 f.

[10] John: a.a.O. p. 27.

[11] R. F. Schmidt: Physiologie kleiner Neuronenverbände, Reflexe. in: Neurophysiologie. herausg. R. F. Schmidt. (Heidelbg. TB) Berlin, Heidelberg, New York 1971. S. 112.

[12] Richard Mark: Memory and nerve cell connections. Oxford 1974. p. 80.

ischemia" gezeigt, daß auch „short-term memory may have a chemical basis". Diese möge etwa in „a rapid chemical change such as the phosphorylation of a membrane protein (perhaps at a synapse or synapses)" bestehen, „whereas long-term memory involves the synthesis of new molecules, possibles structural macromolecules"[13].

Strukturelle Engramme

Bevor wir hier von Problemen sprechen können, müssen wir zuerst eine Sperre beseitigen, nämlich einem mehr oder weniger expliziten aber deutlich wirksamen Widerstand gegen eine Engrammierung „geistiger" Inhalte in chemischen Molekeln – ein Widerstand, der letztlich auch hinter den ablehnenden Stellungnahmen zu den Transfer-Versuchen steht *(S. 217 ff.)*. Ohne Zweifel ist dieser Widerstand verständlich; angesichts der unübersehbaren Vielfalt und Mannigfaltigkeit des Gedächtnisbestandes, der Verschiedenheit einerseits, der diffizilsten Differenzierung andererseits ist die Vorstellung, alles dies sei in Makromolekeln gespeichert – wobei man genau genommen keine Vorstellung hat, wie dies geschehen soll – doch reichlich phantastisch. Andererseits ist gerade diese Vorstellung wenn auch nicht notwendig, so doch durch die Tatsachen und die Ergebnisse experimenteller Untersuchungen nahegelegt. Um dem hierdurch gegebenen Dilemma zu entgehen, wollen wir wieder, wie bei den mnemischen Engrammen, einen Umweg über ein *Modell* machen, ein Modell, das vorhanden ist und sich in jeder Hinsicht bewährt hat und aus dessen Untersuchung wir vielleicht Hinweise gewinnen, wie wir hier weiterkommen können. Dieses Modell ist *Sprache und Schrift* (als eine Einheit betrachtet).

Ein Modell: Sprache und Schrift

Der Vergleich

Wir betrachten hier „Sprache" und „Schrift", etwa wie in der Zeichentheorie, als objektive Phänomene, deren charakteristische Eigenschaften wir herausheben und für einen Vergleich mit der Engramm-Bildung benutzen.

Die Aktualisierung der „Sprache" ist das *Sprechen* (und Hören), die Aktualisierung der „Schrift" ist das *Schreiben* (und Lesen); aber das Schreiben, genauer *Niederschreiben* ist auch eine Aktualisierung des Sprechens, da Niederschreiben mit innerem Sprechen verbunden ist.

Sprechen und Schreiben sind *Vorgänge,* Niedergeschriebenes bedeutet einen *Zustand*. Schreiben + inneres Sprechen ist ein Umcodieren von der Sprache in die Schrift, vom Vorgang in den Zustand – ist eine

---

[13] Adrian J. Dunn and Stephen C. Bondy: Functional Chemistry of the Brain. Flushing, New York 1974. p. 203.

Fixierung des Gesprochenen. Beim *Lesen* wird der Zustand wieder in den Vorgang „inneres Sprechen" umcodiert.

Die Analogie ist deutlich: Wir haben bei der Engramm-Bildung den neurophysiologischen Vorgang, der umcodiert wird in das zuständliche Engramm – „engraphiert" nach SEMON – und dann beim „Abrufen" wieder in den Vorgang zurückcodiert wird (wenigstens dürfen wir dies vorerst so annehmen). Man kann auch sagen: das Engramm wird „abgelesen"; SEMON spricht von „ekphorieren".

Beim Niederschreiben wie beim Engraphieren werden Charakteristika des Sprechens dort (z. B. Laute, Geräusche usw.) und Charakteristika der neuralen Signale hier in fixierte *Zeichen* übersetzt. CHOMSKY zitiert ein Wort aus der „Grammatik von Port Royal" (1660), das gerade für unseren Vergleich wichtig ist. Dort wird von der „wunderbaren Erfindung" gesprochen „vermittels derer wir aus fünfundzwanzig oder dreißig Lauten (und dasselbe gilt auch für die Zeichen, d. Vf.) eine unendliche Zahl von Äußerungen konstruieren, die, *obwohl sie selbst keine Ähnlichkeit mit dem haben, was in unserem Geist vor sich geht,* uns doch befähigen, andere das Geheimnis dessen wissen zu lassen, was wir denken"[14]. Und an anderer Stelle formuliert CHOMSKY, im Anschluß an WILHELM von HUMBOLDT: „der Sprecher macht unendlichen Gebrauch von endlichen Mitteln"[15].

Beide hier gekennzeichneten Eigenschaften des Modells lassen sich auf die Engramm-Bildung übertragen. Offensichtlich haben strukturelle oder chemische Engramme „keinerlei Ähnlichkeit" mit den neuralen Signalen und schon gar nicht mit den Nachrichten – und ebenso wäre es zumindest denkbar, daß eine „endliche" Zahl elementarer „Zeichen" zu einer „unendlichen" Zahl von Engrammen führt, daß also auch der Organismus „unendlichen Gebrauch von endlichen Mitteln" macht. Das k ö n n t e bedeuten, daß die „chemischen Engramme", Makromolekeln wie Proteine oder Mucoide, letztlich nur die *Zeichen* eines *Engramm-Alphabets,* sind, so wie bei den mnemischen Engrammen die elementaren Schaltungen als „Zeichen" dieses Engrammalphabets angesehen werden können.

Bedeutung und Sinn

Noch ein anderer Aspekt unseres Modells ist wichtig. In der Sprache ist das *Gesagte* bzw. Geschriebene das Signal, das *Ausgesagte* der „Inhalt", die Nachricht. Dieser „Inhalt", die Nachricht entsteht aber dadurch, daß die Wörter eine *Bedeutung* und die Sätze einen *Sinn* haben. Beides trifft auch auf die Engramme zu: sie sind ja „Träger" bestimmter „Nachrichten", z. B. bestimmter erlebter Situationen usw., die von

---

[14] NOAM CHOMSKY: Sprache und Geist. (suhrkamp taschenbuch wissenschaft 19) Frankfurt a. M. 1970. S. 41. (Hervorhebung von mir.)

[15] a.a.O. S. 35.

ihnen wieder abgerufen werden können – wahrscheinlich über eine Reaktivierung der Signale.

Hier wird nun aber eine neue, zunächst wohl unerwartete Analogie sichtbar, und zwar sichtbar an einem Problem, das schon das Altertum beschäftigt hat:

CICERO erwähnt einmal ironisch einen Menschen, der glaubte, man könne durch bloßes Zusammenwerfen unzähliger der 21 Lettern (des damaligen lateinischen Alphabets) „die ‚Annalen' des ENNIUS so herstellen, daß sie im Zusammenhang (deinceps) gelesen werden könnten. Ich wüßte nicht, wie auch nur ein Vers des ENNIUS durch Zufall sollte bewirkt werden können."[16] Den Schritt von der bloßen Kombination von Zeichen zur Kombination von Begriffen, also letztlich zum „Denken" unternahm RAYMUNDUS LULLUS mit seiner „ars generalis et ultima", der „Lullschen Kunst" (1308). „Diese Kunst beruht auf der Idee der Einheitlichkeit des Wissens, die in Form einer Begriffsmaschine, der Zuordnung aller möglichen Prädikate an allgemeine Subjekte bzw. aller möglichen Subjekte an allgemeine Prädikate vorgeführt werden soll. Durch Kombinatorik soll sich eine synthetische Ableitung der Wissenschaften gewinnen lassen." „Auf Denker der Renaissance (Nicolaus von Cues und Giordano Bruno), auf den jungen Leibniz hat der Doctor illuminatus Eindruck gemacht. Leibniz glaubte in seiner Abhandlung De arte combinatoria (1666) die Schwächen seines Vorgängers korrigieren zu können."[17] 6 Jahrzehnte später (1726) hat JONATHAN SWIFT in „Gullivers Reisen" das Thema in satirischer Form behandelt: im Lande Laputa hat ein Gelehrter eine Maschine konstruiert, die durch mechanische Kombination aller Wörter der Laputa-Sprache „sinnvolle Sätze und Texte", ja „a complete body of all arts and sciences" herzustellen vermag. Dann bemächtigten sich die Mathematiker des Problems. Der französische Mathematiker BOREL berechnete die Wahrscheinlichkeit dafür, daß ein auf einer Schreibmaschine tippender Affe sinnvolle Wörter, Sätze usw. hervorbringen könne – diese Wahrscheinlichkeit war nicht gleich Null. Den letzten Schritt – wieder zurück zu der Kombination von Zeichen – vollzog dann KURD LASSWITZ mit seiner „Universalbibliothek"[18]:

Die *Universalbibliothek*[19]: Für die Schrift stehen im Deutschen 26 Buchstaben und eine Anzahl Satzzeichen zur Verfügung. Wörter ent-

---

[16] Nach CICERO: De natura deorum *2*, 37, 93.

[17] HANS MEYER: Geschichte der abendländischen Weltanschauung. Bd. III. Würzburg 1948. S. 275.

[18] KURD LASSWITZ (1848–1910) wurde wissenschaftlich bekannt durch seine "Geschichte der Atomistik", 2 Bände, 1889–1900; 2. Aufl. 1926. In weiteren Kreisen wurde er bekannt durch seinen Roman „Auf zwei Planeten", 2 Bände, 1897, eine der frühesten Weltraumflug-Utopien. (Die genaue Quelle für die „Universalbibliothek" habe ich nicht mehr auffinden können.)

[19] Vgl. dazu OTTO KRAEMER: Automat und Mensch. Universitas *13* (1958) 512; sowie H.-J. FLECHTNER: Grundbegriffe der Kybernetik. 5. Aufl. 1970. S. 83 ff. – Eine originelle Variante der Universalbibliothek findet der Leser bei

stehen aus diesem Alphabet durch Kombination, wobei die Reihenfolge – die „Primärstruktur" wie man in Analogie zur Anordnung der Aminosäuren in den Proteinen sagen kann – entscheidend ist: wir haben bereits das Beispiel der drei Wörter lahm, halm und mahl, aus den gleichen 4 Zeichen gebildet, erwähnt. Will man die Begriffe und Methoden der mathematischen Kombinatorik hier anwenden, muß man bestimmen, aus wieviel Buchstaben die „Wörter" oder Sätze bestehen sollen und weiter, daß die gleichen Buchstaben auch mehrfach auftreten dürfen; in Fortsetzung unseres Beispiels sind also auch Wörter wie alma, lamm, hall, halma usw. zulässig. Mathematisch: es muß festgelegt werden, zu welcher Gruppe m die n Zeichen ($n \approx 32$) kombiniert werden sollen. Nun sind die Wörter und auch die Sätze in der Sprache verschieden lang, will man alle Möglichkeiten erfassen, kann man sich an den Umfang eines *Textes* halten, also etwa sagen: m bedeutet die Anzahl der Zeichen auf allen Seiten eines 500 Seiten starken Buches, etwa 1,2 Millionen Zeichen; m also = 1 200 000.

Angenommen nun, es sei möglich eine Maschine zu konstruieren, die systematisch alle überhaupt möglichen Kombinationen der 32 Zeichen zur Gruppe 1,2 Millionen herstellt – dann darf man schließen, daß in den so entstehenden Bänden die „Universalbibliothek" enthalten ist. Die Zahl der Bände läßt sich errechnen: es sind annähernd $10^{1\,800\,000}$ Bände. Das ist eine Zahl mit 1,8 Millionen Nullen (zum Vergleich: eine Billion ist eine Zahl mit 12 Nullen!).

Diese Zahlen sollen nur eine Vorstellung von den in Frage kommenden Größenordnungen und von dem „science fiction"-Charakter der Idee geben. Prinzipiell darf man sagen, daß sich auf diese Weise neben einer unübersehbaren Fülle von Unsinn auch Bedeutung und Sinn erzeugen lassen, ja genau genommen alles, was Menschen jemals geschrieben und gedruckt haben, und auch alles was Menschen in beliebig ferner Zukunft entdecken, erfinden, sich ausdenken werden – denn alles Geschriebene muß sich ja in dieser Universalbibliothek finden, da man nicht anders schreiben kann als mit Hilfe der Kombinationen der 32 Zeichen.

Übertragen wir jetzt diesen Aspekt auf unser „Engramm-Alphabet", so besagt er: es ist durchaus denkbar, daß durch bloße Kombination – auf Grund physiologischer oder chemischer Vorgänge – eine Brücke zu den *psychischen Engrammen,* und damit zur Sphäre der *Nachrichten* geschlagen werden kann. Ja, wir könnten annehmen, daß dieser „Sinn"-Gehalt der Signale gar nicht bewußt zu werden braucht, sondern sich *implizit,* z. B. im Verhalten von Tieren in bestimmten Situationen, auswirkt. Hier entstehen natürlich zahlreiche, nicht zuletzt auch ontologische Probleme, auf die wir hier nicht eingehen müssen – es handelt sich ja um ein *Modell,* aus dem wir bestimmte gezielte Fragestellungen, oder wie wir es nennen *Such-Hypothesen,* entwickeln wol-

---

JORGE LUIS BORGES: „Die Bibliothek von Babel". z. B. in: Sämtliche Erzählungen. (Bücher der Neunzehn. Bd. 190). München 1970. S. 190 ff.

len, die uns bei der „Suche nach dem Engramm" (LASHLEY) helfen können.

Nur auf einen Punkt müssen wir kurz eingehen, weil er für das Engramm-Alphabet und seine Bedeutung wichtig sein könnte. BORGES formuliert als „Erstes Axiom" seiner Bibliothek von Babel den Satz: Die Bibliothek existiert *ab aeterno*[20]. Die philosophischen Probleme, die sich als Folgerungen aus diesem Satz ergeben könnten, lassen wir wieder beiseite. Wäre dies der Fall, so erhebt sich die Frage: wie unterscheidet sich in dieser Bibliothek der *Sinn* von dem zahlenmäßig kaum ausdrückbaren Umfang des *Unsinns*? So enthält der erste Band z. B. nur Leerstellen, die nächsten 1,2 Millionen Bände nur ein „a", das von der ersten Stelle der ersten Seite bis zur letzten Stelle des letzten Bandes dieser Serie fortwandert: auch dies sind ja mögliche Kombinationen nach der Regel. Und weiter: Wie unterscheidet man unter den sinnvollen Sätzen die wahren, da ja zu jeder Aussage in einem Bande auch das Gegenteil in einem anderen Bande zu finden ist? Anders ausgedrückt: Der *Sinn,* den diese Bibliothek enthält, läßt sich offenbar nicht finden.

Doch gibt es einen theoretisch möglichen Weg, wenn er auch praktisch nicht zu verwenden wäre: *Grammatik* und *Syntax* einer Sprache geben Regeln, die erfüllt sein müssen, damit überhaupt „Sinn" entstehen kann. Ihre Anwendung schließt also bereits eine Fülle von „Unsinn" aus. Beide sind aber selbst nicht „sinnbestimmt", sondern bestimmen nur die *Struktur* einer möglicherweise sinnvollen Sprache; sie sind sozusagen notwendige, aber nicht hinreichende Bedingungen dafür, daß eine Zeichenfolge Sinn hat.

Für unser Engramm-Alphabet würde dies bedeuten, daß es möglicherweise Kombinations-Gesetze gibt – physiologische oder chemische „Gesetze" – die eine Voraussetzung dafür sind, daß nicht nur Signale, sondern in ihnen auch *Nachrichten* gespeichert sein könnten. Dies klingt reichlich phantastisch, ist aber eine Folgerung aus dem Modell – und damit abermals nur ein Versuch, die *Fragestellung* zu focussieren.

Die „Suche nach dem Engramm"

Engramme als Ganzheiten

1. Die Suche nach den Engrammen, in denen Gelerntes gespeichert ist und über die es abgerufen werden kann, ist bisher trotz vieler Bemühungen und mancher hoffnungsvoller Ansätze nicht sehr erfolgreich gewesen. Speziell bei den memoriellen Engrammen, bei denen man mehr und mehr dazu neigt, chemische Veränderungen in den Zellen als „Engramme" anzusehen, erheben sich von Fall zu Fall immer wie-

---

[20] BORGES: a.a.O. S. 191.

der kritische Einwände. Vergegenwärtigt man sich aber mit möglichster Genauigkeit ein früheres Erlebnis – vgl. die Analyse einer solchen „Erinnerung“ I, 46 ff. – und versucht, für dieses Erleben in der Bildung neuer oder der Konfigurationsänderung vorhandener Makromolekeln eine physiologische Entsprechung zu finden, so erscheint ein solcher Versuch doch recht aussichtslos.

Da es aber einen Zusammenhang, ja eine Zuordnung zwischen dem psychischen Erleben und physiologisch-chemischen Vorgängen geben muß, entsteht die Vermutung, daß die Fragestellung einer molekularen Gedächtnischemie falsch gestellt sein könnte. Ja, es könnte sein, daß LASHLEYS negatives Ergebnis seiner „Suche nach dem Engramm“ den Weg zu einer neuen Fragestellung geöffnet hat. LASHLEY hat dieses Ergebnis in seinem berühmten „Massenwirkungsgesetz“ (law of mass action) niedergelegt und dieses einmal so formuliert: „the law of mass action whereby the efficiency of performance of an entire complex function may be reduced in proportion to the extent of the brain injury within an area whose parts are not more specialized for one component of the function than for other.“[21] In seiner klassischen Arbeit zu diesem Thema zwei Jahrzehnte später lesen wir dann: „I believe that the evidence strongly favours the view that amnesia from brain injury rarely, if ever, is due to the destruction of specific memory traces. Rather, the amnesias represent a lowered level of vigilance, a greater difficulty in activating the organized pattern of traces, or a disturbance of some broader system of organized functions.“[22] Und kurz davor, an derselben Stelle, heißt es: „It is, essentially, that performance of any function depends upon two variables in nervous activity. The reaction mechanism, whether of instinctive or of learned activity, is a definite pattern of integrated neurons with a variable threshold of excitability. The availability of such patterns, the ease with which they can be activated, is dependent upon less specific facilitative effects. This facilitation can come from a variety of sources.“

An beiden Stellen spricht LASHLEY ausdrücklich von „patterns“: von einem „definite pattern of integrated neurons“ als Grundlage der „performance“, also in unserer Sicht der *mnemischen Engramme,* und von einem „organized pattern of traces“, was den *memoriellen Engrammen* entspricht. In beiden Fällen handelt es sich also m. a. W. nicht um elementare Einheiten wie Synapsen, Neurone oder gar einzelne Molekeln, sondern um *Ganzheiten* oder *Gestalten.*

2. Sind aber auch die memoriellen Engramme „Ganzheiten“, so muß die „Suche nach dem Engramm“ zuerst diese Ganzheiten anzielen, da eben auch die memoriellen Funktionen ein *Verhalten* sind – das Re-

---

[21] In „Brain Mechanisms and Intelligence“. Chicago 1929. p. 25. (zitiert nach E. G. BORING: Introduction, p. XIII, zu: The Neuropsychology of Lashley. ed. F. A. BEACH, D. O. HEBB, C. T. MORGAN, H. W. NISSEN. New York, Toronto, London 1960.)

[22] KARL S. LASHLEY: In Search of the Engram. (1950). a.a.O. p. 495.

produktions- und Erinnerungsverhalten. Die bisher gesuchten und z. T. gefundenen „Engramme“ erweisen sich damit als *Elemente* dieser Ganzheiten, und zwar in vielen Fällen als *unspezifische Elemente (S. 30 ff.).* Sie sind Bestandteile der Engramme, die erst im Zusammenwirken mit anderen das spezifische Lern-Verhalten bzw. das memorielle Verhalten bestimmen. Wir kommen damit, von einem anderen Ausgangspunkt, wieder zu einer Engramm-Struktur, die den *Engramm-Zeichen* und ihren Kombinationen zu „Superzeichen“ in etwa entspricht.

3. Gehen wir von dieser Annahme aus, so ergeben sich folgende Aufgaben:

a) Die Engramm-Ganzheiten zu bestimmen, wobei verschiedene Grundarten von Eg-Ganzheiten zu unterscheiden sind;

b) Eine Analyse der Lernengramm-Ganzheiten;

c) Eine Untersuchung der durch die Analyse aufgefundenen spezifischen und unspezifischen Elemente; und

d) die allerdings beim heutigen Stand der Kenntnis kaum lösbare Aufgabe, zu zeigen, wie die Elemente die Engramm-Ganzheiten bilden. Dabei dürfen wir annehmen, daß die Elemente chemischer Natur sind, also letztlich *Stoffwechselvorgänge,* die die chemische Natur von Zellsubstanzen, die Konfiguration von Makromolekeln oder das ganze Reaktionssystem „Zelle“ verändern.

Die Untersuchung dieser Stoffwechselvorgänge hat gerade erst begonnen, da sie bisher fast ausschließlich auf die durch Lernen – oder besser nach dem Lernen – auffindbaren stofflichen Veränderungen ausgerichtet ist. Die Frage nach den Ursachen dieser Veränderungen, also den Stoffwechseländerungen, ist bisher noch weitgehend offen und ist das zentrale Thema einer zukünftigen „Chemie des Gedächtnisses“.

Arten der Engramme

1. Wilson definiert „Engramm“ als eine „dauernde strukturelle Änderung im Nervensystem, die aus einer vorübergehenden Erregung resultiert; dieser Prozeß wird als physiologische Basis des Gedächtnisses hypostasiert.“[23] Bemerkenswert an dieser Definition ist: das anatomisch-physiologische Faktum einer „dauernden strukturellen Änderung“ im NS wird hypothetisch in Verbindung gebracht mit dem psychologischen Faktum des Gedächtnisses. Wer nach den *memoriellen Engrammen* sucht, muß demnach – genau wie bei den mnemischen Engrammen – nach solchen Veränderungen suchen. Weiterhin kann man aus ihr schließen, daß die differentia specifica dieser Veränderung nicht ihre Beziehung zu einem „Gedächtnis“ ist, sondern „daß sie aus einer vorübergehenden Erregung resultiert“ und daß sie „dauernd“ ist.

Wir wollen hier nicht näher auf die Probleme eingehen, die diese

[23] G. D. Wilson im Lexikon der Psychologie. herausg. W. Arnold, H. J. Eysenck, R. Meili. Freiburg, Basel, Wien 1973. Bd. I. Spalte 481.

Definition für eine exakte Anwendung stellt, z. B. was „dauernd“ heißt, wie man eine solche „dauernde Veränderung“ feststellen kann und dgl., sondern definieren für unsere Zwecke „dauernd“ relativ: daß die Veränderung noch andauert, wenn die Erregung bereits „vorüber“ ist. Dies „andauern“ mag kurz sein, oder mag bis zum Lebensende des Organismus reichen – entscheidend ist, daß die Veränderung nicht mit Aufhören der Erregung zurückgebildet wird, sondern eine Zeitlang bleibt.

2. Von dieser Basis aus wird man aber sagen müssen, daß letztlich jeder Eindruck, also jede Wahrnehmung, jedes Erlebnis, jedes Verhalten zu einer *Veränderung* im bzw. des Organismus führt. Dies gilt zunächst auf der psychischen Seite, und dies nicht nur beim Menschen sondern zumindest auch bei den höher organisierten Tieren, denen man ein „inne-Sein“ der Situation kaum absprechen kann (vgl. z. B. oben *S. 94 f.)*. Auch beim Menschen muß weder die „Erregung“, also der Stimulus i. w. S., noch die Reproduktion „bewußt“ sein, wir erinnern nur an das *Erfahrungsgedächtnis* (LERSCH) (I, 75 u. 275) oder an die *„Bekanntheitsqualität“* (HÖFFDING) (I, 75). Das Erfahrungsgedächtnis „wirkt aus dem Unbewußten heraus in unser gegenwärtiges Erleben ein“ (LERSCH), und die Bekanntheitsqualität oder, nach WILLIAM STERN, das „Vertrautheitserlebnis“, zeigt sich darin, daß „die gegenwärtige Wahrnehmung in eine andersartige Gefühlsatmosphäre getaucht ist als wenn sie eine erstmalige wäre“ (STERN). Das weist darauf hin, daß diese und ähnliche Phänomene *memorieller* Natur sind, also auf bleibende Veränderungen im Psychischen zurückgehen.

Vom Bewußtseins-Problem her gesehen, wird man sagen dürfen, daß derartige memorielle Engramme, die weder bei der „Aufnahme“ noch bei der Reproduktion überhaupt oder ausdrücklich bewußt werden, nach der Bewußtseins-Formel des AUGUSTINUS „scio me scire“ im bloßen „scire“ bleiben, daß ihnen das „Eigentliche“ des menschlichen Bewußtseins, das „scio“ fehlt. Und dies könnte auch einen Weg zum Verständnis des „inne-Seins“ bei Tieren eröffnen. Doch sind solche Fragen hier nicht relevant, wir mußten nur zur Klarstellung der Situation auf sie hinweisen.

Analyse der Engramme

1. Wir sind davon ausgegangen, daß jeder Stimulus zu einer Veränderung führt, und dies zunächst auf der „psychischen Seite“. In konsequenter Folge ergibt sich daraus der Ausgangspunkt einer „Suche nach dem Engramm“:

Von der Geburt bis zum Tode trifft den Organismus ein ständiger Strom von Situations-Stimuli, die aufgenommen, verarbeitet, „erlebt“ (i. w. S.) und gespeichert werden. Damit ist genau genommen „das“ Engramm der jeweilige Erlebniszustand des Organismus, also in formaler Vereinfachung, wie in I, 25 angedeutet: wenn das System A zur Zeit t,

A_t, aktuell erlebt, ist A_{t-1} als STM noch vorhanden, und A_{t-2} ist Bestandteil des LTM. Das Bild der „Jahresringe" der Bäume bietet sich zur Veranschaulichung an: „Die Geschichte jedes Individuellen, die zeitliche Folge seiner Zustände, ist gleichsam aufeinandergeschichtet in ihm aufbewahrt" (I, 274). Oder in einem anderen räumlichen Bild: die einzelnen Situationserlebnisse liegen wie die Seiten eines Buches „aufeinander" und ergeben eine zusammenhängende „Geschichte".

Da aber die Situationen – oder erkenntnistheoretisch vorsichtiger: die Situations-Erlebnisse – gegliedert und strukturiert sind in Gegenstände und Vorgänge, in Vordergrund und Hintergrund usw., allgemein in räumliche und zeitliche Teil-Ganzheiten, sind es auch die entsprechenden *Erlebnis-Engramme:* wir finden Egg von Dingen, von Vorgängen, von Relationen usw. Auch diese „individuellen" Engramme sind Ganzheiten und Gestalten; deren Analyse haben wir in I, 259 ff. versucht.

Gehen wir jetzt zur „physischen Seite" über, so entsprechen dem Erleben offensichtlich *physiologische Vorgänge* im NS. Daß das Muster dieser Vorgänge erhalten bleibe und damit das dem Gedächtnis zugeordnete Gegenstück sei, war die zunächst naheliegende These der *Reverberations-Theorie* des Gedächtnisses. Wir sahen schon *(S. 310 f.),* daß sie als Theorie des Langzeit-Gedächtnisses heute weitgehend aufgegeben ist, wohl aber zur Deutung des Kurzzeit-Gedächtnisses verwendet wird.

Wird aber nicht der Vorgang selbst als solcher aufbewahrt, so gibt es zwei Möglichkeiten seiner *Fixierung:*

a) Da das Muster des physiologischen Vorgangs letztlich ein bestimmtes *Schaltschema* im Neuronennetz ist, genügt es, diese Schaltung zu erhalten, sei es als aktuelle, sei es als latente oder potentielle Schaltung, und d. h. so, daß sie jederzeit leicht aktualisiert werden kann. Diese Möglichkeit ist bei den *mnemischen Engrammen* verwirklicht. In der Psychologie finden wir etwas Entsprechendes in den *Dispositionstheorien* (I, 53 f, 261 ff.).

b) Der Vorgang wird als solcher *fixiert,* er wird „niedergeschrieben" – in einem technischen Bilde: er wird „auf Band aufgenommen". Das bedeutet: durch die Fixierung wird auf einem materiellen Gebilde eine „dauernde strukturelle Änderung" derart erzeugt, daß der Prozeß der Fixierung exakt *umkehrbar* ist: das Band kann „abgespielt" werden, und dabei entsteht der ursprüngliche Vorgang genau wieder[24]. Ein weiterer wichtiger Punkt bei diesem Bilde ist, daß das Band viele Male abgespielt werden kann, ohne daß es einer neuen Fixierung bedarf;

[24] Das „genau" ist allerdings mit Einschränkung zu verstehen. MERLEAU-PONTY spricht einmal über die „genaue Wiedergabe eines Gesprächs": „Es fehlt ihr die Gegenwart derer, die sprachen, die Gesten, die Physiognomien, das Empfinden der bevorstehenden Ereignisse, einer fortgesetzten Improvisation. Das Gespräch findet fortan nicht mehr statt, es *besteht.*" Das mittelbare Sprechen und die Stimmen des Schweigens. in: MAURICE MERLEAU-PONTY: Das Auge und der Geist. Philosophische Essays. Hamburg 1967. S. 87.

wohl aber kann das Abspielen selbst erneut auf einem anderen Band fixiert werden. Dies scheint recht genau dem „Gedächtnis", der *Memoria* zu entsprechen, das Bild gibt uns eine allgemeine, allerdings noch recht ungenaue Vorstellung von einem *memoriellen Engramm.*

Auf einem Band sind auch die feineren Strukturen des Vorgangs – bei einem Tonband etwa die Themen, Melodien, Harmonien, Formen, die Instrumentation usw. eines Orchesterwerks – in der Gesamtfixierung genau erhalten; nur sind sie auf dem Band selbst schwer aufzufinden. Damit wird ein evtl. wichtiges Problem einer chemischen Engramm-Theorie sichtbar: es könnte nämlich sein, daß die elementaren Engramme so *unspezifisch* sind, daß eine Zuordnung zu bestimmten Teilganzheiten des Vorgangs nicht möglich ist. Dies mag unwahrscheinlich klingen, entspricht aber ebenfalls dem Bilde: denn letztlich bleibt es auch schwer verständlich, daß durch die Magnetisierung des Bandes etwa bei einem Violinsolo sogar der spezifische Stil eines Künstlers fixiert ist und wiedergegeben wird.

Abspielen eines besprochenen Bandes und Ablesen eines geschriebenen Textes entsprechen einander also weitgehend – aber nicht völlig: das Abspielen gibt genau das eingespielte und gespeicherte Signal wieder, es ist *dasselbe* Signal. Das Ablesen aber führt zu einem neuen, *anderen* Signal, das dem eingeschriebenen gleich, von ihm aber auch verschieden sein kann: z. B. Betonung, Erfassen der Satzkonstruktion, Verlesen usw. Die beiden „Schrift-Modelle" sind also nicht ganz gleich – welches Modell geeigneter ist, ergibt sich aus der Beantwortung der bei der Relation z *(o. S. 308 f.)* aufgetretenen Frage, ob beim Abrufen des Engramms dasselbe oder ein anderes (gleiches) Signal entsteht.

2. Versuchen wir aus dem Bilde noch etwas weiter zu schließen, so liegt die Annahme nahe, daß auch im Nervensystem die „dauernde Veränderung" in einer *Strukturänderung* besteht, und zwar in einer Strukturänderung eines Organs oder letztlich von *Zellen.* Strukturänderungen von Zellen, speziell so feine Änderungen, wie wir sie hier annehmen müssen, äußern sich aber in Funktionsänderungen. Wir haben (I, 54 f.) eine Bemerkung von Pribram zitiert, die in diese Richtung weist. Dort heißt es: „In this case, ‚information' would not be stored as such in the nervous system; there would be no neural ‚memory' events that had any semblance to the input that generated them. ‚Memory' would consist of a structural change in the machine so that inputs are handled differently than they were before the alteration."[25]

Funktionsänderungen in den Zellen aber beruhen letztlich auf Änderungen des *Stoffwechsels* – und damit kommen wieder die verschiedenen Änderungen in der quantitativen und qualitativen Zusammensetzung der Zellen ins Spiel. Sie könnte die *Elemente* des memoriellen Verhaltens sein; ihnen müssen wir uns daher zuwenden.

---

[25] Diskussionsbemerkung von H. H. Pribram bei der Second Conference on Learning, Remembering, Forgetting. in: The Organization of Recall. ed D. P. Kimble. New York 1967. p. 26 f.

Zellchemie und Lernen

Ausgangspunkt ist wieder die $U \rightleftarrows \Sigma$-Relation und zwar in den beiden anfangs schon erörterten Formen: ZNS = f(V) und V = F(ZNS), die uns die Generallinie für die Untersuchung weisen. Welche Veränderungen chemischer Natur treten im ZNS bei Lernsituationen auf, und welche Änderungen des chemischen Geschehens im ZNS lassen sich bestimmten Änderungen im Verhalten, speziell im Lernverhalten zuordnen?

ZNS = f(V)

Die Voraussetzung einer physiologisch-chemischen Theorie allgemein des Verhaltens, nicht nur des Lernverhaltens, ist, daß die speziellen Arten des Verhaltens, wie sie sich in Bewegungen einzelner Glieder oder des ganzen Körpers, in Handlungen, bei denen Energie übertragen wird usw. äußern, Ergebnisse nicht unmittelbar sichtbarer innerer Vorgänge sind, der inneren Reaktionen R_i, die ihrerseits wieder letztlich in chemischen Vorgängen gründen. Ein Faktum, das z. B. A. V. Hill (1954) so ausgedrückt hat: „ultimately the machinery itself is chemical in nature, the fuel it uses for its recovery process is chemical, the ‚acid' and the ‚plates' of the ‚accumulators' are chemical, the free energy of chemical change provides the mechanical work and various enzymes prescribe the course of the reactions"[26], oder wie es Ungar kurz formuliert: „If the brain is a computer it can only be a chemical computer."[27]

Eine Untersuchung dieser vielfältigen Relationen wird davon ausgehen müssen, daß die Relationen ein-eindeutig sind, d. h. daß bestimmten speziellen Verhaltensformen entsprechende spezifische chemische Vorgänge zugrunde liegen und umgekehrt, daß der Ablauf dieser spezifischen chemischen Reaktionen im Organismus zu den betr. spezifischen Verhaltensformen führt. Dies darf allerdings nicht zu wörtlich verstanden werden, denn es mag sein, daß im einen oder anderen Fall verschiedene chemische Reaktionen zu demselben Verhalten führen können; doch dürfen wir dann wohl voraussetzen, daß diese verschiedenen chemischen Vorgänge doch *funktionell* gleich sind, indem sie eben im Verlauf der Umsetzungen in physiologische Vorgänge und Organerregungen und -Steuerungen die gleiche Rolle spielen.

Wir könnten einen Organismus nun ähnlich wie Thünens „isolierten Staat" – und aus den gleichen methodischen Gründen – zunächst als ein in sich geschlossenes System ansehen und die Gesamtheit dieser inneren Vorgänge untersuchen, und zwar unter dem Gesichtspunkt, wie sich dadurch die jeweiligen Zustände des Systems ändern. Das be-

---

[26] Zitiert nach George Ungar: Introduction zu: Molecular Mechanisms in Memory and Learning. New York, London 1970. p. IX.

[27] George Ungar: Role of proteins and peptides in learning and memory. in: Molecular Mechanisms in Memory and Learning. a.a.O. p. 174.

sagt: wir untersuchen die *Transformationen* des Systems Σ, die Folge der Zustandsänderungen im Laufe der Zeit, und zwar in dem speziell jetzt betrachteten Fall: wir versuchen, von den beobachteten Gesamtzustandsveränderungen auf die zugrunde liegenden inneren Reaktionen R_i zurückzuschließen, jene durch diese zu verstehen. Die formalen Grundlagen für eine derartige Untersuchung liefert die Systemtheorie[28].

Doch ist ein Organismus, ebensowenig wie der reale Staat, kein abgeschlossenes System, sondern steht mit seiner Umwelt in Wechselbeziehung, speziell erhält er aus der Umwelt ständig *Stimuli,* die in das Gewebe der R_i eingreifen und somit die Transformationen beeinflussen, er ist ein „relativ isoliertes System“ *(s. o. S. 9).* Systemtheoretisch liegt hier also der Fall der Transformation von *Systemen mit Input* vor. Einerseits erschwert dies die Untersuchungen wesentlich, da die ständige Mannigfaltigkeit der Inputs zu Transformationen führt, die nicht allein aus der Natur und Struktur des Systems folgen. Andererseits aber erleichtert es auch die Untersuchung, denn das System Σ wird damit zu einer „black-box“, d. h. es besteht jetzt die Möglichkeit, mit gezielten Inputs Transformationen hervorzurufen, die in beobachtbaren Outputs ihre Entsprechung haben. Und genau dies ist ja die Problemstellung und das methodische Vorgehen, das für die jetzt betrachtete spezielle Fragestellung der Relation ZNS = f(V) gegeben ist.

Eine zentrale Frage, auf die wir in diesem Buch immer wieder gestoßen sind, ist: wenn der Organismus auf einen Stimulus reagiert oder antwortet, bedient er sich dabei der vorhandenen R_i oder führt dies zu neuen Reaktionen? Wir treffen damit erneut auf den Unterschied von *Konditionieren* und *Lernen* und erneut entsteht die früher zitierte Auffassung JERNES, daß es möglicherweise gar kein Lernen im eigentlichen Sinne gibt (I, 115), da der Organismus eben stets mit dem ererbten Bestand an Reaktion auskommt; eine Auffassung, die ja auch WATSONS These entspricht, daß alle Reaktionen des Organismus letztlich Kombinationen von angeborenen Elementarreaktionen sind.

2. Eine Beantwortung dieser Frage ist an dieser Stelle selbstverständlich nicht möglich, wir müssen vielmehr beide Möglichkeiten im Auge behalten, vor allem auch in dem Sinne, daß sowohl das eine als auch das andere eintreten kann. Wir werden daher wieder, wie in den vorhergegangenen Abschnitten, allgemein fragen: Welche Veränderungen chemischer Art können wir überhaupt erwarten?

a) *Konzentrationsänderungen:* Die Wirkung der Situation führt zu einer Änderung der Konzentration bestimmter chemischer Substanzen im ZNS, die ihrerseits das spezifische Antwortverhalten begründen. Die chemische Zusammensetzung des ZNS ändert sich also nicht quali-

---

[28] Vgl. dazu etwa H.-J. FLECHTNER: Grundbegriffe der Kybernetik. 5. Aufl. Stuttgart 1970. S. 353 ff., sowie vor allem W. ROSS ASHBY: An Introduction to Cybernetics, London 1957, wo derartige Transformationen mit geringstem mathematischen Aufwand genau durchgerechnet werden. (Deutsche Ausgabe des ASHBY: Suhrkamp TB Wissenschaft. Nr. 34)

tativ, sondern lediglich *quantitativ:* bestimmte Substanzen sind in den Zellen vermehrt – was analytisch nachgewiesen werden kann. Dies mögen Peptide oder Proteine, komplizierte Proteide oder andere Makromolekeln sein, deren Vermehrung in der Zelle den dortigen Stoffwechsel beeinflussen mag. Die Vermehrung dieser Substanzen besagt aber, daß durch die Input-Einwirkung die chemischen Reaktionen in der Zelle, die auch normalerweise zur Synthese dieser Substanzen führen, verstärkt worden sind, was bestimmte energetische und chemische Voraussetzungen hat. Und d. h.: Nicht das vermehrte Auftreten jener Substanzen ist entscheidend, sondern die Veränderung der *Stoffwechselvorgänge,* die zu einer vermehrten Bildung führt. Die S-R-Relation, die „Wirkung" des Inputs führt zu einer Steigerung *normaler* Stoffwechselvorgänge, und dies ist letztlich die „Ursache" für das Antwortverhalten des Organismus.

b) *Änderungen von Substanzen:* Wir haben in diesem Buch schon mehrfach davon gesprochen, daß durch Änderung der Struktur oder der Konformation chemischer Molekeln Veränderungen der betr. Substanzen entstehen, die man als Varianten der ursprünglichen oder auch als „neue" Stoffe ansehen kann – das ist eine chemische Frage, die im Augenblick nicht relevant ist. Worauf es zur Unterscheidung vom folgenden Fall ankommt ist: die qualitative Zusammensetzung der Substanz wird dabei nicht verändert und im allgemeinen auch nicht die Sequenz der Elemente.

Derartige Substanz-Änderungen können für die Chemie des Lernens eine Rolle spielen, sie sind auch bei verschiedenen Modell-Betrachtungen chemischer Engramme in Betracht gezogen worden: die *Konformationsänderung* z. B. spielt offenbar bei Enzymwirkungen eine entscheidende Rolle, denn dadurch können „reaktive Zentren" freigelegt und damit wirksam gemacht werden, was dann zu nachweisbarer Beeinflussung und Steuerung von Stoffwechselvorgängen führt. Auch hierbei „arbeitet" der Organismus also mit dem überkommenen Material, das durch geeignete Variation zur Bewältigung auch „neuer" Situationen verwendet werden kann.

c) *Die Bildung neuer Substanzen:* Eine dritte Möglichkeit ist, daß die Input-Wirkung zur Bildung neuer Substanzen führt, also zu Substanzen, die normalerweise – genauer gesagt: ohne diese Einwirkung – im ZNS nicht zu finden sind. Hierbei wird man allerdings scheinbare Fälle einer Neubildung – die eigentlich in die Gruppe a) gehören – sorgfältig ausscheiden müssen, nämlich solche Fälle, bei denen *Stoffwechsel-Schlacken,* die normalerweise schnell abgebaut und ausgeschieden werden, sich infolge eingetretener Stoffwechsel-Veränderungen in der Zelle anhäufen. Ein solcher Fall könnte z. B. beim *Lipofuscin* vorliegen, einem Stoff, der sich mit zunehmendem Lebensalter in den Nervenzellen ansammelt.

Hier handelt es sich um qualitativ neue Substanzen, die nachweislich bei Input-Wirkungen, z. B. in Lernsituationen – und nur bei diesen – entstehen und ihrerseits in den Stoffwechsel eingreifen. Dabei ist dieses

„nur bei diesen“ nur der Idealfall, ist keineswegs eine notwendige Voraussetzung, wie die oben besprochenen „unspezifischen“ und „artspezifischen“ Wirkungen beim Lerntransfer deutlich machen *(S. 222 f.)*.

Daß solche neuen Substanzen entstehen, setzt voraus, daß der Input zu Veränderungen im Synthese-Stoffwechsel geführt hat: entweder wird ein bisher synthetisierter Stoff A nicht mehr hergestellt und statt dessen jetzt die neue Substanz B, oder ein bisher überhaupt noch nicht benutzter Syntheseweg ist jetzt erschlossen, der zu B führt. Es ist dabei denkbar – und nur dieser Sonderfall soll hier betrachtet werden – daß die vorhandenen Wirkstoffe, speziell die Zell-Enzyme so beeinflußt worden sind, daß s i e diese neue Synthese ausführen, d. h. daß der gesamte Wirkstoff-Apparat (sit venia verbo) qualitativ derselbe geblieben ist.

d) *Die Bildung neuer Enzyme:* Es ist aber auch denkbar, daß das Lernen zur Bildung ganz neuer Enzyme führt, die ihrerseits dann das Entstehen neuartiger Substanzen katalysieren. Dies wiederum ist möglich, wenn der für die Enzymbildung nötige Nucleinsäure-Apparat (NA-Apparat) der Zelle unverändert ist, wenn z. B. nach der Selektionstheorie andere, bisher latente, Wirkungszentren auf den DNA im Zellkern aktiviert werden.

e) *Neue Nucleinsäuren:* Damit bleibt als letzte Möglichkeit, daß auch der NA-Apparat qualitativ verändert wird, d. h. daß das Lernen zur Bildung neuer Nucleinsäuren führt, die ihrerseits dann Stoffwechsel und Bildung von Zellsubstanzen entsprechend beeinflussen.

Wir haben somit eine Folge zunehmend intensiverer Eingriffs-Möglichkeiten in den Zellstoffwechsel durch Lernvorgänge, eine Folge, die von bloß quantitativen Änderungen bis zur Änderung des NA-Bestandes führt und entsprechend wesentliche Änderungen im Zellgeschehen zur Folge haben wird.

So logisch und verhältnismäßig einfach diese Aufgliederung der Möglichkeiten auch erscheinen mag, so bietet sie doch genügend „Fußangeln“ für ihre praktische Behandlung: Wenn z. B. die Vermehrung eines zelleigenen Proteins durch Vermehrung der entsprechenden RNA möglich geworden ist, so werden wir keine Bedenken tragen, dies unter a) zu rubrizieren, denn qualitativ hat sich nichts geändert; nur haben wir eine quantitative Vermehrung sowohl der RNA als auch des Proteins. Man könnte den Ausweg erwägen, immer nur das Letztprodukt als charakteristisch für eine der Möglichkeitsgruppen anzusehen, hier also das Protein. Praktisch aber ist es leichter, die Vermehrung der RNA festzustellen als die des Proteins, zumal ja noch gar nicht ausgemacht ist, daß die Vermehrung der RNA nicht eine allgemein stimulierende Wirkung hat, sondern zu einer Vermehrung an Zellprotein führt. Andererseits: Wenn eine n e u e RNA entsteht, die bisher in der Zelle nicht vorhanden war, und w e n n sie zu einer Proteinsynthese führt, dann wird auch ein n e u e s Protein entstehen, und wir haben die Wahl, ob wir diesen Fall unter c) oder unter e) subsumieren. Diese Beispiele sollen nur darauf hinweisen, daß wir jene Möglichkeiten-

Gruppierung hier nur als Ordnungsprinzip wählen, uns aber nicht streng an sie halten werden.

V = F(ZNS)

Bei der zweiten Fragestellung gehen wir vom ZNS aus und untersuchen, welchen Einfluß Änderungen im ZNS auf das Lernverhalten haben. Nur handelt es sich jetzt nicht um Läsionen im ZNS, sondern um chemische Änderungen, genauer um eine Beeinflussung des Stoffwechsels in den Zellen und nachfolgende Beobachtungen der Auswirkung dieser Veränderungen auf das Verhalten. Auch hier wieder bestehen mehrere Möglichkeiten für Eingriffe in den Stoffwechsel, Möglichkeiten, die den beiden im Lokalisationskapitel besprochenen entsprechen: entweder Störung des Stoffwechsels mit dem Ziel, bestimmte *Ausfälle im Verhalten* hervorzurufen; oder Steuerung des Stoffwechsels mit dem Ziel, daß die Zelle bestimmte Substanzen *bildet,* die dann bestimmte *neue Verhaltensformen* auslösen bzw. hervorrufen.

A. *Störungen des Stoffwechsels:* So wie man bei den Läsionen im ZNS verhältnismäßig „grobe" Läsionen setzen kann, um den Bereich, von dem aus bestimmte Verhaltensformen störbar sind, gleichsam abzugrenzen, und dann zu immer feineren, gezielteren Läsionen übergeht, um die erwarteten Zuordnungen zu finden, kann man auch bei den chemisch beeinflußten Störungen vorgehen: Man arbeitet mit verschiedenen *Drogen* oder anderen Substanzen, von denen man annehmen darf, daß sie das Verhalten beeinflussen – oder man setzt *gezielte Störungen,* etwa indem man, ausgehend von der Annahme, daß eine Proteinsynthese für eine Lagerung im LTM notwendig ist, mit bestimmten Substanzen wie z. B. dem Puromycin spezifisch die Proteinsynthese in der Zelle unterbindet und prüft, ob damit auch die Memoria, also speziell der Besitz und die Verwertung erworbenen Gedächtnisbestandes gestört ist. Für derartige Untersuchungen stehen die ausgedehnten Kenntnisse auf dem Gebiet der Biochemie zur Verfügung, über die das 20. Kolloquium der Gesellschaft für Biologische Chemie über „Inhibitor Tools in Cell Research"[29] einen guten Überblick gibt. Diese Untersuchungen lassen sich noch feiner differenzieren, indem man die Phasen, z. B. der Proteinsynthese in der Zelle, einzeln stört.

B. *Steuerung der Synthesen in der Zelle:* Man beeinflußt den Zellstoffwechsel so, daß bestimmte Substanzen, von denen man glaubt, daß sie für Lernen und Gedächtnis eine Rolle spielen, in den Zellen vermehrt oder neu gebildet werden, und prüft dann, ob das erwartete Verhalten eintritt. Ein Grenzfall dieser Untersuchungen ist die Zufuhr der betr. Stoffe selbst – also der *chemische Lerntransfer* *(S. 233 ff.).* So interessant und wichtig diese Transfer-Versuche aber auch sind, für die eigentliche *Chemie des Lernens* stellen sie nur eine erste

[29] Ed. TH. BÜCHER and H. SIES. Berlin, Heidelberg, New York 1969.

Stufe dar: Sollte sich bestätigen, daß bestimmte Substanzen des Donor-Tiers im Acceptor-Tier dessen Lernen spezifisch beeinflussen, und sollte sich weiterhin zeigen, daß auch in diesem Tier bei eigenem Lernen die entsprechenden Substanzen neu oder vermehrt gebildet werden, dann bleibt immer noch die entscheidende Frage nach den *Mechanismen,* die zur Bildung dieser Substanzen unter dem Einfluß des Lernens führen. Die Substanzen sind ja immer nur sozusagen „greifbare" Zeugen für Vorgänge, deren Auffindung und Erkenntnis erst das *chemische Problem* des Lernens bilden.

Die Wirkungen der Engramme

Mit der Erkenntnis der Natur der chemischen Engramme und der Mechanismen, die zu ihrer Bildung führen und weiterhin der Einflüsse, die bestimmte Verhaltensweisen auf diese Mechanismen ausüben können, ist das im engeren Sinne chemische Problem „gelöst". Ein weiterer großer Problemkreis bedarf dann einer Untersuchung, nämlich: wie wirken nun diese Engramme beim *Abrufen* von Gedächtnisbestandteilen und bei der Umsetzung des Abgerufenen in *Handlungen?* Man könnte für diesen Bereich den alten – jetzt „freigewordenen" – Namen einer *chemischen Physiologie* verwenden, denn es handelt sich darum, den chemischen Anteil bzw. die „Chemie" der vielfältigen physiologischen Vorgänge, die zu bestimmten Schaltungen, Netzbildungen, zur Verarbeitung von „Daten" in den Zellen usw. führen, aufzuweisen. Dies ist heute – wie vieles von dem, was in den vorigen Abschnitten angeführt wurde – noch kaum im Einzelnen realisierbar, doch ist es wichtig, bei einer einleitenden Übersicht über das Gesamtgebiet einer „Chemie des Lernens" auch die fernliegenden Ziele in den Blick zu bekommen, die als „Richtungsweiser" letztlich die Einzeluntersuchungen steuern müssen.

„Plans of memory research"

Richard Mark gibt in seinem, schon mehrfach von uns angeführten, Buch eine etwas andere Übersicht über die möglichen Wege einer molekularen Untersuchung der memoriellen Engramme. Er schreibt:

„In order to try and find out what happens in the brain during the formation of memories there are two experimental strategies. One may measure as precisely as possible certain aspects of brain function during the process of memory making and try and detect a change that matches perfectly in timing and in intensity the emergence of a behavioral memory. Or one may consider the likely possibilities and by the use of progressively refined physical or chemical treatments to the brain during the time of memory formation, seek to interrupt the process. A list of all known means of interruption or inhibition of memory plus a knowledge of how such treatment affect nerve cells and their metabolism should eventually allow the probable metabolic sequences of memory to be pieced together."[30]

Die Elemente der Engramme

Einleitung

ZNS = f(V) und V = F(ZNS)

Die Formeln, die wir an den Anfang gestellt haben, enthalten die Voraussetzungen und die Such-Hypothesen für die folgenden Darstellungen. Die *Voraussetzungen* sind, zunächst ganz allgemein: Das Zentral-Nervensystem ist eine Funktion des Verhaltens und das Verhalten ist eine Funktion des ZNS. Die *erste Hypothese* ist, jetzt spezieller: Jeder Änderung des Verhaltens ist eine Veränderung des ZNS zugeordnet. Da *Lernen* der Erwerb eines veränderten oder eines anderen Verhaltens ist (I, 112 f.), muß dem Lernen eine entsprechende Veränderung des ZNS zugeordnet sein, die als Gegenstück des *gelernt-Habens* von gewisser Dauer sein muß. Die *zweite Hypothese* ist, abermals spezieller: Veränderungen des ZNS sind letztlich Veränderungen der chemischen „Natur" des ZNS, die wiederum Veränderungen des Stoffwechsels im ZNS voraussetzen. Somit müßte sich Lernen Veränderungen des Stoffwechsels und damit Änderungen der chemischen Substanzen im ZNS zuordnen lassen – diese aber lassen sich mit chemischen Mitteln feststellen. Und umgekehrt müßten sich Veränderungen im Stoffwechsel bestimmten Veränderungen des Verhaltens zuordnen lassen. Eine *dritte Hypothese* erinnert an die den Exstirpationsversuchen zugrunde liegende Hypothese, sie besagt: wenn ich die dem Lernen zugeordneten Änderungen im ZNS verhindere, wird im ZNS der dem gelernt-Haben zugeordnete Zustand nicht erreicht – damit ist auch das entsprechende Lernverhalten behindert oder gelöscht.

Damit sind die beiden grundlegenden Aufgaben für die folgende Darstellung gegeben: Die Suche nach chemischen Veränderungen im ZNS bei Änderungen des Verhaltens, speziell beim Lernen; und die „Gegenprobe", ob bei Verhinderung dieser Veränderungen das entsprechende Lernverhalten ausbleibt.

Wir werden dabei, schon da wir gezwungen sind, aus der Überfülle des Materials auszuwählen, nicht die oben *S. 323 ff.* entwickelte Ordnung der Untersuchungsschritte wählen, sondern zusammenfassen und nach den wichtigen Stoffklassen ordnen.

---

[30] RICHARD MARK: Memory and nerve cell connections. Oxford 1974. p. 58.

Stress

Bevor wir die einzelnen Stoffklassen besprechen, müssen wir kurz die *unspezifischen* Einwirkungen behandeln, die zu Veränderungen im ZNS führen und damit *spezifische,* z. B. durch das Lernen entstandene, Einwirkungen überdecken können. Wir verstehen hier unter „Streß" alle jene Einwirkungen, negativer oder auch positiver Art, von denen wir annehmen können, daß sie unspezifisch wirken, und zwar entweder überhaupt unspezifisch oder unspezifisch für Lernen *(s. o. S. 222).* Wir rechnen dahin vor allem die „groben" Einwirkungen wie Schock, zeitweilige Ausschaltungen der Sinnesorgane u. dgl., kurz alle Einwirkungen, die normalerweise nicht als „Stimuli", als „Reize" angesehen werden. Doch ist dabei Vorsicht geboten, da eine Unterscheidung von Streß und Stimulus nicht immer leicht ist. Wir lesen bei W. A. Himwich: „I would like therefore to suggest that any kind of environmental change may serve as a stress. The first effect of this stress may be an immediate *non-specific* response in the brain ..."[31] Doch haben ihre Untersuchungen gezeigt, daß länger andauernder Streß „may actually serve as a stimulus", d. h. „The possibility of a stimulus effect of stress applied at the right time in the right amount must be differentiated from the non-specific response to stress and probably from other effects of the stress."[32] Umgekehrt heißt es bei Jakoubek: „that intensive stimuli activate not only the appropriate receptors but concomitantly, through the hypothalamo-hypophyseal-adrenal axis, a complex of hormonal mechanisms... A wide range of stimuli have been used to study the relationship between increased functional activity and the altered metabolism of macromolecules in the brain.... A review of these experiments suggests that the great majority of the stimuli used may operate as stressors."[33] Speziell bei Konditionierungs-Experimenten „many changes in the organism can be expected to take place in the time interval between the application of conditioned and unconditioned stimuli"; Jakoubek spricht hier geradezu von einem „anticipation stress" in dieser „waiting period"[34].

2. Die „molaren" Einflüsse eines „environmental change" auf das ZNS, wie sie speziell die Arbeitsgruppe um Diamond, Krech, Bennet, Rosenzweig untersucht hat, haben wir bereits oben besprochen *(s. S. 85 ff.).* Hier geht es um die chemischen Veränderungen in den Zellen und Geweben. Die Wichtigkeit, sie zu kennen und genau zu bestimmen, betont auch Bogoch: Er verweist auf Untersuchungen von

---

31 Williamina A. Himwich: The Effect of Environment upon the Developing Brain. in: The Future of the Brain Sciences. ed. S. Bogoch. New York 1969. p. 242.

32 a.a.O. p. 251.

33 B. Jakoubek: Brain Function and Macromolecular Synthesis. London 1974. p. 110.

34 a.a.O. p. 111 f.

Altman, die zu dem Schluß führen, „that considerable increases in protein metabolism are attributable to non-specific effects which have been characterized as those due to ‚arousal' or ‚stress'". Wenn bei solchen Experimenten „a control was set for these stress effects, the biochemical changes were usually minimized ..."[35].

So weiß man z. B., daß Erregung (excitation) oder auch Schwächung (depression) der Hirntätigkeit die Hirnatmung und auch das „Milieu", das pH der Hirnzellen verändern, daß sie nicht nur dazu führen „that glucose uptake may be increased by stimulation of the brain"[36], sondern auch „alter the cerebral content of a number of intermediary metabolites"[37] und speziell, daß „during excitation there is an increase in the ammonia content of the brain (Vrba et al., 1964)"[38].

3. Das folgende Schema zeigt den Zusammenhang zwischen Nervenerregung und Energie-Stoffwechsel, gibt also schematisch einen Überblick über die Grundlagen der Stimulus-Einwirkungen auf das ZNS:

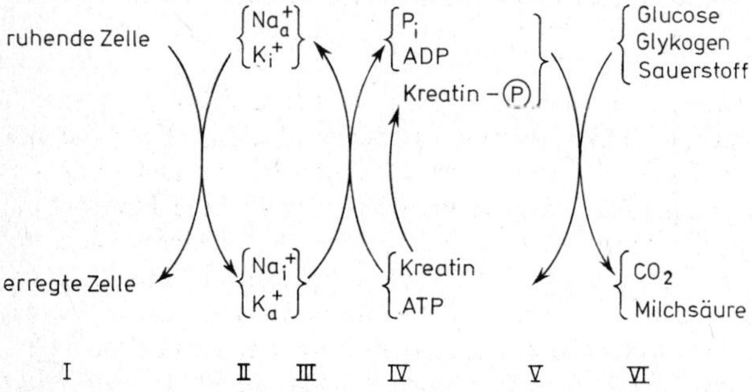

Abb. 27 Schema der Beziehungen zwischen Nervenerregung, Ionenbewegungen und Metabolismus. (Etwas verändert aus McIlwain and Bachelard, 258.)

Die Nervenerregung, also der Übergang von der ruhenden zur erregten Zelle (I) beginnt chemisch mit einer Konzentrationsänderung der Natrium-Ionen (Na^+), die außerhalb der Zelle in hoher, innerhalb in sehr geringer Konzentration vorhanden sind: Na_a^+ dringen durch die Membran, deren Permeabilität sich durch die Erregung geändert hat, in die Zelle ein, Na_i^+. Gleichzeitig wandern Kalium-Ionen, K_i^+, nach außen (II). Um die Zelle wieder erregungsfähig zu machen, müssen die Na_i^+ hinausgeschafft werden, dies benötigt Energie, die vom Adenosintriphosphat (ATP), einem der Energieakkumulatoren der Zelle, geliefert wird (III). ATP wird dadurch zu ADP umgewandelt, anorganisches Phosphat, P_i, wird frei. Gleichzeitig läuft ein anderer Vorgang

[35] Samuel Bogoch: The Biochemistry of Memory. New York, London, Toronto. 1968. p. 68.

[36] Henry McIlwain and H. S. Bachelard: Biochemistry and the Central Nervous System. 4th ed. Edinburgh and London 1971. p. 156.

[37] a.a.O. p. 43.

[38] E. Roy John: Mechanisms of Memory. New York and London 1967. p. 142.

ab: aus Kreatin wird ein anderer Energiespeicher, Kreatinphosphat, Kreatin-Ⓟ gebildet (IV). Kreatin-Ⓟ kann seine „energiereich" gebundene Phosphatgruppe auf ADP übertragen und so erneut ATP erzeugen (V). Vor allem aber wird ATP gebildet durch Abbau von Glucose und Glykogen (VI) über einen komplizierten Weg, dessen letzte Phase die „Atemketten-Phosphorylierung" ist, bei der als Schlußreaktion der Atem-Sauerstoff, O_2, mit Wasserstoff zu Wasser vereinigt wird. Bei mehreren Zwischenphasen dieser Reaktionskette entsteht ATP.

Man kann aus dem Schema ablesen: Ein O_2-Mangel, also *Hypoxie* oder *Anoxie* des Gehirns, muß sich auf die Hirntätigkeit und auch auf die Nervenerregung auswirken; das gleiche gilt für einen *Glucose-Mangel.* Ist z. B. der O_2-Gehalt in der Luft auf 5 – 10 % reduziert, kann der Gehalt an Glykogen und Glucose konstant bleiben, Milchsäure und P_i häufen sich an, Kreatin-Ⓟ aber sinkt ab. Bei noch stärkerer Reduzierung des O_2-Gehalts (1,2 %) und gleichzeitiger Drosselung der Blutzufuhr verschwindet das gesamte Kreatin-Ⓟ und der größte Teil des ATP[39] – d. h. die Energieträger werden verbraucht und nicht nachgeliefert.

Bei allen derartigen Einwirkungen werden aber aufbauende und abbauende Vorgänge im Hirn verschieden beeinflußt, wie Versuche mit Drogen zeigen, auf die wir schon jetzt kurz eingehen wollen. *Anästhetika,* in der Chirurgie zur Narkose verwendet, setzen die Hirnatmung herab; energiereiche Stoffe wie Kreatin-Ⓟ und ATP häufen sich an, ihre *Nutzung* aber ist herabgesetzt[40]. Umgekehrt führen *Krämpfe* (convulsions) zu einer starken Steigerung des Stoffwechsels, Kreatin-Ⓟ und ATP verschwinden, Milchsäure sammelt sich an auf Kosten von Glykogen und Glucose. Es hat sich gezeigt, daß d i e s e Reaktionen nicht spezifisch für die krampferregenden Substanzen, sondern für die Krampfreaktion selbst sind[41]. Spreading depression *(S. 102 ff.)* zeigt ähnliche Wirkungen wie Krämpfe.

Auch andere Phasen des Schemas können durch Drogen gestört werden. So blockiert Tetrodotoxin, ein Gift aus einem japanischen Fisch (Fugu), die Permeabilitätsänderung der Membran, Na_a^+ können nicht einströmen, die Erregung bleibt aus[42].

4. Isolierung des Organismus, zeitweilige „Blendung", mangelnde Ernährung sind besondere Formen des Streß; sie führen zu einer Zunahme freier Aminosäuren (AS) und auch von Acetylcholinesterase *(S. 253)* im Hirn[43]. Die Vermehrung freier AS mag zurückzuführen sein auf mangelnde Proteinsynthese – Hydén fand bei Ratten, die im Dunkeln geboren und aufgezogen wurden, Mangel an RNA und Protein[44]

---

[39] McIlwain/Bachelard: a.a.O. p. 50.
[40] a.a.O. p. 53. [41] a.a.O. p. 54. [42] a.a.O. p. 42.
[43] W. A. Himwich: a.a.O. p. 242 ff.
[44] Holger Hydén: Biochemical Aspects of Brain Activity. in: Man and Civilization: Control of the Mind. ed. S. Farger and R. Wilson. 1961. (abgedr. in: Memory Mechanisms. ed. K. H. Pribram. Penguin Modern Psychology. Brain and Behavior 3. 1969. p. 33)

– oder auf einen gesteigerten Proteinabbau. Die durch die Dunkelaufzucht hervorgerufenen Wirkungen sind aber nicht von Dauer: werden solche Tiere wieder dem Licht ausgesetzt, vermehrt sich im Cortex (Sehrinde) die RNA, und der Proteinaufbau kommt wieder in Gang[45].

Proteine

Ob die Proteine in den Hirnzellen beim Lernen oder gar durch das Lernen vermehrt oder verändert werden, ist eine Frage, die auf verschiedene Weisen beantwortet werden kann und auch beantwortet worden ist; allerdings nicht ganz eindeutig. Speziell für die Änderung der Konzentration der Proteine eignet sich das oben durch die „dritte Hypothese" gekennzeichnete Verfahren der „chemischen Läsionen": gezielte Eingriffe in die *Proteinsynthese.* Ist eine gesteigerte Proteinsynthese notwendig mit dem Lernen verbunden, muß die Verhinderung dieser Synthese das Lernverhalten beeinflussen, und zwar dadurch, daß der Zustand des „gelernt-Habens" nicht erreicht worden ist.

Allerdings ist bei diesen Untersuchungen Vorsicht geboten. „Care with inhibitors" heißt eine Überschrift bei RICHARD MARK – einige Sätze aus diesem Abschnitt seien hier angeführt: „The main difficulty is that memory that we can recognize is made best by the intact nervous system and signalled as a change in behavior." Dagegen die „initiation of memories appears to be a ... fragile process, susceptible to disorganization by non-specific effects on brain function as well as by interference with its unique metabolic pathway. Therefore great pains must be taken to try and exclude such non-specific effects on memory formation, which is experimentally demanding and gives rise to reasonable criticisms of all pharmacological studies that can never be completely answered. One must be on the outlook for metabolic and hormonal changes as well as motivational effects that could modify behaviour, effects of drugs on perception and attention, the selective process of sampling environmental information and effects of levels of activity and motor performance"[46]. Das besagt, daß man nicht nur die non-specific effects, z. B. die oben besprochenen Streß-Wirkungen bedenken muß, sondern auch die Einflüsse der verschiedenen Phasen des Lernens auf die Bildung und Speicherung von Engrammen.

Puromycin

Eine Substanz, von der bekannt ist, daß sie die Proteinsynthese blokkiert, ist das Antibiotikum *Puromycin.* Man weiß auch, wie diese

---

[45] A. H. RIESEN: Neuropsychological consequences of altered sensory inputs. in: Biology of Memory. ed. K. H. PRIBRAM and D. E. BROADBENT. New York, London 1970. p. 92.

[46] RICHARD MARK: Memory and nerve cell connections. Oxford 1974. p. 81.

Blockade verläuft: Puromycin (PU), ein Purinderivat, unterbricht den Vorgang der Proteinsynthese in der Translationsphase, bei der Anordnung und Anlagerung der Aminosäuren mit ihren Trägern, den t-RNA, an die Matrize der messenger- oder m-RNA. AGRANOFF schreibt dazu: „Puromycin is a nucleoside-amino acid and resembles structurally the aminoacyl terminus of tRNA. The growing peptide chain attaches to the free amino group of puromycin and is prematurely released from the polysomes as peptidyl puromycin."[47] Puromycin blockiert also „selectively and reversibly protein synthesis both in vitro and in vivo." (a.a.O.)

Nun haben schon die Experimente von FLEXNER, FLEXNER und STELLAR (1963) mit Mäusen gezeigt, daß bei Y-Labyrinth-Versuchen mit Schockvermeidung in den Kontrolltieren „memory was retained for at least five weeks. Bilateral temporal injections of puromycin blocked memory formation. Five days after training, however, such injections were ineffective". (757) Die Folgerung, daß Puromycin spezifisch die *Konsolidierungsphase* blockiert und daß diese Phase mit einer Proteinsynthese verbunden ist (um nicht mehr zu behaupten), wurde mehrfach bestätigt, von anderen Untersuchern und auch mit anderen Tieren. AGRANOFF fand allerdings, im Unterschied zu den obigen Ergebnissen, bei Mäusen folgende merkwürdige Erscheinung: „The fact that memory could be disrupted weeks after training suggested that there existed a maintenance phase of long-term memory that was also susceptible to puromycin and presumably required protein synthesis." Nach JOHN haben auch FLEXNER u. Mitarb. feststellen können, „that retention of the original maze solution which had been learned 3 weeks earlier could be severely impaired by bilateral injections into frontal plus temporal regions, buttressed by intraventricular injections. These results indicate vulnerability of memory to interference by puromycin long after the time when most investigations have indicated that stable storage of information has been achieved"[48].

Bei Goldfischen, seinen bevorzugten Versuchstieren, dagegen konnte AGRANOFF eine solche maintenance phase nicht feststellen. Die Goldfisch-Experimente führten ihn dann zu dem Schluß: Das Kurzzeitgedächtnis (STM) wird von Puromycin nicht beeinflußt: das STM ist offenbar nicht abhängig von – oder nicht verbunden mit einer Protein-Synthese. „In goldfish only the formation of long-term memory is susceptible to the drug." (760) Ob man aus den Mäuse-Versuchen schließen soll, daß die Konsolidierungsphase wieder noch in Phasen verläuft, oder ob es sich dabei um das in Bd. I. (S. 60) erwähnte „turnover", den ständig nötigen Wiederaufbau spezifischer Zellsubstanzen handelt, ist eine offene Frage.

---

[47] B. W. AGRANOFF: Agents that block memory. The Neurosciences (I). 1967. p. 757. – vgl. auch a.a.O. p. 109. (Seitenzahlen der Zitate im Text in Klammern.)

[48] E. ROY JOHN: Mechanisms of Memory. New York and London 1967. p. 120.

Auch eine „Gegenprobe" bestätigte weitgehend die gefundenen Ergebnisse. So konnte AGRANOFF feststellen, daß Teile der komplizierten Puromycin-Molekel wirkungslos waren: „The intact puromycin molecule is necessary for both behavioral- und protein-blocking" (762). (vgl. dazu die Versuche mit Scotophobin und ACTH, oben *S. 234 ff.*) Weiter konnten FLEXNER und Mitarb. (1965) zeigen, daß Substanzen, die dem Puromycin strukturell verwandt sind, die Proteinsynthese aber nicht hindern, auch keine Wirkung auf das Behalten erlernter Reaktionen hatten[49].

Über die Wirkung des Puromycins auf das Behalten sind dann aber BARONDES und COHEN zu einer etwas anderen Auffassung gekommen, die allerdings das bisher Gesagte einschließt. Eine der Schlußfolgerungen von BARONDES lautet: „(2) It is difficult to interpret the effects of puromycin on memory since this agent not only inhibits cerebral protein synthesis but also increases cerebral irritability and the propensity to occult seizures which could interfere with memory."[50] Nach einer Darstellung von COHEN[51] folgerten die Autoren, daß „it may be necessary for puromycin ... to be chemically altered, before it can act to increase brain irritability. The toxic product of such a chemical alteration might be peptidyl-puromycin" – und damit mündet diese Hypothese in die obige. Die Frage ist jetzt: Ist die Störung einer *spezifischen* Protein-Synthese die für die Gedächtnisbeeinflussung entscheidende Wirkung des Puromycins oder die Erhöhung der Erregbarkeit des Gehirns durch das „toxische" Produkt, das aus der Störung *irgendeiner* Protein-Synthese entstanden sein kann?

Abermals einen neuen Gesichtspunkt haben Untersuchungen von GAMBETTI u. Mitarb. (1968) gebracht: „It has been demonstrated recently that puromycin ... alters neuronal mitochondria. The interpretation of puromycin effects upon behavior are, therefore, obscured by possible alterations in mitochondrial function."[52]

Abschließend faßt BOGOCH die Untersuchungen der Gruppen AGRANOFF und BARONDES wie folgt zusammen: „The time course of the effect of puromycin suggested to several investigators that memory is formed in three or more stages. There appears to be an initial phase, uninfluenced by puromycin, which extends for a number of minutes after learning; a second phase, inhibited by temporal injections of puromycin, which may extend for several days; and a third phase, which

---

49 HARRY D. COHEN: Learning, Memory and Metabolic Inhibitors. in: Molecular Mechanisms in Memory and Learning. ed. G. UNGAR. New York, London 1970. p. 62.

50 SAMUEL H. BARONDES: Some critical variables in studies of the effect of inhibitors of protein synthesis on memory. in: Molecular Approaches to Learning and Memory. ed. W. L. BYRNE. New York, London 1970. p. 32.

51 COHEN: a.a.O. p. 63.

52 STANLEY H. APPEL, LUCILA A. AUTILIO, PENELOPE PETTIS: Macromolecular Synthesis in Synaptosomes. in: Molecular Aproaches ... p. 92.

can be interfered with only by more diffuse intercerebral injections of puromycin."[53]

Die Cycloheximide

Um die Beziehungen zwischen Protein-Synthese und Gedächtnis genauer aufzeigen zu können, wählten die Untersucher ein anderes, ebenfalls die Protein-Synthese hemmendes Substrat: das *Cycloheximid* (CXM) bzw. das *Acetoxycycloheximid* (AXM). Die hemmende Wirkung von CXM und AXM ist sehr viel stärker als die von Puromycin, sie wirken „by inhibiting the transfer of amino acids from soluble RNA (= t-RNA, d. Vf.) to polypeptide (Ebnis and Lubin, 1964), and there is no abortive release of abnormal peptides into the cell"[54]. Auf Einzelheiten können wir hier nicht eingehen[55]; es genüge der Hinweis, daß die Anlagerung der AS-Träger an die m-RNA und der Aufbau der Peptid-Kette durch zwei Enzyme katalysiert werden, durch die TF_1-Transferase und die TF_2-Transferase, und daß das Cycloheximid wahrscheinlich auf die TF_2-Transferase wirkt und zwar speziell auf die Energie liefernde Umwandlung GTP → GDP + P_i. (Hier ist also nicht das ATP, sondern ein Guanidinderivat, GTP, Energielieferant.)

CXM und AXM haben den Vorteil, daß sie nicht zusätzlich zu oder durch die Störung der Proteinsynthese die elektrische Erregbarkeit des Gehirns beeinflussen[56]. Wurde CXM – bzw. AXM – zusammen mit Puromycin gegeben, so hoben die Cycloheximide die memory-Wirkung des Puromycins auf[57], anscheinend, weil sie die Bildung des toxischen peptidyl-Puromycins verhinderten (Williamson und Schweet, 1965)[58]: „Because AXM blocks peptide assembly, it should also block the formation of peptidyl puromycin" schreibt Agranoff[59].

Die Ergebnisse ihrer Versuche – Barondes und Cohen (1968) – faßt Barondes in 6 Punkten zusammen, von denen wir die letzten drei hier anführen wollen: „(4) Acetoxycycloheximide, an agent which does not apparently interfere with intercerebral electrical activity, impairs ‚long-term' memory. This suggests that protein synthesis is required for ‚long-term' memory storage" – obwohl eine andere Einwirkung des AXM nicht ausgeschlossen werden kann. „(5) The protein synthesis apparently required for ‚long-term' memory storage occurs during learning and/or within minutes after learning. (6) Since the amnesic

[53] Samuel Bogoch: The Biochemistry of Memory. New York, London, Toronto 1968. p. 64.
[54] Cohen: a.a.O. p. 64.
[55] Vgl. dazu Peter Traub: Localization of Streptomycin-Resistance in the 30s Ribosome of *E. coli.* Mode of Action of Cycloheximide. in: Inhibitors. Tools in Cell Research. (20. Coll. Ges. biol. Chem. 1969). ed. Th. Bücher and H. Sies. Berlin, Heidelberg, New York 1969. p. 92 ff.
[56] Cohen: a.a.O. p. 62 f.
[57] a.a.O. p. 63. [58] a.a.O.
[59] Agranoff: a.a.O. p. 762.

effect of acetoxycycloheximide is not observed until six hours after training, the ‚short-term' memory mechanisms which is apparently independent of protein synthesis may survive until this time and temporarly obscure the effect of the inhibitor on the ‚long-term' process."[60]

Auch AGRANOFF zieht aus den Goldfischversuchen (AGRANOFF und DAVIS 1968) den Schluß: „The antibiotics prevent the initiation of long-term memory formation during a critical posttrial period, and the short-term memory remains until normal protein synthesis is restored."[61] Doch führten weitere Experimente zu einer genaueren Formulierung: „Taken together, these experiments suggest that short-term memory decay, like long-term memory formation, requires protein synthesis. The results support the concept that short-term memory is *converted* to long-term memory."[62]

Ein spezielles Ergebnis sei noch erwähnt, weil es Beziehungen zu anderen Phänomenen vermuten läßt. AGRANOFF schreibt: „We have recently investigated the effects of intracranial injections of six percent KCl. This treatment causes severe convulsions and incapacitates the fish for about two hours. Protein synthesis is markedly depressed but recovers between four hours. Memory formation is susceptible to KCl and remains susceptible for over 12–18 hours, a much longer time than is seen with the antibiotics."[63] Die Beziehungen reichen einmal zu den Experimenten mit Elektroschock – electroconvulsive shock (ECS) – und seinen Auswirkungen auf Lernen und Behalten, speziell auf das STM, zur retrograden Amnesie, zur Konsolidierungsphase usw., die die Frage entstehen lassen, ob das KCl tatsächlich das Lernen und Behalten beeinflußt oder ob nicht die convulsions der wirkende Faktor sind. Die Beziehungen gehen weiterhin zum Phänomen der spreading depression *(s. o. S. 102 ff.)*, seinem Einfluß auf Lernen und Behalten und der Rolle, die das KCl, bzw. die extrazelluläre Vermehrung der K^+-Ionen dabei spielt. Sie reichen damit bis in die allgemeine Neurophysiologie, z. B. zu der Feststellung: „Bei Erhöhung der extracellulären K^+-Konzentration nimmt das Ruhepotential von -90 mV auf -20 mV ab."[64]

In seinem Vortrag auf dem ISP 1966 (= Intensive Study Programm in the Neurosciences) trug AGRANOFF die folgende Hypothese vor: „As in antibody formation, a selection mechanism is required.... Our work with goldfish emphasizes the difference between the selection process and the fixation process. For selection, a mechanism is necessary that increases the probability that a specific response will be made.... The training process results in short-term memory.... The selection process

[60] BARONDES: a.a.O. p. 32. Vgl. auch BARONDES: Multiple Steps in the Biology of Memory. The Neurosciences (II) 1970. p. 272 f.

[61] BERNARD W. AGRANOFF: „Recent studies on the stages of memory formation in the goldfish" in: Molecular approaches . . . 1970. p. 38.

[62] a.a.O. p. 38 f.

[63] a.a.O. p. 38.

[64] Neurophysiologie. herausg. v. R. F. SCHMIDT. (Heidelbg. TB. 96) Berlin, Heidelberg, New York 1971. S. 28 f.

is insensitive to puromycin, the cycloheximides, and probably actinomycin D.... The fixation of memory into a long-term form occurs after the training trials have been completed. Long-term memory formation is blocked by puromycin, and in the fish is also blocked by AXM. The fixation process occurs at a time when the general level of excitement is decreasing."[65]

Der letzte Satz führt zu einem weiteren interessanten Problem. AGRANOFF und andere Untersucher konnten einen „effect of the training environment" auf die blockierende Wirkung der Drogen feststellen[66]. GELLER und JARVIK berichten darüber:

„Davis and Agranoff (1966) found that the length of time after training during which puromycin produced an amnesic effect in goldfish could be prolonged by maintaining the animals in the training environment during the training injection intervall instead of returning them to their tanks. Davis and Klinger (1966) further found that an amnesic effect of acetoxycycloheximide could be produced by injection 24 hours after training if the subjects were returned to their training environment for a brief period before injection." Die Autoren gaben dazu folgende mögliche Erklärung: „that the subject's level of arousal is increased by returning it to the training environment and that this increased level of arousal alters the metabolic rate, increases protein turnover and increases the possibility that inhibition of protein synthesis will affect whatever portion of the information is not yet stored in fully permanent form."[67]

Diese Deutung, die im Prinzip mit dem letzten Satz von AGRANOFF (s. o.) übereinstimmt, verlockt wieder, das Phänomen in einen weiteren Zusammenhang zu stellen, Beziehungen zu anderen ähnlichen oder entsprechenden Phänomenen aufzuweisen:

Das „training environment" bedeutet für die Tiere offensichtlich eine stress-Situation; oder wie es AGRANOFF formuliert: „The experimental animal is in an excited state during acquisition and we know from other studies that the rate of protein synthesis in the brain is generally elevated."[68] Nun kennen wir aus einem anderen Gebiet, aus der Bakteriologie, ein in etwa ähnliches Phänomen, nämlich bei der Diphtherie-(Di)-Toxin Vergiftung. Es mag von Interesse sein, hier etwas näher darauf einzugehen:

„Mit das älteste Beispiel einer durch Di-Toxinvergiftung bedingten Gewebsschädigung ist die nach Di-Toxinvergiftung auftretende hämorrhagische Nekrose der NNR (Nebennierenrinde, d. Vf.)", schreibt TONUTTI. „Die Veränderungen bestehen im Auftreten einer schweren

[65] AGRANOFF: Agents that block memory. The Neurosciences (I) 1967. p. 763.

[66] a.a.O. p. 761.

[67] ANNE GELLER and MURRAY E. JARVIK: „The role of consolidation in memory" in: Biochemistry of Brain and Behavior. ed. R. E. BOWMAN and S. P. DATTA. Proc. of a Sympos. Kenosha, Wisconsin. 1970. New York, London 1970. p. 269.

[68] AGRANOFF: a.a.O. p. 763.

Gefäßreaktion, mit ausgedehnten Blutungen und Nekrose der Zellen." Alle diese schweren Schädigungen bleiben aber aus, „wenn das Tier hypophysektomiert ist". Die Entfernung der Hypophyse bedeutet aber, daß das ACTH, das adrenocorticotrope Hormon des Hypophysenvorderlappen (HVL) die NNR nicht erreicht und somit auch nicht die Produktion und Ausschüttung der NNR-Hormone anregen kann. Die sog. „Alarmreaktion" bleibt aus, die NNR „arbeitet" nicht. Das ACTH bewirkt eben eine vermehrte Funktion der NNR, „einen morphokinetischen Vorgang in der NNR, der zum Ziel hat, das Organ strukturell einer höheren Leistungsanforderung anzupassen". Die Folge eines Ausfalls der ACTH-Wirkung ist: „Die Einstellung der NNR auf eine höhere Leistungskapazität ... ist damit ausgeschaltet... Ist die Morphokinese in der NNR erloschen, ... so erlischt parallelgehend damit auch die Ansprechbarkeit des NNR-Gewebes gegenüber der destruktiven Auswirkung des Di-Toxins."[69]

Das entspricht recht genau der obigen Situation. Die stress-Situation führt auch im Gehirn zu einer gesteigerten „Tätigkeit" z. B. der Proteinsynthese, und vielleicht „damit" zu einer erhöhten „Ansprechbarkeit" für die „destruktive Auswirkung" der Antibiotica. Bei „Ruhe" – in der gewohnten Umgebung – ist die Ansprechbarkeit herabgesetzt oder erloschen.

Besondere Hirn-Proteine

Wir haben bisher allgemein von der Vermehrung von Proteinen durch gesteigerte Synthese gesprochen und von den Einflüssen einer Blockierung dieser Synthesen im Gehirn auf Lernen und Behalten. Von besonderem Interesse ist nun aber die Frage, ob es hirn-spezielle oder gar hirn-spezifische Proteine gibt, und ob zwischen der Vermehrung derartiger Proteine und deren Beeinflussung Beziehungen zu Lernvorgängen bestehen. Die Entdeckung derartiger hirn-spezieller Proteine steht sicherlich erst in den Anfängen, zwei derartige Proteine haben aber bereits intensiveres Interesse gefunden: das S-100 und das 14-3-2-Protein.

Das S-100 Protein: Der Name – ein reiner „Arbeitsname" – ist davon abgeleitet, daß dieses Protein in gesättigter Lösung von Ammoniumsulfat löslich ist (sozusagen = soluble in 100 % $(NH_4)_2SO_4$). Über die Natur und einige wichtige chemische Eigenschaften des S-100 lesen wir bei Shooter[70]: „Brain extracts contain a number of relatively acidic proteins that do not appear in extracts of other organs, and two of these, S100 and 14-3-2, have now be shown by immunological criteria to be specific to the nervous system (Moore and Perez, 1968)."

---

[69] E. Tonutti: Zum Problem des Mechanismus der Diphtherie-Toxin-Wirkung. Behringwerk Mitteilung H. 25. (1952). S. 93 ff.

[70] E. M. Shooter: „Some aspects of gene expression in the nervous system" in: The Neurosciences (II) 1970. p. 815.

„Antiserum to beef brain S100 cross-reacted with brain extracts from all vertebrates and some invertebrates", es ist also offenbar nicht artspezifisch, sondern eben nerven-spezifisch, weitgehend unabhängig von der Tierart[71]. „S100 is thought to be localized primarly in glia (Moore and Perez, 1968)." Genauer heißt es bei HYDÉN: „that S100 is mainly a glial protein which in nerve cells is found only in the nuclei."[72] Sein Molekulargewicht ist verhältnismäßig klein, die Angaben schwanken zwischen 20 000 und 30 000. Es enthält ungefähr 30 % Glutaminsäure und kein Tryptophan[73], dagegen 2–3 zum Cystein gehörige SH-Gruppen („the presence of one cysteinyl-SH group per 11,000 molecular weight")[74].

Genauer heißt es bei DUNN/BONDY: S100 „contains 190 amino acids of which 36 are glutamin acid and 21 are aspartic acid." Und über das 14-3-2-Protein: „There is twice as much of this protein in brain as there is of S-100."[75] Und A. GRASSO folgert aus seinen Untersuchungen über 14-3-2, daß z. B. „mouse, horse and beef 14-3-2 proteins do not differ substantilly in their primary and secondary structure. It is concluded that 14-3-2 shows a good degree of evolutionary stability, which may reflect unusually peculiar functional properties."[76]

S100 ist nicht an Kohlenhydrate gebunden und kann in 3 Fraktionen aufgeteilt werden, von denen 2 ein hohes „turnover" zeigen; beide Bruchstücke reagieren immunologisch mit Antiserum gegen S100[77].

Über eine mögliche Funktion von S100 lesen wir bei SHOOTER[78]: „A possible clue to the function of S100 comes from studies of its interactions with calcium, sodium, and potassium ions (Calissano et al., 1969). The S100 protein specifically binds two calcium ions, resulting in local unfolding of the structure. Other divalent ions, such as magnesium, do not produce this conformational change, although potassium and, to a lesser extent, sodium ions tend to inhibit the effect. In so doing they insure that the conformational change occurs in the range of calcium-ion concentration that probably exists in the nervous system." RUBIN und STENZEL kamen auf Grund ihrer Untersuchungen zu der Vermutung, „that a considerable part of the protein-synthesis capacity of the brain is devoted to the synthesis of this protein."

---

[71] Vgl. dazu auch: LAWRENCE LEVINE: „Immunochemical approaches to the Study of the Nervous System." in: The Neurosciences (I) 1967. p. 227.

[72] HOLGER HYDÉN: „Some brain protein changes reflecting neuronal plasticity at learning" in: Brain and Human Behavior. ed. A. G. KARCZMAR, J. ECCLES. Berlin, Heidelberg, New York 1972. p. 94.

[73] HYDÉN: a.a.O.

[74] HENRY MCILWAIN and H. S. BACHELARD: Biochemistry and the Central Nervous System. 4th ed. Edinburgh and London 1971. p. 250.

[75] DUNN/BONDY: Functional Chemistry of the Brain. 1974. p. 61.

[76] A. GRASSO: Comparative properties of the brain specific protein 14-3-2. (First European Neurosciences Meeting, Munich 1975) Exp. Brain Res. *23* (1975) (Suppl.) p. 75 (No. 154).

[77] HYDÉN: a.a.O.

[78] SHOOTER: a.a.O.

Über die Beziehungen von S100 zum Lernen und Behalten hat HYDÉN Untersuchungen angestellt. Ausgehend von der Feststellung *(s. o. S. 159 f.)*, daß der Hippocampus auch über seine Bedeutung für den arousal-effect und die folgende Orientierungsreaktion hinaus beim Lernen eine besondere Rolle zu spielen scheint, hat HYDÉN speziell die Veränderung der Protein-Konzentration in Hippocampus-Zellen untersucht. Er kam zu dem Ergebnis: „In the hippocampyl nerve cells, the synthesis of two acidic proteins increases by 100 % during a learning test in rats."[79] An anderer Stelle heißt es: „Intraventricular injection of antiserum against the S100 Protein during the course of training prevented the rats from further learning but did not affect motor function in the animals."[80] Also eine Blockierung der Funktion von S100 durch ein Antiserum führte ähnlich wie eine Blockade einer Protein-Synthese durch Antibiotica zu einem Verlust der Lernfähigkeit, und zwar hier offenbar spezifisch für die eigentliche Lernphase, nicht für das Behalten; möglicherweise ebenfalls die Konsolidierung des Gelernten betreffend.

Die weitere wichtige Frage, ob S100 beim Lernen vermehrt wird, wurde ebenfalls untersucht. HALJAMÄE und LANGE stellten fest „that rats undergoing a change in handedness show increases in the amount of S100 protein in the CA3 cells of the hippocampus"[81]. HYDÉN berichtete genauer über die Bestimmung der S-100 Zunahme: Behandlung von „fresh pyramidal cells of the CA3 region of the hippocampus were used". Die entsprechend vorbehandelten Protein-Proben wurden zentrifugiert und elektrophoretisch analysiert: „When the electrophoretic pattern of the samples was studied, we observed the presence of a double anodal protein band in trained rats." Es ergab sich: „A second protein band in front of the S100 protein complex had emerged in the nerve cell protein from the trained rats. This band contains S100 protein. The result also indicates that the original S100 band contains proteins other than the S100 component."[82] Weitere Versuche ergaben dann: „It was found that the amount of protein contained in the two anodal bands of the trained rats was 10 % greater than the amount of protein contained in the one band of the controls... There is the new band exclusively containing S100 protein in the samples of the trained rats."[83]

Doch eine wichtige Frage bedurfte noch der Klärung; wegen ihrer Bedeutung müssen wir auch auf sie noch eingehen: Konnte nicht die

---

79 HOLGER HYDÉN: „The Question of a Molecular Basis for the Memory Trace" in: Biology of Memory. ed. K. H. PRIBRAM and D. E. BROADBENT. New York and London 1970. p. 110.

80 HOLGER HYDÉN and PAUL W. LANGE: „Correlation of the S100 brain protein with behavior" in: Biochemistry of Brain and Behavior. Proc. of a Sympos. in Kenosha, Wisc. 1970. New York and London 1970. p. 327.

81 EDWARD GLASSMAN: Macromolecules and Behavior: A Commentary. The Neurosciences (III) 1974. p. 668 f.

82 HYDÉN: a.a.O. p. 332.

83 a.a.O. p. 334.

totale Protein-Synthese durch das S100-Antiserum beeinflußt worden sein? Vorher gingen Versuche mit anderen Antiseren, z. B. mit Antiserum gegen Ratten-γ-Globulin von der Ziege oder vom Kaninchen, diese hatten „no impending effect on their performance". Geprüft wurde dann der Einbau einer mit Tritium markierten Aminosäure, ^{3}H-Leucin, in eine Nerven-Zelle des Hippocampus: „No difference in incorporation of ^{3}H-Leucine in the hippocampal protein was found between rats receiving antiserum against S100 and rats receiving γ-globulin antiserum intraventricularly. The effect observed of the S100 protein antiserum on behavior can thus not be explained by an influence from a changed total protein synthesis in the hippocampus."[84] Und HYDÉN fährt fort: „It is, therefore, of special interest to observe that in the experiment ... we have been able to correlate a change in behavior in a single, defined nerve cell protein, which is, furthermore, brain specific."[85]

Peptide

Bei den im Hirn vorkommenden *Peptiden* muß man mehrere Gruppen unterscheiden. Nur erwähnt seien hier Zwischenprodukte der Proteinsynthese bzw. eines Proteinabbaus, die unter normalen Umständen nicht frei vorkommen, aber, wie z. B. das Peptidyl-puromycin *(S. 333 f.)*, bei Störungen auftreten und dann biochemisch wirksam werden können. An biologisch wirksamen Peptiden sind uns bereits begegnet die releasing-factors *(S. 242 f.)* und die Hypophysen-Hormone *(S. 237 ff.)*, auch sie werden in diesem Abschnitt nicht thematisch werden. Unser Thema sind vielmehr die im Hirn vorkommenden freien Peptide, deren Funktion z. T. noch unbekannt ist, die aber aller Wahrscheinlichkeit nach nicht nur für den allgemeinen Hirn-Stoffwechsel, sondern auch für das Lernverhalten von Bedeutung sind. Es handelt sich um die *Substanz P* und das *Glutathion.*

Glutathion

Unter den freien Peptiden im Hirn ist das *Glutathion* wahrscheinlich das wichtigste: in ihm ist bis zu einem Drittel alles nicht-Protein Stickstoffs und mindestens 95 % des Thiols im Hirn enthalten. Über dieses Tripeptid und seine Funktion, speziell auch über seine vermutete Rolle bei der Ausschüttung der Transmittersubstanzen haben wir *S. 260 ff.* ausführlich gesprochen, so daß wir uns hier auf die „Substanz P" beschränken können.

Zum Glutathion nur noch folgender Hinweis: Nach MEISTER (1973) spielt das Glutathion „an important role in amino acid transport"[86].

---

[84] HYDÉN: a.a.O. pp. 342 u. 339. [85] a.a.O. p. 342.

[86] A. MEISTER: On the enzymology of amino acid transport. Science *180* (1973) p. 33 ff. Zitiert nach DUNN/BONDY: a.a.O. p. 39 ff.

„The key feature is the ability of the membrane-bound enzyme γ-glutaminyl transpeptidase to tranfer γ-glutaminyl groups (des Glutathion, d. Vf.) to amino acids on the outside of the cell membrane and release the resulting dipeptide inside the cell." Dies vollzieht sich nach der Gleichung:

Glutathion + AS ⟷ γ-glutamylaminosäure (GAS) + Cysteinylglycin

„This dipeptide (GAS) is then hydrolyzed, releasing the free amino acid (AS) inside the cell." (Zu Einzelheiten dieses „γ-glutamyl cycle" vgl. die angegebenen Quellen.)

Substanz P

1931 entdeckten v. Euler und Gaddum, „that alcoholic extracts of brain and intestines cause isolated gut to contract, and their intravenous injection elicited a fall in blood pressure." (135) Der wirksame Bestandteil dieser Extrakte gewann bald unter dem Arbeitsnamen *Substanz P* Interesse, und 1970 stellte G. Zetler die Ergebnisse eigener und anderer Untersuchungen über Substanz P (SP) zusammen[87]:

Es wurde bald deutlich, daß es sich nicht um eine einheitliche Substanz handelte, sondern um „a family of unknown peptides that are chemically as well as historically related to SP" (135), also um verschiedene Substanzen, die aber verwandt genug waren, um die Eigenschaften und Wirkungen von „SP" mitzubestimmen. Die Polypeptid-Struktur dieser Substanzen ergab sich u. a. daraus, daß SP durch Proteasen inaktiviert wurde, und man fand in „highly purified SP preparations" – mit leichten Varianten zwischen Schwein, Ziege und Rind – insgesamt 16 Aminosäuren als Bestandteile von SP[88]. Eine Bestimmung der Kettenenden führte zu dem Ergebnis (138):

am Carboxylende (Rind): Phe-Leu-Tyr;
am Aminoende (Pferd): Arg-Pro-Pro.

Außerdem ist bekannt, daß die Substanz P Methionin enthält[89].

SP findet sich „in intestinal and nervous tissue of man, and all vertebrates so far investigated" (139), und zwar im Gehirn im allgemeinen in größerer Konzentration in der grauen als in der weißen Substanz. Interessant ist, daß beim Menschen die Stationen des *Hörwegs* (colliculi inferiores und corpus geniculatum mediale) beträchtlich mehr SP enthalten als die entsprechenden Stationen des Sehwegs; und weiter, daß in den colliculi die Konzentration höher ist als im geniculatum.

[87] G. Zetler: Biologically active Peptides. (Substance P). in: Handbook of Neurochemistry. ed. A. Lajtha. Vol. 4. New York, London 1970. p. 135 ff. (Seitenzahlen der Zitate im Text.)

[88] Nach neueren Untersuchungen (Chang u. Mitarb.) besteht SP aus 11 AS, deren Sequenz „has been determined and confirmed by synthesis." Nach Dunn/Bondy: a.a.O. p. 42.

[89] G. Zetler, D. Münkemeier und H. Wiechell: Peptid-Rezeptoren für Tachykinine in der Tuba uterina des Menschen. Naunyn-Schmiedebergs Arch. Pharmak. exp. Path. *262* (1969), 108.

Eine Beziehung zum Hirnstoffwechsel bzw. zu den Funktionen des NS könnte man darin sehen, daß in vielen Teilen des Gehirns „an invers ratio of SP concentration to cholinacetylase activity" besteht (139). SP findet sich nicht in Glia-Zellen, und übrigens auch nicht im Cerebellum.

Im zentralen Nervensystem ist „SP located ... in the same fraction of synaptic vesicles and nerve endings as acetylcholine"; im peripheren NS ist es dagegen in der Mikrosomen-Fraktion enthalten (140). Offenbar gibt es eine gebundene und eine freie Form von SP. Eine SP-Protease ist ebenfalls im Gehirn gefunden worden, und zwar in den Mikrosomen.

Die Trennung von SP nach verschiedenen Methoden ergab die Fraktionen Fa, Fb und Fc. Fc ist offenbar ein normaler Bestandteil des Hirngewebes, während Fa und Fb wie wahrscheinlich die meisten aktiven Polypeptide „most probably arise by the effect of proteases on inactive precursors". (144 f.) Fc unterscheidet sich von den beiden anderen Fraktionen noch dadurch, daß es nur im Cortex vorkommt, während Fb auch subcortical auftritt. Beim Menschen findet sich in der Amygdala, im Roten Kern und im Hypothalamus noch eine Variante von Fc, das Fc′: „Die Empfindlichkeit für Trypsin spricht eindeutig gegen eine Identität mit Fc. Auch während der Papierelektrophorese verhielt sich dieses Material anders als Fc."[90] „The Fa peptide is very probably identical with that peptide which was as ‚substance P' highly purified by several workers. The Fc peptide is most interesting because of its exclusive localization in brain cortex, its unusual acidic nature, and acetylcholine-releasing potency" (145), so z. B. auch im Hirn anästhesierter Katzen. (142)

Zusammenfassend muß man sagen, daß „the important problem whether SP concentration in brain changes with function of this organ cannot be clearly answered in spite of numerous efforts." (140) Doch könnte die genauere Untersuchung dieser Substanzen „become important for the research of acquisition and storage of information, and its transfer by brain extracts containing peptides" (146).

Über neuere Untersuchungen am Karolinska Institut in Stockholm berichteten T. Hökfelt u. Mitarb. auf dem „First European Neurosciences Meeting" in München (September 1975): „Substance P (SP) ... has been traced in the peripheral and central nervous system. ... In the spinal cord a very dense network of SP positive fibers is found in the substantia gelatinosa and a less dense plexus in the ventral horns and around the central canal." Experimentelle Untersuchungen an Ratten und Katzen führten zu Ergebnissen „indicating an intra-axonal transport of SP". Die Autoren kamen zu dem Schluß: „The present results support the view that SP or an SP-like peptide may act as a

---

[90] J. Baldauf, H. Iven u. G. Zetler: Verteilung von darmkontrahierenden Peptiden im menschlichen Gehirn. Naunyn-Schmiedeberg Arch. Pharmak. exp. Path. 262 (1969). 460.

transmitter substance in some primary sensory and certain central neurons."[91]

Die „Mucoide"

Ähnlich wie HEYMANS und SCHAEPDRYVER die Bedingungen zusammengestellt haben, die eine Substanz „erfüllen" muß, um als Transmittersubstanz gelten zu können *(S. 252)*, hat BOGOCH entsprechende Bedingungen aufgestellt für Substanzen, die als „Kandidaten" für substantielle *Engramme* angesehen werden können[92]: „Those molecules which might qualify would have the following characteristics: *Heterogenity* in structure; *Location* of the memory molecules, ... favored in structures which have geometric order of some permanence; *Development*[93], *Pathology:* impairment in the concentration of or conformation of the memory molecule ... or its function should be correlated with impairment of memory processes; *Recognition functions:* such that the specificity of their interaction with other molecules was of a high order; *Biosynthesis:* inhibition of the synthesis of the memory macromolecule should have negative effects on memory function"; *„Change with behavior* und *Change with Learning.*"

BOGOCH hat nun die Hypothese aufgestellt, „that the mucoids are involved in membrane, receptor, barrier, and transmission functions... With the mucoids increasingly implicated in membrane integrity and recognition functions it was proposed that they may be the substances (or one of the substances) in which experiental information is encoded in the nervous system."[94] Die Hirn-Mucoide „exhibit heterogenity, location, development, pathology, recognition functions, biosynthesis, and change with behavior and learning consistent with requirements for coding functions.... Inhibition of synthesis of brain gangliosides has been demonstrated to occur with the memory-inhibitor puromycin, and mucoids have recently (1967, Vf.) been visualized at synaptic junctions."

„Mucoid", schreibt BOGOCH, „is an old term for substances with carbohydrate and protein, and for lipid characteristics."[95] Diese Stoffgruppe ist eine Zusammenfassung vieler Untergruppen wie *Glykoproteide,* Glykolipide (z. B. Cerebroside), Glykolipoproteine, Amino-

---

[91] T. HÖKFELT, J. O. KELLERTH, G. NILSSON, and B. PERNOW: Immunohistochemical support for a transmitter role of substance P in primary sensory neurons and in central neuron systems. Exp. Brain. Res. *23* (1975), 90 (No 176). Suppl., Abstract collection.

[92] SAMUEL BOGOCH: The Biochemistry of Memory. New York, London, Toronto. 1968. p. 91 ff.

[93] D. h. etwa, daß eine Änderung der Konzentration der Substanz während der Entwicklung des Organismus der jeweiligen „Bedeutung" des Lernens für den Organismus entspricht, also daß die „development curve" der Substanz „conformed to the learning curve." a.a.O. p. 92.

[94] a.a.O. p. 6.

[95] a.a.O. p. 93.

polysaccharide. Es gehören dazu neben den erwähnten Cerebrosiden auch die Ganglioside; bei beiden deutet der Name schon an, daß sie besondere Funktionen im Nervensystem haben.

Training und Lernen

Die Voraussetzung der Hypothese ist eine Trennung der Begriffe Training, Lernen und Gedächtnis, die „indicate different levels of certainty about the nature of an operational laboratory event, and different levels of complexity of concept.... Each of the three is different from the other two. Thus, when we state that an animal is training, or even more carefully, in the training situation, we imply nothing about learning and memory except that these may or may not occur. When the term learning is used, it requires evidence of a changed response to a stimulus.... And when the term memory is used, it implies a much more comprehensive, indeed higher hierarchical level of organizational change in the nervous system“[96]. Die Unterscheidung von „learning“ und „memory“ und ihr Zusammenhang wird deutlich an der Charakterisierung der beiden Begriffe: „Learning is a *process* which utilized old memories and constructs new ones; memory is a *state* which contains learning in its past.“[97]

„Trainein“ und „Learnein“

Die Hypothese ist aus langen Reihen von Untersuchungen über Hirn-Proteine verschiedener Organismen erwachsen, vor allem von Tauben, nach dem Training und nach einem Lernen. Die Fraktionierungen führten zu 16 verschiedenen Fraktionen von Proteinen, von denen einige noch Unterarten enthielten. Wichtig für die Grundlegung der Hypothese wurden die Fraktionen 10BI, 10BII und 11A. Sie unterscheiden sich chemisch u. a. in der Konzentration der Kohlenhydrate (Hexose), außerdem enthalten die beiden 10B-Fraktionen Neuraminsäure, 11A dagegen nicht („no demonstrable“) (109).

„Both the protein data and the carbohydrate data... support the conclusion that these glycoproteins are involved in biochemical reactions occurring during the training process.“ Während des Trainings fand sich ein „decrease of 10B“ und ein „increase in 11A“. Deshalb wurden „the glycoproteins involved named Trainein I and II (10BI and 10BII respectively) and Learnein (11A). Ihre genaue Funktion beim Training und beim Lernen bedarf noch eingehender Untersuchung, doch „the biosynthetic data for the incorporation of 14C-glucose into these glycoproteins support an extremely rapid and sizable synthetic

---

[96] Bogoch: in The Future of the Brain Sciences. 1969. p. 104 ff. Wir folgen hier dieser zusammenfassenden Darstellung, für Einzelheiten muß auf die „Biochemistry of Memory“ verwiesen werden.

[97] a.a.O. p. 105, s. a. I, 316.

potential commensurate with their proposed function.“ (111) „The fact that both Trainein and Learnein may contain even greater amounts of glycosidically bound carbohydrate constituents during the earlier phases (indeed minutes) of the training process taken together with the possibility of microheterogenity within each of these glycoproteins, points to considerable remaining complexity in the resolution of their exact functions.“

Die recognition function

Unter einem anderen Gesichtspunkt untersucht BARONDES die „Mucoide“. Seine „major hypothesis“ ist, „that the polysaccharides on neuronal surfaces play a crucial role in defining and regulating interneural synaptic relationship“[98]. Unter den Mucoiden interessieren ihn vor allem die *Glykoproteide:* Obgleich die Ganglioside, „which are concentrated in neurons (Lowden and Wolfe, 1964) – particularly at nerve endings (Wiegandt, 1967) – merit special consideration in a discussion of the neuronal surface, yet glycoproteins may prove to be of even greater significance in determining the properties of synaptic surfaces, because they appear to possess greater structural variability and because of the enormous volume occupied by their long, extensively hydrated polysaccharide chains (Schubert, 1964)“. Die Arbeiten haben damit Beziehungen zu den Untersuchungen von UNGAR über „recognition molecules“, bei denen es sich ebenfalls um Glykoproteide handeln könnte *(s. o. S. 286).*

Über die *Verteilung* der Hirn-Glykoproteide weiß man noch nicht sehr viel; man hat geschätzt (BRUNNGRABER, 1969), daß 3 – 10 % aller Hirnproteine Glykoproteide sind, und „the combination of the histochemical and enzymatic studies leaves little doubt that the surface of the cell is rich in bound carbohydrates and that a substantial portion of the total cellular content of these substances is localized on the surface“ (750).

Auch über die spezielle *Zusammensetzung* der Glykoproteide im Gehirn weiß man noch wenig (751); besonderes Interesse hatte eine Verbindung gefunden, die *Sialinsäure* (= N-acylneuraminsäure) enthält und wahrscheinlich ausschließlich im Gehirn vorkommt. Die Kohlenhydrat-Seitenketten enthalten zwei oder mehr einfache Kohlenhydrate wie D-Galaktose, D-Glucose, L-Fucose, N-acetyl-D-Glucosamin, N-acetyl-D-Galaktosamin und die Sialinsäure[99].

Die Sialinsäure enthaltenden Verbindungen scheinen besondere Aufgaben zu erfüllen. So schreibt WESEMANN[100]: „Sialoglycolipids and sia-

98 SAMUEL H. BARONDES: Brain Glycomacromolecules and Interneuronal Recognition. The Neurosciences (II) 1970. p. 747.

99 SAUL ROSEMAN: The Biosynthesis of Cell Surface Components and Their Potential Role in Intercellular Adhesion. The Neurosciences (III) 1974. p. 796.

100 W. WESEMANN: Biochemistry of Serotonin and Synaptic Membranes in

loglycoproteins appear to be of significance for synaptic transmission, since it was shown that these substances restore the electrical excitability of inactivated brain tissue and possess binding capacity towards cations such as Na^+, K^+, and Ca^{++} and toward transmitter molecules." Und RAHMANN et al. berichten, daß „Sialo-glycomacromolecules (esp. gangliosides and sialoglycoproteins) which are higly enriched in synaptic structures, have been found out to belong to the most favourable membrane-constituents, regulating the synaptic events"[101].

Die *Synthese* der Glykoproteide vollzieht sich wahrscheinlich in Stufen. „It is believed" schreibt BARONDES, „that carbohydrates are not added to glycoproteins until after the completion of the entire polypeptide chain", denn es besteht Übereinstimmung darüber, „that carbohydrate incorporation is not dictatet by ribonucleic acid templates. Rather, the addition of sugars is determined by the structure of the protein and the presence of appropriate glycosyl transferases in the cell." (748) Der nächste Schritt ist dann die „secretion": „the completed glycoprotein is secreted either onto the cell surface or into the extracellular space (including the blood stream)." (749)

Auch bei den in den Nervenenden vorhandenen Glykoproteiden wandert das fertige Protein aus der Zelle in die Nervendigung und wird erst dort mit den Kohlenhydraten verbunden. Allerdings differieren hier die Auffassungen noch etwas: Nach BARONDES „some, possibly all, polypeptids chains that will become nerve ending glycoproteins are made in the perikaryon. At this site, some may receive only a fraction of the sugars they will ultimately contain, or none at all. Incomplete glycoproteins are transported down the axon to the nerve ending. At the nerve ending, glycosyltransferases add further carbohydrates." (753) Bei ROSEMAN dagegen lesen wir: Die Biosynthese der komplexen Kohlenhydrate „may be visualized as the sum of three discrete steps, the first being the conversion of glucose to the monosaccharids listed above *(s. S. 346)*, the second the activation of the monosaccharides, and the last the transfer of the monosaccharides, to the ends of the growing chains in the polymers"[102].

Wichtig für die Funktion der Glykoproteide ist die Feststellung, daß „the completed glycoproteins, ‚turn over' relatively rapidly, either because of degradation or, more likely, because of secretion from the nerve terminal. The secreted material may coat the nerve-terminal membranes or may migrate into the intersynaptic gap substance or some other site." (BARONDES, p. 753)

Neurotransmission. in: Biochemistry of Sensory Functions. ed. L. JAENICKE, Berlin, Heidelberg, New York 1974. p. 579.

[101] H. RAHMANN, H. BREER, and H. RÖSNER: Functional aspects of Sialoglycomacromolecules in the CNS. (First European Neurosciences Meeting, Munich 1975. Abstracts.) Experim. Brain. Res. *23* (1975) Suppl., p. 169 (No. 333.)

[102] ROSEMAN: a.a.O. 796. – Zur Synthese des Protein-Anteils der Glykoproteide vgl. DUNN/BONDY: a.a.O. p. 96 f.

Die spezielle „recognition function", also die „Fähigkeit", bestimmte Zellen zu „erkennen", gründet möglicherweise in dem Neuraminsäure-Bestandteil des Komplexes. ROSEMAN untersuchte die „recognition function" bei der „cell adhesion", speziell „the rate at which single cells adhere to each other (specific adhesion) or to other cell types (nonspecific adhesion)[103]" als eine Methode, „the problem of cell-cell recognition" in den Griff zu bekommen[104]. Auch ROSEMAN kommt zu dem Schluß, daß „the ability of cells to recognize other cells of the same or different types, or to recognize other components of the environment, such as hormones, can most simply be explained by assuming that the cell surfaces contain ‚sensors' "[105]. Ob es sich bei der Erklärung der „recognition" function nun um „sensors", um „recognition molecules" oder entsprechende Vorstellungen handelt, im Grunde geht die moderne Forschung – ebenso wie in der Immunchemie und auch in der Enzymforschung – den Weg, den EHRLICH ihr schon vor rund acht Jahrzehnten mit seiner *Seitenketten-Theorie* gewiesen hat. MARTHA MARQUARDT, EHRLICHS langjährige Sekretärin, hat in ihrer EHRLICH-Biographie eine anschauliche Schilderung der „side-chain-Theory" gegeben, wie sie EHRLICH einem Besucher dargestellt hat: „I picture this to myself, thus: the cells have the ability to attract foreign chemical substances which have specific chemical relationship to the substances of the cell itself. Whenever such substances come in contact with the cell, a chemical binding takes place. This is as close, and as well adjusted, as a key is to its lock. Re vera ... still another, better picture ... In order to incorporate the chemical stuff, the cell will ... so to speak ... stretch out arms, ‚receptors', to catch and get hold of the substances. The group giving the foreign substance its affinity for the cell receptor, the haptophore group, will be caught by the receptor, the catching arm, and thus anchored to the cell protoplasma."[106]

Enzyme

Für eine Beeinflussung des Enzymbestandes einer Zelle bestehen mehrere Möglichkeiten. Sie kann in einer Vermehrung vorhandener Enzyme oder in deren Veränderung, z. B. durch Konformationsänderung, oder aber in einer Neubildung bestehen, z. B. durch eine neue Substanz, die als Induktor für eine Enzymbildung wirkt (s. o. Enzyminduktion, *S. 244*). Die Wirkungen solcher Enzymveränderungen können u. a. sein, daß bestimmte Substanzen nicht mehr abgebaut, oder daß neue Substanzen synthetisiert werden, wodurch dann die Ketten chemischer Reaktionen in den Zellen abgebrochen oder anders gesteuert, bzw. neue Ketten in Gang gesetzt werden.

---

103 ROSEMAN: a.a.O. p. 799. 104 a.a.O. p. 799. 105 a.a.O. p. 775.
106 MARTHA MARQUARDT: Paul Ehrlich. With an introduction by Sir HENRY DALE. London 1949. p. 67.

Faktoren einer solchen Beeinflussung können außer innerorganismischen Vorgängen, wie Krankheiten usw., alle äußeren Stimuli sein, speziell aber auch Zustandsveränderungen des Organismus, wie sie als Folge eines *Lernens* anzunehmen sind: Veränderungen, die zu dem Zustand des „gelernt-Habens" führen und weitgehend stabil sind.

Unter den *Methoden*, die derartige Veränderungen im „enzyme level" der Zellen und Organe festzustellen erlauben, seien wenigstens zwei genannt: „The distribution of an enzyme may be determined by using carefully designed substrates that form readily detectable products... A similar approach uses inhibitors of the enzyme that bind to it irreversible. Suitable tags include radioisotopes (which can be detected by radioautography), fluorescent compounds and heavy metals, as well as distinctively colored products. With the use of radioautography some enzyme activities may be studied *in vivo*, using precursors of readily fixed compounds as proteins, nucleic acids or polysaccharides."[107]

Wir haben bei den Proteinen gesehen, wie durch äußere Eingriffe in den Stoffwechsel bestimmte Synthesen gehemmt oder unterbrochen werden und wie andererseits *Lernen* zur Vermehrung bestimmter Proteine führt, was bedeutet, daß die Aktivität vorhandener Enzyme erhöht ist, bzw. daß der Gehalt an diesen Enzymen zugenommen hat. Bei der Beurteilung dieser Versuche darf man aber nicht übersehen, daß die Situation dabei ähnlich ist wie bei der Aufnahme und Weiterleitung von Signalen im Nervensystem: mußten wir bei der Untersuchung der Signale den „neural noise", die gleichzeitige vielfältige neuronale Aktivität des ZNS berücksichtigen, so gilt bei zellchemischen Untersuchungen das gleiche für den „chemical noise", die Vielfalt gleichzeitiger Reaktionen des normalen Stoffwechsels. Und erinnern wir uns des Verhaltens einer Ratte im Labyrinth *(S. 75)*, so zeigt sich etwas Entsprechendes auch bei Verhaltensexperimenten: stets müssen wir unser Untersuchungsobjekt aus einer Fülle gleichzeitiger Vorgänge herausheben, von denen viele auf es einwirken und viele auch durch die Untersuchung beeinflußt werden können. Speziell für die Enzyme hat SCHIMKE dies so formuliert: „that changes in enzyme levels take place against a background of continual synthesis and degradation of proteins, i. e. turnover."[108]

Damit ist das „Stichwort" für unseren ersten Themenkreis gefallen: Für das Lernen und die *Engramm-Bildung* besteht in der „degradation of proteins" und den damit zusammenhängenden Veränderungen im „enzyme level" ein spezielles Problem – ja, es besteht nicht nur für Proteine, sondern allgemein für alle Zellsubstanzen, die als mögliche

---

[107] ADRIAN J. DUNN and STEPHEN C. BONDY: Functional Chemistry of the Brain. Flushing, New York. 1974. p. 18.

[108] ROBERT T. SCHIMKE: Principles Underlying the Regulation of Synthesis and Degradation of Protein in Animal Tissues. The Neurosciences (III) 1974. p. 814.

Engramm-Elemente in Frage kommen: auch sie unterliegen dem ständigen turnover. Wir wählen hier das Protein-turnover, da es – speziell auch seine Steuerung – am besten untersucht worden ist. Diese Frage ist so wichtig, daß SCHIMKE die Ansicht vertritt, daß „in terms, of understanding mechanisms, control both of synthesis and of degradation of proteins is at the very center of modern molecular biology." (a.a.O.)

Probleme

GOLDBERG stellt in seinem Beitrag zu diesem Thema einige Fragen zusammen, die „nicht nur für Biochemiker von fundamentaler Bedeutung sind, sondern auch sehr wichtig für eine Anzahl ungelöster physiologischer Probleme": „(1) Why do different proteins in the same cell have distinct rates of turnover? (2) What physiological factors control overall rates of protein breakdown? (3) What enzymes are responsible for the turnover of proteins?"[109] Daß diese Fragen für biochemische Probleme auch im NS und nicht zuletzt auch für das Lernen wichtig sind, zeigt GOLDBERG an dem folgenden Beispiel. „For example, in nerve cell the degradation of proteins must be intimately related to their axoplasmatic flow, to the assembly and disassembly of membranes, and even to the mechanisms responsible for neural plasticity." (a.a.O.)

Die Möglichkeiten, die für eine Regulierung eines Protein-Aufbaus und -Abbaus bestehen, stellt SCHIMKE zusammen – sie bedeuten ebenfalls Probleme: „inasmuch as most significant biochemical reactions depend on catalysis by enzymes, the large measure of control is effected by regulating either the catalytic activity of *preexisting* enzyme molecules by ligand interaction or covalent modification or by regulating the *content* of enzyme molecules, or both."[110]

Inzwischen gibt es eine zunehmende Fülle von Beispielen einer „adaptation of enzyme levels in animal tissues to a variety of hormonal, pharmacologic, genetic, and physiological variables". (a.a.O.)

Der Protein-Abbau

Sind Proteine Engramm-Elemente, so müssen sie beständig sein. Wir zitierten schon einmal N. E. MILLER, der sogar die Möglichkeit erwog, daß „the physical basis of learning must reside in one of the relatively rare bodily components that do not turn over with time". Damit wird Frage (1) von GOLDBERG aktuell: da die turn-over Rate der Proteine so verschieden ist – die Halbwerts-Zeit variiert z. B. für Enzyme nach einer Zusammenstellung von SCHIMKE[111] in der Rattenleber

[109] ALFRED L. GOLDBERG: Regulation and Importance of Intracellular Protein Degradation. The Neurosciences (III) 1974. p. 827.

[110] SCHIMKE: a.a.O. p. 813. (Hervorhebung von mir.)

[111] a.a.O. p. 815.

zwischen 11 Minuten und 16 Tagen –, ist es wichtig, die Ursachen und Bedingungen für diese Variabilität zu kennen.

Die *Anfälligkeit eines Proteins* für einen Angriff proteolytischer Enzyme, „the inherent susceptibility of the protein to proteolytic attac" ist nach SCHIMKES Untersuchungen „an important factor in establishing the heterogenity of turnover-rates of different proteins"[112].

Die *Größe eines Proteins* ist, wieder nach SCHIMKE, ebenfalls ein wichtiger Faktor: „There is a general correlation between the size of a protein and its relative rate of degradation."[113] Die Untersuchung dieser Korrelation haben SCHIMKE u. Mitarbeiter dazu geführt „to propose that the correlation of size and rate of degradation is based on the overall greater chance of a larger protein beeing ‚hit' by an endopeptidase, producing an initial rate-limiting peptide bond cleavage"[114].

Die *Konformation,* also die *Tertiär-Struktur* eines Proteins ist ein weiterer wesentlicher Faktor, der wahrscheinlich auch die „Anfälligkeit" mitbestimmt. So schreibt GOLDBERG: „that the stability of a protein in vivo is influenced by its conformation which in turn reflects its primary structure.... The finding that the enzyme may also be a major determinant of protein half lives gives an added significance to studies of tertiary structures."[115] Dies ist besonders wichtig, da wir gesehen haben, daß die Wirkungen stimulierender Substanzen beim Rezeptor Konformationsänderungen hervorrufen, und eine solche Änderung auch als eine Möglichkeit der Engramm-Bildung durch Makromolekeln in Betracht gezogen wird.

Weiterhin ist wichtig, daß eine Konformationsänderung nicht nur verschiedene Folgen haben kann, sondern auch verschiedene Ursachen: SCHIMKE schreibt: „A protein molecule might be subject to degradation only when it assumes certain conformations. Thus a heterogenity of degradation rates could exist, depending on the number and nature of particularly labile peptide bonds exposed in certain conformations. In addition, the interactions of proteins with various ligands, including other proteins, lipids, and small molecules, can alter such conformations and thereby alter proteins as substrates for inactivation. The model that emerges, then, is one in which protein molecules are individually available to a degradative process that is present at all times. Shifting concentrations of substrates, cofactors and so on, as occur under various hormonal and physiological conditions, would lead to a variety of effects on specific enzymes, either to stabilize or labilize them."[116]

Nehmen wir nun an – wofür gewisse Erfahrungen sprechen würden – daß die Konformations-Änderung von Makromolekeln, speziell von Proteinen und Protein-Enzymen, der Kernpunkt der Bildung von Engramm-Elementen ist, so können viele Wege dahin führen – möglicherweise auch die Einwirkung von Transfer-Substanzen trainierter auf

---

[112] SCHIMKE: a.a.O.

[113] a.a.O. p. 821 u. 815 f.

[114] a.a.O. p. 816.

[115] GOLDBERG: a.a.O. p. 832.

[116] SCHIMKE: a.a.O. p. 821.

untrainierte Tiere bzw. ihre originäre Bildung in trainierten Tieren. Und ebenso können von diesem Kernpunkt aus auch viele Wege weiterführen, z. B. zu den eigentlichen Engrammen, wobei das ganze System dann die zweite von N. E. Miller erwogene Möglichkeit erfüllen könnte: ein „self-maintaining system" zu sein.

Beeinflussung durch Drogen

Untersuchungen mit Drogen, die speziell für eine Chemie des Lernens von Interesse sind, wurden von A. J. Mandell u. Mitarb. unternommen[117]: es handelt sich um „studies relating long-term drug action to the specific activities of rate limiting, neurotransmitter biosynthetic enzymes". (98). Die Versuchstiere waren Küken und Ratten; die verwendeten Drogen vor allem Reserpin und Amphetamin, sowie 6-Hydroxydopamin und Methedrin.

Cholinacetylase (ChAc), genauer: Cholin-O-acetyltransferase *(s. S. 268)* ist das Enzym, das bei der Bildung des Acetylcholins die Acetyl-Gruppe vom Coenzym-A auf das Cholin überträgt. ChAc wird durch *Reserpin* aktiviert: „Reserpine treatment results in a rise in brain choline acetyltransferase activity in all areas studied. The rise reached statistical significance in the mid-brain and the cerebral hemispheres." (101) Es war für die Untersucher eine Überraschung, daß außer dem Neurolepticum Reserpin auch das Psychotonikum („Weckamin") *Amphetamin* eine stimulierende Wirkung auf ChAc hatte: „Thus it appears that two rather diverse drugs, reserpine and amphetamine, increase the specific activity of choline acetyltransferase . . ." (107).

Methedrin[118], eine dem Amphetamin verwandte Substanz, führte zu einer verstärkten Synthese von ChAc; aus den Untersuchungen ergab sich die Hypothese: „new choline acetyltransferase synthesized in response to methedrine treatment might have its origins in the cell body and require two days to migrate down the axon to the pre-ganglionic nerve ending in the adrenal." (111) Daraus könnte dann folgen, daß das „nerve ending rate limiting biosynthetic enzyme becomes an important regulatory influence in synaptic physiology. For example, in the case of choline acetyltransferase in response to ‚speed' (an excitatory drug), an increase in nerve ending choline acetyltransferase might lead to the increasing biosynthesis of acetylcholine in significant areas". (117)

Tyrosinhydroxylase: Dieses Enzym katalysiert den ersten Schritt der Synthese der *Catecholamine* (DA, NA, A, *s. S. 264 f.)* aus Tyrosin und ist als „Schrittmacher" der Synthese auch der Ansatzpunkt für eine Re-

---

117 Arnold J. Mandell: Drug induced alterations in brain biosynthetic enzyme activity. in: Biochemistry of Brain and Behavior. ed. R. E. Bowman and S. P. Datta. New York, London 1970. p. 97 ff. (Seitenzahlen der Zitate im Text in Klammern.)

118 USA-Firmenname für Methamphetamin.

gulierung dieser Synthese *(s. S. 265)*. Auch auf dieses Enzym wirken *Reserpin* und *Amphetamin* aktivierend (107). Da auch 6-Hydroxydopamin sowie Methedrin in gewissem Grade dieses Enzym aktivieren, ergibt sich wieder die bei der ChAc gefundene Situation: „The same kind of change in tyrosine hydroxylase activity with three drugs of rather diverse modes of action." MANDELL deutet dies – als „the most economical explanation" – als eine unspezifische Begleiterscheinung der Zunahme peripher-sympathischer Aktivität. (109) Auch Beziehungen zur Reserpin-Wirkung auf ChAc werden erwogen: man könnte vermuten „that one source of the activation leading to the increase in adrenal tyrosine hydroxylase (in addition to a direct action on the adrenal) may be via an increase in the choline acetyltransferase in the cholinergic pre-ganglion fibers". (109)

Aus der Tatsache, daß die Drogen-induzierte Aktivitätssteigerung des Enzyms durch Cycloheximid und Actinomycin D *(s. o. S. 335 ff.)* inhibiert wird, haben MUELLER u. Mitarb. geschlossen (1969), „that the increase in activity was due to the synthesis of new enzyme". (109)

Tryptophanhydroxylase: Das Enzym katalysiert die Hydroxylierung des Tryptophans zu 5-Hydroxytryptophan, das durch Decarboxylierung übergeht in 5-Hydroxytryptamin = Serotonin (5-HT; *s. o. S. 252*). Serotonin ist wahrscheinlich ebenfalls eine Transmittersubstanz. Auch auf dieses Enzym wirkt *Reserpin* aktivierend. „We have demonstrated", schreibt MANDELL, „a significant, 35 % increase in brain stem tryptophan hydroxylase in response to two injections of reserpine, twelve hours apart. It appears that brain tryptophan hydroxylase may respond to reserpine in the same way as tyrosine hydroxylase." (116)

Cyclo-AMP (s. S. 267): Die Wirkung dieses „second messenger" auf die an der Transmittersubstanz-Synthese beteiligten Enzyme hat ebenfalls ein breiteres Spektrum. Nach einer Gabe von 23 μg Dibutyril-AMP (während 3 Stunden) fanden die Untersucher im Nucleus caudatus von Ratten „that tyrosinhydroxylase, choline acetyltransferase and acetylcholine esterase increase in specific activity 24 hours after the infusion of cyclic-AMP.... This enzymatic pattern of response is similar to that which we have seen in response to drugs." (116) Daß es sich dabei aber nicht um *unspezifische* Wirkungen handelt, ergibt sich aus der Tatsache, daß „monoamine oxidase has consistently failed to respond to a wide variety of agents influencing central nervous excitability". (114)

Die Ergebnisse dieser Untersuchungen stellen für weitere Experimente viele Aufgaben und auch neue Probleme. Zusammenfassend schließt MANDELL seinen Bericht, speziell im Hinblick auf beobachtete Enzym-Synthesen: „This kind of work suggests the possibility that we have found a mechanism in brain analogous to ‚enzyme induction'.... Could it be that this or a similar mechanism might be responsible for certain aspects of learned and remembered adaptational pattern in the brain?" (119)

Nucleinsäuren

Einleitung

Da die *Nucleinsäuren* (NA) bei der Speicherung, Übertragung und beim Abruf der *genetischen Information,* also beim „Lernen der Art", die entscheidende Rolle spielen, lag es nahe, ihnen auch bei den Phasen des individuellen *Lernens* eine entsprechende Rolle zuzuschreiben: die Speicherung des Gelernten wie auch seine Übertragung durch Stoffe. Dabei wurde „the most-favoured candidate for this role the RNA; but the situation is still confused. While there is good reason to believe that RNA may be specifically involved in the metabolic activity of the nerve cells, claims that RNA is concerned in memory storage and in learning are difficult to substantiate"[119].

Andererseits, wenn die Bildung stofflicher Engramme nicht nur in Konformationsänderungen von Makromolekeln, sondern (auch) in der Bildung lernspezifischer Substanzen bestehen sollte, liegen dieser Bildung Stoffwechselvorgänge in den Nervenzellen zugrunde, die Änderungen in der Aktivität der Enzyme und auch Änderungen im Enzymbestand voraussetzen – und damit erhält die Untersuchung der Nucleinsäuren und speziell der RNA nicht nur ihre Berechtigung, sondern läßt auch Einblicke in die Zellvorgänge beim Lernen erhoffen.

2. Die Chemie und Physiologie der Nucleinsäuren ist ein sehr reiches, aber auch sehr kompliziertes Gebiet, auf das wir näher eingehen müssen, wollen wir die Probleme, Methoden und Ergebnisse der Untersuchungen über „NA und Lernen" verstehen. Allerdings ist dieses Gebiet zur Zeit derart „im Fluß", daß wir nicht hoffen können, einigermaßen „up to date" zu sein. Wir müssen uns auf Grundlinien beschränken.

Arten der Nucleinsäuren

Primärstruktur

Proteine bestehen aus Ketten von Aminosäuren (AS), die durch Peptidbindung (-CO-NH-) miteinander verbunden sind. Die Spezifität eines Proteins ist – außer durch die Kettenlänge – durch die Reihenfolge der Aminosäuren, die AS-Sequenz – bestimmt. Entsprechend bestehen die Nucleinsäuren (NA) aus Ketten von *Nucleosiden,* die durch Phosphatbrücken – Ⓟ – untereinander verbunden sind. Nucleoside sind Stickstoff-Basen (kurz als „Basen" bezeichnet), an die über eine Glykosidbindung (C-N-Bindung) ein Zucker, eine *Pentose* gebunden ist. Zwei Gruppen von Basen sind zu unterscheiden: Abkömmlinge des Purins und Abkömmlinge des Pyrimidins:

---

119 G. N. Davidson: The Biochemistry of the Nucleic Acids. 7th ed. (Science Paperback). London 1972. p. 374.

Grundstoff	*Basen*	*Nucleoside*
Purin	Adenin	Adenosin (A)
	Guanin	Guanosin (G)
Pyrimidin	Cytosin	Cytidin (C)
	Uracil	Uridin (U)
	Thymin	Thymidin (dT)

Neben diesen Basen finden sich noch einige Derivate wie das 5-Methylcytosin (mC), das 5-Hydroxy-methyl-cytosin (hmC) und das Pseudouridin (Ψ).

Zwei Pentosen sind mit diesen Basen verbunden: die *Ribose* und die *Desoxyribose.*

Auf die komplizierten Formeln der Nucleoside und Nucleosid-Gruppen können wir hier verzichten, das Wesentliche wird auch aus den abstrakten Formeln und der Kurzschreibweise deutlich:

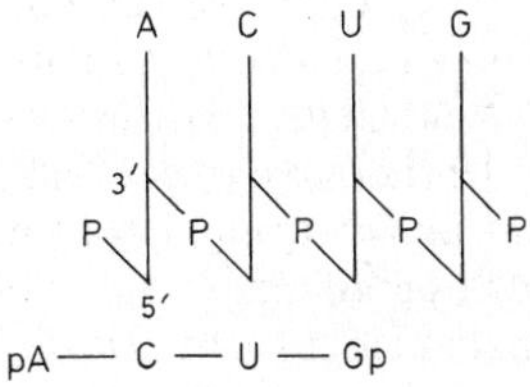

Auch hier ist die Nucleosid-Sequenz einer aus hunderten ja tausenden von Nucleosiden bestehenden NA-Kette – ihre *Primärstruktur* – für die Spezifität der NA wesentlich. Die in der obenstehenden Formel abgebildete Gruppe heißt ein Tetranucleotid, wobei *Nucleotid* = Nucleosid-Ⓟ.

DNA und RNA

Zwei Hauptarten von Nucleinsäuren sind nicht nur strukturell sondern vor allem auch funktionell zu unterscheiden: die *Desoxyribonucleinsäuren* (DNA) und die *Ribonucleinsäuren* (RNA). Strukturell unterscheiden sie sich a) wie der Name schon anzeigt, durch den Zuckeranteil: in der DNA nur Desoxyribose, in der RNA Ribose; und b) durch ein Nucleosid: das *Thymidin* (dT) kommt fast ausschließlich in der DNA vor, an seiner Stelle findet sich in der RNA das *Uridin* (U).

Von Ribonucleinsäuren sind vier Arten bekannt: als erste der Menge nach (ca. 80 %) die in den Ribosomen der Zelle befindliche *ribosomale RNA* (rRNA), dann (etwa 15 %) die sog. „lösliche" RNA = *transfer-RNA* (tRNA) und schließlich (5 %) die *Matrizen-* oder *Messenger-RNA* (mRNA). Eine Sonderstellung nimmt die instabile *heterogene Kern-RNA* (hnRNA) ein, die „heterogeneous nuclear RNA", die auch als „heterodisperse DNA-like RNA" bezeichnet wird. Sie kommt vor allem im Zellkern vor und „may, in part, give rise to messenger RNA“[120].

Um eine Vorstellung von den Größenverhältnissen zu geben, führen wir die Molekulargewichte an („Dalton“ = Einheit des Molekulargewichts):

DNA –	$n \cdot 10^6$	bis	10^9	Dalton
rRNA –	$0{,}5 \cdot 10^6$	bis	$1 \cdot 10^6$	Dalton
mRNA –	$n \cdot 10^5$	bis ca.	$1 \cdot 10^6$	Dalton
tRNA –	$2{,}5 \cdot 10^4$	bis	$3 \cdot 10^4$	Dalton.

Die Namen der RNA leiten sich von ihrer Funktion bei der Proteinsynthese her:

rRNA sind Bestandteile der *Ribosomen* = kleiner submikroskopischer Partikeln der Zelle mit einem Durchmesser von 150 – 200 Å. Ribosomen bestehen zu etwa 65 % aus Ribonucleinsäuren, der Rest sind Proteine und einige andere, niedermolekulare Substanzen.

mRNA: Sie wird an der DNA im Zellkern gebildet, wandert in das Cytoplasma und lagert sich an die Ribosomen an. Sie überträgt dabei das *Muster* (pattern) der Nucleosid-Sequenz der NA (messenger-RNA) und dient dann als Matrize für die Bildung der Aminosäuren-Sequenz des entstehenden Proteins („Matrizen-RNA“, KARLSON).

tRNA: Sie finden sich frei, gelöst, im Cytoplasma; sie binden je eine bestimmte Aminosäure und transferieren sie zur mRNA, wo sie sich in bestimmter Weise (s. u.) anlagern und so die Aminosäuren-Sequenz des Proteins bestimmen.

Zur Unterscheidung und Kennzeichnung einer NA kann auch das molare *Basenverhältnis* (molar proportion of bases) dienen, z. B. bei den DNA: „Doty has pointed out that the physical properties of DNA are strongly influenced by the percentage of G + C in the molecule.“ Dabei unterscheiden sich die DNA verschiedener Lebewesen erheblich: „the relative (G+C) contents of the DNA's from a wide variety of sources have been determined.... While mammalian DNA's show a (G+C) content between 40 and 45 per cent, the range for bacterial DNA's is much wider (30 to 75 per cent), and the significance of these variation in base content has been discussed in relation to the taxonomy of bacteria and protozoa and to the evolution of various organisms.“ Dagegen sind „DNA's from the different organs and tissues of any one species essentially the same“[121].

CHARGAFF hat gewisse Regelmäßigkeiten in der Primärstruktur der DNA aufgezeigt: „The sum of the purines is equal to the sum of the pyrimidines; the sum of the amino bases (adenine and cytosine) is equal to the sum of the keto(oxo) bases (guanine and thymidine); adenine and thymine are present in equimolar amounts, and guanine and cytosine are also found in equimolar amounts. This equivalence

[120] DAVIDSON: a.a.O. p. 305.
[121] DAVIDSON: a.a.O. p. 131 ff.

of A and T and of G and C is of the utmost importance (s. u.) . . . and may be referred to as Chargaff's rule.“[122]

Bei den RNA sind die Unterschiede geringer, so sind z. B. die molaren Basenverhältnisse A:G:C:U (z. T. nach ELSON and CHARGAFF[123]):

Molare Basenverhältnisse

		A	G	C	U
Rinderleber	RNA	17,1	27,3	33,9	21,7
Rinderniere	RNA	19,7	26,7	33,4	20,2
Esch.coli	tRNA*	20,3	32,1	28,9	15,0
Esch.coli	rRNA	25,2	31,5	21,6	21,7
Esch.coli	mRNA	25,1	27,1	24,1	23,7
Polyovirus	RNA	28,6	24,0	22,0	25,4

* Hinzu kommen noch 2,1 und 1,6 Methylbasen.

Struktur der Nucleinsäuren

Die Basenpaarung

Zwei Nucleinsäure-Stränge können sich miteinander verbinden, und zwar so, daß sich zwischen den Basen *Wasserstoff-Brückenbindungen* ausbilden.

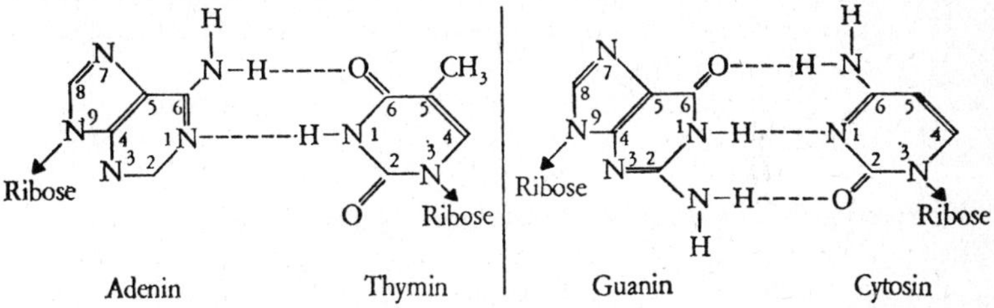

Dabei verbindet sich immer nur eine Pyrimidin-Base mit einer Purin-Base, so daß nur die folgenden Paarungen auftreten: T-A (bzw. U-A) und C-G. Dies ist das sog. *Gesetz der Basenpaarung*.

Sekundär- und Tertiär-Struktur der DNA

Auf Grund der röntgenkristallographischen Messungen vor allem von ROSALIND FRANKLIN haben WATSON und CRICK das Grundmodell einer DNA aufgestellt: die *Doppelstrang-Molekel*, bei der zwei Stränge der DNA durch Basenpaarung miteinander verbunden sind. Diese Art der Verbindung führt dazu, daß „the order in which the bases occur in one chain automatically determines the order of the other chain, which

---

[122] a.a.O. p. 131.

[123] a.a.O. p. 107 f.

is its complement"[124]. (136) Wegen der Gültigkeit von Chargaff's Regel von der Äquivalenz von A und T einerseits und von G und C andererseits „passen" die beiden Stränge derart zueinander, daß das Gesetz der Basenpaarung erfüllt werden kann.

Im Watson-Crick-Modell ist diese Doppelstrang-Molekel nun gewendelt, zu einer rechts-händigen Helix (α-Helix) verdreht „with the two polynucleotide chains wound round the same axis and held together by hydrogen bonds between their bases". (135) Die Molekel hat also das Aussehen einer Wendeltreppe, bei der die miteinander verbundenen Basen die Stufen bilden *(s. Abb. 28)*.

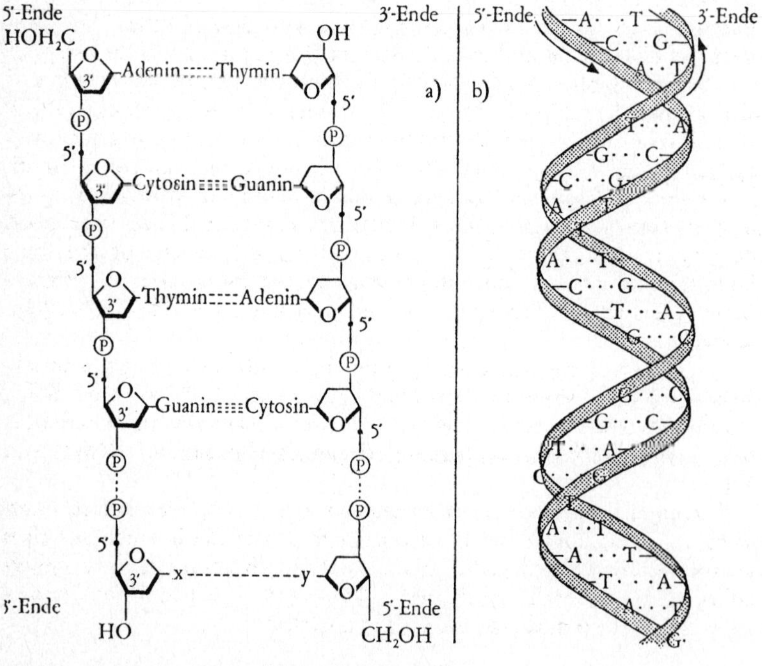

Abb. 28 Modell einer Desoxyribonucleinsäure (DNA).

Dieses Grundmodell ist inzwischen modifiziert und differenziert worden:

a) Wilkins und Mitarb. konnten zeigen, „that DNA fibres can have three possible structures", die B-Struktur, „very close to the original Watson-Crick model", bei der die „pairs of bases are flat and may be staked one above the other like a pile of plates" (136). Weiterhin die A-Struktur, die sich von der B-Struktur dadurch unterscheidet, „that the bases are not flat but are tilted" (138). Und schließlich die C-Struk-

[124] Davidson: a.a.O. (Seitenzahlen der Zitate im Text in Klammern).

tur: „Again the basic structure is a double right-handed helix with small differences in the pitch, number or residues per turn, base tilt" usw. (139)

b) Die ursprüngliche Annahme, daß die beiden Stränge im wesentlichen (oder nur) durch H-Brücken zusammengehalten werden, ist heute „less widely held, and it is believed that the great stability of the DNA helix is maintained by base stacking forces or ‚apolar' bonds while the role of the hydrogen bondes is more to confer specificity in the base pairing mechanism". (138)

Der Begriff der „apolaren" oder „hydrophoben" Kräfte bedarf einer kurzen Erklärung: Bei Proteinen in wäßriger Lösung „treten die hydrophoben Aminosäurereste im Proteinverband derart zusammen, daß das Lösungsmittel Wasser keinen Zutritt zu diesem Bereich erhält"[125]. „Dies bedeutet aber nichts anderes, als daß im Wasser die apolaren Gruppen die Tendenz besitzen, den Kontakt mit dem Wasser zu verringern und sich aneinanderzulagern, also sog, hydrophobe Bindungen auszubilden. Eine thermodynamische Betrachtung zeigt, daß bei Raumtemperatur die hydrophoben Bindungen überwiegend durch Entropieeffekte stabilisiert sind."[126] Über die Bedeutung dieser Bindungen gerade im biologischen Geschehen lesen wir bei MAHLER/CORDES: „There is a good deal of evidence that formation of apolar bonds is one of the most important, if not the most important, factors influencing the higher-order structures of Proteins"[127] – und dies gilt auch für die Nucleinsäuren.

c) Schließlich hat sich gezeigt, „that the double helix is not a totally fixed and rigid structure but undergoes considerable internal deformation in a continouos manner. ... small segments of the double helix swing apart and protrude in the external medium." (DAVIDSON, 140)

Wichtig ist noch eine *Tertiärstruktur* der DNA, die dadurch entsteht, „that the double helical secondary structure can in some instances be further constrained giving rise to tertiary structures such as supercoiled and open-cyclic molecules". (140) Man spricht bei den „supercoiled" Molekeln auch von einer „Super-Helix".

Sekundär-Struktur der RNA

Da die verschiedenen RNA-Arten verschiedene Funktionen ausüben, wird man annehmen dürfen, daß auch ihre Struktur sich unterscheidet.

---

[125] KURT WALLENFELS u. CHRISTIAN STREFFER: Chemische Reaktivität von Proteinen. in: Mechanismen Enzymatischer Reaktionen. (14. Coll. Ges. Ges. Biol. Chem. 1963.) Berlin, Göttingen, Heidelberg 1964. S. 27.

[126] S. M. RAPOPORT: Medizinische Biochemie. 4. völl. überarb. Aufl. Berlin (VEB Verlag). 1966. S. 64.

[127] HENRY R. MAHLER, EUGENE H. CORDES: Biological Chemistry. 2nd ed. New York, Evanston, San Francisco, London 1971. p. 165.

Und weiterhin ist nicht sicher, ob die vorwiegend bei Untersuchungen an Bakterien gewonnenen Erkenntnisse auch auf höhere Tiere übertragen werden dürfen. Doch gibt es einige allgemeine Formmerkmale, die man als typisch für RNA überhaupt ansehen kann.

So lesen wir bei DAVIDSON: „When solutions of naturally occurring ribosomal RNA or the RNA from certain viruses such as TMV are heated, ... changes occur which suggest that the RNA chain is folded back on itself in a number of places so that pairs of bases may come together and become linked by hydrogen bonds.“ (121) Diese Bindungen werden wieder nach dem Prinzip der Basenpaarung gebildet, es bestimmt die Zuordnung und damit auch die „Form“ der fixierten Faltung. Röntgenstrahl-Analyse hat dann weiter gezeigt, daß „the regions in which the RNA chain is folded back on itself... to be helical in structure. The RNA molecule, therefore, may consist of a polynucleotide chain containing short imperfect helical regions ... between 40 and 70 per cent of the nucleotides being involved in such helical formations.“ (121)

2. Unter den RNA-Arten ist die tRNA ihrem Aufbau nach heute am besten bekannt. Das liegt vor allem daran, daß man bei einer Anzahl tRNA die vollständige Basensequenz und mit Hilfe der genannten „Faltprinzipien“ dann auch ihre Sekundär-Struktur ermitteln konnte. Allen tRNA liegt eine gewisse Grundstruktur zugrunde, die eine seltsame *Kleeblatt-Form* aufweist *(s. Abb. 29)*, mit folgenden allgemeinen Kennzeichen:

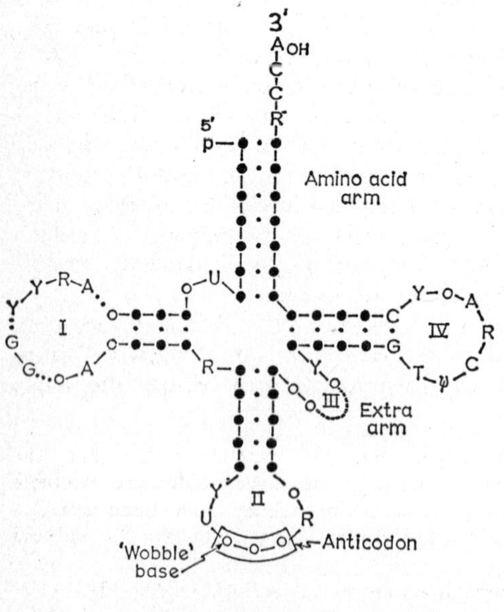

Abb. 29 Schema der Sekundärstruktur einer transfer-Ribonucleinsäure (tRNA). Erläuterung im Text. (Aus DAVIDSON: The Biochemistry of the Nucleid Acids (76).

„(1) An amino acid arm, a helix of 7 base pairs, terminating at the 3′ end[128] in an unpaired -C-C-A_{OH} sequence to which an amino acid becomes attached under the influence of appropriate enzymes.

„(2) A dihydrouracil loop (I) containing 8 to 11 nucleotides at the end of a helical stem of 3 to 4 base pairs.

„(3) An anticodon loop (II) containing 7 nucleotides at the end of a helical system of 5 base pairs. The anticodon ... is a group of three nucleotides at the centre of the loop. (s. u.)

„(4) An ‚extra arm‘ (III) which varies from species to species, containing 3 to 18 nucleotides.

„(5) A pseudouridine-ribothymidine loop (IV) containing 7 nucleotides, including the sequence -T-Ψ-C- at the end of the helical stem of 5 base pairs.“ (122 ff.)

Bei einigen Virus-RNA findet man auch eine *Tertiär-Struktur;* das Kleeblatt ist gleichsam zusammengefaltet (124 f.). So haben Röntgenaufnahmen in diesen Fällen gezeigt, „daß die Schleifen eng anliegen und das gesamte Molekül die Gestalt eines kurzen, in der Mitte verdickten Stäbchens hat. Ein Ende trägt das Anticodon, das andere die aktivierte Aminosäure“[129].

Bildung der Nucleinsäuren

Replikation der DNA

Die DNA-Synthese in der Zelle ist ein sehr komplizierter Vorgang, der trotz vielfältiger Hypothesen noch nicht völlig geklärt ist. Die zunächst allgemein anerkannte Voraussetzung ist: „since the DNA is the fundamental chemical material of the gene, DNA biosynthesis must take the form of synthesis of a replica of an existing DNA molecule.“[130] Wir können hier auf die interessanten Hypothesen, die das experimentelle Material zu deuten versuchen, nicht eingehen, sondern halten uns an eine Art „brutto“-Theorie, die das Endergebnis zeigt, als ob der Vorgang so verliefe. Tatsächlich müßten viele Einzelheiten berücksichtigt werden, die diese kursorische Darstellung modifizieren, ohne sie aber grundsätzlich zu verändern:

Angenommen, eine DNA hat eine bestimmte Nucleotid-Sequenz, und weiter angenommen, „that the two strands can be untwisted from one another to form single chains, and that each base in the single

---

128 Die C-Atome der Pentosen werden mit 1′–5′ bezeichnet. Da „only the hydroxyl groups at position 3′ and 5′ in the sugar residue are available for internucleotide linkages“ (134), muß eine NA am einen Ende eine C_5-, am anderen Ende eine C_3-Hydroxylgruppe haben, also ein 5′- und ein 3′-Ende.

129 Peter Karlson: Kurzes Lehrbuch der Biochemie. 8. Aufl. 1972. S. 114.

130 Vgl. zum Folgenden Davidson: The Biochemistry of Nucleic Acids. (Seitenzahlen der Zitate in Klammern im Text.)

strands can attach to itself the complementary desoxyribonucleotide by the same hydrogen bonding which exists in the intact DNA double helix. Finally, if these attached mononucleotides are polymerized to form a polynucleotide chain, the end result will be a formation of two complete DNA double helices identical with each other and with the original molecule. One strand of each daughter molecule will be derived from the original DNA molecule; the other will be the product of the new synthesis." (234)

Vereinfacht gesagt: Die entwendelte DNA öffnet sich wie ein Reißverschluß, und an jedem Strang lagern sich nach dem Prinzip der Basenpaarung Nucleotide an, die untereinander verbunden jeweils den zweiten Strang für die neue DNA bilden.

Es ist sicher, daß der Vorgang nicht so einfach verläuft, denn schon eine vollständige Trennung der beiden Stränge, sozusagen auf einen Schlag, ist energetisch nicht möglich.

Nur eine Besonderheit muß noch erwähnt werden, weil sie der oben angenommenen Grundvoraussetzung: der Vermehrung der DNA durch Replikation durch „identische Reduplikation" vorhandener DNA widerspricht. DAVIDSON schreibt dazu: „excitement amounting almost to hysteria was created in 1970 by the anouncement of the existence in certain RNA viruses of RNA-dependent DNA polymerases which use RNA as a template for the synthesis of DNA." (258) „The immediate product of the reaction is a double-stranded RNA-DNA hybrid which is the result of the synthesis of a complementary strand of DNA on the single-stranded viral RNA as template or at least on part of it." (259)

Enzyme: Die Verdopplung einer DNA, also die Synthese neuer DNA, benötigt wie alle derartigen Biosynthesen *Enzyme,* die den Vorgang starten, steuern und im Gang halten. Die Enzyme, die Nucleinsäuren synthetisieren, heißen *Polymerasen.* Mehrere DNA-Polymerasen sind bekannt.

Über die DNA-Polymerase I schreibt DAVIDSON: „The DNA polymerase is an enzyme with the unusual property of taking directions from a template and faithfully reproducing the sequence of nucleotide in the product." (240) Polymerase I hat außerdem Exonuclease-Wirkung: „Das Enzym vermag eine DNA-Kette vom 5'Ende her Stück für Stück abzubauen. Seine Aufgabe besteht wahrscheinlich darin, gestörte DNA-Abschnitte zu reparieren, indem Teile der alten DNA abgebaut und durch neues Material ersetzt werden."[131] Polymerase II und III, die in Mutanten von *Esch. coli* gefunden wurden, vermögen ebenfalls DNA zu synthetisieren.

Neben diesen DNA-abhängigen Polymerasen gibt es dann noch die oben erwähnte RNA-abhängige DNA-Polymerase.

---

[131] KARLSON: a.a.O. S. 116.

Bildung der RNA

1. Auch hier müssen wir uns zunächst mit einer „brutto"-Darstellung begnügen. In dieser Sicht entspricht die RNA-Synthese in der Zelle durchaus der DNA-Replikation: Die DNA-Doppelhelix wird – allerdings nur an einem begrenzten Stück, nicht völlig – geöffnet, und an die dadurch frei gewordenen Basen lagern sich, wieder nach dem Prinzip der Basenpaarung, die komplementären Basen an – mit dem Unterschied, daß an Adenin nicht Thymin sondern Uracil angelagert wird. Der so entstehende komplementäre Strang löst sich als RNA ab.

2. Nun müssen aber, da an einer DNA alle vier Arten von RNA gebildet werden können, noch spezifische Faktoren oder Steuervorgänge mitwirken, die diese Arten bestimmen.

Enzyme: Unter ihnen ist von besonderem Interesse die *DNA-abhängige RNA-Polymerase,* die wieder an *Esch. coli* genauer untersucht wurde. Das Enzym, Molekulargewicht 500 000, besteht aus vier Untereinheiten, die als α, β, β′, σ (oder auch als α, β, β′, γ) bezeichnet werden. Dabei ist der „sigma factor responsible for the inition of RNA synthesis. ... Sigma factor appears to operate in selecting the genes at which transcription is to take place." (297) „It seems that in the absence of σ factor the core enzyme initiates RNA synthesis at random points." (298) Ein spezieller Faktor, „isolated from crude *Esch. coli* is responsible for the RNA polymerase recognizing specific termination signals which bring about the termination of the RNA chain and its release from the DNA template. It has been termed the rho (ϱ) factor." (299)

In Säugetierzellen sind mehrere RNA-Polymerasen gefunden worden: Polymerase I findet sich im Kernkörperchen (Nucleolus), Polymerase II im Nucleoplasma.

Die *Messenger-RNA* ist unter dem Einfluß der DNA-abhängigen Polymerase ein „negatives" (komplementäres) Abbild des betr. DNA-Abschnitts. Nur so kann sie als *Matrize* für die Proteinsynthese dienen. Je 3 Basen in der DNA, ein *Basentriplett,* codieren eine Aminosäure. In der RNA ist dieses Triplett komplementär abgebildet: das Triplett C-T-A der DNA z. B. als G-A-U (Asparaginsäure). Dieses RNA-Triplett ist das „Codewort" oder das *Codon* für die Anlagerung der Aminosäure. In der tRNA ist die betr. Aminosäure durch das gleiche Triplett wie in der DNA gekennzeichnet: C-T-A = das *Anticodon* *(s. o. S. 361).* Diese tRNA lagert sich mit ihrem Anticodon an das RNA-Codon an – wieder nach dem Prinzip der Basenpaarung. Dadurch erhält die Aminosäure, die an sie gebunden ist, ihren bestimmten Platz in der entstehenden Protein-Kette.

Die *Transfer-RNA:* Bei der tRNA liegt der Fall offensichtlich anders. Wird auch sie durch Basenpaarung an der DNA gebildet, müßte dort das dem *Codon* der mRNA entsprechende Triplett vorliegen. Tatsächlich hat man auch zeigen können, „that a very small portion (almost 0,025 per cent) of the DNA of the cell contains base sequences complementary to tRNA". (308)

Die *ribosomale RNA:* Bei ihr gilt Entsprechendes wie bei der tRNA: auch hier enthält ein kleiner Teil der DNA – man hat nach Bakterienuntersuchungen 0,03 % geschätzt – die für die Bildung der rRNA nötigen komplementären Basen-Triplets.

2. Die rRNA-Synthese führt uns nun aber hinüber in die neueren Theorien der RNA-Synthesen, Theorien, die wir hier nicht darstellen können, da unser Thema ja nicht die Synthese von Nucleinsäuren ist, die wir aber auch nicht ganz übergehen können.

Speziell über die rRNA-Synthese lesen wir bei DUNN/BONDY: „ribosomal RNA is of three types: 28S, 18S and 5S, characterized by their sedimentation coefficients in a centrifugal field, roughly related to their size. 28S and 18S rRNA's are derived from a single 45S precursor in the nucleolus. ... 45S is transcribed from DNA by RNA polymerase I." Dagegen ist 5S rRNA „synthesized elsewhere in the nucleus, probably by a different polymerase, and is added to the larger ribosomal subunit at a late stage in its assembly"[132].

Daß an der DNA zunächst ein Vorläufer „precursor" der RNA gebildet wird, hat sich auch für die mRNA gezeigt[133]. Aus SCHERRERS Vortrag auf dem Mosbacher Colloquium 1973 nur einige hier wichtig erscheinende Punkte:

Wie bei der rRNA wird „a giant RNA molecule produced first". (83) „There exist three metabolic fractions of nuclear pre-mRNA: 1. giant *nascent* pre-mRNA molecules with $5–20 \times 10^6$ MW; these decay with a half-time of less than 30 min to smaller molecules and to acid soluble material (about 50 %), 2. *intermediate-size* pre-mRNA molecules with apparent MWs of $1–5 \times 10^6$ and half-decay times of 3–7 h, and 3. *small or messenger-size* pre-mRNA molecules with $1–10 \times 10^5$ MW and half-decay times of more than 15 h." (85) Die Ergebnisse der Experimente führten schließlich zu folgendem Modell: Die eigentliche „mRNA is transcribed as a small fraction of a unit of transcription regulation fixed in the structure of the chromosome. The full transcript of this unit, the nascent pre-mRNA is associated with informofer proteins and immediately metabolized to intermediate-size pre-mRNA. ... The messenger molecules actually translated in a given cell cannot be observed in the nucleus; they are found exclusively in the cytoplasma. ... The mRNA appears in the cytoplasma first in a transient pool from which the mRNA is either transferred into polyribosomes and translated or stored in the ‚informosome' pool." (96 f. u. Schema Abb. 4. dort)

Die Ausdrücke „informofer" und „informosome" bedürfen noch einer Erklärung:

---

132 DUNN/BONDY: a.a.O. p. 54 ff.

133 KLAUS SCHERRER: Formation and Regulation of Messenger RNA in Animal Cells. in: Regulation of Transcription and Translation in Eukaryotes. ed. E. K. BAUTZ, P. KARLSON, and H. KERSTEN. (24. Coll. Ges. biol. Chem., 1973). Berlin, Heidelberg, New York 1973. p. 81 ff.

Es ist seit längerer Zeit bekannt, daß „in cell nuclei and in sperm heads the bulk of the DNA, which is, of course, negatively charged, is held in structural association by electrostatic forces with histones and protamines, which are positively charged“[134]. Man nimmt an, daß sie „non-specific repressors of gene expression“ sind, „which are binding ionically to the acidic DNA“[135]. 1968 fand man dann, daß auch „pre-mRNA is associated with a specific protein called *informofer*. ... Each informofer (800 000 MW) is composed of up to 20 subunits of 40 000 MS (called *informaton* by SAMARINA and GEORGIEV), and is associated with a fraction of the pre-mRNA molecule of about 200 000 MW. Thus, the pre-mRNA molecule contains up to 100 informofer proteins which can specifically be dissociated from and reassociated to the RNA backbone.“[136] „Cytoplasmic mRNA exists in two compartments: free in the cytoplasm and associated with ribosomes in the polyribosomal translation complex. In both compartments the mRNA molecule is associated with three times its molecular weight of protein.“[137] ... Diese freie mRNA ist gemeint mit dem „informosome pool“.

Wichtig ist noch, daß die Untersuchungen zu der Folgerung geführt haben, „that during the last processing steps of pre-mRNA the informofer proteins are lost and that upon entry of mRNA into the cytoplasma the mRNA associates with specific cytoplasmic proteins. Prior to, or upon association with the ribosomal units, the mRNA exchanges this protein population for that found with the translated mRNA.“[138]

RNA und Lernen

„The neuron is by far the biggest container and producer of RNA among the cells of the body. It is a kind of enormous gland-cell, producing RNA in response to the functional state.“ heißt es in einer frühen Arbeit von HYDÉN[139]; genauer lesen wir einige Jahre später: „the neurons have no competitors among somatic cells as RNA producers. They contain 20 to 2000 micromicrogramms of RNA per cell, i.e., 5 to 10 per cent of their dry weight.“[140] Dieser verhältnismäßig große Vorrat und die „konkurrenzlos“ starke Produktion von RNA in Nervenzellen ist eine der Grundlagen für die Annahme, daß die RNA nicht nur im allgemeinen Stoffwechsel der Nervenzelle eine große Rolle spielt *(s. o. S. 354)*, sondern auch spezielle Funktionen im Neuron und damit auch im Nervensystem überhaupt ausübt. Eine dieser Funktionen

---

134 DAVIDSON: a.a.O. p. 43.

135 DUNN/BONDY: a.a.O. p. 54.

136 SCHERRER: a.a.O. p. 89.

137 a.a.O. p. 90.

138 a.a.O. p. 92 f.

139 H. HYDÉN: Biochemical Aspects of Brain Activity. in: Man and Civilization. ed. S. FARGER and R. WILSON. 1961. (abgedr. in Memory Mechanisms. ed. K. H. PRIBRAM. Penguin mod. Psychol. Brain and Behaviour 3. 1969. p. 44)

140 HOLGER HYDÉN: RNA in Brain Cells. The Neurosciences (I) 1967. p. 248 f.

könnte ihre Mitwirkung beim *Lernen,* speziell beim „Engraphieren", bei der Bildung der Engramme sein.

Vermehrung der RNA beim Lernen

1. HYDÉNs Untersuchungen über RNA, Proteinstoffwechsel und Lernen reichen mehr als 3 Jahrzehnte zurück. In seinem Bericht beim Ersten NRP Study Programm (1967) faßt er ihren Stand zusammen: „If physiological stimulation is used to sustain an increased neural activity, the amount of RNA per nerve cell increases. ... the RNA content increases in both neuron and glia during learning processes."[141] Und in seinem zweiten Bericht auf derselben Tagung heißt es: „Based upon experiments in our laboratory, we concluded that learning and memory are dependent on neuronal and glial synthesis of RNA, which eventually gives rise to protein."[142]

Allerdings zeigen verschiedene Versuche, über die HYDÉN berichtet, daß die RNA-Vermehrung auch eine Folge allgemeiner „physiologischer Stimulierungen" sein kann, also nicht spezifisch für Lernen ist. So ergab sich, daß „increased motor activity of fish was followed by extensive RNA changes in motor nerve cells", oder, wenn „cold- and warm-irrigation of the ear has been used for functional stimulation of the Purkinje nerve cells in certain parts of the cerebellum", diese Versuche beim Kaninchen bei „cold-water irrigation" auf der Gegenseite zu einer Steigerung des RNA-Gehalts bis zu 30 % führten, bei Behandlung mit warmem Wasser zu einer allerdings geringeren Steigerung in den ipsilateralen PZ[143].

2. Die Möglichkeit unspezifischer Wirkung führte zu differenzierten Untersuchungen sowohl spezieller Arten von Lernen als auch spezieller Bestimmungs-Methoden:

Prägung: (I, 160 f.): Man kann die *Prägung* als eine besondere Form oder auch als eine Grenzform von Lernen ansehen (I, 161); jedenfalls muß man sie bei Lernexperimenten berücksichtigen. MARK schreibt dazu: „One of the most stable kinds of learning is that of some newly hatched birds, which develop behavioural bonds to their parents at a critical period in the first few days of their life. This is known as imprinting because the bond formed is lifelong, more or less irreversible. ... Imprinting is associated with an increase in RNA synthesis in the visual areas of the chicken brain (Bateson, Horn, and Rose, 1972). The new RNA may be linked to learning or to the reception of the appropriate visual stimuli."[144] Schon früher hatten EIDUSON und BECKWITH (1961) „found a negative correlation between the effectiveness of imprinting and the amount of ribonucleic acid in chick brain. This

---

[141] a.a.O. p. 257.
[142] HYDÉN: Biochemical Changes Accompanying Learning. a.a.O. p. 770.
[143] HYDÉN: RNA in Brain Cells. a.a.O. p. 257 f.
[144] RICHARD MARK: Memory and nerve cell connections. Oxford 1974. p. 65.

result suggests", setzt JOHN hier hinzu, „that, as the amount of available RNA increases, the more possible it becomes for the chick to establish alternative behaviors to the relatively rigid response which is represented by the following which results from imprinting"[145]. Die Möglichkeit, andere Antworten zu finden, deutet aber auf ein „Lernen" hin, so daß sich daraus eine Beziehung zwischen RNA und Lern-Möglichkeit ergäbe.

Konditionieren: JOHN berichtet über Experimente von SMIRNOW über die Beziehung von Konditionieren und Lernen: „Smirnov (1955) found that after establishment of a conditioned response presentation of an auditory conditioned stimulus caused an increased turnover of RNA in the auditory cortex but not in the adjacent cortical regions, while such increased turnover was not elicited by neutral stimuli."[146]

3. Besondere Bedeutung gewannen für die Untersuchung dieses Problems Experimente mit *radioaktiven Tracern,* z. B. ^{32}P, sowie die Verwendung von Bausteinen (Nucleosiden) als *precursors* der RNA-Synthese.

„Corning found that conditioned worms revealed a higher P^{32} incorporation during certain stages in the conditioned process than was obtained in control worms experiencing randomly presented light and shock who failed to acquire any new behavioral response to light."[147]

GLASSMAN et al. (1966) verwendeten – wieder nach JOHN[148] – „labeled Uridine", also einen Nucleosid-Tracer. Sie fanden „increased RNA synthesis ... in the brains of goldfisch learning a CAR (= conditioned avoidance response, d. Vf.), but not in the brains of control fishes receiving the same total stimulation at random"[149]. Ein späterer Bericht derselben Arbeitsgruppe bestätigte diese Ergebnisse – „we have shown that the incorporation of radioactive uridine into RNA from the brain of *trained* mice is increased when compared to RNA isolated from *yoked* or *quiet* mice. ... The increased radioactivity in RNA from brain is not due to a general change throughout the brain, but is confined to an area containing diencephalon, hippocampus, and parts of the basal ganglia."[150] Doch die Autoren kommen bei der Deutung ihrer Ergebnisse zu sehr vorsichtigen Formulierungen: „The cause of the increase appears to be associated with instrumental conditioning. Performance of the conditioned response may be eliminated as a possible cause. Stress is not completely eliminated as a factor, but such stress would have to be uniquely associated with instrumental conditioning. It is possible that learning may represent the causative agent (Dingman and Sporn, 1961), but this does not mean that learning

---

[145] E. ROY JOHN: Mechanisms of Memory. New York and London 1967. p. 97.

[146] a.a.O. p. 96.

[147] a.a.O. p. 97.

[148] E. ROY JOHN: a.a.O. p. 97.

[149] a.a.O. p. 97.

[150] JOHN W. ZEMP, LINDA B. ADAIR, JOHN ERIC WILSON, and EDWARD GLASSMAN: The effect of training on the incorporation of radioactive precursors into RNA of Brain. in: Molecular Approaches to Learning and Memory. ed. W. L. BYRNE. New York and London 1970. p. 49.

requires RNA synthesis, especially since learning appears to occur in the absence of RNA synthesis (Cohen and Barondes, 1966; Agranoff et al., 1967). ... The functional significance of the RNA produced under these conditions also remains obscure. Unless there is some unknown function of RNA in brain, the RNA change observed are undoubtedly involved in protein synthesis.“[151]

Vorläufer II. Ordnung: Andere Untersucher arbeiteten bei den precursor-Versuchen mit einem Vorläufer sozusagen II. Stufe, der *Orotsäure,* „der wichtigsten Muttersubstanz der Pyrimidinnucleotide“ (Karlson). Speziell H. Matthies und die Arbeitsgruppen an der Medizinischen Akademie in Magdeburg haben diesem „precursor“ besondere Aufmerksamkeit geschenkt. Matthies schreibt: „An interperitoneal or an oral application prior and during the acquisition, for several days, implies continuous effects on the retention of learned behaviour.“ Speziell „the extinction is considerably retarded“: in einem Versuch z. B. von 13 auf 215 Tage[152]. Während normalerweise „an electroshock completely interrupts the consolidation immediately after acquisition, the shock in animals pretreted with orotic acid is inefficient immediately after the learning experiments“. (a.a.O.) Matthies kommt zu dem Schluß: „Obviously the increased supply of pyrimidine nucleotides accelerates the consolidation already during the acquisition, so that it will already be completed after the training at the time of shock treatment. This interpretation would imply that the concentration of metabolically available pyrimidine nucleotides represents a limiting factor for the rate of consolidation and, in addition, will also be important for the retention of long-term memory.“[153]

Die *Orotsäure* erlaubt aber auch die Untersuchung noch einer anderen Fragestellung: „Shashoua has used a subtle technic to detect changes in RNA type by administering [^{3}H]-orotic acid as a precursor of RNA. Orotic acid will be incorporated into RNA both as uridine and cytidine nucleotides, and thus a change in the ratio of radioactivity in these two nucleotides in the RNA may reflect a change in the type of RNA synthesized. (For example, the uridine-cytidine ratio for messenger RNA is higher than that for ribosomal RNA.)[154]

Genauere Prüfung derartiger Versuche zeigt aber eine mögliche Fehlerquelle bei allen precursor-Untersuchungen auf – wieder nach Dunn/Bondy: „it may be that all the reported changes in RNA synthesis in reality reflect responses of the volatile metabolism of nucleotides. Unfortunately, if precursor metabolism is altered, it is difficult to determine whether there are also changes in RNA metabolism.“[155] Die

[151] a.a.O. p. 49 f.

[152] H. Matthies: The intracellular regulation of the interneuronal connectivity – the molecular foundation of learning processes. in: Biochemical, physiological and pharmacological aspects of learning processes. (Proc. of the III. Neurobiol. Sympos. in Magdeburg. 1971) Berlin (VEB Verlag) 1972. p. 38.

[153] a.a.O. p. 38 ff.

[154] Dunn/Bondy: a.a.O. p. 210. [155] a.a.O.

Verfasser kommen zu dem Schluß: „The data ... on the possible role of RNA in learning and memory are inconclusive. On the one hand, it is clear that the significance of many reports must be reevaluated in the light of recent studies on RNA precursors. On the other hand, we cannot rule out the involvement of RNA in these processes; indeed, there are data which indicate such a role. We must also consider the possibility that the disturbances of nucleotide metabolism may be *caused* by changes in RNA metabolism. ... Another salient point is that many psychoactive drugs are analogues of bases and nucleotides. Orotic acid and UMP (= Uridinmonophosphat, d. Vf.) may affect learning, as may nicotine and purine metabolites."[156]

Und auch hier wieder sind unspezifische Einwirkungen, speziell *Streß* zu berücksichtigen. Bei ZEMP und Mitarb. lesen wir: „The difference of the trained and untrained mice could be stress, attention, organized jumping, or some parameter related to learning. Several investigators have indicated that stress might be involved." und: „Stress situations have been shown to cause both increases and decreases of RNA."[157]

RNA-Zufuhr

Die soeben wiedergegebenen Warnungen mahnen zur Vorsicht nicht nur bei precursor-Versuchen, sondern allgemein bei allen Untersuchungen, die die Beziehung zwischen RNA und Lernen betreffen. Die Deutung der Ergebnisse ist kaum jemals eindeutig; andererseits sind die Experimente selbst aber interessant und wichtig. Dies gilt speziell auch für Untersuchungen, die gleichsam eine Brücke zu den „Transfer-Versuchen" schlagen *(o. S. 81 ff.)*; sie betreffen die Zufuhr von „naiver" RNA, also nicht wie bei den Transfer-Versuchen von RNA trainierter Tiere. Zu prüfen war, ob eine solche Zufuhr „facilitates the storage of information and its retrieval"[158]. CAMERON und SOLYOM (1961) gaben alten Menschen große Dosen von RNA und DNA. „They found that patients receiving RNA showed marked improvement in memory, whereas this was not true of patients receiving DNA." (108) Im selben Jahr berichtete CAMERON über „favorable effects of yeast RNA on agedependent amnesia"[159].

COOK et al. (1963) „tested the rate of acquisition of conditioned avoidance responses in rats who were injected intraperitoneally with yeast RNA before learning sessions, throughout the learning period. Injected animals acquired the conditioned avoidance response significantly more rapidly than controls receiving saline injections."[160]

---

[156] a.a.O. p. 211 f.

[157] JOHN W. ZEMP, LINDA B. ADAIR, JOHN ERIC WILSON, and EDWARD GLASSMAN: a.a.O. p. 44 f.

[158] E. ROY JOHN: a.a.O. p. 108 ff.

[159] Nach MATTHIES: a.a.O. p. 38.

[160] JOHN: a.a.O. p. 109.

1965 untersuchte SOLYOM „the effects of systemic injections of 10 % RNA solutions on the acquisition of avoidance responses by rats in the so-called ‚master' situation. In this situation, naive animals are placed in a Skinner box (I, 209 f.) with a trained animal and acquire the conditioned response by observation and imitation (vgl. I, 282 f. u. 326). RNA-injected rats acquired the conditioned response significantly faster than control animals."[161]

Beeinflussung der RNA-Synthese

Genau wie bei der Proteinsynthese versucht man auch, den Einfluß einer Förderung oder Behinderung der RNA-Synthese auf das Lernverhalten zu ermitteln. Vom *Tricyano-aminopropen* (TCAP) ist bekannt, daß es eine RNA-Synthese fördert. ESSMAN konnte zeigen (1965, 1966), „that TCAP facilitates the rate of consolidation"[162]: „chemical stimulation of RNA synthesis accelerated the rate at which consolidation was achieved." (107) DATTA und GHOSH fanden 1964 eine Wirkung von *Strychninsulfat* „on the secondary structure of RNA in ribosomes of slices of brain cortex with marked diminution of hydrogen bonding". Und CARLINI und CARLINI berichteten 1965, „that strychnine facilitates consolidation whether administered before or after the learning experience". (107) „Chemical analysis showed that strychnine increased the concentration of brain RNA but not DNA." (107)

Einen interessanten, den Planarien-Experimenten entsprechenden Versuch *(o. S. 80)* unternahm KRYLOW 1966. MATTHIES berichtet darüber: „By applying ribonuclease to the cortex he achieved an impairment of learning."[163]

Neue RNA beim Lernen?

Untersuchung von HYDÉN und Mitarb. konnten nicht nur „demonstrate that RNA is produced in brain as a result of sensory and motor stimulation", sondern auch zeigen, daß die so gebildete RNA „has essentially the same characteristics as ribosomal RNA"[164]. Weitere Untersuchungen, die dann speziell RNA und Lernen betrafen, ergaben, daß „in contrast to the results after physiological and chemical stimulation, the RNA formed in the neurons during learning had in one case high adenine-uracil values, and in the other case was asymmetric and had high adenine values"[165]. Und an derselben Stelle heißt es weiter: „RNA formed in the neurons, i.e. the ΔRNA, is characterized by a DNA-like base ratio composition with adenine and uracil values around 26." In langen Versuchsreihen wurde die Spezifität dieser „Lern-RNA",

---

161 a.a.O. p. 110.
162 JOHN: a.a.O. p. 106 f.
163 MATTHIES: a.a.O. p. 38.
164 HOLGER HYDÉN: RNA in brain cells. The Neurosciences (I) 1967. p. 248.
165 HYDÉN: Biochemical Changes accompanying learning. a.a.O. p. 767.

um diese RNA kurz zu kennzeichnen, geprüft. HYDÉN schreibt: „A long series of studies has revealed that increase in sensory and motor stimulation and certain drugs give rise to an increased synthesis of RNA in engaged nerve cells. But there occurred no change of the proportions of the adenine and uracil components of the newly synthesized RNA as did at the *establishment of new behavior*. Neither did such changes occur in brain cells during stress experiments."[166]

Doch konnten u. a. Prüfungen in JOHNs Laboratorium dieses Ergebnis nicht voll bestätigen (die analytischen Untersuchungen der mit „random numbers without further identification" gekennzeichneten Tiere wurden in HYDÉNs Institut vorgenommen). Fünf Gruppen von Planarien wurden verschieden trainiert; JOHN stellt die Ergebnisse dieser Versuche zusammen: „The group of worms which was systematically conditioned with light and cathodal shock, Group A, showed a significant change in the adenine to guanine ratio, as compared with the resting controls, Group E, and the anodal shock Group B, neither of which acquired a conditioned response. However, animals from Group C in which randomized cathodal and anodal shock were randomly paired with light, and also from Group D in which light and cathodal shock were randomly paired, showed the same changes in base ratio, although neither of these groups acquired a new behavioral response."[167] Daraus folgt für JOHN „that the observed base ratio changes are not specific for learning". (a.a.O.)

Untersuchungen von GRAMPP und EDSTRÖM (1963) am „Stretch Receptor Neuron" (SRN) von Crustazeen ergaben „that the base composition of the RNA of the SRN was altered during stimulation". Zwei Jahre später jedoch waren dieselben Untersucher (EDSTRÖM und GRAMPP) „unable to record changes in RNA content, composition, or synthesis during extended periods of stimulation which produced intense spike generation and firing in the SRN"[168].

Die Frage, ob beim Lernen eine „lernspezifische RNA" entsteht – eine Frage, die ja auch für die Transfer-Experimente Bedeutung hat – ist also zumindest noch offen. Gerade sie aber könnte für die Theorie des Lernens von Wichtigkeit sein, denn sie führt zu der weiteren „pertinent question of whether new species of proteins are also formed during the establishment of a new behavior"[169]. – und damit zum Problem der *Chemischen Engramme*.

---

[166] HYDÉN: The Question of molecular basis for the memory trace. in: Biology of memory. ed. K. H. PRIBRAM and D. E. BROADBENT. New York, London 1970. p. 10 p. (Hervorhebung von mir.)

[167] JOHN: a.a.O. p. 102.

[168] Nach EZIO GIACOBINI: Chemical studies of individual neuron. (Part II, Invertebrate cells.) in: Neurosciences Research. ed. S. EHRENPREIS and O. C. SOLNITZKY. New York, London 1969. p. 173.

[169] HYDÉN: a.a.O. p. 768.

Die Engramme

Zum psychophysischen Problem

Das Zustandsengramm

Das Inne-Sein

1. Den *Zustand eines Systems* kann man definieren als die Momentanstruktur des Systems (s. I, 227 ff.), die sich (im Prinzip) darstellen läßt als eine Tabelle, die sämtliche momentanen Werte aller variablen Merkmale enthält. Aus dem Kausalitätsprinzip folgt dann: bei Kenntnis des Zustands eines Systems zur Zeit t kann man den Zustand zur Zeit t+1 vorausbestimmen. Eine praktische Anwendung des Prinzips setzt voraus, daß man weiß, wann man im jeweils einzelnen Fall von einer „Kenntnis des Zustandes“ sprechen kann, d. h. welche bzw. wieviele Variablen-Werte man kennen muß.

Der *Zustand eines Lebewesens* ist prinzipiell genau so bestimmt, nur kommt hinzu, daß dieser Zustand ein *Ganzes* ist, zu dessen Entstehen die einzelnen Variablen-Werte bestimmend beitragen, die aber in der Ganzheit weitgehend „verschwinden“. Damit ist aber eine Vorausbestimmung des folgenden Zustands nicht mehr – oder nicht mehr allein – auf die Kenntnis der Kausalbeziehungen angewiesen, sondern andere Relationen werden wichtiger, Relationen, die sich unter den Begriff des *Verhaltens* subsumieren lassen.

2. Hinzu kommt aber ein Weiteres: ein Lebewesen ist seines Zustands *inne*. Dies gilt nicht nur für den Menschen, sondern auch für viele Tiere; wir wollen sagen: es gilt für alle Tiere, die *lernen* können *(s. o. S. 60)*.

Dieses *Inne-Sein* des eigenen Zustands – wir sprechen z. B. von unserer momentanen „Verfassung“, von einem „zu-Mute-Sein“, auch von Gestimmtsein, von Stimmungen, Launen usw. – ist eine besondere Art von „Bewußtsein“ (vgl. I, 34 f.): wir unterschieden im noch undifferenzierten Gesamtphänomen „Bewußtsein“ a) das *bewußt-Haben* (von Anderem, z. B. Wahrgenommenem), b) das *bewußt-Sein* (von „Eigenem“, also z. B. des Wahrnehmens, Denkens, Fühlens usw.), und das *inne-Sein* des Ich. Es wäre eine interessante Frage, ob das inne-Sein des Ich letztlich nichts anderes ist als das inne-Sein des jeweiligen Zustands und der kontinuierlichen Folge der Zustände. Jedenfalls unterscheidet sich das inne-Sein des Ich auch in der alltäglichen Erfahrung deutlich vom bewußt-Sein des Ich, z. B. im „Selbstbewußtsein“, und vom bewußt-Haben des Ich, z. B. in der psychologischen Reflexion. Das inne-Sein des Ich ist immer „da“, nicht nur im Wachzustand, sondern auch im Schlaf – und dies wiederum nicht nur im Traum, sondern auch im Tiefschlaf: man wird also auch „Grade“ des inne-Seins unterscheiden müssen wie bei den anderen Formen des Bewußtseins.

Wir haben (I, 34 f.) „Bewußtsein" als *Da-sein von Etwas* gekennzeichnet und können im Unterschied dazu das *inne-Sein* des Zustands und des Ich formal als *da-Sein* bestimmen, während z. B. die Umwelt schlicht „da ist"; als wahrgenommene aber Da-ist.

Solche Vorstöße in ontologische Fragen, die selbst hier nicht thematisch sind, leiden unter den gleichen terminologischen Schwierigkeiten und sprachlichen Monstrositäten, die uns auch in der scholastischen Philosophie begegnen, z. B. bei Begriffen wie „haecceitas" oder „quidditas"; sie entspringen aus dem Bemühen, der Sprache letzte Genauigkeit und Differenzierung abzugewinnen.

Das hier gemeinte inne-Sein entspricht in etwa dem ethologischen Begriff der „Stimmung" (I, 149 f.) und TOLMANs Bemühen, „einige der vorbehavioristischen Begriffe wie ‚Empfindung', ‚Gefühl' und ‚Bewußtsein'" in eine „nichtphysiologische Sprache zu übersetzen", ohne dabei im engeren Sinn von „Bewußtsein" zu sprechen (I, 216 f.).

Das Situationsengramm

Wir haben also eine Vielzahl organismischer Elemente und Teileinheiten, die sich alle zur Zeit t_1 je in einem bestimmten Zustand befinden; sie alle zusammen bilden „den Zustand des Systems". Analytisch können und müssen wir dieses Ganze von seinen Elementen unterscheiden. Dieses Ganzen ist nun der Organismus „inne", d. h. Z „Istda", I_z. Wir dürfen, ja müssen voraussetzen, daß die vom psychophysischen Parallelismus geforderte *Isomorphie* (z. B. I, 7 ff. u. ö.) zwischen Z und I_z besteht, d. h. daß I_z nicht ein diffuses sondern ein entsprechend wie Z strukturiertes inne-Sein ist. Befindet sich der Organismus in einer Situation S, so bildet sich aus den äußeren Stimuli von S zusammen mit den inneren Elementen, die evtl. durch die Stimulierung verändert werden, der Zustand Z(S) und damit auch $I_{Z(S)}$. Das inne-Sein des eigenen Zustands ist noch kein Wahrnehmen, dazu muß $I_{Z(S)}$ „bewußt" werden, und zwar als *bewußt-Sein* des (inneren) Verhaltens, nämlich Sehen, Hören, Fühlen usw., und als *bewußt-Haben* des Wahrgenommenen, also der Situation.

Der besondere Charakter, das „Wesen" des Bewußtseins ist die *Objektivierung* des Bewußten. WEINSCHENK kennzeichnet Bewußtsein in einer Form, die zwei hier wichtige Punkte herausheben läßt. Er schreibt: „das Bewußtsein ist eine Einrichtung, wo etwas unmittelbar Gegebenes, Erlebtes, nicht als solches sondern als etwas anderes ursprünglich auftritt."[170] Wichtig ist daran einmal das „ursprünglich": die Objektivierung qua Objektivierung erfolgt nicht in der Reflexion, sondern unmittelbar im bewußt-Werden; durch sie wird dieses bewußt-

[170] CURT WEINSCHENK: Verstehende Psychologie. Ztschr. philos. Forschg. VI (1951–52) S. 261. Vgl. auch WEINSCHENK: Das Wirklichkeitsproblem der Erkenntnis-Theorie und das Verhältnis des Psychischen zum Physischen. Leipzig 1936. S. 31.

Werden zum *bewußt-Haben*. Zweitens aber entspricht das „unmittelbar Gegebene, Erlebte" unserem *inne-Sein,* aber einem speziellen inne-Sein, das man erkenntnistheoretisch und phänomenologisch als *gegeben-Sein* kennzeichnen kann.

Versucht man, dies näher zu bestimmen, so kann man etwa sagen: *Gegebenes* ist nicht der innere Zustand des Organismus, dessen er sozusagen unmittelbar inne-ist, sondern der Organismus ist des Gegebenen „als gegeben" inne, d. h. „als anders" oder auch „als fremd". Damit wird dies als-gegeben-inne-Sein die Grundlage der Objektivierung durch das Bewußtsein. Der Organismus ist im Zustand Z(S) „so", dies ist objektiv feststellbar und weitgehend meßbar. Das Inne-Sein von Z(S), $I_{Z(S)}$, ist damit ein „jetzt-so-Sein", das verschieden ist vom „vorher-so-Sein" vor der Stimulierung. Dies ist im früher (I, 120) bereits einmal angeführten ARISTOTELES-Zitat anschaulich ausgesprochen: „was den Eindruck erfährt, ist das Ungleiche; hat es den Eindruck empfangen, ist es nunmehr dem Wirkenden gleich geworden."[171] Ist z. B. der komplexe Stimulus (realistisch gesprochen) „ein roter Fleck auf einer grünen Fläche", so wird der aufgenommene Stimulus vom Rezeptor und dem NS in neurale und biochemische Vorgänge transformiert und durch Verarbeitung zu einem Erregungsmuster, einem „Signal", das als solches Bestandteil von Z ist. Als dieser Bestandteil ist der Organismus seiner „inne", aber „als gegeben", als „nicht zum Organismus gehörig". Man kann, wenn man das Bild nicht übertreibt, im Anschluß an ARISTOTELES sagen: das „jetzt-so-Sein" ist ein „partielles-rot-Sein" und „partielles-grün-Sein" und als solches „fremd". Anders gesagt: das so „erlebte Sosein" des Organismus ist als „nicht-sein-Sosein" erlebt – und dies dürfte schließlich dem entsprechen, was man in der Psychologie als *Empfindung* bezeichnet. Im bewußt Haben wird die Empfindungs-Einheit dann objektiviert zu einem „roten Kleid auf einer grünen Wiese".

ROHRACHER bestimmt den Unterschied von *Empfindung* und *Wahrnehmung* sehr genau: „eine Empfindung ist eine nicht weiter auflösbare psychische Erscheinung, die durch äußere, auf die Sinnesorgane wirkende Reize erzeugt wird.... eine Wahrnehmung ist eine komplexe, aus Sinnesempfindungen und Erfahrungskomponenten bestehende psychische Erscheinung, deren Ursache oder Inhalt im Raum lokalisiert wird und dadurch zur Auffassung von Gegenständen der Außenwelt führt."[172]

Der Eigen-Charakter der *Empfindung,* der z. B. auch in der sowjetrussischen Psychologie durchaus betont wird (z. B. BYKOW, I, 174; RUBINSTEIN, I, 176), wird in dem folgenden Zitat deutlich: „Die Empfindung selbst als *Zustand des Bewußtseins,* das Sehen, Hören, Riechen

---

[171] ARISTOTELES: de anima B, 5, 417 a. (dt. Über die Seele. übers. A. LASSON. Jena 1924. S. 37.)

[172] HUBERT ROHRACHER: Einführung in die Psychologie. 4. Aufl. Wien, Innsbruck 1951. S. 124. (9. Aufl. 1965, S. 116.)

usw., stellt im Verhältnis zum äußeren Reiz und zum Nervenvorgang etwas völlig Neues dar.... die Erregung der Nerventeilchen, welche die unmittelbare Bedingung der Entstehung der Empfindung darstellt, ist etwas von dieser selbst durchaus Verschiedenes, und auch, wenn wir sie vollkommen kennen würden, wären wir nicht imstande, anzugeben, wie es kommt, daß etwas so ganz Andersartiges, wie es der *psychische Zustand* der Empfindung ist, sich daran knüpft."[173] (vgl. dazu auch die Ausführungen von LEIBNIZ und du BOIS-REYMOND I, 13 f.)

Fragen wir nun nach dem *Engramm* der Situation, so ergibt sich schon aus der Tatsache, daß wir ja oft ganze erlebte Situationen erinnern können (s. I, 42), daß sich die Z-I_Z-Einheit als dies *Situations-Engramm* anbietet, wobei wir allerdings voraussetzen, daß es sich hier um eine „Einheit" handelt. Darüber müssen wir noch kurz sprechen, wobei wir einen Umweg durch die Philosophie nicht scheuen dürfen. Vorerst setzen wir diese „Einheit" voraus.

Neue Probleme

1. Auf Grund der vorausgesetzten Einheit des Situations-Engramms erscheint ein Lösungs-Ansatz möglich: Die Situation S1 führt zum Zustand Z1, und die Z1/I_{Z1}-Einheit, das „Situationsengramm", ist mit dem mnemischen Engramm, dem Schaltschema so gekoppelt, daß das entsprechende Verhalten V1 ausgelöst wird. Gerät der Organismus wieder in die gleiche Situation S1' – das „gleiche" möge eine Situationsgeneralisierung einschließen (I, 328) – so führt dies zu dem gleichen Zustand Z1' und dem entsprechenden Situationsengramm – und V1 wird wieder ausgelöst. Soweit benötigen wir eigentlich kein „Situationsengramm" und nicht einmal das Zustandsengramm – der Vorgang läuft nach der Regel ab: gleiche Situationen lösen gleiche Verhaltensweisen aus, wobei das V1 angeboren oder auch erlernt sein kann. In bezug auf unser Thema „Lernen und Gedächtnis" ist diese Situation von JAMES eindeutig gekennzeichnet: „such a revival is obviously not a *memory*, whatever else it may be; it is simple a duplicate, a second event, having absolutely no connection with the first event except that it happens to resemble it."[174] Jedoch ist der Vorgang e i n e Grundlage des „Gedächtnisses", genauer des *Erinnerns,* ein unspezifisches Element, das sich auch bei echten Erinnerungsvorgängen findet.

Die notwendige Voraussetzung für „Erinnern" ist, daß die „gleiche" Situation „als gleich" erlebt (inne-gehabt) wird, und weiterhin – die zweite Forderung von JAMES – „that the fact imaged be expressly referred to the past, thought as in the past". Wir können diese „condition" vielleicht formal reduzieren auf: das wieder-erleben der Situa-

---

[173] THEODOR ELSENHANS: Lehrbuch der Psychologie. 3. Aufl. v. F. GIESE. Bearb. u. herausg. v. H. W. GRUHLE u. F. DORSCH. Tübingen 1939. S. 88.

[174] WILLIAM JAMES: The Principles of Psychology. Vol. I. London 1891. p. 649 f.

tion muß „als wieder" erlebt werden, was im „Bewußtsein" dann zum „thought as in the past" führt. Und auch der dritten Bedingung von JAMES bedarf es: „Memory requires more than mere dating of a fact in the past. It must be dated *in my past.*" Wieder formal auf das inne-Sein reduziert: das „gleiche so-Sein" wird als „mein-einst-so-Sein-wieder" erlebt. Damit ist die „Einheit" von Zustands- und Situationsengramm Voraussetzung für Erinnern einer Situation und damit einer gesteuerten Auslösung des dazugehörigen Verhaltens.

2. Derartige Deutungsversuche des „Erinnerns" findet man in den Modellen in der Literatur verschiedentlich – aber sie sind genau genommen, wie auch der oben geschilderte, keine Deutungshypothesen, sondern *Suchhypothesen:* ihre genauere Untersuchung macht viele Probleme sichtbar, über die sie gleichsam hinweggleiten; sie ermöglicht aber eine differenziertere Fragestellung. Wir können wieder vom Menschen ausgehen, da einige, vielleicht sogar viele der hier auftretenden Probleme auch bei lernenden Tieren anzunehmen sind:

Ein Mensch gerät in eine Situation (mit Aufforderungscharakter, I, 263 f. und *u. S. 420*) und er „bewältigt" diese Situation durch ein erlerntes Verhalten, sei es durch „Versuch und Erfolg" oder auf andere Weise erlernt. Nach einer längeren Zeit begegnet er der gleichen Situation wieder. Welche Möglichkeiten „inneren Verhaltens", das dann zum „äußeren Verhalten" führt, bestehen hier?

a) Die Situation löst unmittelbar das äußere Verhalten aus. Durch Gewöhnung (Übung und Gebrauch) ist die Kopplung zwischen Stimulus und Verhalten unmittelbar geworden, der Zustand der *Automatisierung* ist erreicht, den man etwa so charakterisieren kann: Es besteht im Organismus – und gewiß nicht nur im menschlichen – eine Tendenz, und er hat die Fähigkeit dazu, *erlernte Verhaltensweisen*, die mehr oder weniger „bewußt" erworben und zunächst auch ausgeführt werden, auf die „physiologische Ebene" der *ererbten Verhaltensweisen* zu transformieren – dies entspricht der „fundamentalen menschlichen Gesetzlichkeit der *Entlastungstendenz*". (A. GEHLEN[175]).

b) Die Situation wird zwar „als wieder gleiche" erkannt, aber die Erinnerung an das „damals" richtige Verhalten fehlt. V_r muß neu erlernt werden.

c) In der gleichen Lage wie bei b) wird das damalige ursprüngliche Fehlverhalten erinnert und erst nach einigem Suchen (inneres Verhalten) ohne neues Erlernen auch das V_r.

d) in einer noch späteren Situation wird auch daran erinnert, daß man bei c) V_r erst suchen mußte, während V_r jetzt zur Verfügung steht.

Diese Folge von „verschachtelten" Erinnerungen ließe sich beliebig fortsetzen. Erwähnenswert ist, daß eine derartige verfeinerte Analyse sich bereits bei AUGUSTINUS findet[176]: er unterscheidet und untersucht

---

[175] ARNOLD GEHLEN: Die Seele im technischen Zeitalter. (rowohlts dt. enzyklopädie) Hamburg 1957. S. 18.

[176] AUGUSTINUS: Bekenntnisse. X, 8 ff.

neben der Erinnerung sinnlicher und geistiger Dinge eine „Erinnerung der Erinnerung" und eine „Erinnerung des Vergessens". Wir können uns erinnern, daß wir uns einst erinnert haben, aber auch, daß wir etwas, das wir heute wissen, einst vergessen hatten usw. usw. Und ebenso können wir früheres Fehlverhalten, V_f, und früheres richtiges Verhalten, V_r, erinnern ebenso wie das Bemühen, V_r statt eines V_f zu erlernen. Und schließlich – ein Einwand, den JAMES gegen die „Abbildtheorie" des Gedächtnisses erhebt: „How do the believers in the sufficiency of the ‚image' formulate the cases where we remember that something did not happen – that we did not wind our watch, did not lock the door etc.? It is very hard to account for these memories of omission."[177]

Das Situationsengramm

Einige der soeben angeschnittenen Probleme werden uns später bei der Behandlung des menschlichen Gedächtnisses beschäftigen müssen. Hier bei der *Lernmemoria* handelt es sich im wesentlichen um das *Situationsengramm* und seine Funktion bei der Auslösung eines zur jeweils gegebenen Situation passenden angeborenen oder erworbenen („erlernten") Verhaltens. Die *Struktur* des Situationsengramms wird wichtig nur, wenn besondere *Stimuli* aus einer Situation das Verhalten bestimmen, weil dadurch *Engramm-Teileinheiten* bzw. auch unspezifische *Engramm-Elemente* zu beachten sind – womit dann auch die Frage nach den „chemischen Engrammen" aktuell wird.

Die für alles Weitere wichtigste Frage läßt sich so formulieren: Wie wird aus dem *Zustandsengramm* das *Situationsengramm?*

Die Einheit

Wir knüpfen an das in den vorbereitenden Betrachtungen über das Situationsengramm Gesagte an: wir sagten dort, daß wir die *Einheit* von Zustandsengramm und inne-Sein dieses Engramms voraussetzen. Wir können diese Aussage jetzt verschärfen: wir müssen diese Einheit *voraussetzen,* wollen wir uns nicht in den Irrgarten des „psychophysischen Problems" verlocken lassen. Und wir dürfen diese Einheit *voraussetzen,* wenn wir sie gleichsam als ein *Axiom* betrachten, dessen „Tragfähigkeit" wir allerdings nicht vorweg beweisen können; sie muß sich im Verlaufe der Darstellung erweisen. Eine gewisse *Evidenz* – ein Kriterium früherer Bemühungen um die mathematische Axiomatik – werden wir diesem Axiom kaum absprechen können; das Axiom postuliert als methodische Grundlage, was im Grunde unserer alltäglichen Erfahrung entspricht.

Wir betrachten also das Zusammen von Zustand des Organismus und seinem Inne-Sein dieses Zustands als *Einheit.*

---

177 JAMES: a.a.O. 649. Anm.

Dies bedeutet nun aber nicht – es ist wichtig, dies festzuhalten – eine Entscheidung für die *Identitätsthese* von „Leib und Seele", deren hervorragendster Vertreter – in metaphysischer Sicht – SPINOZA ist. Es bedeutet ebensowenig eine Ablehnung der beiden anderen wichtigen psychophysischen Theorien, der *Parallelismus-* und der *Wechselwirkungs-Theorie.* Diese drei Theorien betreffen letztlich die mögliche Beziehung zwischen dem *Leibe* und der bewußten *Psyche,* sie differenzieren die Relationen zwischen den physischen und den psychischen Vorgängen als „dasselbe, gleichsam von zwei Seiten gesehen", als „unabhängige, aber parallel, ja isomorph verlaufenden Vorgänge" (LEIBNIZ' Uhrengleichnis, I, 272) oder als „durch wechselseitige Einwirkung erzeugte Vorgänge" (vgl. z. B. METZGER, I, 277). Letztlich liegt allen drei Theorien zugrunde die These, daß die physischen und die psychischen Vorgänge zueinander *isomorph* sind, daß sie einander eineindeutig zugeordnet werden können. Sie unterscheiden sich nur in der Beantwortung der Frage, warum sie isomorph sind. Daß sie es sind, liegt ihnen als unausgesprochenes „Axiom" zugrunde.

Gehen wir aber vom „Leib" über zum jeweiligen *Zustand* des Organismus und von der „Psyche" (oder „Seele") zum *inne-Sein* dieses Zustands, so könnte die Einheit beider, die *Z/I-Einheit,* eine Basis für alle drei Theorien bilden – wobei allerdings die Frage, wie diese Einheit vorzustellen ist, ebenso wie die entsprechende Wie-Frage bei den drei Theorien offenbleiben muß und – wird diese Einheit als methodisches Axiom angesehen – auch offenbleiben kann.

Das Engramm-Problem

Wir haben im Laufe unserer Darstellung soviele „Engramm-Probleme" gefunden, daß die Überschrift einer Erklärung bedarf: gemeint ist das zentrale oder *Kern-Problem* aller Engramm-Theorien: es ist das *Abrufen* eines Engramms.

1. Was heißt: ein Engramm kann abgerufen werden?

Kurz gesagt: Etwas, das zur Zeit t_1 vom Organismus aufgenommen wurde, kann zur Zeit t_n ($n > 2$) wieder aktualisiert werden. Anders gesagt: *Vergangenes* wird wieder *gegenwärtig.* Wie ist dies möglich?

Im psychischen Bereich ist uns diese *Tatsache* so vertraut, daß wir sie als gegeben hinnehmen; erst theoretische Besinnung führt uns auf die Problematik dieser Tatsache.

Im physischen Bereich aber müssen wir nach etwas suchen, das jener Tatsache entspricht und das ebenfalls eine *Tatsache* ist. Aber gibt es hier eine „tatsächliche" Wiederkehr vergangener Vorgänge und Zustände?

2. *Objektive Gleichheit des Zustandes:* Beginnen wir mit einem relativ einfachen Fall: Die Situation $S(t_n)$, in der der Organismus sich zur Zeit t_n befindet, ist der Situation $S(t_1)$ *objektiv gleich* (was nicht völlige Gleichheit besagen muß). Damit ist auch der Zustand $Z(t_n)$ dem

$Z(t_1)$ partiell gleich, nämlich soweit sein jetzt-so-Sein durch die Situation bestimmt ist *(s. o. S. 373 f.)*. Das „partiell gleich" besagt also, daß nicht der *Gesamtzustand* $GZ(t_n)$ dem $GZ(t_1)$ gleich ist, was unmöglich ist, sondern eben nur (kurz gesagt) der Situations-Anteil.

Auf der *physischen Seite* kann dies sozusagen „intern" zu einem entsprechenden Verhalten führen *(s. o. S. 375 f.)*: Der Zustand $Z(t_n)$ löst unmittelbar das zum Zustand $Z(t_1)$ zugeordnete Verhalten aus. Beispiele dafür finden wir beim Verhalten der Grabwespe *(s. S. 26 f.)*.

Auf der *psychischen Seite* sind zwei Möglichkeiten denkbar: Der Organismus ist des Zustands $Z(t_n)$ inne ohne ein Inne-Sein davon, daß es die (partielle) Wiederkehr des Zustands $Z(t_1)$ ist. Und: Der Organismus ist des Zustands $Z(t_n)$ „als-wieder-$Z(t_1)$" inne, als ein *wieder-so-Sein,* der Grundlage eines bewußten *Wiedererkennens* (I, 119 f.). In diesem Fall ist in der Z/I-Einheit die *faktische* Wiederkehr des partiellen Zustands mit der *erlebten* Wiederkehr dieses Zustands = *Vergegenwärtigung* des einstigen Zustands unmittelbar verbunden.

Vergegenwärtigung besagt hier also: wieder-so-Sein, wobei das „wieder" erlebt ist, und zwar allgemein, ohne Raum- und Zeit-Koordinaten, also ohne ein bestimmtes „wo" und „wann". Und dieses erlebte „wieder" ist gegründet in einem faktischen „wieder" einer Situation.

3. *Die Umkehrung:* Gehen wir jetzt umgekehrt davon aus, daß der Organismus, also etwa ein Mensch, eine bestimmte vergangene Situation $S(t_1)$ zur Zeit t_n *erinnert,* was ja nicht nur möglich, sondern ein Faktum ist. Auch dieses seines psychischen Zustands ist er inne, $I(t_n)$, im allgemeinen sogar *bewußt* (scio). Auf Grund unseres Axioms von der Z/I-Einheit müssen wir jetzt schließen, daß damit auch $Z(t_1)$ wieder aktuell wird, also *vergegenwärtigt* wird. Aber ist dieser Schluß erlaubt? Was besagt er? Wir schließen an die Analyse einer solchen Erinnerung an (für Einzelheiten müssen wir auf I, 46 ff. verweisen):

$Ich(t_1)$ habe den Kölner Dom gesehen und $Ich(t_n)$ erinnere die ganze damalige Szene. Ich kann die damalige Szene anschaulich vorstellen, d. h. ich *sehe* auch in der Erinnerung. John Hughlings Jackson hat vor knapp hundert Jahren (1880) die „still very popular hypothesis" aufgestellt „that ‚strong discharges' occur during perception but only ‚slight discharges' during ideation, in the ‚same cerebral nervous arrangements'"[178]. Und das besagt, daß wenn wir *vorstellen* – in den Varianten vom bloßen schemenhaften bis zum eidetischen Vorstellen – dieselben zentralen oder auch peripheren neuralen Bereiche aktiviert werden wie beim *wahrnehmen* – also genau das, was wir oben aus unserem Axiom geschlossen hatten.

Daß Entsprechendes auch für das aktuelle Handeln und das Vorstellen einer Handlung gilt, haben wir Bd. I, S. 282 ff. ausführlich dargestellt: nicht nur beim aktuellen Ballen der Faust lassen sich Aktions-

[178] Nach T. M. Itil: Changes in digital computer analyzed EEG during „dreams" and experimentally induced hallucinations. in: Origin and Mechanisms of Hallucinations. ed. W. Keup. New York, London 1970. p. 86.

ströme vom Arm ableiten und wird die „Rolandosche Rhythmik" im EEG unterbrochen, sondern beides tritt auch ein, wenn die Vp sich nur vorstellt, daß sie die Faust ballt. Die Unterbrechung der Rolandoschen Rhythmik tritt auch bereits auf, „before the movement itself occurs", d. h. wenn die Vp. zur Bewegung „ansetzt". Der a.a.O. zitierte Satz von EBBECKE: „Eine gedachte Bewegung, wenn sie nur lebhaft genug ist, geht von selbst in ausgeführte Bewegung über" wird durch die dort dargestellten Untersuchungen nicht nur spezifiziert, sondern er bestätigt auch für das Handeln, daß die *Vorstellung* der Handlung schon zu den „slight discharges... in the same cerebral nervous arrangements" führt – abermals eine Bestätigung unseres Schlusses. Interessant ist auch, daß nicht nur beim Menschen (I, 282 f.), sondern auch bei Tieren (I, 326) ein Lernen durch *Beobachtung* des Lernens anderer festgestellt werden konnte. Auch allgemein bei einem „Lernen durch Nachahmung" wird ja das Wahrgenommene in Bewegung übersetzt, und diese Bewegung ist wiederum unmittelbar gesteuert durch die Vorstellung.

Situationsengramm und Zustandsengramm

Das *Zustandsengramm* ist der objektiv, also anatomisch, physiologisch und chemisch vorliegende „Zustand" des Organismus, der sich im Grenzfall objektiv durch die Zustände der Organe, Zellen und chemische Struktur feststellen ließe. Und ebenso objektiv ließen sich die Änderungen jeweils in den Organen, Zellen und chemischen Strukturen beim Übergang von Z_1 in Z_2 feststellen. I_Z, das inne-Sein des jeweiligen Zustands, ändert sich entsprechend, wobei aber im allgemeinen der Organismus auch der Änderung inne ist – falls sie „als Änderung" deutlich wird; man kann (tautologisch) sagen, falls sich der Zustand „merkbar" ändert. Da dieses inne-Sein, wie man vielleicht analog zum Da-Sein formulieren kann, ein *So-Sein* ist (im Unterschied zum bloßen, nicht ausdrücklichen so-Sein) – ist der Wechsel im Inne-Sein zu formulieren als: So-Sein-jetzt (t_1) und So-Sein-jetzt (t_2), wobei man annehmen darf, daß das So-Sein-jetzt (t_2) wohl *anders* ist, aber nicht ein *anderes*. Diese *Identität* des So-Seins in seinen Änderungen ist eine Grundlage für die Konstanz der *Individualität*, letztlich also des *inne-Seins des Ich*.

Das *Situationsengramm* ist dem erlebten Zustandsengramm partiell überlagert. Auch es ist primär ein So-Sein *(s. o. S. 374)*, aber wir sind seiner als *fremd* inne. Nur in Ausnahmefällen spezieller starker Erregung – wenn wir alltäglich gesprochen gleichsam „außer uns" sind – überdeckt es nahezu das ganze Zustandsengramm, formt es um. Im allgemeinen hebt es sich deutlich vom So-Sein des Kerns ab, eben „als fremd", als induziert „von außen". Wird es *bewußt*, so wird es „als Situation" und nicht als Bestandteil des Zustands bewußt: Objektivierung des „Wahrgenommenen" durch das *bewußt-Haben*. Demgegenüber bleibt der „Kern" kontinuierlich – eine objektive Grundlage für das inne-Sein der Identität; beim Menschen etwa inne-Sein des Lebensraums, speziell der Wohnung, des gewohnten Tagesablaufs usw. Wechselt dieser „Kern“ stark, z. B. bei Reisen in andere Umgebungen oder gar beim Auswandern in andere Klimata, entstehen die Probleme der *Anpassung*, d. h. des Erwerbs eines neuen, dann wieder kontinuierlichen „Kerns“, und damit ein *Lernen* neuer, umfassender Verhaltensganzheiten.

Zum Problem der Axiomatik

Alle die angeschnittenen Probleme konnten hier nur skizzenhaft behandelt werden, einmal weil das Material für gründliche Behandlungen noch fehlt, zum anderen, weil derartige Untersuchungen über den Rahmen dieser Darstellung hinausgehen. Doch führt diese Tatsache zu einer grundsätzlichen Frage nach dem Sinn und Nutzen unseres „axiomatischen Versuchs“ – auf diese Frage nach dem Sinn und Nutzen müssen wir noch kurz eingehen:

Es gibt zwei Möglichkeiten, einen Fachbereich oder eine Wissenschaft zu axiomatisieren. Die eine zeigt uns die Mathematik und, in heutigen Ansätzen, die Physik. Eine solche Wissenschaft ist begrifflich und methodisch so durchgearbeitet und im Prinzip so „klar“, daß sie zu einem System zusammengefaßt werden kann, das auf einigen Axiomen ruht.

Bei der zweiten Möglichkeit liegt genau der umgekehrte Fall vor: es gibt zwar eine Überfülle gesicherter Einzeltatsachen, Beziehungen und Gesetze, aber eine Systematik und eine sie tragende Axiomatik liegt noch nicht im Bereich des Möglichen. Der Versuch einer Axiomatisierung z. B. der Psychologie und speziell des Lernens, wie ihn HULL unternommen hat (I, 198 f.), ist nicht zuletzt daran gescheitert, daß auch eine Lernpsychologie nicht psychologisch-intern aufgebaut werden kann: es gibt kein „psychisches Leben“ ohne Bezug zum „physischen Leben“, und dieser Bezug muß in einer Axiomatik der Psychologie verankert sein. Das heißt aber: eine „Lösung“ des psycho-physischen Problems gehörte zu den Axiomen. Eine solche „Lösung“ gibt es aber nicht, oder sie gibt es, wenn man den Pessimismus von GRIESINGER nicht teilen will (s. I, 7, Anm. 9.), noch nicht. Damit ist der Weg zur zweiten Möglichkeit gegeben:

Man versucht *analytisch* zu ermitteln: welche *Bedingungen* sind notwendig, müssen gegeben sein, damit die gefundenen Erkenntnisse, z. B. des Lernens, überhaupt denkbar sind, also logisch „erklärt“ werden können. Und man versucht weiterhin, diese Bedingungen auf ein *Minimum* zu reduzieren, also so allgemeine Bedingungen zu finden, daß sie letztlich für alle gefundenen Erkenntnisse „letzte Bedingungen“ sind. Diese „letzten Bedingungen“ setzt man dann vorläufig als *Axiome* und versucht, auf sie die tatsächlichen Erkenntnisse erklärend zurückzuführen. Vereinfacht gesagt: man schließt etwa „wenn X ist, dann m u ß auch A sein. Da X ist, dürfen wir annehmen, daß A ist.“

Auf diese Weise erhält man einen Satz solcher „Axiome", die man nun, in anderer Sicht, als Merkmale oder Kennzeichen des *Grundaxioms* – also z. B. des „psychophysischen Axioms" – ansehen kann. Erweisen sie sich als „tragfähig", führt dies dann zu einer gewissen „Erkenntnis" des als *unbekanntes Faktum* gesetzten Grundaxioms. Mit anderen Worten: diese Art von „Axiomatik" gibt den Ansatz zu einer Systematisierung der Wissenschaft, zugleich aber auch zu einer Erkenntnis des „als Grundaxiom gesetzten *Grundproblems*" dieser Wissenschaft.

Daß wir diese zweite Möglichkeit hier nicht durchspielen wollen, bedarf keiner besonderen Versicherung – wir mußten nur auf sie hinweisen, um für unsere Setzung der Z/I-Einheit als Grundaxiom eine methodische Begründung zu geben.

Vergegenwärtigung des Vergangenen

Ein neuer Ansatz

Daß wir etwas, was vergangen ist, vergegenwärtigen können, diese Tatsache, die wir oben als das „Kernproblem" jeder Engramm-Theorie bezeichnet haben, ist mit dem bisher Gesagten noch keineswegs erklärt. Es bleibt bei dem Ausgangspunkt, daß eine solche Vergegenwärtigung im *psychischen* Bereich eine Tatsache ist, es bleibt aber weiterhin, daß sie im *physischen* Bereich rätselhaft ist, ja daß die Überschrift dieses Abschnitts eher als ein Paradoxon wirkt.

Das erste Problem, das sich hier einer genaueren Untersuchung stellt, ist, daß im Psychischen das *Erinnerte* „als-vergangen" erlebt wird, zugleich aber ein aktuelles Erleben ist. Dieses zweite Moment besagt, daß eine Erinnerung, wie es JAMES deutlich gemacht hat *(s. o. S. 375 f.)* nicht eine *Wiederholung* ist, sondern wie es bei BUSEMANN heißt (I, 39): „Erinnerung ist zwar ein Wiederhaben eines Erlebnisses, aber in Form eines neuen Erlebens." Es ist für die Erinnerung geradezu charakteristisch, daß in ihr die *Einmaligkeit,* die Unwiederholbarkeit eines Situations-Erlebnisses enthalten ist (s. BERGSON, I, 75 f.), denn ein faktisches Wiedererleben ist, auch wenn es als solches bewußt wird, keine „Erinnerung"; es wird nicht als-vergangen, sondern als-wieder-Da aktuell erlebt, wobei das „wieder" in dieser Formel die *Mitwirkung* der Erinnerung bezeugt, die aber nicht den Charakter des Erlebens bestimmt. Versucht man dies in einer sprachlichen Formel zu fassen, kann man etwa sagen: ein Wiedererleben ist eine *Gegenwärtigung* eines Erlebnisses, Erinnerung ist eine *Ver-gegenwärtigung* des Erlebnisses.

Wie sieht dies nun auf der *physischen* Seite aus?

Beginnen wir wieder mit dem Fall einer objektiven Wiederkehr einer *gleichen Situation,* genauer gesagt einer Situation, die einer früheren so ähnlich ist, daß sie als-gleich erlebt werden kann. Das „kann" ist wichtig, denn die objektiv gleiche Situation kann, wie wir sahen, schlicht als-gegeben und nicht als-wieder erlebt werden; ja im Grenzfall des jamais-vu (I, 236 f.) wird das „wieder" sogar vom Bewußtsein ausdrücklich abgelehnt. Diese Trennung von Erleben und Erleben des Erlebens finden wir auch im umgekehrten Fall: eine neue, andere Situation wird als-wieder erlebt; Grenzfall das déjà-vu Erlebnis (I, 235 ff.). Die objektiv gleiche Situation kann aber auch als-wieder, als-gleich erlebt werden. Dieses *Wiedererleben* kann ein wieder-Erleben sein, es kann sich aber auch mit der etwa assoziativ geweckten ausdrücklichen Erinnerung an das frühere Erleben mischen, ohne dadurch selbst zur Erinnerung zu werden.

Wir dürfen nun wieder annehmen, daß die objektiv gleiche Situation zu einem objektiv gleichen Zustandsengramm führt – dies bezieht sich immer nur auf den Situations-Anteil des Zustandsengramms *(s. o. S. 380 f.)* – und somit auf Grund unseres „Axioms" zu einem objektiv gleichen inne-Sein. Tritt nun aber im Bewußtsein und damit auch im inne-Sein dieses Bewußtseins die ausdrückliche Erinnerung hinzu, so muß dieser ebenfalls etwas Physisches entsprechen: im Zustandsengramm, allgemeiner gesagt im momentanen Zustand muß eine entsprechende Gegenwärtigung des einstigen Zustands enthalten sein. Das hieße aber: ist der damalige Zustand in Form spezieller Zellstrukturen oder Molekel-Konfigurationen gespeichert, so müßten diese „Engramme" so aktiviert werden, daß sie erneut die Signale des damaligen Zustands aussenden und so die Erinnerung auslösen. Dies wäre dann das physische Gegenstück zu der Aussage von G. A. MILLER (I, 49): „Anscheinend ist es unter geeigneten Umständen möglich, sich selbst an gegenwärtigen und vergangenen Ereignissen gleichzeitig teilnehmen zu sehen."

Prinzipiell die gleiche Struktur finden wir beim ausdrücklichen *Erinnern* (t_n) des Erlebnisses in der Situation (t_1). Der Erinnernde befindet sich in der Situation (t_n), deren er inne-Ist, und gleichzeitig in der Situation (t_1), die er ebenso wie das inne-Sein (t_1) erinnert. Doch ist hier, gegenüber der vorigen Erlebnis-Struktur, der *Schwerpunkt* verschoben: Situation (t_n) und inne-Sein (t_n) sind gleichsam „zurückgedrängt", sie sind *miterlebt* (I, 40) und sind damit Bestandteil des „Kerns", der relativ konstanten Grundlage alles inne-Seins und Erlebens geworden. Vom Bewußtsein her gesehen können wir sagen: Die Situation (t_n) ist zwar bemerkt, aber nicht *beachtet* (I, 82 f.). So wie zum inne-Sein (t_n) der Zustand Z(t_n), so gehört auch zum erinnerten inne-Sein(t_1) der Zustand(t_1), also das *aktivierte Zustandsengramm* (t_1). Allem *Erinnern* als der *Vergegenwärtigung* eines früheren Erlebens entspricht also eine *Gegenwärtigung*, ein wieder-da-Sein des entsprechenden früheren Zustands. Damit wird der frühere Zustand(t_1) *Bestandteil* des gegenwärtigen Zustands(t_n), nicht anders als bei der faktischen Wiederkehr der „gleichen" Situation, nur – nach JACKSON *(S. 379)* – weniger intensiv, weniger ausgeprägt.

Nun dürfen wir wohl annehmen, daß es für den Organismus, genauer für den „Leib" leichter ist, einen einmal gehabten Zustand wieder einzunehmen als einen neuen Zustand. Die stetige Folge der Gesamtzustände des Organismus enthält, wie wir sagten, einen „relativ konstanten *Kern*", in den sich die jeweiligen partiellen Änderungen der Situationsengramme einlagern. *Wiederholen* sich derartige Änderungen, so werden sie „vertraut" (wie wir bildlich sagen können), sie werden „geübt" und es kommt zur Gewöhnung, Automatisierung des Verhaltens usw. Schließlich können sie selbst Bestandteile des „Kerns" werden – und dies entspricht dann weitgehend dem Übergang vom *Lernen-durch-Übung* zum *gelernt-Haben*.

„Alles fließt"

Wir haben oben gesagt, daß wir einen „Umweg durch die Philosophie" nicht scheuen dürfen – dies wird jetzt notwendig: wir wenden uns einem altgriechischen Philosophen zu, dem „dunklen" HERAKLIT. Die Überschrift dieses Abschnittes ist wohl jedem vertraut, doch ist sie in doppeltem Sinne inkorrekt: einmal stammt dieses Wort sicherlich nicht von HERAKLIT selbst, und zum anderen ist es die Grundlage für ein unzutreffendes Verständnis dieser Philosophie geworden. Wir lesen bei FRANZ JOSEF BRECHT: „Nach dem herkömmlichen und verflachten Heraklitverständnis liegt das Eigentliche des Philosophen darin, daß er die Welt begreife als endloses Werden, als Fluß ohne Halt, als strömende Veränderung: alles fließt."[179] Dieser negativen Feststellung stellt BRECHT nun die positive gegenüber: „Die wahre Grundformel der Metaphysik Heraklits, die freilich gerade nicht als theoretischer Lehrsatz verstanden und festgehalten werden kann, ist: das Sein ist bestimmt als Einheit des Gegensätzlichen." HERAKLIT ist der „erste Philosoph der Existenz", die „Zerrissenheit des Seienden wird als die Struktur des Eins-seins selbst expliziert; die Harmonie ist Fugung des Gegenstrebigen, ist Einheit als coincidentia oppositorum" – womit eine Brücke zu der Philosophie des großen NICOLAUS CUSANUS geschlagen werden soll[180]. Für diese „Einheit im Gegensätzlichen" findet HERAKLIT immer wieder neue Bilder: „Steigen wir in denselben Fluß, so strömt uns stets anderes Wasser zu: das Andere und das Selbe bestimmen erst die einheitlich-ganze Wirklichkeit. Darum steigen wir in dieselben Fluten und steigen doch nicht in dieselben, wir sind's und sind's nicht. Sein und Nichtsein koinzidieren in der Einheit. Sein ist – zuletzt – empirisch unfaßbar – Identität der Gegensätze."[181]

„Empirisch unfaßbar" sagt BRECHT, und damit scheint dieser „Umweg" uns in visionäre und mystische „Tiefen" zu führen. Aber ganz so

---

[179] FRANZ JOSEF BRECHT: Heraklit. Heidelberg 1936. S. 19.

[180] Vgl. zur „coincidentia oppositorum" KARL-HEINZ VOLKMANN-SCHLUCK: Nicolaus Cusanus. 2. Aufl., Frankfurt a. Main 1968. spez. S. 12 ff.

[181] BRECHT: a.a.O. S. 22.

ist es nicht: was Heraklit hier sieht und in immer neuen Anläufen darzustellen sucht, ist die ontische – oder erkenntniskritisch gesagt: die geistig-logische Grundlage eines menschlichen Weltverständnisses, das in der Geschichte der Philosophie immer wieder aufgetreten ist bis hinein in die moderne dialektische Philosophie und Theologie.

Daß auch moderne wissenschaftliche Weltauffassung, ja experimentelle Wissenschaft einige Wurzeln in dieser Grundlage hat, wird deutlich, wenn wir jetzt das (richtig verstandene) „alles fließt" in einen modernen *chemischen* Begriff „übersetzen": in das *turnover*.

Dieser Begriff ist uns unter verschiedenen Gesichtspunkten und unter verschiedenen Namen schon oft begegnet: wir haben vom „chemical noise" gesprochen, von dem Hintergrund, vor dem – genauer auf dem sich alle speziell untersuchten chemischen Vorgänge in den Zellen abspielen, von ständigem Abbau, Umbau und Aufbau der Proteine und speziell auch der Enzyme. Wir haben in Bd. I (S. 56) Schoenheimer zitiert: „that all constituents of living matter, whether functional or structural, of simple or complex constitution, are in a steady state of rapid flux", und haben ein Wort des Biologen Max Hartmann angeführt (a.a.O.): „Die individuelle Dauerhaftigkeit organischer Körper ist in physikalischer Hinsicht nur eine scheinbare, sie wird nur erreicht durch einen fortgesetzten Wechsel, einen ständigen Auf- und Abbau der in ihnen sich findenden chemischen Stoffe und einen fortgesetzten Wechsel verschiedener energetischer Zustände." Und schließlich haben wir Grey Walter angeführt mit seiner fast heraklitischen Formulierung: „One can never ‚repeat' an experiment on a brain." *(o. S. 230)*

Und doch gibt es, auch nach diesen Äußerungen, keine schlechtere Übersetzung für „turnover" als das üblich verstandene „alles fließt", so naheliegend dies wäre: um das zu verstehen, war der „Umweg" über Heraklit notwendig: Die *Identität* eines individuellen Lebewesens wird von dem „fortgesetzten Wechsel" seiner Bestandteile nicht berührt, ebensowenig wie die des Flusses bei Heraklit: ich kann natürlich immer wieder „in den Rhein" steigen, nur führt er jedesmal anderes Wasser.

Dies zeigt uns nun aber auch einen Weg, wie wir die „Einheit der Gegensätze", die Einheit „des Anderen und des Selben" für unser Thema in den Griff bekommen können: als Einheit und zugleich als Gegensatz von den *Ganzen* (den Ganzheiten und Gestalten) und den (unspezifischen) Teilen und *Elementen (s. o. S. 21 ff.)*. Die Elemente wechseln ständig = z. B. das turnover der Zellbestandteile; die Ganzheit = dieser Organismus, bleibt bestehen, „als-dieser", wenn auch nicht „als-solcher", denn auch er verändert sich.

Damit sind auch wir schließlich zur „haecceitas" (Duns Scotus), zur „Diesheit" (Christian Wolff) als dem Kern der Identität gekommen – und können unseren Umweg durch die Ontologie abschließen, bei dem wir die Probleme nur anschneiden, aber natürlich nicht behandeln konnten.

Die *Vergegenwärtigung des Vergangenen* basiert auf einer *Gegenwärtigung,* einem wieder-da-Sein des Vergangenen, ist aber als „Vergegenwärtigung des Vergangenen" erlebt – die Frage aber bleibt, wie ein Organismus einen früheren Zustand partiell, z. B. das einstige Situationsengramm, wieder einnehmen kann. Die nächstliegende Antwort ergibt sich wieder durch die Unterscheidung der *Ganzen* und der *Teile,* der *Elemente.* Die Dauerhaftigkeit der Engramme ist ja Definitions-Merkmal, das besagt: Das einstige Situationsengramm ist genau genommen nicht wieder-da, sondern *noch-da,* nur nicht als Ganzes, sondern *potentiell,* nämlich „in" den Teil-Engrammen, die durch geeignete externe oder interne Aktivierung wieder die einstige Ganzheit bilden können = Erinnerungsgrundlage, sonst aber „als Teil-Engramme" das jeweilige Verhalten auslösen und steuern = gelernt-Haben.

Die physische Grundlage dieses *noch-Daseins* der memoriellen Engramme sind die durch die einstige Situation entstandenen chemischen Veränderungen. Damit entsteht aber die neue Frage, wie „Konstanz" chemischer Egg angesichts des ständigen turnover aller Zellsubstanzen möglich ist.

Chemische Engramme

Einleitung

1. Seit etwa drei Jahrzehnten hat das Interesse an chemischen Lerntheorien merkbar zugenommen, ist ein „shift from electricity to juice" (A. J. MANDELL, s. I, 17) sichtbar geworden. Diese chemischen Lerntheorien bemühen sich nicht nur, „Lernen und Gedächtnis" als letztlich chemische Vorgänge in den Zellen zu erklären, sondern in vielen von ihnen ist einer der vorgehend besprochenen Stoffe oder Vorgänge als der entscheidende Faktor für eine einheitliche mnestische Theorie postuliert worden. GROSSMAN gibt eine gute Übersicht über diese „Biochemical Hypothese"[182], aus der wir einige Beispiele herausgreifen: die „formation of a new specifically oriented protein molecule" (KATZ und HALSTEAD, 1950); eine „change of a base in the chain of an RNA molecule" (HYDÉN in einer frühen Fassung seiner Theorie, 1959); die Annahme, daß „the same or similar changes in the DNA molecule may provide a more permanent basis for memory storage" (GAITO, 1961, 1963). Andere Hypothesen rücken die Enzyme in den Mittelpunkt ihrer Erklärungen, so z. B. „Briggs and Kitto (1962) proposed that the molecular basis of memory may be related to changes in the concentration of specific enzymes in neural tissue", wobei die *Enzyminduktion (s. o. S. 244)* den Mechanismus für diese Änderungen liefert. Konformationsänderungen von Makromolekeln, nicht nur von Proteinen, sondern z. B. auch von „Mucoiden" (BOGOCH, 1968) sind ein

[182] SEBASTIAN PETER GROSSMAN: A Textbook of Physiological Psychology. New York, London, Sidney 1967. p. 865 ff.

anderer Ansatzpunkt, und schließlich ist auch eine Ionen-Theorie der mnestischen Phänomene vorgeschlagen worden: „Overton (1959) has proposed that learning may coincide with the displacement of calcium in the nervous system", wobei die beim Abbau des ACh im Synapsenspalt freiwerdende Essigsäure mit Ca^{2+} lösliches Calciumacetat bilden soll, das dann in den Blutstrom geht.

2. Bei den meisten dieser Theorien steht das *Lernen* im Vordergrund, sie basieren – explizit oder implizit – auf der Grundannahme, daß Lernen und Gedächtnis letztlich auf *Synapsen-Modifikationen* beruhen. Nach der von uns zugrunde gelegten Unterscheidung von *Memoria und Mneme* handelt es sich bei ihnen um Mneme-Theorien. Ob sich diese Unterscheidung auch im physiologisch-chemischen Bereich bewähren wird[183], muß sich erst erweisen. Auf Grund der psychologischen Analysen in Band I bleibt jedenfalls die Frage entscheidend, ob der Organismus, der für eine bestimmte Situation ein passendes Verhalten *erlernt* hat, dieses bei Wiedereintritt in die gleiche Situation aktivieren kann, ohne daß er die Situation „als gleiche" *erkannt* hat. Dagegen spricht nicht, daß im Falle einer *Automatisierung* seines Verhaltens (I, 253, 284 f.) möglicherweise Situations-Stimulus und Verhalten gleichsam kurzgeschlossen, im behavioristischen Sinne also „assoziiert" sind *(s. a. u. S. 433 f.)*.

3. Das zentrale Thema der folgenden Betrachtungen ist die Phase II (vgl. die „Einleitung" *S. 305 f.*): Die Fixierung des Signals in einem *Engramm*. Wie bei allen zentralen Problemen der Lern- und Gedächtnis-Theorie, deren L ö s u n g noch in der Zukunft liegt, wird es sich auch hier mehr um die Aufweisung von P r o b l e m e n handeln als um die Darstellung von Untersuchungs-Ergebnissen. Anders gesagt: *Suchhypothesen* und d. h. hier, *Denkmöglichkeiten* und Schlüsse von den Tatsachen auf denknotwendige oder denkmögliche Bedingungen werden im Vordergrund stehen. In der heutigen Situation der Lerntheorien müssen wir schon zufrieden sein – und wir würden auch zufrieden sein – wenn wir berechtigt über unsere Bemühungen das Gleiche sagen können, was Klaus Foppa einleitend über seinen Versuch einer psychologischen Lerntheorie gesagt hat:

„Von solchen Überlegungen ausgehend läßt sich das Gerüst einer möglichen Lerntheorie etwas detaillierter beschreiben. Die Annahmen und Setzungen sind vorerst programmatisch formuliert, wenn sie auch durch eine Reihe von Fakten gestützt sind. Ihre Explikation erscheint trotzdem gerechtfertigt, weil der Aufbau dieses Buches, die Behandlung der verschiedenen Probleme und die Interpretation der einzelnen Ergebnisse von diesen ‚Postulaten' bestimmt sind. Außerdem haben die Modifikationen und Erweiterungen der traditionellen Systeme bisher keinen nennenswerten theoretischen Fortschritt mit sich gebracht. Die Lerntheorien münden in mehr oder weniger attraktive Sackgassen. Ein neuer

---

183 Eine kritische Frage von G. Guttmann in seiner Besprechung von Bd. I im Österreichischen Rundfunk.

Versuch kann – selbst im ungünstigsten Fall – nicht erfolgloser verlaufen. Und auch ein eklatanter Mißerfolg trüge wenigstens insofern Zinsen, als durch ein weiteres Beispiel belegt wäre, wie Lerntheorien nicht aufgebaut sein können."[184]

Engramm-Bildung

Beim heutigen Stand unseres Wissens ist es kaum möglich – und unsere Darstellung wird dies deutlich gemacht haben – zwischen den verschiedenen „Kandidaten" für chemische Engramme eine Entscheidung zu treffen. Vielleicht aber kann ein Versuch, einige allgemeine Bedingungen für chemische Engramme aufzuzeigen, die Problematik verdeutlichen und zugleich helfen, die Wahlmöglichkeiten einzuengen.

1. Wir gehen wieder davon aus, daß jeder Stimulus, sowohl ein äußerer als auch ein innerer Stimulus, zu einer Änderung in speziellen Bereichen des Organismus führt, seien dies Zellen, Zellgruppen, Organe oder auch der ganze Organismus. Eine solche Änderung ist in vielen Fällen nur vorübergehend, in anderen dagegen von Dauer, wobei „Dauer" wieder heißen möge *(s. S. 319)*, daß die Änderung noch andauert, wenn der Stimulus aufgehört hat. In diesem Sinne können wir allgemein von *Stimulus-Engrammen* sprechen, speziell von *Wahrnehmungs-Engrammen.* Die memoriellen *Lern-Engramme* sind dann eine Sonderart dieser Stimulus-Engramme.

2. Die Bildung der Stimulus-Engramme – wir können auch im allgemeinen Fall von einem „Einprägen", einem *Engraphieren* im Sinne SEMONS sprechen – ist offensichtlich ein physiologisch-chemischer Vorgang. Unsere einleitend gestellte Frage, wie die Fixierung eines Signals in ein Engramm erfolgt, erhält damit eine erste Antwort:

Die Transformation einer Impulsfolge, also eines Signals, in ein Engramm vollzieht sich an einer *Synapse.*

Dies ist eine, allerdings hypothetische Umkehrung des bekannten Satzes, daß an einer Synapse eine Impulsfolge in eine bestimmte Menge von Transmitter-Quanten transformiert wird, die ihrerseits chemische Veränderungen in der subsynaptischen Membran hervorrufen.

Beim nächsten Schritt trennen sich die Wege: legt man, wie etwa die Vertreter der „Mucoid-Theorien" (BOGOCH, BARONDES) das Schwergewicht auf Substanzen in der *Oberfläche* der Rezeptor-Neurone, könnten die Änderungen in der subsynaptischen Membran bereits die gesuchten Engramme sein. Sind dagegen Vorgänge in den Zellen für die eigentliche Engramm-Bildung als notwendig angesehen, wie etwa bei den RNA-Theorien, so müßten die subsynaptischen Änderungen als Ursachen oder Auslöser derartiger Vorgänge wirken, also z. B. für eine Veränderung der Basen-Sequenz in einer RNA, die dann zu spezifischen *Lern-Proteinen* führen könnte.

[184] KLAUS FOPPA: Lernen, Gedächtnis, Verhalten. 6. Aufl. Köln, Berlin 1970. S. 379.

„Fixierung" der Engramme

1. Schon die Alltagserfahrung beweist uns vielfältig, daß auch die Wahrnehmungsengramme oft sehr lange erhalten bleiben: wir können nicht nur vergangene „Erlebnisse" (i. e. S.), sondern auch wahrgenommene Situationen wie Landschaftsbilder aus lange zurückliegenden Reisen u. dgl. lange Zeit reproduzieren. Also auch diese Engramme, nicht nur die Lernengramme, müssen irgendwie „fixiert" sein und abgerufen werden können.

Da die von N. E. MILLER erwogene Möglichkeit, daß „the physical basis of learning must reside in one of the relatively rare bodily components that do not turn over with time" *(s. S. 282)* kaum eine allgemein brauchbare Lösung anbietet, müssen wir die Frage erörtern, wie eine Fixierung chemischer Engramme angesichts des allgemeinen *turnover* aller Zellsubstanzen *(s. S. 385)* möglich ist.

Alle organismischen Substanzen, selbst die so stabilen wie die Substanz der Knochen, werden ständig abgebaut, umgebaut, aufgebaut, wobei die „Dauer" ihrer „scheinbaren Dauerhaftigkeit" (MAX HARTMANN) sehr verschieden ist, wie wir an der „turn-over rate" der Proteine gesehen haben *(s. S. 350 f.)*. Für ein solches turnover bestehen verschiedene Möglichkeiten, z. B. eine Art „Reparatur" durch Ersatz einzelner Bausteine durch neue, oder eine vollständige Synthese, wobei die neue Substanz dann die Aufgaben der alten übernimmt, die selbst abgebaut wird. Beide Möglichkeiten sind mit den tracer- und precursor-Experimenten vereinbar.

Daraus ergibt sich aber, daß der Begriff der „Fixierung", anders gesagt der *Konsolidierung* der Engramme, einer genaueren Bestimmung bedarf. Als Ansatz zu einer solchen Bestimmung können wir sagen:

Fixierung und damit Dauerhaftigkeit bedeutet, daß die Engramm-Substanz *ständig vorhanden ist.*

2. Chemie und Biochemie zeigen uns nun verschiedene Beispiele dafür, daß eine Substanz, obwohl Glied chemischer Umsetzungen, „ständig vorhanden ist". Ob solche Vorgänge bei der Engramm-Fixierung eine Rolle spielen können, läßt sich a priori nicht sagen, doch geben die beiden Beispiele, die wir betrachten wollen, einen Hinweis, wie so etwas geschehen kann.

Gleichgewichtsreaktionen: Das verhältnismäßig einfachste Beispiel ist die Synthese einer Verbindung AB aus ihren Elementen A und B:

$$A + B \rightleftarrows AB$$

Die Formel besagt (in vereinfachter Darstellung): Die Synthese von AB vollzieht sich mit einer gewissen Geschwindigkeit v_S, im Reaktionssystem befinden sich also nach einer gewissen Zeit nebeneinander nicht umgesetzte Elemente A und B sowie schon gebildetes AB. Unter den Bedingungen der Reaktion ist aber AB nicht stabil, es reagiert, indem es in A und B zerlegt wird (sog. *Rückreaktion*). Die Geschwindigkeit dieser Reaktion sei v_A. Das gleichzeitige Geschehen beider Reaktionen wird in der Formel durch den Doppelpfeil ausgedrückt.

Nach dem (chemischen) *Massenwirkungsgesetz* (MWG) von GULDBERG und WAAGE sind die Reaktionsgeschwindigkeiten proportional zur vorhandenen Menge von A und B bzw. von AB. v_S nimmt zunächst ab, v_A dagegen zu. Es kommt ein Augenblick, in dem $v_S = v_A$ wird: dann hat die Reaktion ein *Gleichgewicht* erreicht. Jetzt wird in der Zeiteinheit genau soviel AB aus A und B gebildet wie AB in A und B zerlegt wird: die Zusammensetzung des Systems ändert sich nicht mehr. Trotz ständigen Aufbaus und Abbaus ist immer eine bestimmte Menge AB vorhanden. Da dasselbe Gleichgewicht auch erreicht wird, wenn wir umgekehrt von AB ausgehen und es in seine Elemente zerlegen, ist also eine bestimmte Menge AB „ständig vorhanden", nur besteht sie ständig aus anderen Atomen.

Die Lage des Gleichgewichts ist abhängig von der Temperatur, der Konzentration usw.; mit deren Änderung kann sich das Gleichgewicht „nach rechts", also zu AB hin, oder „nach links", zu den Elementen hin verschieben. Im ersten Fall ist AB vermehrt, A und B vermindert; aber wieder ist bei Konstanz der neuen Bedingungen die Menge von AB konstant.

3. Unter den Gleichgewichtsreaktionen sind biochemisch am wichtigsten die *Enzymreaktionen:* Enzymreaktionen führen zu Gleichgewichten, sie verändern aber Gleichgewichte nicht. „Thermodynamisch gesehen, haben sie die Eigenschaft, die Aktivierungsenergie ... herabzusetzen und damit die Gleichgewichtseinstellung herbeizuführen. ... eine Verschiebung des Gleichgewichts ist nicht möglich."[185]

Eine Beeinflussung von Gleichgewichtsreaktionen ist aber auf andere Weise möglich: Im einfachsten Fall, wenn das Endprodukt der Reaktion, AB, aus dem System entfernt wird. Eine Rückreaktion ist dann nicht mehr möglich, es gibt kein Gleichgewicht mehr, die Reaktion läuft in Richtung AB ab, bis kein A und kein B mehr vorhanden ist.

Eine andere Möglichkeit ist, wenn A* dem System zugeführt wird, wobei A* radioaktiv markiertes A sei. Der mathematische Ausdruck des MWG zeigt, was geschieht:

$$\frac{[AB]}{[A] \cdot [B]} = K$$

(Die Klammern bedeuten Konzentrationen): Das Verhältnis des Produkts der Reaktionsergebnisse – in diesem Fall nur AB – zum Produkt der Ausgangsstoffe, A und B, ist gleich einer Konstanten K. Wird die Konzentration von A erhöht, muß auch die von AB erhöht werden, soll das Verhältnis konstant bleiben. Ein Teil des vermehrten AB wird dann aber A*B sein – wir haben den Fall des Tracer-, bzw. des precursor-Einbaus.

185 PETER KARLSON: a.a.O. p. 65.

Es sei nun erlaubt, ein wenig über „Lern-Chemie“ zu spekulieren: Wenn Lernen zur Synthese eines Engramms in Form einer neu synthetisierten Substanz führt, die wir wieder vereinfacht als AB bezeichnen wollen, dann hat unter den gegebenen Bedingungen AB „Bestand“, es ist „ständig vorhanden“. Wird nun das Engramm bei einer *Reproduktion* oder *Erinnerung* „abgerufen“, dann kann es dadurch verändert werden: war es neu synthetisiert, wird es jetzt etwa zerlegt, war es durch Konformationsänderung entstanden, wird z. B. die Änderung rückgängig gemacht. Dadurch wird ein Teil von AB entweder aus dem System entfernt oder AB ist so verändert, daß es anders reagiert: in beiden Fällen ist die Rückreaktion vermindert. Es stellt sich zwar dasselbe Gleichgewicht, nämlich dasselbe Verhältnis der Konzentrationen, wieder ein, aber mit geringeren Mengen. Dies wäre ein Fall, wie er bei den Ferritkern-Speichern von Datenverarbeitern auftrat: durch das „Lesen“ des Gespeicherten, wird das Gespeicherte „gelöscht“, es muß gleich wieder eingespeichert werden. In unserem Beispiel wird das „Engramm“ zwar nicht gelöscht, aber vermindert. Wenn nicht neues A und B zugeführt werden, z. B. durch erneutes Lernen („Wiederholung“), wird das Abrufen erschwert: „Vergessen“ durch Reproduktionserschwerung. Gewiß sind die Vorgänge beim Reproduzieren, Erinnern und „Vergessen“ nicht so einfach, aber es besteht die Möglichkeit, daß sie als „elementare“ Vorgänge in ihnen mitwirken.

Kreisläufe: Eine interessante Gruppe biochemischer Reaktionsketten sind die *Kreisläufe.* Auch bei ihnen finden wir eine gewisse Konstanz von Substanzen, die in diesen Ketten reagieren, nur daß das „ständig“ vorhanden hier ersetzt werden muß durch ein „immer wieder“ vorhanden. Dies sei am Beispiel des *Citronensäure-Cyclus,* nach seinem Entdecker auch „Krebs-Cyclus“ genannt, gezeigt:

Der Abbau der Glucose in der Zelle führt zu einem vorläufigen Endpunkt, der Brenztraubensäure (Pyruvat), und zwar entstehen pro Molekel Glucose zwei Molekeln Pyruvat, die nun verschieden weiter reagieren. In formaler Zusammenfassung: ein Pyruvat wird durch Decarboxylierung, Abspaltung von CO_2, über verschiedene enzymatische Reaktionen schließlich an Coenzym A gebunden und tritt als „aktivierte Essigsäure“ in den Kreisprozeß ein. Das andere Pyruvat wird durch Carboxylierung, Einbau von CO_2, zu Oxalessigsäure (Oxalacetat). Der erste Schritt des Kreisprozesses ist die Vereinigung von Oxalacetat und Acetat zu Citronensäure.

Citronensäure wird nun über verschiedene Zwischenstufen, die hier nicht wichtig sind, umgesetzt zu α-Ketoglutarsäure, dann zu Bernsteinsäure und schließlich zu Oxalessigsäure. Vereinfacht dargestellt, wobei wir die Substanzen immer nur durch die Anzahl ihrer C-Atome kennzeichnen:

C_4	$+$	C_2	$\rightarrow$	$C_6 \ldots$	$\xrightarrow{-CO_2}$	C_5	$\xrightarrow{-CO_2}$	$C_4 \ldots$		C_4
Oxal-acetat		Acetat		Citrat		α-Keto-glutarat		Suc-cinat		Oxal-acetat

Formal bedeutet dies, daß die im ersten Schritt in den Kreislauf eintretende Essigsäure (Acetat) in einzelnen Schritten abgebaut wird: 2 C-Atome treten als CO_2 aus dem Kreislauf aus, außerdem 8 H-Atome; benötigt wurden noch 2 H_2O, die in den Kreislauf eintreten. Somit lautet die Bruttogleichung:

$$CH_3COOH + 2\,H_2O = 2\,CO_2 + 8\,H$$

Die 8 H sind das entscheidende Produkt: sie werden über einen komplizierten Weg (Atemketten-Phosphorylierung) schließlich mit dem Atemsauerstoff zu Wasser umgesetzt; dabei wird viel Energie frei: der Citronensäure-Cyclus ist ein wichtiger Energie-Erzeuger der Zelle. Allerdings wird die Energie nicht „frei", sondern chemisch gebunden in Form der uns schon bekannten „Akkumulatoren", hier des ATP. 11 ATP entstehen in der Atemkette. Man hat ausgerechnet, „daß der Mensch in 24 Stunden rund 70 kg ATP produziert (und natürlich auch wieder spaltet), also sein eigenes Körpergewicht"[186]!

Allerdings müssen wir an unserer Darstellung noch eine kleine Korrektur anbringen, die aber gerade in unserem Zusammenhang wichtig ist: Tatsächlich wird nämlich nicht die Essigsäure abgebaut, sondern die Oxalessigsäure. Das Acetat ist im neu gebildeten Oxalacetat enthalten und wird erst in den folgenden Kreisläufen mit abgebaut. In Kurzform:

$$\mathrm{C{-}C} + \mathit{C{-}C{-}C{-}C} \rightarrow \mathrm{C{-}C{-}}\mathit{C{-}C{-}C{-}C} \rightarrow \mathrm{C{-}C{-}}\mathit{C{-}C} + \mathit{C} + \mathit{C}$$

In gewisser Beziehung ist der Citronensäure-Cyclus ein Zentrum des gesamten Zellstoffwechsels: viele Wege führen in ihn hinein und sehr viele Wege führen aus ihm heraus, da die Substanzen, die in ihm auftreten, auch in anderen Reaktionen eine wichtige Rolle spielen. Das stark vereinfachte Schema (Abb. 30) gibt eine Vorstellung davon[187]. Es macht aber zugleich deutlich, in welches Netzwerk, das dem neuralen durchaus vergleichbar ist, sich die Suche nach chemischen Engrammen, nach ihrer Bildung, Erhaltung und Funktion, hineintrauen muß. Für uns speziell ist an dem Schema interessant ein Seitenast, der vom Oxalacetat über die Aminosäure Asparagin (Aspartat) zur Verbindung mit einem Ast aus einem anderen Kreislauf, dem Harnstoff-Kreislauf und weiter zur *Orotsäure* führt, dem uns bereits bekannten „precursor" der Pyrimidin-Basen der Nucleinsäuren. Dies zeigt, daß eine künstliche Zufuhr von Orotsäure *(S. 368 f.)* nicht nur zu einer vermehrten Synthese von Nucleosiden führen wird, sondern, etwa entsprechend wie bei den Gleichgewichtsreaktionen, auch Rückwirkungen auf das Geschehen in den Kreisläufen haben wird.

---

186 Peter Karlson: Kurzes Lehrbuch der Biochemie. 8. völl. neu bearb. Aufl. Stuttgart 1972. S. 351.

187 Ein sehr viel ausführlicheres Schema findet der Leser als Ausschlagtafel bei Karlson: a.a.O.

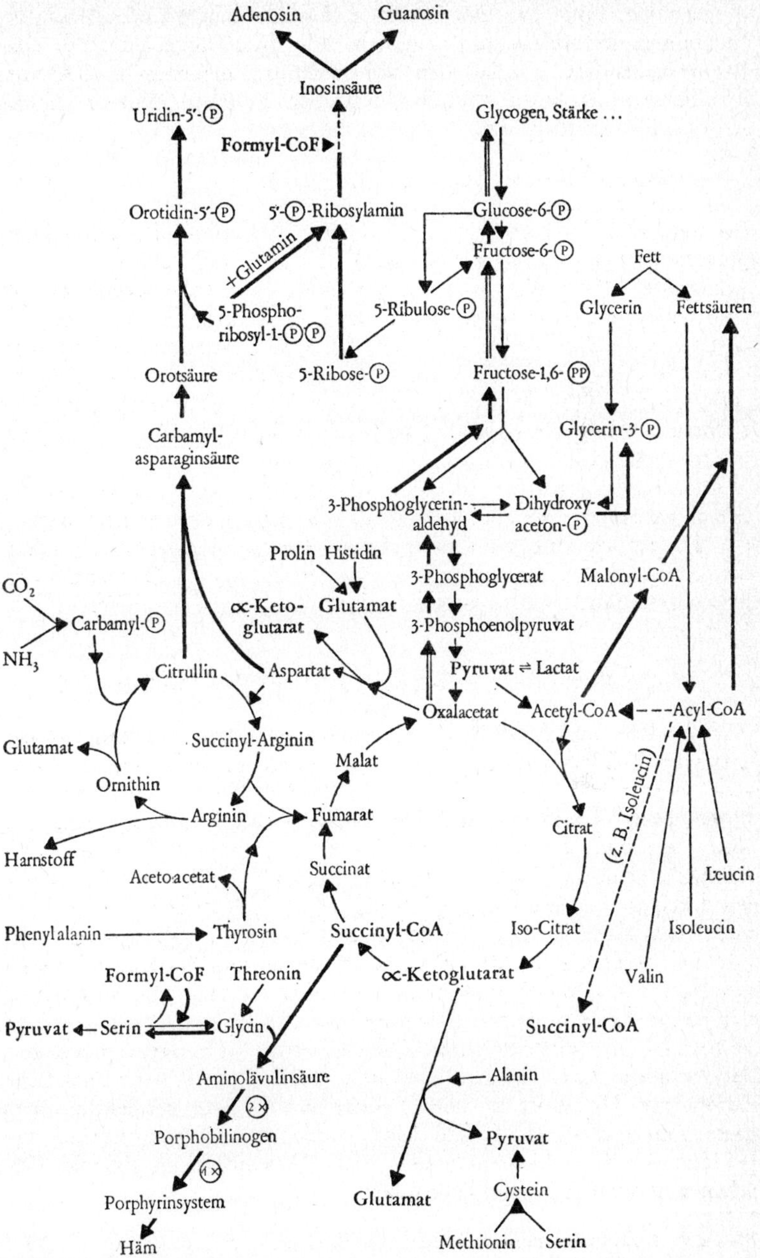

Abb. 30 Reaktionswege und Wechselbeziehungen im Stoffwechsel (stark vereinfachter Ausschnitt).

Gelernt-Haben: Funktionell bedeutet die Fixierung eines Lern-Engramms, daß der Zustand des *gelernt-Habens* erreicht ist. Aus dem über die „Fixierung“ Gesagten wird aber deutlich, daß, ganz im Gegensatz zu der Vermutung von N. E. Miller, die „Dauerhaftigkeit“ des Engramms gerade nicht darin bestehen kann, daß es unverändert erhalten bleibt, sondern vielmehr darin, daß es trotz ständiger Umsetzung entweder „ständig da“ ist oder „immer wieder“ da ist.

Und dies besagt noch etwas anderes: die Zelle muß das Lern-Engramm, die neu entstandene Substanz angenommen, in ihren normalen Stoffwechsel aufgenommen haben. Der Stoffwechsel kann durch das Engramm nur soweit modifiziert worden sein, daß die normalen Funktionen der Zelle nicht gestört werden. Mit anderen Worten: das Engramm kann kein *Fremdkörper* sein, der zweifellos sofort abgebaut und ausgeschieden würde. Dies kann bedeuten, daß – ganz im Sinn der Jerneschen Selektionstheorie (I, 115) – das Engramm bereits in irgend einer Form vorhanden war, oder aber daß das neu gebildete Engramm „zellgemäß“ ist. Das früher *(S. 324)* erwähnte Lipofuscin z. B. ist ein „Fremdkörper“, der zwar nicht abgebaut wird, aber auch nicht in den Stoffwechsel der Zelle eingreift. Ein solches Eingreifen muß für Engramme vorausgesetzt werden, sollen sie ihre Funktion ausüben können: *abgerufen* zu werden und das *mnemische Verhalten* des Organismus zu steuern.

Man kann sagen: In diesem „Einbau“ in das Zellgeschehen besteht die biochemische *Konsolidierung* zu Engrammen (nicht der Engramme).

Elemente und Ganze

Aus unseren bisherigen Überlegungen und Darstellungen ergibt sich wohl, daß die Möglichkeit, ja eine gewisse Berechtigung dafür besteht, einzelnen Molekeln in den Zellen „engrammatische Funktionen“ zuzuschreiben. Das kann aber nur bedeuten – auch das wird sich ergeben haben –, daß diese Molekeln und ihre Funktionen *Elemente* der Engramme und ihrer Funktionen sind. Im Sinne unseres oben *(S. 312 ff.)* skizzierten „Sprache-Schrift-Modells“ dürfen wir sagen: solche Molekeln sind die „Buchstaben“, aus denen die „Wörter“ und „Sätze“ der Signale bestehen, oder anders gesagt: sie sind die *Zeichen* des *chemischen Codes* der *Signale.*

Mit dieser Voraussetzung umgehen wir einige der Schwierigkeiten jener Theorien, die in Makromolekeln, Enzymen oder Nucleinsäuren schlechthin „die“ Engramme sehen möchten; Schwierigkeiten, die sofort entstehen, geht man vom *Lernen,* also vom mnemischen Verhalten, auf das sich solche Theorien meist beziehen, zum *Gedächtnis,* zum memoriellen Verhalten über. Andererseits führt aber auch unsere Voraussetzung zu einer Vielzahl von Problemen, die heute ebensowenig als lösbar erscheinen wie jene Schwierigkeiten der anderen Theorien. Um-so wichtiger ist es aber, diese Probleme deutlich zu sehen, sie so genau wie möglich zu bestimmen. Dies wollen wir an einigen, uns als „grundlegend“ erscheinenden Beispielen versuchen.

Die Ganzheit

1. Wir betrachten Engramme als „Ganzheiten“, doch ist, gerade aus physiologich-chemischer Sicht, der Begriff der „Ganzheit“ noch recht vage. Vor allem sind es zwei Teilaspekte des Problems, die Beachtung verdienen: a) Wie kommt eine solche Ganzheit zustande? – wenn wir nämlich den Molekeln als Engramm-Elementen nur die Bedeutung von Zeichen zuerkennen. Und b) Wo finden sich solche „Ganzheiten“? – wenn wir annehmen müssen, daß die Teilengramme eines Situations-Stimulus in den den Sinnesorganen zugeordneten kortikalen „Zentren“ zu finden sein werden, und auch dort kaum jeweils etwa in einer einzigen Zelle. Oder sollen wir zu GALANTERS Hypothese eines „central store that is not modality specific“ unsere Zuflucht nehmen? Dann aber ergäbe sich wieder die Frage nach der Lokalisation dieses Engramm-Lagers.

2. Ein Versuch, diese beiden Teilfragen zu beantworten, setzt aber voraus, daß wir berücksichtigen: Die Engramm-Ganzheit kann bereits bei der Bildung der Engramme entstehen; sie kann während des Lagerns bestehen, oder bzw. und sie kann erst beim Abrufen, also bei der Reproduktion und Erinnerung, „als Ganzheit“ wirken. Ob von diesen Möglichkeiten nur eine oder einige oder gar alle realisiert sind, wissen wir nicht.

Hinzu kommt dann aber noch eine Frage, die sich aus der von uns vorausgesetzten „Zustands-inne-Sein-Einheit“ ergibt: in welchen Beziehungen steht eine evtl. vorgefundene physische Engramm-Einheit zur psychischen Engramm-Einheit, sei es schon im inne-Sein, sei es erst im Bewußtsein? Wir werden diese Frage, die uns im III. Band wieder begegnen wird, hier nicht erörtern – sie führt hinüber zu KANTS „synthetischer Einheit“ des Bewußtseins, z. B. der Einbildungskraft, der Apperzeption usw.

3. Die Frage nach physischen Engramm-Einheiten ist in der Literatur, zum Teil unter anderen Gesichtspunkten, verschiedentlich behandelt worden; einige Beispiele mögen den Stand in diesem Problembereich heute zeigen:

Der dominante Erregungsherd

Seit der russische Physiologe UCHTOMSKI 1926 den Begriff des *dominant* focus in die Wissenschaft eingeführt hat, ist das damit bezeichnete Phänomen vielfältig untersucht worden, so z. B. von RUSINOW und MORRELL. JOHN hat das dominant focus-Phänomen verschiedentlich dargestellt und seine Theorie weiterentwickelt – wir folgen zunächst seiner Darstellung[188]:

„Ukhtomski characterized the condition of excitation in ‚dominance' by four aspects: (1) relatively heightened excitability of a neural center; (2) temporal stability of the local nervous excitation; (3) capacity of the excited center to summate input from the stream of indifferent afferent impulses; (4) excitation inertia, that is, the capacity of this mechanism to retain excitation, once established, and to be able to persist in that state when the original stimulation has disappeared." Und JOHN folgert: „The dominant focus can be considered as an aggregate of neurons sharing a sustained state of altered excitability." „The establishment of a dominant focus in an area of this region (= a population of neurons in a region, d. Vf.) would make more uniform the excitability of neurons in that area. ... in the area of the dominant focus a massive synchronized response would occur which involved a high percentage of the neurons in that area."

Nach Erörterung einiger Experimente charakterisiert dann JOHN selbst den dominant focus durch 7 Eigenschaften, von denen wir 3 hier im Auszug wiedergeben:

„(1) A *dominant focus* is an anatomically distributed neural aggregate which undergoes common fluctuations of excitability during some interval of time, increasing the probability that an adequate afferent input to the aggregate will cause the members of that subset of cells to display associated activity.

(2) When a group of neurons is repeatedly associated in discharge over a period of time, they become organized into a system characterized by a tendency to the constituent neurons to discharge in a coordinated fashion. ...

(3) If a particular temporal pattern has characterized the discharge of the group of neurons during their repeated association, the *mode of activity* displayed during subsequent activity involving a substantial proportion of that set of cells will tend to reproduce that temporal pattern."[189]

Die Beziehung zum *Lernen,* die in dieser Kennzeichnung schon sichtbar ist, wird deutlicher an den Experimenten von RUSINOW und vor allem von MORRELL. MORRELL berichtet:

„Rusinow discovered a most intriguing behavioral effect when low--level surface positive polarizing currents were applied to a part of the motor cortex (den Gyrus präzentralis im Frontalhirn, d. Vf.). The current levels employed were sub-threshold with respect to direct production of limb movement. But during the period of current flow (and for some minutes afterward) any ambient sound, light or touch would produce the limb movement to be expected from adequate (supra-

---

188 E. ROY JOHN: Some Speculations on the Psychophysiology of Mind. in: Theories of the Mind. ed. J. M. SCHER. New York, London 1962. p. 84 f.

189 E. ROY JOHN: Mechanisms of Memory. New York, London 1967. p. 199.

threshold) stimulation of the motor area to which the current was applied. Rusinov felt that the anodal polariziation produced a ‚dominant focus' of excitation which facilitated the development of a temporary connexion between, for example, the auditory and the motor system."[190]

MORRELL u. Mitarb. konnten die Ergebnisse von RUSINOW nicht nur bestätigen, sondern konnten mit einer etwas veränderten Versuchsanordnung, die eine „observation of a selective sensitivity with respect to signals differing in their history of exposure to polarizing current" erlaubte, weitere Ergebnisse erzielen. MORRELL faßte diese Ergebnisse zusammen: „Under these circumstances it seemed evident that the polarized cell population had retained some stipulation of signal characteristics so that for a brief period in the post-polarizing intervall the cells behaved different to the two signals", z. B. zwei Tönen verschiedener Frequenz.

GUTTMANN, der ebenfalls über RUSINOWS Experimente berichtet, speziell über eine Kopplung von Lichtsignal und Bewegung, fügt hinzu: „Wiederholt man diesen Vorgang einige Male, so führt jeder Lichtreiz zum Auftreten dieser Bewegung. Bemerkenswert ist nun, daß im Anschluß daran auch ohne kortikale Depolarisation selbst nach langer Zeit durch den Lichtreiz allein dieselbe motorische Reaktion ausgelöst werden kann: Es ist ein *dominanter Erregungsherd* entstanden."[191] Leider fehlt a.a.O. eine nähere Angabe über die Dauer dieser „langen Zeit".

Und schließlich noch ein Zitat von ZEMAN: Nach UCHTOMSKI „exist in the brain foci of increased excitation – dominants – which have a low stimulation threshold and are places of easy formation of connections. They are centres with a certain rhythm, which resound easily under the effect of stimuli of equal or similar rhythm. The entire spiritual life is governed by these combining brain fields which have different levels of excitation energy. It can be assumed that the registration of information in the brain occurs on the basis of the formation of excitation brain fields where temporal processes are converted and are fixed in a specific shape, i.e. in a specific distribution of points and of degrees of excitation."[192]

---

190 F. MORRELL: Information Storage in Nerve Cells. in: Information Storage and Neural Control. ed. W. S. FIELDS and W. ABBOTT. 1963. p. 1 ff. (abgedr. in: Memory Mechanisms. ed. K. H. PRIBRAM: Penguin mod. Psychol. Brain and Behaviour 3. 1969. p. 255 ff.).

191 GISELHER GUTTMANN: Einführung in die Neuropsychologie. Bern, Stuttgart, Wien. 1972. S. 208.

192 JIŘÍ ZEMAN: Information and the Brain in: Nerve, Brain, Memory Models. (Progr. in Brain Research, Vol. 2.) ed. N. WIENER and J. P. SCHADÉ. Amsterdam, London, New York 1963, p. 74.

Die Repräsentation-Systeme:

JOHN hat die Lehre vom „dominant focus“ weiter entwickelt. In der 5. Charakteristik *(s. o. S. 396)* lesen wir: „Two or more dominant foci active during the same period can interact via these propagated influences and constitute a reciprocally interlocked set or system of foci. This integrated system of foci contains the nonrandom or informationally significant patterns of neural activity resulting from the occurrence of a specified set of external and internal stimuli and will be referred to as a *representational system.*“[193] Ein solches System ist dadurch gekennzeichnet, daß es „(6) ... displays a *common mode of activity,* compatible with the set of local modes“. Und: „(7) The discharge of some critical proportion of the set of neural aggregates comprising a representational system is the *significant level of activation.* ... the propagation of the correspondent modes of neural activity from relevant regions of the nervous system results in the *coupling* of modes between the various representational subsets. The entire representational system consequently undergoes associated discharge, releasing its characteristic common mode of activity or oscillation.“[194]

Diese Vorstellungen werden nun differenziert und weiterentwickelt, so daß sie auch die Grundlagen des *Gedächtnisses* umfassen. Zunächst wird ein allgemeines, „a general representational system“, von speziellen Systemen unterschieden. Das *„general representational system* is built as a consequence of repeated experience, ..., which might be called the ‚memory trace‘ or ‚engram‘ of that experience. This system lies in structures which do not belong to any specific sensory system.“ Dies entspräche also in etwa GALANTERS „central store“ *(s. o. S. 153 f.).* Im einzelnen stellt JOHN sich vor, daß „in different CNS regions at the time of peripheral stimulation, certain sets of neurons are nonrandomly associated in ongoing activity. The afferent stimuli impinging on this network are themselves transmitted centrally along two relatively distinct pathways, one of which is the appropriate specific sensory pathway, the other of which is the ascending nonsensory specific system.“[195]

Die auf dem ersten der beiden Wege zentral geleiteten Stimuli gelangen in das „appropriate sensory system. This propagation is accompanied by activation of the *specific representational system* in accordance with the constraints of excitability imposed on that system by the presence of modulating inflows along links with the *general representational system* which is dominant at that moment“. Und schließlich (für Einzelheiten müssen wir auf das Original verweisen): „The activity in this general representational system, while arising as a consequence of the afferent stimulus, need not to be determined by that stimulus. Rather, it represents *release* of the configuration that is most

---

[193] E. ROY JOHN: Mechanisms of Memory. New York, London 1967. p. 200.
[194] a.a.O. [195] JOHN: a.a.O. p. 204 f.

compatible with the combination of exitatory effects of that stimulus in the presence of the configuration of excitability that reflects both the prior internal state and past experience. Thus, the characteristics of the temporal and spatial pattern evoked by the stimulus in the nonspecific structures comprising the extent of the general representational system are determined by *stimulus in the context of state.*"[196]

Damit ist eine anatomisch-physiologische Grundlage gegeben für die wichtige psychologische Tatsache, daß jede *Wahrnehmung,* also jedes Da-Sein von Etwas im Bewußtsein „als dieses und solches", einer Mitwirkung des Gedächtnisses bedarf (*s. o. S. 15 f.* und I, 259 ff.).

Assoziate

Zu einer den „dominant foci" sehr ähnlichen Auffassung der Stimulierung von Erregungs-Mustern ist vor etwa 2 Jahrzehnten Ebbecke gekommen, der aus seinen funktionsanalytischen und genetischen Untersuchungen den Begriff des *Assoziats* = des „wohlgeordneten Erregungsmusters" einführte[197]. Die Assoziate ermöglichen motorisch die Bewegungsgestalten und sensorisch die Wahrnehmungs-Gestalten bis hin zur ganzen Situation. Den Ganzheits- bzw. Gestalt-Charakter speziell der „großen Assoziate"[198] betonte Ebbecke ausdrücklich, wenn er schreibt: „So entsteht in jedem Augenblick ein Umgebungsbewußtsein und Situationsbewußtsein, nicht als Summe, sondern als Integral, nicht als Nebeneinander von Assoziaten, sondern in Fusion und Verschmelzung."[199] Diese großen Assoziate entsprechen in etwa unserem Zustandsengramm *(s. o. S. 372 f.).*

Gestalten

Der Begriff der „Gestalt" *(s. o. S. 24 f.)* wird auch in der Neurophysiologie seit längerer Zeit verwendet. Auf Grund seiner ausgedehnten Untersuchungen bei der „Suche nach dem Engramm" gelangte Lashley schon vor 5 Jahrzehnten zu der Vorstellung von „pattern", ja von Ganzheiten im neurophysiologischen Bereich, und die Tendenz einer Abkehr vom reinen „Atomismus" wurde verstärkt durch seinen Kontakt mit der Gestaltpsychologie. Boring kennzeichnet in seiner „Introduction" zur Ausgabe gesammelter Arbeiten Lashleys diese Tendenz schon durch die Überschrift: „Lashley and cortical integration". Er schreibt: „Lashley's experiments ... brought him over toward the camp of the gestalt psychologists", und: „During the next decades (seit 1929, d. Vf.) the mutual support between Lashley's researches and the experiments of the gestalt psychologists became more and more obvi-

---

196 a.a.O. p. 206 f.

197 Ullrich Ebbecke: Physiologie des Bewußtseins in entwicklungsgeschicht-

198 a.a.O. S. 169 ff. 199 a.a.O. S. 171.

licher Betrachtung. Stuttgart 1959. S. 37.

ous."[200] BORING schließt seine Einleitung mit einer Würdigung von LASHLEYS Bedeutung für die Neuropsychologie; er schreibt: „The major movement is from mechanism to field theory, from *Undverbindungen* to *Gestalten,* from atomism to emergent wholes. ... Physics and psychology would seem to have pulled neuropsychology along with them, but all this change needs leaders, and Lashley was certainly a leader, a man with the insight to see new relationsships."[201]

1970 entwickelte HYDÉN ein „molecular model for learning and remembering"[202], in dem er die Rolle der Synthese neuer RNA behandelte: „The RNA synthesis will result in a synthesis of specific proteins which will soon be present in the whole neuron, in cell body as well as in synapses. ... Each group of neurons will have its own unique protein composition. The uniqueness of the protein pattern decides whether the neuron will respond at retrieval or not. A neuron can therefore respond as a member of a great number of nets or only in a certain area. Each neuron may be a member in a changing Gestalt-combination."[203] Der Gestalt-Begriff wird auch speziell auf die Theorie des Lernens und Erinnerns angewendet: „The neuron with the specific protein pattern ... will respond on the stimulus within the Gestalt", und: „If the whole Gestalt consisting of millions of neurons – and not necessary in continuous nets give a response, then a retrieval of the stored information will become part of the conscious perception."[204] Selbst seine „Neuron-Glia-Einheit" *(s. o. S. 138 f.)* bezieht HYDÉN in diese Betrachtung ein: „Some of the neuron-glia units may have only part of the protein pattern in common with the rest of the Gestalt-units. They nevertheless will constitute part of the response." (a.a.O.)

Zur Lokalisierung

Die Vermutung liegt nahe, daß die Struktur eines Focus oder Associats, wie sie sich in den oben geschilderten Eigenschaften, speziell der Muster- und Gestalt-Bildung äußert, durch LCNs, den oben *S. 169 f.* besprochenen *local circuit neurons* und durch die LNCs, die *local neuronal circuits* funktionell zusammengeschlossen sind. Diese LCNs haben ja speziell die Funktion einer *Verarbeitung* der Signale, sie „function as processing elements and not simple as bridges between input and output". *(o. S. 169.)*

Damit kann aber die Untersuchung dieses „neuen und erregenden Gegenstands wissenschaftlicher Untersuchung" auch zur Lösung der

---

200 BORING in: The Neuropsychology of Lashley. ed. F. A. BEACH, D. O. HEBB, C. T. MORGAN, H. W. NISSEN. New York, Toronto, London 1960. p. XIII.

201 a.a.O. p. XVI.

202 HOLGER HYDÉN: The question of a molecular Basis for the memory trace. in: Biology of Memory, ed. K. H. PRIBRAM and D. E. BROADBENT. New York, London 1970. p. 113 ff.

203 a.a.O. p. 114.

204 a.a.O. p. 116.

Lokalisierung der Foci und Assoziate beitragen und weiterhin auch der Lösung des „Lokalisierungs-Problems der Engramme" neue Antriebe geben.

Der Code der Lern-Engramme

1. Den *Code,* nach dem die Signale chemisch engraphiert werden, kennen wir im einzelnen nicht; wir kennen noch nicht einmal die *Zeichen,* denn jede der einleitend erwähnten 5 Möglichkeiten chemischer Veränderungen in den Zellen *(S. 323 ff.)* könnte zum Codieren verwendet werden, und es können auch mehrere zusammenwirken, wenn z. B. eine neue RNA die Bildung eines neuen Enzyms bedingt, das dann zur Produktion eines spezifischen Lern-Proteins führen könnte.

Greifen wir auf unser *Schrift-Modell* zurück *(S. 312 ff.),* so können wir formal sagen, daß die Erregungsmuster der „foci" oder „Assoziate" den Wörtern und die „Repräsentations-Systeme" oder „Groß-Assoziate" etwa den Sätzen der Sprache entsprechen. Das würde bedeuten, daß der „Sinn" der Signale, also die *Nachricht* in den größeren Ganzheiten enthalten ist – mit Ausnahmen, die etwa den „Ein-Wort-Sätzen" der Sprache entsprechen würden.

2. Wissen wir also noch nicht, welche Zeichen zum Codieren der Signale und Nachrichten im ZNS verwendet werden, so haben wir doch eine Vorstellung davon, wie codiert wird; zumindest bieten sich zwei Möglichkeiten hierfür an:

a) Die Zuordnung von Stimulus und Engramm kann eine *Kausalbeziehung* sein, das Engramm ist eine Wirkung des Stimulus.

b) Die Zuordnung von Stimulus und Engramm ist ein *Auslöse-Vorgang;* schon bei der Bildung eines elementaren Engramms *antwortet* die Zelle auf den Stimulus, d. h. die Art der Veränderung, das „Verhalten" der Zelle ist bedingt nicht durch die Natur des Stimulus oder wenigstens nicht hierdurch allein, sondern ausschließlich oder vor allem durch die Spezifität der Zelle.

Bei der Bildung *mnemischer* Engramme, also bei den Synapsen-Modifikationen, besteht offenbar eine Möglichkeit für eine Auslösung, wenn z. B. dieselbe Transmitter-Substanz sowohl aktivierend als auch hemmend wirken kann. Doch ist auch in diesem Fall die kausale Einwirkung einer TrmS auf zwei chemisch verschiedene subsynaptische Membranen nicht auszuschließen. Über die Bildung *memorieller* Engramme in der Zelle wissen wir noch nicht genug, um eine der beiden Möglichkeiten auszuschließen.

3. Doch läßt sich die Frage nach der Art der Engraphierung unter einem anderen Gesichtspunkt vielleicht allgemeiner behandeln:

Liegen zwei Neurone hintereinander in der Kette etwa eines Signal-Transports, so wird die Erregung des einen Neurons auf das andere so übertragen, daß sie – zusammen mit anderen, aus anderen Neuronen stammenden Erregungen – zu einem Aktionspotential in der Empfänger-Zelle führt: das Signal wird weitergeleitet.

Nehmen wir nun an, daß es spezielle *Engramm-bildende Zellen* gibt; dies steht nicht im Widerspruch zu der These von LASHLEY, daß „there is no great excess of cells which can be reserved as the seat of special memories" *(s. S. 123);* denn diese Engramm-bildenden Zellen können durchaus noch „participate in countless other activities" (a.a.O.). Nur könnten oder müßten diese Engramm-Zellen (kurz gesagt) nicht in der Kette des Signal-Transports, sondern mit Hilfe von Kollateralen des Axons des zugehörigen Neurons im Nebenschluß liegen.

Bei den Engramm-Zellen nun wird die eintreffende Energie nicht zu einem weiterleitenden Aktionspotential, sondern zu einer chemischen Veränderung führen: zum *Engramm.* Die Engramm-Zelle „feuert" also nicht, sondern die aufgenommene Energie führt zur Veränderung vorhandener oder zu Bildung neuer Molekeln derart, daß in ihnen diese Energie gespeichert ist. Anders gesagt: die *innere Energie* dieser Molekeln ist erhöht, aber im Prinzip *reversibel* erhöht, so daß sie durch entsprechende Rück-Umwandlung *abgerufen* werden kann. Geschieht dies im ganzen Bereich eines dominant focus oder eines Assoziats, so ist der einen dominant focus kennzeichnende erhöhte „level of excitability" elementar – und in der Muster- oder Gestalt-Bildung der Gesamterregung im gesamten Bereich integriert gegeben.

So gesehen wäre der *Code* letztlich die spezifische Transformation *kinetischer Energie* (des Signals) in *potentielle Energie* (des Engramms).

Beim Abrufen würde dann diese potentielle Energie wieder in kinetische transformiert, d. h. die Engramm-Zelle feuert jetzt in den Transport-Weg, als wäre ein entsprechender äußerer Stimulus wirksam. Dieses seiner Natur nach *memorielle Engramm* – es speichert ja die Eigenart des Stimulus und in der Gesamtheit des focus oder Assoziats die Eigenart der Situation – kann dann das *mnemische Engramm,* die zugehörige durch Lernen entstandene Schalt-Einheit aktivieren und so das Lern-Verhalten hervorbringen.

4. Allerdings ist der so skizzierte Vorgang noch nicht lernspezifisch; er gilt in dieser Form noch für jede Art von Engramm-Bildung, also auch für die Wahrnehmungsengramme *(S. 319 f.),* die ein angeborenes inneres oder äußeres Verhalten auslösen.

Vorgeschaltet ist der Engramm-Bildung der Vorgang an der subsynaptischen Membran der Transport-Zelle (auch diese Abkürzung sei erlaubt), also eine andere energetisch-chemische Transformation: die Umsetzung der Energie des Signals an der Synapse in TrmS-Quanten. Diese wird, wie wir sahen, durch Lernen modifiziert, und diese Modifizierung führt dann zur Bildung eines entsprechenden lernspezifischen Engramms.

LERNEN UND GELERNT-HABEN

Beispiele von Lerntheorien

Einleitung

Lerntheorien und Lernmodelle sind in den vergangenen Jahrzehnten in Überfülle konstruiert, errechnet und entworfen worden: von den Zeiten THORNDIKES (I, 178 ff.), PAWLOWS (I, 164 ff.) und WATSONS (I, 188 ff.) bis zu den neuen physiologischen, biochemischen und informationstheoretischen Modellen und Theorien. Unsere Darstellung in nahezu allen Abschnitten dieses Buches hat Gelegenheit gegeben, die eine oder andere physiologische oder biochemische Theorie in Ausschnitten darzustellen. Um diese etwas verstreuten Hinweise zu ergänzen, wollen wir hier noch einige Beispiele neuerer *Lern-Theorien* besprechen, und zwar solche Theorien, die Gesichtspunkte betonen, die bisher kaum oder noch gar nicht zur Sprache gekommen sind, oder die sich um eine geschlossene Behandlung des ganzen Komplexes mnestischer Phänomene bemühen, also neben dem *Lernen* auch die *Vererbung* – gleichsam als Beispiel eines „chemischen Lerntransfers" – und die *Immun-Reaktion* einschließen.

Die Auswahl der Beispiele mußte, schon aus Raumgründen, sehr eng sein:

1) Der *Octopus* und die von YOUNG auf Grund seiner Experimente entwickelte „Lerntheorie" wird noch einmal thematisch werden.

2) Eine von HYDÉN vorgetragene „Arbeitshypothese" soll das in den bisherigen Ausführungen Berichtete abrunden und ergänzen.

3) Die Theorie der *Informationsproteine* von SCHALTEGGER wird besprochen werden, da sie viele Beziehungen und Parallelen zu anderen Theorien und Deutungen experimenteller Art aufweist, aber als allgemeine Theorie der Informationsübertragung in Organismen die mnestischen Phänomene in einen größeren Rahmen stellt.

4) Schließlich gehen wir noch kurz auf die von v. FOERSTER unter dem Titel „Molecular Ethology" dargestellte Theorie ein, die aus dem informationstheoretisch-kybernetischen Gedankenkreis stammt.

Noch einmal der Octopus

Die Grundthesen

Die Untersuchungen von ECCLES und ITO haben eine Möglichkeit aufgezeigt, wie das ZNS mit Hilfe des Kleinhirns entstehende Bewegungen kontrollieren und steuern kann *(o. S. 114 ff.)*. Das „model in the brain", nach ITO im Kleinhirn lokalisiert, spielt dabei die Rolle eines programmierenden Zentrums, dessen eigenes Programm durch Lernen jeweils verändert werden kann. Diese Untersuchungen beziehen sich also auf einen Zustand, in dem ein Lernen bereits vollzogen ist; sie betreffen die letzten Phasen des Lernverhaltens, den Abruf und die Reproduktion bzw. die „performance" des Lernprogramms.

YOUNG und Mitarb. versuchten bei ihren Experimenten mit Octopus *(s. S. 91 ff.)* dem Lernen selbst auf die Spur zu kommen, d. h. diejenigen Schaltungen im Nervensystem des Octopus aufzuweisen, die ein „Lernen" verständlich machen.

„A hypothesis that is likely to lead us toward discovery of the changes that occur in a neural memory is that learning consists in the limitation of choice between alternatives" schreibt YOUNG[1]. Lernen besteht somit darin, daß durch Erfahrung die verschiedenen Verhaltensmöglichkeiten in einer bestimmten Situation ausgeschlossen werden bis nur noch eine, die passende und optimale übrigbleibt. YOUNG versteht also das Lernen durch „trial and error" wörtlich: tatsächlich lernt das betreffende System durch seine Irrtümer, die Schritt für Schritt eliminiert werden.

Die zweite Grundthese ist – sie gilt wie auch die folgende nicht nur fur den Octopus sondern allgemein, auch für den Menschen –, daß die Fixierung des Gelernten im Gedächtnis „is like the printing of a book in that it involves selecting appropriate items from a pre-established alphabet"[1]. Dieser informationstheoretische Ansatz gibt eine interessante Variante der „Selektionstheorie des Lernens" (I, 115): erblich festgelegt sind nicht die möglichen Antworten auf mögliche Situationen sondern nur das „Alphabet", aus dem die Antworten wie Wörter einer Sprache gebildet werden. Der Versuch, dieses „Alphabet" näher zu bestimmen, führt YOUNG zu einer (nicht ausdrücklichen) Beziehung zur Merkwelt v. ÜXKUELLS: „We have evidence that such repertoire exists. Each animal species has limited capacities to react to features of the external environment." Zugleich ist damit der Anschluß an die „elementaren Reaktionen" WATSONS, an die „Erbkoordination" der Ethologen, andererseits aber auch an unser „Schriftmodell" *(o. S. 312 ff.)* gewonnen.

Diese molekulare Aufteilung der Stimuli wie auch der Antworten in „items" führt dann zur dritten Grundthese: „our hypotheses here will

---

[1] J. Z. YOUNG: The Memory System of the Brain. Oxford 1968 (Nachdruck) p. 88.

be that each item is written in the memory by changing the state of a particular set of cells."[2] Die Möglichkeit für eine derartige Veränderung liegt „almost certainly" in den Nucleinsäuren bzw. in den Nucleotiden, „they themselves may well alter with the change. But the item recorded is not a function of the particular nucleotide change; it is a feature that the cell was pre-set to record". Dieses „pre-setting" hat die Zelle während der Ontogenese erworben, und die „cell nucleotides provide the instruction by which a memory capable of recording certain items is build". An anderer Stelle betont YOUNG ausdrücklich den Charakter seiner Hypothese als einer Selektionstheorie: „We may be wrong in holding that the representations are made by selection from an alphabet. It would be interesting to consider whether all representations are made with the use of pre-arranged codes. I should be inclined to say that they are."[3] Oder wie es in dem älteren Werk heißt: „The requirement is that the memory shall contain an alphabet suitable to set up representations of those situations that the animal is likely to meet in its lifetime" und: dieses Alphabet „is partly provided by heredity and partly altered by use"[4].

Wahlverhalten

Beim Octopus liegt nun der besondere Fall vor, daß sowohl im visuellen als auch im taktilen Bereich sein Verhalten auf zwei Alternativ-Antworten reduziert werden kann: visuell entweder Angreifen oder sich Zurückziehen; taktil entweder Ergreifen (der Beute) oder Ablehnung, Verweigern (reject). Dies sind vier Grundformen des Verhaltens in einer äußeren Situation, zwischen ihnen muß der Octopus jeweils „wählen". Wie geschieht dies? (vgl. zum Folgenden die anatomischen Darlegungen *oben S. 91 ff.*)

Die *Klassifizierungs-Zellen* nehmen den Input auf und „identifizieren" ihn: „The shapes and sizes of their dendritic fields probably constitute the means by which the orientation and length in different directions of figures are measured. Hence they may be called classifiers of orientation and length."[5] Wenn diese Zellen des visuellen Systems „have been correctly identified we may suppose that they have outputs that can lead to either attack or retreat". Das Tier „lernt", einen dieser Outputs zu sperren: „This may be brought about through collaterals of the cells, here labelled ‚memory cells' (bccause they provide the alternatives of choice). These collaterals may active the small cells", die in großer Zahl in den Bereichen zu finden sind, bei denen man ein „Lernen" erwarten kann. Sie finden sich auch in den „touch learning centres of an octopus". Verschiedene Untersuchungen, u. a. von WALL (1964) und von ECCLES (1964), haben die Vermutung nahegelegt, daß

[2] a.a.O. p. 92. [3] YOUNG: a.a.O. p. 21.
[4] YOUNG: A Model of the Brain. Oxford 1964. p. 269 f.
[5] a.a.O. p. 147.

diese kleinen Zellen „have the function of producing an inhibitory transmitter in a pathway"; und: „The present suggestion is that in centres that learn this process has been extended." Die kleinen Zellen haben sich derart spezialisiert, „that upon receipt of appropriate signals they manufacture or release enough inhibitor to block the alternative path for a long time, perhaps permanently"[6].

Die „inhibitory hypothesis"

„In discussions of possible synaptic changes during learning it is usually assumed that the change is an increase in the case of passage along a particular pathway, and that this increase occurs gradually, that is, partially on each occasion of learning. The opposite hypotheses have been put forward here: that learning is by the inhibition of an unwanted pathway, and that this occurs suddenly and completely in each unit or module, the mnemon that is concerned"[7], wobei ein „mnemon" als die „Einheit des Gedächtnisses" angesehen werden soll (s. u.).

Das „memory system"

Betrachten wir die *Abb. 31,* die in schematischer Form das Wirken des „memory systems" und die „components of a mnemon" veranschaulicht[8]:

Wir sehen zwei Klassifizierungszellen (Clas); jede ist verbunden mit zwei Memory-Zellen (Mem), von denen die eine mit der Kommandozelle (Com) für Rückzug (Retreat), die andere mit der für Angriff (Attack) verbunden ist. Die Klassifizierungszelle erhält vom Auge das Objekt signalisiert, das ins Blickfeld des Tieres getreten ist. Sie bestimmt Form, Größe und Lage des Objekts. Erscheint ein Angriff aussichtsreich, signalisiert sie an die mit dem Com „Angriff" verbundenen Memory-Zelle, die das Signal weitergibt, und die Kommandozelle schaltet auf „Angriff": Das Tier greift an. Der Erfolg des Angriffs wird rückgemeldet an die Com-Zelle (feed-back Kopplung, durch die weitere Angriff-Signale entweder gegeben oder gestoppt werden), sowie an die Memory-Zellen. Diese Schaltung ermöglicht die Ausführung der drei Funktionen, die nach YOUNG die Rückmeldung ausüben muß:

1) „Signals of reward ... must operate the appropriate consummatory reactions. When an animal reaches food it must eat; when it touches a very hot object it must withdraw."

2) „The level of exploratory action by the animal must be adjusted. In an unfamiliar situation an animal should proceed cautiously."

3) „These signals ... serve to teach the memory specifically that the results of attacking a particular object were good or bad. To do this the signals must reach to the appropriate cells in the memory. One of the

---

[6] YOUNG: System p. 93.

[7] a.a.O. p. 97 f.

[8] a.a.O. p. 40.

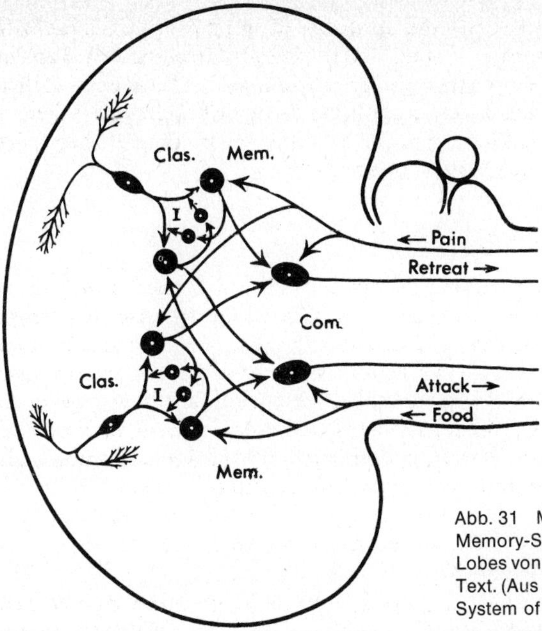

Abb. 31 Mögliche Funktionen des Memory-Systems in den Optical Lobes von Octopus. Erläuterung im Text. (Aus J. Z. YOUNG: The Memory System of the Brain 415).

chief functions of the two pairs of auxiliary lobes of each memory systems seems to be to spread these signals of results and mix them with those of specific receptors so that they may reach to the appropriate parts of the classifying and memory systems."[9]

Durch die Aktivierung der betr. Mem-Zelle werden von ihr aus die kleinen Inhibitor-Zellen (I) aktiviert, die nun den zweiten Ausgang der Clas-Zelle schließen, also eine Aktivierung der auf „Rückzug" geschalteten Mem-Zelle verhindern. Ist der Erfolg negativ, bringt er statt „food" „pain", so geschieht das Umgekehrte: eine Aktivierung der „Angriff"-Mem-Zelle wird bei Wiederauftreten der gleichen Situation verhindert, nur die Schaltung auf „Rückzug" wird aktiviert: das Tier hat „gelernt", in dieser Situation nicht anzugreifen.

Dies ist die Darstellung einer Gedächtnis-Einheit, eines memory-unit oder *mnemon* und seiner Funktion. Das Wesentliche daran ist „a group of cells specialized to alter the probability of the use of channel(s) leading from a classifying cell. The alternation could be an increase or a decrease in any particular channel. If the change is complete it constitutes the storage of a single bit of item of information."[10] v. FOERSTER kommentiert dies wie folgt: „The principle of ‚selection' or of ‚search for meaning' of a particular stimulus is incorporated by the choice of

[9] YOUNG: a.a.O. p. 53 ff.

[10] a.a.O. p. 41.

pathways that lead to different actions. What that stimulus ‚means' becomes clear to the animal, of course, only *after* the test."[11]

Die Ergebnisse dieses Lernens schildert YOUNG in seiner älteren Arbeit genauer: „Octopusses readily learn to come out and to attack when one visual situation occurs and is followed by a food reward, but to stay at home for another that has in the past been associated with a shock. ... We were able to show that retention in the memory lasts well for several days, and that performance is still correct after prolonged anaesthesia with urethane, or electrical stimulation of the brain in various ways." Bei Verwendung verschiedener gezeigter Figuren in den Experimenten ergab sich, daß das Tier recht genaue Unterscheidungen treffen konnte. „We can, as it were, ask the octopusses to say whether the test figure is more like one or other of the figures with which it has been trained."[12]

Das bedeutet aber nicht, bzw. muß nicht bedeuten, daß hier eine „echte Generalisierung" (true generalization)[13] vorliegt. Doch zeigen Experimente, bei denen der Octopus z. B. recht korrekt reagiert auf „figures either larger or smaller" als die im Training verwendeten, daß hier eine physiologische Grundlage gegeben sein könnte für eine erste Generalisierung, die Ähnliches „als ähnlich" erfaßt (vgl. dazu auch die Untersuchungen von RENSCH, Bd. I, S. 310 f. u. 314).

Auch Vergessen oder besser *Verlernen* wurde beim Octopus untersucht: „There is direct evidence" schreibt YOUNG, „of retention of a learned discrimination by an octopus for 27 days (Sutherland)"[14]. Ob es – außer bei bestimmten Läsionen – echtes „Löschen" von Erlerntem beim Octopus gibt, ist eine offene Frage: „No provision is made here for erasure from the memory, since we have no evidence of this in the octopus. ... What we commonly call ‚forgetting' often seems to be more a matter of displacement by other ‚memories' or simple of failure to read-out from a record that is felt to be present though inaccessible."[15]

Die in der Formalen Analyse erörterte Kopplung von „Lernen" und „Verlernen" findet in diesem System eine einfache physiologische Grundlage. YOUNG formuliert sie knapp: „Learning to perform one action involves learning not to do the opposite one"[16]; und dies geschieht durch Rückkopplung der Erfolgsmeldung, die zur Schließung des „entgegengesetzten" Outputs führt. „This closure is supposed to be the action that constitutes the memory change."[17]

---

[11] HEINZ V. FOERSTER: What is memory that it many have hindsight and foresight as well? in: The Future of the Brain Sciences. ed. S. BOGOCH, New York 1969. p. 32.

[12] YOUNG: Model p. 127 f.

[13] Vgl. YOUNG: Model p. 170 ff. u. System p. 46 f.

[14] YOUNG: Model p. 180.

[15] YOUNG: System p. 100.

[16] YOUNG: Model p. 160.

[17] a.a.O. p. 158.

Die Funktion der Hirnlappen

Die bisher geschilderten Gedächtnis-Einheiten (memory-units) sind nun in den größeren Zusammenhang des Gesamtverhaltens des Tieres eingefügt. Eine solche integrierende Funktion üben die Hirnlappen aus. Wir haben ja schon bei der anatomischen Betrachtung gesehen *(S. 92 f.)*: „two sets of four lobes are connected with the visual and tactile system respectively. Both sets contain complicate interweaving bundles of fibers. Both sets also include lobes with minute nerve cells – amacrine cells having no axons that leaves the lobe."[18] Und auch das wurde bereits erwähnt, daß es in den Hirnlappen zu einer Kombination der Signale aus dem visuellen und dem taktilen Bereich kommt: „To perform their various functions the lobes of both visual and touch systems are arranged as reexciting circuits. They take input from the classifying and memory system, combine it with signals of taste and (or) of pain, and return an output to the memory centres."[19]

Die Verarbeitung der verschiedenen Signale erfolgt also in den Hirnlappen, so wie von dort aus auch das Zusammenspiel der einzelnen beim Lernen beteiligten Faktoren gesteuert wird. Das Ergebnis solcher Kombinationen und Verarbeitungen gelangt dann wieder in die Memory-Zellen, und von dort aus wird, je nach Situation (Clas-Zellen!) über die vielen kleinen (amacrine) Zellen gesteuert, ob Angriff oder Rückzug die gegebene Verhaltensweise ist.

Eine Arbeitshypothese

1972 hat Hydén auf einem Symposium in Göttingen, in Ergänzung und Zusammenfassung der vielfältigen Hinweise, die wir im Verlauf unserer Darstellung erwähnen konnten, eine neue „working hypothesis" vorgetragen[20]: „The hypothesis presumes that differentation of protein in the inner and outer side of the neuron provides a mechanism of recognition whereby neurons respond to electrical field changes and molecules in the environment, passing from area to area. The mechanism involves in addition a contractible protein on the inside for the plasma membrane and Ca^{++} to translate electrical field changes into protein responses. The glia may act as stabilizers of the micro-environment, producers of brain specific proteins and peptides, and regulators of ions."

Das *contractile protein* wurde durch eine zufällige Beobachtung entdeckt (Hydén u. Metuzals, 1972) und erwies sich als ein „continuous network", das aus „two or three filaments" besteht, die 2 nm im Durch-

[18] Young: System p. 56 f. [19] a.a.O. p. 59.

[20] Holger Hydén: Neuronal plasticity, protein conformation and behavior. in: Memory and Transfer of Information. ed. H. P. Zippel. New York and London. 1973. p. 511 ff.

messer haben und „tightly coiled“ sind (513). Auf 2 mM Ca^{++} reagieren „the filaments with uncoiling“ (514). Die Filamente enthalten eine dem Actin in der Muskel ähnliche Substanz, die möglicherweise dem „neurin“-Protein von Puszkin und Berl verwandt ist *(s. o. S. 262 f.)*. „The localization of this continuous network at the plasma membrane makes it probable that it can affect the tension of the membrane.“ (514)

Die *electrical field changes* sind ein wichtiger Bestandteil der Arbeitshypothese. Hydén schreibt: „A sensory input sets up an electrical field change around some millions of neurons in different loci. Ca increases and serves to translate the electrical field change into conformational changes of brain specific protein of the cell membrane. The continuous protein network also reacts to Ca and changes the membrane tension and facilitates the protein reaction.“ (518)

Das *passing from area to area* ist eingehend untersucht worden. „When an animal is placed in a novel situation which requires a change in behavior, a sequence of protein changes proceeds throughout the brain beginning with the hippocampal nerve cells.“ (514)

Auch in der neueren Darstellung spielt das S100-Protein eine wichtige Rolle *(s. o. S. 338 ff.)*: „First, we observed that the amount of S100 protein increased in the hippocampal nerve cells during training“ (517). „Second, if anti-S100 protein serum is injected intraventricularly, it binds to the hippocampal S100 and further performance is blocked in the animals, but there is no motor impairment.“ (517) „Third, the content of Ca increased in the hippocampus during reversal of handedness“; – das Umlernen der „Händigkeit“ von Ratten ist das bevorzugte Untersuchungsobjekt der Arbeitsgruppe. „We have interpreted the increased migration rate of part of the S100 protein and the Ca increase to mean that part of the protein has undergone a conformational change during training. Since anti-S100 antiserum can inhibit further learning, the S100 in the hippocampal nerve cells seems to serve a special function for behavior.“ (517)

Grundlage einer differenzierten *Codierung* der Stimuli sind letztlich die Änderungen in den Oberflächenproteinen: „The pattern of surface protein and its conformational state could label and process valued information to millions of neurons on electrical events where the last step is the synaptic event.“ (518)

Informationsproteine

1966 hat H. Schaltegger in der „Chimia“ den Entwurf einer „allgemeinen Theorie“ der Informations-Übertragung im tierischen Organismus vorgelegt[21], über den die Redaktion der Zeitschrift einleitend

[21] H. Schaltegger: Versuch einer allgemeinen Theorie der chemisch-elektrischen Informationsübertragung im tierischen Organismus. Chimia, *20* (1966), Teil I. S. 197 ff.; II. S. 237 ff.; III. S. 389 ff. (Seitenzahlen der Zitate im Text in Klammern.)

sagte, „daß sie die Arbeit für so interessant und anregend hält, daß sie sie einem größeren Kreis von Forschern zur Kenntnis bringen und zur Diskussion vorlegen möchte". Auch wir glauben, daß wir diese Arbeitstheorie in unserem kurzen Überblick nicht übergehen sollten, konzentrieren uns aber, unter Verzicht auf die weitreichenden medizinischen Folgerungen des Verfassers, auf die theoretischen Ausführungen.

Grundlagen

1. Gleich der erste Satz der Aufsatzfolge enthält die Grundthese: „Der Schwerpunkt der vorliegenden Betrachtungen liegt nicht bei den sogenannten Stoffwechselvorgängen. Das ordnende Prinzip im lebenden Organismus ist *Information* (= organisierte Materie und ‚organisierte Energieübertragung')." (198) Diese These ist aber umfassender gemeint als sie im allgemeinen verstanden wird; sie gilt nicht nur für die „eigentliche" Informationsübertragung, also für die Aufnahme und Verarbeitung der Stimuli, sondern auch für das äußere *Verhalten* des Organismus: „Da es sich normalerweise um sinnvolle und koordinierte Bewegungsfolgen handelt, müssen die ihnen zugrunde liegenden Muskelbewegungen als dauernde Informationsabgabe betrachtet werden." (199) Und später allgemein: „Die ganze Zelle weist einen so hohen Ordnungsgrad auf, daß keine Reaktion (im Stoffwechsel) ablaufen kann, ohne durch eine Informationsübertragung verursacht zu sein." (241)

Informationsaufnahme (durch die Stimuli) und Informationsabgabe über die Muskelbewegungen beim Verhalten müssen nun in Beziehung gebracht werden, oder wie SCHALTEGGER schreibt: „Informationsabgabe durch Muskelbewegungen bedeutet aber, daß Information dauernd einem Reservoir entnommen bzw. dauernd wieder erzeugt werden muß. Es stellt sich also die Frage nach der Ursache dieses dauernden Informationsflusses." (199)

Von einem „Informationsspeicher" i. e. S. kann man bei der Information sprechen, die SCHALTEGGER als *endogene Information* bezeichnet, bei der „genetischen Information" in der DNA. (199) Das andere Reservoir, das ständig wieder aufgefüllt werden muß, ist die *exogene Information,* also die durch Stimuli aus der Umwelt aufgenommene Information.

2. „Man kennt heute im wesentlichen zwei Informationsübertragungsvorgänge im Organismus: die *chemische Übertragung* der genetischen Information und die Signalübermittlung im Nervensystem. ... Da beide innerhalb ein-und-desselben Informationssystems (tierischer Organismus) dieselbe Aufgabe haben, nämlich Information zu übertragen, muß zwischen ihnen ein Zusammenhang bestehen." (199)

Diesen „Zusammenhang" findet SCHALTEGGER in den *Proteinen,* und er unterscheidet entsprechend *endogene* und *exogene Informationsproteine* (IP).

Informationsproteine

1. *Endogene IP:* „Außer den Nukleinsäuren sind die Proteine die einzigen zytoplasmatischen Strukturen, welche unmittelbar Information vermitteln. Man muß daher die Proteine als die *terminalen Informationsträger* der genetischen Informationsübertragungskette ansehen." (200) „Die Bedeutung der Proteine als terminale Träger der Information jeder Zelle kann nur darin liegen, Informationen von der m-RNS zu übernehmen und weiterzugeben. Mit anderen Worten: Die in der DNA gespeicherte genetische Information kann nur mit Hilfe der Proteine wirksam werden." (200)

2. *Exogene IP:* Wie bei anderen, ähnlichen Hypothesen, z. B. von Hydén, sind wir auch hier weitgehend auf Rückschlüsse von den Tatsachen auf vermutete oder notwendige Bedingungen angewiesen. Wir lesen bei Schaltegger, „daß auf dem Wege über Umesterungen oder Neusynthese durch elektrochemische Milieuänderungen im Cytoplasma Ribonukleinsäuren mit Nukleotidsequenzen entstehen könnten, welche neben genetischer Information noch exogene Information enthalten." (239)

Speziell auf das *Lernen* bezogen, heißt es: „Ein Lernprozeß setzt bekanntlich einen Speicherprozeß voraus. Für die Anpassungsvorgänge müssen deshalb die verantwortlichen Informationsproteine in ihrem Informationsgehalt ständig verbessert werden. Chemisch ausgedrückt bedeutet dies, daß die einlaufenden Informationen in den entsprechenden Neuronengruppen ... die Synthese von Proteinen steuern, deren Aminosäuresequenzen über den Nukleotidaustausch einer RNS fortwährend modifiziert werden." (240) Interessant ist, daß Schaltegger also nicht eine Änderung der *Konformation* sondern der *Primärstruktur* der Proteine annimmt, der *Aminosäurensequenz,* die er einmal „als Information schlechthin" bezeichnet (199).

Die Codes

Wie wird nun die Information, die exogene und auch die endogene, im Organismus codiert? Schaltegger unterscheidet mehrere Codes: „Das Charakteristische der biologischen Information (als Summe genetischer und Umweltinformation) ist ihr Vorliegen in verschiedenen Codesystemen":

I. Der *Nucleotidcode,* der in den Nucleinsäuren RNA und DNA vorliegt.

II. Der *Aminosäurecode* in Form von Aminosäuresequenzen von Proteinen und Peptiden.

III. Der *elektrische Code* in Form „frequenzmodulierter Stromimpulse".

Für die *Transformation* oder gegenseitige Übersetzung dieser Codes gibt Schaltegger ein Schema an *(siehe Abb. 32),* von dem es heißt,

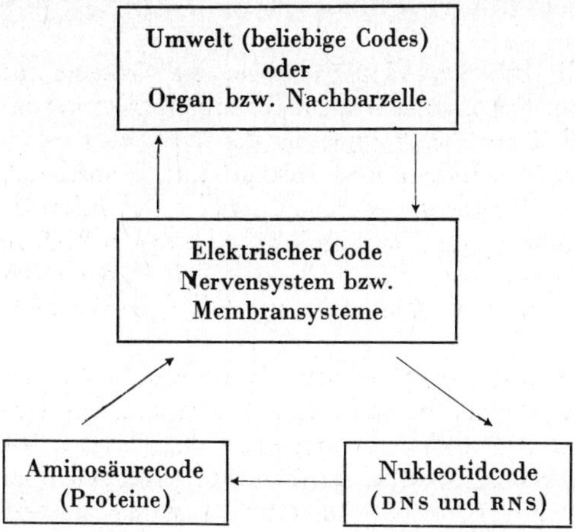

Abb. 32 Informationsübertragung aus einem Code in einen anderen. (Aus: SCHALTEGGER: Versuch einer allgemeinen Theorie ... In 337.)

„daß dieses Informationsübertragungsschema für den ganzen Organismus zu gelten hat, nämlich *intrazellulär, transzellulär* (von Zelle zur Nachbarzelle) und *transsomatisch* (von Organ zu Organ)". (238)

Noch ein vierter Code wird in Erwägung gezogen, der *mechanische Code:* „Dieser wäre z. B. für alle *Transportvorgänge* der Reaktionspartner zu den Syntheseorten und für die Transportprobleme bei der Zellteilung usw. verantwortlich." Er wäre „dadurch charakterisiert, daß die im elektrischen Code vorliegende Information auf kontraktile Elemente, vielleicht sogar auf einzelne kontraktile Proteinmoleküle oder deren niedere Assoziate übertragen wird". (390) Dies ergäbe dann das Schema der *Abb. 33.*

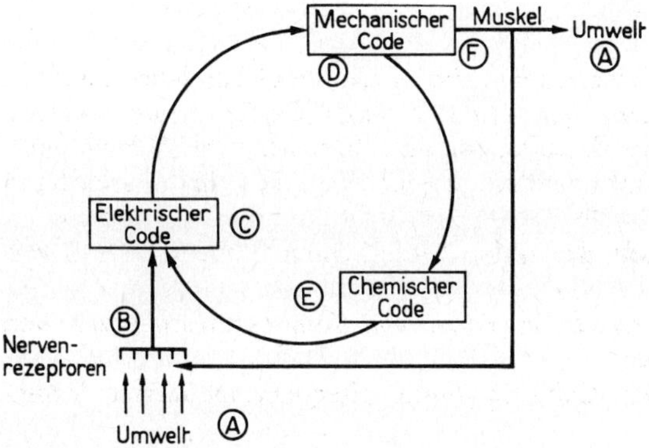

Abb. 33 Informationswechsel innerhalb des biologischen Codesystems. (Aus SCHALTEGGER, a.a.O.)

Ein wichtiges Problem ist die *Umcodierung* des Aminosäurecodes in den elektrischen Code: „Nach dem heutigen Stand der Erkenntnis“ (1966) schreibt SCHALTEGGER, „spricht vieles dafür, daß die in den Proteinen gespeicherte Information in elektrische Impulsfolgen übersetzbar ist.“ (201); und zwar gilt, „daß für eine Übersetzung in den elektrischen Code die Primärstruktur, d. h. die Aminosäuresequenz das stärkste Gewicht hat“. (240) Auch für die Umcodierung gilt also die Aminosäuresequenz als der entscheidende Informationsträger, ja es heißt sogar einmal: „Der Aminosäurecode stellt den internen Universalcode dar.“ (243)

Die Engramme

Auch in dieser Hypothese sind also dic Proteine die *Engramme*; sie enthalten in ihrer Primärstruktur die gespeicherte Information. Sie werden, wie es an anderer Stelle noch einmal heißt, als die „terminalen Informationsträger des Organismus angesehen. Terminal darum, weil sie Informationen über längere Zeiträume speichern und auf Abruf bereithalten.“ (389)

Dieser „Abruf“, der ja wie wir mehrfach gesehen haben, das schwierigste Problem jeder Engramm-Theorie des Lernens bildet, wird allerdings nur hypothetisch erklärt durch die Transformation des Aminosäurecodes in den elektrischen Code.

Als Konsequenz dieser Arbeitstheorie folgt dann der Satz: „Proteinabbau ist gleichbedeutend mit Informationsverlust und Proteinsynthese mit Informationsspeicherung.“ (204)

Der Impulssatz

Eine allgemeine Gesetzmäßigkeit im Informationsfluß eines Organismus findet SCHALTEGGER schließlich in einer Beziehung, die er als den *Impulssatz der biologischen Information* bezeichnet. Auf Grund von Experimenten, die er bespricht, auf die wir hier aber nicht eingehen können, kommt er „zu dem Schluß, daß jede Informationsabgabe gleichzeitig mit einer Informationsaufnahme einhergeht. Es handelt sich hier also um einen positiven Rückkopplungsprozeß.“ (204) So besteht z. B. „kein Zweifel, daß die wiederholte erhöhte Belastung ein Lernprozeß ist, indem die abgegebene Information gleichzeitig die Aufnahme neuer Information verursacht und diese wieder führt zu zahlreichen RNS- und Proteinsynthesen, stets in einem ‚informatorischen Kreisprozeß‘, den ganzen Energieproduktionsapparat gleich mitsynthetisierend“. (207)

„Probabilistic and deterministic machines"

Eine der Grundlagen der „Redundanztheorie der Wahrnehmung" von BARLOW *(s. o. S. 200 ff.)* ist, daß die „physical messages received by sensory receptors" eine hohe Redundanz haben: „There is obviously much regularity of structure." Diese Tatsache ist auch ein Ausgangspunkt für „Redundanztheorien des Lernens" geworden – z. B. von v. CUBE – auf die wir in Bd. III noch eingehen werden. Diese Tatsache ist aber schließlich auch eine implizite Grundlage für eine Lerntheorie von v. FOERSTER, über die wir hier sprechen müssen, wenn auch unter Verzicht des für die eigentliche Theorie wesentlichen mathematischen und kybernetischen Apparats[22]. Was uns veranlaßt, auf diese Theorie einzugehen, ist die besondere Art der *Fragestellung,* die – ein Kennzeichen moderner wissenschaftlicher Entwicklung – erlaubt, bekannte und vertraute Phänomene unter einem neuen Blickwinkel zu sehen und ihnen dadurch neue Einsichten abzugewinnen.

In dem uns hier interessierenden Teil seiner Ausführungen geht v. FOERSTER von dem klassischen T- oder Y-Labyrinth-Versuch aus, einem „typical learning experiment in which an experimental animal in a Y-maze is given a choice... between two actions", nämlich zwischen einem „left turn" und einem „right turn". (227) Wenn wir „adopt for the moment the position of statistical learning theory" (I, 229 ff.), müssen wir sagen: „we are ignorant of the initial state. ... the chances are 50/50 that the animal will turn left or right on its first trial. After one run the chances are 5/8 for turning right, and so on, until the animal has turned from a ‚probabilistic (nontrivial) machine' to a ‚deterministic (trivial) machine', and henceforth always turns right." (230) Nach einer kurzen Erörterung der Frage, wie ein „statistical learning theoretician" diese Verhaltensfolge des Tieres beurteilen würde, kommt v. FOERSTER zu dem Schluß: „the whole mathematical machinery of statistical learning theory can be reduced to the paradigm of drawing balls of different color from an urn while observing certain nonreplacement rules." (229 f.)

„Since the formalism that applies to the behavior of these experimental animals applies as well to our urn, the question now arises: can we say an urn learns?" Antworten wir auf diese Frage mit „ja" – weil die Urne, wenn alle schwarzen Kugeln heraus sind, jetzt auf jeden „stimulus" (each draw) mit einer weißen Kugel „antwortet" –, so folgt, daß „then apparently is no need for *memory* in learning, for there is no trace of black balls left in our urn". Antworten wir aber mit „nein", so müssen wir folgern, daß „it is not learning that is observed in these animal experiments". (234)

[22] HEINZ von FOERSTER: Molecular Ethology. in: Molecular Mechanisms in Memory and Learning. ed. G. UNGAR. New York, London 1970. p. 213 ff. (Seitenzahlen der Zitate im Text in Klammern.)

Um diesem Dilemma zu entgehen, müssen wir bedenken, daß „in the experiments learning takes place on two levels. First, the experimental animals learned to behave ‚urnlike', or better, in a way which allows the experimenter to apply urnlike criteria. Second, the experimenter learned something about the animals by turning them from nontrivial (probabilistic) machines into trivial (deterministic) machines. Hence, it is from studying the experimenter whence we get the clues for memory and learning." (234)

Und daraus ergibt sich nun für v. FOERSTER die entscheidende Folgerung:

„With this observation the question of where to look for memory and learning is *turned in the opposite direction.* Instead of searching for mechanisms in the environment that turn organisms into trivial machines whe have to find the mechanisms within the organisms that enable them to *turn their environment into a trivial machine.*" (234)

Daraus ergeben sich dann auch Beziehungen zu anderen Lern-Theorien und zu BARLOWS „Redundanztheorie":

„In this formulation of the problem", fährt v. FOERSTER a.a.O. fort, „it seems to be clear that in order to manipulate the environment an organism has to construct – somehow – an internal representation of whatever environmental regularities it can get hold of." Diese „internal representation" ist damit eine Art theoretischen „model in the brain", wie z. B. YOUNG es postuliert *(s. o. S. 96 f.).*

Vom Stimulus zum Engramm

Die Lernsituation

1. *Lernen,* oder hier genauer gesagt, das *Erlernen* (I, 30) eines einer Situation gemäßen oder angepaßten Verhaltens, beginnt mit der *Wahrnehmung* der Situation. Der Ausdruck „Wahrnehmung" muß allerdings mit Vorsicht verwendet werden, da er – beim Menschen – ein „Haben-als" einzuschließen pflegt, also ein „Haben der Situation als diese und solche". Von diesem im engeren Sinne kognitiven Anteil des Wahrnehmens sehen wir hier zunächst ab. Doch auch für Tiere dürfte zu dem *inne-Sein* der Situation noch etwas hinzukommen, eine Komponente, die auch im menschlichen Wahrnehmen wichtig ist: das inne-Sein dessen, das wir oben *S. 240* als „Atmosphäre der Situation" bezeichnet haben. Formal ist dies ein besonderer *Signal-Charakter,* die *Bedeutung-für* der Situation, für das Lebewesen. In objizierender Projektion können wir deutlicher sagen: Es ist der emotionale Charakter der Situation, der beim Lebewesen zu emotionalen Reaktionen und zu emotionalem Verhalten führt.

2. Wir können Situationen nach diesem emotionalen Charakter unterscheiden; an drei Beispielen sei dies kurz dargestellt:

a) *Neutrale Situationen* – sie lassen sich an einem Spezialfall charakterisieren, dem aus der Meterologie stammenden Begriff des *Behaglichkeits-Klimas* in einem Raum, bei dem „ein als angenehm empfundenes Gleichgewicht zwischen Wärmezugang und Wärmeentzug des Körpers besteht"[1]. Allgemein heißt dies etwa: das Lebewesen findet sich nicht nur der Situation angepaßt, sondern „in sie eingepaßt"; es besteht Gleichgewicht zwischen „Aufnahme" (Stimuli) und „Abgabe" (Verhalten).

b) *Bedrohende Situationen:* „Bedrohend" können einzelne Stimuli aus der Situation wirken, die *Furcht* vor bestimmten Einwirkungen hervorrufen. Oder aber die Situation wirkt als Ganzes und ruft – falls die Art der Bedrohung unbestimmt oder nicht erkannt ist – *Angst* hervor. Die Reaktionen des Lebewesens können sein Schreckstarre (I, 301), Panik (I, 302), bei Tieren speziell der Bewegungssturm (KRETSCHMER)

---

[1] L. WEICKMANN u. H. UNGEHEUER: Grundlagen der Klima- und Wetterkunde. in: Wetter, Klima, Mensch. herausg. v. A. SEYBOLD u. H. WOLTERECK. 2. Aufl. Heidelberg 1952. S. 76.

(I, 300), oder aber gezielte Flucht als „negative" Reaktion; als „positive" Reaktionen etwa Aushalten der Bedrohung, sich-Stellen der Situation und aktives Verändern der Situation.

c) *Situationen mit Aufforderungscharakter* (I, 263 f. u. *o. S. 376*): Der bei der bedrohlichen Situation nicht wirksame (Schreckstarre) oder undifferenzierte (Panik) Aufforderungscharakter der Situation ist hier entscheidend: das Lebewesen muß zur Situation Stellung nehmen. Dies geschieht mit Hilfe angeborener oder erlernter Verhaltensweisen und führt durch Anpassung des Lebewesens an die Situation zu einer Veränderung des Lebewesens, oder umgekehrt durch Anpassung der Situation an das Lebewesen zu einer Veränderung der Situation. Die emotionalen Reaktionen dabei sind Unruhe, Spannung, Unlust als auslösende Reaktionen, und Aktivierung, Antrieb und Lust als ausgelöste, zum Verhalten führende Reaktionen. Das Orientierungsverhalten und die Aufmerksamkeit (jeweils mit ihren eigenen emotionalen Komponenten) spielen hierbei eine wichtige Rolle.

3. Wollen wir nun versuchen, die auch beim emotionalen Verhalten bestehenden Relationen zwischen Umwelt und Lebewesen *physiologisch,* also als Relationen zwischen Zustand des Organismus und inne-Sein dieses Zustands zu verstehen, müssen wir vorher überlegen, was der Ausdruck „emotionaler Charakter der Situation" bedeutet. Auf den ersten Blick möchte es scheinen, daß wir mit diesem Ausdruck nur unsere Gefühle „als Wirkungen" der Situation in diese hineinprojizieren. Wir müssen doch wohl sagen: nicht eine Situation „ist traurig", sondern ich werde in ihr traurig. Was bei diesem Beispiel eindeutig erscheint, wird in anderen Fällen schwieriger zu entscheiden. So spricht man von einer „komischen Situation" – aber in ihr „werde ich nicht komisch", sondern muß über sie lachen.

Wir können die Frage, die hier entsteht, wieweit eine Situation selbst so beschaffen ist, daß sie bestimmte emotionale Reaktionen auslöst und wieweit das Lebewesen seine Auffassung der Situation in sie hineinprojiziert, nicht erörtern. Wir dürfen annehmen, daß sowohl objektive als auch subjektive Faktoren zusammenwirken, um das emotionale Verhalten eines Lebewesens zu bestimmen.

Die Unterscheidung objektiver und subjektiver Faktoren wird aber wichtig, wenn wir jetzt an einigen Beispielen aus der *Theorie des Fühlens* versuchen, die physiologischen Probleme der „Gefühle", also des *Fühl-Verhaltens* deutlich zu machen.

Zur Theorie des Fühlens

1. „Die meisten Autoren stimmen darin überein", lesen wir bei I. Martin, „daß Gefühle *komplexe Zustände* (Ich-, Personenzustände) sind, die von gesteigerter Wahrnehmung eines Objekts oder einer Situa-

tion, weitreichenden physiologischen Veränderungen, einem Gewahrwerden von Anziehung oder Abscheu und von Annäherungs- oder Vermeidungsverhalten begleitet sind. Einer der stärksten subjektiven Erfahrungen der Gefühle ist der *Handlungsdruck*, der bestimmte Formen der Begegnung mit der Umwelt nahelegt."[2]

Diese sehr vorsichtige Kennzeichnung – sie verzichtet auf jede genauere Bestimmung der Relationen zwischen den aufgezählten Phänomenen – macht die grundlegende Unterscheidung von *Fühlen* bzw. *Gefühlen* einerseits und dem *emotionalen Verhalten* andererseits deutlich, eine Unterscheidung, die im angelsächsischen Schrifttum – z. B. bei GROSSMAN – so formuliert wird: „Emotional reactions consist of two separable and not necessary corresponding aspects: the *expression* of emotion in terms of overt somatic as well as autonomic responses, and the *experience* of emotion in terms of less molar responses of the central nervous system."[3]

Aus beiden Kennzeichnungen wird ersichtlich, daß *Fühlen* ein *Antworten* auf die Situation und ihre Stimuli ist: bei der experience in Form des (inneren) emotionalen Verhaltens, der „Gefühle"; bei der expression als „Gefühls-Ausdruck" in Mimik, Gestik, Sprache oder auch in Handlungen („Handlungsdruck"). Zum Fühlen, zur experience of emotion, tragen also die Umwelt, die Situation und ihre Stimuli, wesentlich bei.

2. Dieser Anteil des Fühlens, die oben erwähnten „objektiven Faktoren", ist in der sog. *James-Lange-Theorie* des Fühlens überbetont, ja zum alleinigen Erklärungsgrund gemacht worden. Die Theorie ist weithin bekannt geworden durch den Satz: „Wir weinen nicht, weil wir traurig sind, sondern wir sind traurig, weil wir weinen." Bei JAMES heißt es genauer:

„Common-sense says, we lose our fortune, are sorry and weep; we meet a bear, are frightened and run; we are insulted, are angry and strike. The hypothesis here defended says that this order of sequence is incorrect, that the one mental state is not immediately induced by the other, that the bodily manifestations must first be interposed between, and that the more rational statement is that we feel sorry because we cry, angry because we strike, afraid because we tremble, and not that we cry, strike, or tremble, because we are sorry, angry or fearful, as the case may be. Without the bodily states following on the perception, the latter would bc purely cognitive in form, pale, colorless, destitute of emotional warmth. We might then see the bear, and jugde it best to run, receive the insult and deem it right to strike, but we should not actuelly *feel* afraid or angry."[4] Noch deutlicher heißt es dann in der

---

[2] I. MARTIN im Lexikon der Psychologie. herausg. W. ARNOLD, H. J. EYSENCK, R. MEILI. Freiburg, Basel, Wien, 1973. Bd. I. Spalte 698.

[3] SEBASTIAN PETER GROSSMAN: A Textbook of Physiological Psychology. New York, London, Sidney 1967. p. 550.

[4] WILLIAM JAMES: The Principles of Psychology. Vol. II. London 1907. p. 449 f.

Zusammenfassung: „My theory... is that the bodily changes follow directly the perception of the exciting fact, and that our feeling of the same changes as they occur *is* the emotion.“[5]

Diese Theorie verteidigt JAMES dann ausführlich gegen verschiedene Einwände und führt dabei auch LANGES unabhängig von ihm gewonnene Einsichten mit an – wir können auf diese Auseinandersetzung hier nicht eingehen. Zwei Punkte daraus erscheinen uns wichtig, weil sie uns weiterführen:

a) Die Stimuli der Situation erscheinen hier als *Auslöser* des Handelns, und das *Fühlen* ist letztlich das Erleben des Handelns. In Konsequenz dieser Auffassung kommt WEINSCHENK zu der Formulierung, daß „die Gefühle Wahrnehmungen von innerorganischen Vorgängen sind“[6]. Damit ist allerdings JAMES' These übersteigert, denn JAMES spricht ausdrücklich von einem „feeling“ der „bodily changes“ und nicht von einem „Wahrnehmen“.

Setzen wir aber für „Wahrnehmen“ inne-Sein in dem oben bestimmten Sinne, so haben wir damit nicht nur einen Anschluß an JAMES gewonnen, der an anderer Stelle schreibt: „that every one of the bodily changes, whatsoever it be, is *felt,* acutely or obscurely, the moment it occurs.“[7], sondern zugleich auch an unser Axiom von der Zustand-inne-Sein-Einheit. Und wir können abschließend sagen, daß die „bodily changes“, also die Zustands-Änderungen und das inne-Sein dieser Änderungen, e i n e, die erste Phase des „Fühlens“ sind.

b) Gehen wir wieder davon aus, daß „wir traurig sind, weil wir weinen“, so gibt das „Weinen“ als Verhalten vielleicht einen Hinweis auf die Situation, die es ausgelöst hat, aber keineswegs auch dafür, daß wir *traurig* sind. Es gibt viele Situationen und verschiedene Anlässe dafür, daß wir „weinen“, von der Trauer über ein Ergriffensein bis zum Lachen: es können körperliche Schmerzen – und, wenn man so will, auch das „Zwiebelschneiden“ Weinen auslösen. Es ist wohl doch so, daß die „experience“, das Fühlen in der ersten Phase a u c h als ein inne-Sein körperlicher Veränderungen den spezifischen Charakter der Situation bestimmt, und dies führt dann, in der zweiten Phase zum bewußt-Sein, zur *Reaktion* des Organismus, zum eigentlichen Gefühl. Aus dieser *Stellungnahme* erwächst in der dritten Phase die *Antwort,* die „expression“, das innere oder äußere *Verhalten.* Dieses aber führt nun wiederum, wegen der Einheit von Zustand und inne-Sein, seinerseits zu bestimmten körperlichen Veränderungen, die dann, in einer Art positiver Rückkopplung, das Gefühl intensivieren.

Hinzu kommt noch etwas anderes, worauf GUTTMANN hinweist: „in der James-Lange-Theorie ist ein Gedanke enthalten, der in neuerer Zeit wieder große Bedeutung erlangt hat: die spezifische Tönung eines Gefühls wird von Erregungskonstellationen bestimmt, die nicht aus-

---

[5] WILLIAM JAMES: a.a.O. p. 449.

[6] CURT WEINSCHENK: Das unmittelbare Gedächtnis als selbständige Funktion. Göttingen 1955. S. 77.

[7] JAMES: a.a.O. p. 450 f.

schließlich bei emotionalen Erlebnissen auftreten, die aber zu der unspezifischen Erregungsaktivität hinzukommen müssen, welche als die nervöse Grundlage der ‚quantitativen Komponente' des Gefühls bei jeder Emotion vorhanden ist."[8]

Einen solchen Faktor haben SINGER und SCHACHTER bestimmt; GUTTMANN berichtet: „SINGER und SCHACHTER untersuchten die Veränderungen von Gefühlserlebnissen unter verschiedenen Umweltbedingungen und Einstellungen und konnten zeigen, daß die wichtigsten Determinanten eines Gefühlserlebnisses die kognitiven Komponenten sind, die dieses begleiten. Ein und dasselbe Arousal kann als Aufregung, Freude, Zorn, Antrieb, Eifersucht oder Verzweiflung erlebt werden: es besitzt ‚an sich' für die Person keine unmittelbare Bedeutung, sondern wird erst aufgrund der gleichzeitig ablaufenden kognitiven Prozesse gedeutet."[9] Und das besagt, in unserer Terminologie, daß zum *bewußt-Sein* des inne-Seins noch ein *bewußt-Haben* der Situation „als solche" hinzutreten muß, um den eigentlichen Charakter des Gefühls zu bestimmen.

3. Die oben erwähnte „Rückkopplung" führt zu einem allgemeinen Gedanken, den GUTTMANN betont und der auf die sog. *Cannon-Bard-Theorie des Gefühls* zurückgeht. Einige Hinweise auf die Eigenart dieser Theorie mögen einleitend gegeben werden – wir zitieren nach GROSSMAN: „Cannon suggested that incoming sensory impulses receive ‚an emotional *quale*' in passing through the thalamus. In the normal state emotion is neither expressed nor experienced because of the continuous inhibition of the thalamic mechanism by the cortex. Such inhibition can be removed by the arrival of emotion-provoking sensory impulses at the cortex. When this occurs, impulses are released by the thalamus and proceed caudally over somatic as well as autonomic motor nerves to give rise to emotional behavior." GROSSMAN schreibt zusammenfassend: „The thalamic theory of emotion has generated considerable interest and received acceptance in psychological circles. The notion of a primitive, subcortical center for emotion, held in check by higher cortical functions, is an appealing idea which fits rather nicely with other psychological speculation. Because of this face validity, Cannon's theory remains the most prominent theory of emotion in spite of serious objections which have been raised against some of the basis assumptions."[10] Einer dieser Einwände betrifft die spezielle Funktion des Thalamus: PAPEZ, MACLEAN u. a. haben gezeigt, daß das sog. *limbische System* im Hirn für das Gefühlsleben eine, ja vielleicht die entscheidende Rolle spielt.

GUTTMANN lenkt die Aufmerksamkeit auf einen anderen Gedanken der Cannon-Bard-Theorie; er schreibt, das Konzept dieser Theorie sei „von größter Bedeutung", vor allem, „weil die Emotionalität als Teil

---

[8] GISELHER GUTTMANN: Einführung in die Neuropsychologie. Bern, Stuttgart, Wien 1972. S. 176 f.

[9] a.a.O. S. 189.

[10] GROSSMAN: a.a.O. p. 525 f.

eines Balance-Systems verstanden wurde, dessen Aufgabe es ist, allzu große Abweichungen vom biologischen Optimum zu verhindern und ein existenzförderndes Gleichgewicht – Homöostase – erhalten zu helfen." Und er fährt fort: „die Rolle der Emotionalität kann nur befriedigend gedeutet werden, wenn man sie als Regelsystem auffaßt."[11]

Die Motivation

Die *Motivation* ist ein so komplexer Problembereich, daß wir hier nur versuchen können, einige Grundlinien der Theorien aufzuzeigen. Wir können uns aber auch nicht auf die Motivation des Lernens beschränken, sondern müssen vielmehr versuchen, das allgemeine Phänomen so weit zu verstehen, daß eine Anwendung auf das Lernen möglich ist. (Einige spezielle Probleme einer Motivation des Lernens haben wir in Bd. I. S. 242 f. und S. 317 ff. behandelt.) Wir beginnen unsere jetzige Erörterung mit der Definition der beiden zentralen Begriffe:

1. „Unter Motiv versteht man einen Faktor, der in die Aktivierung und Steuerung von Verhaltensweisen eingreift" definiert J. NUTTIN[12]. „Als solches kann es entweder das Objekt aus der Außenwelt bezeichnen, das die Bereitschaft bei dem entsprechenden Individuum erzeugt, oder diese Bereitschaft selbst." und: „Die Wirkung des Motivs wird entweder in Begriffen *physischer* Kausalität oder einer *finalen,* nach welcher man das Verhalten selbst als eine physiologische Reaktion oder als eine bedeutsame Antwort auffaßt, ausgedrückt."[13]

Auch hier finden wir also wie bei den Gefühlen einen objektiven, kausalen Faktor, den Anteil der Situation und ihrer Stimuli, der den Zustand des Organismus beeinflußt; und den subjektiven Anteil des inne-Seins dieses Zustands, das – zumeist zusammen mit den entsprechenden Gefühlen – bewußt wird und die *Motivation* eines Verhaltens begründet.

2. „Motivation bezeichnet" – wieder nach NUTTIN[14] – „einen der hypothetischen Vorgänge, die in die Determinierung des Verhaltens neben der Wirkung eines Reizes oder einer wahrgenommenen Situation, neben den Vorgängen des Lernens und gewissen Dispositionen, wie etwa den Fähigkeiten, eingreifen. Während jedoch die Fähigkeiten vor allem den Ertrag oder das Adaptationsniveau eines Verhaltens beeinflussen, bestimmt die Motivation dessen Aktivierungsgrad, dessen Intensität sowie dessen allgemeine Richtung."

Aktivierung und *Steuerung* sind die wesentlichen Merkmale der Motivation, wobei der Steuerung eine besondere Bedeutung zukommt:

---

[11] GUTTMANN: a.a.O. S. 177.
[12] JOSEPH R. NUTTIN im Lexikon der Psychologie. herausg. W. ARNOLD, H. J. EYSENCK, R. MEILI. Freiburg, Basel, Wien 1973. Bd. II. Sp. 578.
[13] a.a.O. Sp. 579. [14] NUTTIN: a.a.O. Sp. 579.

„In der Suche nach einer mehr oder weniger großen Klasse von Objekten oder Situationen beruht die allgemeine Steuerung des Verhaltens, die E. C. TOLMAN als dessen ‚purposiveness' bezeichnete (vgl. I, 215 ff.) und die nichts anderes darstellt als dessen *Zielgerichtetheit.*"[15]

Noch ein drittes aber ist wichtig, das uns zugleich den Anschluß an die *Verhaltens-Ganzen* und *Verhaltens-Gestalten* vermittelt. NUTTIN schreibt: „Eine dritte Funktion, die der Motivation in bezug auf das Verhalten zukommt, besteht darin, daß sie einem Verhaltensbereich eine *Einheit* und seine umfassende *Bedeutung* gibt. Tatsächlich ist es die Motivation, die durch ihre Ausrichtung auf ein Zielobjekt hin bewirkt, daß eine Reihe von Bewegungen, welche unter dem Gesichtspunkt des Physischen sehr verschieden sind, ein Verhalten im eigentlichen Sinne darstellt, d. h. eine angemessene Reaktion auf eine Situation."[16]

Wollte man diese Funktionen der Motivation analysieren, so würde man sowohl kognitive als auch Gefühlskomponenten finden; man müßte den Einfluß der memoriellen Engramme mit den sie bestimmenden Anteilen der Situation, Wiedererinnerung, den Engrammen des eigenen Verhaltens, des „Erfolgserlebnisses" usw. berücksichtigen und dann untersuchen, wie diese Faktoren bei der Auswahl bzw. einer Neufindung von Schaltungseinheiten sowie bei ihrer Aktivierung zusammenwirken – eine bis heute kaum lösbare Aufgabe.

3. Die Bemühungen um ein *physiologisches* Verständnis der Motivation richteten sich vor allem auf die *Aktivierung* sowie auf die *Steuerung* des Verhaltens durch die Motivation[17]. Ein zentrales Problem der Untersuchungen war die *Lokalisation:* man suchte nach bestimmten *Zentren* im ZNS für die Motivation. Diese Suche schien zunächst recht erfolgreich zu sein. So heißt es z. B. bei GUTTMANN: „Tatsächlich lassen sich unschwer zentralnervöse Strukturen aufzeigen, nach deren Läsion oder Stimulation markante Veränderungen der Verhaltensweisen beobachtet werden können, die man als Ausdruck einer geänderten Motivationslage interpretieren kann." (183) Begriffe wie „Freßzentrum" oder „Sattheitszentrum" tauchten auf oder die „reward regions" („Lustzentren") bzw. „aversion regions", die OLDS bei seinen Experimenten mit Selbstreizung bei Ratten gefunden hatte; ebenso schienen die wegweisenden Experimente von W. R. HESS, die wir oben bei der „Neuroethologie" besprochen haben *(S. 28 f.)* für eine deutliche Lokalisation des Motivationsverhaltens zu sprechen.

Als Grundlage einer allgemeinen Triebtheorie hatte schon C. T. MORGAN (1943) geäußert: „Das Auftreten eines Triebes ist von der Aktivität bestimmter nervöser Strukturen abhängig. Diese können durch äußere oder innere Reize sowie durch chemische, insbesondere hormo-

---

15 a.a.O. Sp. 581. 16 a.a.O.

17 Vgl. zum folgenden GISELHER GUTTMANN: Einführung in die Neuropsychologie. Bern, Stuttgart, Wien 1972. S. 182 ff. (Seitenzahlen der Zitate im Text in Klammern.)

nelle Einflüsse aktiviert werden, wodurch ein zentraler *Motivationszustand* (central motive state) entsteht, welcher die Reaktionsbereitschaft des Lebewesens verändert." (185)

Speziell auf den *Hypothalamus* bezogen ist STELLARS „Theorie der physiologischen Motivationsmechanismen" (1954), die „annimmt, daß im Hypothalamus exzitatorische Zentren existieren, deren Aktivität für das Zustandekommen eines bestimmten Antriebszustandes ausschlaggebend ist. Ihr Aktivitätsniveau wird sowohl von internen Bedingungen (also den chemischen und physikalischen Zuständen im Hypothalamus, wie Hormonspiegel, Temperatur, osmotischer Druck usw.) sowie von der jeweiligen sensorischen Gesamtkonstellation beeinflußt. Auf die Aktivität dieser exzitatorischen Zentren wirken getrennte inhibitorische Systeme." (185) Allerdings wurde die „Annahme einer allzu strikten Lokalisation in hypothalamischen Zentren" bald zweifelhaft, z. B. durch Experimente von TEITELBAUM (1961) über die Beeinflussung der Nahrungsaufnahme nach lateraler hypothalamischer Läsion: sie ergaben „erstaunliche Regenerationseffekte", so daß man schließen konnte, daß „die der Läsionsstelle benachbarten hypothalamischen Zonen die Rolle der ausgefallenen Strukturen übernommen" haben, „da nach ihrer Zerstörung in einem weiteren Läsionsversuch abermals Aphagie auftritt". (185 f.) Dann folgende Experimente – wieder mit Störungen des Freßverhaltens – zeigten, daß auch die Beschränkung auf die hypothalamischen Zonen zu eng war, der Hippocampus und die Amygdala sowie der Thalamus selbst wurden wieder interessant. (186)

So kommt GUTTMANN zu dem Schluß: „Am Zustandekommen eines bestimmten Triebzustandes sind also die verschiedensten zentralnervösen Strukturen beteiligt – doch auch ein und dieselbe Struktur... scheint für überaus verschiedene Triebzustände zustandig zu sein"... „so daß die Annahme von spezifischen motivationalen Zentren ungerechtfertigt erscheint." (186 f.) „Auch Triebzustände sind nichts anderes, als Ausdruck unterschiedlicher Aktiviertheit (LINDSLEY, 1951). Weder die beteiligten Strukturen, noch die körperlich-vegetativen Begleiterscheinungen lassen eine Differenzierung von spezifischen Motivationszustände zu." (187) Die „charakteristische subjektive Färbung" der einzelnen Triebzustände entsteht „durch spezifische Informationen, nämlich Erregungskomponenten, die selbst nicht unmittelbar für das Triebgeschehen zuständig sind und auch in anderem Zusammenhang auftreten, vor allem Erregungen aus dem inneren Milieu, die das Ausmaß eines vegetativen Ungleichgewichtszustandes signalisieren und dadurch den äquilibierenden Verhaltenstendenzen ihre Richtung weisen." (187)

GROSSMAN hat seinen theoretischen Bemühungen um eine psychophysiologische Erklärung der Motivation eine interessante und wahrscheinlich wichtige Unterscheidung zugrunde gelegt[18]. Er schreibt:

„Perhaps the most radical departure from earlier theories is a dis-

---

[18] GROSSMAN: a.a.O. p. 605 ff.

tinction between homeostatic and nonhomeostatic drive mechanisms." (605) „Homeostatic drives (such as hunger, thirst, sleep, and elimination) are elicited and reduced directly by changes in the *internal* environment and nonhomeostatic drives (such as sexual or emotional arousal, and perhaps, activity itself) appear to be elicited and reduced by changes in the *external* environment of organisms." (605 f.) Und: „The elicitation of homeostatic drives appears independet of learning, whereas prior experience and memory contribute importantly to the arousal of nonhomeostatic drives." (606)

Für beide Arten motivationaler Aktivierung existieren nach dieser Hypothese je besondere Regulationsmechanismen: für die homöostatische „specific central regulatory mechanisms", die „are composed of complex interacting systems of nuclei and pathways", die in corticalen und subcorticalen Bereichen liegen (z. B. in der Amygdala, im Hypothalamus). (607 ff.) Die beiden Regulationssysteme arbeiten aber nicht unabhängig voneinander; schließlich strebt ja auch das *Lernen* – z. B. über die Rückkopplung vom Erfolg des Verhaltens zum Situationserlebnis – einen „homöostatischen Zustand" an. So schreibt auch GROSSMAN: „The central regulatory mechanisms for nonhomeostatic drives interact with each other as well as with the central regulatory mechanisms for homeostatic drive states." (609)

Noch einmal: Die Engramme

Lokalisation der Engramme

Aus den Betrachtungen über die Gefühle und die Motivation hat sich ergeben, daß die Lage des Lokalisationsproblems nicht nur bei den Engrammen und den Funktionen von Lernen und Gedächtnis, sondern auch für diese Phänomene recht unübersichtlich, ja verworren ist. Wir wollen daher versuchen, das Problem aus etwas anderem Gesichtspunkt noch einmal zu stellen und zugleich aufzugliedern, um es übersichtlicher zu machen:

1. Die allgemeine Frage, ob Lernen und Gedächtnis und damit die Engramme beider „überhaupt irgendwo" lokalisiert sind, mag aus philosophischer Sicht ein „Problem" sein – für eine *Physiologie* des Lernens und des Gedächtnisses ist die Antwort trivial: sind Lernen und Gedächtnis auch oder nur physiologische Phänomene, so sind sie Funktionen des Organismus und als solche „im" Organismus lokalisiert. Für das Lokalisationsproblem stellt sich vielmehr die Frage, ob beide Funktionen bestimmter Apparate, Organe oder Zentren sind. Auch diese Frage wird man bejahen müssen, wenn auch die heutigen Methoden bisher eine verbindliche Antwort nicht geben konnten. Ein Grund dafür scheint uns der Mangel einer genaueren Differenzierung der Fragestellung zu sein.

2. Eine erste Differenzierung ist die nach *Ganzheiten und Elementen (s. o. S. 125).* Die spezifischen oder unspezifischen *Elemente* einer *Engramm-Einheit* müssen an bestimmte Orte gebunden sein, seien es nun Teile eines Schaltungsnetzes oder Makromolekeln, die bei der memoriellen Speicherung neu gebildet oder in ihrer Konformation verändert worden sind. Die *Ganzheiten* aber, also die Netze selbst oder die Ganzheiten memorieller Engramme, wie sie etwa den dominant foci oder den Assoziaten entsprechen, müssen nicht fest lokalisiert sein, obwohl die Annahme naheliegt, daß es „Orte“, also Apparate oder Organe für ihr Wirken-als-Ganze gibt, z. B. die Orte, von denen aus ihr Wirken durch Läsionen gestört oder gelöscht werden kann.

Doch sind diese Wirkorte der Ganzheiten wahrscheinlich nicht die Orte, an denen die Elemente zu finden sind. Dies gilt besonders für die unspezifischen Elemente, die sicherlich an mehreren oder vielen verschiedenen Orten zu finden sein werden, was nicht nur LASHLEYS „law of mass action“ entsprechen würde, sondern in dieser oder verwandter Form auch von anderen Untersuchern ausgesprochen worden ist. Selbst für die *Verhaltens-Gestalten* nimmt z. B. HYDÉN an, daß sie „of millions of neurons – and not necessary in continuous nets“ bestehen „and give a response“. *(o. S. 400)* Auf diese Weise können sie, eben als „unspezifische Elemente“, Bestandteile verschiedener Ganzheiten sein.

Erinnern wir uns der auf *S. 60 f.* getroffenen Unterscheidung, so können wir sagen:

Die *Ganzheiten* werden im oben unter a) diskutierten Sinne lokalisiert sein („I“ S. 64), die *Elemente* dagegen in bestimmten Funktionsträgern („II“ S. 64 f.), also in Neuronen, Gliazellen, Membranen usw., ohne eine spezielle örtliche Lokalisierung, außer in den durch dominant foci, Assoziate usw. gegebenen Bedingungen.

Ist dies so, dann könnte dies eine Erklärung sein für den *intraindividuellen Lerntransfer,* also für die *Übungsübertragung* und *Mitübung* (I, 326 ff.): das einmal bei der Aufgabe A_1 erprobte und bewährte Schaltungsganze kann auch bei der Aufgabe A_2 angewendet werden, zumal wenn die Voraussetzung besteht, daß – nach BERGIUS – „die Übertragbarkeit von Lösungen und Arbeitsansätzen in einem Bereich systematisch geübt wird“. (I, 327) Mit anderen Worten: Auch der Lerntransfer kann *gelernt* werden, und auch Engramm-Ganzheiten können qua Ganzheit übertragen werden, was der Lehre von der Transponierbarkeit der Gestalt entspricht *(o. S. 25).* Und das bedeutet schließlich: in gewissem Sinne sind auch Ganzheiten *unspezifisch.*

Für das Lernverhalten selbst bildet dies dann schließlich auch die Grundlage für das mehrfach (I, 261 und *o. S. 60*) besprochene inne-Sein des Könnens, das wir als *können-Können* zu charakterisieren versucht haben (vgl. auch I, 36).

2. Die zweite Differenzierung beruht auf der unserer ganzen Darstellung zugrunde liegenden Unterscheidung von *Memoria* und *Mneme.* Aus den bisherigen Darlegungen hat sich deutlich ergeben, daß die

memoriellen Engramme an anderen „Orten" zu finden sind als die mnemischen. Selbst wenn, was nicht ausgeschlossen werden kann, die „Stelle" etwa im ZNS dieselbe ist, so unterscheiden sich die „funktionellen Orte" doch, eben wie Membranen und Zellen und ihr „Inhalt" einerseits von den Synapsen und ihrer Funktion andererseits.

Das Zustands-Engramm

Das Zustands-inne-Sein

1. In jedem Augenblick seines Lebens unterliegt der *Gesamtzustand* eines Organismus Veränderungen, deren Ausmaß und Intensität sich prinzipiell, wenn auch kaum tatsächlich, aus der Anzahl und der funktionellen Bedeutung der Teileinheiten und Elemente, also der Apparate, Organe, Zentren, Zellen usw. bestimmen läßt. Viele Veränderungen in den Elementen – z. B. der Stoffwechsel in den Zellen, das ständige Turnover der Zellsubstanzen – gehören zur Aufrechterhaltung der Lebensfunktionen. Ihr Einfluß auf den Gesamtzustand besteht somit in der Aufrechterhaltung des kontinuierlichen „Flusses" der Zustände des Organismus. Störungen und Gefährdungen des normalen Ablaufs der Vorgänge führen zu Schädigungen im Gesamtzustand und damit auch im „normalen" Fluß der Zustände: Es kann sich dabei um leichte Umsteuerungen, in extremen Fällen aber um einen völligen Abbruch dieses Flusses handeln.

Dies alles betrifft den *konstanten Kern,* wie wir diese Grundlage des Gesamtzustands oben *(S. 380 f.)* genannt haben. Die „Konstanz" dieses Kerns entspricht Heraklits „identischem Fluß" bei ständigem Wechsel im Einzelnen, anders gesagt: Die Konstanz des Kerns besteht in einem ständigen turnover *(s. o. S. 394).*

2. Auf den in diesem Sinne konstanten Kern wirken nun äußere Faktoren ein, und zwar ununterbrochen: die verschiedenen Stimuli der Situation, in der sich der Organismus jeweils befindet. Sie verändern den Gesamtzustand, verändern sein Sosein derart, daß der Organismus dieses erworbenen Soseins „als fremd", als *nicht-eigenen-Soseins* inne-ist. Dieses sein durch die Aufnahme der Situation bestimmte (partielle) *so-Sein* erlebt der mit Bewußtsein begabte Organismus als *gegeben-Sein;* im voll entwickelten Bewußtsein *hat er bewußt* die Situation als Wahrnehmung.

Die von der Situation verursachten und ausgelösten Soseins- und so-Seins-Veränderungen sind *lokalisiert:* in den Sinnesorganen und Apparaten, die die aufgenommenen Stimuli weiterleiten und verarbeiten; in den Sinneszentren und in allen den Organen und Zellen, die an der Stimulus-Verarbeitung beteiligt sind *(s. S. 199 ff.).* Dabei wird die Situation als Ganze ihrer Eigenart und Struktur nach – wobei einzelne Stimuli einen vorherrschenden Einfluß ausüben können – auf den Zustand des Organismus „abgebildet", d. h. in physiologisch-chemische

Vorgänge *transformiert*, und zwar so, daß das entsprechende inne-Sein die Grundlage der bewußt-Gehabten Wahrnehmung wird. Damit ist auch schon ausgedrückt, daß die aktiven Beiträge der Organe und Zellen bei der Verarbeitung der Stimuli Eigenart und Struktur der *Wahrnehmung* mitbestimmen (I, 20).

3. Das physiologisch-chemische *Abbild der Situation* wird zu einem Bestandteil des Gesamtzustands, formal gesehen „neben" dem Kern, ihn durch die Intensität und „Helligkeit" des Bildes gleichsam „verdunkelnd". Das inne-Sein des eigen-so-Seins des Kerns tritt zurück gegenüber dem inne-Sein des fremd-so-Seins des Abbilds.

Doch gilt dies nur in erster Näherung: Tatsächlich „trägt" der Kern das Abbild, d. h. das inne-Sein des Kerns bedingt, daß das Subjekt des Organismus – daß „Ich" der Situation inne-bin, daß Ich mich als in der Situation befindlich erlebe. Umgekehrt wirken die durch die Situation induzierten Veränderungen auch auf den Kern – dabei spielen die *Gefühle* als inne-Sein des „emotionalen Charakters" der Situation bzw. deren physiologisch-chemischen Grundlagen eine wesentliche Rolle. Der Kern wird also indirekt ebenfalls vom Abbild der Situation beeinflußt und verändert.

4. Bei einem Wechsel oder der Veränderung der Situation S_1 in S_2 ändert sich der Gesamtzustand von Z_1 in Z_2. Z_1 ist jetzt „vergangen", ist aber „als vergangen gegenwärtig" (I, 274 f.), Z_1 wirkt auf Z_2, d. h. bei einem anderen Z_1 würde auch Z_2 (bei der gleichen Situation S_2) anders sein. In diesem Sinne kann man das „vergangene Z_1" als das *Zustandsengramm* von Z_1 bezeichnen, womit allerdings eingeschlossen ist, daß beim Wiederauftreten von S_1 der Zustand Z_1 wieder erreicht wird, allerdings als Z_1', der dem Z_1 nicht „genau" gleich ist.

Das Lernengramm

Mit dieser Kennzeichnung des Zustandsengramms wird die in I, S. 25 und auch in diesem Band mehrfach ausgesprochene Vermutung gefestigt:

Beim *Lernen* – und nur vom Erlernen eines situationsgemäßen Verhaltens ist hier die Rede – ist der veränderte *Gesamtzustand* des Organismus das *Lernengramm;* es ist der Zustand des *gelernt-Habens.*

Damit ist die mnestische Grundlage des Lernverhaltens ein *sich-Erinnern:* der Organismus, der erneut in die Situation S gerät, *erinnert-sich* „als der damals in dieser Situation so und so gehandelt Habende", und er handelt wieder so.

Vom Engramm zum Verhalten

Das Abrufen der Engramme

Um ein mnemisches oder memorielles Engramm „abrufen“ zu können, muß man es im „Speicher“ finden können, und d. h. man muß seine *Adresse* kennen. Aus psychologischer Sicht haben wir in Bd. I (S. 270 ff., 276) das Problem der Adresse mehrfach behandelt, haben auch (I, 67) schon kurz die physiologische Seite des Problems gestreift und schließlich das Problem der anatomischen Adresse angesprochen (I, 57 f.): „Selbst wenn es ... eine eindeutige Ortsangabe für ein Engramm im Gehirn gäbe, ist sie uns nicht bekannt, wenn wir etwas in unserem Gedächtnis suchen. Es würde uns auch für die Reproduktion oder Erinnerung wenig nützen, wenn wir etwa wüßten, daß ein von uns gesuchter Name z. B. in einer bestimmten Schicht eines bestimmten Feldes der Hirnrinde zu finden sei.“

Da uns der *anatomische Ort* des gesuchten Engramms nicht bekannt ist, stehen wir vor dem Grundproblem des Abrufens: Wie ist es möglich, dieses Engramm für eine Reproduktion oder Erinnerung zu aktivieren? Daß es möglich ist, beweist uns die tägliche Erfahrung, aber wie es möglich ist, darauf kennen wir bisher kaum eine Antwort.

Die Assoziationen

1. Die psychologischen Betrachtungen in Bd. I haben zu der Folgerung geführt, daß wir ohne den Begriff eines *psychischen Engramms* nicht auskommen, ja, daß letztlich sowohl die Wechselwirkungs- als auch die Parallelismus-Theorie einen solchen Begriff fordern. Unser *Einheits-Axiom* fordert ebenfalls ein dem Zustandsengramm zugeordnetes und entsprechendes Engramm des inne-Seins dieses Zustands, das im Fall eines bewußten Wahrnehmens der Situation als *memorielles Engramm* der Wahrnehmung und des eigenen Verhaltens in jener Situation vorliegt. Wollen wir die Situation später – ohne daß sie aktuell vorliegt – erinnern, müssen wir zunächst dieses psychische Engramm finden.

Die „Suche nach dem Engramm“ wird somit in anderer Hinsicht erneut zum Problem: Es handelt sich um die beim Reproduzieren und Erinnern notwendige Suche aufgrund der *Adresse* des Engramms – und die Frage ist, ob wir eine solche Adresse kennen. Da wir annehmen dürfen, daß diese Suche prinzipiell gleicher Art sein wird, ob wir für eine Reproduktion aus der Memoria einzelne Engramme oder für ein sich-Erinnern das ganze Situations-Engramm suchen, wollen wir uns mit den Einzel-Engrammen beschäftigen. Für eine Suche nach dem Situations-Engramm bilden solche Einzel-Engramme die spezifischen oder unspezifischen Elemente, und es könnte sein, daß über sie auch das Situations-Engramm gefunden werden kann.

2. Für das psychische Engramm hatten wir in Bd. I verschiedene Adressen aufgezeigt (I, 265, 276), die bei einer willkürlichen Reproduktion oder Erinnerung ein Finden des Engramms ermöglichen. Eine dieser Adressen ist der *psychologische Ort* des Engramms: Jedes Engramm „hängt" in einem Netz von *Assoziationen,* mit deren Hilfe es oft möglich ist, das Gesuchte zu finden. Diesen „Ort" im Netz der Assoziationen haben wir, analog dem „logischen Ort" eines Begriffs, als den „psychologischen Ort" bezeichnet.

Da zwischen dem psychischen und dem physischen Engramm spezifische Beziehungen bestehen müssen, konzentriert sich unser Problem jetzt auf die Frage, ob zwischen dem psychologischen Ort eines Engramms und dem zugeordneten anatomischen bzw. physiologischen „Ort" eine Verbindung derart besteht, daß das „Finden" des psychischen Engramms zu einer *Aktivierung* des physischen Engramms führt.

Eine solche Möglichkeit wäre, daß den psychischen Assoziationen *physische Assoziationen* entsprechen, daß also auch das physische Engramm nicht „isoliert" gelagert ist, sondern als *Signalmuster* gespeichert wird. Eine solche Annahme entspricht der ursprünglichen These von SEMON: „Alle gleichzeitigen Erregungen innerhalb eines Organismus bilden einen zusammenhängenden Erregungskomplex, der als solcher engraphisch wirkt, das heißt einen zusammenhängenden und insofern ein Ganzes bildenden Engrammkomplex hinterläßt."[1]

Diese These SEMONs hat durch die Auffindung und Untersuchung der „dominant foci" (UCHTOMSKY, RUSINOV, MORRELL), der „Assoziate" (EBBECKE) und „Gestalten" (HYDÉN) *(S. 395 ff.)* eine gewisse anatomisch-physiologische Bestätigung gefunden. Allerdings bleibt die Frage nach den verschiedenen Sinnesmodalitäten und deren Speicherung möglicherweise in einem „nonmodality specific store" (GALANTER) noch offen. Doch auch hier haben wir, z. B. bei der Behandlung der Aufnahme visueller Stimuli *(S. 177 ff.)*, gesehen, daß an verschiedenen Stellen der Sehbahn Stimuli verschiedener Sinnesmodalitäten zusammenwirken – ein Faktum, das uns ja in einfacher Form bereits beim Octopus begegnet ist *(S. 95)*. Vorerst allerdings gibt es noch keine Beziehungen zwischen diesen beiden Erkenntnissen, ob also bzw. in welchem Sinne die „dominant foci" oder die „Assoziate", einem „nonmodality specific store" entsprechen.

3. Für das Folgende benötigen wir eine Entscheidung in dieser noch

---

[1] RICHARD SEMON: Die Mneme als erhaltendes Prinzip im Wechsel des organischen Geschehens. 3. Aufl. Leipzig 1911. S. 378.

offenen Frage nicht; wir können uns wieder mit e i n e r Sinnesmodalität begnügen, nämlich mit dem *Sehen.* Dabei gehen wir von den in dieser Hinsicht „einfachsten" Assoziationen aus, den *räumlichen* und den *zeitlichen.* Sie sind im „Sehen" unmittelbar erlebt und verbinden die psychischen Engramme so, daß sie beim Erinnern eine wirksame Hilfe bieten. In der Wahrnehmung schließen wir mit Selbstverständlichkeit, daß diesen erlebten Relationen entsprechende Beziehungen zwischen den Sendern der Signale, also den Stimuli zugeordnet sind, Merkmalen der Situation, die wir als „nebeneinander" und „zugleich" bzw. „nacheinander" bezeichnen. Dieser Schluß erfolgt unmittelbar von der Wahrnehmung auf die Situation selbst, unter „Umgehung" der notwendigen physischen Zwischenstufen. Genauer gesagt: Wir „sehen" unmittelbar, daß A neben B liegt und C auf B folgt.

Dürfen wir nun weiter schließen, daß diese „objektiven" räumlichen und zeitlichen „Lage"-Beziehungen in den physischen Engrammen, z. B. in den dominant foci oder den Assoziaten, abgebildet sind, dann hätten wir das physische Gegenstück zu den „Assoziationen", und wir dürften von *physischen Assoziationen* sprechen.

Gelänge es nun, a l l e Assoziationen, also auch die Ähnlichkeits- und Kontrast-Assoziationen im Sinne von James auf Kontakt-Assoziationen zurückzuführen (I, 60), wäre die Frage nach der dem psychologischen Ort entsprechenden *physiologischen Adresse* spezifiziert auf das Problem der „Kontakt-Relationen" zwischen den Signalen, die beim Speichern erhalten geblieben sind, und „in denen" die Signale „hängen" wie die Nachrichten im Netz der psychischen Assoziationen. Beide *Netze* wären dann einander zugeordnet, ja möglicherweise *isomorph.*

4. Wir haben bisher nur vom „klassischen" Begriff der Assoziation gesprochen, der bis auf Aristoteles zurückgeht – er ist aber in der Psychologie nicht der allein gültige geblieben. Seit etwa 100 Jahren ist ein zweiter Begriff von „Assoziation" in Gebrauch, ja vordringlich geworden: Die psychischen Assoziationen und deren physiologische Entsprechungen der bisherigen Darstellung sind *memorielle Assoziationen,* d. h. der psychologische Ort ist die Adresse eines memoriellen Engramms. Der zweite Begriff von „Assoziation" dagegen betrifft die *mnemischen Engramme.*

Das Nebeneinander zweier Assoziationsbegriffe spielt schon im Pawlowianismus eine Rolle. Pawlow hat – nach Wazuro – „Assoziation" in doppeltem Sinn verstanden: „erstens in morphologischer Bedeutung als Verbindung, die zwischen einzelnen Punkten der höchsten Abschnitte des Zentralnervensystems entsteht, und zweitens in funktionellem Sinne als Verbindung zwischen Organismus und Umwelt oder, mit anderen Worten, als Verbindung zwischen verschiedenen äußeren Reizen und bestimmten Tätigkeiten des Organismus."[2]

---

[2] E. G. Wazuro: Die Lehre Pawlows von der höheren Nerventätigkeit. (übers. a. d. Russ.) Berlin (VEB Verlag) 1962. S. 98.

In der *morphologischen* Bedeutung dient die Assoziation als *Erklärung* für das Zustandekommen bestimmter Verhaltensweisen des Organismus, z. B. der „bedingten Reaktion“ (I, 165 ff.) oder des „Lernens“. Es handelt sich dabei letztlich nicht um physiologische Relationen zwischen Signalen, sondern um ein Verknüpfen von „Adressen“, eben bestimmen „Punkten“ im ZNS.

Stärkere Auswirkung auf die Entwicklung der „Objektiven Psychologie“ hat die *funktionelle* Bedeutung von „Assoziation“ gehabt; sie beherrscht weitgehend die frühen Phasen des *Behaviorismus*. Schon bei THORNDIKE lesen wir: das trial and error-Lernen „was repeated until the animal has formed a perfect association between the sense-impression of the interior of that box and the impuls leading to the successful movement“ (I, 179). Bei GUTHRIE, der seine Lehre selbst als „behavioristischen Assoziationismus“ bezeichnet hat, ist die assoziative Verknüpfung von *Stimulus* und *Reaktion* – statt „sense-impression“ und „impuls“ bei THORNDIKE! – Grundlage und Kern der Lehre (I, 204 f.): im strengen Behaviorismus sind der objektiv beobachtbare Stimulus und das ebenfalls objektiv beobachtbare Verhalten *assoziativ* miteinander verknüpft, oder wie es bei GREENO heißt: „The early view that associations form between ideas has been replaced in this century by the idea that associations connect stimuli and responses.“[3]

Alles, was wir bisher hier und in Bd. I. dargestellt haben, weist darauf hin, daß das „replaced“ eine Wurzel vieler Unklarheiten in dieser schwierigen Frage gewesen ist. Beide Begriffe von Assoziation sind wichtig, und beide werden benötigt: der „alte“ – der *„psychologische“*, wie wir mit RUBINSTEIN sagen können (I, 170) – für das Erkennen und Wiedererkennen eines Stimulus bzw. einer Situation, und der „neue“, der *verhaltenstheoretische* für die Kopplung zwischen Stimulus und Verhalten, genauer, da ja nicht die Situation selbst mit dem Verhalten gekoppelt ist, für die Kopplung zwischen der erkannten Situation, der *Situationswahrnehmung*, und dem zugeordneten Verhalten. Oder noch anders gesagt: für die Kopplung zwischen dem *memoriellen* und *mnemischen Engramm* eines Verhaltens in einer Situation.

Beide Begriffe spielen auch beim *Abrufen* eine Rolle: der psychologische für die Aktivierung der memoriellen, und der verhaltenstheoretische für die Aktivierung der mnemischen Engramme.

Arten von Assoziationen

Soll der Begriff „physische Assoziationen“, den wir hier versuchsweise eingeführt haben, mehr sein als ein bloßes Wort, müssen diese physischen Assoziationen charakteristische Eigenschaften der psychischen widerspiegeln. So müßten sich z. B. bei den physischen Assoziationen nicht nur die bisher besprochenen Assoziationen durch räum-

---

[3] JAMES G. GREENO: How Associations Are Memorized. in: Models of Human Memory. ed. D. A. NORMAN. New York, London 1970. p. 257.

lichen und zeitlichen Kontakt, sondern auch die Assoziationen durch Ähnlichkeit und Kontrast finden, bzw. Verbindungen zwischen Signalen und ihren Engrammen, die sich diesen ein-ein-deutig zuordnen lassen.

Eine erste Voraussetzung, um der hier entstehenden Frage näher zu kommen – und mehr können wir vorerst kaum erwarten – ist, daß die klassische Einteilung der Assoziationen in die bekannten vier Klassen, oder vereinfacht in die beiden Klassen: Assoziationen durch (räumlichen und zeitlichen) Kontakt und Assoziationen durch Ähnlichkeit (incl. Antiähnlichkeit = Kontrast) etwas modifiziert wird. Wir haben (I, 60) uns mit der These von JAMES auseinandergesetzt, daß „similarity" kein „agent of production" für Assoziationen sei, da „the similarity of two things does not exist till both things are there". Diese These gibt nicht nur Anlaß zu kritischen Bemerkungen (a.a.O.), sondern ist zugleich ein Hinweis auf die erwähnte Modifizierung der Klassifizierung: Wir können jenen Satz auch als Hinweis verstehen, daß es Ähnlichkeits- und Kontrast-Assoziationen *durch Kontakt* gibt. Damit ergibt sich als Grundeinteilung der Assoziationen:

a) *Assoziationen durch Kontakt:* räumlich, zeitlich, Ähnlichkeit und Kontrast.

b) *Assoziationen ohne Kontakt,* die nur mit Hilfe des Gedächtnisses zustande kommen.

Zur Vereinfachung wollen wir die beiden Gruppen als *Kontakt-Assoziationen* und *Gedächtnis-Assoziationen* bezeichnen. Der Themenstellung dieses Buches nach werden uns hier nur die Kontakt-Assoziationen beschäftigen, während die Gedächtnis-Assoziationen ein Thema der Untersuchung des „Gedächtnisses" sein werden.

Kontakt-Assoziationen

Kontakt-Assoziationen entstehen bei der Wahrnehmung der Situation, und zwar primär schon beim inne-Sein und explizit beim bewußt-Werden. Sie bilden sich oder werden gebildet zwischen Bestandteilen der Situation.

Räumlicher Kontakt: Im „Psychologischen Wörterbuch" von DORSCH/TRAXEL finden wir eine klassische Definition der Assoziation: „Eine Verknüpfung seelischer Inhalte, die sich darin zeigt, daß das Auftreten des einen das Bewußtwerden des anderen (mit ihm assoziierten) nach sich zieht oder wenigstens begünstigt."[4] Wichtig an dieser Definition ist, daß die differentia specifica der „Verknüpfung" nicht die Art der Verknüpfung ist – diese kommt erst bei der Klassifizierung der verschiedenen Arten der Assoziation ins Spiel – sondern die Wirkung der Verknüpfung. Dies bedeutet ein bestimmtes Auswahlprinzip unter den bestehenden oder möglichen Verknüpfungen.

Auf die Assoziationen durch räumlichen Kontakt übertragen, besagt

[4] FRIEDRICH DORSCH: Psychologisches Wörterbuch. herausg. u. Mitwirkg. v. W. TRAXEL. 8., neubearb. Aufl. Hamburg und Bern 1970. S. 32.

dies: Im Gesamt der Situationswahrnehmung sind alle räumlich benachbarten „Bestandteile“ (Gegenstände und deren Teile, Vorgänge usw.) in „räumlichem Kontakt“, wir finden sie *nebeneinander*. Aber durchaus nicht alles, was „nebeneinander“ ist, wird assoziativ verknüpft, und andererseits kann auch verknüpft werden, was nicht direkt nebeneinander, sondern aus anderer Sicht räumlich „in Kontakt“ ist (z. B. auf Grund von Gestaltgesetzen). Die assoziative Verknüpfung von nebeneinander-Gegebenheiten wird also gesteuert. Dabei wirken allerdings so viele verschiedene Faktoren ein, daß es unmöglich ist, hierauf im einzelnen einzugehen: Es handelt sich letztlich um ein *chunking* (I, 86, 245 ff.), um eine Zusammenfassung von Einzelheiten zu kleineren oder größeren Ganzheiten (oder Komplexen).

Dies alles vollzieht sich explizit im Bewußtsein, hat aber seine Grundlage bereits im inne-Sein der Situation. Die Sprache gibt uns eine Möglichkeit, das besondere inne-Sein assoziierbarer Einzelheiten allgemein auszudrücken: Diese Einzelheiten sind nicht nur nebeneinander, sondern sie sind *beieinander*. Die feine Bedeutungsnuance der beiden Wörter wird deutlicher, aber auch etwas vergröbert, wenn wir sagen: im inne-Sein schon gehören diese Einzelheiten irgendwie zusammen. W i e sie zusammengehören und d a ß diese Zusammengehörigkeit erlebt wird, hängt sowohl „von der sachlichen Beschaffenheit des Gegebenen“ ab (W. Metzger, I, 245) als auch, und sehr wesentlich, vom jeweiligen *Zustand* des Wahrnehmenden. Selbst beim Zusammensehen zum Beieinander können z. B. schon tiefenpsychologische Faktoren mitwirken – eine Grundlage für die diagnostischen Assoziationsversuche mit standardisierten Reizwörtern (z. B. C. G. Jung).

Zeitlicher Kontakt: Für den zeitlichen Kontakt gilt das Entsprechende: Ist zum Zeitpunkt t_1 A da und im Zeitpunkt t_2 B, so sind beide in zeitlichem Kontakt – aber dies ist noch kein Anlaß, A und B irgendwie zu assoziieren. Auch hier ist ein *chunking,* etwa in dem Sinne: B folgt auf A, die Grundlage für das Erleben eines *Nacheinander,* ja einer *Folge.*

Das inne-Sein einer *Folge* mit der betonten Nuance einer gewissen Zusammengehörigkeit des nacheinander Auftretens findet sich bereits bei Tieren, man spricht dort z. B. von einem *abergläubischen Verhalten.* Darunter versteht man „ein Verhalten, bei dem kein kausaler Zusammenhang zwischen Reaktion und Verstärkung gegeben ist“ (Skinner, I, 211). Wenn also auf das für die Lösung einer Aufgabe bedeutungslose Verhalten A zufällig oder experimentell absichtlich die Lösung B eintritt, reagiert in der gleichen Situation das Tier wieder mit A, „damit B wieder eintritt“, wie wir anthropomorph vereinfachend sagen können. Im Bewußtsein kann dieses abergläubische Verhalten explizit werden und führt dann zu dem logischen Fehlschluß des „post hoc, ergo propter hoc“.

Ähnlichkeit und Kontrast: In dem jetzt betrachteten speziellen Fall ist ein räumlicher oder zeitlicher Kontakt nötig, damit Ähnlichkeit oder

Kontrast erlebt werden können, ganz im Sinne von JAMES: sowohl A als auch B müssen da-sein, sei es gleichzeitig (räumlicher Kontakt i. w. S.), sei es unmittelbar aufeinander folgend, so daß sie z. B. im STM „gleichzeitig" sein können. Entscheidend ist, und dies unterscheidet diese Assoziation von den anderen Kontakt-Assoziationen, daß nicht der *Kontakt* erlebt wird – er wird nur miterlebt (I, 39 f.) – sondern wir sind der Ähnlichkeit oder Gegensätzlichkeit von A und B unmittelbar inne.

Wie dies geschieht, ist wieder ein Problem der Psychologie, dessen Lösung letztlich von einer genauen Definition von „Ähnlichkeit" abhängt. Aber gerade diese „Definition des Begriffes Ähnlichkeit bereitet große Schwierigkeiten" (FOPPA), und dies gilt auch für eine „operationale Definition des Begriffes"[5]. Auf eine der hier vorliegenden Schwierigkeiten wollen wir kurz eingehen. Wir haben schon in Bd. I (S. 60 f.) auf die Unterscheidung von *objektiver* und *subjektiver* Ähnlichkeit hingewiesen, die jetzt bedeutungsvoll wird. Hinzu kommt aber noch eine wichtige Unterscheidung von Begriffen, die nicht nur im Alltag promiscue gebraucht werden, obwohl sie grundsätzlich Anderes bezeichnen. Die folgende Erörterung wird kaum zu einer Lösung des Problems führen, aber vielleicht doch den Boden so bereiten, daß eine spätere Lösung erleichtert wird.

ähnlich, gleich, identisch

Auf den ersten Blick mag es scheinen, als läge hier eine Folge gesteigerter „Gleicheit" vor: von der Ähnlichkeit zur Gleichheit und weiter zur Identität, die gleichsam den Gipfel der Gleichheit bildet. Der in dieser Reihung liegende Fehler ist letztlich ein terminologischer: Was hier als „Identität" bezeichnet wird, ist „Austauschbarkeit", d. h. völlige Gleichheit, oder eine Verschiedenheit solo loco. Dies zeigt, daß es sich um „Zweierlei" handelt: Die beiden „völlig gleichen" A unterscheiden sich noch durch den Ort, an dem sie sind.

Identität aber liegt auf einer anderen Ebene, ist von Gleichheit und deren Gegenteil, der Verschiedenheit, unabhängig. Wenn Gleichheit das *Sosein* der Gegenstände betrifft, so Identität ihr *Dasein.* Ein A ist ein *Dieses* und niemals ein *Anderes;* es ist aber auch ein *Solches,* und dieses Sosein kann wechseln: A-jetzt ist „so", A-später ist *anders,* kann aber auch wieder „so", also das *gleiche* A sein. Daraus ergibt sich auch, daß die gelegentlich versuchte Definition von „Identität" als „Gleichheit mit sich selbst" den logischen Fehler des „idem per idem" macht: im „selbst" ist die Identität wieder eingeführt.

Das Verhältnis von *Ähnlichkeit* und Gleichheit stellt andere Probleme. Man kann, wie in der Geometrie, beide objektiv definieren, und auch hier gibt es einen „Gipfel der Gleichheit", nämlich die *Kongruenz*

---

[5] KLAUS FOPPA: Lernen, Gedächtnis, Verhalten. 6. Aufl. Köln, Berlin 1970. S. 221, Anm. 1.

(„und was sich deckt, ist gleich", EUKLID). Doch ist Ähnlichkeit nicht eine „Vorstufe" der Gleichheit, sondern beide sind unabhängig voneinander: Flächen können gleich sein, bei denen von Ähnlichkeit nicht die Rede ist (Lunulae Hippocrati und das zugehörige rechtwinklige Dreieck z. B.). Andere Wissenschaften müssen „Ähnlichkeit" und „Gleichheit" im Rahmen ihres Begriffssystems definieren, wenn sie diese Begriffe exakt verwenden wollen. Das gilt auch für die *Psychologie,* führt hier aber zu erheblichen Schwierigkeiten, weil „objektive" und „subjektive" Ähnlichkeit und „Gleichheit" unterschieden werden müssen. Dafür ein Beispiel:

Einige Monate nach einem wichtigen Gespräch schreibe ich dieses Gespräch aus dem Gedächtnis nieder. Die Erinnerung ist lebendig, ich erlebe beim Schreiben nicht nur die Sicherheit der Reproduktion, sondern auch die Gewißheit, „daß es genau so war". Mein Gesprächspartner schreibt ebenfalls das Gespräch nach seiner Erinnerung nieder – wir vergleichen die Niederschriften: sie weichen erheblich voneinander ab. Ein Vergleich mit der damaligen Tonbandaufzeichnung ergibt, daß seine Niederschrift korrekter ist: sie gleicht dem Original mehr als meine. Zwischen dem von ihm reproduzierten Engramm und dem Original besteht also eine erhebliche Gleichheit, in meinem Fall gerade noch eine Ähnlichkeit – und dies unabhängig von der subjektiv beim Schreiben erlebten Gleichheit auch bei mir. Die erlebte Gleichheit war in diesem Fall die objektive Gleichheit zwischen Niederschrift und Erinnerung – auch hier können noch „Fehlerquellen" liegen, da die Umsetzung von Erinnertem oder Vorgestelltem in die fixierte Form der Schrift nicht selbstverständlich verläuft; selbst VERDI soll gesagt haben, er wünschte sich, einmal ein Werk so niederschreiben zu können, wie er es innerlich hört.

Welche Ähnlichkeit – und entsprechend: welcher Kontrast – ist nun bei der Bildung von Gedächtnisassoziationen wirksam?

Objektive und subjektive Ähnlichkeit

1. Ich lerne Herrn A kennen, und er erinnert mich an Herrn X. Für X gibt es nun verschiedene Möglichkeiten: a) X ist ein Bruder von A, beide sind einander objektiv ähnlich. b) die Ähnlichkeit zwischen A und X ist für mich evident, sie ist „auffällig" – tatsächlich besteht eine gewisse Ähnlichkeit im Gesamteindruck des Gesichts (Gestalt-Ähnlichkeit), aber nicht in den Einzelheiten, die recht verschieden sind. c) wie bei b) ist die Ähnlichkeit für mich evident – objektiv besteht keinerlei Ähnlichkeit zwischen A und X. d) X ist für mich ein Fragezeichen, A erinnert mich „irgendwie" an „?" – und ich suche, „an wen mich A eigentlich erinnert". Finde ich dann endlich das entsprechende X, so können die Fälle a), b) oder c) vorliegen. e) Und schließlich: Die erlebte Ähnlichkeit zwischen A und X entpuppt sich plötzlich als Identität. Ich habe Herrn A schon vor Jahren kennen gelernt und habe

dies „vergessen“, aber offenbar doch nicht ganz vergessen, wie die erlebte „Ähnlichkeit“ zeigt.

2. Sehen wir von hier nicht relevanten erkenntnistheoretischen Problemen ab, so ist die *objektive Ähnlichkeit,* z. B. zweier Pyramiden oder zweier Menschen, auch zweier Städte (was nicht auf „äußere“ Ähnlichkeit beschränkt sein muß) eine alltägliche Erfahrung. Wir können sie a) „als objektive Ähnlichkeit“ *wahrnehmen,* ja von ihr betroffen sein – z. B. bei eineiigen Zwillingen; wir können ihrer b) *inne-Sein,* ohne sie zu *beachten;* und wir können ihrer c) inne-Sein, sie aber nicht *bemerken.*

In diesen Fällen ist die *subjektive Ähnlichkeit,* also eine „als Ähnlichkeit“ erlebte Relation zwischen einem A und einem B in einer Situation, eine Folge der objektiven Ähnlichkeit von A und B. Subjektive Ähnlichkeit kann aber auch, wie bei einigen der oben unterschiedenen Fälle unabhängig von objektiver Ähnlichkeit erlebt werden, und auch dies kann zu einer Ähnlichkeits-Assoziation führen. Im bewußten Erleben sind hier noch verschiedene Varianten möglich: Ich bin wie im Beispiel der Gesprächsniederschrift *(S. 438)* subjektiv überzeugt, daß die Ähnlichkeit objektiv besteht; was nicht der Fall ist. Oder im anderen Grenzfall: Ich weiß, daß objektiv keine Ähnlichkeit besteht, doch erlebe ich sie subjektiv; ich frage mich dann vielleicht, wie ich dazu komme, zwei verschiedene X „als ähnlich“ zu erleben.

3. Die Kontakt-Assoziationen überhaupt und speziell die durch Ähnlichkeit bzw. Kontrast stellen noch einige Probleme, auf die wir kurz eingehen müssen.

Zur Psychologie der Kontakt-Assoziationen

Um eine Kontaktassoziation zwischen einem A und einem B bilden zu können, müssen wir – eine anscheinend triviale Voraussetzung – A und B „haben“. Daß dies nicht ganz so trivial ist, wie es erscheint, sehen wir an einem Beispiel von David Katz. Er schreibt: „Vor mir auf dem Schreibtisch steht meine Schreibmaschine, daneben liegen Schreibutensilien, einige Bücher, eine Streichholzschachtel, ein Aschenbecher. Alle diese Dinge liegen in der für einen Arbeitstisch üblichen Unordnung umher. Wie kommt es, daß ich diese Dinge jedes für sich als eine Einheit, als einen selbständigen Gegenstand auffasse? ... Warum sehe ich nicht das Tintenfaß mit dem es optisch berührenden Aschenbecher als Einheit, warum nicht das in die Schreibmaschine eingezogene Papier mit dem hinter ihm auf dem Tisch liegenden Papier, mit dem es sich teilweise sogar deckt? Wie kommt es, daß ich die aufeinanderliegenden Bücher ‚auseinander‘ sehe und nicht als Einheit?“[6] Diese Fragen sind eine Grundlage der Gestaltpsychologie, und Köhler, der unabhängig das gleiche Beispiel benutzt, antwortet darauf: „The

[6] David Katz: Gestaltspsychologie. 4. Aufl. bearb. u. erg. v. W. Metzger, M. Stadler u. H. Crabus. Basel, Stuttgart 1969. S. 31.

existence of these visual things involves two factors. What is included in a thing becomes a unit, and this unit is segregated from its surroundings. In order to satisfy myself that this is more than a verbal affair, I may try to form other units in which parts of a visual thing and parts of its environment are put together. In some cases such an attempt will end in complete failure. In others, in which I am more successful, the result is so strange that, as a result, the original organization appears only the more convincing as a visual fact."[7]

Die Gesamtsituation, deren ich inne-Bin – und damit auch das Zustandsengramm – ist in mehrfacher Hinsicht *strukturiert,* z. B. in Einzelheiten, wie „Dinge" A und B. Wir *identifizieren* A und B als *je-diese* und damit als *andere* gegeneinander – dies ermöglicht die reinen Kontakt-Assoziationen. Wir sind des A und des B aber auch als *je-solche* inne und damit als *anders* gegeneinander oder als ähnlich oder als gleich. Dies ermöglicht die primäre Ähnlichkeits-Assoziation, bzw. ihr Gegenteil, die Kontrast-Assoziation.

Im inne-Sein und ebenso dann in der Wahrnehmung wird diese Strukturierung „als Struktur der Situation selbst" erlebt, und damit erleben wir auch das Situations-Engramm „als die Situation selbst". So lesen wir z. B. bei HUSSERL: „Das Raumding, das wir sehen, ist bei aller Transzendenz Wahrgenommenes, in seiner Leibhaftigkeit bewußtseinsmäßig Gegebenes" (I, 235), oder kurz bei PFÄNDER: „Wir blicken hinaus und sehen das Objekt selbst" (I, 235). Für JASPERS begründet diese „Leibhaftigkeit" den Unterschied zwischen *Wahrnehmungen* und *Vorstellungen:* „Wahrnehmungen sind *leibhaftig* (besitzen Objektivitätscharakter). Vorstellungen sind *bildhaftig* (besitzen Subjektivitätscharakter)."[8]

Zur Physiologie

Hier nur ein kurzer Hinweis: Eine physiologische Grundlage für die Strukturierung des Situations-Engramms könnte, als eine weitere und für eine einzelne Sinnesmodifikation wichtige Möglichkeit der Gestaltbildung von Signalen, die „topologische Organisation" der sensuellen Übertragung sein, daß die landkartenähnliche „Abbildung des räumlichen Erregungsmusters in der Ganglienschicht der Netzhaut sich im räumlichen Erregungsmuster der Neurone des Geniculatum laterale, der Colliculi superiores und der Sehrinde abbildet." (GRÜSSER u. GRÜSSER-CORNEHL, *o. S. 173*). Dabei wird „jeder Ortspunkt auf der Rezeptoroberfläche durch einen eigenen Nachrichtenkanal repräsentiert, also durch jeweils eine Nervenzelle mit der ihr zugehörigen Nervenfaser". (CREUTZFELDT, *o. S. 170*)

Und dies gilt nicht nur für das Sehen, sondern z. B. auch für die Hautreize, die *somato-viscerale Sensibilität.* So lesen wir bei MARK:

[7] WOLFGANG KÖHLER: Gestaltspsychology. New York 1947. p. 137 f.

[8] KARL JASPERS: Allgemeine Psychopathologie. 4. völlig neu bearb. Aufl. Berlin und Heidelberg 1946. S. 59.

„The nerve supply of mammalian skin, giving rise to the sensations of touch, pressure, heat, cold, and so on, is enormally complex. ... Each of these modalities of sensation is signalled to the brain by a different sensory nerve fiber. The sensory neurones themselves can therefore be classified the same way as sensation. ... What is important here is that this distinction is maintained from cell to cell over at least three synapses to produce populations of cortical neurones that are *space-coded* not only for the location of peripheral stimuli but also for this kind of stimulus.“[9]

Das Verhalten

Aktivierung der Engramme

Die Reaktionszeit

Die Arbeiten, über die wir hier kurz berichten wollen, stammen aus einem Arbeits- und Forschungsbereich, „den man häufig auch als ‚Leistungstheorie' (Human Performance Theory) zu umschreiben versucht“[10]. Zu seinen Aufgaben gehört grundlegend eine Beschreibung und Analyse der „Verrichtung vollständiger Tätigkeiten“, also „alltäglicher Verhaltensweisen und Arbeitsabläufe“. Die Beziehung zur Psychologie des Handelns (I, 278 ff.) ist offensichtlich, ebenso die Verwandtschaft der vorwiegend praktisch eingestellten Leistungstheorie mit der von Kraepelin und von Münsterberg begründeten und von Fritz Giese weiter ausgebauten *Arbeitspsychologie* sowie mit der *Arbeitsphysiologie,* denn „die Untersuchung des ‚Human factor' zielt stets auf die gesamten Beziehungen zwischen Mensch und Arbeit im Sinne einer optimalen Anpassung der Arbeit an den Menschen (‚fitting the job to the worker.“ (4)

Die für unser jetziges Thema zentrale Frage ist: „Wie rasch kann ein Signal durch ein adäquates Reaktionsverhalten beantwortet werden?“ (3), und diese Frage wird beantwortet durch eine Messung der Reaktionszeit (RZ), unter den verschiedensten Umständen.

Reaktionen

Um diese Aufgabe lösen zu können, wird man zunächst verschiedene *Reaktionsarten* in dieser Hinsicht voneinander unterscheiden, trennen

---

[9] Richard Mark: Memory and nerve cell connections. Oxford 1974. p. 16 f.

[10] Vgl. zum Folgenden A. F. Sanders: Psychologie der Informationsverarbeitung. a. d. Holl. v. H. Schmale. Bern, Stuttgart, Wien 1971. (Seitenzahlen der Zitate im Text in Klammern.)

und auch getrennt untersuchen müssen. Eine derartige, auch heute noch verwendete Unterscheidung stammt von DONDERS (1868):

„1. Die *a-Reaktion.* Es gibt nur ein mögliches Signal und nur eine mögliche Reaktion. Das ist der Fall der einfachen Reaktionszeit.

„2. Die *b-Reaktion.* Aus einem Arsenal möglicher Signale wird ein Signal dargeboten und aus einem korrespondierenden Antwortsatz muß jeweils die zugehörige Antwort ausgewählt werden. Das ist der Fall bei Wahlreaktionen.

„3. Die *c-Reaktion.* Auch hier wird aus einem Signalsatz jeweils ein Signal dargeboten, jedoch muß ein Sub-Satz von Signalen, beziehungsweise nur ein Signal beantwortet werden, während alle anderen Signale als irrelevant anzusehen sind und unbeantwortet bleiben." (18)

Zur Wahl der Reaktionszeit

Eine Untersuchung der zentralen Frage ist recht kompliziert, da viele verschiedene Faktoren zu berücksichtigen sind, die einen Einfluß darauf haben, wie schnell ein Organismus auf ein Signal reagiert. Einer dieser Faktoren, der primäre, ist die *Aufnahme* des Signals und weiterhin das *bewußt-Werden* der Situation.

LIBET hat bei seinen Untersuchungen über „the threshold of conscious experience"[11] „the subjective or introspective feeling of a sensation" als „primary criterion of conscious experience" festgelegt und weiterhin angenommen: „it must be the report of such a feeling by the subject that is operational in such an investigation." Er betont aber zugleich: „There may be a nonreportable type of immediate but ephemeral awareness, and I believe it probable does exist." Diese „awareness" dürfte unserem inne-Sein entsprechen.

LIBET weist dann auf andere „criteria of threshold awareness of sensation" hin, die in psychophysischen Untersuchungen verwendet werden; zwei von ihnen sind für uns von Interesse: „(b) an immediate unthinking motor reaction by the subject if he has any impression of a stimulus having been delivered, and (c) reaction times of such motor responses, taken as an index of the degree (or certainty) of such awareness."

Die Zeit von der Aufnahme eines Signals bis zur motorischen Reaktion auf dieses Signal kann auch für die Untersuchung des erlernten Verhaltens eines Organismus wichtig sein.

Determinanten der RZ

Auch bei den experimentellen Untersuchungen der RZ erscheint als erster Faktor, der die RZ wesentlich beeinflußt, die *Aufnahme* des

[11] B. LIBET: Brain Stimulation and the Threshold of Conscious Experience. in: Brain and Conscious Experience. ed. J. B. ECCLES. Berlin, Heidelberg, New York 1966. p. 166.

Signals, speziell das *Empfangsorgan.* So haben nach BROADBENT Experimente gezeigt, „that reaction time is faster with one hand than with the other, and that this difference in speed depends upon the particular sense organ of stimulus“[12]. So ergab sich, nach SANDERS, daß die visuelle a-Reaktion „ungefähr 50 ms länger als die akustische a-Reaktion“ dauert (21).

Daß die RZ mit der Anzahl der Signalmöglichkeiten zunimmt (21), erscheint ebenso verständlich wie daß sie von der Unterscheidbarkeit der Signale durch den Empfänger abhängt (22); Identität und Dauer der Signale spielen ebenfalls eine Rolle. Von großer Bedeutung ist verständlicherweise die Einstellung der Versuchsperson bei solchen Experimenten: „in den meisten klassischen Untersuchungen über die RZ wurde vor dem Signal (S) schon ein Warnsignal (W) gegeben. In der Zeit zwischen W und S hatte die Versuchsperson Gelegenheit, sich auf die Reaktion vorzubereiten.“ (24 ff.) Die durch die Versuchssituation wie auch durch W ausgelöste *Erwartung* – die ja seit HULL auch bei einer Deutung der Lernexperimente eine große Rolle spielt – beeinflußt die RZ erheblich. Das gleiche gilt für die vor dem Versuch gegebene *Instruktion,* besonders bei b-Reaktionen – da sie die Erwartung gleichsam steuert. *Übung* wirkt RZ-verkürzend: So fanden MOWBRAY und RHOADES (1959) „bei einer kontinuierlichen Reaktionstätigkeit ..., daß die Unterschiede zwischen einer zweifach- und einer vierfach-Wahlreaktion durch Übung völlig verschwanden“. (48 f.) Aber auch *motorische* Einflüsse müssen berücksichtigt werden, so z. B. ob die Reaktion im Niederdrücken einer Taste besteht oder ob eine verbale Reaktion verlangt wird: „das Aussprechen von Namen kostet Zeit“ (34 f.).

Ein weiterer wichtiger Bestimmungsfaktor ist nach HERRIOT das *Codieren* des Signals (in die Nachricht). Er schreibt: „A prior task is to discuss the evidence on which the distinction between conscious and automatic (unconscious) coding is based. The distinction implies, firstly, a difference in the amount of time required to code; automatic coding should be faster. Secondly, it implies that tasks which do not require or permit attention should result in automatic coding. Thirdly, it predicts that responses to such tasks should reflect codes in a very direct way. Finally, it suggests that conscious coding should permit the subject to select one of several different forms of coding.“[13] Die Beziehungen zu den oben unterschiedenen Reaktionsarten sind deutlich: Die Art der Codierung beeinflußt nicht nur bei unmittelbarer Reaktion, sondern wahrscheinlich auch bei Gedächtnis-bedingten Reaktionen die RZ.

Die Einflüsse dieser Determinanten auf die RZ, und zwar sowohl der objektiven (Eigenheiten der Signale) als auch der subjektiven und motorischen Determinanten des Organismus, sind Ergebnisse der mit

---

[12] DONALD E. BROADBENT: Division of Function and Integration of Behavior. The Neurosciences (III). 1974. p. 31.

[13] PETER HERRIOT: Attributs of Memory. London 1974. p. 91.

dem Signalempfang ausgelösten *inneren Reaktionen* (R_i) im Organismus. Die RZ ist damit auch ein Maßstab für die Einfachheit oder Kompliziertheit dieser R_i. Der RZ-verkürzende Einfluß der *Übung* weist aber darauf hin, daß offenbar auch komplizierte Wahlreaktionen weitgehend „automatisiert" werden können, so daß ein Suchen nach der passenden Reaktion fortfällt und dadurch die RZ verkürzt wird.

Der Elementarcode

Als ein Modell der Zusammenfassung der experimentellen Ergebnisse sei hier Sanders' These vom „Elementarkode" wiedergegeben: „Jedes Signal wird bei der Aufnahme registriert und erhält sodann einen ‚Elementarkode'. Woraus dieser Kode besteht, das hängt vom Signal und vom Zustand des Gedächtnisses ab. Buchstaben, Ziffern und Wörter erhalten wahrscheinlich sofort einen verbalen Kode[14], räumlich getrennt angeordnete Punkte vermutlich eine räumliche Kategorisierung, während sensorische Reize eine nicht spezifizierte Kodierung erhalten." (43) Auf dieser Grundlage wird dann die oben erwähnte Automatisierung der Wahl erklärt: „Wenn die Antwort dem Elementarkode entspricht, kann man annehmen, daß die Phase der Antwortwahl umgangen wird." (44) „Die Annahme, daß auch sensorische Reize eine Elementarkodierung erfahren – wenn dieser Kode auch schwierig zu verbalisieren ist – geht unter anderem aus der Tatsache hervor, daß relative Urteile zwischen sensorischen Reizen sehr präzis sind. Kodes derselben Art lassen sich gut miteinander vergleichen." (44)

Das Kurzzeitgedächtnis

Über das Kurzzeitgedächtnis *(s. o. S. 311)* haben wir in Bd. I, S. 80 ff. ausführlich gesprochen, haben dort auch darauf hingewiesen, daß man es auf Grund experimenteller Ergebnisse noch unterteilt, z. B. in *unmittelbares Behalten* und eigentliches *Kurzzeit-Gedächtnis*. Auch im Rahmen der Untersuchungen zur RZ hat man das Kurzzeit-Gedächtnis (STM) geprüft und analysiert; so Sperling, Averbach und Coriell sowie Mackworth (1960, 1961 und 1963). Die Untersucher kamen zu der Deutung, „daß die Kapazität des Kurzzeitgedächtnisses im Prinzip viel größer ist als die traditionellen sieben Elemente der Gedächtnisspanne". (138; s. a. I, 86 f.) Daraus resultierte dann eine andere Unterteilung des STM, nämlich in ein *präselektives* (prs) und ein *postselektives* (pos) STM, wobei angenommen wird, daß der Bestand des prsSTM noch nicht codiert ist. „Sperling betonte mit Nachdruck den fast sensorischen Charakter des Kurzzeitgedächtnisses und gab ihm den Namen ‚visuelles Abbild' (visual image)." (139 f.) Entsprechend postu-

[14] und dies offenbar unabhängig von der Modalität des Signals: „Laughery (1969) supposes that verbal material, whether presented visually or auditorily, is encoded verbally in a memory task." Herriot: a.a.O. p. 43.

lierten CROWDER und MORTON „a ‚precategorical acoustic store'; precategorical is taken to refer to the absence of complex coding operations. Like iconic memory in the visual modality, this store is taken to register items by their sensory properties without further coding"[15].

Das prsSTM entspricht weitgehend dem „very short memory" von WICKELGREEN[16] (I, 89). Auch der „sensory information store" von NORMAN und RUMELHART kann zum Vergleich herangezogen werden; die Autoren schreiben: „We assume that at the onset of physical stimulation a representation of the physical stimulus is registered in a sensory information store (SIS). The information in the store starts to decay as soon as the physical stimulus is turned off. Whenever information is available in the SIS, a pattern recognizer extracts information from the image in an attempt to construct the perpetual vector"[17], worunter die Autoren eine spezielle Form der Codierung verstehen, die für uns hier nicht relevant ist.

Die Dauer des prsSTM wird von SANDERS und auch von BROADBENT mit ca. 2 sec angegeben (142). Für das posSTM erst gilt dann die „magische Zahl sieben" als Gedächtnisspanne; allerdings erweist sie sich nach neueren Untersuchungen als variabel, ist abhängig z. B. von der Signalart, auch von der Anzahl der angebotenen Signale usw. (143 f.)

Phasen der Gedächtnisbildung

Diese Deutung der Ergebnisse von Experimenten über die RZ und ebenso die besprochenen Theorien und Hypothesen gehen aus von der weitverbreiteten Annahme, daß zunächst die Signale im STM aufgenommen werden, und dann codiert werden müssen, bevor sie im LTM „gelagert" werden. Diese Auffassung von der Sequenz STM→LTM ist aber nicht unwidersprochen geblieben. Erwähnt sei einmal die Anschauung von WEISKRANTZ „that the long-term systems receive prior entry (ignoring for the argument the very brief ikonik und echoic processes)"[18]. (I, 90) Eine andere Auffassung vertreten KESNER und CONNER; sie nehmen an, „that the events leading to short- and long-term storage may be separate, parallel processes rather than one continuing sequence"[19].

---

15 HERRIOT: a.a.O. p. 27.

16 WAYNE A. WICKELGREEN: Multitrace Strength Theory. in: Models of Human Memory. ed. D. A. NORMAN. New York and London 1970. p. 76.

17 DONALD A. NORMAN, DAVID E. RUMELHART: A System for Perception and Memory. in: Models ... a.a.O. p. 30.

18 L. WEISKRANTZ: A Long-term View of Short-term Memory in Psychology. in: Short term Changes in Neural Activity and Behavior. ed. G. HORN and R. A. HINDE. Cambridge 1970. p. 63 ff.

19 Nach HELENE N. GUTTMAN, G. MATWYSHYN, and M. WEILER: Studies with dark avoidance and scotophobin. in: Memory and transfer of information. ed. H. P. ZIPPEL. New York, London 1973. p. 393.

2. Die Einflüsse auf die Reaktionszeit – um noch einmal zu den Darlegungen von SANDERS zurückzukehren –, so wie sie sich aus den Experimenten ergeben haben, betreffen vorwiegend die *Memoria:* die verschiedenen Varianten der Stimuli und ihrer Darbietungsweise, Zustand, Einstellung und „Stimmung" der Versuchspersonen beeinflussen die RZ, speziell auch – bei b-Reaktionen – die Wahl des richtigen Verhaltens (V). Die Einflüsse erstrecken sich aber offenbar auch auf den *Zugriff*, und dies auch und vor allem bei den *mnemischen Engrammen.*

Wir erinnern an die in Bd. I (S. 282) erörterte Wirkung der Vorstellung einer Bewegung auf die aktuelle Bewegung: Daß die Vorstellung die Bewegung aktiviert, macht verständlich, daß der Zugriff bzw. seine Geschwindigkeit entweder von der früher erwähnten festen Kopplung zwischen Stimulus-Erkennen und Verhaltens-Art abhängt (Übung und Automatisierung des V), oder aber von einer genauen, durch die Rückkopplung (Verhaltens-Stimulus) erworbenen Vorstellung von V; allgemein von einem *inne-Sein des V-Engramms.* Dies erklärt auch die Wirkungen von Erwartung und Instruktion (bei Experimenten): der Zugriff wird durch sie gleichsam vorbereitet, oder wie wir sagen können: die potentielle Auslösbarkeit wird latent, gleichsam „bis an die Schwelle gehoben".

Die Aktivierung

Wir können die Frage der Aktivierung der memoriellen Engramme hier nur in Hinsicht auf das *Lernen* behandeln, und das heißt, bei einem Organismus, der sich in einer vertrauten Situation befindet, die zu bewältigen er gelernt hat, oder in einer neuen, die zu bewältigen er erst lernen muß. Das Sein-in-der-Situation steht somit am Anfang, und dies gilt auch, wenn eine vorgestellte Situation – aus der Erinnerung oder in der Phantasie vorgestellt – an die Stelle der realen tritt bzw. diese überlagert.

Steht die Situation am Anfang, so steht das *Verhalten* am Ende, und dies besagt, daß in diesem Falle der Zweck der Aktivierung der *memoriellen* Engramme letztlich eine Aktivierung der *mnemischen* Engramme ist, eine Auslösung und Steuerung der *motorischen* Reaktionen.

Daraus ergibt sich die zentrale Frage, wie sie EVARTS in seiner Introduction zur Behandlung des „Central processing of sensory input leading to motor output" im III. NRP Study Program gestellt hat: „How and to what extent is motor output controlled by sensory input?" Und EVARTS zitiert PAUL WEISS (1941): „Nobody in his senses would think of questioning the importance of sensory control of movement, but just what is the precise scope of that control? Is the sensory influx a constructive agent, instrumental in building up the motor patterns, or is it a regulative agent, merely controlling the autonomous patterns without contributing to their differentiation?" „For movements under sensory guidance", fährt EVARTS fort, „what are the mechanisms whereby the sensory input is transformed in such a way as to set up appropriate patterns of motoneuron output"[20]?

Damit ist das Problem gestellt, ein Problem, das – wie die jener Introduction folgenden 7 Beiträge deutlich machen – nur in kleinen Schritten und mühsamen Einzeluntersuchungen einer Lösung nähergebracht werden kann. Wollten wir eine auch nur kursorische Darstellung dieser wichtigen und erregenden Experimente versuchen, müßten wir ein eigenes Buch darüber schreiben: über Reflexe und willkürliche Bewegungen, wie sie zustande kommen und gesteuert werden, über das Zusammenwirken der verschiedenen Zentren und Teile des ZNS beim Ingangsetzen und Steuern der jeweiligen Bewegungs-Ganzen usw.

Wir müssen daher wieder, im Zusammenhang mit unsern bisherigen Darstellungen, das Problem selbst und als solches betrachten, eine Art Aufriß des Problemfeldes zu geben versuchen, wie es sich auf Grund unserer Einsichten und Vermutungen darstellt.

Situation und Erinnerung

Aus der Fragestellung von WEISS folgt bereits eine Unterscheidung, die aber aus unserer Sicht etwas anders gelagert ist, als bei ihm, nämlich in gewissem Sinne statt des von ihm betonten „entweder-oder" zu einem „sowohl-als auch" führt.

1. *Die Situation als unmittelbares Agens:* Dieser Fall entspricht nur ungenau der ersten von WEISS hervorgehobenen Möglichkeit. Erinnern wir uns der anfangs *(S. 3 f. u. ö.)* kurz erörterten Varianten der S-R-Relation, so handelt es sich bei der hier gemeinten „unmittelbare Einwirkung" der Situation auf das Verhalten nicht um grobe ursächliche Wirkungen der Situation bzw. des Stimulus, sondern immer um *Reaktionen* und *Antworten.* In dem jetzt betrachteten Fall sind aber beide durch den Stimulus bzw. durch die Situation bestimmt: sie dienen, wie etwa beim Patellarsehnen-Reflex, dazu, die Wirkung des Stimulus aufzuheben, oder wie beim Lidschluß-Reflex, sie zu verhindern. Ob die Schaltungen, die „motor patterns", angeboren, also im Laufe der Evolution erworben, oder bei Automatismen erlernt sind – stets sind sie in ihrem gerade-so-Sein durch die Eigenart des Stimulus bestimmt, sind auf ihn ausgerichtet. Es sind *stereotype Reaktionen,* die durch den Stimulus unmittelbar ausgelöst werden, und die nicht – oder nicht mehr – vom Organismus in Gang gesetzt und gesteuert werden. Beim Menschen werden sie nicht in ihrem Verlauf, sondern erst als vollzogen bewußt.

2. *Die Situation als mittelbares Agens:* Handelte es sich oben um Reaktionen, die zu den a-Reaktionen *(S. 442)* zu rechnen sind, so gilt für die b- und c-Reaktionen etwas Entsprechendes: Soll das Verhalten des Organismus eine *Antwort* auf die Situation sein, sei es um sich ihr

[20] EDWARD V. EVARTS: „Introduction" . . . The Neurosciences (III) 1974. p. 265.

anzupassen oder um sie zu verändern, muß auch sie auf die Situation *ausgerichtet* sein, d. h. die Wahl ist nicht frei, sondern durch die Situation und die von ihr gestellte „Aufgabe“ auf einige wenige Möglichkeiten eingeschränkt. Sie ist somit durch die Situation gesteuert, genauer gesagt: durch die *Erkenntnis* der Situation als gerade diese und solche gesteuert. Nur bei einfachen trial-and-error-Lernexperimenten könnte man annehmen, daß der Organismus zunächst ziellos „wählt“ – doch haben die Experimente von KRECHEVSKY gelehrt, daß selbst bei solchen Experimenten die Tiere schon zu Beginn so etwas wie eine „Hypothese“ bilden, die ihr Verhalten steuert. Sie erkennen sehr früh die Situation, d. h. sie sehen, welche Probleme sie stellt, und richten sich danach. Bei seinen Hürden-Experimenten stellte KRECHEVSKY z. B. fest: „The animal must not only see the hurdle and travel toward it, but he must also actually *do* something with it. Hurdling the obstacle is an intrinsinc and necessary part of the response.“[21]

3. Berücksichtigen wir jetzt die oben angedeutete Unterscheidung einer realen und einer erinnerten Situation, so zeigt sich:

Bei der realen wie der begegnenden Situation wird nach dem oben Gesagten *(S. 378 ff.)* der Organismus „wieder-so-Sein“ wie bei der originalen Begegnung. Dies kann sich – im Fall der Automatisierung des Erlernten – unmittelbar auf die Wahl des Verhaltens und damit der „motor patterns“ auswirken. Diese Schaltungen sind durch das Erlernen, „als erlernte“, fixiert (mnemische Engramme) und sind potentiell oder labil gegeben. Sie werden durch die Situation unmittelbar ausgelöst. Im allgemeinen aber wird der Weg über die Aktivierung der memoriellen Engramme verlaufen – sie werden auf Grund der vorausgesetzten Zustands-inne-Sein-Einheit von der Situation ausgelöst werden: Die Wirkung der Situation verläuft also indirekt über die Erinnerung dieser Situation und des damals passenden Verhaltens – und diese Erinnerung aktiviert die mnemischen Engramme, die gleichzeitig durch die unmittelbare Wirkung der Situation labil geworden sind. Die denkbaren und möglichen Mechanismen dieses Geschehens haben wir oben bei den *Assoziationen* besprochen *(S. 432 ff.)*.

Bei der „bloßen“ Erinnerung einer früheren Situation verläuft der Vorgang umgekehrt: Durch die Aktivierung des memoriellen Engramms wird über die Zustands-inne-Sein-Einheit der Organismus in den entsprechenden Zustand versetzt, „als ob“ die betreffende Situation real vorhanden ist – nur alles in stark verminderter Intensität. Immerhin, die in Bd. I, S. 282 ff. besprochenen Untersuchungen von ERISMANN, VANDELL u. Mitarb., ALLERS und SCHEMINSKY sowie von ANOCHIN beweisen, daß diese „verminderte Intensität“ nicht hindert, daß bereits die bloße Vorstellung einer Bewegung zu physiologischen Wirkungen,

---

[21] I. KRECHEVSKY: „Hypothesis“ versus „Chance“ in the Pre-Solution Period in Sensory Discrimination Learning. Univ. Calif. Publ. Psychol. 6 (1932) p. 27 ff. (abgedr. in: Animal Problem Solving. ed. A. J. RIOPELLE. Penguin mod. Psychol. 1967. p. 185 und 187.)

zumindest zu Bewegungsansätzen führt – so wenn z. B. die Vorstellung, daß man die Faust ballt, Aktionsströme am Arm messen läßt oder die beim – und vor dem wirklichen Ballen der Faust auftretende Blockierung der Rolandoschen Rhythmik im EEG sehen läßt. EBBECKES Satz: „eine gedachte Bewegung, wenn sie nur lebhaft genug ist, geht von selbst in ausgeführte Bewegung über“[22], faßt nicht nur diese Untersuchungen zusammen, sondern begründet vorerst, daß aktivierte memorielle Engramme *mnemische Engramme* aktivieren können; wie das im einzelnen geschieht, bleibt zu ermitteln.

4. Auch die Frage, wie *memorielle Engramme* aktiviert werden, bleibt, vor allem in physiologischer Sicht, noch offen. Grundsätzlich können wir nur wiederholen, was wir in Bd. I, S. 276 darüber gesagt haben: Die Aktivierung des memoriellen Engramms besteht im *Finden* (auf Grund seiner Adresse): „indem ich das Gesuchte gefunden habe, ist es Da, ist es bewußt.“ Nur kann man umgekehrt auch so schließen: Durch eine Aktivierung, die durch die Adresse gesteuert wird, tritt das betreffende Engramm „hervor“ und dadurch wird es bewußt – ich habe es gefunden. Das zu lösende Problem ist – es wird uns beim Gedächtnis wieder begegnen: wie steuert die Adresse das Suchen bzw. die Aktivierung? GREY WALTER hat dafür ein scanning-Verfahren vorgeschlagen: „Es ist genauso, wie wenn ich auf einer Druckseite ein bestimmtes Wort suche, ich taste die Seite Zeile für Zeile ab, bis ich auf das gesuchte Wort stoße.“[23] Dann benötige ich zwar keine „Adresse“, muß aber dafür das gesuchte Wort „kennen“. Es bleiben also die beiden Möglichkeiten: Ich kenne das Wort, habe aber die Adresse nicht, die ich durch das Abtasten zu finden hoffe. Oder ich habe eine Adresse oder mehrere, und suche mit ihrer Hilfe, bis das Finden „einschnappt“: ich *weiß*, daß ich es gefunden habe. (Vgl. dazu die Schilderung von JAMES der Suche nach einem Namen, den ich „auf der Zunge habe“. I, 64)

Steuerung des Verhaltens

Wie wir im ersten Abschnitt dieses Bandes mehrfach betont haben, ist eine Untersuchung der „Steuerung des Verhaltens“ auf zwei Ebenen möglich und notwendig: *molar,* d. h. im Hinblick auf die V-Ganzheiten und V-Gestalten, und *molekular* unter Berücksichtigung der spezifischen und unspezifischen Elemente des Verhaltens. Der Unterschied beider Betrachtungsweisen ist aber auch ein Unterschied des aktuellen Verhaltens selbst, wie an einem Satz von BRAITENBERG deutlich wird *(o. S. 120),* den wir deshalb noch einmal anführen wollen. BRAITENBERG spricht von der „Bogenführung eines Geigenspielers“ und schreibt:

---

[22] ULRICH EBBECKE: Physiologie des Bewußtseins in entwicklungsgeschichtlicher Betrachtung. Stuttgart 1958. S. 154.

[23] W. GREY WALTER: Das lebende Gehirn. Köln, Berlin 1961. S. 122 f. – vgl. auch Bd. I, S. 67 f.

„Die Bewegung muß als Ganzes verstanden werden und wird dann durch einen unbewußten Mechanismus im Detail programmiert." Das besagt, daß bei der Ausführung komplizierter V-Gestalten zwar die elementaren Schaltungen verwendet werden, daß dies aber durch die Übung praktisch automatisiert ist, so daß das „innere Bild" der V-Gestalt zur Auslösung der entsprechenden Schalt-Ganzheit genügt, was der EBBECKEschen These von der Beziehung zwischen Vorstellung und aktueller Bewegung entspricht *(o. S. 449)*.

Beim *Erlernen* neuer V-Gestalten und speziell beim *Einüben* der dazu benötigten Teil-Gestalten – z. B. Fingerübungen – werden weitgehend vorhandene Schaltungen verwendet und dann zu neuen V-Gestalten synthetisiert, oder, soweit nötig, neue Schaltungen geschaffen. Wie dies im einzelnen geschieht, wie also durch Lernen vorhandene Schaltungen modifiziert und neue geschaffen werden, dies alles gehört zu dem Bereich molekularer physiologischer Untersuchungen, für die wir oben beim „Cerebellum", beim „Octopus" und speziell bei der Behandlung der „Modifikation" und „Neubildung von Synapsen" Beispiele gegeben haben.

Für das Verständnis des *Lernens* wichtiger ist die Bildung und Steuerung der V-Ganzheiten und V-Gestalten. Dabei begegnen uns erneut die aus der Unterscheidung von WEISS entstehenden Probleme *(o. S. 446 ff.)*: Ist die Situation bzw. sind ihre Stimuli das konstruktive Agens oder besteht ihre Wirkung nur in einer Steuerung der Bildung neuer Schaltungs-Einheiten? Wir sind schon oben zu der Antwort gekommen, daß die Situation mittelbar oder unmittelbar das Verhalten *steuert* und nicht „schafft". Damit lautet unsere Frage jetzt, ob dieses „Steuern" spezifiziert werden kann – dazu wollen wir anhand einiger klassischer Experimente *Stufen des Lernens* (wie in Bd. I, 300 ff.) unterscheiden:

Elementar-Reaktionen

THORNDIKES hungrige Katze im „Problemkäfig" sieht das Futter außerhalb des Käfigs und sieht den Käfig selbst mit seinen Einrichtungen: dem Gitter, den Wänden und auch der Taste, deren Niederdrükken die Tür öffnet (vgl. oben die Ausführungen von MCCONNELL u. SHELBY, *S. 75*). Sie verhält sich, nach der Schilderung von HOVLAND, zunächst unorientiert, nicht anders als ein Mensch, der etwa als Geisel in Gefangenschaft geraten ist: Ein solcher Mensch – Thema zahlloser Romane und Filme – probiert zunächst alle Möglichkeiten durch, die seine „Zelle" bietet: die Tür, evtl. Fenster, Festigkeit der Wände usw., oder wie es entsprechend bei HOVLAND heißt: „At first we see a great deal of varied activity on the part of the cat: clawing at the wire, trying to squeeze between the bars, pawing and shaking movable parts of the apparatur." (I, 180)

Die Zielstrebigkeit des Verhaltens ist – ähnlich wie in der Panik (I, 302) – undifferenziert: „hinaus" bzw. „in die Freiheit" und „zum

Futter hin". In Gang gesetzt werden unspezifische Elementar-Reaktionen wie Laufen, Stoßen, Zerren usw. Gesteuert, genauer ausgewählt werden sie durch die *Gegebenheiten der Zelle* bzw. des Käfigs, ohne Überlegung, fast wie *Reflexe:* Auf das Eingeschlossensein folgt ein Rütteln an der Tür, was sinnlos ist, ein Rütteln und Zerren an einem Fenstergitter usw. Tatsächlich kann die Erfolglosigkeit dieses Tuns zu Panik-artigem Verhalten führen: Trommeln mit den Fäusten an der Tür, wütendes Schreien usw.

Führt ein solches Verhalten zufällig zum Erfolg, kann die erfolgreiche Reaktion behalten werden, so daß sie in einem späteren Fall zur Verfügung steht; sie ist – mit Einschränkung gesagt – „gelernt". Doch kann dieses „Lernen" leicht zu „abergläubischem Verhalten" führen *(s. o. S. 436 f.).*

Erste-V-Ganzheiten

Auf der zweiten Stufe müssen wir mehrere Arten des Verhaltens unterscheiden:

1) KRESHEVSKYS *„Hypothesen"* (I, 282). Sie lassen sich, etwa an seinem Beispiel von der zu bewältigenden „Hürde", so deuten, daß die *Gegebenheiten* der Zelle jetzt zielvoll, also sinnvoll genutzt werden: z. B. nicht zur Hürde rennen und dagegen stoßen, sondern hinüberklettern, nicht an den Gittern rütteln, sondern eventuelle schwache Stellen suchen usf. Auch hier werden unspezifische Elemente des Verhaltens genutzt, auch hier steuern die Gegebenheiten der Situation, aber das Tier oder der betr. Mensch wählt selbst, wie er diese Gegebenheiten zu nutzen versucht. Die Zielstrebigkeit ist – ein wichtiger Punkt – nicht mehr auf das Ziel allein ausgerichtet, sondern auf das *Mittel,* dieses Ziel zu erreichen (s. I, 315 ff.).

2) Das Beispiel von WATSONS Ratte: Hier ist die Ratte außerhalb des Käfigs, das Futter im Käfig. Zunächst erscheinen auch hier die Elementar-Reaktionen; WATSON schreibt: „Beachten wir, daß jede für die Lösung des Problems notwendige Teilreaktion (dieses noch undifferenzierten Verhaltens d. Vf.) viele Male von der Ratte ausgeführt wurde. Diese Teilreaktionen sind in ihrem Repertoire von naturgegebenen und ungelernten Handlungen vorhanden." Von diesen vielen unspezifischen und selbst nicht zum Erfolg führenden Reaktionen – deren Auswahl wieder durch die Gegebenheiten der Situation bestimmt ist – „sind nur vier notwendig". Dies ist das erste, was die Ratte lernen muß: einige Reaktionen aus den in der Situation möglichen auszuwählen. Das zweite, wichtigere aber ist: „Um das Problem aber tatsächlich zu lösen, müssen diese vier Teilreaktionen gegliedert und zeitlich abgemessen, spezifiziert und integriert werden."[24] Das aber heißt: Das Tier muß eine *V-Ganzheit* oder *V-Gestalt* aus ihnen bilden, indem es die

[24] JOHN B. WATSON: Der Behaviorismus. (übers. v. E. GIESE-LANG). herausg. u. m. Anm. versehen v. F. GIESE. Berlin und Leipzig 1930. S. 52.

vier Elementar-Reaktionen zeitlich nacheinander ordnet. Die Ratte muß, anders formuliert, ihr Verhalten *codieren,* muß aus den vier „Zeichen" ein bedeutungsvolles „Wort" oder einen „sinnvollen Satz" bilden (um noch einmal auf unser Schrift-Modell zurückzukommen). Diesen „Satz" kann sie dann *behalten,* kann ihn *speichern* – er ist das *mnemische Engramm.*

Zwischen dem blinden Verhalten und der Gestaltbildung muß aber noch eine Zwischenstufe angenommen werden, die die Gestaltbildung erst ermöglicht: Das Tier lernt, daß eine seiner Reaktionen eine bisher unbekannte Wirkung hat, nämlich, nach WATSON, das „Heben des Kopfes (was, wenn es im richtigen Augenblick geschieht, ein Heben des Riegels zur Folge hat)". Also keine neue, zu lernende Bewegung – was eine „neue" Schaltung bedeutete –, sondern eine neue Wirkung einer viele Male ausgeführten Bewegung. Das gelernt-Haben besteht in diesem anwenden können, das dann evtl. auch bei ähnlichen Gelegenheiten erprobt werden kann *(Lerntransfer).*

3) *Zwischenziele:* Auf dieser Stufe ist das lernende Lebewesen fähig, nicht nur Mittel zur Erreichung des Ziels zu suchen, sondern bestimmte *Ziele als Mittel* zur Erreichung des Endziels zu erkennen und anzustreben. Dies wird deutlich z. B. an den Versuchen, die RENSCH mit der Schimpansin „Julia" unternommen hat (I, 312). Das Tier mußte hintereinander 14 Kisten öffnen, um in der letzten schließlich die Belohnung zu finden: In jeder der vorhergehenden Kisten fand es nur „den Öffner für die folgende Kiste", unter anderem einen „mit einem Holzgriff versehenen Schlüssel, mit dem ein Vorhängeschloß geöffnet werden mußte, eine Drahtschere" usw. Da bei den Versuchen nicht nur die Verteilung der Kisten im Raum sondern auch die Reihenfolge der Kisten geändert wurde, „mußte ‚Julia' jeweils zu dem vorgefundenen Öffner erst die Kiste mit dem entsprechenden Verschluß suchen"[25].

Strukturell entspricht dieses Verhalten dem „natürlichen" Verhalten der Grabwespe *(o. S. 26 f.):* Es besteht aus einer „Kette von Einzelhandlungen, die von auslösenden Reizsituationen kontrolliert werden" *(o. S. 26).* Bei der Grabwespe werden angeborene „Triebe" durch eine jeweils erreichte neue Situation ausgelöst, entsprechend bei „Julia" ein erlerntes, zielstrebiges Verhalten, das auf das nächste *Zwischenziel* ausgerichtet ist. Daß gerade dieses Teilverhalten ausgelöst wird, könnte dadurch gesteuert sein, daß „Julia" während der Lern-Versuche ein „Gedächtnis" für das erfolgreiche Gesamt-Verhalten erworben hat und dieses „erinnert". Ein Vergleich mit McDOUGALLS Ratte an der „Vexierfutterkiste" (I, 183 f.) macht dies deutlich: Beim Öffnen der Sequenz von 14 einander paarweise blockierenden Riegeln an der Kiste spult das Tier in einer durch die Bedingungen der Kiste bestimmten Reihenfolge die Sequenz ab. Bei einer Störung beginnt es erneut von vorn, da im mnemischen Engramm offenbar die Sequenz als solche gespeichert

[25] BERNHARD RENSCH: Gedächtnis, Begriffsbildung und Planhandlungen bei Tieren. Berlin und Hamburg 1973. S. 185 ff.

ist. Bei „Julia" dagegen kann die Reihenfolge variiert werden, der jeweilige Teilerfolg = Öffnen der Kiste führt durch Finden und Wiedererkennen des Öffners n+p zum nächsten Schritt: Suchen und Öffnen der Kiste n+p (wobei p infolge der Variation der Reihenfolge nur durch den Öffner charakterisiert ist).

Die Unterscheidung der beiden Verhaltensweisen wird deutlich auch durch Anwendung des Begriffs *Stereotyp* von PAWLOW: Bei solchem Verhalten – etwa bei McDOUGALLS Ratte – „kommt es zur Ausbildung eines sog. *inneren Stereotyps* von Reaktionen, der dem *äußeren Stereotyp* der Reizabfolge entspricht, d. h. auf jeden Einzelreiz wird in jener Weise reagiert, die seiner Eigenart angemessen ist. Wichtig ist dabei, daß jedes Glied des äußeren Stereotyps gleichmäßig bekräftigt wird. ... Wird nun anstelle des gesamten äußeren Stereotyps nur ein *einziger* Reiz dargeboten, der in den für das Stereotyp charakteristischen Zeitabständen (z. B. 5 min) wiederholt wird, bleibt der innere Stereotyp trotzdem erhalten. Das Tier reagiert auf den monotonen Reiz in analoger Weise wie auf den – zeitlich gegliederten – Reizkomplex"[26]. Der naheliegenden Deutung dieses Phänomens, daß die Qualität der Reizsequenz zur rhythmischen Folge gleichsam abstrahiert wurde, widerspricht der Versuch, bei dem die originale Reizkombination, aber in veränderter Reihenfolge dargeboten wird: „Ändert man die *Reihenfolge* der *Komplexglieder,* bricht der innere Stereotyp zusammen." (a.a.O.) An diesem Vergleich wird die „höhere" Leistung der Schimpansin auffällig – und zugleich ein wichtiges Problem.

4) *„Umweg-Versuche":* Ein interessanter Sonderfall der „Zwischenziele" sind die Experimente, bei denen die vorbereitenden Reaktionen scheinbar zu einer *Entfernung vom Ziel* führen; man kann im Anschluß an KÖHLERS und LEWINS Untersuchungen auch von „Umweg-Versuchen" sprechen.

Zunächst ein einfaches Beispiel: Vor einem Affenkäfig liegt außer Reichweite für das Tier eine Banane. Eine an sie gebundene Schnur läuft über eine entfernte Rolle bis in den Käfig. Der Affe zieht an der Schnur – die Banane entfernt sich weiter vom Käfig, bis sie – bei richtigem Verhalten – schließlich über die Rolle in den Käfig befördert wird. Man könnte annehmen, daß die erste Phase – das erste „Zwischenziel" – für das Erlernen große Schwierigkeit bereitet, so daß der Versuch zunächst schnell aufgegeben wird. Tatsächlich aber berichtet McDOUGALL über einen entsprechenden Versuch mit einem Waschbären: „Der Waschbär löst das Problem sehr schnell schon beim ersten Versuch und kommt so zu seinem Futter." Und: „Er wiederholt die Leistung immer wieder."[27]

Bei den eigentlichen *Umweg-Versuchen* muß sich das Tier selbst zunächst vom Ziel entfernen. Auch hierfür nur ein einfaches Beispiel:

---

[26] KLAUS FOPPA: Lernen, Gedächtnis, Verhalten. 6. Aufl. Köln 1970. S. 37 f.

[27] WILLIAM McDOUGALL: Aufbaukräfte der Seele. übers. v. F. BECKER u. H. BENDER. 2. Aufl. Stuttgart 1947. S. 50.

In *Abb. 34* bedeutet R eine umgitterte Fläche. Bei B befindet sich ein Gitter, das den schmalen Gang zur Sackgasse macht. Bei C liegt hinter dem Gitter die Belohnung. Das Tier kommt von A in die Sackgasse – es muß aber um R herumlaufen, um zum Futter in C zu gelangen. Hunde lösten die Aufgabe schnell, selbst einigen Hühnern gelang die Lösung nach einigem Probieren – „einige besonders unbegabte Exemplare pflegen aber noch lange Zeit gegen das Gitter zu rennen“[28].

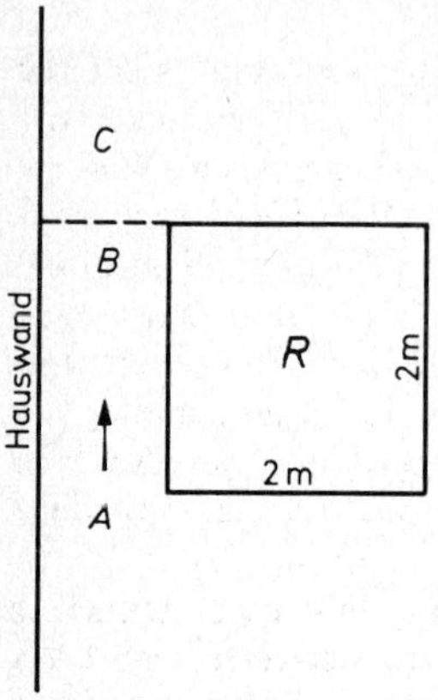

Abb. 34 Schema eines einfachen Umwegversuchs. Erklärungen im Text. (Aus Köhler: Intelligenzprüfungen an Menschenaffen. Etwas verändert nach 206.)

Eins der Versuchstiere, eine Hündin, verhielt sich im einzelnen so: „die Hündin sieht es (das Futter in C, d. Vf.), scheint einen Augenblick stutzig, dreht sich dann im Nu um 180° und läuft auch schon in glatter Kurve, ohne jede Unterbrechung, aus der Sackgasse, um den Zaun herum bis zum Futter.“ Zum Vergleich untersuchte Köhler ein 15 Monate altes Mädchen, „das seit wenigen Wochen allein geht“, in einer ähnlichen Situation: Auch das Kind befindet sich in einer Sackgasse, jenseits der Absperrung liegt ein „schönes Ziel“. Das Mädchen „drängt erst gerade auf das Ziel zu, also gegen die Absperrung, sieht sich dann langsam um, läßt die Augen an der Sackgasse entlang laufen, lacht plötzlich vergnügt und trottet auch schon in einem Zuge die Kurve bis zum Ziel“.

Es ist schwer, ein bei dem Kinde geradezu sichtbar werdendes „Aha-Erlebnis“ (Karl Bühler) nicht entsprechend auch bei der Hündin anzunehmen, ein „Einschnappen“ einer neuen Sicht, ein „Erkennen“ der räumlichen Situation. Lewin spricht von einem „process of differentiating previously undifferentiated areas“[29], oder in formaler Darstellung (mit Änderung der Bezeichnung entsprechend der obigen Zeich-

---

[28] Wolfgang Köhler: Intelligenzprüfung an Menschenaffen. 3. unveränd. Aufl. herausg. v. D. Ploog. (Heidelberger TB) Berlin, Heidelberg, New York 1973. S. 9 f.

[29] Kurt Lewin: Field theory in social Science. ed. D. Cartwright. London 1952. p. 71.

nung): „Moving in the direction A would at that time mean for the child going in the direction ‚away from the goal'. ... After the insight, the cognition structure of the situation is changed. The areas A and C, which previously had the character of separated areas, are now connected as part of the area A, B, R, C."[30]

Werkzeugherstellung

Gegenüber der bisher behandelten „Werkzeugverwendung" stellt die *Herstellung von Werkzeug* eine neue Stufe dar. Dabei verwenden wir diesen Begriff hier in KÖHLERS Sinn: „jede Nebenreaktion, die ein zunächst in die Situation nicht glatt eingehendes Werkzeug ‚vorbehandelt', so daß es verwendbar wird, wird als eine ‚Werkzeugherstellung' angesehen."[31] Was KÖHLER hier als „Nebenreaktion" bezeichnet, entspricht unserer „Elementarreaktion", speziell auch der unspezifischen Elementarreaktion. Es sind, mit KÖHLERS Worten, „Bestandteile, ... welche isoliert genommen, ohne jeden Sinn gegenüber der Aufgabe sind, und ihr gegenüber nur Sinn haben, wenn sie im Gesamtverlauf betrachtet werden"[32].

Die weite Definition der „Werkzeugherstellung" läßt es zweckmäßig erscheinen, zwei Unterstufen zu unterscheiden: auf der ersten wird ein vorhandenes Objekt einer Verwendung als Werkzeug *angepaßt,* auf der zweiten Stufe fungiert das vorgefundene Objekt gleichsam nur als „Rohstoff".

1. Für die *erste Stufe* haben die Experimente von KÖHLER, PAWLOW und zahlreichen anderen eine Überfülle von Beispielen erbracht. Um nur einige zu nennen: Affen bauen aus Kisten einen Turm, um eine zu hoch hängende Belohnung zu erreichen; sie stecken Hohlstäbe ineinander, um einen Stock genügender Länge zu erhalten – dabei kam es bei dem von PAWLOW untersuchten Affen „Raffael" zu einem „Benagen des dünneren Stockes, wenn dieser zu dick war und nicht in die Öffnung des dickeren paßte"[33]. Daß ein solches „Bearbeiten" in einfachen Fällen auch schon bei Vögeln beobachtet werden kann, hat EIBL-EIBESFELDT berichtet: „Der Spechtfink der Galapagos-Inseln *(Cactospiza pallida)* benützt ein Werkzeug, um Insekten aus dem Holz zu stochern. Hat er den Bohrgang eines Insekts freigelegt, holt er einen Kaktusstachel oder ein gerades Hölzchen, das er sich selbst zurechtbrechen kann, und stochert damit das Insekt aus dem Bohrloch."[34]

---

30 LEWIN: a.a.O. p. 73 f. 31 KÖHLER: a.a.O. S. 72. 32 a.a.O.

33 E. G. WAZURO: Die Lehre Pawlows von der höheren Nerventätigkeit. (a. d. Russ.) VEB Verlag. Berlin 1962. S. 133. Daß sich PAWLOWS Deutung der im Prinzip gleichen Versuchsergebnisse deutlich und ausdrücklich von der KÖHLERS unterscheidet, muß erwähnt werden, s. WAZURO a.a.O. S. 123 ff.

34 IRENÄUS EIBL-EIBESFELDT: Grundriß der vergleichenden Verhaltensforschung. München 1967. S. 215.

2. Beim Übergang zur *zweiten Stufe* tritt ein Problem auf, das viel erörtert und auch „umkämpft" worden ist: die Möglichkeit, ja die „Gefahr" *anthropomorphistischer Deutung* der Versuchsergebnisse. Speziell die Frage nach Art und Ausmaß des *Denkens* der Tiere wird hier kritisch – eine Frage, die übrigens auch PAWLOW durchaus positiv beantwortet, wenn auch wiederum aus anderer Sicht. WAZURO schreibt dazu: „Wenn Pawlow ebenso wie *Köhler* anerkannte, daß der Affe ‚denken' kann, so gingen doch ihre Ansichten über den Mechanismus dieses Prozesses weit auseinander", so daß die Kontroverse der beiden Forscher letztlich „aus ihren unterschiedlichen philosophischen Positionen entsprang"[35].

Wegen der Wichtigkeit des Anthropomorphismus-Problems sei ein Beispiel KÖHLERS etwas ausführlicher besprochen. (Vgl. zu diesem Thema auch eine Stellungnahme von LORENZ, I, 149.) Zunächst KÖHLERS Schilderung eines Versuchs mit dem Schimpansen „Sultan":

„Sultan greift nach Gegenständen hinter einem Gitter und kann sie mit dem Arm nicht erreichen; er geht darauf suchend umher, wendet sich schließlich einem einfachen Schuhreiniger zu, der aus Eisenstäben in einem Holzrahmen besteht, und arbeitet eine Weile daran herum, bis eine der Eisenstangen herausgezogen ist; mit dieser eilt er sofort zu dem etwa 10 m entfernten eigentlichen Ziel und zieht es zu sich heran."[36]

Dann zur Deutung. KÖHLER schreibt:

„In diesem Fall ist wohl genügend klar, daß der Verlauf, in Stücken betrachtet, sogar m e h r e r e in der Isolierung sinnlose Bestandteile aufweist. 1. Anstatt bei seinem Ziel zu bleiben, geht Sultan von ihm fort; das ist für sich genommen, sogar sinnwidrig. 2. Er bricht einen Schuhreiniger der Station entzwei; das hat, allein für sich, überhaupt nichts mit dem Ziel zu tun.

„Zu beiden Stücken ist jedoch, wie sie im tatsächlichen Verlauf enthalten sind, noch etwas zu bemerken: 1. Das Tier trabt durchaus nicht vom Ziel fort in der freien, unbekümmerten Art, die man in neutralen Momenten an ihm und den anderen sieht, sondern es geht fort wie jemand, der eine Aufgabe hat. Und hier bitte ich noch einmal dringend, nicht von ‚Anthropomorphismus', von ‚Hineinlegen in das Tier' u. dgl. zu sprechen, wo nicht der mindeste Grund für derartige Vorwürfe ist. ... Ich sage nur: Beim Schimpansen treten die beiden hier einander gegenübergestellten Gesamteindrücke g e n a u s o a u f w i e b e i B e o b a c h t u n g v o n M e n s c h e n; und d i e s e E i n d r ü c k e, die gar nichts in den Schimpansen Hineingelegtes sind, sondern zur elementaren Phänomenologie des Schimpansenverhaltens gehören, sind gemeint, wenn es einmal heißt: ‚Sultan trottete munter umher' – das andere Mal: ‚Er ging suchend über den Platz'." Und: „2. Beim Herumarbeiten am Schuhreiniger ist Sultans Tätigkeit ganz auf das L o s l ö s e n e i n e s d e r E i s e n s t ä b e aus dem Brett konzentriert; aber auch so genauer beschrieben, bleibt diese Handlung

[35] WAZURO: a.a.O. S. 126.

[36] KÖHLER: a.a.O. S. 73.

gegenüber dem eigentlichen Ziel irrelevant, solange man sie isoliert betrachtet."[37]

Dies ist eine sehr genaue Kennzeichnung dessen, was wir hier mit den *unspezifischen Elementarreaktionen* meinen – und es bestätigt, aus etwas anderer Sicht unsere These, daß die *Bedeutung*, der *Sinn* des Verhaltens sich nicht in der molekularen, sondern nur in der *molaren* – oder „ganzheitlichen" – Betrachtungsweise erschließt. Die „Gefahr" einer anthropomorphistischen Deutung liegt allein darin, ob man annimmt, daß das Tier selbst ein *inne-Sein* des Gesamt-Verhaltens „als zweckmäßig" hat, oder ob – wie etwa die Grabwespe – seine einzelnen Handlungen „von auslösenden Reizsituationen kontrolliert werden".

Die „Gefahr" ist hierbei eine doppelte: einmal, eine zu weit vermenschlichende Deutung tierischen Verhaltens, zum anderen aber ein Abweichen von „Lloyd Morgan's Kanon": „In no case may we interpret an action as the outcome of the exercise of a higher psychical faculty, if it can be interpreted as the outcome of the exercise of one which stands lower in the psychological scale."[38] Das „if" ist wichtig, und die ältere Fassung dieses „Kanons", die schon aus der Scholastik stammt und im angelsächsischen Schrifttum als „Ockhams razor" bezeichnet wird, macht dies deutlicher; sie lautet: Principia non sint multiplicanda sine necessitate. Dieser „necessitas" müssen wir uns offenhalten und nicht krampfhaft versuchen – wie es der Behaviorismus zunächst zweifellos getan hat –, mit den „einfachsten" Erklärungsprinzipien auszukommen, wenn sie das Eigentliche eines Phänomens nicht zu erfassen vermögen.

Doch mit dieser Frage kommen wir in Bereiche des Verhaltens, die im dritten Band, beim „Gedächtnis" im engeren Sinn thematisch werden.

---

[37] KÖHLER: a.a.O. S. 73.

[38] C. LLOYD MORGAN: Introduction to Comparative Psychology. 2nd. ed. 1909. Jetzt auch auszugsweise in: Animal Problem Solving. ed. A. J. RIOPELLE. (Penguin Modern Psychology. 1967. p. 56.)

Verzeichnis der angeführten Literatur

1. ADAMS, A. E.: Informationstheorie und Psychopathologie des Gedächtnisses. Springer Verlag, Berlin, Heidelberg, New York 1971.
2. ADEY, W. R.: Spontaneous electrical brain rhythm accompanying learned responses (in 295).
3. ADLER, J.: Chemoreception in bacteria (in 300).
4. – Chemotaxis in bacteria (in 32).
5. – The sensing of chemicals by bacteria. Scientific American *234* (1976), No. 4, p. 43.
6. AGRANOFF, B. W.: Agents that block memory (in 294).
7. – Recent studies on the stages of memory formation in the Goldfish (in 277).
8. ALTNER, H.: Physiologie des Geruchs (in 150).
9. – Physiologie des Geschmacks (in 150).
10. ANSCHÜTZ, G.: Psychologie. Richard Meiner Verlag, Hamburg 1953.
11. APPEL, St. H., AUTILIO, L. A., PETTIS, P.: Macromolecular synthesis in synaptosomes (in 277).
12. ARBIB, N., FRANKLIN, G. F., and NILSSON, N.: Some ideas on information processing in the cerebellum (in 292).
13. ARISTOTELES: de anima. (dt. von A. LASSON). Eugen Diederichs Verlag, Jena 1924.
14. ASHBY, W. R.: An introduction to Cybernetics. Chapman & Hall LTD, London 1957.
15. AUGUSTINUS: Bekenntnisse. X.
16. AXELROD, J.: Regulation of the neurotransmitter Norepinephrine (in 296).
17. BACH-Y-RITA, P.: Plastic brain mechanisms in sensory substitution (in 60).
18. BALDAUF, J., IVEN, H. und ZETLER, G.: Verteilung von darmkontrahierenden Peptiden im menschlichen Gehirn. Naunyn-Schmiedeberg Arch. Pharmak. exp. Path. *262* (1969), 460.
19. BAMBERG, E., BENZ, R., LÄUGER, P., and STARK, G.: Carrier and pore mechanisms in lipid membranes (in 32).
20. BARLOW, H. B.: Trigger features, adaptation and economy of inputs (in 183).
21. – Detection of form and pattern by retinal responses (in 307).
22. – Redundancy and perception (in 307).
23. BARONDES, S. H.: Multiple steps in the biology of memory (in 295).
24. – Brain glycomacromolecules and interneural recognition (in 295).
25. – Some critical variables in studies of the effect of inhibitors of protein synthesis on memory (in 277).
26. BAXTER, C. F.: The nature of γ-Amino-butyric Acid (in 156).
27. BENNETT, E. L.: „Comments“ (in 277).
28. BERGIUS, R.: Psychologie des Lernens (Urban TB). W. Kohlhammer Verlag, Stuttgart, Berlin, Köln, Mainz 1971.

29. Bersin, Th.: Biochemie der Hormone. 2. bearb. Aufl. Akademische Verlagsgesellschaft Geest & Portig K.-G., Leipzig 1960.
30. Biochemical, Physiological and Pharmacological Aspects of Learning Processes. Proc. III. Neurobiol. Sympos. Magdeburg 1971. Ergebn. experim. Medizin, Bd. 10. VEB Verlag Volk und Gesundheit, Berlin 1972.
31. Biochemistry of Brain and Behavior. ed. R. E. Bowman and S. P. Datta. Plenum Press. New York, London 1970.
32. Biochemistry of Sensory Functions. ed. L. Jaenicke. (25. Coll. Ges. f. Biol. Chem., April 1974) Springer Verlag, Berlin, Heidelberg, New York 1974.
33. Biology of Memory. ed. K. H. Pribram and D. E. Broadbent. Academic Press, New York 1970.
34. Bishop, P. O.: Beginning of form vision and binocular depth discrimination in cortex (in 295).
35. Bloom, F. E.: Correlating structure and function of synaptic ultrastructure (in 295).
36. – Introduction to: „Dynamics of synaptic modulation" (in 296).
37. – Dynamics of synaptic modulation (in 296).
38. Bodian, D.: Neurons, circuits, and neuroglia (in 294).
39. Bogoch, S.: The Biochemistry of Memory. Oxford University Press. New York, London, Toronto 1968.
40. – On recognition molecules in circuitry (in 122).
41. Bolzano, B.: Wissenschaftslehre (1837 f.). Bd. I. (Ausg. W. Schultz). 2. Aufl. Felix Meiner Verlag, Leipzig 1929.
42. Bonting, S. L. and Daemen, F. J. M.: Biochemistry of visual pigments in relation to visual excitation (in 32).
43. Borges, J. L.: Die Bibliothek von Babel in: Sämtliche Erzählungen. (Bücher der Neunzehn) München 1970.
44. Boring, E. G.: Lashley and cortical integration. (Introduction to 221).
45. Bower, G. H.: Descriptive theory of memory (in 302).
46. Boycott, B. B.: Learning in the octopus (in 311).
47. Bradley, R. M.: Duplexity of taste receptor loci (in 300).
48. Brain and Consciousness Experience. (Study Week 1964 of the Pontificia Acad. Scientiarum). ed. J. C. Eccles. Springer Verlag, Berlin, Heidelberg, New York 1966.
49. Brain and Human Behavior. ed. A. G. Karczmar and J. C. Eccles. Springer Verlag, Berlin, Heidelberg, New York 1972.
50. Brain Mechanisms and Consciousness. (Symposium in Quebec/Canada. 1953) ed. J. F. Delafresnaye. Charles C. Thomas Publisher, Springfield (Ill.) 1954.
51. Braitenberg, V.: Gehirngespinste. Neuroanatomie für kybernetisch Interessierte. Springer Verlag, Berlin, Heidelberg, New York 1973.
52. Brecht, F. J.: Heraklit. Carl Winter's Universitätsbuchhandlung. Heidelberg 1936.
53. Brewer, C. V.: The organization of the Central Nervous System. Heinemann, London, Melbourne, Toronto 1961.
54. Broadbent, D.: Division of function and integration of behavior (in 296).
55. Bünting, K.-D.: Einführung in die Linguistik. Athenäum Verlag, Frankfurt 1971.
56. Bullock, Th. H.: Operations analysis of nervous functions (in 295).
57. Burkamp, W.: Die Struktur der Ganzheiten. Junker und Dünnhaupt Verlag, Berlin 1929.

58. Bykow, K. M.: Großhirnrinde und innere Organe. (übers. a. d. Russ.) VEB Verlag Volk und Gesundheit, Berlin 1953.
59. Byrne, W. L.: Introduction to 277.
60. Cerebral Localization. An Otfried Foerster Symposium. ed. K. J. Zülch, O. Creutzfeldt, G. C. Galbraith. Springer Verlag, New York, Heidelberg, Berlin 1975.
61. Chemical Transfer of Learned Information. (Frontiers of Biology. Vol. 22.) ed. E. J. Fjerdingstad. North-Holland Publishing Company, Amsterdam, London 1971.
62. Chomsky, N.: Sprache und Geist. (suhrkamp taschenbuch wissenschaft) Frankfurt/M. 1970.
63. Chow, K. L.: Effects of ablation (in 294).
64. Cohen, H. D.: Learning, memory and metabolic inhibitors (in 278).
65. Colonnier, M. L.: The structural design of the neocortex (in 48).
66. „Conceptual Models of Neural Organization". ed. J. Szentágothai and M. A. Arbib, Neurosc. Res. Progr. Bull. Vol. 12. No. 3 (October 1974).
67. Conrad, K.: Über differentielle und integrale Gestaltfunktion und den Begriff der Protopathie. Der Nervenarzt *19* (1948), 315.
68. Corning, W. C. and Riccio, D.: The planarian controversy (in 277).
69. Costa, E. and Neff, N. H.: Estimation of turnover rates to study the metabolic regulation of the steady state level of neural monoamines (in 157).
70. Creutzfeldt, O. D.: Informationsverarbeitung und -speicherung im Gehirn. Universitas *27* (1972), S. 262 f.
71. – Some principles of synaptic organization in the visual system (in 295).
72. – Some problems of cortical organization in the light of ideas of classical „Hirnpathologie" and of modern neurophysiology (in 60).
73. Curtis, D. R., and Johnston, G. A. R.: Amino acid transmitter (in 157).
74. Daemen, F. J. M., van Breugel, P. J. G. M., and Bonting, S. L.: On the topography of photoreceptor membranes (in 32).
75. Dement, W., Ferguson, J., Cohen, H., and Barcher, J.: Non chemical methods and data using a biochemical model: the REM quanta (in 312).
76. Davidson, J. N.: The biochemistry of the nucleic acids. 7th. ed. Chapman and Hall and Science Paperbacks 1972.
77. De Mott, D. W.: Toposcopic studies of Learning. Charles C. Thomas, Publishers. Springfield (Ill.) 1970.
78. Denny-Brown, D.: The frontal lobes and their functions. in: Modern Trends in Neurology. ed. A. Feiling. Butterworths 1951. (auszugsweise in 261).
79. Diamond, M. C., Law, F., Rhodes, H., Lindner, B., Rosenzweig, M. R., Krech, D., and Bennett, E. L.: Increases in cortical depth and glia numbers in rats subjected to enriched environment (in 261).
80. Descartes, R.: Discours de la méthode. (Edition Livre de poche.) Paris 1973.
81. DiCara, L. V.: Plasticity in the autonomic nervous system: instrumental learning of visceral and glandular responses (in 295).
82. Diels, H.: Die Fragmente der Vorsokratiker: Bd. I. 4. Aufl. Weidmannsche Buchhandlung, Berlin 1922.
83. Dowling, J. E.: LCN's in the vertebrate retina (in 235).
84. Dudel, J.: Erregung von Nerv und Muskel (in 293).
85. – Allgemeine Sinnesphysiologie (in 150).

86. Dunn, A. J., and Bondy, St. C.: Functional chemistry of the brain. Spectrum Publications, Inc., Flushing, New York 1974.
87. The Dynamic Structure of Cell Membranes. (22. Coll. Ges. Biol. Chem. 1971) ed. D. F. Hoelzl Wallach and H. Fischer. Springer Verlag Berlin, Heidelberg, New York 1971.
88. Ebbecke, U.: Physiologie des Bewußtseins in entwicklungsgeschichtlicher Betrachtung. Georg Thieme Verlag, Stuttgart 1959.
89. Eccles, J. C.: The physiology of synapses. Springer Verlag, Berlin, Heidelberg, New York. 1964.
90. – Preface to 183.
91. – The dynamic loop hypothesis of movement control (in 183).
92. – Facing Reality. Springer Verlag, New York, Heidelberg, Berlin 1970.
93. – Das Gehirn des Menschen. (übers. v. A. Hartung) R. Piper & Co. Verlag, München, Zürich 1975.
94. –, Ito, M., Szentágothai, J.: The cerebellum as a neuronal machine. Springer Verlag, Berlin, Heidelberg, New York 1967.
95. Eibl-Eibesfeldt, I.: Grundriß der vergleichenden Verhaltensforschung. R. Piper & Co., München 1967.
96. Eigen, M.: Dynamic aspects of information transfer and reaction control in biomolecular systems (in 294).
97. – Molecules, Information, and Memory: From molecular to neural networks. (extended abstract of the Aharon Katchalsky Memorial Lecture) (in 296).
98. – and Winkler, R.: Alkali-ion carriers: Dynamics and selectivity (in 295).
99. Einführung in die Immunologie. herausg. Niederl. Ges. f. Immunologie (übers. I. Trincker). dt. Ausg. herausg. H. Brandis (Uni-TB). Gustav Fischer Verlag, Stuttgart 1972.
100. Eisenstein, E. M.: The use of invertebrate systems for studies on the bases of learning and memory (in 294).
101. Elsenhans, Th.: Lehrbuch der Psychologie. 3. völlig veränderte Aufl. v. F. Giese. Bearb. u. herausg. v. H. W. Gruhle u. F. Dorsch. Verlag J. C. B. Mohr (Paul Siebeck). Tübingen 1939.
102. Erismann, Th. H.: Grundprobleme der Kybernetik. 2. vollst. neubearb. Aufl. Springer Verlag, Berlin, Heidelberg, New York 1972.
103. Evarts, E. V.: Unit activity in sleep and wakefulness (in 294).
104. – „Introduction" to: Central processing of sensory input leading to motor output (in 296).
105. Eyferth, K.: Die chemischen Sinne des Menschen (in 158).
106. First European Neurosciences Meeting. Munich 1975. Abstracts collection; Exp. Brain Res. *23* (1975). Suppl.
107. Ey, H.: Das Bewußtsein. (dt. v. K. P. Kisker.) Walter de Gruyter & Co., Berlin 1967.
108. Fjerdingstad, E. J., Byrne, W. L., Nissen, Th., Røigaard-Petersen: A Comparison of „transfer" results obtained with two different types of extraction and injection procedures, using identical behavioral techniques (in 277).
109. – Chemical transfer of learned information in Mammals and Fish (in 262).
110. Flechtner, H.-J.: Der Begriff des Elements und seine Anwendung in der Psychologie. Philosophia Naturalis V (1959), 451 ff.
111. – Memoria und Mneme Bd. I: Gedächtnis und Lernen in psychologischer Sicht. S. Hirzel Verlag, Stuttgart 1974.

112. – Grundbegriffe der Kybernetik. 5. Aufl. 1970. (Neudruck 1972) S. Hirzel Verlag, Stuttgart.
113. – Grundbegriffe der Biochemie. 2. neubearb. Aufl. S. Hirzel Verlag, Stuttgart 1973.
114. – Carl Duisberg. Econ Verlag, Düsseldorf 1959.
115. v. FOERSTER, H.: What is Memory that it may have Hindsight and Foresight as well? (in 122).
116. – Molecular Ethology (in 278).
117. FOPPA, K.: Lernen, Gedächtnis, Verhalten. 6. Aufl. Kiepenheuer & Witsch, Köln, Berlin 1970.
118. FRANK, H.: Pawlows bedingte Reflexe und Steinbuchs Lernmatrizen. in: Kybernetik. Brücke zwischen den Wissenschaften. herausg. H. FRANK. 5. Aufl. Umschau Verlag, Frankfurt 1965.
119. FREDERICH, B. u. SCHMIDT, R. F.: Der Aufbau des Nervensystems (in 293).
120. v. FRISCH, K.: Du und das Leben (alte Ausgabe) Verlag Ullstein, Berlin 1936.
121. Functional Recovery after Lesions of the Nervous System. ed. E. EIDELBERG and D. G. STEIN. Neurosciences Res. Prog. Bull. Vol. 12, No. 2. June 1974. Cambridge (Mass.).
122. The Future of the Brain Sciences. ed. S. BOGOCH. (Proc. of a Conf. New York. 1968) Plenum Press, New York 1969.
123. GALAMBOS, R.: Brain Correlates of Learning (in 294).
124. GALANTER, E.: Comments on memory (in 302).
125. GAZE, R. M.: The formation of nerve connections. Springer Verlag, Berlin, Heidelberg, New York 1968.
126. GAZZANIGA, M. S.: Partial Commissurotomy and cerebral localization (in 60).
127. – The Concept of diaschisis (in 60).
128. Gegenwartslexikon. Bd. I. herausg. E. H. GRAUL, unter Mitarb. v. H. MÜLLER u. H. BRILMAYER. Ernst Klett Verlag, Stuttgart 1973.
129. GEHLEN, A.: Die Seele im technischen Zeitalter. (rowohlts dt. enzyklopädie) Rowohlt, Hamburg 1957.
130. GELLER, A., and JARVIK, M. E.: The role of consolidation in memory (in 31).
131. GIACOBINI, E.: Chemical studies of individual neuron. (Part II: Invertebrate cells) (in 297).
132. GLASER, E. M.: Die physiologischen Grundlagen der Gewöhnung (dt. v. R. BARTELS) Georg Thieme Verlag, Stuttgart 1968.
133. GLASSMAN, E.: Macromolecules and behavior (in 294).
134. GLEES, P.: Ist das Gedächtnis strukturell disponiert? Umschau 62 (1962) 435 ff.
135. GLOWINSKI, J.: Storage and release of monoamines in the central nervous svstem (in 157).
136. GOLDBERG, A. L.: Regulation and importance of intracellular protein degradation (in 296).
137. GOLDSTEIN, L. and NELSEN, J. M.: Some views on the neurophysiological and neuropharmacological mechanisms of storage and retrieval of information (in 262).
138. GOLUB, A. M., MCCONNELL, J. V.: Empirical tissues in interanimal transfer of information (in 61).
139. GORDON, B.: The superior culiculus of the brain. Scientific American 227 (1972) No. 6, p. 72.

140. Gott, P. S., Rossiter, V. S. Galbraith, G. C., and Saul, R. E.: Visual evoked responses in commissurotomy patients (in 60).
141. Gottwald, P.: Kybernetische Analyse von Lernprozessen. Integration lernpsychol. u. ethol. Vorstellungen über Bekräftigung. (Schriftenreihe „Kybernetik") Verlag R. Oldenbourg. München, Wien 1971.
142. Grahame-Smith, D. G.: The metabolic compartmentation of brain monoamines (in 263).
143. Granit, R.: Sensory mechanisms in perception (in 48).
144. Grasso, A.: Comparative properties of the brain specific protein 14-3-2 (in 106).
145. Greeno, J. G.: How associations are memorized? (in 275).
146. Greniewski, H.: Cybernetics without mathematics. (übers. a. d. Polnischen v. O. Wojtasiewicz) Pergamon Press. Oxford, London, New York, Paris 1960.
147. Grossman, S. P.: A Textbook of Physiological Psychology. John Wiley & Sons, Inc., New York, London, Sidney 1967.
148. Grüsser, O.-J. und Grüsser-Cornehls, U.: Physiologie des Sehens (in 150).
149. Grundfest, H.: Synaptic and ephaptic transmission (in 294).
150. Grundriß der Sinnesphysiologie. herausg. R. F. Schmidt. (Heidelberger TB) Springer Verlag, Berlin, Heidelberg, New York 1973.
151. Guidotti, G.: The structure of membrane transport systems. Trends in Biochemical Sciences (Tibs), *1,* (1976) No. 1. p. 11 ff.
152. Guttmann, G.: Einführung in die Neuropsychologie. Verlag Hans Huber, Bern, Stuttgart, Wien 1972.
153. Guttman, H., Matwyshyn, G., and Weiler, M.: Studies with dark avoidance and scotophobin (in 262).
154. Halstead, W. C., Rucker, W. B.: The molecular biology of memory (in 277).
155. Hámori, J., Pasik, T., and Pasik, P.: Quantitative electron microscopy of interneurons in lateral geniculate nucleus of Rhesus monkey (in 106).
156. Handbook of Neurochemistry. Vol. III: Metabolic reactions in the nervous System. ed. A. Lajtha. Plenum Press, New York, London 1970.
157. Handbook of Neurochemistry. Vol. IV: Control mechanisms in the nervous system. ed. A. Lajtha. Plenum Press, New York, London 1970.
158. Handbuch der Psychologie. Bd. I, 1. herausg. W. Metzger. Verlag für Psychologie Dr. C. J. Hogrefe. Göttingen 1966.
159. Handbuch der Psychologie. Bd. I, 2. herausg. v. R. Bergius. Verlag für Psychologie Dr. C. J. Hogrefe, Göttingen 1964.
160. Harmon, L. D.: Neural subsystems: An interpretive Summary (in 295).
161. Held, R.: Two models of processing spatially distributed visual stimulation (in 295).
162. Herblin, W. F.: The validity and reproducibility of the chemical induction of a position habit (in 61).
163. Herriot, P.: Attributs of memory. Methuen & Co. LTD, London 1974.
164. Herrmann, Th.: Informationstheoretische Modelle zur Darstellung der kognitiven Ordnung (in 159).
165. Heuss, Th.: Anton Dohrn. 2. erw. Aufl. Rainer Wunderlich Verlag Hermann Leins, Stuttgart u. Tübingen 1948.
166. Heymans, C., and de Schaepdryver, A.: Dopamine and central neurotransmission (in 48).

167. Hiji, Y. and Sato, M.: Properties of sweet-sensitive protein extracted from the rat tongue (in 300).
168. Himwick, W. A.: The effect of environment upon the developing brain (in 122).
169. Hökfelt, T., Kellerth, J. O., Nilsson, G. and Pernow, B.: Immunohistochemical support for a transmitter role of substance P in primary sensory neurons and in central nervous systems (in 106).
170. Hoelzl Wallach, D. F., Knüfermann, G.: Plasmamembranen. (Heidelberger TB) Springer Verlag, Berlin, Heidelberg, New York 1973.
171. Hoffman, H.: Biological significance and action of the „Nerve Growth" Factor (in 31).
172. v. Holst, E., and v. Saint Paul, U.: Electrically controlled behavior (in 311).
173. Hubel, D. H.: The visual cortex of the brain (in 311).
174. Human Aging and Behavior. ed. G. A. Talland. Academic Press, New York, London 1968.
175. Hydén, H.: Biochemical aspects in brain activity (in 261).
176. – Biochemical changes accompanying learning (in 294).
177. – Some brain protein changes reflecting neuronal plasticity at learning (in 49).
178. – The question of a molecular basis for the memory trace (in 33).
179. – Nucleic acids in memory and learning (in 122).
180. – RNA in brain cells (in 294).
181. – Neuronal plasticity, protein conformation and behavior (in 262).
182. – , and Lange, P. W.: Correlation of the S100 brain protein with behavior (in 31).
183. Information Processing in the Nervous System. Proc. of a Sympos., Buffalo 1968. ed. K. N. Leibovic. Springer Verlag, Berlin, Heidelberg, New York 1969.
184. Inhibitors. Tools in Cell Research. (20. Coll. Ges. Biol. Chemie 1969) ed. Th. Bücher and H. Sies. Springer Verlag, Berlin, Heidelberg, New York 1969.
185. Itil, T. M.: Changes in digital computer analyzed EEG during „dreams" and experimentally induced hallucinations. (in: Origin and Mechanisms of Hallucinations. ed. W. Keup.) Plenum Press, New York, London 1970.
186. Iversen, L. L.: Neurotransmitters, Neurohormones, and other small molecules in neurons (in 295).
187. – Biochemical aspects of synaptic modulation (in 296).
188. Iversen, S. D.: 6-Hydroxydopamine: A chemical lesion technique for studying the role of amine neurotransmitters in behavior (in 296).
189. Jaim-Etcheverry, G., and Zieher, L. M.: Localizing Serotonin in central and peripheral nerves (in 296).
190. Jakoubek, B.: Brain function and macromolecular synthesis. Pion Limited, London 1974.
191. James, W.: The principles of psychology. Vol. I. Macmillan and Co., London 1891.
192. – The principles of psychology. Vol. II. Macmillan and Co., London 1907.
193. Jaspers, K.: Allgemeine Psychopathologie. 4. Aufl. Springer Verlag, Berlin u. Heidelberg 1946.
194. John, E. R.: Mechanisms of Memory. Academic Press, New York, London 1967.

195. – Some speculations on the psychophysiology of mind. (in: Theories of the Mind. ed. J. M. Scher.) The Free Press of Glencoe (Macmillan Comp.) New York 1962.
196. – Summary: Symposium on memory transfer (in 277).
197. Jürgens, U., Ploog, D.: Von der Ethologie zur Psychologie. (Kindler TB) Kindler Verlag GmbH, München 1974.
198. Kabat, E. A.: Einführung in die Immunchemie und Immunologie. (übers. K. Jahn u. E. Rüde.) (Heidelberger TB). Springer Verlag, Berlin, Heidelberg, New York 1971.
199. Kafka, W. A.: An olfactory acceptor in the migratory locust (in 300).
200. Kalmus, H.: Minimum central faculties necessary for complex chemical perceptions (in 300).
201. Kandel, E. R.: An invertebrate system for the cellular analysis of simple behaviors and their modifications (in 296).
202. Karlson, P.: Kurzes Lehrbuch der Biochemie. (Geleitwort v. A. Butenandt) 8. völlig neu bearb. Aufl. Georg Thieme Verlag, Stuttgart 1972.
202a. – Sexualhormone als Modelle chemischer Kommunikation. Naturwissenschaften *60* (1973).
203. Katz, B. and Miledi, R.: The quantal release of transmitter substances (in 368).
204. Katz, D.: Gestaltpsychologie. 4. Aufl. bearb. u. erg. v. W. Metzger, M. Stadler u. H. Crabus. Schwabe & Co. Verlag, Basel, Stuttgart 1969.
205. Köhler, W.: Gestaltpsychology. Liveright Publishing Corp. New York 1947.
206. – Intelligenzprüfungen an Menschenaffen. 3. unver. Aufl. (Heidelberger TB) Springer Verlag, Berlin, Heidelberg, New York 1973.
207. Konorski, J.: Perspectives of the research on the integrative activity of the brain (in 122).
208. Kornhuber, H. H.: Cerebral cortex, cerebellum and basal ganglia: An Introduction to their motor functions (in 296).
209. Koshland Jr., D. E.: The chemotactic response in bacteria (in 32).
210. – Bacterial chemotaxis as a simple model for a sensory system. Trends in Biochemical Sciences (Tibs) *1* (1976), No. 1, p. 2.
211. Kosower, E. M.: A molecular basis for learning and memory. Proc. Nat. Acad. Sci. USA, Vol. 69 (1972), No. 11, p. 3292.
212. Kraemer, O.: Automat und Mensch. Universitas *13* (1958), 512.
213. Krechevsky, I.: „Hypothesis" versus „Chance" in the pre-solution period in sensory discrimination learning. Univ. Calif. Publ. Psychol. *6* (1932), p. 27 ff. (abgedr. in: Animal Problem Solving. ed. A. J. Riopelle. Penguin mod. Psychol. 1967.)
214. Kretz, H.: Vollständige Modelldarstellung des bedingten Reflexes. in: Lernende Automaten. herausg. H. Bolling. (Bd. 3. Beihefte z. Ztschr. „Elektronische Rechenanlagen".) R. Oldenbourg, München 1961.
215. Kreutz, W., Hofmann, K.-P., and Uhl, R.: On the significance of two-dimensional super-structures in biomembranes for energy-transfer and signal conversion (in 32).
216. Kreutzberg, G. W.: Transneural mechanisms and axonal transport. Exp. Brain Res. *23* (1975) Suppl. p. 237 (in 106).
217. Kugler, J.: Elektroencephalographie in Klinik und Praxis. Georg Thieme, Stuttgart 1963.
218. Kupfermann, I. and Pinsker, H.: Cellular models of learning and cellular mechanisms of plasticity in Aplysia (in 33).

219. Kurihara, K., Koyama, N., and Kurihara, Y.: Chemical architecture and model system of gustatory and olfactory receptor membrane (in 300).
220. Lábos, E.: Enhancement of integrative capacities by coupling synaptic triades in lateral geniculate body (in 106).
221. Lashley, K. S.: The Neuropsychology of Lashley. ed. F. A. Beach, D. O. Hebb, C. T. Morgan, H. W. Nissen. McGraw-Hill Book Comp., Inc., New York, Toronto, London 1960.
222. – In search of the engram (1950) (in 221).
223. – Cerebral organization and behavior (in 221).
224. – Integrative functions of the cerebral Cortex (in 221).
225. Levine, L.: Immunochemical approaches to the study of the nervous system (in 294).
226. Lewin, K.: Field theory in Social Science. ed. D. Cartwright. Tavistock Publication LTD. London 1952.
227. Lewis, E. R.: Neural Subsystems, Concepts, and Tools (in 295).
228. „Lexikon der Psychologie". herausg. v. W. Arnold, H. J. Eysenck u. R. Meili. Herder Verlag, Freiburg, Basel, Wien 1971.
229. Livingston, R. B.: Brain circuit relating to complex behavior (in 294).
230. Libet, B.: Brain stimulation and the threshold of conscious experience (in 48).
231. Livingston, R. B.: Reinforcement (in 294).
232. – Some limitations affecting physics and mathematics as applied to biology and especially to the nervous system (in 307).
233. Llinãs, R. R.: Neuronal operations in cerebellar transactions (in 295).
234. – The cortex of the cerebellum. Scientific American *232* (1975) No. 1, p. 61.
235. Local Circuit Neurons. ed. P. Rakic. Neurosc. Res. Prog. Bull. *13*, No. 3. (August 1975) p. 310.
236. Loewenstein, W. R.: Intercellular communication. Scientific American *222* (1970), No. 5, p. 78 ff.
237. Longuet Higgins, H. C.: The non-local storage and associative retrieval of spatio-temporal patterns (in 183).
238. Mackintosh, N. J.: The psychology of animal learning. Academic Press, London, New York, San Francisco. 1974.
239. MacLean, P. D.: The triune brain, emotion and scientific bias (in 295).
240. Magoun, H. W.: The ascending reticular system and wakefulness (in 50).
241. Mahler, H. R., Cordes, E. H.: Biological Chemistry. 2nd ed. Harper & Row Publ., New York, Evanston, San Francisco, London 1971.
242. Mandell, A. J.: Drug induced alterations in brain biosynthetic enzyme activity (in 31).
243. Marchbanks, R. M.: Problems concerning the compartmentation of acetylcholine in the synaptic region (in 263).
244. Mark, R.: Memory and nerve cell connections. Clarendon Press, Oxford 1974.
245. Marquardt, M.: Paul Ehrlich. With an introduction by Sir Henry Dale. William Heinemann Medical Books LTD, London 1949.
246. Martin, I.: „Gefühle" (in 228).
247. Matthies, H.: The intracellular regulation of the interneural connectivity – the molecular foundation of learning processes (in 30).
248. – Biochemical regulation of synaptic connectivity (in 262).
249. McConnell, H. M.: Molecular motion in biological membranes (in 295).
250. McConnell, J., and Shelby, J. M.: Memory Transfer experiments in

invertebrates (in 278).
251. – and MALIN, D. H.: Recent experiments in memory transfer (in 262).
252. McCULLOCH, W. S.: Embodiments of Mind. The M.I.T. Press, Cambridge (Mass.) 1965.
253. – What is a Number, that a Man may know it, and a Man, that He may know a Number? (in 252).
254. – Why the Mind is in the Head. Cerebral Mechanisms in Behavior. (The Nixon-Symposium) ed. L. A. JEFFRESS. New York 1951 (in 252).
255. – A historical introduction to the postulational foundations of experimental epistemology (in 252).
256. – , and PITTS, W. H.: A logical calculus of the ideas immanent in nervous activity (in 252).
257. McDOUGALL, W.: Aufbaukräfte der Seele. übers. v. F. BECKER und H. BENDER. 2. Aufl. Georg Thieme Verlag, Stuttgart 1947.
258. McILWAIN, H., and BACHELARD, H. S.: Biochemistry and the central nervous system. 4th ed. Churchill Livingstone, Edinburgh and London 1971.
259. Mechanismen Enzymatischer Reaktionen. (14. Coll. Ges. Biol. Chemie 1963) Springer Verlag, Berlin, Göttingen, Heidelberg 1964.
260. MEISTER, A.: On the enzymology of amino acid transport. Science *180* (1973) p. 33 ff.
261. Memory Mechanisms. ed. K. H. PRIBRAM. (Penguin Modern Psychology. Brain and Behavior 3.) 1969.
262. Memory and Transfer of Information. ed. H. P. ZIPPEL. Plenum Press, New York – London 1973.
262a. MERLAU-PONTY, M.: Das Mittelbare Sprechen und die Stimmen des Schweigens. in: Das Auge und der Geist. Philosophische Essays (herausg. u. übers. v. H. W. ARNDT.) Rowohlt GmbH, Reinbeck bei Hamburg. 1967.
263. Metabolic Compartmentation in the Brain. (Proc. Sympos. Bellagio/Italy 1971.) ed. R. BALÁZS and J. E. CREMER. Macmillan Press LTD., London and Basingstoke. 1973.
264. METZGER, W.: Psychologie. 2. Aufl. Dr. Dietrich Steinkopff, Darmstadt 1954.
265. – Artikel „Ganzheit – Gestalt – Struktur" (in 228).
266. MEYER, Hans: Geschichte der abendländischen Weltanschauung. Bd. III. Verlag Ferdinand Schöningh, Würzburg 1948.
267. MICHAEL, Ch. R.: Retinal processing of visual images. Scientific American *220* (1969). No. 5, p. 108.
268. MILL, J. St.: A system of Logic. 3d edition. John W. Parker, London 1851.
269. MILLER, J. G.: Living systems: structure and process. Behavioral Science *10* (1965).
270. MILLER, N. E.: Certain facts of learning relevant to the search for its physical basis (in 294).
271. MILNER, B.: Memory and the medial temporal regions in the brain (in 33).
272. – „Introduction" zu „Hemispheric Specialization and Interaction" (in 296).
273. MINKOWSKI, M.: Constantin v. Monakow (Nachruf) (in 279).
274. MITTENACKER, E. und RAAB, E.: Informationstheorie für Psychologen. Verlag für Psychologie, Dr. C. J. Hogrefe. Göttingen 1973.
275. Models of Human Memory. ed. D. A. NORMAN. Academic Press, New York, London 1970.

302. The Organization of Recall. Proc. of the 2nd Conf. on Learning, Remembering and Forgetting. ed. D. P. KIMBLE. The New York Academy of Sciences. New York 1967.
303. PALAY, S. L.: Principles of cellular organization in the nervous system (in 294).
304. PARR, W., and HOLZER, G.: The structure of the „Memory-Code-Word" Scotophobin (in 262).
305. Perception and Action. ed. K. H. PRIBRAM. (Penguin mod. Psychol., Brain and Behavior 2.) 1969.
306. PETERS, U. H.: Wörterbuch der Psychiatrie und medizinischen Psychologie. Urban & Schwarzenberg, München, Berlin, Wien 1971.
307. Physics and Mathematics of the Nervous System. (Proc. of a Summer School, Trieste 1973) ed. M. CONRAD, W. GÜTTINGER, and M. DAL CIN. Springer Verlag, Berlin, Heidelberg, New York 1974.
308. PLOOG, D., GOTTWALD, P.: Verhaltensforschung. (U & S TB). Urban & Schwarzenberg, München, Berlin, Wien 1974.
309. POTTER, L. T.: Acetylcholine, Choline Acetyl-transferase, and Acetylcholinesterase (in 157).
310. PRIBRAM, H. H.: The neurophysiology of remembering. Scientific American *220* (1969), No. 1, p. 73.
310a. – Diskussionsbemerkung zum Vortrag von A. W. MELTON in (302).
311. Psychobiology. (Readings from Scientific American) W. H. Freeman and Company, San Francisco, London (1967).
312. Psychochemical Research in Man. ed. A. J. and M. P. MANDELL. Academic Press, New York and London 1969.
313. Psychologisches Wörterbuch. herausg. Fr. DORSCH und W. TRAXEL. 8. neub. und erw. Aufl. Felix Meiner Verlag, Hamburg, und Hans Huber Verlag, Bern 1970.
314. QUARTON, G. C.: The enhancement of learning by drugs and the transfer of learning by macromolecules (in 294).
315. RAFTERY, M. A., BODE, J., VANDLEN, R., CHAO, Y., DEUTSCH, J., DUGUID, J. R., REED, K., and MOODY, T.: Characterization of an acetylcholine receptor (in 32).
316. RAHAMIMOFF, R.: Modulation of transmitter release at the neuromuscular junction (in 296).
317. RAHMANN, H., BREER, H., and RÖSNER, H.: Functional aspects of sialoglyco-macromolecules in the CNS (in 106).
318. RAPOPORT, S. M.: Medizinische Biochemie. 4. völl. überarb. Aufl. VEB Verlag Volk und Gesundheit, Berlin 1966.
319. Regulation of Transcription and Translation in Eukaryotes. (24. Coll. Ges. Biol. Chemie 1973) ed. E. K. F. BAUTZ, P. KARLSON, and H. KERSTEN. Springer Verlag, Berlin, Heidelberg, New York 1973.
320. RENSCH, B.: Psychische Komponenten der Sinnesorgane. Georg Thieme, Stuttgart 1952.
321. – Die höchsten Hirnleistungen der Tiere. Naturwiss. Runschau *18* (1965), 91.
322. – The Intelligence of Elephants (in 311).
323. – Probleme der Gedächtnisspuren. Vortrag i. d. Rhein.-Westfäl. Akad. d. Wiss., Westdeutscher Verlag, Opladen 1971.
324. – Gedächtnis, Begriffsbildung und Planhandlungen bei Tieren. Paul Parey, Berlin u. Hamburg 1973.

352. Shooter, E. M.: Some aspects of gene expression in the nervous system (in 295).
253. Sinz, R.: Lernen und Gedächtnis. (UTB) Gustav Fischer Verlag, Stuttgart 1974.
354. Sperry, R. W.: The great cerebral commissure (in 311).
355. – Split brain reproach to learning problems (in 294).
356. – Lateral specialization in the surgically separated hemispheres (in 296).
357. Shepherd, G. M.: The olfactory bulb as a simple cortical system (in 295).
358. Silhavy, T. J., Boos, W., and Kalckar, H. M.: The role of *Escherichia Coli* galactose-binding protein in galactose transport and chemotaxis (in 32).
359. Smirnow, G. D.: Functional and structural aspects of plasticity (in 30).
360. Smythies, J. R.: Brain mechanisms and behavior, 2nd ed. Blackwell Scientific Publications. Oxford and Edinburgh 1970.
361. Sokolow, E. N.: Neural models and the orienting reflex. (in: The Central Nervous System and Behavior. ed. M. A. B. Brazier. Josiah Macy, Jr., Foundation) (auch in 305).
362. – „Orientierungsreflex" (in 228).
363. Stent, G. S.: Induction and repression of enzyme synthesis (in 294).
364. Stewart: Comments of the Chemistry of Scotophobin. Nature *238* (1972), p. 202 ff.
365. Stieve, H.: Mechanismen der Erregung von Lichtsinneszellen. Naturw. Rdsch. *27* (1974), S. 48.
366. – On the ionic mechanisms responsible for the generation of the electrical response of light sensitive cells (in 32).
367. Stöckel, K., and Thoenen, H.: Comparison between the retrograde axonal transport of nerve growth factor (NGF) and tetanus toxin (TT) in sensory, motor and adrenergic neurons (in 106).
368. Studies in Physiology. Presented to John C. Eccles. ed. D. R. Curtis and A. K. McIntyre. Springer Verlag, Berlin, Heidelberg, New York. 1965.
369. Szafran, J.: Psychophysical studies in aging in pilots (in 174).
370. Szentágothai, J.: Glomerular synapses, complex synaptic arrangements and their operational significance (in 295).
371. Taylor, J. G.: Neural networks and the brain (in 307).
372. Tembrock, G.: Grundriß der Verhaltenswissenschaften. 2. Aufl. (Grundbegr. d. mod. Biol. Bd. 3.) Gustav Fischer Verlag, Stuttgart 1973.
373. Teuber, H. L.: Why two brains? (in 296).
374. – Recovery of function after lesions of the central nervous system: History and prospects (in 121).
375. Tonutti, E.: Zum Problem des Mechanismus der Diphtherie-Toxin-Wirkung. Behringwerk-Mitteilung H. 25 (1952) S. 93 ff.
376. Traub, P.: Localization of Streptomycin-Resistance in the 30S Ribosome of *E. coli.* Mode of action of Cycloheximide (in 184).
377. Ulbricht, W.: Drugs to explore the ionic channels in the axon membrane (in 32).
378. Ungar, G.: Chemical transfer of learned information (in 277).
379. – Introduction zu 278.
380. – Role of proteins and peptides in learning and memory (in 278).
381. – More on recognition molecules (in 122).
382. – Evidence for molecular coding of neural information (in 262).
383. Ungerstedt, U.: Functional dynamics of central monoamine pathways (in 296).

384. Vareschi, E.: Single cell response and odor-discrimination in the honeybee (in 300).
385. Varon, S., and Shooter, E. M.: The nerve growth factor proteins of the mouse submaxillary gland (in 31).
386. Volkmann-Schluck, K.-H.: Nicolaus Cusanus. 2. Aufl. Vittorio Klostermann, Frankfurt am Main 1968.
387. Walker, E. L.: Arousal and the memory trace (in 302).
388. Wallenfels, K. und Streffer, Chr.: Chemische Reaktivität von Proteinen (in 259).
389. Walter, W. G.: Theoretical properties of diffuse projection systems in relation to behaviour and consciousness (in 50).
390. – Das lebende Gehirn. (dt. v. G. Walther) Kiepenheuer & Witsch, Köln, Berlin 1961.
391. Watson, J. B.: Der Behaviorismus. (dt. v. E. Giese-Lang.) Herausg. u. m. Anm. versehen v. F. Giese. Deutsche Verlags-Anstalt, Stuttgart, Berlin und Leipzig 1930.
392. Weickmann, L. und Ungeheuer, H.: Grundlagen der Klima- und Wetterkunde. in: Klima, Wetter, Mensch. herausg. A. Seybold u. H. Woltereck. 2. Aufl. Quelle und Meyer, Heidelberg 1952.
393. Weight, F.: Physiological mechanisms of synaptic modulation (in 296).
394. Weinschenk, C.: Das Wirklichkeitsproblem der Erkenntnis-Theorie und das Verhältnis des Psychischen zum Physischen. O. R. Reisland, Leipzig 1936.
395. – Verstehende Psychologie. Ztschr. philos. Forschg. VI (1951–52) S. 261.
396. – Das unmittelbare Gedächtnis als selbständige Funktion. Verlag für Psychologie Dr. C. J. Hogrefe, Göttingen 1955.
397. Weiskrantz, L.: Central Nervous System and the Organization of Behavior (in 302).
398. – A long-term view of short-term memory in Psychology. in: Short Term Changes in Neural Activity and Behavior. ed. G. Horn and R. A. Hindo. Cambridge University Press. 1970.
399. – Diskussionsbemerkung zu Vortrag Bower in 302.
400. Weiss, K. P.: Measurement of the effects of brain extract on interorganism information transfer (in 277).
401. Weiss, P. A.: Neural development in biological perspective (in 295).
402. – Axonal flow (Vortrag v. d. Dt. Akad. Naturf. Leopoldina in Halle am 13. 10. 1975.) Bericht in Naturw. Rdsch. *29* (1976) H. 3, S. 89 f.
403. van der Wel, H.: Thaumatin, the sweet-tasting protein from *Thaumatococcus Danielli* Benth (in 300).
404. Werblin, F. S.: The control of sensitivity in the retina. Scientific American *228* (1973) No. 1, p. 71.
405. Wesemann, W.: Biochemistry of Serotonin and synaptic membranes in neurotransmission (in 32).
406. Westphal, W.: Physik. 18. u. 19. Aufl. Springer Verlag, Berlin, Göttingen, Heidelberg 1956.
407. Weyh, U.: Elemente der Schaltungsalgebra. 2. erw. u. verb. Aufl. R. Oldenbourg, München 1961.
408. Whittaker, V. P.: Aspects of the biochemistry of cholinergic transmission in *Torpedo* and *Loligo* (in 32).
409. – The investigation of synaptic functions by means of subcellular fractionation techniques (in 295).
410. Wickelgreen, W. A.: Multitrace strength theory (in 275).

411. de WIED, D.: Peptides and behavior (in 262).
412. – Pituitary-adrenal system of hormones and behavior (in 296).
413. WILSON, G. D.: Stichwort „Engramm“ (in 228).
414. YOUNG, J. Z.: A model of the brain. The Clarendon Press, Oxford 1964.
415. – The memory system of the brain. Oxford University Press 1966 (reprinted 1968).
416. ZEMAN, J.: Information and the brain. in: Nerve, Brain, Memory Models. (Progr. in Brain Res., Vol. 2.) ed. N. WIENER and J. P. SCHADÉ. Elsevier Publishing Company. Amsterdam, London, New York 1963.
417. ZEMP, J. W., ADAIR, L. B., WILSON, J. E., and GLASSMAN, E.: The effect of training on the incorporation of radioactive precursors into RNA of brain (in 277).
418. ZETLER, G.: Biologically active peptides. (substance P.) (in 157).
419. –, MÜNKEMEYER, D. und WIECHELL, H.: Peptid-Rezeptoren für Tachykinine in der Tuba uterina des Menschen. Naunyn-Schmiedebergs Arch. Pharmak. exp. Path. *262* (1969) 108.
420. ZIMMERMANN, M.: Sensorisches System (in 293).
421. ZIPPEL, H.-P., GREMMELS, I., and GHAFFAR, H. A.: Action of various drugs on the formation and fixation of long term information in the goldfish (*Carassius Auratus)* (in 262).
422. ZIPPEL, H.-P.: Sind Erinnerungen Moleküle? bild der wissenschaft *11* (1974), H. 8, S. 44.

Namenregister

Sachregister